佛教汉语研究

朱庆之 编

创于1897
商务印书馆
The Commercial Press

2020年·北京

图书在版编目(CIP)数据

佛教汉语研究/朱庆之编. —北京:商务印书馆,2009(2020.5 重印)
ISBN 978-7-100-05641-0

Ⅰ.佛… Ⅱ.朱… Ⅲ.佛教—汉语—研究 Ⅳ.H1

中国版本图书馆 CIP 数据核字(2007)第 173279 号

FÓJIÀO HÀNYǓ YÁNJIŪ
佛 教 汉 语 研 究
朱 庆 之 编

商 务 印 书 馆 出 版
(北京王府井大街 36 号 邮政编码 100710)
商 务 印 书 馆 发 行
北京市白帆印务有限公司印刷
ISBN 978-7-100-05641-0

2009 年 6 月第 1 版　　开本 850×1168 1/32
2020 年 5 月北京第 2 次印刷　　印张 20⅝
定价:52.00 元

目　录

代前言：佛教混合汉语初论*

朱庆之

佛教混合汉语(Buddhist Hybrid Chinese),简称佛教汉语(BHC),指的是以翻译佛典的语言为代表的汉文佛教文献的语言。这种语言无论在词汇还是在语法方面,都与其他汉语文献有较为明显的不同,可以看作是汉语历史文献语言的一个非自然的独特变体①。本文打算对佛教混合汉语作一些简要的介绍,并就开展相对独立的佛教混合汉语研究的必要性和意义以及某些相关的问题作点初步的讨论,以期引起学术界更多的兴趣。

---

* 本文初稿曾在1997年8月召开的第30届国际汉藏语言及语言学大会(北京)上宣读,也在同年9月召开的首届汉语史学术研讨会(成都)上进行过交流,此次正式发表未做大的修改。2000年6月至8月笔者到挪威奥斯陆大学担任短期客座教授,对该校图书馆所藏佛教梵汉对勘资料做了初步的调查,了解到欧洲学者长期以来做了大量的研究工作,成就斐然,敬请读者留意。

① “佛教混合汉语”是参照“佛教混合梵语”提出的(朱庆之1992a),它的英文名称Buddhist Hybrid Chinese却是西方汉学界早已有之的说法,也有国外学者用Buddhist Hybrid Sinitic,缩略为BHSi(Mair 1992)。印度佛教在创立之初,使用梵语以外的方言俗语。后来它由原先的一种非主流宗教升为国教,一方面开始用梵语创作新的经典,另一方面把方言俗语的经典译成梵语,史称“梵语化”。后者实际成了梵语和俗语的混合。学术界把这种佛教书面语称为Buddhist Hybrid Sanskrit,缩略为BHS,汉译“佛教混合梵语”或“佛教梵语”(爱哲顿1953)。

一

佛教文献在我国浩如烟海的汉语历史文献宝库中占有十分重要的地位。然而在20世纪前，尽管主流文化受到了佛教的巨大影响，佛教文献及其语言并不被主流文化的世俗研究者所关注。因此，除了佛教界出于阅读理解佛典的需要而进行一些语义的研究外，佛教文献语言基本没有引起佛教学以外的研究者的兴趣。

从19世纪下半叶开始，中国文化在西方学术界受到越来越多的重视，佛教和佛教典籍的多元文化价值渐渐被人们所了解。到20世纪初，国外一些研究汉语史的学者已经尝试利用佛典来作为对传世文献不足的重要补充，这很快影响到国内的学术界。1923年，在德国印度学家钢和泰（A. Von Staël-Holstein）《音译梵书与中国古音》①一文的直接启发下，汪荣宝发表了著名论文《歌戈鱼虞模古读考》②，不但开创了国内学者利用佛经材料研究汉语的先河，还在方法论上对国内后来的汉语音韵研究产生了重要的影响，促使汉语音韵学的研究从传统的古韵分部转向古音音值的测拟（参看徐通锵、叶蜚声1980）。吕叔湘先生在1940年代发表了以《释〈景德传灯录〉中"在""著"二助词》为首的系列论文③，利用口

① 胡适翻译，载北京大学《国学季刊》1卷1期，1923年3月。

② 载北京大学《国学季刊》1卷2期，1923年6月。

③ 载《华西协合大学中国文化研究所集刊》1卷，44—58页，1941年。连同其他文章在1955年结为《汉语语法论文集》。据书后附"引书目录"，引用的佛教文献唐以前的有《佛所行赞》和《百喻经》2种，唐、五代的有《寒山子诗》《拾得诗》《神会和尚遗集》《维摩诘经变文》《敦煌掇琐》以及禅宗语录共10种，宋代的有《景德传灯录》和禅宗语录共6种。

语化的佛教文献所提供的丰富和无可替代的例证研究"近代汉语"的语法，使他既成为国内利用佛典语料研究汉语历史语法的第一人，又成为国内研究近代汉语语法的先驱。在词汇方面最早明确提示佛典语料价值的可能是周一良先生。他在 1947 年至 1948 年发表的《论佛典翻译文学》一文中写道："……从语言史的角度来看佛典翻译文学，……就用字看来，有别的记载中不见的魏晋南北朝时语汇，在佛典中保存下来。"作者举了"曼""呜""续""缘""唐""将无""落度""妨""复次"等词作为例子，令人耳目一新[①]。蒋礼鸿先生在 50 年代开始的对敦煌变文口语词汇的考释应该是早期有关佛教混合汉语词汇最重要的研究，尽管在最初，作者对变文与翻译佛经在词汇上的联系可能认识得还不那么充足[②]。

1970 年代末以来，随着学术研究的全面恢复，佛教文献语料在国内开始受到前所未有的重视，重要的成果不断出现。如俞敏、施向东、刘广和、尉迟治平和储泰松等的梵汉对音研究，项楚、刘坚、蒋绍愚、吴金华、董琨、江蓝生、曹广顺、颜洽茂、梁晓虹、袁宾、张联荣、俞理明、蔡镜浩、方一新、董志翘、李维琦、黄征、王云路和朱庆之等的汉语历史词汇和语法研究等，都不同程度地运用了佛

---

① 最初在《申报》文史副刊 3—5 期上（1947 年 12 月 20 日、27 日，1948 年 1 月 10 日）连载，作者在同时的另一篇题为《中国的梵文研究》（《思想与时代》月刊，35 期）的文章中还直接谈到了佛教梵语对汉语词汇的某些影响，举出的例子主要有"劫""刹那""魔""招提""檀越"等音译词。两篇文章均收入《魏晋南北朝史论集》。

② 蒋礼鸿的《敦煌变文字义通释》1959 年中华书局首版，时为 57000 字；1960 年再版，增为 112000 字；1962 年三版，159000 字。1981 年上海古籍出版社新一版，增至 315000 字；1988 年再版（第四次增订本），405000 字。4 次增订除增加一些新条目外，还对大部分旧条目的例句作了增补。作者在初版时已经引用了一些佛典材料，但以变文词汇与佛典的关系而论，并不充分。在后来的修订版尤其是第四次增订本中，这一点有了很大的改观，初步揭示出了变文同佛典在词汇上的密切联系。关于这个问题，请参看朱庆之（1992a）第 4 章之"敦煌变文俗语词溯源"的有关内容。

典语料，取得了很好的成绩。此外，张永言和汪维辉等的汉语常用词的历史演变研究更有赖于佛教文献的支持①。国内学者与海外学者一起用虽然还只是初步的但已经足够丰富的例证，向学术界展示了佛典语料作为中土文献的重要补充在汉语史研究方面的巨大价值。

然而，在佛典语料得到越来越多的运用的同时，一些问题也暴露了出来。它的口语化程度常常被夸大了：其中那些不经见的语言成分和现象往往都被认为是口语和俗语的成分，进而希望在更早的文献中寻找来源；相反，佛典语料的特殊价值被忽视了。这就是作为汉语有史以来第一次系统欧化，即古代印度语言和文化对汉语和汉文化深刻影响的直接产物，佛教混合汉语同时又是研究佛教对汉语及汉文化影响的第一手资料的价值未能得到重视。因而，中国文化发展史上一个非常重要的问题——佛教尤其是佛经翻译对汉语的影响一直得不到实实在在的证明，只能长期停留在空洞的理论假设上。下面先举两三个例子说明之。

徐之明《〈文选〉李善注词义训诂札记》"爱"条在论证"爱"有"玩"义之后说："查蒋礼鸿先生所著《敦煌变文字义通释》，有'月爱珠'一条，释为珠宝名。列举《维摩诘经讲经文》：'缘舍利弗身居小果，与佛及菩萨所见不同，似甚？似萤火对于日光，泥弹同于月爱。'月爱对应日光，语法结构相当。据此，月爱当是一个名词作修饰语的合成词，'爱'为名词，作宝玩讲，月爱乃月光之下有异彩之宝玩……"②其实"月爱"是梵语 candra-kānta 的仿译词，can-

① 请看本文参考文献。

② 《贵州民族学院学报》1989 年第 4 期，87 页。

dra 是“月亮”或“月亮的”的意思，kānta 是“可爱的”的意思，合在一起的意思是“像月亮一样可爱的(宝石)”。

又如，意义是母亲姊妹的“阿姨”在中古时已有。但唐道世《法苑珠林》49 引《吴均春秋》：“南齐晋安王萧子懋字云昌，武帝之子也。始年七岁，阮淑媛尝病危笃，请僧行道。有献莲华供养佛者，众僧以铜馃盛水浸其华茎，欲令不萎。如此三日而华更鲜。子懋流洟礼佛誓曰：‘若使阿姨因此胜和，愿佛之力，令华竟斋不萎。’”“阿姨”具体指的是母亲，蒋礼鸿先生以为这个词又可作为母亲的称呼[①]。其实这里的“阿姨”是对信仰佛教的女性的一个通称，字或写作“阿夷”。它可能是音译词“优婆夷”的双音节形式。“优婆夷”严格讲是女居士，也可泛指女性出家者。例如旧题三国魏康僧铠译《昙无德律部杂羯磨》载“式叉摩那尼僧中受大戒文”：“我某甲，今求阿姨(宋本、宫本作阿夷，下同)为和上，愿阿姨为我作和上，我依阿姨故得受大戒。大姊僧听此某甲从和上尼某甲求受大戒，若僧时到僧忍听某甲尼为教授师，白如是：此汝安陀会郁多罗僧僧伽梨僧竭支覆肩衣钵，此衣钵是汝有不？答言：有。”(22/1048c)[②]姚秦佛陀耶舍译《四分律》29：“时有一居士欲办具饮食，请比丘尼僧。……时居士手自斟酌羹饭与诸比丘尼。诸比丘尼言：‘止止，居士，不须多著。’居士报言：‘我所以办具此种种多美饮食人别一器肉者，正为阿姨故耳。勿谓我无有信心而不食，阿姨但食，我实有信心。’”(22/768a)南朝梁宝唱集《经律异相》48：“毗舍离猕猴江侧有蒜园，偷罗难陀比丘尼去园不远，园主问

① 《义府续貂》补，《杭州大学学报》1989 年第 4 期，85—95 页。

② 本文佛经均引自日本大正新修大藏经。

言:‘阿姨欲须蒜耶?’比丘尼即与沙弥尼式叉摩那尼数数往索蒜,遂都尽,其主委园而去。”(53/254a)

又如,西晋竺法护译《出曜经》14:“时逼节会,新岁垂至,家家缚猪,投于濩汤,举声号唤。”(4/688b)王云路、方一新著《中古汉语语词例释》“节会”条引释云:“‘时逼节会,新岁垂至’对举,知‘节会’即指春节。”其实印度只有旱季和雨季之分,节气与中国迥异,并没有春节这样的节日。

类似的情况可能不在少数。它们为什么会出现呢?原因大概是我们研究佛教文献语言的角度和方法或多或少地存在着问题——大家对佛教文献与原典的关系要么不自觉地忽略了,要么认识不足,以为靠传统的训诂学、靠《尔雅》《说文》就基本可以解决问题。在这样的背景之下,开展相对独立的汉文佛教文献语言研究的需要就凸显了出来。也就是说,作为汉语文献语言的一种特殊变体,佛教混合汉语的利用应当建立在如下的前提下,即首先或至少同步地对它进行专门研究,弄清它的本质和特点,尤其是应当弄清它与原典的关系以及它与汉语全民语的关系。

什么是专门的研究呢?主要是有特殊的研究视野和方法。研究者不但应对汉语在各个相关历史时期的现状和发展有深刻的了解,只有这样才能感觉到佛教混合汉语的独特之处;还要能够发现这些独特之处的来源。这就必须运用与原典对勘的方法,看看译文中那些特殊的东西哪些是受到原典影响的产物,哪些与原典无关,而可能是口语或方言的成分。如果不进行这样的研究,继续将这种特殊的文献语言与一般中土文献混为一谈,对翻译佛典的利用就无法在目前的水平上继续提高。

从这个角度来看,尽管在汉语史的研究中利用汉文佛典语料的历史已经将近一个世纪，但理想的佛教混合汉语研究才刚刚起步[①]，与汉文佛教文献语言研究的巨大学术价值相比，学术界投到这一领域的力量还十分有限。更为重要的是，作为一种并非新兴的研究项目，不少学者对佛教混合汉语本身、对佛教混合汉语研究的特殊性以及对从事这一研究的学者的特殊要求还不能说有了足够的了解。

二

佛教混合汉语可以有广义和狭义之分。从广义的角度来说，它就是古代汉文佛教文献的语言，包括全部的汉译佛经、中土人士的佛教撰述和以宣传佛教教义为目的的文学作品等，总的字数大约有 8000 万；从狭义的角度来说，它只是指汉译佛经的语言。

1）汉译佛经。印度佛教在中土的传播基本上与印度佛经的汉译相伴随。今天可见的最早的有纪年的汉译经典是月支僧人支谶在东汉桓帝建和元年（公元 147 年）翻译的《阿閦佛国经》。如果把支谶和安世高的时代作为比较正式的佛经汉译的开始（实际可能要更早一些），这一工作大致持续了一千年的时间。直到宋代中期，部分由于佛教在祖国印度的式微，佛经翻译才算基本结束。在此期间，译经的总数已不可详知，据吕澂《新编汉文大藏经目录》的不完全统计，流传至今的有 1482 部，总计约 5702 卷，4600 万字[②]。

2）中土人士的佛教撰述。主要指汉地僧侣的佛教著作，包括

① 90 年代以来，辛嶋静志的一系列研究正朝着这个方向前进，参看辛嶋 1992，1994，1997，1998；笔者也作了一些尝试，参看朱庆之有关的文章。

② 齐鲁书社，1981 年。每卷以 8000 字计算。

对译经的纂抄（如《经律异相》）、注解（如《法华经义》），中国佛教学著作（如《弘明集》、禅宗语录），佛教史地目录和文字之学方面的著作（如《高僧传》《出三藏记集》《一切经音义》）以及佛教徒阐述佛理的各种文书等，估计有2500万字。

3）佛教文学作品。指以宣扬佛教教义为目的，在题材、体裁和语言上受到翻译佛典文学影响的中土文学作品，包括故事集（如《幽明录》《冥祥记》）、讲唱文学（如敦煌讲经文）和诗词曲（如寒山、王梵志诗、敦煌曲子词）。这类文献估计至少有1000万字①。

在以上三部分中，汉译佛经是主体。它的语言既是佛教混合汉语的基础和主体，又是佛教混合汉语研究的重心所在，也是本文的讨论的核心（限于能力和篇幅，其他二者的特点和三者之间的关系和差异、不同时期和不同体裁的作品之间的差异等等在本文均不多作涉及，都是有待今后研究的重要问题）。可以大胆假设的是，汉译佛经语言是一种与当时的书面语和口语都有一定距离，并令当时的读者有些陌生和不习惯的语言。但在佛教力量的支配和印度文化的吸引力的双重作用下，汉地人民不但通过汉译佛典了解了印度佛教，同时也熟悉了汉译佛典的语言，进而还有了模仿这种语言进行的言语创作。这个过程的实质既是印度佛教本土（中国）化，也是汉译佛经语言向全民汉语的过渡。因此，佛教文献非译经部分的语言是译经语言进一步汉化的结果。更进一步地说，如果翻译佛经语言是古代印度语言影响汉语的第一步，本土佛典语言则是这种影响的第二步。只有经过了这一步，译经带来的

① 笔者不止一次听项楚先生提到从事相对独立的佛教文学研究的意见。不过到目前为止，关于佛教文学的界定还没有一个权威的说法，这里的估计是非常主观的。

印欧语的影响才真正开始被接受。

佛教混合汉语与其他中土文献语言有明显的差别,是一种非自然产生的独特变体。这主要表现在两种混合上,一是汉语与大量原典语言成分的混合;二是文言文与大量口语俗语和不规范成分的混合。

1)汉外混合。这是造成佛教混合汉语特色的主要因素。汉外混合首先表现在文体上,那种最常见的散文和偈颂交替使用、散文连写而偈颂分句提行的文体格式是汉语从来没有使用过的,它来源于对原典的模仿(参看朱庆之 1992a,1997b)。词汇方面最明显但不一定是最重要的标志是佛教混合汉语中有大量音译词。以音译的形式出现在佛教混合汉语中的不但是佛教的专门术语或表达印度文化特有概念的词语,还有不少表达中印文化共有概念的词语。大部分音译词易于识别,但也有一部分不易识别,特别是使用了专用的形声字后。如"魔<磨<māra"①"骟<扇< ṣaṇḍha""爹爹<多多<tāta"②等(参看朱庆之 1993,1994)。比起音译词,意译的词和语法成分虽然远不那么清晰可辨,却是外来影响的主要组成部分。由于大多数翻译基本上是按原典逐字逐句进行的,句子的结构也同样有非汉语的感觉,著名的"如是我闻<evaṃ mayā

---

① 本文所引原典语文为了方便起见,除了专门说明者,都用梵语。需要说明的是这并不意味着对应的汉语词语就译自该梵语词语,有关原典语言的复杂情况,见下。

② 在(1994)中,笔者推测"爹"最初可能写作"多",但没有找到证据。其实在李维琦(1993)中,已经举出了佛经中的例证,那是在隋阇那崛多译《佛本行集经》中:

是时毕钵罗耶童子即便至己父母之边,长跪白言:"庵婆多多,我心实亦不用五欲,愿修梵行。"(大正藏 3,864/c)

尔时毕钵罗耶得是语已,即从彼处回还向家,到父母边。到已,长跪白父母言:"庵婆多多,我实不用行世五欲,愿修梵行。"(同上,865/a)

除了"多多"是梵语 tāta 的音译外,"庵婆"显然也是梵语 ambā 的音译。

śrutaṃ”绝不是唯一的例子(参看朱庆之 1995;辛嶋静志 1997)。

2)文言成分与口语成分的混合。佛教混合汉语具有强烈的口语化色彩已被众多的研究者所证明。在历史上,汉语的书面语与口语从来就有较大的差异。早在甲骨文金文时代,由于书写工具的限制,即文字数量的不足和用于书写的材料的匮乏,实际语言在被记录的时候不得不被大大减约,以至于写下来的极有可能只是一种只有发明者或要经过专门学习的人才能看懂的提示性的符号群,并逐渐成为某种特权的象征。随着书写工具的慢慢发展,这一脱离实际语言的状况也跟着有所改善。不过这种言文接近的势头大约在春秋战国时代——当书面语独自的语法系统和词汇系统已经形成的时候就停了下来。随后的情形是书面语越来越远离口语,尽管它也不得不接受口语成分特别是在词汇方面的渗透(参看梅维桓 1994)。在口语和书面语对立明显、文言一统书面语天下的汉魏晋南北朝,佛经翻译却采用了一种半文半白的形式,即在文言的基础上,夹杂了大量非文言的语言成分,这当中既有口语的,也有方言的,同样形成了鲜明的特色①。

---

① 这一点几乎每个讨论佛典语言的人都要谈到,这里可以看看志村良治(1984)的论述:

六朝时期,汉译佛经盛行,译文中也大量出现复音节词,显示出佛家不拘泥于传统的雅言而大量使用当时的口语词汇的迹象。但是,从语法上看,其中也出现了许多不符合汉语传统的不规则的说法。关于这一点,入矢义高氏早已注意到。比如“尔时世尊,而说偈曰……”(魏译《大无量寿经》下),这里的“而”应作“乃”,但却多用“而”。“二乘非所测”(同前)的正规说法应是“非二乘所测”。(引按,这可能是原典句法的影响)佛经里出现的复音节词的急遽增加,是如此超乎寻常,这是在一种自由的不拘传统的译法的基础上大量产生的。(中译本 6 页)

……还有,像上文已经提到的那样,在汉译佛经盛行的过程中,破格的语法和文体任意地、无拘束地发展起来。前面根据入矢义高已经提到的“而”用法举了一例,这里再进一步观察一下它的翻译方式,还可以看到“而”直接承受主语并连接谓语这样破格形成上述两个混合的主要原因有以下几点：

1）印度佛教文化与中土传统文化的巨大差异。印度佛典在本质上不但是一种宗教信仰的载体，更是一种文化的载体。它的创制者为了最有效地宣传佛教，几乎调动了印度传统文化的一切资源，形成了内容庞大的佛教文化体系，而这一体系其实又是整个印度文化在特定历史时期的体现。尽管中印在地理上相去不远，但双方的文化却是根本异质的，分属于不同的文化圈。作为印度佛典的汉语形式，汉译佛典中势必包含了大量汉文化所没有的内容。这些内容带给语言上的异文化色彩会有多么浓重可想而知。

2）源头语和目的语在语言结构和类型上的巨大差异。汉译所据佛典原典的语言以梵语或佛教混合梵语为主，也有古代印度的其他语言。不论怎样，相对于目的语汉语的源头语绝大多数都是印欧语系的语言，在这两种不同类型语言之间进行互译，其难度同样可想而知。初步的研究表明，部分出于对原典的尊崇，除了采用音译，译者还大量使用仿译的方法翻译那些汉语或译者个人言语系统中没有适当对应方式的语言成分。这都使译经的语言中存有大量的汉语原先没有的东西。

3）译者汉语水平的局限。这体现在译者汉语的洋泾浜性质和方言性质两个方面。在唐代玄奘、义净之前，佛经翻译主要由两

的例子，如"尔时阿难罗睺罗，而作是念"（鸠摩罗什译《法华经》"授学无学人记品"）（这句里的"是"的用法也是问题）……这种破格用法一直延续到中古末期。还有……"人用是故，坐不得道"（魏译《大无量寿经》下）中的"坐"是"为"的意思（笔者认为是某种地方音的反映）。"云何仁者，为法来耶，求床座耶"（《维摩经》）中疑问词的用法也是破格的，笔者认为"云何"是按照脱口说出的口语原样记下来的，相当于现在说的"怎么样"。在"不见佛不闻法彼外道六师"（同）句中，相当大胆地使用了破格手法。……（中译本45—46页）

种人来担当，一是东来弘法的西域僧人，如东汉时期的安世高和支谶，西晋时期的无罗叉，东晋时期的鸠摩罗什、佛陀跋陀罗等等，他们在数量上占大多数；二是外籍侨民中的僧侣居士，如东汉的康孟详、三国的支谦和康僧会、西晋的竺法护等等。西域胡僧为了传教，尽管要学说汉语，但大半不是当时的共同语，而是某种方言或土语；即便如此，我们还不能指望他们说得有多流利，其洋泾浜性质是大致可以肯定的。这些人译出的佛经其中必定既有母语的影响，又有原典的混合，还有对汉语的误用，尽管后者的大部分可能被担任笔受的中国弟子给改正了。至于那些侨民出身的译者如康孟详、支谦、竺法护们，会说地道汉语应当没有什么疑问，有的人甚至对汉文化有相当的了解，这从他们相对较“雅”的译文可以清楚地看出；但他们在特殊的外来移民（大部分是商人）的生活环境中长大，在汉文化的素养上与受过严格传统文化训练的本土士大夫相比肯定会有一些差距。这同样可从他们的译文在词语运用方面不能严格避俗就雅这一点上得到证明，而依照原文逐字逐句的翻译方式同样常常使得译者把原典的句法结构搬进译文，给人以不伦不类的感觉①。

4）翻译水平的局限。在唐代出现被后人称为“信达雅”的翻译标准之前，佛经的翻译一直处于摸索过程。在东汉到西晋的“古译”阶段译者采用硬译的办法，其原因除了机械强调忠实原文而外，还由于许多概念找不到对应的译语，因此音译和仿译大行其

① 侨民出身的支谦、康僧会、竺法护等的译文的确要比同一时期非侨民译者的译文流畅许多，但其中的特殊语言现象当与他们的籍贯不无关系。支谦一直在吴地生活，大概从来没有到过北方，康僧会的家在交阯，竺法护的家在敦煌，他们都不讲中原通语大概是没有疑问的（参看汤用彤 1936；许理和 1959）。

道。这时的译文洋泾浜的味道最重。东晋南北朝的“旧译”阶段力图改变这一状况,音译词明显减少,讲求译文的流畅,有时又远离原典,走到另一极端。唐代在理论上有了重要的突破,但源头语与目的语的巨大差异和原典中的大量新词新义仍使得仿译成为解决问题的法宝。

三

佛教混合汉语的词汇具有与同时的汉语口语和文言词汇不同的特点(参看古列维奇 1974;志村良治 1984;朱庆之 1992;梁晓虹 1994;颜洽茂 1997)。其主要表现是:

1)含有大量的音译词(loan word)。采用记音的办法翻译外来词语并不是佛经翻译的发明,在东汉以前的漫长的历史发展过程中,汉语无疑吸收了大量的外来词,其中有些就是音译的。然而,汉字的表意性质和由此形成并反过来使这种性质不断得到强化的那种把目治和耳治截然分开的文化心理,不允许有太多的纯记音的词语的存在。除了少数人名地名以外,大多数音译词后来都改成为意译,也有少数逐渐通过某种方式如在记音字上加义符或由于某种原因如俗词源化而汉化了。因此,原先汉语中能够明显感到的借词并不多。与这一事实形成鲜明对照的是,佛教混合汉语中一下子有了非常多的音译词。这些音译词有三种类型:一是人名和地名;二是佛教术语;三是普通词语。如果将各个时期的译经作一对比,音译词的比例在逐渐下降,而且先前的音译词大都在后来又改为意译。这就是说,绝大多数音译词其实都是可以意译的。既然如此,为什么不在一开始就意译呢?除了其他原因,应当也与译者对上述的汉民族文化心理不够了解有关。从现代翻译学的角度来说,对外来的概念术语音译最为妥帖,这种办法在汉译之前的古代印度佛教典籍的传译中早已实行。佛教混合梵语中大量的巴利语俗语借用成分就是佛典梵语化时大量采用音译的结果;佛经的中亚语翻译也大量采用音译。不过这种特别是在同语系或同语族语言之间的翻译中特别有效的办法也许只适用于采用拼音文字的语言,对汉语就不那么适用。这或许是西域来华译经的高僧们所不能了解的。他们依照习惯翻译,结果制造了很多并不受欢迎的音译词。

2)含有大量的意译词(translation word)。意译词尽管从形式上看不出有什么特别,但它所表示的概念大都是外来的。研究表明,因为意译词有着民族化的特点,容易被接受,所以原典的大量新词新义主要还是以意译的方式进入佛教混合汉语的,估计应占佛教混合汉语外来词的五分之四。现在的问题是大多数意译词并没有被认识。

3)双音化。佛教混合汉语词汇的双音化程度远较同期的中土文献为高,这已被众多的研究所证明。需要进一步弄清的是佛教混合汉语词汇的高度双音化的性质。有许多研究者认为这完全是佛教混合汉语口语化的反映,那些在同期中土文献语言没有见到的双音节词语本来已经存在于口语中,但受到文言文的排斥,而佛经译者却将它们大量采用①。事实上,佛教混合汉语的高度双音化更与佛经四字格特殊文体的需要有关;另外,原典词汇结构上的

① 志村良治(1984)认为佛典词汇的复音化是口语的反映(中译本5—9页),只说对了一半。

影响也起了重要的作用。许多双音节词语是翻译者临时创造的，这里既有外来词，也有非外来词。研究表明，译文中外来词的绝大多数都是双音节的（有些音译词是多音节的，但也有双音化的趋向，如"菩提萨埵"双音化为"菩萨"），这些词语在佛经翻译之前根本不存在，当然不是口语的反映。许多汉语固有的单音节词往往被译者临时用某种有规律可循的方式，如"同义连文"，或在自由构词语素[①]的帮助下创造出一个双音节形式来。而正因为是个人一时的言语创造，所以有不少的双音词语甚至找不到第二个用例。

4）口语化。如前所述，佛教混合汉语的口语化特点主要表现在词汇的口语化上。在翻译佛经中，由于译者的汉语程度不足以使他们分清哪些是口语词汇哪些是书面语词汇，所以有大量中土书面语不用或罕用的口语词（主要是常用词）进入了译文。其间口语词和文言词的比例主要取决于译者和担负润色工作的笔受的汉语程度，一般说来，早期的口语化程度要高于晚期。由此看来，这种口语化很难说都是有意识的（对于作为口语化重要标志的词汇双音化，请参看 3），虽然我们不能完全排除所谓佛教语言政策——即为了大众宗教传教需要而有意识地口语化——影响的可能。在中土撰述和佛教文学作品中，作者却明显是有意识地使用口语化的语言，比如敦煌变文和禅宗语录。有意思的是正因为作者是本土人士，他们的口语就显得比较地道。这当中既有汉文佛经口语化风格的影响，也有为了适应在下层人民中传教的需要而为之的可能。

---

① 笔者（1992a：159）详细讨论了这种目的为使单音词双音化的构词成分。近期的相关研究可参看王云路《谈谈词缀在古汉语构词法中的地位》（《汉语史研究集刊》第一辑，巴蜀书社，1998 年）一文。

四

比起词汇，佛教混合汉语的语法受到的原典影响肯定会少一些，因为语法本身的稳固性特点使得原典的影响大为降低了；同时，口语的成分也要少一些。即使如此，佛教混合汉语在语法方面还是有一些比较明显的独特之处（参看古列维奇 1974；志村良治 1984）。例如：

1）由于翻译多采取逐字逐句对译的方式，原典句子结构的影响随处可见。比如西晋竺法护译《生经》卷一“那赖经”：“一时佛游舍卫国祇树给孤独园，与大比丘众千二百五十人俱。”（3/70a）这是佛经常见的开场白。后面的“与大比丘众千二百五十人俱”并不是一个句子，而是一个介词短语，应是原典的一个按照具格（instrumental）变格的复合名词的对译，现在依照原典的顺序放在句末，显然不合汉语的习惯。又如竺法护译《正法华经》卷一：“世尊告曰：‘止，族姓子！仁等无乃建发是计……’”（9/110b）“族姓子”作为插入语的用法也是汉语罕见的，这是原文呼格（vocative）名词的对译，如果按汉语的习惯当作“世尊告族姓子曰……”。

2）多用被动句。吴金华（1983）和朱庆之（1992，1993，1995）都讨论过汉译佛经多用被动句的特点，不同的是吴金华认为是口语化的反映，而朱庆之认为是原典语言的反映。此外，除了汉语典型的被动句式“R 为 A V”和“R 为 A 所 V”以外，汉译佛典中还多见不用“为”的“R A 所/所见 V”的句式，如“命尽神去，载出野田，……飞鸟所食”“有子聪明，……无央数人所共爱敬”（并见西晋竺法护译《生经》），等等，这在中土文献几乎没有用例。

3）特殊的“於/于”和“而”的使用。周一良先生（1948）指出汉译佛典里“於/于”见于及物动词和宾语之间的用法是汉语原先没有的，如“击於大法鼓”“供养於佛”。后来的研究进一步证明这种用法在汉译佛经中普遍存在，并且不限于用在动词和宾语之间，如“如来谏之，其於不信，今已在彼遭痛毒患”（参看朱庆之 1992a）。入矢义高和志村良治也先后指出了佛教混合汉语的另一种“破格”的句子，如“尔时无住菩萨而白佛言”“其心常喜，面颊而悦”，其中的“而”的用法也很特别①。这两种现象都与汉译佛典的特殊文体有关。

4）用系动词“是”构成的判断句。这种判断句至迟在公元前2世纪就已出现（参看段莉芬 1989），成为口语在语法上的一个重要特征。但在当时和中古早期的传世文献中，仅有较少的并且是不那么典型的透露，佛典则提供了大量的例证（参看梅维恒 1994；汪维辉 1997）。同样性质的例子还有反复问句等（参看朱庆之 1992a）。

此外，表示完成态的“已”和表示代词复数形式的“等”“曹”的大量使用、口语化的代词系统、较少使用文言语气词等也是佛教混合汉语在语法方面的突出特点（参看朱庆之 1992，1993；辛嶋静志 1997）②。

---

① 志村良治（1984）引入矢义高在《汉译佛典中破格的语法和文体》中的说法，认为这种“而”“本应作‘乃’才是”（中译本 45—46 页）。其实在很多场合，这种“而”本来是不需要的，比如文中所举的“尔时阿难罗睺罗，而作是念”“尔时无住菩萨而白佛言”等，都是为了凑足音节，并没有其他的意义。

② 笔者（1993）根据荻原云来《汉译对照梵和大辞典》的梵汉对勘材料推测汉译当中用在“V 已”式状语末尾表示“……以后”的“……已”是原典过去分词状语的对译，辛嶋（1998a）对此提出了批评，认为过去分词只是少数，大量是绝对分词或叫独立式的对译。他说：“笔者认为，把意为‘……了以后’的绝对分词翻译汉语时，汉译佛典的译者使用‘已’一词。在梵语里出现了大量的绝对分词。这就造成汉译佛典里意为‘……了以后’的‘已’大量出现。”

语法是佛教混合汉语研究的一个难点，也是今后要花大气力的地方。需要注意的是不能用现代汉语的语感和标准来判断汉译佛经语言的口语化成分，例如在佛经中看到有些句子有些像现代汉语，就误以为是典型的口语化句子。除了语言自身的发展变化外，还由于近百年来受到严重的欧化，现代汉语已与古代和近代口语白话有很大的区别。佛教混合汉语实质上也是汉语欧化的产物，因此佛教译经中有些像现代汉语的很“白”的句子恰恰可能是受到原典影响的句子。

五

从某种意义上说，佛教混合汉语是古代印度佛教语言对汉语影响的产物。但是由于佛教混合汉语作为汉语历史文献语言的一个特殊变体所具有的相对独立的地位和使用范围，如果外来的影响仅仅停留在此，就还不能说真正影响了汉语。魏晋以降，佛教在中土获得了广泛的认同，佛教典籍也以其博大精深的文化内涵和新鲜的异域文化色彩受到各界人士的青睐。在这样的背景之下，佛教混合汉语逐渐开始对汉语全民语产生影响，一方面许多汉化了的外来成分进入了全民语，另一方面书面语化了的口语和俗语成分也登上了文言的大雅之堂。

最早从学术研究的角度讨论佛教对汉语影响的也许是 T. 沃特斯，在他于 1889 年出版的著作《汉语论》中，为这个问题开辟了专门的章节[①]。梅维恒在 1994 年发表的《佛教与东亚口语化的书

① 该书的第 9 章名为“佛教对汉语的影响”(The Influence of Buddhism on the Chinese Language)，未见，引自梅维恒(1994)。

面语的兴起:国语的形成》一文则反映了学术界对于这个问题的研究目前所达到的相当深度。该文着重讨论了佛教和佛教混合汉语对汉语口语化的书面语——白话文的产生所起的作用。作者认为佛经语言就是早期的白话文的观点未必是所有读者都能接受的,但他关于佛经语言对晚唐五代以来的白话文的形成具有十分重要的影响的论断则有相当的说服力。在此之前,朱庆之(1992a)也从词汇的角度就近代白话文、以敦煌俗文学语言为代表的中古白话文和汉译佛典语言三者的关系作了初步的研究并得出以下的结论:佛典翻译不避俗就雅,大量吸收了口语俗语和方言的表现形式,形成了独特的风格,势必引起一场文学语言上的观念革命,同时初步奠定了口语文学语言语汇系统的基础。不过到目前为止,关于这个问题的认识还是粗线条的,有待更进一步的细致研究。

佛教混合汉语几乎从一开始就是一种双音词和多音词占主导的语言。研究表明,双音化是汉语词汇在中古时期发生的最重要变化,同时又是其他变化的物质基础,即中古以来词汇的其他变化都是在双音化所提供的条件下发生发展的。从全局来看,汉语全民语词汇双音化的原因比较复杂,目前还无法完全说清楚,但有一点已经形成共识,即单音节词为主的词汇已经不能适应日益增多的新概念的需求。还有一种由来已久但近年才得到比较系统证明的说法是受到汉语自身韵律规则的制约(参看冯胜利 1996,1997)。不论怎样,这种双音化是主动的、渐进的,总的看来应当是从口语先开始,然后被书面语接受。但翻译佛经语言的双音化的原因和过程则有些不同。不管是否与上述两个原因相暗合,佛经语言的双音化在一定程度上是在佛经特殊文体的要求下强迫进行的,而且来得迅猛、激烈,以至于语言中现成的双音节形式根本不能满足它的需求。于是,就有了翻译者的临时创造;又由于翻译者可能不自觉地受到原典和母语复音词结构方式的影响,就使这些创造不仅可能带来大量双音节的新词,而且可能带来双音化的新方法和新途径。例如作为佛教汉语词汇特色的那些兼有构词和构形作用的语素"家""子""师""头""等""曹"的大量出现或普遍使用,就与原典有直接的关系(参看朱庆之 1992a)。关于佛教混合汉语词汇双音化与整个汉语词汇双音化的关系,同样有待今后的进一步研究。

曹广顺(1986b,1995:8)曾经对现代汉语进行貌助词"着"的来源作了仔细的考察。他说:"汉魏佛教盛行,佛经翻译是当时社会的一大需要,并给当时的汉语带来影响,这种影响也波及助词。我们注意到,动态助词'著'形成之前,佛经中有一种跟在动词后面的'著':'迦弥尼鬼者著小儿,乐著女人。'(《童子经念诵法》)'不留心于无明,贪著世间。'(《大宝积经》93)这种表示心理活动(贪恋、爱恋)的'著'用在动词之后,隐含有动作获得结果的意思,是动态助词'著'的直接来源。而这种用法的出现,无疑是受了佛教文化进入中国社会的影响。"

方一新(1994)也曾举出一个例子。《世说新语·贤媛》24:"桓车骑不好著新衣。浴后,妇故送新衣与。"方一新认为,"与"本为及物动词,类似《世说新语》的用法在中土文献中罕见,但佛典里却多见。佛典大都是四字一句,为了整齐节律,"与"后面的宾语只能省略。如西晋竺法护译《生经》1:"龙王见之用一切故,勤劳入海,欲济穷士,即以珠与。"(3/75c)受其影响,并不讲究节律的小说中的"与"也采用了省略宾语的用法。

最后,我们还想简要讨论一下佛经翻译产生的大量音译词对中古和近代汉语用字习惯的可能影响。所以有这样的考虑,是由于一般而论,除了联绵词外,汉语的词都有比较固定的书写形式。然而有关的研究越来越清楚地显示,非联绵词在中古以来也出现了词无定形的现象。这一点除了在敦煌文书和其他未经后人校改、保留中古原样的文献中表现尤为突出外,在传世文献里也有异乎寻常的反映,成为一种时代特征。如“弹驳”(批评,指摘)又写成“弹包”“弹剥”“弹抨”“团剥”“辫剥”等,“逼塞”(塞满,充满)又写作“拍塞”“畐塞”“偪塞”“幅塞”“楅塞”“匐塞”“偪塞”“辐塞”等,“必其”(如果)又写成“必期”“毕期”等,“薄”(附着,贴附)又写成“箔”“搏”“簿”“拂”等。同一个词却有不同的书写形式的原因主要有三个,一是写别字,二是方言的关系,三是俗词源,即对词的内部形式的不同认识。不论怎样,都与汉语刻意求本字的传统不相符合。而跟这种反传统的情形相呼应的是,在佛教文献中有大量的音译词,这些音译词的特点之一是译者可以比较自由地用字,也可以根据具体的需要决定是全译还是节译,这样给人以音译词往往没有固定的书写形式的突出印象。二者间有没有什么联系?值得进一步研究。

六

作为汉语的一个独特的变体,佛教混合汉语的研究在材料和方法上也需要有独特的地方。这首先是汉梵对勘,包括梵汉对勘材料和方法的运用。其中的“梵”指原典,主要是用梵语写的,也有其他语言的(参看平田昌司1994;辛嶋静志1997)。道理大概无需赘言。佛典大部分是翻译作品,不但其中的原典影响离开对勘材料的帮助无法了解，就是汉语固有的成分，由于可能来自方言或俗语而难于索解，也得依赖原文方可得到确诂（参看朱庆之 1991；辛嶋静志 1997）。需要说明的是，这在佛教学研究领域早已成为基本方法（虽然仍有大量细致工作要做）。不过佛教学关注的主要是佛教的概念和术语，对非宗教性的一般词语以及语法则基本上不去涉及。在汉语研究方面，这当然也不是什么新想法，零星的尝试时有寓目，但多带点缀性质，不仅没有得到广泛的了解和运用，反而给人以可有可无的印象。这是亟待改变的。不妨举一个例子来说明一下。

在敦煌变文里有“衣裓”一词，蒋礼鸿《敦煌变文字义通释》同时提出了两种解释，一为佛教徒挂在肩上的长方布袋，一为盛花之器，说不知孰是。朱庆之（1992a：216）举出魏晋佛经的多个用例说明这个词源于佛典，但仍然无法归纳出它的确切含义。辛嶋静志（1997）发现《妙法莲华经》“当以衣裓若以机案从舍出之”一句中的“衣裓”在中亚出土的梵本中与 utsaṅga 相对应，意思为“搬运物品时使用的某种‘围裙’”，方使该词得到确解①。类似的例子说明，传统的研究词义的方法比如排比系联法在研究佛教汉语语汇时并非都能奏效，有时例句再多也难以揣摩出确切的含义，更遑论词源的考究。因此，对佛教混合汉语的研究而言，最需要注意的是不能将它看成纯粹汉语的东西，也就不能仅仅用汉语研究常用的材料和方法去研究它。

从具体操作方面而论，对勘可以有间接和直接两种方式。所

---

① 辛嶋博士曾寄给笔者 18 世纪西藏唐卡照片的复印件，上面描绘的情形完全吻合。参看 Verruckte Weisheit，*Leben und Ldhre Milarepas*，*hrsg von Joss Badhhofer* Haldenwary 1986，ss. 32，67。特此致谢。

谓间接方式,就是利用前贤时彦的研究成果。比如日本佛学界长久以来一直在进行梵汉佛经的对勘,编制了一些词语索引,积累了大量梵汉对照语汇资料,这些文献学的工作对于汉语史研究者来说是极可宝贵的。这些资料主要见于:1)各种佛教词典,例如荻原云来主编《汉译对照梵和大辞典》、平川彰编《佛教汉梵大辞典》以及辛嶋静志编《法华经词典》;2)日本大藏经学术研究会编《大正藏索引》;3)单部经典的索引,例如平川彰等编《俱舍论索引》,等等。这种方法在以往对佛教汉语的研究中也可以见到,的确解决了不少问题,初步展示了对勘材料的巨大价值。有的学者倾向否认这种材料的价值,显然是不公正的,事实上,我们对这些材料的利用还远不够充分。当然,单用这种方法缺陷也是明显的。首先,这些材料的本来用途并不在于汉语研究,从语言研究的角度看所提供的信息远远不够精细,比如一般都缺乏便于覆按的具体出处,缺乏例句,使用者无法准确得知某个具体语句或词的原文究竟是什么,等等;其次,由于工作出于众手,有些材料还有错误,势必会影响进一步结论的正确得出。就目前的情形来看,仅仅利用这些材料不可能作出系统的研究来。最好的办法是同直接方式结合起来。

所谓直接方式就是拿汉译同原典做第一手对勘。这在过去一直是佛教文献学的工作,是佛教界的专利,可惜的是他们不做语言学方面的研究。现在需要佛教混合汉语的研究者也采取这样的方法,因为我们还没有现成的为语言史研究所作的文献学成果可以直接拿来利用。虽然这加大了研究的难度,但其现实必要性是毋庸置疑的。我们高兴地看到,高田时雄、辛嶋静志、衣川贤次等已经做了初步但很杰出的文献学工作,尤其是辛嶋静志,他的《长阿含经》和《法华经》汉梵对勘研究成果堪称典范。对国内的研究者来说，尽快掌握这个方法是当务之急①。

七

1930年代以来，随着以吐火罗语文献为代表的古代西域非汉语文献的发现和有关研究的展开，学者们逐渐了解到早期中印文化交流主要是间接完成的，即经过了中亚的中介。方壮猷在1930年发表的《三种古西域语的发见及其考释》一文中说："盖后汉魏晋代中国所传之佛教，大抵由西域龟兹、焉耆间接输入，其时所翻译之佛典，亦大抵由西域诸国语言如龟兹语、焉耆语间接翻译而来。然西域诸国语言如龟兹、焉耆等虽皆取法印度，然亦各有损益，与梵文原本不无异同，故南北朝隋唐高僧乃有直赴印度取经之事。因此等古西域语之发见，而后汉魏晋时代佛教由西域间接传入中国之迹，乃得证明之。"1948年，季羡林发表了《浮屠与佛》一文，从佛教史的角度讨论"佛"的语源，初步证明了"佛"并非如过去一贯认为的是"佛陀"的省略，而是另有来源，即源于吐火罗语的But。季先生后来又在1956年的《吐火罗语的发现与考释及其在中印文化交流中的作用》、1990年的《再谈"浮屠"与"佛"》等文章中对这个问题做了进一步的阐述。遗憾的是，这一重要的成果没有引起汉语研究方面的重视或接受。直到早期对音材料的运用暴露出越来越多的问题后，圈内的学者才开始研究并提出批评，但

---

① 周达甫(1957)曾有过一个很好的设想，他说："研究的方法最好是精密地对读原本和译本，编制一个词一个词的索引，拉丁语的术语叫做Index Verborum，如苏联科学院出版的《佛教丛书》之中的《正理滴论》的梵文-藏文和藏文-梵文的这种索引，'一个助词也不忽略'，是最好的范例。"可惜他的宏愿没有实现。

这已是90年代中期的事了。平田昌司在1994年提交第26届国际汉藏语言及语言学会议的论文《略论唐以前的佛经对音》中对有关的问题作了简要的论述，并对因此而导致的错误进行了初步的驳证。辛嶋静志1997年在《汉译佛典的语言研究》一文的第2章"汉译佛典中所见的音写词的问题"和第3章"汉译佛典的原语问题"里也专门讨论了这个问题，他说："在分析音写词时值得注意的是，初期汉译佛典的原语不仅限于正规的梵语，而且还包括了犍陀罗语等中期印度语，或是它们与梵语相混淆的语言，有时是中亚的语言。"总之，早期汉译佛典的原典问题应当引起足够的重视。

1950年代初，太田辰夫在《唐代文法试探》一文中对马伯乐和高名凯不加区别地利用佛教禅宗语料提出了批评[①]。如果我们不是就事论事地看待这篇文章，近半个世纪过去了，它仍有其现实的意义，这就是对佛典的文献学审视。如果与儒家传世典籍相比，汉译佛典语料在许多方面都是"含混不清"的。例如年代和译人，古代经录许多的错误今天仍在沿用；佛典的不同版本之间存在的大量异文也没有得到认真的研究。这意味着迄今为止对佛典的语言学利用基本上没有建立在必要的文献学研究基础之上。这是相当危险的，必须引起高度的重视。令人高兴的是，已经有学者尝试着从语言史的角度对佛典的译人译年作出判断（参看许理和1977，1991，1995；梁晓虹1996；曹广顺、遇笑容1998），尽管这种努力还远远不够。就目前而论，在佛典语料的文献学判断方面，应当尽可能地利用现代佛教史家们的研究成果，并在此基础上从语言史的

---

① 该文收入《汉语史通考》。马伯乐（H. Maspero）的文章是《论一些古代汉语口语文献》（Sur quelques texts anciens de chinois parle），*BEFEO*14，1914。高名凯的文章为《唐代禅家语录所见的语法成分》，《燕京学报》34期，49—84页，1948年。

角度做进一步研究，尽快整理出一部更加权威的佛经目录（参看汤用彤 1936；许理和 1959；吕澂 1980）。

八

显然，佛教混合汉语研究已经超过了传统的汉语研究的范围，是一个跨学科——汉语学、印度学和佛教学的新的研究领域。它的巨大研究价值，不仅对于汉语史，对佛教学，也对汉以后几乎中国（汉）文化的所有方面和中西文化交流史，已经和正在显露出来。同时，它的难度和挑战性也愈加突出。下一步是在不放弃宏观把握的同时更多地做具体而有系统的工作，特别是对有代表性的典籍一部一部地进行从词汇到语法的细致研究（参看辛嶋静志 1997）。除了加紧培养新一代的合格的研究者外，鉴于目前的条件，我们提倡跨学科的合作，也提倡国际的合作。

当然，在最后需要特别指出的是，强调佛教混合汉语及其研究的特殊性，并不是说传统汉语研究的成果和方法就不合用了。恰恰相反，在任何时候，对于佛教混合汉语的研究来讲，它们都是最基本的。研究者首先要掌握汉语历史语言研究的一般方法，要对汉语全民语言有深入了解和认识，在此基础上谈印度学的知识和方法才有意义。对于那些从印度学、佛教学出发研究佛教混合汉语的人来说，这一点尤其重要。因为无论佛教混合汉语如何特殊，它仍然是汉语。如果说从汉语学出发研究佛教混合汉语的人需要的只是补充印度学的知识和方法，从印度学、佛教学出发的学者则首先要转换立场，否则只能算一个佛典的文献学研究者，而不是一个佛教混合汉语的研究者。因为佛教混合汉语研究的终极目的并不在于找出某个词的印度语源，而是要揭示汉语的这个特殊变体的性质和全貌，进而研究它对汉语发展究竟有哪些影响。

参考文献

爱哲顿(Franklin Edgerton)　1953　《混合梵文语法及词典》(*Buddhist Hybrid Sanskrit Grammar and Dictionary*)，Motilal Banarsidass 重印，印度德里，1993年。

曹广顺　1986a　《祖堂集》中与语气助词“呢”有关的几个助词，《语言研究》第2期。

———　1986b　《祖堂集》中的“底(地)”“却(了)”“著”，《中国语文》第3期。

———　1995　《近代汉语助词》，语文出版社。

曹广顺、遇笑容　1998　也从语言上看《六度集经》与《旧杂譬喻经》的译者问题，《古汉语研究》第2期。

陈秀兰　1997　对许理和教授《最早的佛经译文中的东汉口语成分》一文的几点补充，《古汉语研究》第2期。

储泰松　1995　梵汉对音概说，《古汉语研究》第4期。

———　1998　梵汉对音与中古音研究，《古汉语研究》第1期。

董　琨　1985　汉魏六朝佛经所见若干新兴语法成分，《研究生论文选集》(一)，江苏古籍出版社。

董志翘　1998　试论《洛阳伽蓝记》在中古汉语词汇史研究上的语料价值，《古汉语研究》第2期。

段莉芬　1989　最早出现系词“是”的地下资料，香港《中国语文通讯》第6期。

方一新　1994　《世说新语》词语拾诂，《杭州大学学报》第1期。

———　1996　东汉语料与词汇史研究刍议，《中国语文》第2期。

方壮猷　1930　三种古西域语之发见及其考释，《女师大学术季刊》1卷4期。

冯胜利　1996　论汉语的韵律词，《中国社会科学》第1期。

———　1997　《汉语的韵律、词法与句法》，北京大学出版社。

高田时雄　1994　《中国语史的资料与方法》，日本京都大学人文科学研究所。

古列维奇(I. S. Gurevich)　1974　《论三至五世纪中国话的语法》(*Ocerk*

grammatiki kitajskogo jazyka Ⅲ-V vv.),Moscow:Nauka。
何亚南　1998　汉译佛经与后汉词语例释,《古汉语研究》第1期。
胡　适(Hu Shih)　1937　《中国的印度化》(The Indianization of China),in *Independence, Convergence, and Borrowing in Institutions, Thought, and Art.* Cambridge:Harvard University Press,1937,pp.219-247。
胡湘荣　1992　佛经语词选释,《古汉语研究》第4期。
——　1993　从鸠摩罗什的佛经重译本与原译本的对比看系词"是"的发展,《湖南师范大学社会科学学报》第3期。
——　1994　鸠摩罗什同支谦、竺法护译经中语词的比较,《古汉语研究》第2、3期。
季羡林　1948　浮屠与佛,《历史语言研究所集刊》20,收入《中印文化关系史论文集》,三联书店,1982年。
——　1956　吐火罗语的发现与考释及其在中印文化交流中的作用,《语言研究》第1期,收入《中印文化关系史论文集》,三联书店,1982年。
——　1990　再谈"浮屠"与"佛",《历史研究》第2期。
蒋冀骋　1993　魏晋南北朝汉译佛经语法笺识,《古汉语研究》第4期。
——　1994　隋以前汉译佛经虚词笺识,《古汉语研究》第2期。
——　1997　《近代汉语音韵研究》,湖南师范大学出版社。
蒋礼鸿　1988　《敦煌变文字义通释》(第四次增订本),上海古籍出版社。
——　1994　《敦煌文献语言词典》,杭州大学出版社。
蒋绍愚　1985　《祖堂集》词语试释,《中国语文》第2期。
——　1990　《入唐求法巡礼行记》中的口语词,胡竹安等编《近代汉语研究》,商务印书馆,1992年。
——　1994　《近代汉语研究概况》,北京大学出版社。
柯蔚南(W. South Coblin)　1991　义净梵汉对音探讨,《语言研究》1991年增刊。
李维琦　1993　《佛经释词》,岳麓书社。
——　1998　《佛经续释词》,岳麓书社。
梁晓虹　1985　汉魏六朝佛经意译词研究,南京师范大学硕士学位论文。
——　1994a　《佛教词语的构造与汉语词汇的发展》,北京语言学院出版社。
——　1994b　论佛教词语对汉语词汇宝库的扩充,《杭州大学学报》第1期。

梁晓虹　1996　从语言上判定《旧杂譬喻经》非康僧会所译，香港《中国语文通讯》第40期。
刘广和　1984　唐代八世纪长安音声纽，《语言研究》第3期。
——　1987　试论唐代长安音重纽——不空译音的讨论，《中国人民大学学报》第6期。
——　1991a　唐代八世纪长安音的韵系和声调，《河北大学学报》第3期。
——　1991b　东晋译经对音的晋语声母系统，《语言研究》1991年增刊。
柳士镇　1985a　《百喻经》中若干语法问题的探索，《中州学刊》第1期。
——　1985b　《百喻经》中被动句式，《南京大学学报》第2期。
陆锡兴　1993　梵文对汉字的影响，《语文建设》第3期。
吕　澂　1981　《新编汉文大藏经目录》，齐鲁书社。
吕叔湘　1955　《汉语语法论文集》，科学出版社。
——　1988　南北朝人名与佛教，《中国语文》第4期。
梅维恒（Victor H. Mair）　1994　佛教与东亚口语化的书面语的兴起：国语的产生（Buddhism and the Rise of the Written Vernacular in East Asia：The Making of National Languages），*JAS* 53，no. 3，pp. 707–751。
梅维恒、梅祖麟（Victor H. Mair，and Tsu-Lin Mei）　1991　近体诗律的梵文来源（The Sanskrit Origins of Recent Style Prosody），*HJAS* 51，no. 2，pp. 375–470。
聂鸿音　1985　慧琳译音研究，《中央民族学院学报》第1期。
平田昌司　1994　略论唐以前的佛经对音，Current Issues in Sino-Tibetan Linguistics ed. by Hanjime Kitamuta，Tatsuo Nishida and Yasuhiko，The Organizing Committee，*The 26th International Conference on Sino-Tibetan Languages and Linguistics*，Osaka，1994。
邱晓伦　1995　汉语"狮"一词的来源及其对汉文化的影响，《语言与翻译》第2期。
入矢义高　1993　禅宗语录的语言与文体，《俗语言研究》第1期。
申小龙　1995　佛教文化与中国语文传统的理论与方法，《汉字文化》第3期。
施向东　1983　玄奘译著中的梵汉对音和唐初中原方音，《语言研究》第1期。
孙昌武　1988　《佛教与中国文学》，上海人民出版社。

太田辰夫　1988　《汉语史通考》,江蓝生、白维国译,重庆出版社,1991 年。

汤用彤　1936　《汉魏两晋南北朝佛教史》,中华书局,1983 年。

唐钰明　1993　利用佛经材料考察汉语词汇语法史札记,《中山大学学报》第 4 期。

汪维辉　1997a　东汉魏晋南北朝常用词演变研究,四川大学博士学位论文。

———　1997b　先唐佛经词语札记六则,《中国语文》第 2 期。

王云路、方一新　1992　《中古汉语语词例释》,吉林教育出版社。

沃特斯(Thomas Watters)　1889　《汉语论》(*Essays on the Chinese Language*),Shanghai:Presbyterian Mission Press。

吴福祥　1996　《敦煌变文语法研究》,岳麓书社。

吴金华　1983　试论"R 为 A 所见 V"式,《中国语文》第 3 期。

———　1988　佛经译文中的汉魏六朝词语拾零,《语言研究集刊》2,江苏人民出版社。

项　楚　1991a　《敦煌文学丛考》,上海古籍出版社。

———　1991b　《王梵志诗集校注》,上海古籍出版社。

辛嶋静志　1992　《〈法华经〉汉译的文本研究》(*The Textual Study of the Chinese Versions of Saddharmapuṇḍarīkasūtra*),山喜房佛书林,日本东京。

————　1994　《〈長阿含々〉の原語の研究》,日本东京平河出版社。

————　1997　汉译佛典的语言研究,《俗语言研究》第 4 期。

————　1998a　汉译佛典的语言研究(二),《俗语言研究》第 5 期。

————　1998b　《正法华经词典》,日本创价大学国际佛教学高等研究所。

徐时仪　1991　试论慧琳《一切经音义》在近代汉语词汇研究中的价值,《喀什师范学院学报》第 3 期。

徐通锵、叶蜚声　1980　译音对勘与汉语的音韵研究,《北京大学学报》第 3 期。

许理和(Erik Zürcher)　1959　《佛教征服中国》(*The Buddhist Conquest of China*),李四龙译,江苏人民出版社,1999 年。

———　1977　最早的佛经译文中的东汉口语成分(Late Han Vernacular Elements in the Earliest Buddhist Translations),*JCLTA* 12,no. 3,蒋绍愚译,《语言学论丛》第十四辑,商务印书馆,1987 年。

———　1991　最早的汉语佛教文献新探(A New look at the earliest Chinese Buddhist text),In Koichi Shinohara and Gregory Schopen eds. *From Benares*

to Beijing:*Essays on Buddhism and Chinese Religion in Honour of Prof. Jan Yun-hua*, Oakville, Ontario: Mosaie, pp. 277–304。
许理和　1995　早期佛教文献中的口语成分:确定最理想的语料的一个尝试(Vernacular Elements in Early Buddhist Texts: An attempt to define the optimal source materials), *Vernacularisms in Medieval Chinese Texts*, *Sino-Platonic Papers*, 71, March, 1996。
颜洽茂　1984　南北朝佛经复音词研究——《贤愚经》《杂宝藏经》《百喻经》复音词初探,辽宁师范大学硕士学位论文。
———　1997　《佛经语言阐释》,杭州大学出版社。
尤俊成　1993　试论佛教对汉语词汇的影响,《内蒙古师大学报》第2期。
于　谷　1995　《禅宗语言和文献》,江西人民出版社。
俞理明　1987　汉魏六朝佛经在汉语研究中的价值,《四川大学学报》第4期。
———　1993　《佛经文献语言》,巴蜀书社。
俞　敏　1979　《后汉三国梵汉对音谱》,油印本,后入《中国语文学论文选》,日本东京光生馆,1984年。
———　1984　等韵溯源,《音韵学研究》第一辑,中华书局。
尉迟治平　1982　周、隋长安方音初探,《语言研究》第2期。
————　1984　周、隋长安方音再探,《语言研究》第2期。
袁　宾　1990　《禅宗著作词语汇释》,江苏古籍出版社。
张联荣　1988　汉魏六朝佛经释词,《北京大学学报》第5期。
张曼涛　1977　《现代佛教学术丛刊》,台北大乘文化出版社。
张美兰　1998　《禅宗语言研究》,台北五南图书出版公司。
张清常　1963　唐五代西北方言的一项参考材料——天城梵书金刚经对音残卷,《内蒙古大学学报》第2期。
张永言、汪维辉　1995　关于汉语词汇史研究的一点思考,《中国语文》第6期。
张振江　1995　汉语佛教词汇的构成与来源:佛教与汉语之一、之二,《广东佛教》第1、2期。
郑振铎　1938　《中国俗文学史》,东方出版社1996年编校再版。
志村良治　1984　《中国中世语法史研究》,江蓝生、白维国译,中华书局,1991年。
周达甫　1957　怎样研究梵汉翻译和对音,《中国语文》第4期。

周法高　1956　佛教东传对中国音韵学之影响，收入作者《中国语文论丛》，香港中文大学，1963年。
周一良　1963　《魏晋南北朝史论集》，中华书局。
朱庆之　1990a　佛经翻译与中古汉语词汇二题，《中国语文》第2期。
——　1990b　试论汉魏六朝佛典里的特殊疑问词，《语言研究》第1期。
——　1991　"将无"考，《季羡林教授八十华诞纪念文集》（上），江西人民出版社。
——　1992a　《佛典与中古汉语词汇研究》，1990年四川大学博士学位论文，（台北）文津出版社。
——　1992b　试论佛典翻译对中古汉语词汇发展的若干影响，《中国语文》第4期。
——　1993　汉译佛典语文中的原典影响初探，《中国语文》第5期。
——　1994　汉语外来词二例，《语言教学与研究》第1期。
——　1995　汉译佛典中的"所V"式被动句及其来源，《古汉语研究》第1期。
——　1996　"加持"考源，《段文杰敦煌研究五十年纪念文集》，敦煌研究院，世界图书出版公司，1996年。
——　1997a　敦煌变文中的"助"与"助喜"，《中国语文》第3期。
——　1997b　敦煌变文诗体文"换言"现象及其来源，项楚主编《敦煌文学论集》，四川人民出版社。
——　1998　佛教汉语的"时"和"时时"，《汉语史研究集刊》第一辑，巴蜀书社。
——　1999　《佛典与汉语音韵研究》，《汉语史研究集刊》第二辑，巴蜀书社。
竺家宁　1998a　《佛经语言学的研究现况》，《香光庄严》55。
——　1998b　《早期佛经词汇的动宾结构——从训诂角度探索》，*Seventh Annual Meeting of the International Association of Chinese Linguistics/Tenth North American Conference on Chinese Linguistics*，1998.6. Stanford，California.

（原载《语言学论丛》第二十四辑，商务印书馆，2001年）

（朱庆之：北京大学中文系）

汉译佛典的语言研究

辛嶋静志　著　裘云青　译

壹

不正确理解汉译佛典就根本无法把握东亚文化与思想。尽管汉译佛典如此重要,但是作为文献,汉译佛典历来没有受到人们的重视。中国学的学者中极少有人读佛典;研究佛教的学者则认为:“汉译佛典毕竟是翻译,与梵语、巴利语佛典相比不过是二手资料而已,而且并不难懂”,历来就没有要准确读汉译佛典的风气。与“自始即有语言”这一基督教传统相异,佛教不仅不拘泥于语言,相反认为对语言的拘泥有损于信心。但,正是因为思想是通过语言表现、通过语言流传的,所以说思想并不脱离于表现它的语言,而是存在于表现它的语言本身之中。不正确地捕捉语言,便不可能正确地理解思想。而且汉译佛典如此难解,仅满足于大约读懂,是根本不可能真正理解佛教思想的。今天我们应该首先老老实实地承认自己不懂佛教汉文。认定自己读得懂,便会无意中不断犯错误;知道自己读不懂便会开始考察为什么读不懂,这样就会打破自己的理解,重新认识汉译佛典。

如果我们从为什么读不懂这一疑问起步，从语言方面仔细研究汉译佛典，就会发现，汉译佛典不仅是研究汉语语史的重要资料，同时在我们探讨有关佛典的产生、发展等问题时也必不可少。研究这方面的问题，仅靠梵语佛典还远远不够。下面以汉译《法华经》与《长阿含经》为例，展示一下汉译佛典的语言研究的一端。

一　汉译佛典的汉语问题

（一）汉译佛典的口语表现

读汉译佛典的人谁都会注意到，佛典中的汉语与中国古典汉语十分不同。原因之一在于，来自印度、中亚等地的译者不习惯汉语，使用了词汇的特殊表现，或是造大量新词，用以表现当时在中国没有的思想、概念，使用既成词汇时也远离了其本意。但是更大的原因在于，为了教说大众，原典中使用了当时的传说、寓言及日常对话，描绘当时的日常景象，因此，在翻译佛典时，译者也相应的使用了当时的汉语口语表现。汉译佛典中出现的特殊的，或是口语的词汇、语法在汉语辞典、语法书中极少能查找到，这就加大了正确读汉译佛典的难度。值得庆幸的是，从中国学方面研究汉译佛典的词汇、语法的风气渐盛，Zürcher、森野繁夫、朱庆之、松尾良树等的大作相继问世，成绩昭著。

但是这些从中国学角度的研究有其缺陷。这些研究总的来说有两类，一是收集用例，归纳性地阐明意思；二是停留在自始至终与外典（佛典以外的文献）中相类似的用法的比较，没有表明汉译佛典的特征，即汉译佛典是“翻译”，我们可以把它与梵语、巴利语等经典，或是与其他译者的“异译”比较对照。例如日本明治时代的译书、启蒙书中出现的“权利”（right）、“科学”（science）等新词，把它们与其原语或是译语安定之前的其他译法相比较，就可以明确搞清它们的意思。同样道理，把汉译佛典的语法、词汇与梵语等佛典或异译相比较，就可以清楚、正确地找出它们的意思，解开许多疑团。例如，我们在参照梵本、异译等后，就能够准确把握下面这些难语的意思。

（二）佛典的难语例

首先，吉川幸次郎博士曾在《佛说无量寿经的文章》中（收于《全集》第七卷）提出了这样的问题。《无量寿经》五恶段的“恣心荡逸，鲁扈抵突”（大正藏12卷，277a7）这一表现，“抵突”为重叠同子音（t）的双声词，意为“粗暴”；“鲁扈”（lǔ hù）为同母音相连的叠韵词，意思不明。笔者在其他论文中说明过（辛嶋1995：613—614页，注[103]），在《长阿含经·游行经》中有“阐怒（Channa）比丘虏扈自用”（大正藏1卷，26a18）；《放光般若经》中有“常欲灭虏扈自用”（大正藏8卷，27a27）。其中“虏扈”这一表现与“鲁扈”类似。与前者对应的梵本中为caṇḍo rabhasaḥ paruṣo（“易怒、粗暴、粗鲁”*Mahā parinirvā nasūtra* 29.14）；与后者对应的异译本中为“憍慢”（大正藏7卷，82c16；大正藏8卷，256c19），由此可以判断，“鲁扈”或是“虏扈”，意为“刚愎自用”“傲慢”“粗暴”。

此外，鸠摩罗什译《妙法莲华经》中有“各以衣裓盛诸天华”（大正藏9卷，23a28，23c4，24a12，24b20）及“当以衣裓若以机案从舍出之”（12b24）这样的表现。其中“衣裓”一语被解释为“盛花之器”

"衣衿"等,但至今确切的语义不明①。梵本中没有与前一例相对应的表现;中亚出土的梵本中则有与后文的对应(参照 Karashima 67 页),即pīṭhakena vā utsaṃgena vā-m-ādāyâsmād gṛhā nirgaccheyaṃ(用椅子或围裙把孩子们从这幢房屋里带出去)②。由此我们可以看出,"衣裓"与梵语的 utsaṅga 相对应。这一梵语通常意为"膝",但在韦陀文献、巴利语文献等中,很多地方意为搬运物品时使用的某种"围裙"(参照 Goto 1980)。"衣裓"这一汉语词汇也是这个意思。

以上二例说明,为了搞清佛典汉语,我们有必要参照梵本、异译。

(三)《正法华经》中所见的语法、词汇

历来对佛典汉语的研究倾向于从多数佛典中抽出特殊的词汇、语法,对它们进行列举、解释。我们今后的研究方向是在历来宏观的成果的基础之上,逐步研究每一部佛典的词汇、语法,并以此为基础,按译者分类对不同译者的词汇、语法进行研究。

近年来,笔者查《汉语大词典》等工具书,精读了竺法护译《正法华经》(A. D. 286),编纂了《正法华经辞典》一书。这部辞典中收集的词汇约有四千条,其中包括了历来辞典中未收进的词汇,并收集了佛教用语、音写词及口语词汇。每一条目都附录了梵本(校刊本及中亚出土本)及鸠摩罗什译《妙法莲华经》中与其相对的词汇。

这部辞典与历来的汉语辞典或索引的不同之处在于:(1)所有的词汇出自同一经典;(2)按现代汉语拼音顺序排列;(3)附上

---

① 参照岩波文库《法华经》(上)坂本幸男、岩本裕译注 345 页,蒋礼鸿(1988:99),Karashima(1992:297),朱庆之(1992:216—217)。

② 这里的pīṭhaka"椅子"恐怕是piṭaka"笼"的误传。参照Vinayapiṭaka I 225:13—14. piṭakāni pi ucchaṅge pi pūresuṃ。

了梵本、异译经典中相对应的词汇。

笔者计划，今后也以同样的方法编纂鸠摩罗什译《妙法莲华经》及其他汉译佛典的辞典，最终把它们进行总结，编集《佛典汉语辞典》。

仅《正法华经》（大正藏9卷所收）这一部汉译经典中就出现了许多辞典、语法书中没有收入的词汇、语法。下面列举几例。

i. 人称代名词

《正法华经》中"仁""仁等""仁者""仁辈""诸仁"为第二人称，意为"你"、"你们"。例如，"佛告阿逸：'今故语仁。宣布四远……'"（118b3—4）；"世尊告曰：'止，族姓子！仁等无乃建发是计……'"（110b22）"仁者、阿难！"（98a24）；"诸仁当志一切敏慧"（94b13）。

关于"仁""仁者"的用法，有人认为是对地位同等的同士或地位稍上者使用（水谷1961，1994：163—176；金冈91—92）。这种说法在鸠摩罗什译中还说得通，而在竺法护译中则不一定适用。这类称呼在《正法华经》中出现了约二十处①，其中半数以上是佛对

① 其他例子：

"仁"

（文殊菩萨跟弥勒菩萨说：）"仁顺其教　于彼世时　比像如是　我身尔时　则为法师"（67c13—14）；（佛陀跟舍利弗说：）"欲知佛道　常调清净　仁乐圣典　实为要妙"（70b4—5）；（父亲跟孩子说：）"有紫磨金　积聚于此　当以供仁　为饮食具"（82a5—6）；"五通闲居仙人……而具语曰：'卿莫矜高自以为达。仁在屋里，自闭不出，不知外事。……'"（85b13—17）"（佛陀）又告比丘：'如来如是为人（读作"仁"?）等伦唱道经谊，……现于三乘，禅定一心，使得灭度。'"（92c12—14）（智积菩萨跟舍利弗说：）"我睹能仁。是仁大师……"（106a3—4）（常被轻慢大士跟比丘、比丘尼等说：）"仁当受经，亦当逮得如前净眼，……"（123a15—16）

"仁等"

（导师跟从者说：）"吾……每惧仁等　创楚悔还"（94a27—28）；"世尊告曰：'止，

佛弟子、菩萨、在家者的称呼。

另一方面，说话者为表示自谦使用“鄙”一词（外典中用例参照王云路、方一新 1992:25）。例如，“鄙何所失”（73c12）；“如来为鄙说法”（80a14）；“今鄙等怀疑”（68c26）；“鄙之徒类”（110b19）。

ii. “诸所”“尔所”

“诸所”的意思有时不是“所到之处”，而是“所有”“一切”，与“诸许”相同。例如，“诸所经籍”（64b6）；“诸所财业”（64b14）；“诸所珍异”（64b16）；“诸所现在大菩萨众”（65b5）；“诸所如来”（71a19）；“诸所良药”（84b27）；“诸所鬼神”（121c11）；“诸所种类”（120c7）。

“尔所”与“尔许”相同，有时用作“和……一样多，同样多的”（参照太田 1988:33）。例如，“从古以来　未曾见闻　乃有尔所　菩萨之众　从地踊出　住世尊前　供奉归命”（111a23—25）；“如是次取，越尔所国土，复著一尘”（113b9，113b22—23）；“吾逮无上

族姓子！仁等无乃建发是计……’”（110b21—22）（常被轻慢大士跟比丘、比丘尼等说：）“我行恭敬，不轻诸贤。仁等当逮如来正觉道德之慧。”（123b14—15）

“仁者”

（弥勒菩萨跟文殊菩萨说：）“仁者，惟（*v. l.* 唯）说！今何因缘有此瑞应？……”（64a4）（弥勒菩萨跟文殊菩萨说：）“仁者，溥首！彼所言说我立住此今悉见闻”（64b8—9）；（弥勒菩萨跟文殊菩萨说：）“唯愿，溥首！具说斯谊！吾今钦羡　及诸佛子　于四部众　心怀悦豫　渴仰仁者”（65b24—26）；“尔时世尊以偈颂曰：‘卿，舍利弗！于当来世　得成为佛……仁者国土　严饰如是’”（74b26—c23）；“尔时佛告弥勒大士：‘善哉，阿逸！仁者所问极大微妙，优奥难量……’”（112a2—4）“时佛颂曰：‘诸族姓子！皆听佛道　今吾所说……佛当建立　仁者诸党　一切无得　生狐疑心’”（112a8—15）；“无数无限不可计会亿百千姟菩萨、大士及四部众……则闻空中音声而歌颂曰：‘仁者！欲知过是无限不可思议亿百千姟诸佛世界有佛世界，名曰忍土……’”（124a26—b2）；“佛告宿王华菩萨：‘若有学人受是经者，所逮圣明、势力、威德超越若斯。是故，仁者！若有讲说此《药王品》，有赞善者，后生为人，口中自然优钵华香，身栴檀香……’”（126c24—27）

正真道，成最正觉已来，其劫之限过于尔所尘数之劫”（113b25—27）。

iii. 被动

“（为）……所见”常表示被动（外典中用例参照牛岛 1971：323—324，柳士镇 1992：320—321，吴金华 1995：4—13，董志翘、蔡镜浩 1994：282）。例如[①]，“其不笃信　诸佛音声……为一切世所见谤毁”（89b10—12）；“诸佛世尊所见谘嗟”（63a15）。

iv. 假设、让步、反语

表现假设的有“设使”“若令”（外典中用例参照王政白 1986：276，牛岛 1971：304，柳士镇 1992：256）。例如[②]，“设使闻者　令不沉吟”（112c19）；“彼人若令眼根清净，而以肉眼睹诸所有，满三千大千世界诸味石蜜丛树，下至无可大地狱中，上至三十三天一切普见，悉能摄取”（119a22—25）。辞典中没有“假当寿终无所委付”（81c6）中“假当”（“如果”）一词。

表现让步的有“正使”（“纵使”。外典中用例参照韩峥嵘 1984：604，董志翘、蔡镜浩 1994：646）。例如，“正使生天及在人间，与不可会，恩爱别离”（75c22）；“正使我等不退转地诸菩萨尚不能知”（113b17）。

“设使众生　见是世界　水火灾变　劫烧天地　当斯之时　吾此佛士　具足微妙　柔软安雅”（114c29—115a2）中“设使”表

---

① 其他例。“为三界欲　所见缠缚”（77c24—25）；“为诸品类　所见贱秽”（78c29）；“无数亿佛　所见哀愍”（98c12）；“为雄导师　所见谘嗟”（113a12—13）；“则为如来　所见拥护”（117a10）；“常为众人　所见爱敬”（119a3）；“为一切人　所见爱敬”（122a2）。

② 其他例。“设使各各　作奇异行”（71b16）；“设使闻者　书写执持”（101a17）；“设使有人赍此经行……当起塔庙”（124b21）等。

现让步。

表示反语的有“岂宁”“岂将”“岂当”等例。例如，“唯有一乘　岂宁有二？”(70b19)“岂将异乎？”(100a3)“尚无有二　岂当有三？”(81b7)

v. “载”

“载”一般用作量词，意为“年”。而在《正法华经》中则作为数量单位，许多地方与梵本的 nayuta(“千亿”或“百万”)相对应，意为“极多”(参照《汉语大词典》第九卷，1243 页)。例如，“见无央数亿载诸佛”(66b15)；“奇异珍宝　无量兆载”(77c17)；“诵斯经者……引无央数　亿载譬喻”(79c14—15)；“无数亿百千姟兆载声闻众”(92a23)；“十四载人立声闻、缘觉地”(100a1—2)；“时千亿人　皆立大道　十四载人　声闻、缘觉　无央数人　得生天上”(100b8—10)；“睹见七十二亿兆载江河沙诸如来众”(126c11—12)等。

vi. “光世音”

在犍陀罗语中-bh-和-v-似乎常被混用(参照 Brough 1962：§44，Hinüber 1986：§191，Norman 1989:374)。《正法华经》的译者也混同了这两个子音。

光世音(63a27)一词与尼泊尔梵语写本和吉尔吉特(Gilgit)本中的 Avalokiteśvara(观自在)相对应，而旅顺博物馆收藏的中亚出土梵本则为 Avalokitasvara。我们不难看出，“光世音”的“音”与中亚本的 svara(“音”)对应，“世”则是译者把 lokita(“看到”)联想为梵语 loka(“世间”)，翻译成了“世”。那么，为什么会有“光”呢？笔者设想，大约是译者把接头辞 ava-误解为梵语 ābhā(“光”)才这样翻译的。

vii. "昼度树""画度树"

"昼度树"早见于竺法护以前的翻译经典之中,与梵语 pārijāta, pārijātaka(珊瑚树。生于帝释天的树)对应。但是至今我们也不清楚,这个词是如何被译为"昼度树"的。《正法华经》中也有这个词(65b17,120a21)。与它相对应的尼泊尔写本和吉尔吉特本中为 pārijāta, pārijātaka, pāriyātra, pāriyātraka,中亚本中则是 pāracitra, pāracitraka[①]。"昼度树"的"度"为梵语 pāra-("越过""对岸")的翻译。那"昼"是怎么来的呢?笔者认为,中亚本 pāracitra(ka)中含有梵语-citra("杂色""斑驳""装饰""绘画")。起初这个词被译为"画度树"。以后,人们逐渐淡忘了这个词的本义,把"画"误写为"昼",流传至今(参照 Karashima 1992:280)。

viii. "孚""孚务"

《正法华经》中"孚"字在很多地方意为"赶快""赶紧"。如,"其有众生……遵求罗汉,孚出三界"(76a14—17);"不敢自前,孚便驰走"(80b17);"惟愿世尊,孚令我等所愿具足,授无上正真"(98a5—6);"当孚受持　斯《法华经》"(100a12);"其女即以一如意珠价当是世,时孚供上佛"(106a16—17);"今我年老,羸秽,无力,如是当死。汝辈孚起"(114b1—2)[②]。

---

① 在《妙法莲华经》中鸠摩罗什音译为"波利质多罗"(* pāricitra?)(大正藏 9 卷,48b28)。

② 与此对应的梵语为 nirdhāvanti("跑出去"),tvaramāṇa("赶着"),kṣipram("快""赶快"),鸠摩罗什译为"速""疾"。由此可以确定,这些句子中的"孚"为"赶快,赶紧"的意思。参照《一切经音义》第 28 卷"孚,疾也"(大正藏 54 卷,494a2)。还有一例。太田辰夫、江蓝生两位先生认为,竺法护译《生经·舅甥经》中"甥又觉之。……守者……皆共醉寐。俘(宋版等作'孚')囚酒瓶,受骨而去"(大正藏 3 卷,78c)的"俘"("孚")字意为"捉获"(《〈生经·舅甥经〉词语札语》,《语言研究》1989 年第 1 期,83 页。衣川贤次先生把这篇论文提供笔者。)。笔者则认为"俘"(或"孚")在这里也是"赶快,赶紧"的意思。

在“其屋宅中　怖遑若兹　百千人众　烧丧狼藉　于时宅主　大势长者　见之如斯　急急孚务”(77a19—21)中的“孚务”一词大概为同义复词,意为“急忙”“急速”(参照 Karashima 1992:300)。

ix. “善哉”

“善哉”表示赞叹。这一表现早见于先秦文献。作为梵语 sādhu(“好!”“妙!”)的翻译,“善哉”一词也频繁地出现在佛典中。但是,梵语 sādhu 除表示赞叹之外,还有“请!”的意思。汉译者把这一意思的 sādhu 也译成了“善哉”。例如,“舍利弗白世尊曰:‘……初未曾闻如是像法,心每犹豫。善哉,世尊!愿说要谊,使此比丘疑网悉除。……’”(75a20—28)“有大梵天,名曰妙识,即叹偈曰:‘善哉!愿诸佛　世吼获圣明　为三界众生　开示正觉乘……’”(91a26—28)“于是宿王华菩萨前白佛言:‘药王菩萨以何等故游忍世界,堪任无数勤苦之难?善哉,天尊!愿为十方诸佛世界菩萨,声闻云集于斯。若有闻佛班宣药王初发道心宿行功勋,为今众会及后来世。普闻受持追学究竟……’”(125a9—13)“普贤菩萨……前白佛言:‘……善哉,世尊!唯加垂哀,以时颁宣《正法华经》。……’”(132c20—133a2)

x. 双声词、叠韵词“仡戾”“忔悷”“摩何”“框欀”“叵我”“乙密”

与其他汉译佛典一样,《正法华经》中有许多双声词、叠韵词。下面举几个值得我们注意的例子。

“仡戾”“忔悷”

“假使有人,仡戾(*v. ll.* 忔悷,仡倷)自用,性不修调,薄德无福,心怀自大,著供养利,不备善本,离于解脱,难可成就”(106b2—4)、“诸子不随颠倒忔悷(*v. l.* 仡戾)想者,见药,嗅香,尝知其味,寻便服之。病即得愈,毒药消灭”(114a23—24)。

与这一双声词“侜戾”(lǒng lì)、“怺悷”(lǒng lì)对应的梵语(śaṭhaka, viparīta)的意思也是“乖张的”“倔强的”“别扭的”[①]。

“摩何”

“世尊适发此言,比丘、比丘尼、清信士、清信女五千人等至怀甚慢,即从坐起,稽首佛足,舍众而退。……收屏盖藏衣服、卧具,摩何而去。世尊默然亦不制止”(69b18—22)。梵本中没有与这一叠韵词“摩何”(mó hé)对应的词,所以我们无法确定这个词的意思。但是,北京图书馆所藏敦煌写经《佛说孝顺子修行成佛经》中有“尔时太子见母头戴石五升麦,来向磨坊中。太子不忍认母。二人(就是太子夫妻)眼中泣泪,手捉马鞭,拨(底本作‘拔’)母头上麦翻(底本作‘幡’)着地,磨何而去”(方广锠编《藏外佛教文献》,宗教文化出版社1996年,第334页)。此外,梁武帝《断酒肉文》中有“今出家人或为师长,或为寺官自开酒禁,啖食鱼、肉,……裁欲发言,他即讥刺云:‘师向亦尔。寺宫亦尔。’心怀内热,默然低头,面赤,汗出,不复得言。身既有瑕,不能伏物,便复摩何直尔止住”(《广弘明集》第26卷所收,大正藏52卷,295a15—19)[②]。从以上三例来看,我们可以推定,这个词的意思为“若无其事地”。

“框欀”

“雕鹫数百　飞欲避火　无数鸠垣　框欀(*v. l.* 劻勷)[③]怀懅”(77a8—9)中的叠韵词“框欀”(kuāng xiāng),与它相对应的梵语为bhramati(“徘徊”“动摇”“狼狈”),罗什译为“周章惶怖”(大正藏9卷,14a24)。由此我们可以知道,这个词表现“害怕、惶遽不

---

① 参照《汉语大词典》第七卷,794a 怺戾(《大唐西域记》)。

② 此例承知恩院净土宗学研究所齐藤隆信先生指教。

③ 大正藏中错排为“框榱”。

安的样子”，与唐诗中的“劻勷”“恇攘”意思相同①。

“叵我”

“譬如三千大千世界，其中所有诸药草、木、竹、芦、丛林、诸树小大……悉生于地，若在高山、岩石之间，丘陵、堆阜、嵠谷、坑坎。时大澍雨润泽普洽。随其种类，各各茂盛，叵我低仰，莫不得所。雨水一品周遍佛土。各各生长。地等无二。”(83b9—15)中有叠韵词“叵我”(pǒ wǒ)。梵本及罗什译中没有与其对应的词。但竺法护译《月光童子经》中有“宝树、药树、诸众果树睥睨距跋(*v. l.* 叵我)低仰。如人跪礼之形”(大正藏14卷，816c10—11)；无叉罗译《放光般若经》卷一中有“三昧威神令此三千大千国土地皆柔软距(*v. l.* 跛)跋踊没”(大正藏8卷，1c1—2)；元魏慧觉等译《贤愚经》卷三中有“六种震动。诸山、大海距跋踊没”(大正藏4卷，373a6—7)；鸠摩罗什译《大树紧那罗王所问经》卷一中有“犹如有人极为醉酒，前却颠倒，不能自持。诸山须弥颇峨涌没亦复如是”(大正藏15卷，370c29—371a2)这样的表现。如果我们参考以上几例，是否可以推测，“叵我”一词与“距跋”“颇峨”相同，意为“摇摇晃晃的样子”呢？② 出现在《楚辞》、唐诗等中的“駊騀”(pǒ wǒ，参照《汉语大词典》第十二卷，830b)、出现在《敦煌变文集·瞋山远公话》中的“颇我(pǒ wǒ)之心”大约也是这个意思。蒋礼鸿先生认为“颇我”与“彼我”相同(蒋礼鸿1988:324—326)。笔者认

① 参照《汉语大词典》第二卷，786a 劻勷；同第七卷，511a 恇攘。

② 玄应在《一切经音义》中指出，“距跋”“颇峨”都应该读作“叵我”：“倾侧摇动，不安也。经文作距跋二形，或作岠峨二形并未见字所出也”(大正藏54卷，356c10。参照同529b20，789b8)。但他对《大树紧那罗王所问经》中“颇峨”的解释却不同：“叵我。如醉人据(*v. l.* 倨)傲侮慢不敬之貌。经文有作‘岠峨’，或作‘颇峨’。皆不正也。盖亦涉俗之言”(505c8)。

为这一看法还存有疑点,应进一步推敲。

“乙密”

“于是贤者阿难自念言:‘我宁可蒙受决例乎?’心念此已,发愿乙密,即从坐起,稽首佛足”(97c28—29);“假使菩萨乙密[①]观察斯一切法,欸欸修此所当行者,常住威仪、礼节二事”(107c16—18)中的叠韵词“乙密”(yǐ mì),笔者认为是“详细”“精心”“仔细”“周密”的意思,但还需要进一步考证。

正如上面所列举的那样,仅在竺法护译《正法华经》中就存在着许多字典、研究著作中不曾收的意思不明的词汇、语法,有待我们去考察。

二 汉译佛典中所见的音译词的问题

(一)中国音韵学与音译词

汉译佛典是研究中国音韵时必不可少的重要资料。在欧洲,自近代中国音韵学产生起,学者们便利用汉译佛典的音译词重新构成了中古音。但是许多人对把音译词作为音韵资料使用这种方法持有相当大的疑问。Pulleyblank(1962)全面以音译词为依据,重新勾画汉代辅音体系,对他的批评尤为强烈。的确,汉代的音译词不仅数量少,而且原语的问题复杂,利用这些音译词重新构成中国音的体系要冒很大的风险。但是西晋以后,译经数量庞大,只要我们对这些无数的音译词进行慎重考察、分析,它们就是研究《切

① 《大正藏》中错排为“乙蜜”。

韵》以前中国音韵的丰富、确实的资料。不过笔者在后面也会讲到，在分析音译词时值得注意的是，初期汉译佛典的原语不仅限于正规的梵语，而且还包括了犍陀罗语等中期印度语，或是它们与梵语相混淆的语言，有时是中亚的语言。

为了探究汉译《长阿含经》（佛陀耶舍与竺佛念于413年在长安译出。《大正藏》第1卷所收）的原语来自何处，笔者把这部经典中出现的约500个音译词与巴利语、梵语进行了比较研究，注意到了几个与汉语音韵有关的问题（参照辛嶋1994：53—59）。下面以两个问题为例，说明在研究汉语音韵时，我们可以利用音译词。推定中古音使用由Karlgren再构成、李方桂（1971）修整的体系，按照Coblin（1983：41）的标记法表示。推定中古音前附省略符号MC（=Middle Chinese）。

（二）关于羊母的音值

Coblin等在分析了《释名》、中国古典的音注等后推定，中古音的羊母（Karlgren 0［零］；李方桂ji）的音值在汉代为ź-、z-，魏晋代为ź-（Coblin 1974—1975：310—311）。Pulleyblank（1962：115）与Coblin（1983：62—63）以分析佛典的音写词为基础，把羊母在汉代至唐代的音值定为ź-。在这里姑且不讲他们对印度语言的认识存在问题。下面笔者所述理由说明，《长阿含经》的音译词中所见的羊母的汉字音值不是ź-，而是与印度语言中的半母音y相类似。

《长阿含经》中存在着羊母与梵语的-k-相对应的例子（例如“尼延豆”［Skt. nikaṇṭha］的“延”［MC. jiän］与梵语kaṇ相对应）。在印度、中亚语言中不可能有-k->-j-这一音变化，而应该认为它反映了-k->-y-这一中期印度语的音变化。此外，羊母有时与-c-对应

（例如“婆耶”［Skt. vācā-］的“耶”［MC. jia］与梵语 cā 对应）。笔者认为它表明的不是-c->-j-这一特殊的变化，而说明在《长阿含经》的原语中也发生了-c->-y-这一在中期印度语中较普遍的音变化。梵语的语头 jy-、dy-在俗语中无一例外地变化为 j-。如果像 Pulleyblank 等所说那样，羊母有ź-的音值，那么理论上它们也可以用羊母音译。而实际上音值为禅母（“树［MC. źju:，źju-］提”［Skt. jyoti］、“雠［MC. źjəu］地”［Skt. dyuti］等）。由此从《长阿含经》中可以明确看出原语的 j 用禅母、y 用羊母音值的这一区别。因此可以推定，在《长阿含经》译出的时代（5 世纪初），在长安羊母的汉字的音值不是 z-，而是与印度语言中的半元音 y 相类似（参照 Coblin 1994:158—159）。

（三）关于鱼部的音值

上古音的鱼部中中古音中属模（-wo）、鱼（-jwo）、虞（-ju）韵类的汉字在东汉主母音的音值究竟是什么，Coblin（1983:100—103）推定除佛典以外的文献一律为 a；关于东汉的汉译佛典的音译词，由它们与印度语的 o 相对应推定为 o（但在他的音写资料中没有鱼韵的字，他未下结论）。

《长阿含经》中使用这一韵类的汉字的音译词有：

“呜摩”（Skt. umā-）、“畤耶”（Skt. Rojā）、“暮陀婆那”（Skt. modamānā）、“居萨罗”（Skt. Kosala）、“居楼”（Skt. Kuru）、“初摩”（Skt. kṣauma）、“摩㝹蔬多摩”（Skt. Mānuṣottama）、“瞿舍利”（Skt. Gośālī）等，模韵类（-wo）的“呜（MC. ʔwo）”、“畤（lwo）”、“暮（mwo-）”、鱼韵类（-jwo）的“居（kjwɔ）”、“初（tṣhjwo）”、“蔬（ṣjwo，ṣjwo-）”、虞韵（-ju）的“瞿（gju）”与原语的 u、o（<au）相对应，可以推定这些汉

字的主母音还是 o(参照 Coblin 1994:153—155)。

我们不仅不能否认汉译佛典是研究中国音韵的重要资料,而且期待这方面更为深入的研究进展。反过来,我们也可以利用中国音韵研究的成果,探明汉译佛典原语的面貌。

三　汉译佛典的原语问题

(一)佛典的语言、汉译佛典的语言

释迦牟尼曾在印度东部的摩伽陀(Magadha)地域活动。阿含经典最初流传时使用东印度方言宣扬他的言行。以后随着教团的扩大被换为各地的语言,再后来在各地产生了用各地方言口传或书写的新经典。保存至今的大小乘梵语写本中,不少在当初传播时用的是中期印度语,随着时代的推移逐渐梵语化。关于梵语化始于何时有不少说法。一般认为是自公元后 1 至 2 世纪在印度北部、西北部逐步开始的。但梵语化的扩大则是很久以后的事情。

所以我们可以推定,自东汉至南北朝出现的汉译佛典中,许多原典是用中期印度语、中亚语言等口传或书写而成的。例如东汉的支娄迦谶译本中出现的"弥勒"(Skt. Maitreya)这一菩萨名也不与梵语对应,而与中亚古语之一吐火罗语的 Maitrāk, Metrak 一致(参照 Bailey 1946:780)。同样,出现在支娄迦谶译本中的"怛萨阿竭"(T8.429a. MC. tât sât ʔâ gjät. 梵语 tathāgata[如来]。参照荻原 1930:164 以下,Coblin 1983:243)一词,反映了印度西北方言犍陀罗语(Gāndhārī)的一个显著特征,即,梵语的-th-弱化,接近于[z],笔写为 s(参照 Brough 1962: §43, v. Hinüber 1986: §173,

Norman 1991 = 1994:61, §5.5)。由此我们至少可以窥见,支娄迦谶译的原典不是正规的梵语。

再举一例。《法华经·提婆达多品》的异译本中有一经典《萨昙芬陀利经》(西晋代。译者不明。大正藏9卷所收),其中有"抱休罗兰"(Skt. Prabhūtaratna)这一佛名的音译词(大正藏9卷,197a15)。"休(MC. xjəu)"与梵语 bhū 相对应,反映了在中期印度语中-bh->-h-这一音变化。我们虽然不能由此断定它是何种语言,但至少可以推测,历史上曾流传过用中期印度语(或以它为基础的中亚语言)口传或写成的《法华经》。除几个残片以外,最早的梵语写本也是5世纪、多数是11世纪以后的产物,许多汉译佛典较梵语佛典更为古老。

(二)犍陀罗语与汉译佛典

印度西北部及中亚等地,在梵语以前使用的中期印度语中有犍陀罗语,它产生于印度西北部的犍陀罗地区。保存至今的资料有:公元前3世纪的阿育王碑文、在自印度西北部东至中国洛阳、长安等地域发现的碑文类、中亚出土的文书类、《法句经》写本等。由于这些资料分布地域广泛,因而它们显示的语言状况各不相同。但是它们与其他中期印度语有着一致的差别(例如梵语的复合子音śr 变化为 ṣ,梵语的-th-、-dh-表现为-s-),所以总称为犍陀罗语。有的学者把犍陀罗语在中亚起的作用比作中世纪欧洲的拉丁语。到被梵语与婆罗米文字取代的相当长的一段时期内,犍陀罗语及其文字(佉卢[Kharoṣṭhī]文字)很可能是印度西北部及中亚这一地域佛教徒的共同语言。

自东汉至魏晋、南北朝,僧侣们把佛典带到了中国。这些僧侣中许多来自印度西北部、中亚,因此产生于这一时代的汉译佛典中自然有许多佛典的原典语言是犍陀罗语,或是由犍陀罗语多少梵语化的语言。实际上,这些汉译中出现的音写词、翻译词中不少只能用犍陀罗语解释说明。例如东汉的安世高译中出现的“沙(MC. ṣa)门”(Skt.śramaṇa)与犍陀罗语的 ṣamana 一致(参照 Brough 1962:53)、东晋的僧伽提婆译中出现的“弥萨(MC. sât)罗”(Skt. Mithilā)反映了犍陀罗语的-th->-s-的变化(参照榎本 1984:94—95)。此外,在某部经典中发现的音写词显示犍陀罗语特有的音变化,以此为根据判断其汉译佛典的原语本来是犍陀罗语的例子也为数不少。例如东汉的支娄迦谶译《阿閦佛国经》(Dantinne 1983)、4 世纪末译出的《中阿含经》(榎本 1984)、4 世纪初译出的《长阿含经》(Bailey 1946,Brough 1964:50—54)等。

(三)《长阿含经》的原语

历来的研究仅仅停留在从为数众多的音写词中挑出表现犍陀罗语特征的例子而已。有时同是出自同一经典的其他音写词,表现的音变化却与犍陀罗语相矛盾。为了考察出某一汉译经典原语的真相,我们有必要对这一经典中出现的所有音写词进行全面分析。例如,笔者曾对《长阿含经》中出现的音写词进行了分析(辛嶋 1994)。其中大约五百个音写词在梵语、巴利语中有相对应的词,而且这五百个词不属于《长阿含经》以前既成的音写词。笔者得出的结论是,其原语的多样性绝非能用犍陀罗语一概而论。下面仅以三点为例作一介绍。

(1)具有犍陀罗语特征的音写词

i.“弥私(MC. si)罗”(大正藏 1 卷,149a20. Skt. Mithila)。如前

面所述,梵语的-th-发生音变化,笔记为 s,这正是犍陀罗语的特征。

ii. "弥沙"(80b20. BHS. Miśrikā-)。"沙(MC. ṣa)"显示了原语梵语的-śr-到-ṣ(ṣ)-的变化。这也是犍陀罗语特有的一个音变化。

iii. "提舍"(2c25,81b5. Skt. Tiṣya):"舍(MC.śja-)"显示了原语梵语的-ṣy-到-ś(ś)-的变化。这也是犍陀罗语特有的音变化。

iv. "阿湿波"(34b22. Skt. Aśmaka)、"加毗罗摄波"(80a20. Skt. Kambalāśvatara)的"湿波(MC.śjəp pwâ)"、"摄波(MC.śjäp pwâ)"表现了原语梵语的-śm-,-śv-变化为-śp-(即-śm->-śv->-śp-)。这一变化也是犍陀罗语的特征之一。

(2)与西北印度的犍陀罗语的不同之处

复合 r 的位置转换是犍陀罗语的特征之一(例如梵语的 dharma,dīrgha 各变化为 dhrama,drīgha)。但在《长阿含经》的音写词中则没有例子表明原语产生了这种转换。此外,犍陀罗语中鼻音先行的有声子音同化(例如梵语的-nd-在犍陀罗语中变化为-nn-),但在《长阿含经》中根本没有这样的例子。下面音变化的例子在除犍陀罗语以外的中期印度语中十分普遍,在西北印度的犍陀罗语中则十分罕见。

i. "树臣陀罗"(115c18. Skt. Yugandhara)的"树"(MC. źju:,źju-)表明,梵语的 yu-在原语中变化为 ju-。这一变化在中期印度语中十分常见,但在西北印度方言中少见。

ii. "毗楼罗"(80a10. Pa. Viṭuṭa)、"究罗檀头"(96c20. Pa. Kūṭadanta)、"波梨"(67c9. Pa. Pāṭika)等的"楼(MC. ləu)""罗(MC. lâ)""梨(MC. lji-)"表明,原语中-ṭ-变化为-l-(-ṭ->-ḍ->-ḷ->-l-)。这一变化在除犍陀罗语以外的中期印度语中也十分常见。

iii. "萆犁醯陛"(80b8. Skt. pṛthivī)、"阿醯物多"(23a24. Skt.

* adhimuktaka）的“醯”（MC. xiei）显示了从原语的-th-、-dh-到-h-的变化。这一变化在除犍陀罗语以外的中期印度语中也十分常见，但与犍陀罗语的特征，即-th-、-dh-笔写为-s-，相矛盾。

（3）在梵语、中期印度语中没有出现的特殊音变化

i.“庵婆罗（MC. ʔəm bwâ lâ）”（17b18 等。Skt. āmra）显示了-mr->-mbr-这一音变化，但在中期印度语中没有这样的例子。

ii.“那头（MC. nâ dəu）”（80a19. Skt. nāgo）显示了梵语的 nāgo 变化为原语的 * nādo。与此相反，“那伽（MC. nâ gja）”（34c10. Skt. Nādika）则显示了梵语的-d-被替换为-g-。我们可以由此窥见，《长阿含经》的原语中 d 或 g 不发音，只是起着一种滑音（glide Consonant）的作用。这种例子也是在中期印度语中没有的。

总之，我们不能简单地把《长阿含经》的原语归为犍陀罗语。如果我们仔细地研究起来就能看出，它是犍陀罗语以外的中期印度语、地域方言、梵语要素浑然一体、十分复杂的一个混合体。我们也许可以从广义上把这一语言称为犍陀罗语，但是有必要说明一句，它与西北印度的碑文上的犍陀罗语相距甚远。

以上说明了从汉译佛典的语言方面研究的可能性。可以说，这方面的研究才刚刚起步，我们衷心期待今后中国学与佛教学的研究者们携手开拓这一未开的领域，为我们展现超越千年星霜的佛典本来的生动面貌。

附篇：佛典汉语三题

关于语气词“婆”

律典《鼻奈耶》（大正藏 24 卷，No. 1464，851—899）大约属说一切有部，

至今少有人对它进行过研究。这部典籍比同属说一切有部的《十诵律》更为古老，因此，在我们研究戒律时，应对这部典籍给予十分的重视；它也是我们在研究汉译佛典原典的语言时一部值得注意的经典。原因在于，这部律典中有许多特殊的音写词。从这些音写词来看，《鼻奈耶》原典的语言不是正规的梵语，而是俗语或是俗语与梵语的混合体。例如，"菩提"（852b10）与梵语bhavati（"是"）对应，大约是这个梵语词的俗语形 bhoti 或是 bhodi 的音写。"宿呵"（870a20—21）与梵语 Subha（天名）对应，但这个词大约是梵语的俗语形 Suha 的音写。

从研究中古汉语的角度来看，这部典籍也颇有意思。其中出现了许多中古汉语的虚词，如"将无""得无""颇……不""不审……"等。此外，还可见到许多语气词"婆"的用例。列举如下：

(1)须达多母……告须达多："身体轻健不？意无余想婆？意有犯梵行耶（*v. l.* 那）？为欲犯戒，舍道，就俗法乎？若有此心，速来！"（851c19—24）

(2)（比丘们问须达多说：）"汝忍意常不坏（*v. l.* 怀）婆？气力轻健不？结坐中供养充足不？出乞食婆？无疾患婆？意无若干想乎？"（852a16—18）

(3)（比丘们问一位比丘说：）"夏坐来不有患苦不？出乞食婆？意无若干想婆？"（852b19—20）

(4)若比丘以新染衣屋上曝。若风吹，堕地。若比丘持入舍而反悔："我不成弃捐不受（笔者认为'弃捐不受'与梵语 * pārājikâdhyāpadyate 相对应，意思为'犯波罗夷法'）盗婆？"（854a10—12）

(5)彼园弢树、胡桃、柰子、椑、桃、梨为首。若比丘取食，便怀疑意："我不侵众僧及不与取？不成弃捐不受婆？"（854a18—20）

(6)若比丘亲里屠儿不与肉，而取。便怀疑："我不犯（*v. l.* 成）弃捐不受婆？"（854b1—2）

(7)（比丘们）遭贼。彼贼或以王力或以村力捕得。夺彼贼衣钵还比丘。彼比丘各怀疑意："我不成弃捐不受婆（明本作'波'）？"（854b6—8）

(8)一比丘从拘萨罗来道中为贼所剥。彼比丘以亲里力而还夺贼衣钵。夺已，比丘便怀疑意："我不成弃捐不受婆？"（854b11—13）

(9)诸侍病比丘皆自疑："我等不犯波罗移（梵语 pārājikā 的音写）不受婆？"（857c1—2）

(10)尊者目犍连为执杖梵志所打，如压竹筒，乃命尽。……马师、弗那跋二人闻师为人所杀，瞋恚炽盛，毛衣尽竖，以大力士力尽执杖梵志杀。佛观

此事，知而告马师、弗那跋比丘："我今与卿等说四句法义婆?"时马师、弗那跋惭愧无颜。(857c26—4)

(11)(比丘们问优陀夷说:)"云何，优陀夷！体履健不？于夏坐中无苦不？乞求婆(*v. l.* 易不)?"(860c2—3)

(12)时阿难意怀狐疑："我不犯僧伽婆施沙(梵语saṃghâvaśeṣa['僧残']的音写)不(*v. l.* 婆)?"(864c8—9)

(13)时五百比丘见目揵连现诸变化，各共相语："我等不堕颠倒见婆？云何舍如来，依倚调达?"(869c4—6)

(14)优婆塞名劫不……叉手白阿难言："久违颜色。分卫(梵语piṇḍapāta['乞食']的俗语形的音写)、教化劳婆？何时来此?"(873c10—12)

(15)时此婢使忘金璎珞。时阿难见，即取举之。便怀狐疑："我不犯堕婆?"(889a2—3)

(16)佛问："阿那律！于夏坐中无所乏少婆?"(889c24—25)

其中例(4)—(9)(13)(15)都表示推测，"自己犯○○罪了吧"，"不……婆"相当于现代汉语的"是不是"。(10)表示"……了没有"，有让对方再次确认的语气。(1)—(3)(11)(14)(16)表示单纯的疑问，与现代汉语的"吗"作用相同。

已有学者指出，《祖堂集》卷七《雪峰和尚章》中"脚根不踏实地婆"的"婆"是语气词(入矢义高监修、古贺英彦编著《禅语辞典》378页。王俵《婆》，《俗语言研究》1995年第2期，124)。但它的语气与《鼻奈耶》中出现的例子不同。

例(7)的"婆"在明本中为"波"。"婆"与自元代出现的语气词"波""啵"是否有关系，还值得进一步探讨。笔者倒是认为，"婆"与唐宋以后出现的疑问语气助词"么""磨""麽"有些关系。

《鼻奈耶》有道安的序。我们由序知道，竺佛念是于建元十九年(383年)在长安译出《鼻奈耶》的。这一序没有被收入《出三藏记集》，所以不能说序本身没有丝毫疑点。但译词颇具古风，因此我们可以认为《鼻奈耶》稍早于《十诵律》(404—409年译出)(参照平川彰《律藏の研究》，东京1970，155—160)。

但在同是竺佛念译的其他汉译佛典中，我们却找不见"婆"这样的用例。

笔者以前曾设想过，汉译佛典中使用了大量的口语表现，目的在于教说大众。在读律典时，笔者改变了这一想法。不仅限于《鼻奈耶》，律典中有不少口语语汇、语法。但律典终究是出家者的律典，把律典读给在家听是被禁止的。包括律典在内的汉译佛典中出现了许多口语表现，其原因在于，在原典中就已经使用了当时的传说、寓言及日常对话，描绘了当时的日常景象，因此，在翻译佛典时，译者也相应的使用了当时汉语的口语表现。

关于贝多

关于法显《佛国记》中出现的“贝多树”，周一良先生在论文《关于贝叶》(《文物》1986年第12期；周一良著，钱文忠译《唐代密教》，上海，1996年再录)中这样说：“贝多恐怕只能理解为贝多罗即一般树叶或多罗树树叶的省称，不能径释为树名。”此外，《汉语大词典》第十卷，45页中解释为：“贝多。梵语 pattra 的音译。意为树叶。古印度常以多罗(tāla)树叶写经。亦指佛陀在其下成道的菩提树”，引用了《佛说自誓三昧经》“佛告天子”：“昔吾出家，以汝为证；诣贝多树，汝复为证”及唐代段成式《酉阳杂俎·木篇》“贝多，出摩伽陀国，长六七丈，经冬不凋。此树有三种。………西域经书，用此三种皮叶。……”等。

“贝多”这一音写词出现在法显《佛国记》中：“去此西南行减半由延，到贝多树下。是过去、当来诸佛成道处”(大正藏51卷，863b3—5)；“佛于贝多树下东西经行七日处”(同863b14)；“其国前王遣使中国取贝多树子，于佛殿傍种之”(同865a3)。第三个故事与巴利文*Samantapāsādikā*(PTS版)I，96页17行相对应。与“贝多”对应的巴利语是 mahābodhi(“菩提树”)。与前两个例文中“贝多”相对应的词也可以在巴利文献中找到，即：*Dīghanikāya*(PTS版)Ⅱ，4页17行的 assattha。也就是说，“贝多”不是贝多罗的省称，而是与巴利语 assattha、梵语aśvattha(无花果属植物。学名 *Ficus religiosa*)相对应的音写词。释尊在一棵aśvattha树下开悟。这棵树被称为“菩提树”。

“贝多”一词在早于法显的汉译佛典中就已出现了。比如，三国吴支谦译《贝多树下思惟十二因缘经》(大正藏16卷，826b)；西晋，竺法护译《佛说如来独证自誓三昧经》(大正藏14卷，348a)等。那么，梵语aśvattha(巴利语 assattha)怎么会音写为“贝多”呢？

印度西北部方言的犍陀罗语有-śv-变化为-śp-的特征，在初期的汉译佛典中也可找到这种变化的痕迹。例如，与梵语Aśvajit(人名)对应的音写“阿湿卑(MC. ʔâśjəppjie)”“阿湿贝(MC. ʔâśjəp pwâi-)”“阿摄贝(MC. ʔâśjäp pwâi-)”(参照赤沼智善《印度佛教固有名词辞典》，京都1967[再版]，60—61)等表明梵语Aśvajit在其原语中变为 * Aśpaji(t)。

上述例中，-śp-音写为“湿卑”“湿贝”“摄贝”。但也有些例子表明，-śp-中仅音写了-p-，而ś没有被音写。例如：《长阿含经》（大正藏1卷）中出现了“毗波蜜（MC. bji pwâ mjiet）”（79c26. 梵语 Viśvāmitra 俗语形* Viśpāmitra）、“阿般泥楼（MC. ʔâ pwân niei ləu）”（139b6. 梵语 Aśvakarṇaḥ 俗语形* Aś pa-?）、“钵多（pwât tâ）”（2b4. 梵语aśvattha俗语形* aśpattha）等音写词（参照辛嶋静志《〈長阿含々〉の原語の研究》，东京 1994，38）。

“贝多（MC. pwâi-tâ）”同最后列举的“钵多（pwât tâ）”一样，是印度西北部方言语形* aśpattha（梵语aśvattha）的不完全音写。语头的 a-没有被音写的原因在于，在原典中产生了连声，a 音脱落了；或者是因为，与“罗汉”“弥陀”一样，译者省略了“阿”。

“贝多”不是“贝多罗”（梵语 pattra“树叶”的音写）的省略，而是梵语aśvattha的俗语形的不完全音写。上面列举的《佛国记》《佛说自誓三昧经》的例子也是如此。“贝多”与“贝多罗”原语根本不同，而《酉阳杂俎》的作者把二者混为一谈。但笔者也不明白这两个词是究竟从何时起开始混用的。

关于罽宾

前面提到了犍陀罗语有-śv-变化为-śp-的特征。-śm-变化为-śv-后，似乎也变化为-śp-。例如，梵语Kaśmīra，Kāśmīra（“克什米尔”）在安息语（Parthian）中变为 qšpyr，在达尔德语（Dardic）中变为 Kašpīr，笔者认为它们反映了犍陀罗语的这一音变化。此外，《长阿含经》中出现的“阿湿波（MC. ʔaśjəp pwâ）”（34b22，梵语 Aśmaka）也是一例。

但是，同前面的“贝多”一样，也有例子表明，来自梵语-śm-的-śp-仅有-p-被音写，而ś没有被音写。例如，《长阿含经》中出现的“阿波（MC. ʔâ pwâ）”（33a22. 梵语 Aśmaka）。

笔者认为，“罽宾（MC. kjäi-pjien）”（梵语Kaśmīra“克什米尔”）也是如此。关于这一音写，Pulleyblank 做过详细的解释（The Consonantal System of Old Chinese，*Asia Major* 9［1962］，pp. 218–219；Some further evidence regarding Old Chinese-*s* and its time of disappearance，*Bulletin of the School of Oriental and African Studies* 36［1973］，p. 370；Stages in the transcription of Indian words in Chinese from Han to Tang，*Sprachen des Buddhismus in Zentralasien*，hrsg. von Klaus Rohrborn und W. Veenker，Wiesbaden，p. 77）。

"硇宾"早见于《汉书 · 西域传》,但频繁出现在汉译佛典中,许多与梵语Kaśmīra相对应。Pulleyblank 主张,自汉代至三四世纪(在南方甚至至少到六世纪),中古音中去声的汉字有韵尾-s。他认为"硇宾"的"硇(MC. kjäi-)"也是这种例子之一。六朝的佛典中,虽然也有"福硇"(大正藏 1 卷,183c10. 梵语Pukkaśa,Putkasa)与kaś,kas 相对应的例子,但更多场合"硇"等去声的汉字似乎没有闭锁音的韵尾(参照上列辛嶋书 57—58)。例如,俗语 Kappa(梵语 Kalpa)、Kapp(h)ina 音写为"硇宾"(参照赤沼智善《印度佛教固有名词辞典》266,367,811)。

因此,笔者认为,汉译佛典中把梵语Kaśmīra的俗语形 * Kaśpīr音写为"硇宾"时,没有把-sp-都音写了,"硇宾"只是一个不完全的音写而已。*Mahāmāyūrī* 的僧伽婆罗译中出现的"劫宾(kjəp pjien)"(Skt. Kāśmīra)也是如此。

另外,在支娄迦谶译等中也有不少像"宾"一样用汉字的韵尾鼻音-n 来音写-r-的例子(参照 John Brough, *Collected Papers*, London 1996,360)。如"阿会亘(MC. sjwän)"(梵语Ābhāsvara)、"楼亘(MC. sjwän)"(梵语Avalokitasvara)。

贰

汉译佛典既然是翻译,我们便可以把它与梵语、巴利语等经典,或是与其他译者的译语比较对照。例如日本明治时代的译书、启蒙书中出现的"权利"(right)、"科学"(science)等新词,把它们与其原语或是译语安定之前的其他译法相比较,就可以明确搞清它们的意思。同样道理,把汉译佛典的语法、词汇与梵语等佛典或异译相比较,就可以清楚、正确地找出它们的意思,解开许多疑团。

但是,把汉译佛典和梵语、巴利语等经典进行对照不是件简单的事。仅仅查了词典,对照相对的单词根本不行。只有像对待汉译佛典一样严格、认真地精读了梵、巴经典,才能够对比。

最近,笔者读了几篇有关汉梵对比的文章,就觉得有些作者没有重视上面所述的问题。下面,笔者列举几例。

一　“定光佛”与“锭光佛”

朱庆之博士在他的论文里经常对比汉、梵的资料，但是，他的解释有时明显不确。例如：他在《汉译佛典语文中的原典影响初探》（《中国语文》1993 年第 5 期，379—385）里提到梵语Dīpaṃkara（佛名，“燃灯佛”）的翻译“定光”时，是这样解释的：“可知‘定’是 dīpaṃ的音译，‘光’是 dīpaṃ的意译。”（第 383 页）笔者对此大为不解。“定”（中古音 dieng-）如何会是dīpaṃ的音译呢？“定”通“锭”（膏灯）[①]，“定光”就是“锭光”，就是“灯光”的意思，即 dīpa（“灯，灯光”）的翻译。

在汉译佛典里，“锭”和“定”通用的例子不少。例如，《法句譬喻经》卷三，喻老耄品：“何喜？何笑？念常炽然　深蔽幽冥　不如求定（圣语藏本作‘锭’）。”（大正藏 4 卷，592c7—8）而《法句经》卷上，老耗品：“何喜？何笑？命常炽然　深弊幽冥　不如求锭（宋、明、元本作‘定’）。”（大正藏 4 卷，565b27—28）这里的“定”或“锭”与巴利文《法句经》第 146 偈的 padīpa（“灯，灯光”）、梵文 Udānavarga I 4 的 pradīpa（“灯，灯光”）相对应。同一经典的版本之间，“锭光（佛）”和“定光（佛）”通用的例子也不少。例如，《正法华经》光瑞品“定光世尊”（大正藏 9 卷，67b26）在宋、明、元本等中作“锭光世尊”；《持心梵天所问经》问谈品，大正藏 15 卷，14c23“定光如来”在宋、明、元本等中作“锭光如来”等等。

---

① 参照唐慧琳《一切经音义》卷九十四：“花锭：《文字典说》云：‘锭，灯也。’”（大正藏 54 卷，895c6）

二 “三达”,“拜”

朱博士在同一论文里提到梵语 trividyā(“三种知识”,“三明”)的翻译“三达”时,写道:“可知‘达’应是音译。”(第 383 页)这一说法也令笔者迷惑不解。“达”(MC. dât)如何会是 vidyā 的音译呢?在汉译佛典中,“三达”常常和“六通”(梵语 ṣaḍ-abhijñā“六种神通力”)联在一起[①]。“达”和“六通”的“通”一样,有“了达”“通达”“通晓”的意思,所以译者把 trividyā 翻译成“三达”。竺法护等虽用“三达”这一词,但后来的鸠摩罗什则用了“三明”。

朱博士指出东汉昙果共康孟详译《中本起经》上卷“惟昔先佛名曰定光,拜吾佛名:‘汝于来世九十一劫,当得作佛,字释迦文,……’”(大正藏 4 卷,147c7—9)的“拜”这一词与梵语vyā√kṛ(“分析,解说”)相对应(第 383 页)。笔者赞同这一看法。但是,他认为这里的“拜”是“分析,解说”之义,笔者便不能苟同。在佛教梵语里,vyā√kṛ 经常有其他佛教上的特殊意思,就是“(佛为弟子等)预记(死后生处及未来成佛因果、佛名、国名等事)”之义。上面引用的“拜吾佛名”的“拜”并非新义,也用不着提到梵语。这里“拜”是“按一定礼节授予;任命”的意思,这一用法早在先秦文献中就已出现了。

三 “击攊”

在同一论文里,朱博士主张,现代北方方言的“胳”字,即在别

① 参照辛嶋静志《正法华经词典》,日本创价大学国际佛教学高等研究所,1998 年,275、365 页。

人身上抓挠，使发痒，来自在佛教律典中出现的"击攊"一词。对这点笔者无法确认其正误。他接着写道："'击攊'的梵语对应词是aṅgulipratodana，……字面意思是'用指头戳捣'，……'击攊'显然是 aṅnguli 的音译，本来只是'指头'的意思，但却代表aṅgulipratodana全词。"（第 383—384 页）他的这一看法是完全错误的[①]。笔者的根据如下：

在姚秦弗若多罗译《十诵律》第十六卷里，"击攊"一词是这样出现的："时十七群比丘以憙笑故，用指击攊（'攊'或作'歷'）。小儿多笑，乃至气绝。……若比丘以指击攊他者，波逸提。……若比丘以木石击攊他，突吉罗。"（大正藏 23 卷，112a29—b10）从这一例子来看，"用指击攊"这一句与梵语复合词 aṅguli-pratodana、巴利语 aṅguli-patodaka（"用指头戳捣"）相对应[②]。"击攊"这一词与梵语动词 pra√tud（"解击、戳刺、戳"）相对应。笔者认为"击攊、击历、击枥、击擽"这些词是叠韵词（MC. kiek liek）[③]，意为"戳捣、戳刺、戳"。

---

① "击攊"（MC. kiek liek）怎么会是 aṅguli 的音译呢？以下推定中古音使用由 Karlgren 在构成，李方桂（1971）修整的体系，按照 Coblin 的标记法（W. South Coblin, *A Handbook of Eastern Han Sound Glosses*, Hong Kong 1983, p. 41）表示。

② *Prātimokṣasūtram of the Lokottaravādimahāsāṅghika School*, ed. Nathmal Tatia, Patna 1976, pp. 26, 1. 10. aṅguli-pratodanake; Louis Finot, Le Prātimokṣasūtra des Sarvāstivādins, texte Sanskrit par Louis Finot, avec la version chinoise de Kumārajīva traduit en français par Édouard Huber, *Journal Asiatique* 1913, pp. 518, 1. 6. aṅguli-pratodanāt; *Vinayapi ṭaka*（巴利圣典协会版），IV 111. 7. aṅguli-patodake.

③ 参照唐慧琳《一切经音义》卷五十四："击擽：上经郃反。下音历。"（大正藏 54 卷，669b15）卷六十四："击枥：上经亦反。下音历。"（大正藏 54 卷，731b26）张琨博士根据《博雅》认为"击攊"为同义词的并列（*Review of A Comparative Study of the Prātimokṣa*, by W. Pachow, *Journal of the American Oriental Society*, 80 [1960], 74）。笔者不同意他的看法。

四 “大家”

“大家”一词早在先秦时代既已出现,在中古典籍里有一个新义,即指“主人”[①]。朱博士提出新的看法,就是,意为“主人”的“大家”是梵语 mahāśāla(“拥有大房子的人”,“大户主”)[②]的直译(第 384 页)。确实如此吗?我们看一看他举的例子。

他举的第一个例子是东汉支谶译《道行般若经》第四卷,觉品:“譬若狗子从大家得食,不肯食之,反从作务者索食。”(大正藏 8 卷,447a11)可是,这里“大家”的对应梵语词不是 mahāśāla,而是 svāmin(“主人”,“所有者”)[③]。

他举的第二个例子是东汉昙果共康孟详译《中本起经》上卷,现变品:“明旦,众女不见虵虵,周慞遍求,嘘唏并泣。大家惊怪,问其状变。”(大正藏 4 卷,149a26—28)与此经典对应的梵文经典在这个地方读 agrakulika gṛhapati(“望族的主人”)[④]。

他举的第三个例子是三国支谦译《撰集百缘经·婢使以栴檀香涂佛足缘》:“有一婢使……每于一时,为其大家磨栴檀香。”(大正藏 4 卷,215c1—2)与此经典对应的梵文文献 Avadānaśataka 在

---

① 参照江蓝生《魏晋南北朝小说词语汇释》,语文出版社,1988 年,34—35;王云路、方一新《中古汉语语词例释》,吉林教育出版社,1992 年,113—114;李维琦《佛经释词》,岳麓书社,1993 年,71—72。

② 朱博士把这一梵语词译为“富有家庭(主要指房屋家产)的主人”。这不正确。

③ Aṣṭasāhasrikā Prajñāpāramitā, ed. P. L. Vaidya, Darbhanga 1960,第 115 页第 30 行 = Abhisamayālaṃkārāloka, ed. U. Wogihara, Tokyo 1932,再版 1973,第 502 页第 15 行。

④ Emst Waldschmidt, Das Catuṣpariṣatsūtra, Teil I, Berlin 1952,第 184 页第 3 行。

这个地方没有相对应的词①。除了这个例子以外,意为“主人”的“大家”一词在《撰集百缘经》出现了五次②,即,(1)《富那奇堕饿鬼缘》:“有一长者……常令仆使押甘蔗汁,以输大家。”(222c8)没有和它相对应的梵语词 Avadānaśataka,I 244.5)。(2)《善爱比丘尼生时有自然食缘》:“一大长者家……有一婢使……不白大家。……婢答大家。……大家闻已,……婢答大家。”(239b3,5,6,9)这里的“大家”和梵典的 svāmin(“主人”Avadānaśataka,II 12.10),śresthin(“商主”II 12.12),śresthin(II 13.1),gṛhapati(“户主”II 13.3)相对应。朱博士所提的 mahāśāla 这一词在 Avadānaśataka 里只以 brāh-maṇamahāśāla(“拥有大房子的婆罗门”)这一复合词的形式出现了九次③。《撰集百缘经》的译者把它译为“婆罗门”“长者”,而没有译为“大家”④。

他最后举的康僧会译《六度集经》的例子在对应的梵巴经典里没有相对应的词。

关于“大家”,朱博士提出的看法根本没有根据。如上所述,东汉的汉译者也把 svāmin(“主人”)、gṛhapati(“主人,户主”)译为“大家”。因此,笔者认为“大家”的“主人”这一义不是在梵语影

---

① Avadānaśataka,ed. J. S. Speyer,St. Petersburg 1906—1909,第1卷,第153页第8行。

② 在《撰集百缘经》里还有把“公公”称为“大家”的例子。名称女请佛缘:“时彼长者有一儿妇……前白大家。”(大正藏4卷,203c5)和它相对应的词是 Avadānaśataka I 8.10. śvaśura(“公公”)。

③ Avadānaśataka I 2.2,2.9,3.1,3.3,3.5,3.10,4.5,7.2,7.6. 笔者在此感谢提供这梵文文献软件的出本充代女士。

④ 《撰集百缘经》第一卷《满贤婆罗门遥请佛缘》“婆罗门”(大正藏4卷,203a6,17)、“长者”(大正藏4卷,203a25,b22)。

响下出现的，而是由“大家”的古义“卿大夫之家；豪门贵族”（《汉语大词典》第二卷，1365页）演变而来的。佛典初传到中国的时候，汉语“大家”一词里似乎已经有“主人”这一义。

五 “已”

在同一论文的开头提到汉译佛典里的常见的时态助词“已”（“……了以后”）时，朱博士写道：“在对勘材料里，我们发现这种‘已’的大量使用与原典有直接的关系，例如梵语的过去分词常常被译成汉语的‘V已’。”（第380页）接着，朱博士引用“abhiṣikta灌顶已、既灌顶已”等大约二十条他所说的“对勘材料”①。最后，他推测翻译家把梵语的过去分词“看的很实在，abhiṣikta只译成‘灌顶’并不完整，这样就直接导致了佛典译文时态助词‘已’的大量出现”。

如果，博士亲自把汉译和梵巴经典对比的话，就会立刻注意到梵语的过去分词译成“……已”的例子却很少，而和“V已”常常相对应的是梵语的绝对分词（或叫独立式；Absolutive，Gerund）。

在梵语里绝对分词一般表示同一动作者所做的两个行为的第一个（“……了以后”），相当于汉译佛典的“……已”。例如：西晋

① 事实上，朱博士提出的例子都是从荻原云来编辑的《汉译对照·梵和大辞典》中挑出来的。如果真的像朱博士所主张的那样，用梵汉对勘的办法来研究佛教汉语的话，就不应该用像《汉译对照·梵和大辞典》这类的二手性材料，而应该自己来做汉译和梵巴经典的翻译工作。最近在日本出版了《佛教汉梵大辞典》（平川彰编，灵友会）一书。这本辞典自然有其方便可取之处，但从事编辑这一辞典的人既不是汉学者，也不是梵语学者，而是研究佛教思想、历史的。搞文献学的学者应该回到原书，不应该只依靠这些辞典来研究佛教汉语。

竺法护译《正法华经》大正藏第9卷90b16“五百亿百千梵天……适见佛已（v. l. 以），寻时即往。稽首于地，绕无数匝，手执大华，而散佛上”的“适见（佛）已”与Kern-Naniio校刊本（略称为K）169. 3. dṛṣṭvā相对应；同91b21“于时，五百百千亿大梵天众赞叹佛已，启劝令佛转大法轮，开度十方安隐世人”的“赞叹（佛）已”与K. 178. 2. abhiṣṭutya相对应；同97c29：“贤者阿难……心念此已，发愿乙密，即从坐起，稽首佛足”的“念（此）已”与K. 215. 2. cintayitvā相对应；同106c13“比丘尼说此颂已，白世尊曰：‘唯然，大圣！……’”的“说（此颂）已”与K. 270. 5. bhāṣitvā相对应[①]。等等，不胜枚举。笔者认为，把意为“……了以后”的绝对分词翻成汉语时，汉译佛典的译者使用“已”一词。在梵语佛典里出现了大量的绝对分词。这就造成汉译佛典里意为“……了以后”的“已”大量出现。

如上所述，笔者认为朱庆之博士的汉梵对勘有问题。只有通过对汉译、梵语经典的严密考证，才能把它们进行比较。自己读通了汉、梵等文献，才能够做真正的对勘研究。还有，笔者认为在汉语里可以解决的问题应该汉语里解决，不必提到梵文材料，把问题弄复杂。

六 “罗睺罗”与“摩睺罗”[②]

《虚堂和尚语录》卷一《显孝寺开山语录》“不然，但愿来年蚕

① 参照辛嶋静志《正法华经词典》535—536页。

② 京都禅文化研究所的神野恭行先生提供给我有关资料，谨此感谢。

麦熟,罗睺罗儿与一文”是历来令人费解的说法。最近,樊维纲教授在专题论文《试释“罗睺罗儿”兼及“摩睺罗”》(《俗语言研究》1997 年第 4 期,18—24)中对“罗睺罗儿”作了新解释。樊先生认为,这里的“罗睺罗儿”是表音和声字,无何实际意义。笔者对他的这一新解释表示怀疑。

樊先生在同一论文里说这里的“罗睺罗儿”就是“摩睺罗”的意思。他写道:“(罗睺罗和摩睺罗)乃梵语音译的不同写法,实为一物。”(第 19 页)

其实,“罗睺罗”和“摩睺罗”并不是一物。

“罗睺罗”(MC. lâ ɣəu lâ)是梵语 Rāhula 的音写。Rāhula 是释迦牟尼的孩子的名字。在古代印度传说,一个叫罗睺(梵语 Rāhu)的魔鬼吃太阳、月亮而使蚀。佛典里解释“罗睺罗”这名字的来源时说:罗睺罗出生时月食,所以给他取这样的名字[①]。但是,这种说法大概是后来编出来的。罗睺罗十五岁出家,后来得成阿罗汉果,在十大弟子中为密行第一[②]。

在唐、宋、元代有如此的习俗,即,用土、木、蜡等做婴儿形玩具叫为“摩睺罗”,多于七夕供养。《汉语大词典》把“摩睺罗”(MC. mwâ ɣəu lâ. 亦作“磨喝乐”“魔合罗”等)解释为梵语 mahoraga(大蛇;人身蛇首的乐神)的音写[③]。但笔者不能确认“摩睺罗”一语到

① 《中文大辞典》(“罗睺罗”的条)把“罗睺”和“罗睺罗”混为一谈,说:“一为阿修罗之名,据《释典》,阿修罗食月时名罗睺罗。”樊先生靠着这样错误的说法,论述“罗睺罗儿”一语的问题(第 18 页)。

② 在中国、日本的有些古老的寺庙里现有十大弟子、十六罗汉的雕像。其中有罗睺罗的雕像。

③ 《汉语大词典》第六卷第 826 页、第七卷第 1105 页、第八卷第 1052 页(“罗睺”条)。

底是不是梵语的音写。在汉译佛典里，mahoraga 音写为“摩睺罗伽”“摩睺勒”等，而笔者几乎没见过“摩睺罗”“磨喝乐”“魔合罗”等写法。而且，佛典里作为护法蛇神的“摩睺罗伽”[①]或者印度神话里的 mahoraga 和唐宋习俗上的“摩睺罗”没有丝毫联系。“摩睺罗”到底是不是梵语 mahoraga 的音写这一点需要进一步推敲。

虽然“罗睺罗”和“摩睺罗”原来并不是一物，但是，有时人们似乎把这两个词混淆了。明张煌言《七夕微雨》诗“故乡风物空回首，谁买罗睺戏彩楼”中的“罗睺”明显是“摩睺罗”的意思[②]。

笔者对《虚堂和尚语录》“但愿来年蚕麦熟，罗睺罗儿与一文”二句如何解释的问题没有绝对的答案。但是，从农历六月新丝上市、五六月收割麦子这两点来看，这里的“罗睺罗”很可能是七夕被供养的“摩睺罗”的意思[③]。所以，字面上意思为“只愿明年（初夏）蚕与麦丰收，（七夕能够）给摩睺罗供一文钱”。

---

① “摩睺罗伽”的图像在大正藏，图像部 1，第 863、864 页；图像部 2，第 586 页；中村元编《图说佛教语大词典》，东京 1988 年，第 641 页等可以看到。

② 〔唐〕段成式《酉阳杂俎续集》卷五，寺塔记上：“有王家旧铁石及齐公所丧一岁子，漆之如罗睺罗，每盆供日出之。”“罗睺罗”到底是十大弟子、十六罗汉之一的罗睺罗（的雕像）还是所谓“摩睺罗”的意思，笔者无法判断。

③ 日本江户时代的禅僧无著道忠在他的《虚堂录犁耕》卷三《庆元府显孝禅寺开山语录》解释了“罗睺罗儿”一词。无著道忠引用了《古尊宿语录》卷二十一《五祖演和尚录》：“何也？但愿今年蚕麦熟，罗睺罗儿与一文。”他接着写道：“绍兴年刊本作‘摩睺罗儿’。”（《虚堂录犁耕 · 付索引》京都，禅文化研究所，1990 年，125 页上）这一刊本之间的混乱也许能给笔者的解释提供一个有力的依据。可惜的是，目前笔者无法看到《古尊宿语录》绍兴年刊本来确认“摩睺罗儿”这一写法的有无。

七 “泥曰”

《汉语大词典》把五代齐己《荆门寄题禅月大师影堂》诗“泽国闻师泥日后,蜀王全礼葬余灰”里的“泥日”(《四库全书》等收的唐释齐己撰《白莲集》卷八中也作“泥日”)一词解释为“泥洹日,涅槃日”(第五卷,1103 页)。这个解释恐怕值得进一步推敲。“泥日”应该作“泥曰”。“泥曰”(niè yuē;MC. niei jwɐt)一词是梵语nirvṛti(“灭度,涅槃”)或者nirvṛta(“得灭度”)的中期印度语形的音写[①]。例如,西晋竺法护译《正法华经》大正藏第九卷 67b8“比丘莫惧　吾当泥曰　我去然后　已不复现　第二菩萨　号曰首藏……当究竟逮　尊上佛道　所号名曰　离垢之体”里的“泥曰”与 Kern-Nanjio校刊本(略称为 K)K. 26. 4. nirvṛta、鸠摩罗什译《妙法莲华经》大正藏第九卷 5a17“灭度”相对应;《正法华经》68c3“佛今日告　诸声闻众　缘觉之乘　如所立处　舍置已逝　入泥曰者　所可开化　各各得度”里的“泥曰”与 K. 33. 2. nirvṛti、罗什译 6a25“涅槃”相对应。梵语nirvṛti(“灭度,涅槃”)与梵语nirvāṇa(“涅槃”)是同义词。所以,parinirvāṇa(“般涅槃”)也有时译为“般泥曰”。例如《正法华经》113c26“又如来得佛已来,复倍前喻亿百千姟,然后乃于泥洹而般泥曰”里的“般泥曰”与 K. 319. 5. parinirvāṇa、罗什译 42c24“取灭度”相对应。

---

① 巴利语 nibbuti, nibbuta;中期印度语形 ṇivvui, ṇivvuda;犍陀罗语(中期印度语之一)《法句经》nivrudi, nivudu。

八 “大乘”“小乘”

现在一般把“大乘”“小乘”“佛乘”等的“乘”念为“chéng”。《汉语大词典》第一卷第667页“乘”(chéng)条说:“佛教比喻能运载众生到达解脱彼岸的种种教法。如言小乘、大乘。”同时把隋慧远《大乘起信论义疏》上之上“所言乘,运载为义……言行乘者自运运他,故名为乘”引用做根据。该词典在第一卷第222页“三乘”、第1290页“佛乘”、第二卷第1363页“大乘”、第1616页“小乘”、第八卷第693页“声闻乘”、第九卷第960页“缘觉乘”等都把它的念法写作“chéng”。

但是,“大乘”(mahāyāna)、“小乘”(hīnayāna)、“佛乘”(buddhayāna)等的“乘”的原语“yāna”没有“运载,乘载”之义。梵语yāna有“移动,步行,旅行;道路,途径;马车、船等运载工具”等意思。但所谓mahāyāna、hīnayāna、buddhayāna等的yāna意为“(把众生运到解脱的)车乘”①,具体指六波罗蜜等修行或佛的教法②。笔者

① 参照*The Pali Text Society's Pali-English Dictionary*, ed. T. W. Rhys Davids and W. Stede, London 1921-1925 (repr.⁷ 1979), yāna条;*Buddhist Hybrid Sanskrit Dictionary*, ed. F. Edgerton, New Haven, 1953 (repr. Delhi, 1970, 1972), yāna条。但是,笔者认为mahāyāna(“大乘”)、hīnayāna(“小乘”)、buddhayāna(“佛乘”)等词是由原来的mahājñāna(“大智”)、hīnajñāna(“小智”)、buddhajñāna(“佛智”)等词音变而产生的。这个问题比较复杂。请参照拙论《法华经中的乘(yāna)与智慧(jñāna)——大乘佛教中yāna概念的起源与发展》(《季羡林教授八十华诞纪念论文集》下卷,江西人民出版社,1991年,607—643)。

② 参照西晋无罗叉译《放光般若经》第四卷,问摩诃衍品:“须菩提白佛言:‘何等为菩萨摩诃萨大誓?世尊!云何当知菩萨趣大乘?乘是乘当至何所?谁当成是乘者?’佛告须菩提言:‘六波罗蜜是菩萨摩诃萨之大乘。’”(大正藏8卷,22c5—8)

认为,汉译佛典的译者根据这一原义译为“大乘”“小乘”“佛乘”等,但后来把这些“乘”误解为“运载,乘载”的解释在中国出现了。

总之,“大乘”“小乘”“佛乘”等的“乘”应该念为“shèng”[①]。

九 “呗”“呗匿”[②]

《汉语大词典》把“呗”解释为“梵语pāṭhaka[③](呗匿)音译之略。意为‘止息’‘赞叹’。印度谓以短偈形式赞唱宗教颂歌。后泛指赞颂佛经或诵经声”(第三卷,359页)。

最早把“呗”“呗匿”释为梵语pāṭhaka的音写的大概是日本织田得能《佛教大辞典》(东京1916年,1442页)。但是,法国戴密微先生在《法宝义林》“BOMBAI 梵呗”条里对织田先生的解释提出了怀疑,把“呗”与“呗匿”分别解释为梵语√bhaṇ(“讲,说”)与梵语bhāṇaka(“说者,说道者”)的音写[④]。而中村元先生在《佛教语大辞典》里把“呗匿”解释为梵语bhāṣā(“语言”)的音写[⑤]。中村先生似乎误解了《一切经音义》的解释(请看下面),提出了这样令人不解的看法。

---

① 据笔者所知,只有林语堂《当代汉英词典》(第228页)“大乘”念为“dà shèng”。

② 1997年6月16日美国西密歇根大学助理教授J. Silk曾给笔者写信,提问为什么辞典之间对“呗匿”一音译的解释有差异。同时,他表示同意下面所举的Dernieville的解释。在此感谢提醒笔者这一问题并且给笔者提供材料的Silk博士。

③ “pāthaka”是“pāṭhaka”的印错。

④ 《法宝义林》*Hôbôgirin, Dicitionaire encyclopédique du bouddhisme d'aprés les sources chinoise et japonaises*, ed. S. Lévi et al., Tokyo, Paris 1929,第93页。

⑤ 《佛教语大辞典》东京,1981年,1100页。

戴密微先生把“呗”解释为梵语√bhaṇ的音写,其根据如下:

姚秦弗若多罗译《十诵律》第三十七卷里“呗”一词是这样出现的:“有比丘名跋提,于呗中第一。是比丘声好,白佛言:‘世尊!愿听我作声呗。’佛言:‘听汝作声呗。……’”(大正藏23卷,112a29—b10)这里的“声呗”与巴利律典的“sara-bhañña”[①]相对应。巴利语“bhañña”是梵语√bhaṇ的派生词。因此,戴密微先生认为这里的“呗”是梵语√bhaṇ音写。可惜的是,《十诵律》这段没有相对应的梵文本,我们无法知道与“呗”相对应的梵语词是什么。

幸运的是,在别的文献里我们可以找到“呗”的对勘资料。东晋佛陀跋陀罗共法显译《摩诃僧祇律》第三十六卷:“此比丘尼有好清声,善能赞呗。有优婆塞请去。呗已心大欢喜,即施与大张好𫄨……是时,诸人家家请呗。闻欢喜已,大得利养。诸比丘尼各生嫉心,便作是言:‘此妖艳歌颂,惑乱众心。’”(大正藏22卷,518c17—28)名为*Bhikṣunī-Vinaya*的梵语律典里有与这一段相对应的部分[②]。汉语“赞呗”与梵语bhāṣisī相对应[③]。“(诸人家家请)呗”与梵语bhāṣanā相对应[④]。根据这一汉梵对勘,我们可以推测“呗”是梵语√bhāṣ(“讲,诵”)的音写[⑤]。

---

① *Vinayapiṭaka*(巴利圣典协会版),Ⅱ 108.25。“sara-bhañña”意为“intoning, a particular mode of reciting”(*The Pali Text Society's Pali-English Dictionary*, s. v.)。

② *Bhikṣuṇī-Vinaya, including Bhikṣuṇī-Prakīrṇaka and a summary of the Bhikṣu-Prakīrṇaka of the Ārya-Mahāsāṃghika-Lokottaravādin*, ed. Gustav Roth, Patna 1970, pp. 112–113.

③ 第112页,第16行。

④ 第113页,第5行。

⑤ 西村实则先生已经发表过这一看法(《〈言語〉に對するブッダの態度——地方語・チヤンダス・歌詠聲——》,《三康文化研究所年報》第二十二号,1990年,第215页)。

梵语√bhaṇ 与√bhāṣ 的意义十分近似，所以从含义上来，在解释“呗”的梵语对应词时，二者似乎都合适。

但是，从“呗”一字的音值来看的话，笔者认为√bhāṣ 更为合理。唐玄应《一切经音义》卷十四：“呗匿：蒲芥反。梵言‘婆师’。此言‘赞叹’。言‘呗匿’者疑讹也。婆音蒲贺反。”[1]唐慧琳《一切经音义》卷二十七：“歌呗：蒲芥反。梵云‘婆师’。此云‘赞叹’。婆音蒲贺反。先云‘呗匿’讹也。……”（大正藏 54 卷，485b18）；同卷三十七：“呗响：上排迈反。……”（大正藏 54 卷，552a25）；同卷八十九：“赞呗：……下排拜反。……从口贝声。”（大正藏 54 卷，874a20）同卷八十：“善呗：下白迈反。”（大正藏 54 卷，828c24）等等。根据《一切经音义》，“呗”的东汉古音为 bat-，中古音为 bwɐi-。这一字音与梵语bhaṇ 不相称，而与bhāṣ 接近。总之，笔者认为“呗”是梵语bhāṣ 的音译[2]。

从字音来看“呗匿”（MC. bwɐi-ṇjək）一词是梵语bhāṇaka的音译这一点不容置疑。也有对勘资料证明这一说法，例如，姚秦佛陀耶舍共竺佛念译《四分律》第三卷“‘呗匿、多闻、能说法、持毗尼、坐禅’。作如是自叹誉已，‘供养我来’，不说淫欲者，偷兰遮”（大正藏 22，582b17—19）里的“呗匿”一词与巴利律典的“bhāṇaka”[3]相对应。

正如上面所列举的那样，在佛典里存在着许多应进一步推敲

① 玄应撰《一切经音义》，台北，新文丰，1980 年影印。参照大正藏 54 卷，699c10。

② 玄应和慧琳都说“呗”在梵语云“婆师”（MC. bwâṣi）。这证明他们也认为“呗”是梵语 bhāṣ 的音译。参照唐窥基《妙法莲华经玄赞》第四末：“梵云‘婆陟（bwâ ṭjək）’。此言赞叹。‘呗匿’讹也。……”（大正藏 34 卷，727b20—21）

③ *Vinayapiṭaka*（巴利圣典协会版），IV 67.27.

的词汇和语法。考察意思不明的词汇、语法时，汉梵对比研究有其不可忽视的作用。笔者衷心期待今后中国学与佛教学的研究者们携手开拓这一未开的领域。

略号：

BHS　=佛教混淆梵语(Buddhist Hybrid Sanskrit)

MC.　=推定中古音(Middle Chinese)

Pa.　=巴利语(Pāli)

Skt.　=梵语(Sanskrit)

v. l(l).　=异文(*varia lectio*)

参考文献

董志翘、蔡镜浩　1994　《中古虚词语法例释》，吉林教育出版社。

韩峥嵘　1984　《古汉语虚词手册》，吉林人民出版社。

蒋礼鸿　1988　《敦煌变文字义通释》（第四次增订本），上海古籍出版社。

李方桂　1971　《上古音研究》，《清华学报》9。

柳士镇　1992　《魏晋南北朝历史语法》，南京大学出版社。

王云路、方一新　1992　《中古汉语语词例释》，吉林教育出版社。

王政白　1986　《古汉语虚词词典》，黄山书社。

吴金华　1995　《古文献研究丛稿》，江苏教育出版社。

朱庆之　1992　《佛典与中古汉语词汇研究》，（台北）文津出版社。

荻原云来　1930　《荻原博士還曆記念祝賀論文集》，東京，再版1972。

牛岛德次　1971　《漢語文法論》（中古編），大修館書店。

森野繁夫　1983　六朝譯經の語法と語彙，《東洋學術研究》22—2。

水谷真成　1961　漢譯佛典における特異なる待遇表現について——譯々語彙零釋之一，《塚本博士頌壽記念佛教史學論集》，京都，746—759。

———　1994　《中國語史研究——中國語學とインド學との接點——》，三省堂。

太田辰夫　1988　《中國語史通考》,東京,白帝社。

榎本文雄　1984　阿含々典の成立,《東洋學術研究》23-1。

辛嶋静志　1994　《〈長阿含々〉の原語の研究》,東京,平河出版社。

———　1995　《遊行々》譯注(七),《現代語譯〈阿含々典〉・長阿含々》第一卷所收,平河出版社。

Bailey, H. W.　1946　Gāndhāri, *Bulletin of the School of Oriental and African Studies*, 11, pt. 4, pp. 764-797.

Brough, John　1962　*The Gāndhārī Dharmapada*, London. (London Oriental Series, vol. 7)

Coblin, W. South　1974-5　The Initials of the Wei-Chin Period as Revealed in the Phonological Glosses of Kuo P'u and Others, *Monumenta Serica* 31, pp. 288-318.

———　1983　*A Handbook of Eastern Han Sound Glosses*, Hong Kong.

Dantinne, Jean　1983　*La Splendeur de L'Inébranlable. Aksobhyavyūha*, Louvain-la-Neuve.

Goto, Toshifumi　1980　Ai. *utsa ṅga*-und Verwandtes, *Münchner Studien zur Sprachwissenschaft* 39(1980), S. 11-36.

Hinüber, Oskarvon　1986　*Dasältere Mittelindisch im Überblick*, Wien.

Karashima, Seishi　1992　*The Textual Study of the Chinese Versions of Saddharma-puṇḍarīkasūtra—In the Light of the Sanskrit and Tibetan Versions*, 东京, 山喜房佛书林。

Norman, K. R.　1989　Dialect Forms in Pāli, in: *Dialectes dans les littératures indo-aryennes*, ed. par Colette Caillat, Paris, pp. 370-392.

———　1991　Gāndhārī, in: Li Zheng et al. (eds.), *Papers in Honour of Prof. Dr. Ji Xianlin on the Occasion of his 80th Birthday*(I), Peking 1991, pp. 133-143 = Norman 1994: 58-70.

———　1994　*Collected Papers*, vol. V, Oxford. (PTS)

Pulleyblank, E. G.　1962　The Consonantal System of Old Chinese, *Asia Major* 9, pp. 58-144, 206-265.

Zürcher, Erik　1977　Late Han Vernacular Elements in the Earliest Buddhist

Translations, *Journal of the Chinese Language Teachers Association*, XII, no. 3, 177-203(许理和著,蒋绍愚译《最早的佛经译文中的东汉口语成分》,《语言学论丛》第十四辑,商务印书馆 1987)。

[附记]本文第贰部分曾在 1998 年 4 月由杭州大学古籍研究所和中文系主办的古汉语与古文献国际研讨会上发表。后又加以补充与修改。

(原载《俗语言研究》1997 年第 4 期、1998 年第 5 期)

(辛嶋静志:日本创价大学国际佛教学高等研究所)

最早的佛经译文中的东汉口语成分*

许理和(E. Zürcher) 著
蒋绍愚 吴娟 译

前 言

从第一个知名的佛经翻译家安息高僧安世高抵达东汉都城洛阳的时候(公元148年)起,到东汉王朝的最终灭亡(公元220年)为止,大约有十来个外国高僧在其汉人或汉化了的助手们的帮助下,为汉地信众翻译了相当多的一批宗教文献。据我们了解,所有这些译文都出自都城地区,即早期"洛阳寺院"所在地。

毋庸赘言,对于这种日后远东历史上最大的宗教和文化势力的

---

* 这篇文章是荷兰汉学家许理和(E. Zürcher,1928—2008)教授用英语写成的,载于《中文教师学会学报》(*Journal of the Chinese Language Teachers Association*)第十二卷第3期(1977年5月出版)。文章对东汉时期佛经译文中的口语成分作了分析。许理和教授是研究中国佛教史的专家,写过《佛教征服中国——中国中古早期佛教的传播和改造》《早期的中国佛教》《早期的中国艺术批评及其来源》《中国考古学的新发展》等论文。生前曾任荷兰皇家科学院院士、荷兰莱顿大学汉学研究院院长,是著名的汉学研究刊物《通报》的主编。原译稿由北京大学中文系蒋绍愚教授翻译、叶蜚声教授校,并经许理和教授审阅,刊载于《语言学论丛》第十四辑。此次发表,文章的前言部分由北京大学中文系博士研究生吴娟重新翻译。译稿全文经蒋绍愚教授审阅。——编者

初探，已经吊起了东西方众多学者的胃口。事实上，中国佛教历史上没有一个阶段被更深入地研究过。然而，东汉佛教研究却更因一般意义上的基本历史信息极其匮乏而一筹莫展，如一些历史文献的简要出处、几篇早期的题跋、少量早期经录和传记资料的条文，全部加起来还不足以填满两页纸。它们已被几代学者充分消化，以至于我们无法希冀获得任何新的认识，每一滴信息都已从中榨干。

为此，几年前我尝试从另一个角度考察中国佛教的萌芽阶段，转向我们唯有的另一种资源，即东汉以来的一批粗糙的早期佛教经典。令人惊奇的是，它们从未成为严格的历史研究的对象①。在考察中，我试图分析这些译经的词汇—句法、用语及文体特征，并对这批经典产生时的社会及思想背景做了一些推断。这个方法充其量只是迂回性的（毕竟，就好像通过分析詹姆斯国王钦定版《圣经》来研究詹姆斯一世时期英国的社会和宗教生活一样），然而在目前情况下，这是留给我们的唯一渠道。

我希望能在其他场合②，对于这项综合性较强的研究课题的结论，做出更广泛的报告。在本文中，我将集中在所用材料的最基本方面，即它们构成了一类非常特殊的书面汉语，可用于研究、分析以及与同期其他类型书面语相对比。所以，主要问题并不是这些文献在东汉社会和宗教历史方面的价值，而是另一个引人入胜的问题，即这种远离学者官员等传统文化精英之外而产生的“边

① 它们从未用作语言学和文体学的分析材料，仅偶尔用于公元 2 世纪后期到 3 世纪初期之间社会和宗教生活的研究。另一方面，经录及相关的真实性问题则受到了广泛关注（如常盘大定 1938 和林屋友次郎 1941），而且近年来宇井伯寿甚至在其《译经史研究》中对归于安世高名下的一批译经制作了一套注释详尽的日文翻译。

② 见拙文《早期汉译佛典研究的新方法》，待刊于《通报》。

缘性”(marginal)文献的语言,能在多大程度上反映公元2世纪都城洛阳的口语。

我们的第一步显然应该是在内外证据的基础上对材料进行严格的筛选。这一步绝非多余。汉译佛典的现代标准版本(《大正一切经》,55卷,东京1924—1929,以下简称T)包括不下96种所谓的“汉代佛经”。其中有78种归在少数几位知名的汉代译师名下。然而,经录资料以及内在特征(文体、用语)都证明,在绝大多数情况下,我们都不得不把它们归为后期的和十分不可靠的。关于筛选过程的细节,我还会在即将发表的研究中涉及;这里先说说基本原则和操作:(1)排除公元4世纪以后的译经;(2)使用确证性的外部证据(题跋、早期注释等);(3)选定几个“标志物”(一些真实性毋庸置疑的译文);(4)对这些“标志物”做用语和文体的分析,用以确定某些译师或翻译团体的独有特征;(5)利用操作(4)的结果,重新考察经过操作(1)后遗留下来的作品。经过这样筛选,我们得到29部佛典,可以有把握地说,它们是公元150年到220年间洛阳的五个翻译团队所创作的真正的汉代译经。这批相当多的文献材料,加起来约等于《后汉书》的三分之一。在本文中,我将回避任何有关这些译文性质和译者的详细探讨,仅在附录中罗列经名及《大正藏》编号。

如果仔细考察这些古怪的,有时甚至是晦涩的译经语言,我们的第一印象就是它与“标准的文言文”(如《后汉书》传记性章节的语言)大相径庭。译经中充斥着大量只能在世俗作品中才偶然出现的“俗语词”(vulgarisms)。整体上看,句法格式简单且质朴,词汇量也相当有限。我们看到双音词极其常见以及似乎是很确定的词类的出现(如“观见”“喜乐”“宫殿”“还复”),还有大量动词性复合词(送出、舍去)。这些特征表明该语言是(而且也有意成为)听众所能理解的(附带说一句,这一点也被外部证据所证实;事实上,我们仅有的汉代的佛教仪式记录就提到大量民众聚集在一起听讲佛经)。一些经文中(特别是最初几部)这种"译经语言"(scriptural idiom)几乎占据了整个篇幅;而在另一些情况下,我们则发现了不同程度的文言混杂现象。不过,最重要的事实是这种语言有显著的规律性:即使在充分"润色过"的译文中,我们也会发现相同的基本特征,比如代词系统中形式的大量减少、"复数"后缀的频繁使用、以"也"煞尾的名词性句子比较少见,以及该语言背离于同期标准文言的许多其他特点。

我们说过,如果把这种译经语言看作是"东汉口语、洛阳方言",那将是一种明显的过分简化,这一点必须要强调。我们当然要考虑各种扭曲性的因素。首先,我们必须假定该语言因为被以一种文字记录下来而深受影响,这种文字几个世纪以来一直作为多半是人造的单音节的文言文的书写工具。其次,在一些情况下,印度原典也会施加干扰性的影响,尤其在句法层面①。再次,许多例子中,韵律特征(明显倾向于四音节格式)也会导致各种扭曲。最后,一些译文语言简直就是"十分糟糕的汉语",是缺乏汉人充分协助的外国僧人所使用的一种西域皮钦语(Serindian Pidgin)。第一个扭曲性因素的影响根本无法消除。我们的经文中有大量单、双音节词交替使用而语义毫无差别的例子(如"明""光"和

① 由梵语或俗语原典导致句法扭曲的一个显著例子就是呼格的使用,这在印度和汉译佛典中都很普遍,但在汉语文言文中却相当罕见。在文言文中,呼格毫无例外地被孤立地放在句首。汉文编者似乎不知道要把呼格放在哪儿,常常很别扭地插在句子初始部分的某个地方,因而产生类似于"如是舍利弗一切诸法……"的怪胎。

"光明"、"民"和"人民"、"乐"和"娱乐"),所以很难说这些单音节变体在多大程度上是由人为风格所导致的缩减形式。我会在词的构成一节中再谈这个问题。至于第二个扭曲性的因素,应该强调,一些早期的翻译(尤其在其叙述部分)是非常自由的。梵语或俗语原典导致的扭曲性影响似乎仅限于少数几个明显可确定的地方。只有在极少数情况下,整篇译文才可与印度原典相对比。不过即使原典不存,我们通常也能将某些书面套语(literary clichés)的汉语翻译与完全程式化的印度原典形式相比对(如经文的开头语或结束语、禅定四阶段的标准描述、称呼和问候的套语、一些神通表现的常规描述等)。在所有这些例子中,原典套语是以粗略的近似形式来翻译的,这些形式并没有受印度原典影响产生扭曲的标记。第三个因素,即赋予译文以四音节韵律格式这一趋势所导致的人为的增减,可能会成为变异的重要来源。然而,在许多译文中,这种危险并不存在,因为它们没有显示任何韵律化的迹象。原则上讲,下面分析中所包括的特征,都是通过明显无韵的翻译中的例证进一步证实过的。最后,通过排除那些只出现在一个译者或翻译团队作品中的词汇和语法特征,这种语言的一些特点可能归因于译者或编者的疏忽或个人特点,这一偶然性也被消除了。

汉语历史语言学现代研究的发现提供了东汉佛经语言口语化本质的最后一项证据。尤其重要的有杜百胜(W. A. C. H. Dobson)的《东汉汉语》(多伦多,1964),该书是唯一一部探讨该时期语言的专著,以及牛岛德次(Ushijima Tokuji)在中古早期语言方面里程碑式的研究《汉语文法论》(中古编)(东京 1971)和有关《世说新语》语言方面的各种研究[①]。遗憾的是,这些学者虽然竭力考察活语言

① 较有影响的是吉川幸次郎(1939)和詹秀惠(1973)。

的发展，但主要关注的还是“上层”（high-class）书面语资料，其中口语成分只是偶尔被用到，特别是在直接对话的段落中，而对于佛教这一边缘性文献根本没有利用。不过，整体上看，他们的发现都被佛经语言充分证实了：早期佛教材料不仅包含杜百胜和牛岛所注意到的一些特征，而且有过之而无不及，因而比任何世俗文献都容纳了更多同时代的口语语言线索。历史语言学家研究世俗文献的发现与我的分析结果之间大体上的一致性，证明了那个假设，即这些早期的佛教经典[①]（特别是那些最少“润色过”的经典），虽略微程式化但却更为切近地反映了公元2世纪洛阳活语言的面貌。

作为一个历史学家而非专业的语言学家，我并不打算呈现一个覆盖整个语法体系的面面俱到的描写模型。本文的主要目的在于引起人们对这一尚未开启的信息宝矿的注意，并激励专业语言学家对它的利用。为此，只需要提出六个样本论题，包括（1）词的构成；（2）动词补语及其使用；（3）代词系统的变化；（4）一些虚词的使用（“而”“於”“者”）；（5）句尾词“故”及其用法；（6）“为”和“作”。

我故意没有涉及音韵。乍一看，成百个音译的专名和佛教术语，从“比丘”（bhikṣu）、“僧”（saṅgha）等简单形式到“菩萨摩诃萨摩诃衍僧那僧涅”（bodhisattva-mahāsattva-mahāyāna-saṃnāha-samnaddha）之类的怪物，应该能提供有关洛阳地区东汉汉语语音的第一手可

① “早期”（archaic）这个术语在这里用来指中国佛教史，与“上古汉语”（archaic Chinese）毫不相干。应该强调的是，当把佛教文献作为口语的信息来源研究时，应该关注最早的翻译（2—3世纪），当时该类宗教文献还是新生事物，尚未有建立完善的书面传统可以依赖。到了后来（大概在4世纪后期），翻译手段僵化，从而成为一种与当时活语言背道而驰的“神圣语言”。这类后期佛教经文偶尔也被用于语言学和文体学分析（参见吉川幸次郎1958和西谷启治1958）。

信资料,事实上它们也曾经为此被使用过[①]。我在这里避免这样做,主要因为我觉得早期佛经音译词最好被用作次要工具,用来证实(或证伪)通过其他途径或方法得到的结论。它们作为自足信息资料的价值被一系列模糊不清的因素极大地削弱了,如(1)我们对音译所依据的原典语言的无知,它们可能是梵语,也可能是任何一种俗语方言,甚至是某种中亚语言;(2)这些术语由于外国高僧们(他们可能是安息人、于阗人或康居人)的发音所导致的扭曲;(3)那些笔受(记录翻译的中国助手们),用一种很不理想的方式感知这些异域发音;(4)必须要把一个外语词拆成若干与原词的结构并不对应的汉语单音节词,并用汉字对译出来;(5)和后来翻译流派发展出的那些更为精美和多样的系统相比,最初的音译尝试是相当原始的。

一 词的构成[②]

只要浏览一下佛经译文就可以看到,那里有大量的复合词,这些复合词大都是两个音节的(也有三个音节组成的复合词,例如"坏散去",但非常少)。在29篇佛经译文中,有上千个不同的复合词,其中大约有四分之一是经常出现的,在不同译者的译文中至少出现五次以上[③]。

---

① 较有影响的是蒲立本(1962)。

② 以下诸节中例句后面括号中的数字表示《大正一切经》中的卷数、页数和栏目。

③ 在牛岛德次(1971:40—44)中详细地谈了词语构成问题。吉川(1939)就已指出双音词的经常使用是《世说新语》的一个特点。詹秀惠在(1973:483—503)列出了《世说新语》中的几百个双音词。显然,在口语中双音词的出现深深地影响了中国中古早期(3—6世纪)的文学语言,而我们所依据的佛经译文则证实双音化在东汉时期已很

在佛经译文中，显然与复合词的使用有关的、最引人注目的现象是词类(word-classes)的出现。[①]我们大体上可以把它们分为三类。(1)动词复合词(可以用作动词性的补语和副词性的限定语)[②]，例如“悲哀”“欢喜”“姝好”“发动”。(2)名词复合词(只能处在主语和直接宾语、间接宾语的地位)，例如“舍宅”“知识”“处所”“形体”“人民”。(3)副词复合词(只能处于动词前面和跟在主语后面)，例如“都卢”(一切)、“身自”(亲自)、“尔乃”(然后)。

就双音词而言，这些词类的界限看来是很分明的。就是单音词的使用，我们也没有发现像“弟之”(把他当作弟弟)、“四”(用作“在四面”的意思)之类的用法。从佛经译文来看，我们应当肯定这类表达方式是人为的固定风格的产物，从口语中是找不到任何迹象的。

第二个引人注目的特点是：有许多双音复合词是可以颠倒的。大约有50个复合词(上述的三种类型都有)，都有AB和BA两种形式存在，在绝大多数情况下，这两种形式都没有意义上的差别，

盛行。杜百胜也把这点作为东汉时期汉语文学语言的特点之一(见杜百胜1964:100，可惜语焉不详)。在下面我将集中讨论明显地由两个各自保持其原有意义的词素组成的词语，这些词语中的两个词素或者是意义相近的(如“呼叫”“喜乐”)，或者是意义相反的(如“大小”“多少”)，或者是重叠、表示遍布的(如“家家”“世世”)。牛岛德次的第二类(同上:44，修饰关系的复合词，如“虎视”“后园”“前庭”等)在我看来，范围太不明确，他的第三类，(如“～然”“～若”“～尔”之类的词)似乎是语法的类而不是词汇的类。詹秀惠列出的双音词也包括大量修饰关系的复合词(如“玉树”)，这些不在本文讨论范围内。

① 参看杜百胜(1964:101)：“……上古后期的单音词在东汉趋向于被复合词所代替，而复合词的语法运用有比较大的限制，它们通常或者出现在名词的位置，或者出现在动词的位置上，而且是不能改变的。”

② 能不能直接在一个词前面加“不”来表示否定，这似乎仍然是区分动词(或副词)和名词复合词的最没有漏洞的标准。名词复合词用“非、不为、非为、非是、[将]无是”来否定。

尽管一般有一种形式明显地用得比较多(在举例中用＊标明)。例如,在动词复合词中,有*“长养”和“养长”,*“照明”和“明照”,*“净洁”和“洁净”,*“索尽”和“尽索”,*“亡失”和“失亡”;在名词复合词中,有*“家室”和“室家”,*“尘垢”和“垢尘”,*“盗贼”和“贼盗”。在副词复合词中,有*“皆悉”和“悉皆”,*“身自”和“自身”。这种灵活性表明,在公元3世纪,复合词的构成仍处在产生和逐渐定型的阶段,这时期的许多复合词还没有凝固成以后那种固定形式。①

深入观察一下29篇佛经译文中出现的1080个双音词,可以看到,在多数情况下,双音词的构成有两种不同的方式。我们发现一部分词素(总共13个)在构成词的时候常常出现在A的位置上,而很少(或绝不)出现在B的位置上。而同样为数有限的另一些词素(共28个)通常充当双音词的后一成分,而很少(或绝不)充当前一成分。在这两种情况下,这个词素都是表示一个一般的意义,例如,向某一方向的运动,舍弃,完成,动作的开始,或者喜欢、恐惧等一般的感情。有关的双音词大约有230个,反映出来的构词方式,或者是在前面用一个意义比较专门的词素A来限定表示“类”的意义的词素B(例如“摇动”“倾动”“转动”“发动”“移动”“感动”等。“动”很少出现在前面的位置上);或者是倒过来,在表示“类”义的词素A后面跟一个意义比较窄的词素B来限定词素A(例如“思虑”“思议”“思念”“思欲”“思想”“思维”等。在我们的资料中,“思”不出现在后面的位置上)。在这些表示“类”的意义的词素中,可以举出其中构词能力极强的一些,例如“～

---

① 复合词的词素可以颠倒这一点在牛岛德次(1971)中没有提到。

持”“～得”“～除”“～舍”“～护”（都处于后一位置）；以及“成～”“增～”“解～”（都处于前一位置）。

没有发现后一成分是作为词缀出现的（像现代汉语中的“子”“儿”“头”之类）；“～子”是常见的，但通常是指某种生物（例如“赤子”“儿子”“狗子”“狮子”“螟子”等等）。①

由两个反义词素合成的双音词相当常见。例如“多少”“远近”“长短”（找碴儿）等等。它们是不能颠倒的。

由叠字组成的双音词也很多，其中有一些是用来描写情状的，它们经常出现在古代的赋中，如“巍巍”“蛉蛉”（荡来荡去）、“忽忽”等。还有许多含有“各自”的意思（“逐个”或者“每个”），例如：

诸姊各各还宫！（T.184.471.1）

都雨种种华。（T.224.474.3）

世世行作功德。（T.224.476.2）

家家行乞食。（T.418.919.1）

就词语的构成来说，佛经译文和文言最显著的不同是经常使用副词复合词。② 我们至少可以把它们分为六类：

（1）反身副词复合词。除了用“自”修饰的动词表示“自己”的意思以外，还可以用“身自”“自身”和强调的“还自”（常指某种

① 不过，在牛岛德次（1971：51）所举的18个例子中，有一些确是指非生物的，例如“刀子”“帖子”。王力（1958）的例子更多（见225—227页）。牛岛德次所举的“～儿”的例子全是指儿童或者地位低下的人。王力（1958：229）说：“儿”作为指小后缀指称非生物的东西这种现象，不出现在唐以前的材料中，太田辰夫（1958：90）也作出同样的结论。

② 吉川（1939）已经指出在《世说新语》中这样的复合词经常出现。牛岛德次（1971）举出更多的例子（比如：183—184页：乃今、乃自、亦乃、方乃、乃方；205—207页：一皆、悉皆、皆悉、咸共、咸悉、并皆）。杜百胜（1964）偶尔提到一些副词复合词（如：每辄，30页；交相，90页；躬自、自身、身自，51页），但他没有注意这类现象。

意外的情况）。例如：

何能自知之？（T458.437.2）

自身自有好物。（T624.357.2）

还自取幻师噉。（T350.191.1）

还自观心之法。（T626.403.1）

还自烧身。（T626.403.2）

（2）表示相互关系的副词复合词，“相”有时扩展成“转相”；除“相与”外，还有“共相”“共同”“同共”“与共”。

人民转相灌注。（T.313.755.3）

转相因缘故。（指过去、现在、未来互为因缘）（T.1508.53.2）

相与娱乐（T.313.756.2）

人们但共同快乐。（T.313.756.2）

同共安乐。（T.313.757.2）

与共相见。（T.418.913.1）

共相娱乐。（T.224.471.3）

（3）表示反复和继续的副词复合词。令人惊奇不解的是几乎没有“又”，它差不多完全被“复”代替了。[①] 还有“复”的扩展形式和更为强调的“亦复”“加复”“还复”。

---

① “复”非常常见。它常常失去了反复和继续的意义，在许多场合下，在承接上文继续叙述一件事情时，它所起的作用只比“且”（或“然后”）稍为强一点。杜百胜（1964:25）指出：它“在东汉时出现得如此频繁，有时成了寄附的成分，它可以被认为是东汉独有的特点。”这对中国中古早期的书面语也是适用的，可参见吉川（1939:131）和牛岛（1971:227—228），他也举出了许多复合词。还应当指出，在东汉佛经译文中“矣”已经不用了。文言文的“不……+矣”（表示“不再”）的格式已经被“不复”（或“无复”“莫复”“非复”）后面加一个动词性谓语所代替。

我曹亦复闻佛说经。(T.224.472.1)

我亦复欲与汝共行。(T.224.472.2)

今我一身,加复贫穷。(T.626.405.3)

今还复闻是法。(T.626.405.3)

复合词"又复""还复"都用来表示"再则"的意思。不过,它们不出现在副词的位置上,而是作为引导成分来限定整个句子,放在施事或称对方的词语前面。

又复理家在家修道。(理家:户主)(T.322.16.2)

又复诸比丘。(T.224.472.2)

复次舍弗利。(T.313.760.3)

(4)表示全部包括的副词复合词(或是施事的全部,或是受事的全部,或是两者全部)。除了单音词("悉""皆""都",偶尔还有"尽")以外,有许多双音词出现在副词的位置上。如"皆悉""都悉""悉皆""都皆""都卢"。①

皆悉除愈。(T.184.461.1)

悉皆受折。(T.184.466.1)

都皆堕三十七品经中。(T.602.172.2)

都悉来会。(T.184.461.1)

佛声音都卢现如是。(T.224.471.3)

都卢悉取一一尘……(T.418.907.3)

都卢不过是四事。(T.602.161.1)

复合词"一切"(很常见)不仅是副词性的,而且有一系列别的

① 这个特别的双音词"都卢"肯定是从口语中来的。它没有被牛岛提到,所以,很可能没有出现在中古早期文献资料中,因为那正是牛岛研究的材料。张相(1954:366)举了几个较晚的例子,其中最早的例子引自唐诗。

用法:(a)可用作表示全部包括的副词(指施事或宾语);(b)作为独立的主语或宾语;(c)作为名词的定语。[①]

(a)相师一切称寿无量。(T.184.467.3)

一切无有一处,……(T.13.234.3)

一切已脱著中去。(T.350.194.1)

(b)一切悉就座。(T.626.400.1)

愍伤一切。(T.184.463.1)

(c)一切诸魔。(T.418.903.2)

一切诸所有。(T.626.390.2)

一切恶悉断。(T.350.190.2)

(5)表示"各自"的副词复合词。除常用的"各"以外,还有双音词"各自"和"各各"。

各自取刀处处刺身。(T.224.474.3)

各各从异国土来。(T.280.445.1)

(6)表示强调的副词复合词,除了普通的表示强调的副词"甚""大"(偶尔还有"极",还有只在文言环境中出现的"至")以外,"甚大"这个复合词是常用的。

甚大欢喜。(T.184.461.3)

甚大愁忧。(T.224.471.1)

关于词语的构成就谈到这里。最后应当强调一点(这一点在

---

① 牛岛(1971:212)举了两个例子,都是副词性的。杜百胜(1964:24)只看到了"一切"有"片时"的意思,而且说:"研究'一切'这个词从'片时'变为'全部'这个转变发生在何时,是很有意思的。""一切"用作现代具有的那种意义,在东汉佛经译文中是很普通的,从这里我们再次看到早期佛经的叙述语言比同时期任何非宗教性文献更加接近于东汉的口语。

前面由于强调双音词有点儿被冲淡了）：在佛经译文中，单音词是和复音词一起被自由地运用的，单音词和复合词之间的关系还很不清楚。在某些情况下，措词时出于韵律方面的考虑，可能会有意识地使用单音词或双音词（不过，在 T. 224 和安世高的译文这样质朴无华、没有任何注重韵律的迹象的作品中，单音词和复音词也是同时使用的）。在其他的情况下，可能更愿意采用单音词，因为有了上下文环境，就不必再使用双音词了，尽管双音词的意义比单音词更加明确。不管出于什么原因，在佛经译文中，有单音词和双音词混合的有趣的例子。在同样的上下文中，有"相离别"也有"相别"和"相离"（T. 32. 185. 2），有"儿"也有"儿子"，有"更"也有"从更"（同上）。如果描写一只鸡放到火里，可以说它的腱"便缩皱"，也可以说它的腱"便缩便皱"。（T. 13. 231. 1）佛在告诉阿阇世王的时候，不用常见的"恐惧"，而是说"勿恐莫惧"（T. 627. 403. 1）。在 T. 332. 18. 1 中，"寻找"这个意义被翻译为"求索""索"和"求"。从这里再一次可以看到，佛经译文的语言是不稳定的、可变动的，具有多种可能的表达方法。

二　动词补语及其使用

在佛经译文中，可以多次看到这样一种特殊的动词性结构：一个单音节的动词（或者说得更准确些，是一个处在动词的地位，作为谓语的核心部分的单音词）和另一个动词性的成分（能充当这种动词性成分的词是很有限的）组合在一起，整个结构用来表示空间关系或表示事物的运动。主要有三种情况：（a）"来""往""行"放在主要动词前面，表示施事的目的。（b）"在""诣""至"

"到""入""出"放在主要动词的后面,表示有关的动作对于终点而言的处所和趋向。(c)"来""去""出""上""下"放在宾语后面,表示对于叙述者的处所而言的运动。"得"或许也属于这一类,它表示取得预想的结果。

(1)用"表示动作的字+动词"来表示施事的目的。①

诸弟子皆当来听。(T.224.474.2)

七宝自然来生。(T.350.190.3)

乃来雨佛上。(T.624.351.2)

令来还!(T.350.193.2)

俱出往迎。(T.184.463.2)

往告太子。(T.184.465.3)

汝行教五百比丘来还。(T.350.193.2)

行求索钵。(T.626.393.1)

(2)"动词+处所或方向补语"。②

皆闭在牢狱。(T.224.471.1)

不复还在世间。(T.14.244.1)

出行诣城门。(T.184.468.1)

往诣王宫。(T.196.155.3)

去至何所。(T.350.193.3)

共归至我父母所。(T.224.472.3)

汝往至彼间。(T.224.473.2)

---

① 牛岛(1971:85)举了很多动词前面加"来""往""之"和"趋"的例子。但是没有举"行+动词"表目的的例子。

② 牛岛(1971:74)举了许多由"在、至、到、及、与"构成的处所和趋向补语,但是没有"诣、出、入";杜百胜(1964:37)仅仅提到"在"作为一个"动词后的虚词"代替了"于"。

随到香山。(T.624.356.1)

远出到他郡国。(T.418.905.3)

于梦中归到故乡里。(T.418.905.3)

郎抱入庙。(T.184.463.3)

行入冢间。(T.607.232.2)

脱出格战。(离开战斗。)(T.224.473.3)

(3)"宾语+动词性的趋向补语"(如果没有宾语,就在动词后面直接加趋向补语)。

(a)没有宾语①

汝取持来!(T.184.465.3)

或亡,或人取去。(T.98.924.1)

亦死过去。(T.196.160.3)

反弃舍去。(T.418.907.1)

伏藏一时发出。(T.184.463.3)

以天缯贡上。(T.624.359.2)

孔雀飞下。(T.184.467.2)

皆从天来下。(T.350.192.2)

(b)有宾语②

---

① 牛岛(1971:85—91)举了许多带"来、去、上、下、出、入、内、还、起"的趋向补语的例子,西谷登七郎(1956)举了更多的例子,并讨论了复合词的意义。尹玉(1957)指出了一些汉以前的例子,但他的结论是这种趋向补语只是到了汉代初期才变得普遍。

② 牛岛(1971:85—91)有一些动词和宾语后面跟着由"来、去、出、入、还、起、往"等组成的趋向补语。但是,大部分"动词+宾语+往"和"动词+宾语+还"的例子难以使人信服,因为它们是属于"持×往""以×往""持×还""以×还"这一类型。"将、持、以"一般是作为从属的准动词(co-verb)来用的(如同现代汉语普通话中的"拿、用、带、把"一样),所以我以为上述情况中的"往、还"最好解释为主要动词,而不是次要的趋向补语。

持刀来。(T.184.468.2)

行求钵来。(T.626.393.1)

舍之去。(T.184.468.1)

出魔罗网去。(T.418.910.1)

来捧钵去。(T.184.474.2)

抱太子出。(T.184.464.2)

送我出。(T.184.468.1)

(4)在有些情况下,"得"似乎起类似的作用。①

随其所喜经者各自闻得。(T.350.189.3)

持钩行钓鱼得。(T.350.192.1)

不用说,这些动词的补语,特别是在(3)类中所说的,和现代汉语中的趋向补语非常相像。但是,没有迹象表明,在佛经译文中(2)类和(3)类已经结合成为现代汉语中的复合的趋向补语,如"……上来""……下去""……出去"等等。

三　代词系统的变化:指示代词

东汉佛经译文的语言还有一个特点:就是虚词和代词的形式种类和专用功能都显著减少。② 标准的文言文中的一整套人称代

---

① 在牛岛(1971:75)上,列了许多带"得"的复合动词("收得""追得"等),但他所举的"得"作为动词补语放在宾语后面的例子只限于否定形式("刺之不得""索兵不得"等),可是我们在趋向补语中没有找到任何这样的否定形式,所以把"动词+宾语+[不]得"放在这个标题下还是有疑问的。

② 在这方面,它完全证明了杜百胜的结论,他把虚词作用的减弱和一大部分文言代词的废弃看作从上古到东汉转变的基本特征。参见杜百胜(1964:XXIII,87—95,101—102)。

词(其中当然包括不同时代里积累起来的、在口语中已经废弃不用的僵化了的形式),到东汉佛经译文中已经减为四个:第一人称代词“我”(“吾”非常少见,或许3世纪的口语中已经不用;“余”和“予”没有出现);第二人称代词“汝”(“如”和“而”没有出现,“若”非常少见,“尔”作为人称代词也非常少见,从“尔”和现代汉语中“你”的历史关系来看,这是一件很奇怪的事情。[①] 在东汉佛经译文中,“尔”几乎只用作指示代词。详见下文);以及复指的第三人称代词“其”和“之”(“伊”没有出现,“厥”在文言的环境中出现过一次)。但是,出现了各种人称代词的复数和全称形式,例如“我等、我辈、我曹、汝等、汝辈、汝曹、我曹等、汝曹等”等。甚至还有“我曹等辈”这样的形式(T. 280. 445. 1)。[②] 这就在某种程度上补偿了文言文人称代词的锐减。疑问代词和疑问副词减少得更加厉害,大多数旧的形式(例如“胡、奚、焉、孰、曷、盍、恶、恶乎”)都没有了。

在整个文言文的疑问代词系统中只剩下两个:“何”(以及与之同义的复合词“云何、何等、何以、何所、几何、何许、如何、何如”)和“谁”。反诘疑问词“岂”大抵出现在反问分量大大减弱了的场合,

---

① 杜百胜(1964:4)和牛岛(1971:139—140)都叙述了“尔”的作用:它是一个常见的人称代词,可以用作主语和宾语,也可以用作定语(你的)。按照詹秀惠(1973:53—60),“尔”在《世说新语》中常用作人称代词,虽然比“汝”用得少。牛岛的一些例子颇有些口语特色(如“尔颇有所闻乎”?)这就说明这个词在中古早期的汉语中不会废弃不用。它在佛经译文中完全没有出现是和“此”的极端少见同样使人费解的。(参见下页注①)

② 这些后缀在早期的佛经译文中是很常用的。牛岛(1971:51—52)曾对它们(辈、曹、等、属、曹辈、等辈、等、侪)详细论述,又可参见周法高(1959:1.3卷336—340)以及詹秀惠(1973:275—283)。它们的原意无疑是全称,即“所有这一组或这一类的……”。所以,“我曹辈”就是“我们这一类的人”。但是在多数情况下,特别是当它们加在人称代词后面时,它们仅仅用作复数的标志。它们似乎在西汉才变得常见。汉以前的例子是极其少见的。(参见王力1936:70)

它主要被一个既表示反问又表示询问的通用的疑问副词"宁"所取代。有几个新的疑问词出现,例如"那""讵""几所"和"……为"。[1]为了说明代词旧形式的减少和新形式新结构的出现,我选择了指示代词为例作一分析。这方面的格局是十分清楚的。佛经译文中表示指代的总共只有三个词:"是""尔""彼"。"此"和"斯"很少见,[2]毫无疑问,在当时的口语中已经不用了。"夫"和"兹"也是如此。"那"作为指示代词用的有一处,就我所知,这是"那"用作指示代词的最早的例证。一个重要的发展是"是"用作系词。

(1)是

(a)用作指示代词

这种用法的"是"可以独立地充当主语或宾语,如"是为愚痴"(T.418.907.1),"去是几所"(T.224.471.1),也可以用作定语,如"是灯柱"(T.350.191.1)、"是故""是时"。

这里我们再次发现和人称代词同样的情况,即指示代词也常用复数或表全称的后缀。但复合的后缀("~等辈""~曹等"之类)没有出现。

我亦如是辈。(T.13.235.3)

见是辈人如见佛无有异。(T.626.405.1)

---

① 这些出于早期佛经译文的证据有力地证明了杜百胜(1964:80—90)得出的结论:疑问代词系统的极端简化,以及"谁"和"何"代替了其他一切原有的疑问代词。(杜百胜在"谁""何"之外还加上"安",但"安"在东汉佛经译文中没有出现,这是令人不解的。它在《世说新语》一些明显具有口语味道的段落中经常出现。可参看牛岛[1971:382]和詹秀惠[1973:198—199]。)

② 在这一点上,佛经译文提供的例证显然是和杜百胜和詹秀惠的结论不一致的。他们强调"此"充当各种句子成分都很常见。我不知道"此"在佛经译文中的少见应该如何解释。

是辈人为己自亡失。(T.224.441.1)

勿复作是曹事。(T.184.471.1)

是曹人者不当见之。(T.224.441.2)

有时候,“是曹”的定语性质很明确表出:

是曹之人诽谤法者。(T.224.441.2)

(b)用“也”煞尾的表判断的名词句(用“A,B 也”的形式,比如“孔子,鲁人也。”这类句子中“也”表示 A 和 B 的同一性,A 和 B 都属于名词性的成分)在佛经译文中明显地减少了。这种句式的频率看来是和别的典型的文言成分使用的程度成比例的,这说明它们在口语中已经废弃不用。[①] 另一方面,“是”正在从指示代词向(半)系词转变,在许多情况下,它已经失去了指示的或复指的作用。[②]

谁是汝师者?(T.350.193.3)

此梦是王福庆。(T.184.463.2)

一切人皆是华。(T.458.438.3)

诸法是法身。(T.626.401.2)

佛天中天是善知识。(“天中天”是“主宰者”“至高无上者”之意)(T.350.190.1)

---

① 另一方面,“也”用在一个动词句的句尾来表示叙述的情况真实可靠也是很常见的。例如“不可却也”(T.350.191.1);“是故名为神珠宝也”(T.184.462.3);“虽有尔所子,不在子计中也。”(T.350.191.2)

② 关于“是”的系词性质参见刘世儒(1957);王力(1937),特别是 31—38 页;杜百胜(1964:71);牛岛(1971:325—327,418);詹秀惠(1973:545—554)。西汉的例子见洪诚(1957);在表示判断的“A 是 B”中,“是”最初可能是复指 A 的,“至于 A,那就是 B”。当句尾有一个“也”字的时候更是如此(牛岛 1971 举了许多例子,特别在 326 页)。但这些似乎是较文的用法:这些形式在佛经译文中没有出现。(但是我们发现了一些混杂的形式,如“晓是者是为净持戒也。”见 T.350.193.2)

看来，用"是"的判断句是两个同时发生的过程的结果：一方面，用"是"的判断句日益代替了文言文中用"也"字煞尾的名词句；另一方面，"是"逐渐取代表示"作为"意义的"为"，证据是：在类似的上下文中，"是"和"为"可以交替使用：

白净王者是吾累世所生父。(T.184.463.1)
已更五百世曾为菩萨妻。(T.184.462.2)

皆是阿罗汉。(T.184.461.1)
本为凡人。(T.184.461.1)

谁是汝师者？(T.350.193.3)
是为我师。(T.350.193.3)

在佛经译文中，有的地方用"是"字结构代替文言文中"以……为……"的格式，这也说明"是"和"为"的区别正在消失：

持"非我所"是"我所"。(把不是我的看做是我的。)(T.350.192.1)

我之所以把上面这些用法的"是"称作"半系词"，是因为在29篇佛经译文中还没有出现纯粹的系词的最充分的证据：用"不"来否定"是"。[1] 在有些例句中看到的是在"是"前面加其他否定词：

非是正道。(T.626.403.1)(注意："是"在否定词"非"的后面，而不是在它前面。)

是水将无是大海？(T.224.447.1)

---

① 但是，牛岛(1971:328)指出一个"不是"的例子："我亦不痴，亦不是苻坚"(宋书95,28a)，它证明至少在这种情况下"是"已发展成为纯粹的系词。(很奇怪，牛岛没有从这条重要的材料得出相应的结论，这个例句被放在关于否定词的部分而未加重视。)

将无是白净王子乎?[1] (T.196.150.1)

不过,总的说来,佛经译文中在否定句中表达主语和谓语的同一,或者是继续沿用文言的用法"非"("非……也"极少见),或者是采用"不为"的动词句的形式,甚或是两者的混合形式"非为",例如"此非为人"。(T.184.466.1)

(2)尔

"尔"作为指示代词是很常见的,它的意义有时是"如此",有时是"这""那"。它经常作为定语和某些词结合起来使用。这种结合而成的词语虽然只有几个,但在佛经的叙述部分相当常见。[2]

(a)尔时(那时,经常放在主语前)。

尔时所见悉亦了了。(T.626.402.3)

尔时久远过去时。(T.626.404.1)

在一个例句中我们看到:

当尔日……(T.196.157.2)

(b)尔故(所以,总是放在主语前)

尔故字为菩萨。(T.224.427.2)

尔故无所著。(T.224.427.2)

---

① 关于以"得无""无乃""将无"开头表示强烈的推测和期待肯定的回答的问句,参见吉川(1946—1947)特别是484—493页;牛岛(1971:367—370);和詹秀惠(1973:322—326)。

② 杜百胜只提到人称代词的"尔"(参见本文p.93注②);显然,他用来作为研究的根据的赵岐《孟子注》中没有指示代词"尔"的例句。关于"尔"在《世说新语》中是指示代词的论述见詹秀惠(1973:157—160)。牛岛在不同的标题下论述"尔"的人称代词以外的用法,在20页、54页把"尔"作为静态动词,对于"乃尔"和"尔乃"中的"尔"也是这么处理。在173页把"尔"的用法解释为常见的指示代词,特别是在宾语的地位(何以知尔)、在介词后面(自尔),以及用作定语(尔时、尔日、尔夜、尔夕、尔故)时。在王力(1937:281)和周法高(1959:卷1.3.151—155)有更多的例子(主要取自中古早期的资料)。

尔故说是语耳。(T. 418. 907. 3)

(c)尔所(这么些,这么多。可以和"何所""几所"比较,它们也常在佛经译文中出现)①

罗汉辟支佛智尔所耳。(T. 350. 191. 2)

尔所子。(T. 350. 191. 2)

亡我尔所珍宝!(T. 418. 907. 1)

在一个例句中有"乃尔"这种扩展的形式("乃尔"详见下文):

有乃尔所医王。(T. 350. 192. 2)

(d)"尔"处在谓语部分时,起一个静动词(static verb)的作用,意思是"如此,这样"。

尔,天中天。(确实如此,天中天。)(T. 224. 427. 1)

设尔……(假如这样……)(T. 224. 428. 2)

虽尔,会说其义。(即使如此,你也解释一下它的意义。)(T. 626. 396. 2)

为实尔不?(真是这样么?)(T. 196. 159. 2)

不当尔。(不应当这样。)(T. 458. 438. 2)

"尔"的这种用法最常见于"亦尔""乃尔"这种词语中。"亦尔"的意思是"也这样"(指前面已描写过的一种情况):

令他人亦尔。(T. 626. 348. 3)

余他辈亦尔。(T. 224. 436. 1)

---

① 杜百胜和牛岛都没有提到这些词语中"所"的这种重要用法。"所"的这种用法使人想到"何许""几许"中"许"的用法,和"许"放在整数后面表示概数的用法。有时"所"也可以起这种作用,如牛岛(1971:109)的例子:"百所日""三千所兵"。"何所"和"几所"在佛经译文中是常见的,如"何所足道?"(T. 626. 395. 2)(T. 624. 360. 2)"何所法后陀罗尼?"(同上,397)"何所是亲属?"(T. 624. 360. 2)"出几所滴?"(T. 350. 191. 2)"去是几所?"(T. 224. 471. 2)关于"尔许"在稍晚一点(5 世纪)佛经中的用法,见西谷登七郎(1958)特别是 90—98 页("尔许"在我们所研究的佛经译文中未见,但显然等同于"尔所")。

诸法亦尔。(T.626.392.1)

所问乃尔。(T.624.350.1)

"乃尔"大多放在主要动词后面,作为一个副词性的补语,意思是"像这样(的方式、程度)":

汝莫自困苦乃尔。(T.224.472.2)

是何等台,……姝好乃尔。(T.224.472.2)

所供事物甚多乃尔。(T.624.350.1)

很明显,"尔"的意义和用法是和文言中的"然"或"如是"相当的。在类似的上下文中,"尔"和"然"(或"如是")可以互换。

令他人亦尔。(T.626.340.3)
教授人民亦然。(T.418.903.3)

尔,天中天。(T.224.427.1)
如是,天中天。(T.224.427.1)

(e)"尔"可以放在动词前面表示"那时""然后"的意思。更多的是用在表示强调的词语"尔乃"中:

尔来三月,……(T.196.163.1)

尔乃坐耳。(T.224.474.2)

尔乃得前。(T.184.474.2)

尔乃为之。(T.184.465.2)

(3)此

"此"用得极少,而且一般用在比较文的上下文中。无疑,它在公元3世纪时已在口语中不用了。下面的事实可以证明"此"在当时只是一种书面用语:它用于文言词语"若此"(T.322.17.1)中(通常只说"如是"或"乃尔"),而且它的出现率是和整篇佛经译文中总的文言成分的多少成比例的。("此"在T.350中只有一例,而在半文言的 T.184 中出现 30 多处)。但和“彼”对举时,它也可以出现在通俗的作品中。

亦入于彼,亦入于此。(T.224.473.2)

(4)彼

“彼”很常见。

与彼城对。(T.184.461.2)

其德出彼上。(T.624.366.2)

于彼间止。(T.224.470.2)

汝往至彼间。(T.224.473.2)

重叠形式“彼彼”是用来表示“各种”的。①

众生彼彼异念。(T.184.462.1)

彼彼人种。(T.32.814.3)

(5)斯

“斯”在公元前 3 世纪肯定已经不用了。它只出现在经过润色的佛经译文中,意思是“那个”(通常指不平凡的事物)。它不能在后面跟“等”“曹”“辈”之类的字来表示复数或全称。

得斯巍巍。(T.184.461.1)

发斯弘大之誓。(T.322.15.3)

(6)那

“那”这个字通常用作疑问词(nǎ),例如:“道师那来?”(T.196.157.1)“当那所闻?”(T.458.438.2)或者表示不定指的代词(nǎ),例如“不那中作乐”(不在任何事情中作乐)(T.626.390.2)。② 我只找到一处可以肯定是指示代词(nà):

① 牛岛没有提到这一点。

② 疑问词“那”在东汉和中古早期完全用作副词(意思是“如何”)。有关的论述可参见牛岛(1971:361,384—386);王力(1958:284)。

诸过去佛悉那中浴。(T. 458. 440. 3)[①]

四 而、於、者

和标准的文言相比较,这29篇佛经译文的语言的虚词显然从数量到功能都大大减少了。有的虚词不再有原来那种特定的用法,而只在一般意义上使用。例如,在很多句子中疑问词"岂"失去了反问的意味而只表示一般的询问,和"宁"可以互换。[②] 如:"意岂乐乎?"(T. 184. 467. 2)"太子宁乐乎?"(T. 184. 466. 2)有的虚词的意义减弱到几乎变成没有意义的地步,例如:"而"在否定词或主语后面,在直接宾语前面就是这样。(详见下文)最后,我们看到不少虚词取得了新的、重要的意义和功能。例如,"宁"作为疑问词,"莫"表示禁止,[③]"所"询问处所,[④]如"今欲所至?"(现在想到

---

① 杜百胜和牛岛都没有提到东汉和中古早期有指示代词"那"。吕叔湘(1955)也没有提到。王力(1958:284)设想它在唐代发展起来,到宋朝才变得普遍。太田辰夫(1958:125—126)得出同样的结论。所以,我们这个得自佛经译文的唯一例子比非宗教文献上关于"那"的记载要早500年。

② 关于"岂"的反问语气词的减弱参见杜百胜(1964:90)和牛岛(1971:391)。

③ 我们在这里又遇到一个令人不解的现象,杜百胜(1964:45)指出了在东汉"莫"已不再作为"施事的个体词"("在所有施事中,没有一个")使用。这一点已为佛经译文的例证证实,但他没有提到东汉时"莫"可用来表示禁止。牛岛指出了这一点(1971:82,398—399),但强调说"莫"的这种用法是很少见的。詹秀惠只在《世说新语》中找出了五个例句(1973:452—453),但我们看到在东汉佛经译文中"莫"表示禁止的例子非常之多,它几乎完全取代了传统的"勿"("勿"必定在口语中已被废弃了)。例如:"莫稽留"(T. 184. 467. 3),"莫得啼哭"(T. 224. 471. 1),"莫得休息"(同上),还有混杂的"破碎"形式"勿恐莫惧"(T. 606. 403. 1),以及间接禁止的用法,如"令我莫死!"(T. 32. 815. 3)"令是愿莫断!"(T. 32. 815. 3)表禁止的"莫"在佛经译文中如此常用,而在同一时期的其他材料中相对的少见,是早期佛经译文比非宗教文献更接近当时口语的又一证明。

④ 杜百胜和牛岛没有提到这一点。西谷登七郎(1958)描述了它在5世纪早期佛教散文中的用法。这种奇怪的疑问句看来是从"问女所在"这一类表疑问的从句发展

哪里去?)(T.196.157.1)"是叹声所从出?"(这叹声从哪里出来?)(T.624.352.2)"亦"作为连词,用法同"与",[①]例如:"儿子亦妻"(T.32.815.3),"世间亦天上"(T.607.230.3)。虚词数目的减少、意义的减弱和用法的改变,这些现象可以通过四个典型例子来介绍。

(1)而

在文言中,"而"经常放在一主一从的两个从句之间,从属的从句放在前面,用来说明为主的从句中的动作或情状发生的方式和条件。但这种用法在佛经中很少见,所以也许它在公元3世纪的口语中已经不用了。[②]例如:

不鼓而自鸣。(T.624.359.2)

作礼而去。(T.626.396.2)

作火而不用薪。(T.458.438.2)

也许,正因为这种传统的用法在口语中消失了,所以"而"就出现了一种奇怪的,然而在佛经译文中很常见的用法。当它用在否定词的后面,用在带"於"的(动词前)副词性词组后面,甚至在叙述句的主语后面的时候,它可以看作是一个多余的字,其作用只是凑一个音节。[③]例如:

而来的。再举一些同类的例子:"今为所在?"(T.184.466.1)比较"不知宝称今为所在"(T.196.148.3)"当从所闻"(T.458.439.3)。

① 杜百胜和牛岛没有提到这一点。不过,我们可以设想,"亦"的这种非常古怪的用法,不是来自口语的词,而是译者个人的用法。它看来只限于安世高的很粗糙的译文中,可能是由于他的汉语不好而产生的结果,不是由于口语的影响。

② 关于"而"的用法的减少和它的偶见的寄附用法(不过和这里说的不同),参见杜百胜(1964:56,59)。

③ 杜百胜和牛岛没有提到"而"的这种极其减弱的用法。这种用法似乎只能在早期佛经译文中找到。这和"亦"的情况(参见101页注①)不同,"亦"可能是企图翻译梵文的ca或athavā而没有译好。但梵文中想不出有什么和这种"而"相应的东西。而且这种"而"出现在不同译者的中文译文中,所以不能认为是翻译者个人的用法。我们应当认为在这里又找到了3世纪口语的一个相当常见的特点,而我们依据的佛经译文提供了唯一可以得到的证据。

在否定词后面：

其音莫不而闻。(T.624.354.2)

其魔甚多，莫不而伏。(T.624.361.2)

悉不而及逮。(T.626.403.3)

在"于……"后面：

常於功德而坚固。(T.624.350.2)

若王於众而为上。(T.624.354.1)

在主语后面：

光而七尺。(T.624.361.1)

众祐而为说经。(T.322.15.2)

其心而清洁故。(T.624.360.1)

众魔而不敢当。(T.624.349.3)

如果我们检查一下那种在标准的文言中通常应当译成"从属词组+而"的句子在佛经译文中如何表达，我们就会发现，文言的形式大多已被复句的形式所代替，经文中广泛使用"便、乃、即、即便"来表示"(当)……就……"的意思，用"亦"和"还"来表示"(虽然)……还是……"的意思，用"用……故……"和"……故"来表示"……，因为……"的意思。

(2)於

"於"很常见。它通常按传统的用法使用，既可放在主要动词前面处于状语的地位，

於空中作乐。(T.224.477.1)

也可以放在动词后面，表示处所和方向。

人有过於大王所。(T.224.471.1)

但在很多情况下放在动词后面的"於"作用已经减弱为一般

的“宾语助词”，把直接宾语介绍给主要动词。①

雨於天华。（T.624.351.1）

降服於魔。（T.224.476.3）

谗溺於人。（T.350.189.3）

承事於诸佛。（T.418.903.3）

气力不如於大（幼狮的力气不如大狮）。（T.626.390.1）

见於灯火。（T.624.355.3）

受於众流。（T.626.390.1）

应当指出，在标准的文言中像“降伏於魔”“谗溺於人”这样的结构必须解释为被动式（被魔降服，被人谗溺）。但是，在佛经译文中由于“於”的作用已经减弱，就不会产生这种歧义，因为在这些篇佛经译文中没有用“於”来表示被动的，“於”的这一种传统用法显然已经在口语中消失了。

（3）者

“者”在佛经译文中的用法一般和传统用法相同。但是，“者”似乎也出现了两种新的用法，这两种用法在佛经的叙述部分非常常见，应当认为它们一定是当时的口语成分。

（a）用作句末助词，和主语“谁”或“莫”（没有一个）相配合。②（但不和表禁止的“莫”配合。）

谁不乐世者？（T.184.468.3）

① 杜百胜和牛岛没有提到。它在不同译者的译文中都很常见，也想不出梵文中有什么和它相应。所以它很可能是3世纪口语的一个特点。

② 杜百胜和牛岛没有指出“（谁）……者”的这种用法。牛岛（1971:82）只举了一个“莫……者”（莫敢近者）的例子。但周法高（1959:卷1.3.424—425）对此有论述（例子只取自汉代的材料）。

谁欲买我者？(T.224.472.2)

谁是汝师者？(T.350.193.3)

谁为卿曹说经者？(T.350.193.3)

莫能当者。(T.184.465.3)

莫不持华香供养者。(T.224.476.2)

十方莫不闻名者。(T.624.348.3)

(b)放在条件从句的句尾(条件从句在主语前)，也可以有表条件的虚词(如、若、使)与之配合，也可以没有。①

若不许者。……(T.184.465.2)

若男子女人欲求一切智者。……(T.626.391.2)

卿使能与我者。……(T.224.472.2)

作是行不缺者……(T.224.471.2)

我闻者……(T.224.472.3)

有是曹人者。(T.224.474.3)

欲得道者。(T.184.470.3)

与我者。(T.418.907.2)

唯佛肯者。(T.458.435.2)

五　句尾词“故”及其用法

佛经译文最突出的特点之一是表原因的词“故”的很特殊的用法。在标准的文言中，“故”通常总是引出结果句：“(因为)……，故……”。在29篇佛经译文中，这种句型完全被代之以“……故”的

① 杜百胜没有提到。牛岛(1971:260)举了一些例子而没有发表意见。

句型,“故”成为一个句末的助词了。带“故”的从句又有两种位置:(1)从句在前,例如“天雨故,我在家。”(2)从句在后,例如“我在家,天雨故。”它们都是十分常见的,可以肯定是当时口语中的普遍现象。[①] (1)类句中的“故”常常和一个准动词配合起来使用,形成一种“用……故”“为……故”“以……故”“从……故”的格式。

(a)用“故”煞尾的从句在前,主句在后。

为一切故当广说之。(T.184.461.2)

不必从年大故,亦不从能多知识故,亦不从多能得福故……(T.48.838.1)

用喜欢踊跃故……(T.224.472.1)

用我欲供养于佛故……用是故,出血出肉髓欲卖。(T.224.472.3)

以故故说是。(T.626.400.2)

(b)用“故”煞尾的说明原因的从句在后,主句在前。

是为善知识,多闻经故。(T.350.190.1)

菩萨学用十方人故。(T.350.191.3)

我自卖身,欲供养于师故。(T.224.472.2)

所以者何?念于一切故。(T.626.389.2)

特别常见的是“何以故”这种说法,后面还常用一个用“故”煞尾的句子来回答。

何以故?诸经法一味故。(T.224.475.2)

何以故?用从佛闻深法故。(T.626.404.2)

① 尽管它在佛经译文中很常见,但杜百胜和牛岛都没有提到它。在某些特定的情况下,特别在讲经的部分,“……故”可以用来翻译梵文中表原因的从格(causal ablative),但它在叙述部分也如此常见,所以它一定是一个常见的口语现象。

很可能句尾的“故”是从文言的“……故也”发展来的。但在佛经的叙述部分，煞尾“故”的出现频率远远大于任何文言作品中“故也”的出现频率。

句尾词“故”的用法经历不同时代一直作为佛经语言的特点而保留下来。甚至在宋朝最晚的佛经译文中还有很多这种用法。但我们应当作这样的推断：用于句尾的“故”，和其他佛经特有的用语“云何”“所以者何”“我等”“汝曹”等一样，虽然在开始时都是来自东汉和中古早期的口语中的词语，当它们从口语中消失以后，在很长时间内仍为后来的佛经作者和译者有意识地继续使用。它们成了佛经宗教语言的一个区别性特征，这种文体至迟在唐代已经和文言文一样，成为一种固定的程式了。

六 “为”和“作”

(1)在佛经译文中，“为”的用法明显减少，几乎总是用来表示“作为”和“是”的意思；换句话说，在“A 为 B”这种句式中，A 和 B 指的是同一个实体。除了在“有为”“无为”这样的专用说法中还表示“有意识的活动”以外，它绝不在“做”“从事”这样的意义上使用，而在文言中，这种用法是常见的，如“为学”“为礼”“为诗”。“为”作为半系词的用法，在谈到关于“是”的时候已经说过了(详见上文三之(1)之(a))。这里再举几个例子：

谁为胜者？(T.184.465.3)

我曹本为菩萨时。(T.224.472.1)

何等为“愈病”？(T.350.191.3)

是为“四”。(T.458.435.2)

(2)不论前面有没有宾语 x,“……为 y”作为一个动词性的补语放在动词后面是很常见的。它或是暗示某种变化(“变 x 为 y”“合 x′和 x 为 y”“命 x 为 y”等等),或者是意念上或口头上把 x 和 y 等同起来(“称 x y”“认为 x 是 y”等)。

(a)带有隐含着的宾语 x:

不可合为一。(T. 224. 475. 2)

天下尽成为水。(T. 184. 469. 3)

家属人客计为怨。(T. 322. 16. 3)

彼字为甲玉女。(T. 603. 179. 1)

呼为“有”。(T. 350. 190. 3)

(b)有宾语 x 出现。

字菩萨为 S。(T. 224. 471. 1)

名之为 K。(T. 607. 233. 3)

(c)这种“动词 x 为 y”的格式在文言中最常出现的是“以 x 为 y”(“把 x 当作 y”,或者“用 x 做 y”)后者在佛经译文中也多次出现,有的出现明确的宾语 x,有的不出现 x:

不以为欢。(T. 184. 466. 2)

以琉璃为饰。(T. 626. 399. 2)

但是,除了这种常见的文言形式“以……为”,我们在佛经译文中还发现一些奇怪的替换形式:第一个动词(不管有没有宾语 x)是“持”,后面的“为”也可以是“作”“是”和“(以)当”。[①]

---

① 总的说来,在早期佛经语言中,“持”在很大程度上仍然是用作一个次要的前置动词,其意义是“拿、用、凭借”。如“持是华供养”(T. 224. 474. 3)。或者起指明前置宾语的作用,和现代汉语的“把”相似。如“持法施于人”(T. 350. 190. 1),甚或用来表示原因(因为……),例如“持智慧不入恶道”(T. 350. 190. 3)。

持五百女人为汝给使。(T. 224. 476. 1)

持"无常"作"有常"。(T. 350. 192. 1)

持"非我所"是"我所"。(T. 350. 192. 1)

我曹持师以当佛无异。(T. 224. 476. 1)

(3)佛经译文有不少例子,其谓语由"为"后面跟一个动词性的而不是名词性的成分组成的。在这种格式中,"为"有时似乎是多余的:

佛为从何所来?(T. 224. 473. 3)

佛为树下六年得道耶?(T. 184. 461. 1)

生死为长久。(T. 184. 468. 1)

是乃为难。(T. 458. 438. 3)

是身为譬如沙城。(T. 607. 236. 1)

(4)很多例子表明,在口语中"为"大抵已被"作"代替。"作"在佛经译文中绝不当文言的意思"出现""站起来"讲。它最常见的用法,或是作及物动词,表示"制作""做"(在这一用法上它取代了"为"),或是作为半系词,表示"是""成为"。

(a)"作"作为及物动词用,意义是"制作""做"。

还作大火欲祠之。(T. 458. 438. 2)

但欲作恶。(T. 350. 192. 3)

有人作佛形象。(T. 224. 476. 2)

所作是为行。(T. 607. 231. 3)

(b)"作"作为半系词,表示"是""成为"。

愿为师作婢。(T. 224. 475. 3)

汝当作王。(T. 184. 471. 1)

不能作佛。(T. 350. 191. 3)

悉使作琉璃。(T. 224. 474. 3)

(5)和“为”的情况一样(见上文六之(2)),“作”经常是动词补语的第一个成分,放在动词后面,表示情况的变化(但没有见到如同现代汉语的“A 叫做 B”那样,能把“作~”这种补语放在“称”“名”等后面的)。

能分一身作百作千。(T. 184. 471. 2)

化地作泥。(T. 184. 462. 2)

其华悉化作佛。(T. 458. 441. 1)

若复现作菩萨。(T. 624. 359. 2)

(6)同时,也和“为”的情况一样(见上文六之(3)),“作”后面经常跟一个动词性的宾语:

恐作稽留。(T. 184. 467. 3)

适作念……(T. 458. 440. 2)

作是啼哭。(T. 224. 471. 2)

上述六个方面的问题,多少是任意选择的。所以,这篇论文作为对东汉佛经译文的语言的特点的描写是很不全面的。好些有意思的论题没有讲到,或者只是简单地带过。对于句子(简单句、复合句)层面上的句法结构这样一个重要的问题,也没有涉及,不仅如此,我还痛苦地意识到,这篇论文的方法论的基础是很薄弱的。因为我在描写佛经译文的语言时,最注重的是它和标准的文言之间的不同之点。这种方法无异于通过说明意大利语如何不同于拉丁文来描写意大利语。语言系统应该按照它自身的面貌描写成自在的结构。我们在这篇论文中拿文言(偶尔也拿现代汉语普通话)来和佛经译文作比较,是为了突出佛经语言的特性,它不是一种可行的描写语言的样板。

我们是本着四点假设开始工作的:(1)最早的佛经译文的语言是一个有系统的整体;(2)它和标准的文言有一贯的差别;(3)这些差别主要的是由于口语的影响;(4)这种影响表现得如此强烈并表现得如此清楚,所以通过对佛经译文语言的分析,我们能了解关于公元2世纪时洛阳口语的相当可靠的概貌。本文主要的意图就是要证实这几点假设。尽管本文所描写的语法特点和所提供的经文实例都不很系统,但作为证实这几点假设的证据,我认为已经是很充分、很有说服力的了。今后,我们应该对这种独一无二的边缘文献进行更多的研究。

参考文献

杜百胜(Dobson W. A. H. C.)　1964　《东汉汉语》,多伦多。

林屋友次郎　1941　《经录研究》,东京。

洪　诚　1957　论南北朝以前汉语的系词,《语言研究》2。

刘世儒　1957　略论魏晋南北朝系动词"是"的用法,《中国语文》第2期。

吕叔湘　1955　这那考原,《汉语语法论文集》,科学出版社。

西谷登七郎　1956　关于助字"去来",《汉学研究》14。

————　1958　六朝译经语法之一端(以《增壹阿含经》为中心),《广岛大学文学部纪要》14。

太田辰夫　1958　《中国语历史文法》,东京江南书院。

蒲立本(Pulleyblank. E. G.)　1962　《古汉语的声母系统》,远东。

常盘大定　1938　《(从后汉至宋齐)译经总录》,东京。

牛岛德次　1971　《汉语文法论(中古编)》,东京。

王　力　1936　中国文法学初探,《清华学报》11。

———　1937　中国文法中的系词,《清华学报》12。

———　1958　《汉语史稿(3卷)》,中华书局。

尹　玉　1957　趋向补语的起源,《中国语文》第1期。

吉川幸次郎　1939　《世说新语》的文章,《东方学报(京都)》(Glen Baxter英译《世说新语和六朝散文》,哈佛亚洲学报,1955.18)。

吉川幸次郎　1946—1947　六朝助字小记，收于《吉川幸次郎全集》，东京，1968。

————　1958　佛说无量寿经的文章，原载《大谷学报》，收于《谷川幸次郎全集》，东京，1968。

詹秀惠　1973　《世说新语语法探究》，台北。

张　相　1954　《诗词曲语辞汇释》，中华书局。

周法高　1959　《中国古代语法之三（称代编）》，台北。

附录：东汉经文

T13　（长阿含）十报法经，一卷，安世高。

T14　人本欲生经，一卷，同上。

T31　一切流摄守因经，一卷，同上。

T32　四谛经，一卷，同上。

T36　本相猗（倚）致经，一卷，同上。

T48　是法非法经，一卷，同上。

T57　漏分部经，一卷，同上。

T98　普法义经，一卷，同上。

T112　八正道经，一卷，同上。

T150　七处三观经，二卷，同上。

T184　修行本起经，二卷，康孟详、竺大力。

T196　中本起经，二卷，康孟详、竺昙果。

T224　道行般若经，十卷，支娄迦谶作。

T280　兜沙经，一卷，同上。

T313　阿閦佛国经，一卷，同上。

T322　法镜经，一卷，安玄，严佛调。

T350　遗日摩尼宝经，一卷，支娄迦谶。

T418　般舟三昧经，三卷，支娄迦谶。

T458　天殊师利问菩萨署经，一卷，支娄迦谶。

T602　大安般守意经，二卷，安世高。

T603　阴持入经，一卷，安世高。

T605 禅行法想经,一卷,安世高。

T607 道地经,一卷,同上。

T624 顿真陀罗所问如来三昧经,三卷,支娄迦谶。

T626 阿阇世王经,二卷,支娄迦谶。

T630 成具光明定意经,一卷,支曜。

T792 法受尘经,一卷,安世高。

T807 内藏百宝经,一卷,支娄迦谶。

T1508 阿含口解十二因缘经,一卷,安玄、严佛调。

(译文原载《语言学论丛》第十四辑,商务印书馆,1987 年)

(许理和:荷兰莱顿大学汉学院;蒋绍愚:北京大学中文系;
吴娟:北京大学中文系 2005 级博士研究生)

犍陀罗语与早期汉译佛经的再思考*

——以《妙法莲华经》为个案

丹尼尔·布歇(Daniel Boucher)　著

萨尔吉　译　徐文堪　校

一　犍陀罗语假设

许多,甚至大多数汉译佛经来源于以西北中期印度语写就的母本,这种假定已持续一些时日。许多学者力图指出汉译佛经中许多印度专有名词和佛教术语的语音构拟反映出其源头语为俗语(Prakrit),而这种俗语又非常相似于,甚至或许完全等同于时下广为人知的所谓犍陀罗语。

汉族译师经常听闻的口诵梵典已被严重地俗语化,包含了大

---

* 数位学者阅读了此文较早的一稿,我幸运地得到了他们良好的建议和意见。衷心感谢梅维恒(Victor H. Mair)和辛嶋静志在中文方面的帮助;衷心感谢威尔(Klaus Wille)和哈特曼(Jens-Uwe Hartmann)在各种印度语问题上的帮助;衷心感谢邵瑞祺(Richard Salomon)和福斯曼(Gérard Fussman)在犍陀罗语问题上非常有用的建议;衷心感谢那体慧(Jan Nattier)和哈瑞森(Paul Harrison)的各种建议。这些学者给了我极大帮助,使我得以避免许多错误,文中余留的错误责任在我。

译者注:原文发表于《美国东方学会会刊》1998 年第四期(*Journal of the American Oriental Society* 118.4,1998)。

量与我们所知的犍陀罗语相一致的特征，对此虽然鲜有怀疑，但我们无法确定他们看到了此种佛典。也就是说，中土译经过程中基本上可谓口耳相传的本质并未得到充分考虑。本文试图关注此种过程，并针对我们有关这些翻译所基于的印度语言的理解提出几点注意。

直到最近，对早期汉译佛经的透彻考察也不多见。由于难以逾越的语言障碍，除了少数勇敢的日本人，印度和汉传佛教的学者通常受阻于这些文本中困难的、有时甚至是费解的语言。而且，这些深奥的经典对学者几乎没有任何吸引力。虽然纪元初期几个世纪的汉译佛经对汉朝崩溃后兴起的士大夫佛教（gentry Buddhism）产生了相当可观的影响，但它们随即就被鸠摩罗什（Kumārajīva）及其后继者的译本衬托得黯然失色。正是这些后期译本对汉传佛教宗派的发展产生了更大的影响。

从喜马拉雅山的另一侧，印度学家通常质疑——以充分的理由——这些最初的尝试性译本作为研究印度佛教的材料的可靠性。我们的大多数历史资料——序、跋、早期经录等等——描绘了中土最早译经队伍的一幅相当晦暗的影像。印度和中亚的传教僧侣经常被描写为不擅或不谙汉语；事实上可以肯定早期几乎没有汉人掌握任何印度书面语；而且根本不清楚这些文本是如何被复制、传播，或者保存的。因此，在缺乏印度母本时，诸如玄奘等后期在印度受过培养的专业人士的译本被广泛接受，而且忠于原文（literal）的藏文译本更值得信赖。

无论如何，早期译本时下激起了学界极大的关注。新的兴趣来自两个阵营。以许理和（Erik Zürcher）为领军人物的西方汉学家视这些文本为探寻早期汉语口语的宝库。中土译经过程中基本上可谓口耳相传的本质——此种过程将在下文详细讨论——为初期几个世纪洛阳口语方言的展现留下了蛛丝马迹[1]。另一方面，印度学家被这些文本吸引，将其作为大乘佛教经典（Mahāyāna Buddhist Sūtras）的早期代表，按照印度标准，它们编定的时代被认为与这些大乘经典草构的时期相当接近。事实上，这些早期译本比我们最古老的梵文写本还早4或5世纪之多，而且极有可能揭示印度写本的初期编订状况。另外，人们也相信这些早期译本可能包含关于印度语言传播的线索。假定一个事实，我们现存几乎所有的印度语文献都始于某个时期，此时梵语化（Sanskritization）已经完全重塑了它们的语言，那么这批早期汉语资料可能是我们进入其更早的中期印度语（Middle Indic）阶段的为数不多的窗口之一。

1914年，伯希和（Paul Pelliot）已经考察了汉译《那先比丘经》（Milindapañha）中专有名词的音译，目的是构拟它们所依据的印度语形式[2]。尽管伯希和注意到汉译本中的一些名称与来源于西北印度的形式有相似之处，也有伊朗语（Iranian）影响的可能，但用他自己的话来说，这只是"一个暂时的研究"。

二十世纪三十年代初期，韦勒（Friedrich Weller）和瓦尔德施密特（Ernst Waldschmidt）将其注意力转向《长阿含经》（*Dīrghāgama*）5世纪初的汉译[3]。韦勒检查了《长阿含·第十五经》中的36个音译词，注意到他们所构拟的发音，相较梵语而言，显示出更多与俗语接近的特征，尽管他不愿具体指明是哪种俗语。瓦尔德施密特考察了第十九经《大会经》（*Mahāsamājasūtra*）中更多的音译译名[4]。他

---

① 参见许理和（1977）和（1991）。

② 伯希和（1914）。

③ 韦勒（1930），以及瓦尔德施密特（1932），特别是第226—249页。

④ 该文本的修订版和据五十多年的研究对其语言的讨论见瓦尔德施密特（1980）。

或许是注意到根据这些汉语音译词构拟的语言与19世纪晚期发现的《法句经》(*Dharmapada*)兰斯(Dutreuil de Rhins)写本语言相似的第一人①。然而,一些未能解决的问题使得瓦尔德施密特无法对汉译依据的俗语的性质下一个明确的结论。

对早期汉语音译词及其大量中亚语言表现出来的一些中期印度语方言的特征进行识别和描述的第一次尝试是贝利(H. W. Bailey)的开创性文章。论文题名"犍陀罗语",学者们继续以此名称与西北俗语勘同②。对贝利而言,中期印度语包括沙巴兹加里(Shāhbāzṇgaṛhī)和曼塞赫拉(Mānsehrā)的阿育王佉卢文法敕(Aśokan kharoṣṭhī edicts)③,西北印度的各种供养题铭④,于阗(Khotan)附近发现的《法句经》(兰斯写本)⑤,尼雅和楼兰发现的古代鄯善王国文书⑥,及保存于中亚和汉文史料中的各种记录。

贝利的文章发表以来,对此种语言的关注在稳步上升。1962年,布腊夫(John Brough)出版了他对犍陀罗语《法句经》研究的大师级论著,该文详细讨论了写本的发现、刊行、写本语言及与其他版本的关系等各个方面。在讨论犍陀罗俗语在佛教文献传播中的

---

① 瓦尔德施密特(1932),特别是第231页以下。

② 贝利(1946)。

③ 在贝利的文章之前,阿育王法敕被约翰逊(Johansson)、斯纳尔(Senart)、布勒(Bühler)、沃尔纳(Woolner)等学者广泛分析,对佉卢文法敕语言的系统描绘,参见胡尔鸠(Hultzsch 1925:I xxxiv-xcix)。有关阿育王研究的资料文献如今已积累得相当庞大,其本身足以建立一个某种程度上的亚研究领域。

④ 关于这些铭文的语言,参见柯诺夫(1929:xcv-cxv)。学者们在澄清这些铭文引起的问题中有许多重要的贡献,特别是由贝利、福斯曼和邵瑞祺所做的工作,参见福斯曼的目录(1989:488-498)。

⑤ 关于文本语言问题早期研究的列表,参见布腊夫(1962:viii-x)。

⑥ 博耶(Boyer)等人(1920—1929)和巴罗(1937)。也可参见中国新疆发现的佉卢文书/犍陀罗俗语的相关出版物的相当详尽的目录:林梅村(1996)。

重要角色时，布腊夫也提出了一个逐渐被认同的意见，那就是一些初期汉译佛经可能从犍陀罗语翻译而来[①]。在其评论中，布腊夫非常慎重，承认只系统研究过极其有限的文本。然而，在三年之内——据我所知，没有进行进一步的研究——他能宣称："无论如何，现在积累了充分的证据证明早期汉译佛经的原本，即使不是全部，大部分也是以西北印度（犍陀罗）俗语写成。"[②]尽管布腊夫新近得到的确定实际上很奇怪，但值得注意的是他关于犍陀罗俗语所扮角色的结论经常被后来的学者重述，由此产生了我所称的"犍陀罗语假设"。

伯恩哈德（Franz Bernhard）在一篇1970年发表的被频繁引用的文章中，重申了据称现在已被完全证实的犍陀罗语假设：

早期汉译佛经的音译词清楚地显示佛教初传至中亚是以犍陀罗语为媒介，正是通过此种媒介印度文化从西北印度穿过中亚，传播至中土[③]。

伯恩哈德将犍陀罗语描述为"最佳佛教传教方言"，一种可以和欧洲中世纪教会拉丁语相媲美的国际通用语（lingua franca）。

在现存记录相当缺乏的情况下，很难知道构成中亚通用语的证据是什么[④]。犍陀罗语对与其有过接触的中亚语言有显著的影响，这点应该没有什么疑问[⑤]，而且多数学者推测它在公元初期几

---

① 布腊夫（1962:50—54）。

② 布腊夫（1965:587）。

③ 伯恩哈德（1970:57）。

④ 关于中亚语言类别的问题，参见那体慧（1990）。

⑤ 贝利（1946）讨论了其他中亚语言对于阗语（Khotanese）和吐火罗语（Tokharian）的影响；关于犍陀罗语对帕提亚语（Parthian）和粟特语（Sogdian）的影响，参见辛姆斯-威廉姆斯（Sims-Williams 1983）。

个世纪贵霜帝国(Kushan empire)全盛时期有着极其广泛的影响力①。这种影响是否能被描述为国际通用语的影响,即不同语言群体的人为了商业、行政或宗教交流的目的而操的一种共同语的影响,还远远不能确定②。

伯恩哈德倾向于认为法藏部(Dharmaguptaka school)对犍陀罗语在中亚的传播发挥了主导作用③。然而,伯恩哈德用以表明法藏部的这一角色的一些证据,最近被指出是有问题的④。而且,众所周知的是说一切有部(Sarvāstivādins)在中亚有更坚实的根基,这一点至少也可从该地区留存的佛教文献和途经该地的汉族

① 黑奇(Douglas Hitch)试图更精确地阐明此种影响(黑奇 1988)。他认为贵霜对丝绸之路南道和塔里木盆地西北的控制与迦腻色迦(Kaniṣka)的出现一致——依照传统将其登基视为公元 78 年。根据汉族历史的记载和钱币的证据,黑奇假设这种控制仅仅持续到胡韦色迦(Huviṣka)统治的中期,即大约经历了 35 年,当时汉族重新恢复了对西域的统治(黑奇 1988:185—186)。然而,黑奇的论点依赖于一个经常重复但从未得到证实的推测,即仅仅在迦腻色迦时,贵霜的扩张才超出了帕米尔高原。而且,贵霜对塔里木盆地控制的证据只有很少的坚实的材料:"该地区少量的贵霜钱币和其他文献或考古学上实质性证据的缺乏,很可能说明贵霜的兴趣是战略上的或商业上的,他们并没有在任何较长的时段中直接统治该地区的大部。"(罗森菲尔德 Rosenfield 1967:43)

② 在这个问题上能得到的唯一清楚的例证是古代鄯善王国的文书资料。虽然这些行政文书是以某种犍陀罗俗语写成,但内部的语言学证据清楚地表明当地的口语是一种吐火罗语方言,尽管其既不同于焉耆语(Agni),也不同于龟兹语(Kucha),参见巴罗(1935)。此外,我们知道从公元 263 年武帝征服楼兰(Kroraina)起,汉语得到使用,至少用于商业目的(原文如此。公元 263 年为曹魏元帝景元四年,公元 265 年,司马炎[晋武帝]代魏称帝,国号晋,建都洛阳,史称西晋。——译者注)。像许多中亚王国一样,鄯善很显然是一个多语言的社会。对于这些文书揭示的该地区社会、政治、宗教生活的最近描述,参见阿特伍德(1991)。

③ 伯恩哈德(1970:59—61)。

④ 例如,伯恩哈德主张《羯磨》(*Karmavācanā*)的早期汉译属于法藏部(Dharmaguptaka school)。但是,正如松村恒(Hisashi Matsumura)最近所指出,这个文本仅仅是《四分律》(*Dharmaguptakavinaya*)的摘录:"一旦清楚现存法藏部的两部汉译《羯磨》文本是在中土编撰的,那么讨论该部派《羯磨》文本的源头语就变得毫无意义。"(松村恒 1990:69)

求法僧的记载中得到证实。而且，并非毫无意义的是，说一切有部与佛经文献的梵语化有特定的联系①。不过，说（经典的梵语化）与法藏部有一定的联系也并不是完全没有根据。汉译《四分律》（*Dharmaguptaka-vinaya*）提到"阿罗波遮那"字母式（arapacana formulary）的念诵②，现在这一字母式很有说服力地展示了以佉卢文（kharoṣṭhī）字体写就的犍陀罗俗语的音节顺序③。而且，正如上文提及的，普遍认为属于法藏部的汉译《长阿含经》被反复地引证为源于犍陀罗语文本④。

自伯恩哈德的文章发表以来，犍陀罗语假设大体上完整地被印度学家⑤，以及汉学家复述⑥，但资料却没有任何实质性的增加。

---

① 有关中亚保存的梵文残卷的部派归属问题，参见西摩松（von Simson 1985），特别是第84—85页"有关法藏部的证据"（on the evidence of the Dharmaguptakas）。正如西摩松指出的那样，法藏部现存的唯一的律（vinaya）的残片用的是混合梵语，归于该派的一个经（sūtra）的残片用的是标准梵语。威尔博士（Dr. Klaus Wille）告知我（个人交流，1995年6月），在伯希和的梵文藏品（Pelliot Sanskrit collection）中可能有法藏部律的另外一些残片，它们也是用的梵文。

② 列维（Lévi 1915：440）。

③ 邵瑞祺（1990）。

④ 韦勒和瓦尔德施密特在他们的早期研究中只考察了整个文本的相关的很小一部分。根据辛嶋（1994）的细致研究，现在不得不重新考虑汉译《长阿含经》（*Dīrghāgama*）以之为基础的语言。辛嶋清楚表明情况比通常的表述复杂得多："如我们上面所见，《长阿含经》的原始语言不能被简单地定为犍陀罗语。除开西北印度方言的特殊形貌，当看到由梵语化、俗语和当地方言的要素相协调而呈现的特殊的、复杂的方面时，我们仍可在宽泛意义上称此方言为犍陀罗语，伴之以必要的限制，即它相当不同于西北印度碑铭所反映的犍陀罗语。"（辛嶋1994：51—52）

⑤ 其中可参见辛吕伯（von Hinüber 1982），特别是第250页："如果有优波离伽陀（Upāligāthās）的犍陀罗语文本，看起来不难得出这样一个假设，当《中阿含经》以这种一度在中亚得到广泛使用的语言写成时，其整个文本经历了一个发展阶段。"（辛吕伯引述布腊夫1965的论点后加有这段评论）。也参见辛吕伯（1983）以及西村実則（Nishimura 1987）。

⑥ 参见蒲立本（Pulleyblank 1983）。蒲立本对犍陀罗语假设的坚持很明确："由第一批佛教传教僧携至中土的佛教文本是以犍陀罗语写成的假设……似乎能根据历史情形做出很好的判断，而且有贝利和布腊夫语言学证据的支持。"（蒲立本1983：84）

汉学家通常利用这些音译资料助其构拟古代汉语。反过来,印度学家使用这些构拟的汉语发音来确定译本以之为基础的印度语言。这个过程的循环性变得直接明显,一些主要研究者丝毫不敢忽视:

既然对于各种中期印度语方言的语音系统和它们相异于梵文的情形已相当了解,汉语形式有时允许我们猜想某一特定文本的源头语和梵语共有某种特征呢,还是与一种或多种俗语更相似。当开始注意避免这个循环性时,我相信,以此方式获得的信息能更确凿地用于佛教音译方言(BTD/Buddhist Transcriptional Dialect[s])的构拟①。

纵览"犍陀罗语假设"的发展可以清楚地看到,从迄今收集到的关于西北中期印度语在佛教传入中土的过程中所扮演角色的证据少得可怜。它通常在小部分音译词中被发现,主要仅仅来自《长阿含经》中的一些经文。而且关于这些音译中以之为基础的印度语的臆测被不断重复,而今具有"事实"的身份。

但是还有其他的问题。从印度方面而言,这个假设获得了极大的可信度,以至于限制了其他俗语或俗语混合语作为源头语可能性的考虑。当然也有可能,甚至极有可能的是,以中印度俗语书写的文本是由西北方言一路传到中土的。此种传播本应在这些文本上留下许多犍陀罗语拼写和方言特征的烙印。但是至少这将导致文本以一些非常复杂和难于觉察的方式造成语言上的混杂。我

① 柯蔚南(Coblin 1983:34—35)。柯蔚南的研究实际上从最早期的佛经译本中增加了相当可观的音译词材料,尽管还有许多工作需要去做。在其最近的研究中,柯蔚南暗示了将汉语音译词同以之为基础的印度语相比的更为谨慎的方法。(柯蔚南 1993:871—872)

将在文章末尾再次转向这一问题。

在中土方面,学者们通常认定音译证据能精确反映印度源头语。此种观点想当然地认为中土的抄写人员——译本的最终写定几乎总是由这些人来完成——能准确并始终如一地区分印度音位,并且为它们找到合适的对应的汉字——而他们均不具备梵语和俗语的真正知识。至少关于某个早期的译经队伍,以下收集的一些证据将提出质疑。而且,更为重要的是,即使汉人确实对某个印度词语的语音在很大程度上作了准确记录,这也不能证明写在印度写本上的该词就是他们所听到的那个。这个问题被贝歇特(Heinz Bechert)总结为:

对于建立在表音法(orthography)基础上的发音,我们只能以最大的怀疑来看待任何企图得出结论的尝试,因为我们必须看到在我们熟悉的表音法和发音间可能存在的一系列分歧,就我们对其他语言发展的认识,以及对印度语言自身演进后期阶段的检查来看,我们对这些分歧并不陌生。①

因此从中土方面我们不得不反过来考虑这一问题:某个印度习语的独特发音的证据在事实上本身并不能表明文本是以何种语言写成。这正是我在这篇论文中想尽力详细探讨的问题。

二　一种可选择的方法

根据上面所讨论的问题,我将尝试以稍微不同的方法来审视中期印度语——特别是犍陀罗语——对早期汉译佛经的影响。首先,

---

① 贝歇特(1991:17)。

我把此种考察限定于一个文本。我们非常熟知印度佛教经典并非以一个整体被传至中土。它们在几个世纪中被不同族群的传教僧人带来,这些传教僧本身来自于印度和中亚的不同地域[①]。这样我希望避免关于传播中"这种"("the")语言媒介的一般性表述。

此外,正如我所主张的,与其将目光聚焦于引起许多问题的——这些问题并非都能全部解决——印度名称与术语的汉语音译上,我们应该考察译本中的错误,这些错误极有可能归因于文本中俗语或中亚发音所导致的音位混乱。我的论点是——下面我将充实它——中土译经过程中口耳相传的性质导致翻译的大量问题,这是由译经队伍内汉族助译人员有限的印度语言水平所决定的。

为了这个目的,我们非常幸运地获悉了辛嶋静志新近杰出的研究[②],他的工作为早期译经的研究开创了一个崭新的局面。辛嶋对《妙法莲华经》(*Saddharmapuṇḍarīkasūtra*)最早的汉译——由竺法护(Dharmarakṣa)[③]译于公元286年——进行了小心翼翼的梳理,将法护译本与现存所有梵文写本及其公元5世纪鸠摩罗什译

---

① 按照惯例,我们称这些早期的译经者为"传教士",尽管很可能他们的努力包括我们所特指的传教活动,然而愈来愈多的证据表明他们中的一些人更像我们所说的难民,而不是规劝他人皈依之人。参见富安敦(Antonino Forte 1995:65—70)关于中土第一个译经家安世高动机的一些试探性的意见。这个问题已经超出了本文讨论的范围,尽管对这些在中土的第一批佛教导师的可能动机的更仔细的考量或许会揭示一些关于他们离开故土的有趣事实。

② 辛嶋(1992)。

③ Dharmarakṣa,汉译为竺法护(约233—311),生于敦煌,跟随住于此地的印度师父学习。他是最多产的早期译经家,其译经生涯持续四十余年,《出三藏记集》载其译经154部,大约有一半保存下来。对其生平和译经生涯的最好的概览可参见塚本善隆(Tsukamoto)和胡维兹(Hurvitz 1985:193—230)。

本比较,对其中的一致与不一致之处提供了详细的逐点分析。这样做的同时,他也对法护译本与其他不同梵文写本间的一些差异之处提出了独创性的解释,这可能源于经典传播中大量俗语和本人称之为口耳相传所导致的混淆。

因此,将我们的注意集中于《妙法莲华经》(以下简称《法华经》)的优势是多重的。我们拥有广泛的写本发现,其间存在相当大的差异,这可以让我们将翻译错误和编订差别区分开,这对大多数印度佛典而言很少能做得到[①]。然而,尽管写本材料数量可观,但也并不能保证我们自始至终都对法护译本所依赖的印度语"原语"有充分的了解。这篇论文从头到尾我们都将关注这一问题。

《法华经》最早由法护翻译这一事实也有助于本次考察。另外一个事实是他是佛教在中土成形时期最多产的初期译经者之一,我们就其生平和译经活动了解得并不少,这对于我们考虑该翻译中诸作用因素的范围是有影响的。例如,他是第一批外国译经者之一,中土僧传的作者说他华梵兼通,并且通晓西域三十六国语言。因此,关于译文错误的证据将促使我们重新考察本土僧传的记载,并提供有关参与译经队伍实际力量方面的线索。

在下文所收集的证据中,我大体上跟随辛嶋的指引分析法护译本展示的语文学问题。然而,有许多处我不能赞同辛嶋的读法——在这些地方我认为他可能突出了远未证实的俗语的解释。因此,尽管有辛嶋的大量证据,我只引用我所认为的,一些得到认可的建立在文本更强烈的俗语性传播之上的混淆例子。在此,考察此种音系问题之后,我将转向对译本两篇后记的考察,这将更多

① 对现存写本的考察参见辛嶋(1992:16—19)。

地揭示该经典翻译成汉语的过程，以及它在中土早期命运的一些情况。接着我将考察译本中其他各种证据，这些证据以不同的方式揭示了评估以之为基础的印度语资料的复杂性。我希望早期汉译佛经中出现的问题(problematizing)能对汉学家和印度学家共同使用这些文本提供一些重要的告诫。

(一)对于法护《法华经》译本所依据的犍陀罗俗语的证据

在这一节，我将利用辛嶋的研究，目的是为了突出法护译本中可能由词或短语的误解造成的特殊错误，这些词或短语的形态尽管在梵文中很清楚，但在俗语中可能已经合并，使得译经队伍更难于区分它们。以下我将给出可以被解释为文本传播中明显地使用犍陀罗俗语的例证[①]。

1. 元音的混淆

法护译本频繁出现长元音和短元音的混淆。如果他用的原本是以佉卢文字体写成，这似乎特别容易理解，因为佉卢文通常没有长音的标记[②]。

---

① 下列的缩略语用于论文的剩下部分：

Dh：《法华经》法护译本(涉及译本标记为《大正藏》[*Taishō*]，第263号，第9册，页码，栏数，行数)。

KN：柯恩-南條文雄校刊本(Kern/Nanjio 1908—1912，提及页码和行数)。

Kash：喀什写本(Chandra 1976)；除非特别标明，写本引自户田宏文(Toda 1981)的转写本，标出页码，正反面和行数。

BHS G and D(《佛教混合梵语语法和词典》)：艾杰顿1953。

Krsh：辛嶋1992。

翻译由我进行，除非特别指明。

② 对佉卢文字体习惯的最近的解释和它与理解犍陀罗语音系的关联，参见福斯曼(1989：§§33—34)。

(1) a/ā

KN 13.8：bālān sahāyān parivarjayitvā āryeṣu saṃsargaratān samāhitān

离痴眷属　亲近智者

having avoided foolish company, they take pleasure in association among the Āryans

Dh 65a.10：与诸力势　亲友等俱

in the company of strong and close friends (Krsh:32)

法护将 bāla（小孩，愚蠢）混为 bala（力量）；其他的例子包括：KN48.7：bālāḥ；Dh 70c.18：势力（Krsh:53）；KN 99.4：bālāna etādṛśa bhonti（随诸凡夫，they are fit for fools）；Dh 79c.26：志在根力（intent upon the faculties and powers）（Krsh:81）①。这种混淆也出现在相反方向：

KN 54.12：kāruṇya mahyaṃ balavantu teṣu

我对他们发起大悲心。

I have great compassion for them

Dh 72a.29-b.1：吾发大哀　愍此愚痴

I manifest great compassion and take pity on these fools (Krsh:59)②

(2) i/ī

KN 120.5：pra tipatti darśenti bahuprakāraṃ sattvāna

（佛）以无量法门对众生宣说善行。

[the Buddha] teaches good conduct to beings in multifarious

① 注意法护也混淆了 etādṛśa 和 indriya（根），这个混淆不容易从语音学上解释。

② 我们应注意这个例子有点含糊。尽管很可能法护如辛嶋暗示的那样，将 balavantu 误认为从 bālavat 而来，他也将 balavantu 翻译为"大"，以下我们将看到这种"双重翻译"的其他例证。

ways

Dh 83a.24：　然大灯明　示无央众

thus the brilliance of a great lamp illuminates the innumerable masses(Krsh:91)[①]

辛嶋提出这是对pratipa(tti)(善行)和pradīpa(灯)的混淆。注意这也是元音间浊塞音和清塞音的混淆,一个普遍的俗语现象。

(3)u/ū

KN 54.6：　saṃharṣayāmi vividhair upāyaiḥ

我通过种种方便令(其)得欢喜。

I gladden through various means

Dh 72a.20-21：　心所好乐　若干色像

what [sentient beings] love in their hearts has many forms.

辛嶋认为法护错误地划分了两个词,导致-dhair upā-和 rūpa 之间的混淆(Krsh:58)。这个提法并不确定,法护可能尝试将 vividhair upāyaiḥ 译为"色像",尽管这可能是法护译本中对 upāya 的极端不寻常的翻译[②]。

KN 3.5：　Anikṣiptadhureṇa

(菩萨名号:"不休息")

(name of a bodhisattva:"whose burden is not abandoned")

---

① 辛嶋提出一个可供选择的翻译:"(佛)燃大灯([The Buddha] burns[ran 然 = ran 燃] a great candle)。"

② 而且,作为对 rūpa 的翻译,"色像"出现在法护《法华经》译本的其他地方:KN 76.3/Dh 75c.2,KN 290.12/Dh 109c.10,KN 295.10/Dh 110b.11 等等,感谢辛嶋教授让我注意到这些附加的例子。

Dh 63a. 28： 不置远菩萨

"not put down far away"（Krsh：27）

这看来是对-dhura（负担）和-dūra（远）的混淆；注意这里也有对送气和不送气辅音的混淆，这将在下文讨论。需要提及的是，该菩萨名号的这种翻译也出现于在此之前译经者的译本中，例如，支谦译于公元 3 世纪初期的《维摩诘经》（*Vimalakīrtinirdeśasūtra*，《大正藏》，第 474 号，第 14 册，第 519 页，中栏，第 15 行）。如此我们必须始终允许一种可能，即像这样的名号可能来自一套已约定俗成的翻译对照词汇，因此不能作为其所依据的印度原典语言的证据①。

除此之外，译本中还有大量其他元音的混淆，不过许多是音质而不是音长的混淆，并且它们在许多俗语中都很常见，或者代表了不同性质的问题。因此不能被用来指明某种犍陀罗语语源。

2. 辅音的混淆

对开头和中间的送气和非送气浊音的混淆造成了法护译本相当数量的错误。送气音的弱化——从犍陀罗语文书和铭文中送气音和非送气音塞音偶然的互换可以得知——被频繁地称之为俗语中的犍陀罗语的固定特征，尤其是辅音中非常普遍的 g/gh 和 d/dh（巴罗 Burrow 1937：§24-27）；布腊夫（1962：§49）；福斯曼（Fussman 1989：§35）。

---

① 因此早期可能在犍陀罗语影响下形成的中文译文（意译或音译）不能从后期文本中引述而作为西北印度俗语持续影响的证明。一旦这些术语成为中国本土佛教词汇的一部分，译者常常默认它们，即使它们的印度文本没有反映同样的语音或确切的含义。一个常见的例子是"沙门"（早期中古汉语：ṣa-mən），这是śramaṇa 的音译，但是反映了特定的犍陀罗语śr>ṣ，（ṣamaṇa）的发展，关于这个问题，参见狄庸（de Jong 1981：111—112），以及西村实則（1987：51—52）。

（1）g/gh

KN 15.1： ghaṇṭāsamūhai

众铃聚集

with multitudes of bells①

Dh 65b.12： 所在众香

there being a large quantity of incense（Krsh：34）

这儿显示出对ghaṇṭa（铃）和 gandha（香）的混淆；也有浊塞音和清塞音及齿音和顶音的互换。

（2）d/dh

KN 56.8： ahaṃ pi saṃkṣobhi imasmi dāruṇe utpanna sattvāna kaṣāyamadhye

我也出生在浊恶世及不净众生中

I too have arisen in this dreadful commotion ［i. e. the world］，in the midst of the impurities of beings②

Dh 72c.3： 我时比丘 亦持斯法 出生于人 黎庶之间

At that time I was a bhikṣu，③and I too came forth among the masses of men in order to uphold this dharma（Krsh：60）

梵文本和汉译本的联系不是十分清楚。也许法护将dāruṇe（恶）混淆为 dharaṇa（执持）甚至 dharma。dāruṇe 这个词似乎给法护带来了

---

① 注意 Kash 21a.6-7 读作：ghaṇṭhāsamudgebhi。

② 参考 Kash 62a.1：... dāruṇi utpaṃna satveṣu kaśaṭṭhamadye，谈到我们对法护译本中与送气音有关的混淆的检查，我们也应注意喀什写本（Kashgar MS）本身在这一行有两个此类错误：kaśaṭṭha可能代替了kaṣaṭṭa（参考《佛教混合梵语词典》［*BHSD*：174］；也注意 Kash 53a.2：kaśaṭrra），madye 则为 madhye 的讹误。在这两个例子中，写本相当清楚。

③ 辛嶋主张“比丘”是表现法护译本语音换位的例子（saṃ）-kṣobhi/bhikṣu（Krsh：60）。

特别的难题，在该词的翻译上他经常弄错：

KN 253.11： sudāruṇe

惨恶

extremely creel

Dh 104c.15： 能堪受

able to receive（<dhāraṇa？）（Krsh：152）

KN 84.7： kumbhāṇḍakā dāruṇaraudracittāḥ

鸠槃荼的心思是残酷和有敌意的

kumbhāṇḍas whose minds are cruel and hostile

Dh 76c.17： 鸠桓香音　志存暴弊

The intentions of kumbhāṇḍas and gandharvas remain hostile and harmful（Krsh：70）

辛嶋提出法护不正确地划分了这个短语，将其当成 kumbhāṇḍa-kā dāruṇa-，并且把它解释为 gandharva。尽管这种提法有独创性，这个解释仍然有未解决的问题。

KN 4.13： drumeṇa ca kiṃnararājena（专名，Proper name）

Dh 63b.12： 慎[①]法真陀罗王

"pay heed to the dharma" kinnararāja（Krsh：28）

druma 和 dhrama 的混淆有两种可能的解释：我们可以同辛嶋一道假设法护的印度文本——或者他的发音——易受犍陀罗语和后期达尔德语（Dardic）常见的流音换位特征的影响。因此 dharma > dhrama 或 drama（伴之以 u 和 a 的混淆）；或者 druma 被发成伴随插入元音-a-的"daruma"，其中非重音-u-仅能微弱地听到，因此使

① 异文：顺。

它的发音几乎与 dharma 无法区分。我们也应注意接下来的紧那罗王(kiṃnara king)在列表中是大法(Mahādharma),被法护准确地翻译为“大法真陀罗王”。显然两个完全不同的印度词汇如此接近而很可能以相同的汉字翻译。法护的助译不能听出 druma 和 dharma 的不同,因此可能逻辑地认定 Dharma-先于 Mahādharma-。

(3)b/bh 和-t-/-(d)dh-

接下来的几组例子说明了同时产生的几个不同问题。因此我将一起讨论它们,同时也尝试区分发生作用的不同的语音发展。这儿有许多动词√bhū(存在,成为)的某种形态和 bodhi(觉悟)相混淆的例子。

(4)bhoti/bodhi

KN 283.6: sukhasthito bhoti sadā vicakṣaṇaḥ

智者常住于安乐

the wise one is always at ease

Dh 108b.27: 智者常安　住于佛道

the wise always dwell at ease in enlightenment(Krsh:167)

KN 57.15: loke utpādu bhoti puruṣarṣabhāṇām

人中牛王　出现于世

there is the appearance in the world of the bulls of men, i.e. the buddhas

Dh 72c.26-27: 世间有佛　大仙慧士　兴发圣道

there is a buddha in the world, a great saint and sage, who manifests noble enlightenment(Krsh:60)

在上述例子中,法护混淆了 bh-和 b-以及-t-和-dh-。我们可以设想后者的混淆听起来与-t-和-d-的混淆没有更多的不同，它们在其他文本中也经常互换[①]。虽然犍陀罗语送气音的弱化可以在两个例子中得到引证，但是令人惊讶的是译者却翻译出了一个完全背离印度原典的文本[②]。

（5）bhonti/bodhi

KN 45.9： ye bhonti hīnābhiratā

那些志乐小法之人

those who are engaged in lowly pursuits

Dh 70a.23： 其有不乐 正觉明者

those who do not delight in full enlightenment（Krsh：50）

KN99.4： bālāna etādṛśa bhonti gocarās

如是（世俗典籍）是愚者的领域

such［worldly books］are the domain of fools

Dh79c.26： 而行佛道 志在根力

and they practice toward enlightenment focusing upon the faculties and powers（Krsh：80）

在这些例子中法护译本也忽略了第三人称复数形式的鼻音的出

---

① 犍陀罗语的情形实际比这更复杂。布腊夫（1962：§43a）敏锐地假设犍陀罗语《法句经》出现的-dh-对-t-的替代起因于元音间塞音的进一步弱化，使它发起来像-dh-，至少对一些抄手是这样。这种变化很容易发生，因为-dh-已经取得了摩擦音［δ］的音值；正如-t-和-d-二者随着时间的流逝而朝着摩擦音弱化，送气塞音和不送气塞音之间的不同不再被感觉到。但是在某种与犍陀罗俗语没有明确联系的伊朗语（Iranian）发音的影响下，这种混淆也可能发生在法护译本中。参考下文第133页注释①。

② bhoti 和 bodhi 混淆的其他例子出现在下列地方：KN 63.2/Dh 73c.25-26（Krsh：63），KN 117.4/Dh 82c.2（Krsh：89），KN 177.6/Dh 91b.10（Krsh：113），KN 287.8/Dh 109b.5（Krsh：170），KN 287.10/Dh 109b.8（Krsh：170），Kash 342a.5［KN 355.10：bhavet］/Dh 119b.10（Krsh：198），KN 394.3/Dh 125a.2（Krsh：215）。

现;关于鼻音的错误将在下文更详细地讨论。在后一例子中,对于 gocarās,他也从词源学上的词根$\sqrt{}$car 来解释,而不是其更标准佛教意义上的"境、范围、领域、联合"。

KN 336.5: bodhisattvāś ca ye bhonti caritāḥ kalpa-koṭiyaḥ

修行无量亿劫的菩萨

and which bodhisattvas who have practiced for koṭis of aeons

Dh 116c.12: 若菩萨求道 尊奉亿劫载

if bodhisattvas seek enlightenment, they [should] practice for koṭis of aeons(Krsh:191)

这儿辛嶋记录了一个重要的梵文变体:bodhi caritvā(代替 bhonti caritāḥ)。这个变体来自大谷光瑞收集品(Otani Collection)中的一片中亚残卷,该残卷由米罗诺夫(N. D. Mironov)转写,其读法保存在杜特(N. Dutt)1953 年版《法华经》的注释中。正如我们所见,既然法护有混淆 bho(n)ti 和 bodhi 的倾向①,在这个例子中,对于他依照一个还是另一个写本传统,我们很难得出结论。事实上,对于译解有关印度历史的早期中文文献证据中面对的问题,这是一个非常好的例证。

(6)bhūta/buddha

bhūta 看起来被混淆为 buddha 的例子:

KN 45.14: vadāmi yeneha ca bhūtaniścayam

① 有更多 bhonti/bho(n)di 和 bodhi 混淆的例子:Kash 54a.1[KN 43.3:bhavanti]/Dh 70b.4(Krsh:51),Kash 224b.5/Dh 102a.21(Krsh:142),KN 236.5/Dh 102a.24(Krsh:143),KN 296.1/Dh 110b.13(Krsh:174),KN 326.10/Dh 115b.3(Krsh:188),KN 355.1/Dh 119b.2(Krsh:198)。

由此我将宣说真实决定

by which I will speak here about true resolve

Dh 70b.1： 以故得说　佛所决了

for which reason [I] can speak on what the Buddha has decided(Krsh:50)

KN 200.3： bahubhiś ca bhūtair guṇair abhiṣṭuto

赞其无量功德

lauded for his many genuine qualities

Dh 95c.1： 光扬谘嗟　诸佛之德

brilliantly glorified and praised the virtues of the buddhas(Krsh:124)

从这些例子也似乎可看出法护译经队伍误认为-(d)dh-源自于-t-:

Kash 47a.4-5： ... evāhaṃ śāradvatīputra buddhajñāna (darśana) saṃdarśaka

舍利弗！吾欲示佛之知见

it is I, Śaradvatīputra, who display the exhibition of buddha-knowledge①

Dh 69c.8： 现真谛慧

[I] manifest the knowledge of truth(Krsh:47)

KN 330.13： maharṣiṇā prakāśayanten' ima buddhabhūmim

大圣显说佛地

by the great seer who reveals this buddhahood

---

① KN 40.11 读作：tathāgatajñānadarśanasaṃdarśaka evāhaṃ śāriputra。

Dh 116a.4： 大仙……分别演说 立真谛地

the great saint... makes a detailed revelation and establishes this true stage（Krsh：190）

这两个例子中，法护将复合词开头的 buddha-当成 bhūta-。既然正常俗语的发展是清楚地从清塞音到浊塞音，我们或许可以猜测法护的助译当听到元音间的一个可能带有相当摩擦的浊齿塞音时，就推断其来自于一个清塞音，尽管事实上这样的读法不会出现在其印度原写本中[①]。但是，这一点上我们又有点过头，在对译本如何获得了现在的形态作出假设之前，我们还应继续对语言材料作一番检查。

（7）-th-/-d-

梵文-th-和-dh-二者在犍陀罗语中通常都以-dh-来表现，偶尔也以通过送气音的微弱发音而以-d-的形式出现（例如，yada < yathā）。当然，从-th-到-dh-是通常的俗语的发展（参考皮歇尔 Pischel 1955：§203），而且，如上面讨论的，送气音和非送气音齿塞音间区分的消失也不是不可能的。

KN 166.6： nātho'si śāstāsi gurū'si jāto

你是怙主、导师、上师

you are protector，a teacher，a guru

---

① 如上所注，布腊夫已经很好地解释了《法句经》中-dh-[=δ]代替原始的-t-或-d-的使用。这个惯例可能为法护和/或者其助译所知。我们也可推测如果法护的发音习惯受到了某种吐火罗语方言的影响，例如，尼雅的犍陀罗语文本（参考巴罗 1937：§§14—15，19）中元音间的辅音可能被法护在口头上当作清音表现。此种情况中，其助译仍然不得不从清浊辅音相混的发音来推导该词的语源，但是在这种条件下，他们更可能选择清音化了的同等音。

Dh 90a.12： 世尊所演　如师子吼

what is taught by the Blessed One is like the roar of a lion(Krsh:109)

KN 176.8： sādhu darśana buddhānāṃ loka nāthāna tāyinām

善哉！诸佛、世间怙主、圣者之见

excellent is the sight of the buddhas, the lords of the world, the holy ones

Dh 91a.27： 善哉愿诸佛　世吼获圣明

Excellent！May the buddhas, roars [sic！] of the world, ones who have obtained brilliance...(Krsh:112)

法护混淆了-nātha(怙主,保护者)和-nāda([狮]吼)。尽管这个语音的发展不是不可能解释,比较麻烦的是译文显示,法护的译经队伍没有更多地以上下文为导向——更不用提对佛教习惯语较广的了解了。而且,当我们注意到法护犯的错误与相同表达的更准确的翻译十分相近时,这尤为令人困惑。例如,在 KN 301.7/Dh 111a.7,法护再一次混淆了 lokanātha 和 * lokanāda。然而在前一颂中(Kn 301.4/Dh 111a.4)lokanātha 再次被发现,法护将其翻译为“世雄”。尽管对 lokanātha 没有一个完全能接受的翻译,它确实反映了翻译“那个”印度惯用语的认真努力。似是而非的翻译和把同一个词完全弄错这二者之间的相似性又将是另一份资料,将引导我们考虑译经小组中劳动的实际分工。

(8)-bh-/-v-

正如布腊夫观察到的(1962:§§12,44),-bh-在西北印度很可能有双唇浊擦音[β]的音值,而且在佉卢文字体中可能被表现为-bh-,-vh-,-v-,或者甚至-h-(例如,lavhu<labha,uvha'i<ubheya,śil-

aprava<śīlaprabhā）,-bh-的这样一个音值将使它与-v-非常难于区分，尤其在非母语者中间口耳相传的情况之下。

或许这种语音混淆最明显的就是著名的观音菩萨（bodhisattva Avalokiteśvara）的名号。关于这个菩萨名号在现存梵文写本和汉译佛经中的变化和解释，已经有许多学术讨论①。这儿没有回顾所有的学术成果，可以相当可靠地认定该名号的最初形式正是在来自中亚的《法华经》的一些梵文残卷中（即 Avalokitasvara）和大约在鸠摩罗什 5 世纪的译本中找到的那个（观世音 = avalokita[loka]svara?）②。

KN 3.4： avalokiteśvareṇa

Dh 63a.27： 光世音（"the sound of illuminating the world"?）

法护看来把这个名号当作 ābhā-loka-svara 来解释，混淆了-v-和-bh-（或许通过[β]的发音）。对于法护《法华经》译本中其他这样的例子，参见 128c.22—23,26,27,29;129a.1,7,8—9,10 等等。

---

① 对 1948 年以前学者观点的综述，参见玛尔曼（Mallmann 1948:59—82）。自从这项工作对讨论贡献不大后，很少再有研究出现。

② 参见米罗诺夫（1927:243）。据说"观世音"的翻译始于康僧铠（Saṅghavarman? 3 世纪中叶）的《佛说无量寿经》（*Sukhāvatīvyūha*）译本中（参见钢和泰 von Staël-Holstein 1936:352，注释 3），但是将此翻译归属于他非常可疑。在康僧铠之前，帕提亚（Parthian，古代称安息——译者注）译经家安玄（约 180）在其《法镜经》（*Ugraparipṛcchā*，《大正藏》，第 322 号，第 12 册，第 15 页，中栏，第 7 行）译本中将此名号译为"窥音"（"看守[听]声音"?），支谦（约 220—52）在其《佛说维摩诘经》（*Vimalakīrtinirdeśasūtra*，《大正藏》，第 474 号，第 14 册，第 519 页，中栏，第 16 行）译本中也是如此翻译。归于支娄迦谶（Lokakṣema，约 168—88）的《佛说无量清净平等觉经》（*Sukhāvatīvyūha*）音译了这个名号：廅楼亘（《大正藏》，第 361 号，第 12 册，第 290 页，上栏，第 27 行），参见钢和泰（1936:351—352，注释 3）和布腊夫（1970:83 及其注释 13—16）。然而，这个归属也是相当不可能的。布腊夫试图将这个音译与公元 2 世纪犍陀罗铭文中出现的一个名字相联系也不是没有问题（参考布腊夫 1982）。

(二)与犍陀罗俗语一致但不限于这种语言的例证

法护译本中大量的混淆看来是由一种俗语传播所导致的,其语音特征表现于犍陀罗语中,但是也存在于其他俗语中。因此,为了避免有偏见地分析法护译本以之为基础的语言,我将分别给出这些例证,注明这种情形下的另一个合理解释。

1. 唇音间的混淆

(1)p/v

尽管被当作犍陀罗语语音体系的一个特征而频繁地被引用,p>v的发展是一个普遍的俗语现象(参考皮歇尔 1955:§199;辛吕伯 von Hinüber 1986:§181)。

Kash 121a.3: bahuprakāraṃ <u>pravadanti</u> dharmaṃ

他们以种种方法说法

they declare the dharma in many ways[①]

Dh 83a.28: 以若干法　而致<u>堕落</u>

they bring about decline to the manifold dharma(Krsh:91)

辛嶋认为 pravadanti 被误解为 prapatanti(直译:他们掉落),尽管我们可能会想到此处的动词被理解为致使式(prapātenti)。这样-v-和-d-都被视为来源于清音(-p-和-t-)。

KN 398.4: aḍāvati(陀罗尼句中的一个词语,a word within a dhāraṇīmantrapada)

Dh 130b.3: 富章

("a sentence for wealth")(Krsh:237)

---

① KN 120.8 读作:bahuprakāram hi bravīti dharmaṃ。

aḍā与āḍhya（富裕，富饶，丰饶）相混淆；我们可以假定其来源于aḍḍha经过带有弱送气音的辅音组合的同化。-vati 看来是与-pada相混淆；原始的-p-可能被认做-v-，-t-可能是浊音。这儿引证的两个例子，还有别处的一些例子中，现有的-v-被错误地解释为来源于-p-，尽管事实上它不太可能在写本中如此出现。

（2）-m-/-v-

-m-和-v-的交替在俗语中相当普遍（皮歇尔 1955：§§248，250），“但是在犍陀罗语材料中很罕见，除了《法句经》”（布腊夫 1962：§36）。最可能的解释是，-m-作为/v/在鼻音化环境中的音位变体的标记符号出现（参见皮歇尔 1955：§§251，261；布腊夫 1962：§36；辛吕伯 1986：§209—211）。因此我们发现犍陀罗语《法句经》有像bhamaṇa'i（<bhavaṇā-），śramaṇa（<śravaṇaṃ）和nama（<nāvaṃ）这样的词汇。

KN 343.13：　gamiṣyate eṣa drumasya mūlam
他将走到树下
he will go to the foot of the tree

Dh 117c.19：　而当求索　树王之下
and he will seek out the foot of the king of trees (Krsh：193)

我们推测这里混淆了gamiṣyate（他将去）和gaveṣyate（他将寻找）。以上虽然有布腊夫的评论，这两个词根的互换在尼雅的犍陀罗语文书中是常见的（参见巴罗 1937：§50）。

2. kṣ 和 c/ch 间的混淆

佉卢文字体写成的犍陀罗俗语显著的特征之一是保存了 kṣ 连接的一个明显标记，这种连接在所有的其他俗语中都被同化

（参见巴罗 1937：§48；贝利 1946：§4；布腊夫 1962：§52）。尽管这种标记被假设为有音值[tṣ][1]，我们不能认为它被“阅读”佉卢文写本的人混淆为梵文 c 或 ch。像这样的错误可能暗示要么这个音节（akṣara）在听觉接受中被曲解，要么它被一种更为典型的俗语的方式同化。

KN 35.13： rājāna ye mahipati cakravartino ye āgatāḥ kṣetrasahasra-koṭibhiḥ

那些来自千亿国土的国王、大主、转轮王

those kings, great lords, universal monarchs who have come from thousands of koṭis of lands

Dh 69a.13-14： 国主帝王　转轮圣王　悉共同心　亿百千众[2]

lords of the worlds, supreme kings, wheel-turning sage-kings, united in thought, they number hundreds of thousands of koṭis（Krsh：46）

辛嶋提出一个有创造性的建议，这儿的“心”可能来自这样一个发展：kṣetra 被发成 chĕtta 的音，然后又与 citta 混淆。法护的助译大概把这个句子理解为 ye āgatāḥ citta，“who have fallen to, obtained（a particular state of mind）”。对于只能发生在口耳相传的译本中或来自于一个非犍陀罗俗语源文书的错误而言，这个混淆可能是最清楚的例证之一。

① 参见柯诺夫（1936：610）；贝利（1946：§4）；布腊夫（1962：§16）。与这个在中期和新近印度-雅利安语（Middle and New Indo-Aryan）中连接的有关问题的详尽讨论，参见特纳（Turner：1936）。

② 此处我用了异文。

3. 与鼻音或随韵(anusvāra)有关的混淆

法护对齿音和卷舌鼻音的明显混淆有数个例子,这显示出犍陀罗语《法句经》中的一个清楚的模式:起始的n-保持为n,元音间的-n-和-ṇ-被写作-ṇ-(参考布腊夫 1962:§45;辛吕伯 1986:§93)。但是,这些鼻音看来在尼雅文书和西北印度佉卢文铭文中经常互换(巴罗 1937:§34),更不用说在俗语中它们的区别通常已变得不大(参考皮歇尔 1955:§224)[①]。

KN 113.11: kāṇakā

独眼的

one-eyed(occurs in a list of adjectives describing lowly servants in the parable of ch.4)

Dh 82a.5: 有紫磨金

possessed of highest quality gold(Krsh:87)

看来是 kāṇakā(独眼的)和 kanaka(金)之间的混淆。正如可以想象得到的,这样的混淆使得这一颂在译本中改头换面已难以辨认其本来面目。较完整的梵文上下文在 KN(ch.4,v.21)中读为:

puruṣāṃś ca so tatra prayojayeta vaṅkāś ca ye kāṇakā kuṇṭhakāś ca kucailakā kṛṣṇaka hīnasattvāḥ paryeṣathā taṃ naru karmakārakam

因此他指示他的人,下劣凡夫,他们是浪子、独眼、愚蠢、穿着破烂、面容黝黑:“你们应当寻求这个人,他(将成为我的)

---

① 对于这两个鼻音,柯诺夫有如下评论:“《法句经》和尼雅文书系统,以及我们目前所能知晓的印度佉卢字体铭文间有明显的不同。但是,值得关注的是古勒姆舍利盒(Kurram casket)的铭文,它引用了一段佛经,其使用的语言几乎与《法句经》完全相同,但没有《法句经》区分ṇ和n的痕迹。在我们的印象中,《法句经》在这方面代表了一种标准,这种标准可能归因于另一种书面俗语的影响,或者属于一种对n的处理不同的方言所覆盖的有限范围之内。”(柯诺夫 1936:607)

奴仆。”

Therefore he directed his men, lowly beings who were vagabonds, one-eyed, dull-witted, poorly clothed, of black complexion: "you will seek out this man who (is to be my) servant."

法护翻译如下(82a.4-6):

其人[①]慰喻　具解语之　有紫磨金　积聚于此

当以供仁　为饮食具　典摄众计　役业侍使

This man (= the father) consoled him, explaining matters to him fully: "there will be the highest quality gold gathered here, and it will be provided for you as utensils for eating and drinking; you will oversee all of the accounts, tasks, and servants."

我的翻译绝不是确定的,而且假定法护译本和平行梵本有相当的不一致,我们应该料到某些困难。辛嶋试图将梵汉文本间差异中的很多都解释为音系混淆(Krsh:87)。但是看来这样的解释在这儿不太确定。尽管辛嶋的解释极富创造性而且确实也有可能,我们也可以料到一旦在段落的理解中出现很大的混淆时,如此例中的kāṇakā/kanaka,为了使读本有意义,对整个颂文进行较大的重新加工是必然的。法护是根据后面将要发生的故事来安排译文的,关于这一点我们应该清楚地意识到。也就是说,这里法护对第21颂的翻译预见了后面十颂叙事的发展,父亲宣称他的所有财产都将给他的儿子,儿子将被当成他的继承人而逐渐培养。如果是这样的情形,那么法护在实际的翻译“之前”已经知道了整个文本,然后根据即将发生的故事情节而向后插入相应的内容。另一

① 异文为“父”。

方面，进行一种修订也是可能的——由法护或者另一个校对者——在译本的初稿完成后。对这种情况的更加系统的收集可能会使在文本终稿产生过程中起作用的活动的范围更加清楚。

法护对一个词的翻译表明本身存在的鼻音化被忽视或者采用了根本不存在的鼻音化，其译本中也有大量这样的例子：

KN 272.3： (araṇyavṛttakāś caiva) kanthā prāvariyāṇa ca

(那些住在旷野之人)，衣衫褴褛

[those who dwell in the wilderness], being dressed in rags

Dh 107a.4： 当何以报答

how shall [we?] reply? (Krsh: 160)

这里的混淆似乎来自于把 kanthā(破衣服)当成了 kathaṃ(为何？怎么？)。辛嶋也主张以 prāvariyāṇa(<prā√vṛ)和 pra√vad(回答)间的错误来说明这儿的动词，但我更倾向将其理解为法护对 pra√vṛ(选择)的灵活翻译，以符合把 kanthā 当成副词的不正确的理解。

KN 350.6： na dur gandhi

没有刺激性的味道

will not have an offensive smell

Dh 118b.20-21： 不堕恶趣

will not fall into unfortunate destinies (Krsh: 195-196)

这里 durgandhi(恶臭)与 durgati(恶趣)相混淆。尽管我原则上同意辛嶋对这段的解读，我也注意到辛嶋未提及法护译本的前一句："体常香洁"。这要么是试图翻译前一句梵文：na tasya... pūtimukhaṃ bhavati(他没有腐烂的嘴巴)，要么，就像我认为更可能的，它意味着对两个句子以一种压缩方式的翻译。如果后一种提法是正确的，那么法护译本"不堕恶趣"的涵盖就将构成另一个例子——在下文还要更详细地检查——我称之为“双重翻译”。面对一个口头传达的短语，就像其发音一样，至少有两种可能的解释，汉族助译在两者之间无法决定，将两个选项都予以列出。

KN 304.1-4：ato bahutarāś cānye parivārair anantakaiḥ pañcāśatīya gaṅgāya catvāraṃśac ca triṃśati(v. 11)

samo viṃśatigaṅgāyā parivāraḥ samantataḥ ato bahutarāś cānye yeṣāṃ daśa ca pañca ca(v. 12)

由此，甚至比那个还多，其由无量眷属伴随，(等于)五十、四十、三十恒河(沙)

由此，甚至比那个还多，其到处有眷属伴随，等于二十、十、五恒河(沙)

Others, even more numerous than that, with unlimited retinues, equal to the [sands] of fifty Ganges rivers, and to forty, and to thirty.

Others, even more numerous than that, who will everywhere have retinues equal to [the sands] of twenty Ganges rivers, and to ten, and to five.

Dh 111b.11-14：其数过于彼　眷属无思想

五百江河沙　或四或三百

或二百江河　诸营从如是

其限复殊此　或五或复十

Their numbers will surpass that; their retinues will be inconceivably [large, equal to] the sands of five hundred [Ganges] rivers, or to four [hundred] of to three [hundred],

Or to two hundred [Ganges] rivers; their attendants will be like this. Their measure will also surpass this, be it five or the [rivers]. (Krsh:177-178)

第十四品的这两颂有多种问题。首先,法护明显弄错了几个数字:

梵文(KN)本		法护译本
pañcāśatīya	(50)[①]	五百(500<*pañcaśatĭ)
catvāraṃśac	(40)	四百(400<*catuḥśaĭ)
triṃśati	(30)	三百(300<*triśatĭ)
viṃśati	(20)	二百(200<*dviśatĭ)

50和500的区别仅仅在于长"a",而且甚至在佛教梵文文献中也被混淆[②]。在20和200及30和300的例子中,随韵的丢失可以解释这种混淆,这种丢失要么发生在写本中,要么发生在发音中[③]。仅仅40和400难以解释,尽管很容易想象这个数字随着其他相同量值的数字被带入句子中。辛嶋也意欲将"其限"理解为不必要的附加随韵的例子,这里ato可能被混淆为aṃto(antaḥ)。尽管这确实有助于解释这一行开头相当不合位置的"限",它也忽视了两颂中ato(比这/那["than this/that"])都被很好地翻译这个事实:"过于彼(surpassing that)"(v. 11)和"复殊此(also surpasses this)"(v. 12)。看来对我而言,更合理的是把"其限"读作"它们的范围(their scope, compass)",表明眷属的数量而不是它们的界限。

---

① 关于其佛教混合梵语的形态,参见《佛教混合梵语语法》(*BHSG*: §§ 19. 29-30)。

② 参见湯山明(Yuyama 1992)。

③ 在200这个例子中,我们可以假设它被读作duviśati,du-这个音节(akṣara)可能被误认为小品词(=tu)。

关于法护对以之为基础的印度文本中鼻音化的不一致的认识的例证,要得出一个完全清楚的结论是困难的。把这个问题同犍陀罗语相比的最精彩的讨论由福斯曼完成[1]。福斯曼令人信服地演示了在早期犍陀罗语铭文中,在初始和中间位置上的重开音节(即一个词源上的长元音后接一个单辅音形成的音节)由于莫拉法则(the law of morae)而带有鼻音化的发音,不管这种鼻音化是否被标出。因此在标记随韵时的不一致——要么缺失,要么在其根本不存在的地方被包括——暗示在书写中其符号已经变成多余的,至少对西北印度的某些抄手是这样:

抄手之所以没有很好地标志出鼻音化,这是因为鼻音化不言而喻地产生于重开音节以其他形式表现出来时,所有重开音节都包括鼻音的震动:它的元音根据词源学是一个鼻化的短元音;或者它的元音根据词源学是一个非鼻化的长元音,后来根据印度—雅利安语的一种特有的自动的倾向而鼻音化[2]。

我们可以假设法护面对一个至少鼻音化被无规则地标出的佉卢文写本,因此在其背诵中犯了忽略和增添两种错误。但是,尽管这确实可能,我们也必须考虑这样一个事实,即这个问题是,用福斯曼的话说:"印度雅利安语的特征"。也就是说,我们经常发现在俗语中通常有通过鼻音化拉长一个开音节的倾向(参考皮歇尔 1955:§74),或者,相反的,用随韵的省略来拉长一个元音(例如,vīsati<viṃśati;辛吕伯 1986:§112)。这种现象经常出现于巴利文(pāli)中[3],甚至偶然也出现在佛教混合梵语(Buddhist Hybrid

① 福斯曼(1989:§33 以下)。

② 福斯曼(1989:478);对尼雅文书中鼻音化的评论,参见巴罗(1937:§47)。

③ 盖格(Geiger 1994:§6)。

Sanskrit)中[1]。重要的是我们注意到布腊夫关于尼泊尔抄手的倾向的告诫——包括对随韵标记的普遍忽视——在确定可能的"原始"形态时,我们对佛教混合梵语词条的证据以这种形态为基础[2]。简言之,我们没有确切的方法以确定法护据其翻译的写本传统的性质。

因而,由它们自己引起的与鼻音化有关的混淆对于法护原始文本的以之为基础的语言或字体而言是不确定的。但是根据译本中其他问题逐渐积累的数量,我们可以公正地倾向于理解错误存在于助译对法护口诵的印度文本的解释中,他们虽有差强人意的梵语知识,但他们在上下文不能清楚决定选项的情况中仍不免陷入困惑。最有可能的是如果法护对源头文本的口诵受到其发音习惯的影响,其中重音节——特别在偈颂中——就会随意地表现出来。

三　中土译经过程

在上面为了《法华经》印度文本传播中可能的犍陀罗语影响而进行的语言材料的考察中,我在许多场合提到法护对印度文本的口诵和其助译对特殊措辞的可能误解。在对现有材料进行评估或提供附加例证之前,我将暂时停下来而更详细地考虑法护译本获得它最终形式的过程。实际上,我的论点是这个过程对初期汉译佛经的形成有重要的和迄今为止被低估的影响——在寻找源头文本以之为基础的语言时显然必须考虑的一种影响。考虑到中土

① 《佛教混合梵语语法》(*BHSG*:§3.1-4)。

② 布腊夫(1954:355)。

译经过程相当数量的文献——跋、序和经录学家的注释——我们经常能广泛地构拟印度或中亚传教僧、他的助译和他的汉族抄手在穿越隔开中印两个世界的巨大的语言和文化分界点时的角色。这个过程的通常步骤被许理和方便地总结为：

大师要么有原始文本的写本供其使用，要么凭记忆诵出经本。如果他有足够的汉语知识（这种情况很少），他就口头翻译（口授），否则要通过通晓双语的中间人作初步的翻译（传译）。汉族助译——僧人，也有居士——记录下译文（笔受）。之后文本要提交做最后的修订（正义、校订）。在翻译工作期间，也可能在其他场合，大师对所译经本的内容给予口头解释（口解）①。

对我们的调查更特殊的是，我们有法护《法华经》译本（《正法华经》）的两个现存的译经后记，保存在僧祐 6 世纪初期的经录《出三藏记集》中，其中保存了翻译过程和参与者角色的清楚的细节。第一个后记翻译如下②：

On the tenth day of the eighth month of the seventh year of the *Taikang* reign period [= September 15, 286 C. E.], the Yuezhi *bodhisattvaśramaṇa* from Dunhuang, Dharmarakṣa, holding the foreign (*hu* 胡) scripture in his hand, orally delivered and issued③ the twenty-seven chapters of the *Zhengfahua jing*, conferring (*shou* 授) it upon the *upāsaka* Nie Chengyuan, Zhang Shiming, and Zhang Zhongzheng, who

---

① 许理和（1959：31）。对中土译经过程的其他学术探讨，参见福斯（Fuchs 1930），高罗佩（van Gulik 1956），Hrdličková（1958），陈观胜（1960），曹仕邦（1963）。

② 《大正藏》，第 2145 号，第 55 册，第 56 页，下栏，第 16—24 行。

③ 口宣（传）出。

together took it down in writing. [1] Zhu Decheng, Zhu Wensheng, Yan Weibo, Xu Wencheng, Zhao Shuchu, Zhang Wenlong, Chen Changxuan, and others all took pleasure in encouraging and assisting. It was finished on the second day of the ninth month[=October 6]. The Indian śramaṇa Zhu Li and the Kuchean householder Bo Yuanxin both collated (*canjiao* 参校) the translation. On the sixth day of the second month of the first year[2] it was reexamined. Furthermore, on the fifteenth day of the fourth month of the first year of the *Yuankang* reign period[=May 29, 291 C. E.], Sun Bohu of Chang'an copied it with simple glosses. [3]

太康七年八月十日,敦煌月氏菩萨沙门法护手执胡经,口宣出《正法华经》二十七品,授优婆塞聂承远、张仕明、张仲政共笔受。竺德成、竺文盛、严威伯、续文承、赵叔初、张文龙、陈长玄等共劝助欢喜。九月二日讫。天竺沙门竺力、龟兹居士帛元信共参校。元年二月六日重复。又元康元年,长安孙伯虎以四月十五日写素解。

---

① 笔受,直译为"用笔接受"。

② 问题当然是这是哪年号的第一年。塚本善隆和胡尔鸠(1985:551,注释3)推测年号为永康[=291],鉴于该年号开始于三月,这是不太可能的。太康之后为太熙元年,这将使这个日子等于公元290年3月3日。由于公元290至291年间有四次年号更迭,加剧了问题的复杂性。根本无法确定后记的匿名作者是否与宫廷中的这些变化有联系。汤用彤(1938:112)和岡部和雄(Okabe 1983:21)认为"元年"是"[太康]九年"[=公元288年3月25日]的误写,这种读法有利于解释为什么新的年号没有在后记中予以特别提及。

③ 完全不清楚长安信士孙伯虎究竟做了什么。后记说他"写素解"("抄写[译本,做]简单的注释")。岡部和雄(1983:21)建议读作"写素娟"("将其抄于洁净的丝绸上")。尽管可能是一个更清楚的读法,但没有明显的理由采用这样的修订。有意思的是,《高僧传》的"法护传"中提到了孙伯虎,将其当作经常"承护旨,执笔详校[译本]"的几个人之一(《大正藏》,第2059号,第50册,第327页,上栏,第6—7行)。如果孙伯虎确实如《高僧传》所说的那样在法护译经团体中扮演了一个重要角色,那么很可能他在抄经之时为长安信众,甚至可能应法护本人之请而写了一系列的《法华经》注释。

从这篇后记中许多要点立即凸显。首先，这个翻译，像法护的其他翻译一样，是一个颇具国际性的事物。译经过程中不少于十三个的参与者的名字被提及，其中包括汉人[①]，一个印度人，一个吐火罗人(Tokharian)，当然，也有月氏人法护[②]。我们只有想象如此不同的助译的语言背景的大杂烩将给译经过程带来什么。他们几乎肯定都有不同范围的印度语言知识，而且，可能更重要的是，他们都有多种不同的发音习惯。

---

① 译经团体的中方成员有三个是张姓：两个笔受者和一个施主。艾伯华(Wolfram Eberhard 1956:213-214)列了一个表，包括世居敦煌的望族中的该姓氏人员，以及我们所知的在后期敦煌佛经翻译活动中特别活跃的该族成员(参见太史文 Teiser 1994:146，注释 26)。关于竺德成和竺文盛"劝助欢喜"《法华经》的翻译工作，胡尔鸠指出："以竺为姓的这两个汉族居士肯定非常虔诚，尽管仍然是俗人，他们以抛弃自己的族姓而代之以竺姓来表示他们离开了世俗社会，如上面所暗示，竺是'天竺'的省略，即'印度'。"(塚本善隆和胡尔鸠[1985:486，补注])。胡尔鸠的推测——这个推测不过如此——有两个理由值得怀疑。其一，尽管两个名字看起来非常汉化，但这两个人都是留居中土的印度侨民也不是没有可能。其二，如果他们是汉人，鉴于他们采用了其外国师父的族称，他们更可能是僧人。这个外国师父甚至可能就是法护本人(参考许理和 1959:68)。法护各个译经团体中使用"竺"姓的助译中，仅仅有两位，竺力和竺法首清楚地具有印度血统，而且两人都被描写为沙门。

② 月氏的民族身份和语言归属是中亚史上最为困惑的主题之一。尽管利用希腊-罗马、汉文、藏文和中亚材料进行了几十年的研究，迄今为止还在许多根本问题上无法达成共识。问题主要在于这样一个巨大的困难——几乎没有可能——查明在公元前 2 世纪被匈奴逐出甘肃之前的月氏人的身份。曼亨·赫尔芬(Maenchen-Helfen 1945)暗示在大月氏迁徙到西方后，月氏这个社会学民族学术语在汉文史料已不见其踪影，这几乎可以肯定是正确的。从那时起，这个名称代表了一个复合的人群：一个群体(大月氏)居住于塔里木盆地西边，最终征服了大夏(Bactria)，在此地接受了某种伊朗语和文化；其余的(小月氏)留在南山地区(现代甘肃)的羌部落中，可能说一种吐火罗语。法护的种族身份对此种考察并非毫无意义。就像已经数次指出的那样，法护自己的发音习惯可能是导致一些我们已经考虑到了和还将在下面作出判断的翻译混淆的主要原因。因而，搞清楚是否他的母语发音受到伊朗语习惯的影响(这种影响可能比西北印度讲犍陀罗语的人的影响程度更大)，或者受一种吐火罗语方言影响(鄯善国民的情形似乎与此类似)，这会比较有趣。

第二，我们也应注意翻译大约在三周内完成，即使以古代的标准①，对这样一个大部头的经本来说也相当快。很难判断这个速度对成品有什么影响，然而确实值得注意的是该译本完成的环境完全不是法护四十年译经生涯的典型环境。

但是，后记中最重要的是它揭示了翻译过程的实际步骤。首先，它提到法护手执写本。尽管这可能仅仅是译经细节的简单省略，我们不应过度关注，但在中土，法护却是第一个史书上记载翻译过程中手拿写本的翻译家。因而，接下来的具有至关紧要的意义。据说法护"口宣"了整个《法华经》文本，将其传给了优婆塞聂承远和另两个抄经助手②。虽然后记在这点上模棱两可，但我视其意味着法护将印度文本的口诵传给聂承远，附带一系列初步的注解。然后是他，而不是法护，把口头的初译转换为书面汉语，这也受到他对印度口诵的理解的影响③。

---

① 太康七年是法护非常活跃的一年，除了《法华经》，他还翻译了《光赞经》(*Pañcaviṃśatisāhasrikāprajñāpāramitā*)、《持心梵天所问经》(*Viśeṣacintibrahmaparipṛcchā*)和《文殊支利普超三昧经》(*Ajātaśatrukaukṛtyavinodanā*)，都是大部头的经本。

② 毫无疑问，聂承远是法护最亲近的弟子。他在法护译经的多个后记中被提及，包括最早的译于公元267年的《须真天子经》(*Suvikrāntacintidevaputraparipṛcchā*)，因此，在翻译《法华经》时，他已在法护的译经队伍中积累了二十多年的工作经验。而且，在法护的传记中他被如此称颂："承远明练有才理，笃志法务，护公出经，多参正焉。"(《出三藏记集》，《大正藏》，第55册，第98页，上栏，第26—27行)下文我将回到聂承远和他对《法华经》翻译的可能影响。

③ 这儿非常关键的词是"出"，一个描写中土译经程序的普通动词，然而很难被准确界定。它经常被翻译为"出版"，但这一点也没有澄清这种指定的活动。韦利(Arthur Waley 1957:196)主张"出"指口译，相对于"译"，笔译。既然所有的翻译都由印度和中亚的传教僧以口头的方式达成，看来这样的对照没有什么意义。罗宾逊(Richard Robinson 1967:298，注释28)主张"出"至少有时候是指对印度经典的口诵，而不是将其译为汉语，他引证了数个例子。史接云(Robert Shih)看起来部分支持这种立场："在经

究竟在印度文本的口诵和书面汉语译本的创作之间泄露了什么，显然无法确知。但是清楚的是，中土僧传撰写者认为法护通晓多种语言，我们不能想当然地就这样认为。其他保存的后记也指出了他汉语水平的提高。在他最早的有记载的译本《须真天子经》(*Suvikrāntacintidevaputraparipṛcchā*，《大正藏》，第 588 号)的后记中，法护再次被描写为"口授出"文本，之后安息(Parthian)安文惠和龟兹(Kuchean)帛元信"传言"。他们传递的信息由聂承远、张玄伯和孙休达用毛笔记下[①]。这儿清楚的是法护不能独立地将印度文本翻译为汉语。但是，在他译经生涯的后期，后记明白无误地说他"手执胡本，口宣晋言"[②]。相较而言，《法华经》的"翻译者"更难辨别，而且很可能是有意的。不难想象虽然法护在其二十多年的翻译工作中汉语水平获得了相当大的提高，他仍然不能自己翻译经本。他多半对其助译理解经文作出了相当大的贡献，增加注释性的评论，以及他自己对贴切翻译的建议。但是，我猜测大量译本

序中，'出'和'译'的区别表现得很清楚，那些掌握印度经典的人比将这些经典翻译为汉语的人扮演了更为重要的角色。"(史接云 1968:168)。尽管印度师父的巨大重要性为中土经录学家所公认，但我们检索材料时，疑问也随之产生——这种说法至少没有充足的理由。林阿释(Arthur Link)更进一步指出"出"是"佛教专有复合词'译出'的省略……'译出'意味着'翻译[附带的结果是一本书的]出现'('translated [with the result that a book] is issued')，或者更简单，'翻译'"。(林阿释 1960:30)这些立场没有一个令人完全满意。"出(issue)"一个印度文本是拂去它本土的面纱，使其可资利用。但是，这个过程至少需要两步，它不一定由同一个人完成。印度文本不得不被高声诵读，否则其深奥的抄本不能被本土助译理解。它也不得不用汉语注释，既然印度发音造成的迷惑一点也不比写本少。尽管我们能合理地假设法护诵出了《法华经》的印度文本，而且至少用普通的术语解释给他的汉族助译，然而"出"不太可能当作我们今天所赋予的"翻译"的含义来考虑。

① 《出三藏记集》，《大正藏》，第 55 册，第 48 页，中栏，第 22—26 行。

② 例如，参见其译于公元 308 年的《普曜经》(*Lalitavistara*)的后记。

是由对印度语言几乎不过关的汉人完成[①]。很明显，对理解印度文本中以之为基础的语言而言，其重要性是值得考虑的。

后记也告诉我们在翻译中大量个体的“劝助”。我们无法知道“劝”和“助”由什么构成，尽管我们能料到这些提及名字的人是译经团体最慷慨的赞助者。译本完成后由一个印度僧人和龟兹居士校订——这个龟兹人，如我们上面所见，与法护有早期合作经验。考虑到法护在敦煌和长安合作者中普遍的国际性，对其译经的一个重要结论，即不同民族和佛教“阶层”的联合，可能不像看起来那样非同寻常。但是应该再次记在心里的是，虽然在很大程度上把印度文本翻译成汉语的定型是由汉族助译完成的，然而该译本也被一个印度人和一个吐火罗人校订过。

这个简短却丰富的译经过程的记载不是我们所听到的关于这个文本的最后消息。接下来的一个匿名后记同样保存在《出三藏记集》中：

On the twenty-eight day of the eight month of the first year of *Yongxi* reign period [=October 18,290], the bhikṣu Kang Nalü copied the whole of the *Zhengfahua* at Louyang. Then, together with the upāsakas of pure conduct and restraint Zhang Jibo, Dong Yingxuan, LiuChangwu, Chang Wen, and others, he took the scripture original in hand and went to the White Horse Monastery (*Baima si* 白马寺)[②]to

---

① 除开在印度广泛学习的求法僧，传统时期不太可能有任何汉人真正掌握任何印度书面语言。参考高罗佩的评论：“……普通汉族学者认为印度抄本知识本身就等同于梵语语言知识。像‘梵学僧’（学习梵语的僧人）这样的汉语术语习惯上仅仅意味着‘掌握印度抄本知识的僧人’。”（高罗佩 1956：13）对为什么甚至非常有学问的汉族佛教学者也从根本上误解了印度语言本质的精彩讨论，参见林阿释（1961：281—299）。

② 异文为“寺”。

face Dharmarakṣa. He[Dharmarakṣa] orally collated the ancient teaching[with the translation]and explained its profound meaning. On the upoṣadha day①—the fourteenth—in the ninth month [= November 3, 290],he gave② to a great assembly at the Eastern Ox Monastery (*Dongniu si* 东牛寺)a lecture on this sūtra. All day and all night everyone was completely enraptured(by his talk).[The translation]was again revised(*chongyi jiaoding* 重已校定,lit.,"collated and established").③

永熙元年八月二十八日,比丘康那律于洛阳写正法华品竟。时与清戒界节优婆塞张季博、董景玄、刘长武、长文等手执经本,诣白马容对,与法护口校古训,讲出深义。以九月本斋十四日,于东牛寺中施檀大会,讲诵此经,竟日尽夜。无不咸欢,重已校定。

此处再一次有几个要点值得强调。首先,除了在公元291年第一个后记中记载的译本的抄写,这个后记还记载了公元290年的另一个抄本,这次是在洛阳。而且,保持了法护助译队伍的国际化的构成,这儿包括一个粟特(Sogdian)④僧人,而且,有趣的是,有许多汉族居士,他们可能受其指导。法护本人也在旅行,到了洛阳

---

① 我认为"本斋"(直译为"最初的斋戒","original fast")指的是寺院的圣日,布萨日(upoṣadha),此时僧人们常常念诵《波罗提木叉戒本》(*prātimokṣa*),普通信众则发特别的誓愿。这个称呼在法护《普曜经》的译经后记中再次出现(《出三藏记集》,《大正藏》,第55册,第48页,中栏,第28行)。

② "施檀"看来是dāna(给予)的意译加音译。

③ 《出三藏记集》,《大正藏》,第55册,第56页,下栏,第25行至第57页,上栏,第2行。

④ "康"这个族称通常被用来指代粟特,但艾伯华指出有理由相信这个族称的早期使用指代了两个不同的族群:一是指康国(现在的撒马尔罕,Samarkand)的居民,另一是指过去的康居人,他们在被迫移居至河中地(Transoxiana)之前,祖籍是甘肃,后者可能就是月氏(Eberhard 1955:150)。也可能一个汉族僧人从粟特师父受戒后采用这个族称,这个习惯在3、4世纪的汉族僧人中很普遍。

著名的白马寺传播新译经典的教说[①]。

从后记中看到的最重要的是最后一句:“(译本)重已校定”。对于谁修订了译本或为什么原因,译本没有明确。据上下文看来合理的推测是法护修订了译本,作为其在洛阳口校和讲经的结果。尽管我们不知道他可能做了什么样的变动,就我们的目的而言,重要的是注意到在译经团体原始工作后的数年——印度文本的口诵是传达给译团的,也是通过译团翻译、笔录和校定的——法护独立地改变了其形态。我们得到的大概正是这个修订本。

比较详细地讨论了关于我们所知道的公元 286 年《法华经》的翻译方法,我们能开始重新考虑我们为了证明法护印度文本以之为基础的语言和犍陀罗俗语间联系而列出的证据。法护对《法华经》的口诵几乎可以肯定是受了文本修订的影响,该文本比我们已知的任何写本都含有更多的俗语形式,更不用提受法护母语和他的印度师父习惯的影响的可能。因而我们可以认真地质询是否他的汉族助译(们)能始终如一地区分印度习惯语,其俗语发音——无论是哪种俗语——可能出现大量混淆的机会。

因而诸如 bho(n)ti/bodhi 混淆之类的错误很难归之于法护。法护有可能阅读了一个 bh 和 b 互换的写本(例如,犍陀罗俗语的佉卢文写本),但同一个写本也对-(n)ti 增加了送气音是几乎不可能的[②]。事实上文本中有很多 bho(n)ti 和 bodhi 二者被正确翻译

---

① 这看来是法护旅行到远东的为数不多的记载之一。他的大部分译本是在敦煌和长安完成的。尽管没有明确提到,有迹象表明法护的《法华经》译本是在长安完成。

② 此例中犍陀罗语影响的可疑被福斯曼(个人交流,1995 年 6 月)进一步强调:至少从公元 1 世纪开始,在西北印佉卢文铭文中,bhavati 几乎总是被证明与 hoti(发音为 hoti,hodi,或 ho'i)一样;bodhi 经常写作 bosi(发音为[bozi])。因而,两个词汇间的音位重叠极不可能出现在 3 世纪的犍陀罗语文本中。

的例子，说一个通晓印度语言的人会偶尔地混淆这两个词，这更不可能。相反，不难想象的是一个没有完全掌握梵语或俗语词汇，语法知识很少的汉族助译误解了这些在发音上不易区分的音素。我们可以料想某一段落的大体的主旨由法护解释给他；同时，他对自己意识到的关键词汇的理解和误解可能会进入到译本当中，如果不是对段落无意义的翻译的话，也会时时产生相当的差异。因此法护在洛阳传法期间感到有“再次校定”译本的需要就没什么可惊讶的。他没有发现每个错误证实了我们认为他汉语水平有限的认识。

因此，指向犍陀罗语源头文本的真正的语音特征——关于元音长短，送气音和非送气音的停顿，以及鼻音间区别的错误——正是我们可以料到的汉族助译难以区分的声音。另外，法护在印度文本口诵中中亚发音习惯的影响无疑使情况变得复杂。上面我注意到浊音元音间停顿呈现出伊朗语方式中的摩擦音的可能性（例如，avalokiteśvara>ābhā-loka-svara：-v->[β]>-bh-）或者像在吐火罗语中一样被清音化（例如，durgandhi 被理解为 durgati：-[n]dh->-t-）。现在应该清楚译经过程口耳相传的性质必须得到像对待语言材料本身同样的关注。而且，有相当多其他种类的证据，可能会对印度文本以之为基础的语言和译经参与者的角色提供更多的细节。

四　补充材料

（一）双重翻译

我已经间接提及的法护译经语言中最不寻常的一个特征是我所称的双重翻译的出现。在这些例子中，一个印度词条被以非常接近的方式翻译了两次，可能因为两个不同的词在发音上混在了一起，至少像法护背诵的那样①。其助译在两个或更多的选项中无法取舍时，因而提供两种可能性，尽管事实上这样的翻译几乎总是无意义的。下面我们将看到这一现象的几个例子。

KN 162.5： lokavidū

世间解(佛之称号)

one who understands the world(epithet of a buddha)

Dh 89b.13： 世之圣父

sagely father of the world(Krsh:108-109)

KN 193.1： yathā vayaṃ lokavidū bhavema

就像我们将成为了知世间之人

just as we will become knowers of the world

Dh 93b.23-24： 吾等当成 世之明父

we will become wise fathers of the world(Krsh:119)

看来法护给出了-vidū(明智)和-pitu(父亲)两个读法。虽然在佉卢文文书和碑铭中有许多 p 和 v 互换的例子，如果法护所用的写本是佉卢字体的话，但明显两个词不可能在同一个地方出现。这样的错误意味着两个词(-vidū 和-pitu)的发音已混合，因而法护的助译不能确定正确的读法，推论这儿的两个浊辅音(-v-,-d-)可能来自于两个清辅音(-p-,-t-)。也可能法护的发音习惯受到了-v-和-d-清音化的吐火罗方言的影响，正如我现在数次提及的那样，这也说明了解释的不确定性。

KN 301.6： svākārāś caiva te sattvāḥ

---

① 关于这一现象在汉译佛经回鹘文译本中有趣的对比，参见茨默(Zieme 1992)。

具善气质之众生

and these beings of good disposition

Dh 111a.6： 众生善<u>因室</u>

beings who have good causes/rooms(Krsh:176)

这儿看来法护和(或)其助译理解出了 ākāra(地面、原因、理由、部署;参考《佛教混合梵语词典》[*BHSD*:86])和 āgāra(居住、房屋、处所)两个词。当然我们已经看到元音间浊辅音和清辅音混淆的数个例子[①]。但是令人震惊的是对两种可能性未择其一而导致翻译的不连贯。

KN 231.3-4： tathāgatapāṇiparimārjitamūrdhānaś ca te bhaviṣyanti

他们将是如来用手触摸其头顶之人

they will have their heads stroked by the hand of the tathāgata

Dh 101b.16： 求如来<u>水</u>　志存佛<u>掌</u>　是乃前世　愿行所致

to seek the water of the tathāgata and aspire to be in the Buddha's palm-this is the result of the practice of former vows(Krsh:140)

很明显法护没有把这个复合词完全传达给他的助译,即使他本身理解这个复合词。看来这儿混淆了-pāṇi(手)和 pānī(ya)(直译:"可以饮用的",即"水"),展示出我们上面所讨论的 n/ṇ 的互

---

① 我们也可假设这种混淆由佉卢文写本引起,其中符号-k-可能代表-g-,如同犍陀罗语《法句经》(参考布腊夫 1962: §§ 30—31),或者相反的,符号-g-[=ɣ]可能或者代表-k-,或者代表-g-,如同尼雅文书(参考巴罗 1937: § 16)。如果是这种情形,可能法护本人也不清楚印度写本预期的实际词汇。这稍稍提醒我们在这些文本的传播和接受中有多种无法确定的因素,以及在这些因素中作决定的复杂性。

换。正如我们很容易看到的那样，由于不能充分区分由文本口诵呈现的可能性，法护的助译对这段话进行了毫无意义的翻译。即使法护本人也应对此种混淆负一些责任，例如，他指出可供选择的解释的“可能性”，很清楚的一点就是他也不可能完全理解和接受这样的中文翻译。事实上，像这样的材料使我们特别难以相信一个兼通华梵的人会原封不动留下这样的译本。

我们的许多证据表明了相反的一面，那就是法护对原本的口诵是以某个人为中介的，他对梵文/俗语词汇表有适度的掌握，但对梵文语法的理解却少得可怜。这指向我们后记中说的半双语的中间人，特别在《法华经》的例子中，就是聂承远。

pratyaya/pratyeka-buddha

大家已经知道关于“第二乘”佛的称号有两个广泛出现的版本：pratyaya-buddha（从[外？]缘而觉）和 pratyeka-buddha（自己觉悟）。这两个词条的交替在佛教文献及现代学术界中产生了许多俗语源[①]。有关这一语言问题的最好讨论是由诺曼（K. R. Norman）完成的[②]。诺曼令人信服地证明了佛教和耆那教（Jain）文献及碑铭中现今可供利用的巴利语、俗语和梵语证据都将 pratyaya-buddha 作为该词的原始形态，pratyeka-buddha 代表了一个不正确的逆构词（就像耆那教的 patteya-buddha）。反映该词条的一个或其他形式的译本在汉文佛经中随处可见，也包括法护的译本。然而也有法护（或者其助译）在两种情形中无法作出决定的例证：

---

① 有关独觉佛（pratyekabuddha）的形象，有两个相当差劲的专论：克洛彭博格（Kloppenborg 1974），以及最近的威尔特（Wiltshire 1990），后者可参见柯林斯（Collins 1992）的评论。

② 诺曼（1983）。

KN 10.4： pratyekayānaṃ ca vadanti teṣāṃ

他们对其宣说独觉乘

they speak to them about the solitary vehicle

Dh 64b.4： 又得逮至 缘一觉乘

furthermore they are able to obtain the vehicle of the conditioned-solitary buddhas

法护的翻译反映了一个以之为基础的 pratyaya-eka-[buddha-]yāna,很清楚在任何语境中都没有意义,但有趣的是他认识到这两个词可能在俗语发音中融合。我们也应注意这种特殊的双重翻译先于法护。支谦(约 220—252)在其《维摩诘经》的翻译中有如下之语:"复立人为弟子、缘一觉行"(furthermore [I] will establish others in the practice of the śrāvakas and of the pratyaya-eka-buddhas)(《大正藏》,第 474 号,第 14 册,第 522 页,上栏,第 26 行)。因此,与早先的例子一样,我们必须考虑法护和其译经队伍从以前的译本中借用熟知的表达方式的可能性。

yāna/jñāna

这两个词被大量交替使用,在法护读作 yāna 之处,一个或更多的梵文写本读作 jñāna,反之亦然。除此之外,这儿有中文对两个词汇中的一个进行双重翻译的数个例子①。

KN 49.2： ekaṃ idaṃ yāna② dvitīya nāsti

---

① 在这个部分,我将利用辛嶋 1993 年发表的一篇论文。论文中他极富挑战性地宣称作为对大乘(mahāyāna)识别的中心主题的"乘"这个概念,有充分的理由可以相信其建立在梵语化的过程中对中期印度语单词"知识"的不正确的逆构上。我打算在不久的将来把这篇有趣的论文翻译为英文。

② 辛嶋(1993:139)注意到一个梵文写本(Add 1682,收藏于剑桥大学图书馆)读作 jñāna。

这儿只有一乘，没有第二

this is the only vehicle; there is no second

Dh 71a.2： <u>慧乘</u>有一　未曾有二

as for wisdom/vehicle, there is one, never two (Krsh 1993, 139)

KN 49.7-8： sarve ca te darśayi ekay<u>ānam</u> ekaṃ ca <u>yānaṃ</u> avatārayanti ekasmi yāne paripācayanti acintiyā prāṇisahasrakoṭiyaḥ

诸（佛）示一乘，唯宣说一乘，以此一乘，度无量众生

All [buddhas] have manifested but a single vehicle, and they introduce one vehicle only. With this one vehicle they bring to maturation inconceivably numerous thousands of koṭis of living beings

Dh 71a.8-10： 普为众生　示现一<u>乘</u>　是故说<u>道</u>　度未度者

常为人说　平等<u>道慧</u>　开化众庶　亿百千垓

For the sake of beings everywhere, [the buddhas] manifest one vehicle; therefore they teach this path to liberate the unliberated. They always teach for the sake of men the equanimous path/knowledge, converting hundreds of thousands of millions of koṭis of beings (Krsh 1993: 143)

注意此处除了双重翻译（“道慧”），颂文也清楚地建立了“乘”和“道”的语义等同。

KN 189.1-2： mā khalv ima ekam eva buddhaj<u>ñānaṃ</u>[①] śrutvā draveṇaiva pratinivartayeyur naivopasaṃkrameyuḥ bahu-

① Kash 183a.3 读作 buddhayānam。

pariklesám idaṃ buddhajñānaṃ[①]

samudānayitavyam iti

这些(众生)听到唯有佛智,不能随便退转和走其他的路,(想到):“获得佛智充满了太多的困难。”

These [beings], having heard this one and only buddhaknowledge, should not casually turn back and not go all the way [thinking]: “To acquire this buddhaknowledge is fraught with too many difficulties.”

Dh 92c. 14-15: 又佛从本说有一乘　闻佛讲法不受道慧

Furthermore, the Buddha taught from the beginning that there is one vehicle; having heard the Buddha teach the dharma, [these beings] do not accept the path/knowledge(Krsh 1993:140)

特别令人惊奇的是这个例子的梵文两处出现了 buddhajñānaṃ(在喀什写本中是 buddhayānaṃ),但中文却是两个不同的翻译,后者是一个双重翻译。尽管法护对四字格韵律的坚持肯定促使他在这儿使用两个对等的汉字,这个例子意味着要么抄手有某种程度的迟疑不决,要么可能是有意表明俗语方言的暧昧不清。

jñāna/dhyāna

法护译本中有几个例证是将 jñāna 译作 dhyāna,反之亦然。正如辛嶋所建议的那样,这样的互换可能通过俗语的发展 jñāna>jāna(或者 jāṇa)<jhāna<dhyāna 而产生,使它们至少在一些语境中

① Kash 183a. 4 读作 buddhayānaṃ。

无法分辨，靠耳朵来听更是如此①。这里至少也有一个把两个词放在一块儿翻译的例子：

KN 53. 2： yenā vineṣyanti'ha prāṇakoṭyo bauddhasmi jñānasmi anāsravasmin

由此，于无漏佛智中，（佛）教化亿万众生

by which means [the buddhas] will train koṭis of beings here in the Buddha-knowledge which is without depravities

Dh 71c. 23-24： 所以开化　亿数众生　禅定智慧　以消诸漏

By which they spur on beings numbering in the koṭis in the meditation/wisdom with which they dry up the "outflows" (Krsh 1993:149)

jñāna 和 dhyāna 之间的混淆提供了有关发音的额外证据。我们知道两个词的辅音群至少在一些语境中被同化为近乎相同的声音（jñ>jj>j 和 dhy>jh，伴随可察觉的送气音的消失）。这通过 jñāna 也和 jana（人）相混的事实被进一步证实：

Kash 31a. 2-3： samādapeti bahu bodhisatvā(ṃ) acintikā koṭisahasra jñāne②

[the Buddha] inspires inconceivably many thousands of koṭis of bodhisattvas toward knowledge

（佛）不可思议地激发无量菩萨趋向智慧

Dh 66c. 2-3： 劝助发起　无数菩萨　不可思议　亿百千人

① 例如，在尼雅发现的编号为 511 的梵文佉卢字体文书中，我们发现 dhyāna 被当作 jāna：te jāna parami gata（他们精通禅定），参见博耶等人（1927：186 背面，1.6）。

② KN 23. 6 读作：samādapeti bahubodhisattvān acintiyān uttami buddhajñāne。

[the Buddha] will encourage and develop innumerable bodhisattvas and inconceivable hundreds of thousands of koṭis of men(Krsh 1993:148)①

问题进一步复杂化的是,也有法护混淆 dhyāna 和 dāna(给予)的例子:

KN 13.10: dhyānena te prasthita agrabodhim

他们由禅定而建立最高的觉悟

they set out for highest enlightenment through meditation

Dh 65a.13: 布施立意　求尊佛道

setting their thoughts on giving, they seek the noble enlightenment(Krsh:32)②

KN 24.13: sarvasva dānāni parityajantaḥ

放弃他们整个财产的布施

forsaking donations of their whole property

Dh 67a.3-4: 一切禅定　不起因缘

no meditation gives rise to causes[sic!](Krsh:40)③

这几个例子看来表现了 dhy 和 d 之间的混淆。我们应该想到带 y 的齿塞音与腭塞音连接时的同化,尽管在俗语中是例外(参考皮歇尔 1955:§281)。而且,我们绝不能排除编订的不同在梵文和汉文版本的差异中发挥了一定作用的可能性。这里有一个相关的

① 有 jñāna 和 jana, prajana 及 jina 相混淆的其他例子,参见辛嶋(1993:147—148)。

② 但是注意在同一行的第一个句子(pāda)中,法护正确地翻译了 dhyāna 这个词:dhyāyanta varṣāṇa sahasrakoṭyā("禅思思惟,亿百千岁")。

③ 除了 dhyāna/dāna 的混淆,辛嶋也提出法护将parityajantaḥ 误认为 pratyaya √jan,导致他相当奇怪的翻译。

例子：KN 14.4 中写道：deśenti te prāṇasahasrakoṭiṇāṃ jñānena te prasthita agrabodhiṃ（他们教化无量众生，众生由智慧而安立最上觉悟，they[the buddhas]teach thousands of koṭis of beings, and these [beings]set out for highest enlightenment by means of knowledge）。如辛嶋所指出的（Krsh, 33），斯坦因收集品（Stein Collection）中的中亚写本残卷（H3 Kha. I 24. fol. 4a. 8; Toda 1981, 265）也在这儿读作 jñānena，但是喀什写本（Kash 20a. 6）和吉尔吉特写本（Gilgit MS）[①]都读作 dānena，法护看来遵循了后者。

这个部分我们分析的例子提供给我们一些关于法护对其印度文本发音的信息。jñāna 和 jana 间的混淆暗示 jñ-连接被同化为 j-（<jj）。与 yāna 的混淆是可能的，“因为在北印度方言中 ya 和 ja 在许多例子中结合在一起”（皮歇尔 1955：§236）。和 dhyāna 的混淆，发音为 jāna（或者 jhāna），似乎也能证实此点，就像它的翻译是音译的“禅”（早期中古汉语 d źian）一样。这样的假设也能帮助我们应对 dhyāna/dāna 的混淆。如果齿塞音逐渐浊化，趋向于如犍陀罗语发音中的摩擦音[δ]（受伊朗语影响），我们可以毫不困难地想象带有起始或元音中的 j（dhyāna>jāna）的一个词，在西北印度方式中发音为[z]，可能易被混淆为[δ][②]。

但是即使接受这种假设——肯定不清楚它必定是这样——仍然无法确定文本以之为基础的语言。正如艾杰顿（Edgerton）令人信服地证明把佛教混合梵语的表音法当成实际发音的指标会产生

---

① 渡邊照宏（Watanabe 1975：2：10.8）。

② 例如，在一个塔克希拉封泥铭文（Taxila seal inscription）中（柯诺夫 1929：100），我们发现一个几乎肯定是 mahajana 代表 mahādhana 的例证，其中-j-=[z]与-dh-=[δ]互换；参考布腊夫（1962：§6b）。

相当的误导①。从对佛教混合梵语文本中偈颂部分的分析可以清楚知道这些经文原始念诵所带的俗语色彩远远多于现在写本中保存的。例如,《法华经》中最常出现的韵律是triṣṭubhjagatī,它要求第三、六、七、九个音节是轻音。这样即使在表音法当中无法解决,最初出现在后一音节中的辅音的联合将不得不像同化了一样而发音。在刚刚引用过的一个例子中,acintikā koṭisahasra jñāne,第九个音节,-sra 在韵律上必须是轻音,尽管表音法上它处于重音的位置,因此,紧随其后的联合辅音 jñ-在实际发音中必须被同化。

但是,印度文本当中不太清楚的正好是这样的同化如何发生。在 jñ-这个例子中有多种可能性:j(<jj),n(例如,nāṇa),ṇ(例如,āṇā<ājñā),以及 ñ(例如,ñāna)(参考皮歇尔 1955:§276)。完全可能的是这样的组合被操不同俗语的人,以及肯定是被这些文本的外国翻译者以不同的方式同化。正是在这点上,法护译本语音混淆的证据变得尤为明显。这部分我们考虑的所有例子都取自偈颂。除非我严重曲解了材料,它们看来是法护实际上在不同的语境中以不同的方式对同一个词(jñāna)发音的例证,尽管这些材料也暗示他的写本至少在某些时候把这个词写作 jăna。否则,我们将不得不解释这些错误②。

很难知道是什么造成了"双重翻译"的现象。一个试探性的

---

① 参看艾杰顿(1935)和(1946)。

② 但是,重要的是认识到 jñāna 和 dhyāna 的这些翻译不需要一个犍陀罗俗语"写成"的文本,而仅仅是一种俗语方言影响下的佛教混合梵语写本的高声念诵,其中 jñ-和 dhy-都被同化为 j-(jh-),我们不能假定印度文本被中亚人以印度的方式读出来,甚至在保存于吉尔吉特(Gilgit)的佛教梵文文本中,我们也发现了在伊朗语习惯影响下发音区别的证据。参见辛吕伯(1989:357-358)。鉴于口耳相传的互动对中土的译经程序极其重要,此种考虑必须一直是我们对于以之为基础的印度文本的材料的分析的中心。

推测是——当然,仅仅只有假设——汉族助译在他们印度语言知识明显有限的情况下,可能相信相似发音表达的两种意义在其之前已存在于印度文本中。在某些情况下,这种推测将我们的想象限制在极小的范围内,我们仅需解释这种"双名"翻译中词汇语义的极端不一致。我们至少可以这样假设:无论是谁对这些双重翻译的产生负责,他都极其可能把两种意思当成与文本本身相符。对我而言,将这些双重翻译仅仅归结为法护一人是困难的,当然他没能够把这样的中文翻译理解清楚。相反,这样的假设突出的不仅是其助译的语言弱点——在这个案例中几乎肯定是聂承远——而且是基本佛教术语和观念的知识相当不完备。然而,这些例子值得更广泛和系统地调查,因为它们能更准确地说明汉族佛教文人在其历史上第一次应对一种"他者"语言和宗教时所作的初期尝试。

接下来的几个部分我想讨论其他种类的材料,它们主要不是取决于印度文本发音所导致的语音混淆。与此不同,我们将考虑译本中指向翻译者对文本理解的证据——语法、习惯语和观念。

(二)语法错误

法护译本中有几个例子反映了一种看来是-māna,现在时中间语态分词后缀,和 manas(思维,考虑)间的混淆:

KN 24.15: aniñjamānāś avedhamānāḥ

菩萨不动不放逸

[the bodhisattvas] are immovable and without stirring

Dh 67a.6: <u>心念</u>无常 不为放逸

Their minds contemplate impermanence and they do not

become unrestrained(Krsh:40)

法护的翻译看来反映了两个混淆。其一,他看来把 aniñja-当作来自于 anitya(无常),可能通过俗语通常把后者发音为 anicca(犍陀罗语 aṇica),导致了鼻音的丢失,以及浊音和清音齿塞音的混淆①。其二,法护看来把现在分词中间语态后缀-māna 当成了 manas(思维,考虑)。

KN 120. 7: tathāgataś carya prajānamānaḥ sarveṣa sattvāna 'tha pudgalānām
如来知晓一切众生、一切士夫之所行
the tathāgata, knowing the actions of all beings and persons...

Kash 121a. 2-3: tathāgatādhyāśaya jānamānāḥ pa(re) ṣa satvāna ca pudgalāna ca
如来知晓其他众生、其他士夫的性情
the tathāgatas, knowing the dispositions of other beings and persons...

Dh 83a. 26-27: 如来皆睹 众人性行 他人心念 一切群萌
the tathāgatas all observe the traits and actions of people, the thoughts of others, and all mankind (Krsh:91)

---

① 关于犍陀罗语,福斯曼(1989:§18 和注释 32)给出了一个 j<c 发展的早期例子,如果这个发展是可信的——这不清楚——它是不寻常的。我们应该料想 j 和 c 在其最终消失前都发展到了 ya-śruti。j>ya-śruti 转换的一个很好的例子在法护极少的音译词之一中得到展示:Ajita 这个名号被译作"阿逸"(66a. 17),早期中古汉语? ajit(j 在这里是国际音标的高舌前部滑流音)。其他地方他将这个名号译为"莫能胜"("cannot be surpassed")。

很难确定法护的译本对应这两个梵文校定本的哪一个(其他的:参见 Krsh:91)。法护的“性行”可能反映了或者 carya 或者 adhyāśaya;他的“他人”似乎翻译的是喀什本的 pa(re) ṣa satvāna,但是他的“一切群萌”也可能是试图翻译 KN 本的 sarveṣa sattvāna。不管校订的差异,看来法护错误地把jānamānāḥ(或者prajānamānaḥ)当成了两个词:jāna-(人)和-mānāḥ(思维)而不是来自于√jñā 的分词。

(三)抽象后缀-tva

KN 255.3–4: koṭisahasrān bahavaḥ arhatve yo 'pi sthāpayet

ṣaḍabhijñan mahābhāgān yathā gaṅgāya vālikāḥ

即使得阿罗汉果,建立无量功德,得六通如恒河沙

Even should one establish in arhat-ship many thousands of koṭis of the greatly virtuous, endowed with the six supernatural faculties and [numerous] as the sands of the Ganges...

Dh 105a.6–7: 若无数亿千　兴立无著塔

六通极大圣　犹如恒边沙

If innumerable thousands of koṭis [of people?] erect arhat-stūpas[sic!]—the most excellent sages [possessed] of the six supernatural faculties. [numerous] as the sands on the banks of the Ganges... (Krsh:153)

辛嶋提出法护的“塔”[stūpa]——这儿完全不合适——来自于 arhatve 中的抽象后缀-tva 和中期印度语词汇 stūpa(thuva)之一的混淆,其在摩偷罗(Mathurā)和塔克希拉(Taxila)的铭文中得到

证实①。这个可以假定为上面已经提到的送气和非送气齿音辅音的混淆，也有 p>v 的通常的发展。我们也不得不推测此处在唇音半元音的影响下插入元音-u-的出现，这又是一个相当普遍的俗语发展（参考辛吕伯 1986：§155）。尽管这种解释似乎增加了可信度，但却很难作出选择。此外，法护译本的句法，在我看来相当勉强，暗示他没有意识到koṭisahasrān bahavaḥ 和 ṣaḍabhijñan 二者都指向 mahābhāgān（直译："拥有大份额的"，即非常幸运的、杰出的，在宗教语境中，指有功德的和神圣的）②。因此，该偈颂也对法护译经队伍捉摸不定的——说得宽容一些——梵语语法知识提供了另一个证据。

（四）词汇的错误划分

上面我们已经注意到法护或其助译由于对句中词汇不正确地划分而曲解经文的数个例证。例如，在一个例子中，法护将 vividhair upāyaiḥ 当成 vividhai rupă（yaiḥ）。我会说明犯同样错误的另两个明显例证。

KN 120.3-4： anuvartamānas tatha nityakālaṃ nimittacārīṇa bravīti dharmam
dharmeśvaro īśvaru sarvaloke maheśvaro lokavināyakendraḥ
法自在、世间自在、大自在、世间导师之首恒常随顺取相凡夫而宣说法义。

---

① 参见柯诺夫（1929，48（Mathurā Lion Capital），87（Taxila Vase inscription））。

② 为对法护公平起见，看来柯恩（Kern）在其英文译本中也误译了这一颂（柯恩 1884：242，v.32）；岩本裕（Iwamoto）的日文译本可列为首选（岩本裕 1964：2：199，v.32）。

The lord of the dharma, lord over the whole world, great lord, chief of the leaders of the world, always preaches the dharma in conformity with those who follow [mere] appearances.

Dh 83a. 21–23： 安慰劝进　恒以时节　未曾修设　望想福行
于一切世　诸法中尊　皆为大神　最胜如来

In consoling and urging on [others] always at just the right time, he has never engaged in acts out of hope for merit; in the whole world he is the venerable of the dharma, and is considered by all as the great lord, the supreme tathāgata. (Krsh: 91)

虽然颂文中有几个有趣的问题，然而我们主要关注的事实是法护或者其译经队伍的一个成员把第一行错误理解为否定含义，可能将复数属格 nimittacārīṇa 的-ṇa 当成了否定标记 na①。上面我们已经注意到犍陀罗语的资料在处理这两个鼻音时的不同。很明显此种错误对偈颂的理解造成了严重破坏，不能仅仅归结为语音上的混淆。

KN 27. 12： pūjāṃ ca teṣāṃ vipulām akārṣīt

他对他们进行了广大的供养。

he performed extensive homage to them

---

① 这儿辛嶋也愿意将 bravīti（"宣说、讲授"）视为 bhaveti（<bhavāyati，"修习"）的误读，通过 b(r)和 bh 的混淆，以及发音弱化的上腭元音间被忽略的特征。虽然这再次相当可能，但我更倾向于视其为由法护（当然，或者是他的助译）导致的修订。把-ṇa 当成一个否定小品词来解释后，他们很可能从聚焦于 nimittacārī 的段落的继续理解中受到启发，尽管是以一种相当做作的方式。

两件尼泊尔写本（Nepalese MSS）（一件［K'］由河口慧海［E. Kawaguchi］从西藏携来，保存于东京［Tokyo］的东洋文库［Tōyō Bunko］①，另一件编号为3/672［？678］的保存在尼泊尔加德满都［Kathmandu］的国家档案馆）反而读作 vipulām ahārṣīt（<√hṛ，"提供"）。后者的读法似乎说明了法护的翻译：

Dh 67c.8：　广普大圣

universal great sage（Krsh：42）

辛嶋提出法护将这句的末尾读作 vipulă-mahārṣī(t)，把最后的动词当作 maharṣi（大圣）。

（五）语义的曲解

在许多例子中法护对一个词或短语的翻译表明他或者他的助译正确地认识到了各个印度习惯语，但是把它和不正确的内涵相联系。我仅举出两个例子：

KN 14.4：　deśenti te prāṇasahasra koṭiṇām

他们教化无量众生

they［the bodhisattvas］teach thousands of koṭis of living beings

Dh 65a.29：　发起民庶　使其悔过

［the bodhisattvas］induce people to make their confessions（Krsh：33）

法护似乎将动词 deśenti/deśayati（<√diś）的两个意思互换了："教导"和"忏悔"（参考《佛教混合梵语词典》，272）。

---

① 户田宏文（1980：11b.1）。

KN 16.4： lokanatho atha vyākariṣyaty ayu bodhisattvān

于时世间怙主为诸菩萨授记

then the protector of the world will make a prediction for these bodhisattvas

Dh 65c.3–4： 愿为分别　此诸菩萨

may [the world hero] explicate for our sake [matters concerning] these bodhisattvas(Krsh:35)

这儿法护混淆了动词vyā√kṛ的两个意思:"说明、解释"和"预言"(参考《佛教混合梵语词典》,517);由于曲解,此句的句法受了很大的限制。显然负责翻译的这些人不能始终如一地意识到某些佛教专有名词精确的细微差别。

法护译本中不同的误解——它们是语音、语义或语法上的——产生的问题之一是如何理解为什么法护和(或者)他的助译在一些地方正确地解释了某些词汇或短语,但在其他地方又弄错。尽管对所有可能性的系统的考察超出了本文的范围,我也愿意分析至少一个清楚明了的例子,该例子的角色看来是由文本中出现的某些词汇的语境所起达成的。

我们上面分析的两个例子中,佛的名号 lokavidu(世间解)被解释为 * lokapitu(世父)。在《法华经》的梵文文本中(KN 版)这个佛号出现了 28 次。其中 22 次出现在佛陀 10 个名号的标准列表中,每一个例子中,法护都正确地翻译了这个词条:"世间解"①。

---

① 在标准列表中出现的 22 个中的 5 个,法护给出了一个名号的缩略列表,因此实际上在这些例子中没有翻译 lokavid 这个名词。这些例子中的一些看来反映了梵文文本中编订的不同,例如,这里法护所遵循的是喀什写本的缩略列表,而不是 KN 版的完整列表(例如 Kash 24b.2–3/Dh 66a.3)。

剩下的6个lokavidu的例子,所有的都出现于标准列表之外,其中两个没有载于喀什的梵文写本中,在法护的译本中也没有发现,这意味着KN版有法护译本的以之为基础的印度语文本间编订的不同的可能性[①]。在其他两个例子中法护译本提供了一个双重翻译,loka-vidu/pitu,正如已经讨论过的那样。在另一个例子中法护把这个名号翻译为"世雄"(world-hero<*lokavīra?),第6个例子中他没有翻译这个词条[②]。

因此,我们发现——撇开编订的差异——当lokavid(u)出现在佛陀十名号的标准列表以外时,法护处理这个词条的方法有很大的不一致。我们怎么解释这个现象?我们能否假设当这个词单独出现在标准列表之外时法护本人曲解了它吗?这肯定是有可能的。但是正是同一个翻译家,他恰当地有时可以说是相当高超地翻译了文本中其他多得多的专门化的段落,却时而理解佛的标准名号,时而又不能,这看起来至少是一件奇怪的事情。相反,我主张法护的主要助译,即聂承远,是导致这些问题的源头。上述例子仍然应是指向其的越来越多证据中的一条。我们很容易想象法护对印度文本的口诵——充斥着可能受到中亚影响的俗语——给汉族助译,不管其多么有学问,理解文本中的关键词和将其翻译为合适的汉语造成大量的困难。缺乏阐释性的语境,更不用说完整的梵文教育,聂承远在区分一个由月氏僧人说出的某些中期印度语词汇的各种可能意义时几乎肯定不知所措。大概法护经常提供注

① 在Kash 38b.3我们发现sugatāna代替了KN的lokaviduṣya,法护提供的是"诸佛"。另一个缺失的出现是在Kash 55a.3-4,尽管这儿的读法不很清楚。似乎法护既没有反映这个读法,也没有反映KN版的读法。

② Dh 90a.18,KN 166.10:lokavidū;Kash 160a.2:lokādhipatir(世界之主)。

释，这解决了大多数词条的大量正确翻译。但是看来在很多情况下聂承远相信自己的直觉，有时是轻率地翻译了他所听到的，或者从其所闻而凭推断而翻译的。因而在像"世之明父"这样的 lokavidu 的两个翻译的例子中，聂承远无法取舍诵读的某个词的两种可能意义，于是采取了一种折中的解决方法。事实上可以肯定的是法护的写本不可能读作 * lokapitu 或这些地方中的任何变体。

不难察觉这种理解对汉族助译的吸引。而且应该指出 lokapitṛ，"世父"这个词条确实出现在《法华经》中（参见 KN 77.8，80.4，326.7）[①]。有趣的是，在 KN 80.4 读作：te tathāgatasya lokapitur abhiśraddadhanti（他们对如来世父有信仰，they have faith in the tathāgata，the father of the world），法护翻译为"如来出世，有信乐者"（76a.15，those who have faith and take pleasure in the tathāgata who has renounced the world）。尽管没有被辛嶋注意，这看来是 lokapitur 和 * loka-vidhu(ta)（放弃世俗世界之人）之间的混淆，也展示了 p/v 和假设带有送气（或者，更像擦音）的浊音/清音齿音间的另一个混淆。我怀疑，同一个词条受到如此不同的解释的这种前后不一致的事实揭示了翻译过程本身的某种动态性。在我看来，仅让一个操用双语的人为翻译的最后版本负责是困难的。本质上我们不得不相信这样一个翻译者的印度语言水平如此起伏不定，以至于在一些地方会说一些废话，尽管其他地方也有翻译得很好的段落。但是在下最后的结论之前，让我们再看一下性质不同的另一类证据。

---

① 把佛陀想象为某人的父亲，也参见《法华经》第十三品（KN 286—287）。

（六）中土文学的借用

在推测译经过程中参与者的角色时，我迄今为止单单分析了翻译者忠实于印度语或想象的印度语文本方面的努力。但是我们也发现一些证据，即译经团体中的一个或更多的成员提供了只有被当作借自中土文学和宗教传统才能被理解的特殊的词条或段落。像这样的一个段落在法护《法华经》的第一品的开头部分就出现了，而且因与现存的任何梵文写本没有对应而突显，在鸠摩罗什 5 世纪的译本中也没有发现。我将其翻译如下：

[The bodhisattvas] roam through the trailoka like the rays of the sun. They understand all dharmas as illusory, as conjured, like shimmering air (*yema* 野马) or reflections—all without real existence, abiding in non-abiding. Although [these bodhisattvas] experience saṃsāra, they neither go nor come. When they see color and form, these appear as original non-being (*benwu* 本无). Although they emerge in multiple rebirths, they are perpetually without arising or cessation. They lead the masses without being attached to the three abodes. They elucidate the wisdom of emptiness but are without conceptualizations or inclinations. They give rise to the three gates of liberation and reach the three penetrating insights, but are without the thought of past, future, or present. They convert the masses and cause them to understand original non-being. (Dh 63a. 20–26)

游于三界，犹如日明。解一切法，如幻如化，野马影响，悉无所有，住无所住。虽见终始，亦无去来。既见色像，本无形貌。现诸所生，永无起灭。导利群黎，不著三处。分别空慧，无想无愿。起三脱门，至三达智。无去来今，现在之想。开化黎庶，使了本无。

这段话中首先注意的词条之一是我翻译的"shimmering air"，中文的"野马"，其字面意思是"wild horses"。毫无疑问这是摘自道家经典《庄子》第一篇的一个比喻，形容大鹏飞往南海时产生的风。3 世纪的文人当中重新激起了对《庄子》极大的兴趣，最著名的证据就是与法护同时代的郭象（约公元 312？）的注[①]。

在法护翻译《法华经》20 年前，他已经在其《须真天子经》的译本中使用这个比喻来翻译梵文词条 māya（幻象）。既然梵文本不存，这儿我引用藏文译本（Stog Palace MS, vol. 69 [tsha], 368b4）：nyon-mongs sprin' dra sgyu-ma rmi-lam lta bur lta（烦恼如云，如梦如幻，[the bodhisattvas] see defilements [kleśa] as like a cloud, an illusion [māyā], like a dream）。法护翻译如下："所作若梦，及野马幻，视一切法，痴分如是。"（What is produced is like a dream or an illusion of shimmering air. [The bodhisattvas] view all dharamas as foolishly distinguished like this [by deluded people?]）[②]。

可能值得注意的是《须真天子经》是法护第一个有记载的翻译（公元 267 年），而且《法华经》翻译中的两个助译——优婆塞聂承远和龟兹居士帛元信——也在 20 年前参与了这项工作[③]。《须真天子经》的后记特别提到法护的口诵被两个助译"传言"，表明早期法护汉语水平有限。姑且认为龟兹和安息的传言者不太可能

---

① 我对这个惯用语的翻译遵循了郭象的注释，它把这个隐喻解释为"游气"（《四部备要》本，2a）。对《庄子》兴趣的再兴与对 3 世纪中土佛教的影响的讨论，参见塚本善隆和胡尔鸠（1985：173—177）。

② 《大正藏》，第 588 号，第 15 册，第 97 页，下栏，第 16—17 行。这个词的另一个例子也可参见第 107 页，上栏，第 16 行。

③ 参见《出三藏记集》（《大正藏》，第 55 册，第 48 页，中栏）的译经后记和本文第三部分对后记的讨论。

精通中土经典，我们能合理地将“野马”这种文学典故归之于汉族优婆塞聂承远的笔下①。

《法华经》这段中另一个突出的措辞是“本无”。这个词是玄学运动中否定本体论的中心概念，由3世纪的王弼作了最有影响的表述②。王弼离题地利用了《老子》中无的语言，将“本无”作为一切实在的本体论的基础。但甚至在王弼之前，像支娄迦谶(Lokakṣema，约168—188)和支谦(约220—252)等译经者已经用这个词表达大乘空观(śūnyatā)的原理。我们无意于争辩大乘佛教空观的运用对早期玄学思潮的影响——这种影响如果有的话。无论如何，清楚的是像“本无”和“野马”这类词在法护开始其译经生涯时已经流行于文人中③。这些词汇肯定被有意识地选择用来表达大乘佛教形而上学的方面，以吸引3世纪的汉族知识分子。

就本文中我们的目的而言，明显插入的段落中这样本土化的表达指向一个确定的源头——中土。这也为再次说明造成这种影响最可能的还是聂承远提供了另一条材料，这材料看来有重大的意义，即使算不上本土汉人对翻译过程的巨大影响。

---

① 本土经录学家的早期记录显示出聂承远在译经团体中的工作超出了通常抄手的职责。从“法护传”中我们获悉：“初护于西域得《超日明[三昧]经》胡本译出，颇多繁重。时有信士聂承远，乃更详正文偈，删为二卷。今之所传经是也。”(《出三藏记集》，《大正藏》，第55册，第98页，上栏，第23—26行)也可参见附于法护译经名单的《超日明[三昧]经》译本的单独评论(《出三藏记集》，《大正藏》，第55册，第9页，下栏，第5—8行)，这个本子含有一段经文，非常像上文所引的《佛说须真天子经》：“一切法如化幻梦，野马影响，悉无所有。”(《大正藏》，第638号，第15册，第531页，下栏，第11行)根据这个事实，聂承远在校定《超日明[三昧]经》中的角色值得特别关注。

② 有关王弼的生平和思想，参见程艾兰(Chan Alan K. L 1991:15—44)。

③ 已经在法护《佛说须真天子经》译本中出现的“本无”在这儿再次出现了好几次。例如，参考《大正藏》，第588号，第15册，第103页，中栏，第14、16、17行；第104页，下栏，第16、17行；第109页，中栏，第11行。

五　结论

我是通过综观有限汇集的证据来开始本文的探讨的，认为早期汉译佛经的大部分是由犍陀罗语母本翻译而来。我们也已看到通常在没有大量材料补充的情况下不断的重复使得学者们广泛接受了这样的说法。

为了重新评估这种假设，我分析了来自 3 世纪月氏翻译家法护的《法华经》最早译本的证据，其显示的语音混淆应归于这个文本以一种相似于犍陀罗俗语的语言传播。

这个证据，大部分从辛嶋的研究中拣选出来，揭示了关于元音长短、送气和非送气辅音、元音间塞音带声等可能混淆以及与鼻音有关的混淆。我也注意到尽管影响这些语音混淆的可能的源头语和犍陀罗俗语之间有相似性，但是它们中的一些不可能出现在法护译本的以之为基础的印度语文本中。举个例子，比如，法护译本中认为是送气音的地方，而该处没有任何送气音的存在，不仅对于我们所知的倾向于去掉送气音的犍陀罗语是这样，而且总体上俗语也是如此。

我们也非常关注由现存的两个后记所证实的翻译过程本身。这些后记提供了这个国际译经团体中每个成员所扮演的特定角色的详细的但并非完全不清晰的信息。这些信息中突出了译经过程中口耳相传的基本性质。法护向他的汉族助译聂承远高声诵读印度文本，他与其他两个汉族抄手联合，将法护的口头解释转换为书面汉语。我几乎可以肯定聂承远没有充分掌握任何印度书面语言，而是靠法护口诵印度写本。然而，书面汉语的翻译同时被他对特定的印度语措辞的理解和误解所影响，法护可能以为跟随了他20年的学生已经搞懂了这些措辞。尽管这个翻译随后被一个印度僧人和龟兹居士校定，而且后来由法护亲自修订，其中仍然遗留了许多未被注意的错误。这证实了我们的想法，法护与译团中的其他外国人一样，没有完全精通书面汉语。

为了支持对译经队伍中这种动态的描写，我提供了一些额外的语言材料，这些材料展示了大量不同类型的问题。首先，我考察了"双重翻译"的现象，借此两个不同的梵文词汇，其发音与俗语或中亚语言的发音有接合，在法护的译本中被并排翻译。这种不寻常的翻译实践突出了当助译面对一个自己不清楚或没有被说清楚的印度词条时，对如何选择一个合适的翻译的词汇的不确定性。如果为了合理解释译本通篇绝大多数正确的读法，法护的印度语言能力必须被假定至一个很高的程度，那么这样的局限性再次指向聂承远。在 yānā/jñāna/dhyāna 关系中展现的混淆特别揭示了聂承远几乎肯定必须面对的发音的重合问题。如果法护的发音是受了影响的，例如，由于它们的位置（偈颂或者长行）或者写本中书写的不规则，那么发现因汉族助译从各种不同的俗语可能性中辨认出正确形式的有限能力而出现翻译方面的问题时，我们就不觉得奇怪了。然而一些混淆也说明了中亚习惯发音的影响，它们中没有一个需要一个以犍陀罗俗语写成的以之为基础的文本。

这也把我们引至表音法的问题和它与发音的关系。可以这样设想，不管法护印度写本实际的以之为基础的语言，一些错误可以由设想文本是以佉卢文字体写成而得到合理的解释[①]。实际上，

① 辛嶋本人也有同样的假设："从有关随韵（anusvāra）或元音音长的混淆来判断，我们可以假定原本可能是以没有标明这些区分的某种佉卢文字体写成。"（辛嶋 1992：

除了上面注释的语音的变换，还有明显的混淆，其自身可能适宜于用书法来解释：

KN 18.3–6： iti hy ajitaitena paraṃparodāhāreṇa candrasūryapradīpanāmakānāṃ tathāgatānām arhatāṃ samyaksaṃbuddhānām ekanāmadheyānām ekakulagotrāṇāṃ yad idaṃ bharadvājasagotrāṇāṃ viṃśatitathāgata sahasrāṇy abhūvan | tatr ājita

因此，阿逸多！这儿接着有二万如来，他们有同样的名字，同样的家族——即，颇罗堕——就像如来、阿罗汉、普贤、日月灯。因此，阿逸多……

Thus, Ajita, there were successively 20,000 tathāgatas who had the same name and the same family—namely, Bharadvāja—as the Tathāgata, Arhat, Samyaksaṃbuddha Candrasūryapradīpa. Then, Ajita...

SP65c.29–66a.1： 如是等伦八十如来　皆同一号日月灯明　胄绍一姓

275）。当然，我们没有理由怀疑佉卢文字体在中土的存在。布腊夫发表了一个发现于洛阳的佉卢文铭文（布腊夫 1961），林梅村对古代长安附近发现的一个佛像底座的佉卢文铭文作了类似的报告（林梅村 1991）。

关于此点，我也有一个试探性的建议，法护的印度写本的名称被译经后记的匿名作者当作“胡本”，这也可以支持佉卢文字体文本的提法，相对于其他后记中的“梵书”（brāhmī MS）。作为可能的支持证据，我注意到法护《普曜经》译本的后记也把他的印度写本描写为“胡本”，而且布腊夫指出这个译本源于一个犍陀罗俗语原本，以其 arapacana 字母式作为证据（布腊夫 1977）。验证这个假设的一个可能方法是检查法护《持心梵天所问经》的译本（《大正藏》，第 585 号）。这个译本比《法华经》早翻译不到 6 个月，它的后记说法护“在长安说出梵文，授承远。”（《出三藏记集》，《大正藏》，第 55 册，第 57 页，下栏，第 19—21 行）。该译本由相同的主要助译在近乎相同的时间完成，对其严格的语言学分析可能使我们了解法护及其译经成员在处理以婆罗谜字体传播的文本，以及以佉卢文字体传播的文本时所面临的不同困难。

若斯之比二万如来　佛语莫能胜

Thus there were 80 tathāgatas all having the same name Candrasūryapradīpa①, au inheriting the same family name. If we were to line them up, there would be 20,000 tathāgatas. The Buddha said to Ajita...

在梵文段落中我们有 Ajita 这个名号的两个例子,但在汉译中只有一个。而且,在中文中有一个非常奇怪的情形:法护对接连出现的 Candrasūryapradīpa(日月灯)如来的数目描述是八十,紧接着下来,变成了二万。当然,在我们的印度文本中没有提到"八十"。但是如果我们假定法护用佉卢文字体写本进行翻译工作,其中读作 * ayita,展示了一个广泛的俗语发展 j>y(皮歇尔 1955:§236),那么我们可以推测他把佉卢文的 y 误读为ś——这种字体中写法最为相似的两个字母——并且理解为 aśīti("八十")。奇怪的是此例子中的名字数次在邻近的段落中得到了正确的释读,无论在抄本(参考第 168 页注释①)中还是译本中。此处法护不仅误解了文本,而且还产生了明显不一致的翻译。因此,当后记提到译本被龟兹居士和天竺沙门(śramaṇa)校定时,这样的错误提醒我们有保留地接受此条信息。

而且,没有理由假定佛教混合梵语写本没有以佉卢文字体传播。在尼雅发现的佉卢文字体文书中有两件是用梵文写成:第 511 号文书以夹杂有大量的俗语的混合佛教梵文写成;第 523 号

① 法护把这个名号翻译为"日月灯明"(* Sūryacandra-pradīpa)的事实仅仅反映了汉人对"日和月"顺序的偏好,而不是相反。

文书以纯粹的古典梵文写成，充满了长元音、止声（visarga）、休止（virāma）和正确的连声（sandhi）[①]。两件文书的偈颂都以婆罗谜（brāhmī）数字编号，该事实表明文书的编订者肯定熟悉婆罗谜字体。更可能的是，对佉卢文字体的修订应该是在婆罗谜字体的影响下产生的，这种修订使正确的梵文成为可能[②]。

此外，对于由语音混淆而产生的错误，我们也发现了语法误解、词汇错误拆分和内涵误译的证据——所有这一切都再次表明译者的印度语言知识相当有限。我们发现似乎语境在法护或其助译准确翻译某个词条的过程中扮演了一个重要角色[③]。当然，我们不能假定所有的错误都是由聂承远的误解引起。或许法护本人有时也误读了他的印度写本，该写本本身充满了无法确定其类型的抄写错误。而且，法护或许给其助译提供了出现理解偏差的注解。然而，即使语境要求更精确的阅读，占绝对优势的词条的正确翻译在译本的多处（例如，当 lokavid 出现在佛的名号的标准列表中时）与偶尔的错误并行，这就意味着译者对印度文本的理解受了他人的干扰。除非印度文本包含了同一个词汇不规则的显著变

---

① 分别参见博耶等人（1927：185—187，191）。关于第 511 号文书，参见蓮池利隆（Hasuike）最近的文章（1997），尽管该文有些问题。

② 字体间这样的影响也可以在另外的方向产生。黑奇（1984）考察了在伊朗语环境下佉卢文字体对婆罗谜字体的影响。而且，有迹象表明婆罗谜字体可用于书写犍陀罗俗语，尽管这一证据绝不是决定性的（参见哈玛塔 Harmatta 1967）。

③ 我应该指出的是尽管此处的调查集中于有关译经队伍部分对词汇的接受的问题上，我们也应提及句法问题的大量出现，其范围从梵文松散的翻译到几乎不能理解的一连串汉字。这些松散的翻译中许多有意译的感觉。其他看来是逐词的翻译，经常出现大量违背中文句法的现象。两种类型的翻译——意译和直译——暗示法护以一种零星的方式翻译印度文本，解释词和短语，虽然对整个意思提供了一些额外的注释。因而，从这些部分组织出一个前后一贯的书面汉语读本的任务就落在了聂承远的头上——正如我所指出的，这仅仅获得了偶尔的成功。

体，或者法护对文本的理解和口诵的变动缺乏规律性，看来，最可能的解释在于中间人：负责接受印度文本的汉族助译掌握的语言工具极其有限，并且将他们对文本的理解转换为半文言的汉译①。

最后，我们注意到法护译本的一处添改，这可能比任何其他材料都更多指向与本土中文语源的极大可能性。在这个段落中，我们观察到两个无疑源自同时代汉语文言词汇的独特措辞，反映了译经队伍内中土成员缩小印度和中土宗教界差距的努力。

简言之，相当多的材料，看起来是指明译本以之为基础的印度文本的证据，实际上是汉人接受印度文本的证据。这种接受，正如我们看到的那样，时时严重地受制于专门知识的局限②。因此那种特别在现存汉译本下理解犍陀罗俗语的尝试必须考虑由一个受教于敦煌印度大德的月氏僧人口诵的语音上极不确定的印度文本和语言学上毫无准备的汉族居士的传播之间复杂的交互作用。

---

① 汉译本几乎总是被归因于一个人，通常是外国翻译家，在我们的个案中，与精确陈述历史的关系而言，归于法护，而不是其译经团体，与它在中土的合法性和正统性更有关系。富安敦敏锐地观察到："译本责任的分配是一件极端重要的事情，其目的是向佛教团体和政府保证他们翻译工作的真实性和正统性。让一个人为此负责的这种需要通常意味着倾向于不予承认译经队伍中其他成员的实际贡献。因而，自相矛盾经常发生，授予此权的翻译家，通常是外国人，不懂汉语口语或书面语，而实际的翻译者却受到极少的关注，要不是大量的译经后记，我们甚至经常不能知道他们的名字。"（富安敦 1984：316）

② 由于汉族"翻译者"梵文词汇和句法知识的不足而导致译本的歪曲，有另一个时间上靠后的众所周知的例子。这是北宋（960—1127）时期《本生鬘》（*Jātakamālā*）的一个伪译，布腊夫（1964）对其进行了最有说服力的讨论。布腊夫证明尽管这个假定的译本肯定没有公平对待圣猛（Āryaśūra）的诗歌巨著，它却与后者以特别的方式发生了联系。处理这个文本的汉人肯定不理解梵文，但他们确实认出了——有时是错误地——以一种与梵文本并行的顺序来排列的某些梵文词组来消除偶然的联系。对翻译能力完全衰落背后的原因的解释，参见鲍林（Bowring 1992）最近的尝试。当然，与这个可怜的尝试相比，法护的《法华经》也不是那样不过关，但是除了那些在印度学习的为数不多的求法僧，汉人对梵文文本的理解可能总是集中于词汇层面，了解到这点很能说明问题。

此外，以之为基础的印度文本语言的复杂性也不容低估。即使我们想假定由大量用犍陀罗语写成的佛教文本的存在，西北印度使用的多数佛经也起源于中印度俗语。这样的俗语转成犍陀罗语的过程无疑会塑造，或许更值得注意的是，改变最终的文本。例如，诺曼指出："不能过分强调我们拥有的小乘佛经的所有版本都是译本，甚至我们拥有的最早的文本也是由比它更早的，现已佚失的版本翻译而来。"[①]另一方面，贝歇特指出翻译——在相互难解的语言或方言间的语言学上的转换——是此过程最为有力的描述：

> 一些学者相信这种转换是对当时已经存在的书面文本的真正"翻译"。另一些人认为这种移位不是正式的翻译，我同意此种观点。这是另一类从一种方言到另一种方言的转换，它发生在传统进程中，仍然是一种口传传统，但已经进入了语言学上正式化的进程……[②]

然而，这些立场不一定如同它们刚出现时那样激烈地对立。诺曼指出这些"译本"经常被一些机械运用某些语音规则的抄手所完成[③]。不过一些换位导致矫枉过正和错误的解释，意味着方言间的变动即使对有学问的抄手也不总是清晰的[④]。这个问题在犍陀罗语中尤为突出，正如福斯曼最近指出的那样：

---

① 诺曼(1990:34)。

② 贝歇特(1980:12)。

③ 诺曼(1993)，特别是第95页以下关于翻译技巧。参考布腊夫对犍陀罗语《法句经》的评论："但是，我们能立即明白这个译本包含的——无论其通过一个或更多的阶段谨慎完成，还是在不同的世系中通过极细微的分级自然产生——不过是方言语音系统间的机械移位而已。"(布腊夫1962:113)

④ 《根本说一切有部律》(*Mūlasarvāstivādavinaya*)中一个有趣的故事说明了没有被理解的"翻译"的影响，参见布腊夫(1962:45—48)。

使用者会遇到一种由远离真实发音的过时的拼写所带来的不便,但是不应高估这种不便……在这些情况下,犍陀罗语佛教文本离开了口语的规范状态,以至于有时甚至它们的编辑者都不能理解[①]。

因此,印度经本到达中土以前,它可能经历了在中印度语间转换的一个或几个阶段,对我们的目的而言,认识到此点非常重要。几乎可以肯定的是,这个过程导致了一个非常混杂和分层的文本[②]。

而且,福斯曼指出恰恰是这种困境导致西北印度的佛教徒采用梵语作为他们的标准语言:

特别是,就我所知,不存在任何犍陀罗语文本,这种文本的声誉在于它能被公认为标准。众所周知,佛教不是起源于犍陀罗,而且,如果在犍陀罗存在伟大的佛教经文,那么,这些经文也只存在于以一种半恒河语为原本的翻译和再译中。唯一可能的标准是梵文,梵文的声誉从其产生之初就得到了充分证明[③]。

那么,我们可以料想《法华经》的印度文本经由大约公元前1世纪开始的北印度梵文化运动而得以形成[④]。实际上艾杰顿已经

---

① 福斯曼(1989:485)。

② 在这个问题上,我得到了哈特曼教授(个人交流,1995年6月)的提醒,可能需要把阿含经(āgama)的翻译史从大乘经典中分离出来。极有可能几乎所有的阿含经以中期印度语编成,随着这些经典携带者穿越印度的迁徙,它们容易发生语音的转移。当然也可能其中一些文本,例如《长阿含经》,经历了一系列的语音移位,在许多方面与西北印度俗语的特征一致。另一方面,大乘经典很可能以一种已经经过梵语化的语言编定而成,而且更可能在接近它们编定的年代时就以书面形式传播,导致其语言形态较大的固定。但是这一假设在我们现有材料的基础上很难证实。

③ 福斯曼(1989:486)。

④ Th. Damsteegt 在其碑铭混合梵语的专题研究中,试图指出佛教铭文证明梵语化开始于摩偷罗(Mathurā),随着塞种(Saka)总督的到来,并由此辐射出去,虽然同时吸收了从西北印度来的语言特征。他假设佛教混合梵语可能在这样的一种环境中发展,从这种环境它也可能传播至其他地方的佛教团体(Damsteegt 1979:238-266)。尽管展示了大量材料,他的论文在若干方面有很大的疑点,参见福斯曼(1980)的书评。

指出他称之为佛教混合梵语的术语“不是纯粹的俗语,而是建立在这个俗语基础上的一种混合方言,但是这种混合方言从一开始就被部分地梵语化。”[①]尽管作为法护译本根据的印度文本可能包含了更多俗语形式,它们日益在表音法上以梵文的外表伪装,毫无疑问原始成分已经使用了混合语言。正如艾杰顿反复强调的那样,这种语言是一种人造语言,绝不等同于任何现存的口语或书面俗语。假如从艾杰顿里程碑式的研究以来围绕佛教混合梵语语文学地位的争论也像初期大乘的起源一样持续不休,那么这些语言学的讨论很可能具有超出了任何特定文本的范围。

必须强调法护使用的印度写本不是在犍陀罗俗语的影响下写成,关于此点,我没有证明,也不打算证明。尽管存在一些限制,如果这儿有充分的证据指出该写本是以佉卢文字体写成,我们可以料想即使在佛教混合梵语文本中也有相当多的犍陀罗语特征[②]。

---

① 艾杰顿 1936;也参见其《佛教混合梵语语法》(*BHSG*: §1.33 以下)。

② 因此,在这个问题上适宜于询问我们所指的“犍陀罗语文本”是什么。邵瑞祺主张(个人交流,1995 年 7 月),我们应将其定义为以佉卢文字体写成的文本。这样的文本的真正犍陀罗语性主要存在于通过某个原始的中期印度语文本引导的书写派生的音位特征。这种提法有相当大的价值,特别是它使得我们稍微集中我们的调查。但是,在可能的范围内,我愿意暂时把编定的语言和移位的语言相区分。也就是说,一个中亚印度俗语文本——特别是仍以口头传播的——很可能有更多语言上的流动,比起原本就以佛教混合梵语编定的文本,更易于穿过俗语的“翻译”。两者都是混合文本,都经过西北印度语(以及佉卢文的音译)的传播而具有犍陀罗语的音位特征。但是以佛教混合梵语编定的文本的语言性质很可能代表了与俗语使用相区别的一种不同的类型,一套不同的文学、政治和宗教力量,这种语言性质通过对偈颂部分的分析,在许多例子中得到确证。关于梵语化的开始,许多地方我们仍不了解。在我看来,对我们严格限于文本层面的调查抱有成见还为时过早。再次,尼雅第 511 号文书可能是一个佛教混合梵语文本漏过使用犍陀罗语的环境的好例子。该文书的语言与发现于该地的其他文书有明显区别,尽管几乎所有的文书使用的是佉卢文字体。把这个文书标为异常,排除此种文书有更多文本的可能性,将回避我们调查汉译本时引起的问题:“有更多的吗?”

但是我想尽力展示的是早期汉译佛经并非是印度原本的充分证明。早期译本有许多并未得到很好的理解,而且许多必须在汉学的范围内予以解决。正如现在应当相当清楚的那样,这些文本中汉语化的词汇随处可见,对源头语的任何考量都必须谨慎进行。

这长长的题外话的要点是关于汉译佛经来源于犍陀罗语的任何提法一般必须考虑到印度佛教文本的复杂历史,特别是它们译成中文的过程。如果这样的语文学讨论对佛教文本历史非常重要的话,显然我们必须小心地进行下去①。

尽管有太多的不确定,我仍然想指出早期汉译佛经在推进我们对佛教文本语言认识方面的巨大潜力,这些佛教文本在第一个千年上半叶从印度传入。此外更重要的是,很明显我们需要较少地对仅仅重复前辈学者假定而进行的一般性表述而开展更多的集中研究——每次一个文本——揭开这些混杂文书所包含的语文学线索。在这方面,辛嶋的研究只是初次认真的尝试。很明显我们需要更多类似的研究。

参考文献

Atwood Christopher(阿特伍德) 1991 Life in Third-fourth Century Cadh'ota: A Survey of Information Gathered from the Prakrit Documents Found North of Minfeng(Niyä). *Central Asiatic Journal* 35:161-199.

Bailey, Harold W(贝利) 1946 Gāndhārī. *Bulletin of the School of Oriental and*

① 我们希望,最近英国图书馆获得的一些新的佉卢文字体/犍陀罗俗语佛教写本将给我们对犍陀罗语文献史的非常片面的了解增加重要的新材料。参见邵瑞祺(1997)对这批写本的初步报告。有趣的是注意在这批新写本中比定的所有文本都属于一个主流僧团——可能是法藏部。迄今还没发现犍陀罗语和早期大乘佛教有关系的印度文本证据,但是,我们当然不能排除还有更多发现的可能性。

African Studies 11:764–797.

Bechert Heinz（贝歇特）ed. 1980 *Die Sprache der ältesten buddhistischen Áberlieferung/The Language of the Earliest Buddhist Tradition.* Göttingen: Vandenhoeck & Ruprecht.

——— 1991 Methodological Considerations Concerning the Language of the Earliest Buddhist Tradition. *Buddhist Studies Review* 8.1–2:3–19.

Bernhard, Franz（伯恩哈德） 1970 Gāndhārī and the Buddhist Mission in Central Asia. In Añjali: *Felicitation Volume Presented to Oliver Hector de Alewis Wijesekera on his Sixtieth Birthday*, ed. J. Tilakasiri. pp. 55–69. Peradeniya.

Bowring Richard（鲍林） 1992 Buddhist Translations in the Northern Sung. *Asia Major*, 3rd ser., 5.2:79–93.

Boyer, A. M., E. J. Rapson, and E. Senart eds 1920–1929 *Kharoṣṭhī Inscriptions Discovered by Sir Aurel Stein in Chinese Turkestan*, pts. Ⅰ–Ⅲ. Oxford: Clarendon Press.

Brough John（布腊夫） 1954 The Language of the Buddhist Sanskrit Texts. *BSOAS* 16:351–375.

——— 1961 A Kharoṣṭhī Inscription from China. *BSOAS* 24:517–530.

——— 1962 *The Gāndharī Dharmapada.* London: Oxford University Press.

——— 1964 The Chinese Pseudo-Translation of Ārya-Śūra's *Jātakamālā*. *Asia Major*, n. s., 11:27–53.

——— 1965 Comments on Third-Century Shan-Shan and the History of Buddhism. *BSOAS* 28:582–612.

——— 1970 Nugae Indo-Sericae. In W. B. *Henning Memorial Volumem* ed. M. Boyce and I. Gershevitch. pp. 81–88. London: Lund Humphries.

——— 1977 The Arapacana Syllabary in the Old Lalitavistara. *BSOAS* 40:85–95.

——— 1982 Amitābha and Avalokiteśvara in an Inscribed Gandhāran Sculpture. :*Indologica Taurinensia* 10:65–70.

Burrow Thomas（巴罗）1935 Tokharian Elements in th Kharoṣṭhī Documents from Chinese Turkestan. *Journal of the Royal Asiatic Society*:667–675.

——— 1937 *The Language of the Kharoṣṭhī Documents from Chinese Turkestan.* Cambridge: Cambridge University Press.

Caillat Colette ed. 1989 *Dialectes dans les littératures indo-aryennes*. Paris: Collège de France.

Chan Alan K. L(程艾兰) 1991 *Two Visions of the Way: A Study of the Wang Pi and the Ho-shang Kung Commentaries on the Lao-Tzu*. Albany: SUNY.

Chandra, Lokesh 1976 *Saddharma-Puṇḍarīka-Sūtra: Kashgar Manuscript*. New Delhi: The International Academy of Indian Culture; reprint, Tokyo: The Reiyukaim 1977.

Char, S. V. R. 1991 Methods and Principles Used in Translating the Buddhist Tripiṭaka into Chinese. *Chinese Culture* 32.3:37–47.

Ch'en, Kenneth(陈观胜) 1960 Some Problems in the Translation of the Chinese Buddhist Canon. *Qinghua xuebao*《清华学报》(*Tsing Hua Journal of Chinese Studies*), n. s., 2.1:178–186.

Coblin, W. South(柯蔚南) 1983 *A Handbook of Eastern Han Sound Glosses*. Hong Kong: The Chinese University Press.

——— 1993 BTD Revisited: A Reconsideration of Han Buddhist Transcriptional Dia-lect. *Zhongyanyuan shiyusuo jikan* 中研院史语所集刊[*Bulletion fo the Institute of History and Philology Academia Sinica*]63.4:867–943.

Collins, Steven(柯林斯) 1992 Problems with Pacceka-Buddhas. *Religion* 22: 271–278.

Damsteegt, Th. 1979 *Epigraphical Hybrid Sanskrit*: Its Rise, Spread, Characteristics and Relationship to Buddhist Hybrid Sanskrit. Leiden: E. J. Brill.

Eberhard Wolfram(艾伯华) 1955 The Origin of the Commoners in Ancient Tun-huang. *Sinologica* 4.3:141–155.

——— 1956 The Leading Families of Ancient Tun-huang. *Sinologica* 4.4:209–231.

Edgerton Franklin(艾杰顿) 1935 The Meter of the Saddharmapuṇḍarīka. In M. M. K. S. *Shastri Commemoration Volume*. pp. 39–45. Madras.

——— 1936 The Prakrit Underlying Buddhistic Hybrid Sanskrit. *Bulletin of the School of Oriental Studies* 8:501–516.

——— 1946 Meter, Phonology, and Orthography in Buddhist Hybrid Sanskrit. *JAOS* 66:197–206.

Edgerton Franklin(艾杰顿) 1953 *Buddhist Hybrid Sanskrit Grammar and Dic-*

tionary, 2 vols. New Haven: Yale Univ. Press; reprint, Kyoto: Rinsen Book Co., 1985.

Forte, Antonino(富安敦) 1984 The Activities in China of the Tantric Master Manicintana(Pao-ssu-wei 宝思惟:? -721 A. D.) from Kashmir and of his Northern Indian Collaborators. *East and West*, n. s., 34:301–345.

——— 1995 *The Hostage An Shigao and his Offspring: An Iranian Family in China.* Italian School of East Asian Studies, Occasional Papers 6. Kyoto.

Fuchs, Walter(福斯) 1930 Zur technischen Organisation der Übersetzungen buddhistischer Schriften ins Chinesische. *Asia Major* 6:84–103.

Fussman Gérard(福斯曼) 1980 Review of Th. Damsteegt, *Epigraphical Hybrid Sanskrit: Its Rise, Spread, Characteristics and Relationship to Buddhist Hybrid Sanskrit*(Leiden: E. J. Brill, 1978). Journal asiatiaue 268:420–426.

——— 1989 Gāndhārī écrite, Gāndhārī parlée. In Caillat 1989, 433–501.

Geiger, Wilhelm(盖格) 1994 *A Pāli Grammar.* Translated from the German by B. Ghosh. Revised and edited by K. R. Norman. Oxford: The Pali Text Society.

Van Gulik R. H(高罗佩) 1956 *Siddham: An Essay on the History of Sanskrit Studies in China and Japan.* Nagpur.

Harmatta János(哈玛塔) 1967 The Oldest Brāhmī Inscription in Innermost Asia. *Acta Orientalia*(Budapest) 20:1–32.

Hasuike Toshitake(蓮池利隆) 1997 Shinkyō Niya iseki shutsudo no bukkyō bunken nit suite (1)新彊ニヤ遺跡出土の文献について(1)(On Buddhist Literature Excavated from the Ruins of Niya in Xinjiang). *Indogaku bukkyōgaku kenkyū* (*Journal of Indian and Buddhist Studies*) 44. 2: 164–166.

Von Hinüber, Oskar(辛吕伯) 1982 Upāli's Verses in the Majjhimanikāya and the Madhyāmagama. *In Indological and Buddhist Studies: Volume in Honour of Professor J. W. de Jong on his Sixtieth Birthday* ed. L. A. Hercus et al. pp. 243–251. Canberra: Faculty of Asian Studies.

——— 1983 Sanskrit und Gāndhārī in Zentralasien. In Röhrborn and Veenker 1983, 27–34.

——— 1986 *Das ältere Mittelindisch im Überblick.* Wien: Österreichischen

Akademie der Wissenschaften.

Von Hinüber, Oskar(辛吕伯) 1989 Origin and Varieties of Buddhist Sanskrit. In Calillat 1989, 341–367.

Hitch, Douglas(黑奇) 1984 Kharoṣṭhī Influences on the Saka Brāhmī Scripts. *In Middle Iranian Studies: Proceedings of the International Symposium organized by the Katholieke Universiteit Leuven from the* 17th *to the* 20th *of May 1982*, ed. W. Skalmowski and A. Van Tongerloo. pp. 187–202. Louvain: Uitgeverij Peeters.

——— 1988 Kushan Tarim Domination. *Central Aisatic Journal* 32: 170–192.

Hrdličková V. 1958 The First Translations of Buddhist Sūtras in Chinese Literature and Their Place in the Development of Stroytelling. *Archív Orientální* 26: 114–144.

Hultzsch, E(胡尔鸠) 1925 *The Inscriptions of Aśoka*. Corpus Inscriptionum Indicarum, I. Oxford: Clarendon Press.

Iwamoto Yutaka(岩本裕) 1962–1967 Hokkekyō 法華々. Tokyo: Iwanami Bunkō; reprint, 1992–1993.

De Jong, J. W(狄庸) 1981 Fa-hsien and Buddhist Texts in Ceylon. *Journal of the Pali Text Society* 9: 105–116.

Karashima Seishi(辛嶋静志) 1992 *The Textual Study of the Chinese Versions of the Saddharmapuṇḍarīkasūtra in the Light of the Sanskrit and Tibetan Versions*. Tokyo: The Sankibo Press.

——— 1993 Hokkekyō ni okeru jō(yāna) to chie(jñāna) – daijō bukkyō ni okeru yāna no gainen no kigen nit suite 法華々における卲(yāna)と智慧(jñāna)—大卲仏卲におけるyānaの概念の起源について[Vehicle (yāna) and Wisdom (jñāna) in the Lotus Sūtra: On the origin of the concept of Yāna in Mahāyāna Buddhism], In *Hokkekyō no juyō to tenkai* 法華々の受容と展開[*The Acceptance and Development of the Lotus Sūtra*]. ed. Taga Ryūgen. pp. 137–97. Kyoto.

——— 1994 Chōagonkyō no gengo no kenkkyū—onshago bunseki o chūshin to shite 長阿含々の原語の研究—音写語分析を中心として(*A Study of the Original Language of the Chang ahan jing: Focusing on an Analysis of the Transcriptions*). Tokyo: Hirakawa Shuppansha.

Kern, Hendrik(柯恩) 1884 *Saddharma-puṇḍarīka or the Lotus of the True Law.* Oxford: Clarendon Press; reprintm New York: Dover Publications, 1963.

Kern Hendrik(柯恩) and Bunyiu Nanjio(南條文雄) eds. 1908–1912 *Saddharma-puṇḍarīka.* Bibliotheca Buddhica, X. St. Petersburg: Imperial Academy; reprint, Osnabrück: Biblio Verlag, 1970.

Kloppenborg, Ria(克洛彭博格) 1974 *Paccekabuddha.* Leiden: E. J. Brill.

Konow, Sten(柯诺夫) 1929 *Kharoṣṭhī Inscriptions with the Exception of Those of Aśoka.* Corpus Inscriptionum Indicarum, Ⅱ, pt. 1. Oxford: Clarendon Press; reprintm Varanasi, 1969.

——— 1936 Note on the Ancient North-Western Prakrit. *BSOS* 8: 603–612.

Lévi, Sylvain(列维) 1915 Sur la récitation primitive des textes bouddhisques. *Journal asiatique*, sér. 11, vol. 401–446.

Lin Meicun(林梅村) 1991 A Kharoṣṭhī Inscription from Chang' an. *In Papers in Honour of Prof. Dr. Ji Xianlin on the Occasion of His* 80th *Birthday*, eds. Li Zheng et al. Vol. Ⅱ: pp. 119–131. Nanchang: Jiangxi renmin chubanshe.

——— 1996 Kharoṣṭhī Bibliography: The Collections from China (1897–1993). *Central Asiatic Journal* 40. 2: 188–220.

Link, Arthur E(林阿释) 1960 Shih Seng-yu and His Writings. *JAOS* 80: 17–43.

——— 1961 The Earliest Chinese Account of the Compilation of the Tripiṭaka. *JAOS* 81: 87–103; 281–299.

Maenchen-Helfen, Otto(曼亨・赫尔芬) 1945 The Yüeh-chih Problem Reexamined. *JAOS* 65: 71–81.

De Mallmannm Marie-Thérèse(玛尔曼) 1948 *Introduction à l' étude d' Avalokiteśvara.* Paris: Musée Guimet.

Matsumura Hisashi (松村恒) 1990 Miscellaneous Notes on the Upālipariprcchā and Related Texts. *Acta Orientalia* (Copenhagen) 51: 61–113.

Mironov, N. D(米罗诺夫) 1927 Buddhist Miscellanea, I: Avalokiteśvara—Kuan-Yin. *JRAS*: 241–252.

Nattier, Jan(那体慧) 1990 Church Language and Vernacular Language in

Central Asian Buddhism. *Numen* 37.2:195–219.

Nishimura Minori(西村実則) 1987 Gandārago bukkyōken to kan'yaku butten ガソダーラ語仏教圏と漢訳仏典(Gāndhārī and the Chinese Translations of Buddhist Texts). *Sankō bunka kenkyūjo nenpō*《三康文化研究所年報》(*Annual Bulletion fo the Sanko Research Institute*) 20:49–125.

Norman, K. R(诺曼) 1983 The Pratyeka-Buddha in Buddhism and Jainism. In *Buddhist Studies, Ancient and Modern*, ed. P. Denwood and A. Piatigorsky. pp. 92–106. London: Curzon Press.

——— 1990 Pāli Philology and the Study of Buddhism. *The Buddhist Forum* 1:31–39.

——— 1993 The Languages of Early Buddhism. In *Premier colloaue Etienne Lamotte* (*Bruxelles et Liège. 24–27 septembre 1989*). pp. 83–99. Louvain-la-Neuve: Universite de Louvain, Institut orientaliste.

Okabe Kazuo(岡部和雄) 1983 Yakkyō to shakyō 訳経と写経(Translated Scriptures and Copied Sūtras). *Tōyō gakujutsu kenkyū*《東洋學術研究》(*Journal of Oriental Studies*) 22.2:13–47.

Pelliot, Paul(伯希和) 1914 Les noms propres dans les traductions chinoises du Milindapañha. *Journal asiatiaue*, sér 11, vol. 4:379–419.

Pischel, Richard(皮歇尔) 1955 *A Grammar of the Prākrit Languages*. Tr. Subhadra Jhā. Delhi; reprint, 1981.

Pulleyblank, Edwin G(蒲立本) 1983 Stages in the Transcription of Indian Words in Chinese from Han to Tang. In Röhrborn and Veenker 1983, 73–102.

Robinson, Richard H(罗宾逊) 1967 *Early Mādhyamaka in India and China.* Madison: Univ. of Wisconsin Press.

Röhrborn, K., and W. Veenker, eds. 1983 *Sprachen des Buddhsimus in Zentralasien.* Wiesbaden: Otto Harrassowitz.

Rosenfield, John M(罗森菲尔德) 1967 *The Dynastic Arts of the Kushans.* Berkeley and Los Angeles: Univ. of California Press.

Salomon Richard(邵瑞祺) 1990 New Evidence for a Gāndhārī Origin of the Arapacana Syllabary. *JAOS* 110:255–273.

——— 1997 A Preliminary Survey of Some Early Buddhist Manuscripts Recently Acquired by the British Library. *JAOS* 117:353–358.

Shih, Robert(史接云) 1968 *Biographies des moines éminents*(*Kao Seng Tchouan*) *de Houei-Kiao*. Louvain: Institut orientaliste.

Von Simson, Georg(西摩松) 1985 Stil und Schulzugehörigkeit buddhistischer Sanskrittexte. In *Zur Schulzugehörigkeit von Werken der Hīnayāna-Literatur*, ed., Heinz Bechert. Vol. I: pp. 76–93. Göttingen: Vandenhoeck & Ruprecht.

Sims-Williams, Nicholas(辛姆斯-威廉姆斯) 1983 Indian Elements in Parthian and Sogdian. In Röhrborn and Veenker 1983: 132–141.

Von Staël-Holstein(钢和泰), Baron A. 1936 Avalokita and Apalokita. *Harvard Journal of Asiatic Studies* 1: 350–362.

Tang Yongtong(汤用彤) 1938 *Han wei liangjin nanbeichao fojiaoshi*《汉魏两晋南北朝佛教史》[*A History of Buddhism during the Han and Six Dynasties Period*]. 2 vols. Changsha: Shangwu Yinshu guan, reprint, Beijing: Zhonghua shuju, 1983.

Teiser, Stephen(太史文) 1994 *The Scripture of the Ten Kings and the Making of Purgatory in Medieval Chinese Buddhism*. Kuroda Institute Studies in East Asian Buddhism. Honolulu: Univ. of Hawaii Press.

Toda Hirofumi(戸田宏文) 1980–1985 Saddharmapuṇḍarīkasūtra. Nepalese Manuscript(K'). *Tokushima daigaku kyōyōbu. Rinrigakka kiyō* 德島大學教養部 倫理學科塋要[Tokushima University General Education Section, Bulletin of the Ethics Dept.]: 8–11.

——— 1981 *Saddharmapuṇḍarīkasūtra*: *Central Asian Manuscripts. Romanized Text*. Tokushima: Kyoiku Shuppan Center.

Tso Sze-bong(曹仕邦) 1963 Lun zhongguo fojiao yichang zhi yijing fanshi yu chengxu 論中國佛教譯場之譯々方式與程式(Essay on the Methods and Procedures for Translating Sutras at Buddhist Translation Centers in China). *Xin Ya xuebao*《新亞學報》(*The New Asia Journal*) 5: 239–321.

Tsukamoto Zenryū(塚本善隆) 1985 *A History of Early Chinese Buddhism*: *From Its Introduction to the Death of Hui-yüan*. Tr. Leon Hurvitz(胡维兹). 2 vols. Tokyo: Kodansha International.

Turner, Richard L(特纳) 1936 Sanskrit *ā-kṣeti* and Pali *acchati* in Modern Indoaryan. *BSOS* 8: 795–812.

Waldschmidt, Ernst(瓦尔德施密特) 1932 *Bruchstücke buddhistischer Sūtras aus desm zentralasiatischen Sanskritkanon*, I. Leipzig: Deutsche Morgenländische Gesellschaft.

Waldschmidt, Ernst(瓦尔德施密特) 1980 Central Asian Sūtra Framents and their Relation to the Chinese Āgamas. In Bechert 1980, 136-174.

Waley, Arthur(韦利) 1957 Review of Zenryū Tsukamoto, Chōron kenkyū. *BSOAS* 19:195-196.

Watanabe, Shoko(渡邊照宏) 1975 *Saddharmapuṇḍarīkasūtra Manuscripts Found in Gilgit.* 2 vols. Tokyo: The Reiyukai.

Weller, Friedrich(韦勒) 1930 Über des Aufbau des Pāṭikasuttanta, 2: Übersetwung des chinesischen Textes. *Asia Major* 5:104-140.

Wiltshire, Martin G(威尔特) 1990 *Ascetic Figures before and in Early Buddhism: The Emergence of Gautama as the Buddha.* Berlin: Mouton de Gruyter.

Yuyama, Akira(湯山明) 1992 Pañcāśatī-, "500" or "50"? With Special Reference to the Lotus Sūtra. In *The Dating of the Historical Buddha/Die Datierung des historischen Buddha*, ed. Heinx Bechert. Vol. 2: pp. 208-233. Göttingen: Vandenhoeck & Ruprecht.

Zieme, Peter(茨默) 1992 Alternative Übersetzungen in alttürkischen buddhistischen Werken. In *Festgabe an Josef Matuz: Osmanistik-Turkologie-Diplomatik*, ed. Christa Gragner and Klaus Schzarz. pp. 343-353. Berlin.

Zürcher, Erik(许理和) 1959 *The Buddhist Conquest of China: The Spread and Adaptation of Buddhism in Early Medieval China.* 2 vols. Leiden: E. J. Brill; reprint, 1972.

——— 1977 Late Han Vernacular Elements in the Earliest Buddhist Translations. *Journal of the Chinese Language Teaches Association* 12.3:177-203.

——— 1991 A New Look at the Earliest Chinese Buddhist Texts. In *From Benares to Beijing: Essays on Buddhism and Chinese Religion in Honour of Prof. Jan Yün-hua*, ed. Koichi Shinohara and Gregory Schopen. pp. 277-304. Oakville. Ontario: Mosaic Press.

(丹尼尔·布歇 Daniel Boucher:美国康奈尔大学亚洲研究系;萨尔吉:北京大学外国语学院;徐文堪:汉语大词典编纂处)

关于佛典语言的一些研究*

徐真友　著　万金川　译

一　前言

就现存梵语系的佛典写本来说，吾人可以见到此类文本至少曾被四种语言书写过。在这篇文章里，我们将讨论这些语言之间早期的一些关系。就中，第一种的语言形式即是所谓“标准梵文”（Saṃskṛtā bhāsā），例如公元 2 世纪时期的诗人马鸣（Aśvaghoṣa）在《佛所行赞》（*Buddhacarita*）一书中所使用的语言，便属此类。自此而后，此类所谓“标准梵文”便日渐广泛地被采为佛典语言。

第二种佛典语言便是一般所谓“南传佛教”使用的语言，这种语言现在被普遍地称为“巴利文”。事实上，“巴利文”这个名称只是在最近几世纪才被命名的。在本世纪初，学者使用科学的方法研究巴利文，并从而归结出这种语言基本上乃是发源于印度西部以及中西部一带的地方。

---

* 本文系徐真友先生（Richard Spahr）英语口述，由林婉淑转写，经万金川先生与撰者中译商定润饰而成。但因徐先生出国，未经其最后定稿。

另外一种佛典语言则是古代印度西北部犍陀罗地区所使用的语言。人们最初是通过镂刻在碑铭上用驴唇书体(kharoṣṭhī)书写的铭文发现这种语言的,而19世纪末,在新疆西部所发现的犍陀罗法句经(Gāndhārī Dharmapada)便是使用此一书体写成,英国梵文教授John Brough在这一方面曾有过相当详尽的研究。① 犍陀罗语的佛典译成汉语,这一点在译经史上是有其特殊意义的。因为从东汉以降,由西域来的佛典翻译者,诸如安世高、支娄迦谶、康孟详等人,他们所据以翻译的底本极有可能便是这种犍陀罗语的写本。

至于第四种佛典语言,是指在佛教圈子里所使用的特殊梵文。这种语言不论是在语法上或词汇上都和所谓的"标准梵文"有着相当的出入。然而,此类语言与"巴利文"之间,却有着一些约略相同的语法结构以及近似相同的词汇。美国梵文学者F. Edgerton在这一方面做了一些可以称之为划时代的研究,而出版了一册详尽的研究报告,他并且把这种语言称之为是"Buddhist Hybrid Sanskrit",也就是一般人所谓的"佛教混合梵文"。② 接续此一研究之后,有不少学者都指出,即使是在非佛典的文献中,也保存了不少这类所谓"混合梵文"的语言形式③;此外,在现今可见及的碑文里也可以找到这类"混合梵文"的语言形式。④

根据新近的研究,如今已有为数不少的学者不再把这类的语言形式称之为"混合梵文",而改称之为"佛教梵文"(Buddhist

---

① *The Gāndhārī Dharmapada*, London Oxford Unvi. Press, 1962.

② *Buddhist Hybrid Sanskrit Grammar and Dictionary*, Yale Univ. Press, 1953.

③ Aspects of Buddhist Sanskrit (*Proceedings of the International Symposium on the Language of Sanskrit Buddhist Texts*, Oct. 1-5, 1991), Ed. Kameshwar Nath Mishra, Sarnath, Varanasi, 1993.

④ *Epigraphical Hybrid Sanskrit*, Damsteegt, Th. Leiden, 1978.

Sanskrit),他们并且认为这类的语言形式原初乃是一种日常生活里所使用的通俗梵文(Popular Sanskrit),而这类通俗梵文在语法乃至词汇上是有别于婆罗门经典里所采用的语言形式。[①] 对于由所谓“混合梵文”而“佛教梵文”,探究这种称谓上的改变所代表的意义,正是作者撰写此文的主要目的。

二　佛教原始语言的研究

早在1912年,法国学者列维(S. Lévi)便在佛教原始语言的问题上做了一项意义重大的研究[②],基本上他使用两种证据,而试图告诉我们所有印度的佛典语言,应该是起源于他所谓的“langue précanonique du Bouddhisme”(佛教的前经典语言)。他是依着以下这两类证据来显示其论断:第一,巴利文与佛教混合梵文里一些不符常规的语言形式。第二,专有名词和其他被使用为经典名称的文字以及若干文章的断简残编与公元前的碑文,例如在巴赫特(Bhahut)发现的佛教图像与文字遗迹等等。

稍后,德国学者卢达斯(H. Lüders)透过了许多方式,并且做了相当仔细的研究,他也声称有所谓“die Sprache des Buddhistischen Urkanons”(佛教的原始经典语言)的存在。卢达斯的研究是建构在列维的研究之上,他发现有一些巴利文和混合梵文并不符合一般常态之下的巴利文语形,这些“例外的”文字应该是另有其

---

① Aspects of Buddhist Sanskrit (*Proceedings of the International Symposium on the Language of Sanskrit Buddhist Texts*, Oct. 1-5, 1991), Ed. Kameshwar Nath Mishra, Sarnath, Varanasi, 1993.

② Observations sur une langue prucanonique du Bouddhisme, *JA*, 1912, Ⅱ pp. 495–512.

他的来源。在卢达斯谢世之后方才出版的著作里，他有系统地描述了他的这些发现。[①] 虽然巴利文是印度西部及中西部的语言，卢达斯却成功地指出巴利文受到早期东印度方言的影响，而影响巴利文的这些东印度方言和孔雀王朝阿育王时期的文字极其相近。因此，无可否认的，巴利文反映了佛教渐渐从印度东部向西部发展的历史。留学德国的中国学者季羡林，也相信古老的 Ardha-Māgadhi 是佛教三藏的原始语言。[②]

以上所提及的几位学者都曾倾注于佛典原始语言的研究，而他们均认定有一种所谓"佛典原始语言"的存在。然而，事实胜于雄辩，他们所谓的"原始语言"，根本不曾存在过。要研究佛典的原始语言必须要先了解早期佛教透过各种不同语言传教的背景和使用语言的态度。很幸运地，我们已经证实了佛陀对语言的使用态度和想法。事实上，在南北两系现存的三藏里，都曾明确地记录了佛陀本人在布教上的语言政策。此中，在南传律藏里[③]，就有一段极其著名的叙述：

tena kho pana samayena yamelutekulā nāma bhikkhū dve bhātikā houti brāhmāṇjātikā kalyāṇavācā kalyāṇavākkaraṇā. te

---

① Beobachtungen uber die Sprache des buddhistischen Urkanons, *Abhandlungen der Deutschen Akademie der Wissenschaften zu Berlin*, Klasse fur Sprachen, Literatur und Kunst, *JG*. 1952, Nr. 10, Berlin 1954.

② Die Konjugation des finiten Verbums in den Gathas des Mahavastu, 1941.《印度古代语言论集》中国社会科学出版社。Die Umwandlung der Endungaj in und -u im Mittelindischen, Nachrichten der Akademie der Wissenschaften in Ggttingen, Phil, -Hist. Klasse, 1944. 季氏的此一观点，在他新近发表的论文集里，仍然为他所坚持着，参见《季羡林佛教学术论文集》，东初，1995, pp. 323—329。

③ No. 148. The Vinaya Pitakam Pāli Text Society Text Series.

yena bhagavā tenupasaṃkamiṃsu, upasaṃkamitvā bhagavantaṃabhivādetvā ekamantaṃ nisīdimsu, ekamantaṃ nisinnā kho te bhikkhū bhagavantaṃ etad avocuṃ etarahi bhante bhikkū nānānāmā nānāgottā nānājaccā nānākulā pabbajitā, te sakāya niruttivā buddhavacanam dūsenti handa mayaṃ bhante buddhavacanaṃ chandaso āropemā'ti. vigarahi buddho bhagavā. kathañ hi nāmas tumhe moghapurisā evaṃ vakkhatha: handa mayaṃ bhante buddhavacanam chandaso āropemā'ti. n'etaṃ moghapurisā appasannānaṃ vā... vigarahitvā dhammiṃ kathaṃ katvā bhikkhū āmantesi: nabhikkhave buddhavacanaṃ chandaso āropetabbaṃ. yo āropeyya, āpatti dukkaṭassa. anujānāmi bhikkhave sakāya niruttiyā buddhavacanaṃ pariyāpuṇitun ti. (Ⅱ p. 139)

这段文字曾经被翻译成日文①,最近几年又被由日文翻译成中文:②

尔时,有名为夜婆、瞿婆之二比丘,乃是兄弟,生于婆罗门,言语善美,音声善美。诸比丘诣世尊住处。诣已,敬礼世尊而坐一面。诸比丘白世尊,曰:"世尊!今诸比丘名异、姓异、生异而出家,诸比丘以各自之言词污佛语。世尊!愿我等将佛语转为雅语。"佛世尊呵责:"诸愚人!汝等为何言愿我

① 南传大藏经第四卷,大正新修大藏经刊行会,高楠博士功绩纪念会纂译,昭和四十五年十月二十日再刊发行。

② 汉译南传大藏经,元亨寺妙林出版社,妙通译,八十一年五月。

等将佛语转为雅语耶！诸愚人！此令未信者……”呵责、说法已，告诸比丘：“诸比丘！不得将佛语转为雅语。转者堕恶作。诸比丘！许以各自言词学习佛语。”（律藏四，p. 186）

很多学者都曾讨论过这段文字，并试图厘清其真正意思。在我们讨论这段文字之前，让我们先看一下北传律藏里，对此一故事的五种不同的陈述方式。我们并不知道这五段文字出现的时间顺序，但是可以肯定，唐朝义净法师翻译在《根本说一切有部毗奈耶》里的那一段是最为晚出的。第一段出于《弥沙塞部·和醯五分律》卷第二十六：

有婆罗门兄弟二人，诵阐陀鞞陀书。后于正法出家。闻诸比丘诵经不正，讥呵言：“诸大德久出家而不知男女语、一语、多语，现在、过去、未来语，长短音，轻重音，乃作如此诵读佛经！”比丘闻羞耻。二比丘往至佛所，具以白佛。佛言：“听随国音读诵，但不得违失佛意。不听以佛语作外书语，犯者偷兰遮。”（大正22·174中）

第二段出于《毗尼母经》卷第四：

有二婆罗门比丘，一字乌嗟呵，二字散摩陀。往到佛所，白世尊言：“佛弟子中，有种种姓，种种国土人，种种郡县人。言音不同，语既不正，皆坏佛正义。唯愿世尊听我等依阐陀至持论，撰集佛经，次比文句，使言音辩了，义亦得显。”佛告比丘：“吾佛法中不与美言为是，但使义理不失，是吾意也。随

诸众生应与何音而得受语，应为说之，是故名为随国应作。”（大正24·822上）

第三段出于《十诵律》卷第三十八：

佛在舍卫国，有二婆罗门，一名瞿婆，二名夜婆。于佛法中笃信出家。本诵外道四围陀书。出家已，以是音声诵佛经。时一人死，一人独在，所诵佛经忘不通利。更求伴不得，心愁不乐，是事白佛。佛言：“从今以外书音声诵佛经者，突吉罗。”（大正23·274上）

第四段出于《四分律》卷第五十二：

时有比丘字勇猛，婆罗门出家，往世尊所，头面礼足，却坐一面，白世尊言：“大德！此诸比丘众姓出家，名字亦异，破佛经义，愿世尊听我等以世间好言论修理佛经。”佛言：“汝等痴人！此乃是毁损。以外道言论而欲杂糅佛经。”佛言：“听随国俗言音所解，诵习佛经。”（大正22·955上）

第五段出于《根本说一切有部毗奈耶杂事》卷第七：

时尊者舍利子与二婆罗门子而为出家，一名牛授，二号牛生。二人悉教读诵经教。后时此二人共遊人间，至一聚落，多获利养，便住此村。时彼二人先学婆罗门歌咏声法，由串习故，今时读诵，作本音辞。时彼一人遇病，忽然身死，其现存者既溺忧心，经多废忘，即便还诣室罗伐城，入逝多林，既停息已，便诣尊者倮陈如所，礼敬事毕，白言："尊者！可共温经。"答曰："善哉！我为汝诵。"既诵少多，报言："尊者所诵经典，文皆谬误，声韵不长，致有所阙。"答言："子！我从先来，如是诵习。"即便辞礼，更别往诣马胜、跋陀罗、大名、婆涩波、名称、晡律拏、牛主、毗摩罗、善臂、罗怙罗。既至彼已，白言："尊者！共我温经。"答曰："我为汝诵。"既诵少多，广如前说，乃至辞礼，遂诣尊者舍利子所。既礼敬已，白言："邬波驮耶！可共温经。"答曰："善哉！我为汝诵。"同诵之时，长引声韵。其舍利子声更倍长。白言："大师！自余尊老，诵习皆谬。唯独亲教，音句无差。"报言："汝愚痴人，目为谬误，谤余智者不善诵经。彼诸大德咸非谬误。"既被挫折，默尔无言。时诸苾刍以缘白佛，佛作是念："苾刍诵经，长牵音韵，作歌咏声，有如是过。由是苾刍不应歌咏引声而诵经法。若苾刍作阐陀声诵经典者，得越法罪。若方国言音，须引声者，作时无犯。"（大正 24·232 中下）

这里，我们总共引用了六段不同的文字（包括巴利文的那一段），这些段落其实都在叙述同一个故事，虽然它们在细节上彼此之间也有其不尽相同之处。但是，这些故事都明白地告诉我们，佛陀希望弟子们使用他们自己的语言来传播教理。

此处且让我们先来谈一谈南传律藏所载录的那个段落。如同前文所述及的，许多现代学者都曾讨论过这段文字。这段文字是被公元 5 世纪著名的注释家觉音（Buddhaghoṣa）翻译并且注释过的。①

① Samantapasadika, Vinayatthakatha.

他把已然译成古锡兰语的佛教三藏，转译为由印度传至锡兰的统一佛典语言（亦即日后所谓的“巴利文”）。他有关这段文字的译注引起了学术界相当热烈的讨论，其中最为著名的争议点有两处。

第一：在南传大藏经律部引文的最后一行“Sakāya niruttiyā”，觉音对这段文字的注释如下：

ettha sakā nirutti nāma sommāsambuddhena vutta-ppakāro Māgadhikavohāro（Sp 1214，18–19）.

他在这段注解里，明文提及佛陀讲的话就是当时流行的摩揭陀语。

当然，我们知道佛教第一次传到锡兰是阿育王时代，那时摩揭陀语是普遍流行的语言。因此很容易了解当传道者传教到锡兰时，可能告诉当地人士说：“这是佛陀所使用的语言，必须用它来书写经文。”云云。

现代的学者在解释“Sakāya niruttiyā”时，认为这句话的意思即是“他们自己的语言”。[①] 因此可以推论，前述的五段汉译里所描述的，毫无疑问的是要人们使用自己的语言来传播佛法。

如果比较上述引用的第一、二、四段文字，便可发现“随国”二字，在巴利文被翻译成日译南传大藏经时也用到了此语。

第二个讨论的议题是：觉音对“chandaso āropemā”一语的注释为：

vedaṃ viya sakkata-bhāsāya vācanā-maggaṃ āropema.

觉音认为 chandaso 是类似“阐陀”这样的梵文。chandaso 真正的

---

① 参见季氏前揭书，pp. 56—57。

意思直到现在还是被许多学者讨论着。Lamotte 总结了学者之间对 chandaso 的八种译解[①]而认为法国有名的梵文学者 L. Renou 的观点最为合理。L. Renou 认为 chandaso 的意思是指在唱诵吠陀经典时的音调。比较在第一段五分律中出现的"……阐陀鞞陀书……","阐陀"二字就是 chandaso,"鞞陀"就是"吠陀";另外第二段的"……阐陀至持论……",就中"阐陀"二字依然为 chandaso,而"论"便是śāstra,但是做这一议题研究的先锋林藜光博士重新建构并推测"阐陀至持论"一语的梵文原语为"chando-viciti-śāstra"。[②]"至持"就是 viciti 的音译,而"vi"此一词头是被省略了。

Edgerton[③] 和 Lamotte[④] 在他们的著作中,都是引用林棃光博士的著作并使用同样的推测。"至持"二字并不符合汉语古音或其他的印度语音,就目前所知,在所有印度书籍和字典中也根本没有"至持"这两个字,所以推论是学者的讹传。chanda-veda 是第一段提到正确的文字。我们无法从汉语或梵文中推论出任何可以用"至持论"来译解"chando-viciti-śāstra"的线索。[⑤]

在我们阅读这六段文字时,必须谨记在心的乃是,这些文本都是经过好多世代的转译和重复的注解,其中必定有某些添油加醋或遗落的地方,而我们也无法从中得知佛陀在世之际究竟是用哪些语言来传道。

---

① *Histoire du Bouddhisme Indien*, des origines wl' ire waka, Louvain, p. 612.

② Lin Li-kouang, *L' aide-memoire de la vraie loi* (*Saddharma-smṛtyupasthāna-sūtra*), Paris, 1949, p. 219.

③ *Buddhist Hybrid Sanskrit Grammar*, p. 2.

④ 同上, p. 212.

⑤ 依季氏前揭书(p. 61),他似乎是以"……依阐陀至,持论……"来句读的。

第三段是出于说一切有部十诵律，其中有"……四围陀书……"，就是"四吠陀书"。第四段法藏部西分律有"……世间好言论……"，应该是"阐陀鞞陀"的意思。第五段根本说一切有部十诵律"……阐陀声诵经典……"应该也是"阐提吠陀"的意思。义净法师在翻译这段文字后，注解："言阐陀者，谓是婆罗门读诵之法，长引其声，以手指点空而为节段，博士先唱，诸人随后。"

三 结论

佛典的原始语言是什么？当然一定不是婆罗门教在宗教仪式上所采用的专业语言，我想林藜光博士的结论似乎是最合理的①，他说：

> Est-il bien vraisemblable, cependant, que les bouddhistes aient jamais usé d'une seule langue, fgt-ce meme aux temps tris anciens? Si l'on tient compte de l'esprit si souple et si libural dont ils ont toujours fait preuve en ce qui concerne l'emploi des langues, on peut se demander si, dis une upoque fort reculue, il n'exista pas une multiplicitu de langues bouddhiques, la māgadhī n'ayant ete que l'une d'entre elles... pourquoi ne pas admettre que les autres centres du bouddhisme ancien, Vaiśālī, Kauśāmbī, Mathurā, Ujjayinī et autres, aient eu eux aussi leurs langues particulīres dont, selon le principe, expressument attestu dans les

---

① Lin, Li-koung, *L'aide-memoire de la vraie loi*(*Saddharma-smṛtyupasthāna-sūtra*), Paris, 1949, pp. 227–228.

textes canoniques, de l' adoption des langues locales par les communautus bouddhiques, chacune aurait pu servir de langue sacrue aux diverses communautus utablies dans ces diffurents centres?

这一段文字翻译成中文如下：

即使在最古老的年代，佛陀可能只使用一种语言吗？综合以上的判断，佛世时对语言的态度是随意且开放的，因此在那时候，佛教徒使用多种语言，而摩揭陀语只是其中的一种罢了……为什么我们不假设：在其他早期（笔者认为可能佛世时），佛教流传的地方如吠舍离（Vaiśāli）、倶赏弥（Kauśāmbī）、秣菟罗（Mathurā）、优禅尼（Ujjayinī）等等，也有他们自己特殊的方言用来传教。根据前述大藏经，佛陀明确表示了对使用各地方言的看法及态度。

我相信林藜光博士的论证，他用了早期的碑文以及其他相关的文献来证成以下这个论点：早期佛教徒应该是使用了许多不同的语言来传道。在佛世时至佛灭后 2 世纪，印度东方各地的语言非常相近，根本不需要翻译。佛陀告诉我们可以用自己的方言来传道，但要注意的是，不可扭曲佛陀的本意。

随着时光的递嬗，佛教盛行的地区变得相当繁荣，并逐渐地从东部扩展到了西部地方。当此之际，发展一种彼此通用的语言就显得有其迫切的需要。而当时一些较具规模的佛教中心，在佛典语言的使用上也慢慢的同化了其他规模较小的佛教中心。几个世纪之后，便发展出了一种通用的语言，这就是所谓的“巴利文”以及所谓的“佛教梵文”的发展史。

当佛教变成重要的宗教而传播到更大的地域时，渐渐地通用语言使所有的教徒都能了解教理并进而传播教理。到了孔雀王朝，通用的佛教语言便被统一起来以便传播至整个印度。

当时的僧众以西方的语言形式来转写东方的佛典，但他们并没有将这些文本翻译得很恰当，例如有一些文字他们并不了解其真正的出处，所以无法将之转译成适当的西部语文。因此，在经文中留下一些东方语言的蛛丝马迹。这些蛛丝马迹就是稍早曾被卢达斯所指出来的地方。有趣的是，因为这些错误的转写形式，而得以让现代学者发现佛教的中心由东而西的史实。在此，我们所要强调的是，这些残留下来的东方语言的“遗迹”，无法被精确地转写成西方语言，乃是因为僧众所使用的语文是一种文献上的专门用语，而不是一般的日常语。相当讽刺的，佛陀允许自己的语言被翻译成各种不同的语言，而他自己所使用的语言却无法流传至后世。我们可能根本无从得知佛陀当时究竟使用的是何种语言了。

如上所述，佛陀是用东部地区的语言来教导弟子，他也允许弟子们使用所在地的方言来传道，而当时各地的方言在形式上颇为相近，根本无须翻译。上述的五段律藏引文皆是佛陀允许甚至要求信徒使用自家方言来传教的明证。

众所周知，远从阿育王朝之前而到阿育王即位的时代，在佛教的阵营里便慢慢发展出了一种教导佛理的统一语言，这一语言并且被传教者传到锡兰，孔雀王朝末期，印度由统一的状态变得四分五裂，相距遥远的锡兰与印度关系不再紧密，语文的影响也很稀薄，传过去的语文便定型下来并保存到现在。当该注意的是，这种语文只是专门用来教导佛理之用的，而并没有专属的名称。渐渐地，锡兰人把佛教三藏译成了自己的语言，并且还加以注释；公元5世纪时觉音由印度北部来到了锡兰，他又把译成锡兰语的三藏给还原回阿育王时代传至此地，并无专属名称的那种佛典语言。从此而后，锡兰语的译本便渐渐被舍弃而失传了，大家所专注的，则是这种尚未命名的佛典语言所载录三藏。

从本文前面提到的，根据觉音所翻译的那一段注释，他认为佛陀是使用摩揭陀语来传道的，而人们自此才开始称呼这一无名的语言为“摩揭陀语”。觉音原是印度北方的婆罗门教徒，后来才成为佛教徒，他应该了解到并没有所谓的“摩揭陀语”，他之所以如此称呼它，我们只能猜测他很可能没有考虑太多而仅仅单纯地照字面意思直接翻译。不幸的是，古锡兰语译出的三藏集注本早已不复存在，无法证明吾人上述的论证是否正确。只能想象当传道者传教到锡兰时，这些传道者可能告诉当地人他们所使用的经典语言便是佛陀当年所使用的语言。然而，事实上，“摩揭陀”只是阿育王时代的首府之名。但是，在南传佛教的传统里，他们至今仍深信这种语言的名称就是叫“摩揭陀语”。公元15至17世纪之间，这种语言开始被称作 Pālibhāsā 或 Pāli 语，但是 Pālibhāsā 真正的意思是指“三藏圣典语”，由是而被用为一种语文的名称，而简称之为“巴利文”（参见德国学者 O. von Hinüber 关于“巴利文”这个名词的历史的研究）。①

除了流传到锡兰的语文，印度本土的语文又发生什么变化呢？

---

① “Zur Geschichte des Sprachnamens Pāli”收在 *Beitrage zur Indien Forschung*, *Ernst Waldschmidt zum* 80 *Geburtstag gewidmet*, Berlin, 1977, pp. 237–247. 翻成英文 On the History of the Name of the Pāli Language. 收在 *Selected Papers on Pāli Studies*, PTS Oxford, 1994, pp. 76–90.

它并没有像所谓的“巴利文”一样被定型下来，而是受到印度语文的影响，逐渐梵文化而成为日常用语，F. Edgerton 给它取了一个名称，叫它是“佛教混合梵文”，直到本世纪，这一个名称才被正式命名。

我希望这篇研究可以引起读者们对研究原始佛教语言的兴趣，并希望能藉此文而收抛砖引玉之效，提供一些线索使读者得以进入佛典语言研究的领域里去。

（原载《正观》1997 年第 1 期）

略论唐以前的佛经对音

平田昌司

“至于六朝译本原文,果何者为胡,何者为梵,则应俟比较各书之译音,或可决定也。”汤用彤(1938:292)

缩写

B. =Brough(1977)拟定的犍陀罗语　BS. =佛教梵语　D. =法藏部　G. =犍陀罗语　M. =根本说一切有部　N. =Burrow(1937)所录 Niya 出土文献的词汇　P. =巴利语　S. =说一切有部　Skt. =梵语　T. =上座部

一　印汉对音在上中古汉语语音史研究中的地位

无论研究上古音系或者中古音系,仅仅依靠韵读、假借、反切、等韵,做不好构拟工作。为了确定具体音值,高本汉曾经参考的材料主要有两种:现代方言、域外对音。其中印汉对音(本文有意不用“梵汉”的字眼。参下文)出现的年代最早,东汉时期已经可以发现不少材料。因此有些学者根据印汉对音构拟东汉音系,在这基础上进行上古音系的分析工作。例如 Pulleyblank(1962)、Coblin(1981)、俞敏(1984)等都有此种想法。下面对比一下 Coblin

(1981)、俞敏(1984)两家根据印汉对音构拟的东汉音系的概要。

表一　根据印汉对音构拟的东汉音系二例

(甲)Coblin(1981):省去介音					(乙)俞敏(1984)			
见 k	溪 kh	群 g	疑 ng		见 k	溪 kh	群匣[1]g	疑 ng
端 t	透 th	定 d	泥 n		端 t	透 th	定 d	泥 n
知 tr	彻 thr	澄 dr	娘 nr					
帮 p	滂 ph	並 b	明 m		帮 p	滂 ph	並 b	明 m
精 ts	清 tsh	从(dz)	心 s	邪 z	精(ts)	清(tsh)	从(dz)	心 s
庄 tsr	初 tshr	崇 dsr	生 sr	俟 zr	庄 ṭṣ	初 ṭṣh	床(ḍẓ)	山 ṣ
章 tś	昌(?)	船 dź	书 ś	禅 ź				审ś
晓 h	匣 g	影?			晓 h			匣[2]v
来 l	日 nj			喻 j	来 l			喻 j

阴		入		阳		阴		入(去)		阳	
歌	a	月	at	元	an	歌	al	泰	ad,as	元	an
祭	at-										
鱼	o,a	铎	ɑk	阳	?	鱼	a	—		—	
幽	u,eu	沃	ok	冬	?	幽侯	u,o	—		—	
侯	ou	屋	uk	东	?						
宵	â	药	âk			宵	au	—		—	
脂	ət-,əi	质	ət	真	ən	脂支	i,ir	至	id,ed,is	真	in,en
支	ei	锡	ɑk	耕	ing	—		队	ud,us	谆	un
之	ək-,u	职	ək	蒸	əng	之	ɐi	职	ɐig	蒸	ɐing
		缉	əp	侵	əm	—		缉甲	ib	侵甲	im
						—		缉乙	ub,ob	侵乙	um,om
		盍	ap	谈	ɑm	—		盍	ab	谈	am

同样利用东汉佛经进行分析,两家拟音的差异不小。正如Pulleyblank(1983)所评,Coblin 的系统比较接近李方桂(1971)。而俞氏的系统有几个特点比较突出:①声母系统舌面音比较少;②

去声-s 韵尾;③入声浊韵尾。由于入声浊韵尾给汉藏同源词的构拟带来不少方便,有些学者积极支持这个学说。但笔者以为印汉对音材料不足证明“入声浊韵尾”的存在。

二　早期译经的原本语言

对音研究有一个大前提:需要澄清双方的语言史和方言情况。关于东汉译音基础音系,Coblin(1981)认为应该是以洛阳为中心的通语,就这一点不会存在很大的分歧。但对佛经原本语言的问题,各家的看法很不相同。

(1)俞敏(1984:272)以为“经本一定是梵文本。现在中亚发现的古写本残卷,除古和阗文,藏文译本以外,只有梵本”。虽然也承认“里头有些是中亚方言”,基本上坚持“纯用梵本”说。因此经常根据 Monier-Williams(1899)校改梵文音译的“错误”。

(2)Coblin(1981:124)对原本语言问题没有提出明确的意见。他好像认为东汉译经的原文基本上用梵语撰写,其中夹杂一些中期印度语(Middle Indic)的因素。又参 Coblin(1991:162—163)。

(3)专治佛教、印度语言史的多数学者认为早期佛经译自犍陀罗语(Gāndhārī),如 Norman(1991:133)。Pulleyblank(1983:84—87)赞同此种看法。

(4)季羡林(1990:9—10)认为:“支谦、安世高等后汉、三国时期的译经大师的译经语言……不是梵文,而是中亚和新疆一带的吐火罗文和伊朗语族的语言。”此文大概可以视为季老晚年定论,对季羡林(1948)的自我更正。

译经原本语言的问题直接关系到对音研究,不能忽略。下面参考佛教学、中期印度语言学的部分研究成果，就此问题进行简单的讨论和介绍。

首先我们需要注意，佛教各部派使用的语言、文字并不一致，而且随着时代发生一些变化。讨论原本语言的时候，不能不辨别每部佛经所属的部派，形成文本的年代。这方面的综述见于Lamotté（1958：607—657）、Hinüber（1989）、榎本（1988）等，表二、表三列出了这些学者所拟的原本语言。

表二　小乘各部的语言

部派	语言
上座部　Theravāda	P.
说一切有部　Sarvāstivādin	G. →BS. →Skt.
法藏部　Dharmagupta	G. →BS. →Skt.
说出世部　Lokottravādin	BS.
大众部　Mahāsāṅghika	BS.
根本说一切有部　Mūlasarvāstivādin	Skt.

表三　出土佛经、汉译佛经的原文

年代①	名称	语言	部派	参考文献
175？—230？	Gāndhārī *Dharmapada*	G.	D.	Brough（1962）
224	维只难《法句经》五百偈本	P.	T.	中谷（1988：127—137）
A. D. 3—4c.	Subaši *Udānavarga*	BS.（<G.）	S.	中谷（1988）
308	竺法护译《佛说普曜经》	G.		Brough（1977）
384—385	瞿昙僧伽提婆译《中阿含经》	G.	S.	榎本（1988）

① Gāndhārī *Dharmapada* 和 Subaši *Udānavarga* 分别根据林梅村（1989）、中谷（1988）考定的抄写年代。其他都是汉译年代。

续表

398—399	竺佛念译《出曜经》		S.	中谷(1988)
412—413	佛陀耶舍等译《长阿含经》	G.	D.	Brough(1962:50—54)
435—443	求那跋陀罗译《杂阿含经》	?	M.	榎本(1988)

表三里头五百偈本《法句经》是南传系统的,用巴利语。其他经典都属于北传系统,基本使用犍陀罗语。Subaši *Udānavarga* 虽用佛教梵语撰写,但还保留着不少犍陀罗语特有的语音、语法现象,说明这本子是根据犍陀罗语原文而译成佛教梵语的。详细讨论参看中谷(1988)。

以上是一些小乘经典的情况。那么大乘系统使用的是什么语言？好像也先用中期印度语,后用梵语。这里以《法华经》、大乘《涅槃经》、《大智度论》为例。

辛嶋(1992)指出,《法华经》早期的传本可能使用中期印度语,后来经过了"梵语化"的过程。竺法护《正法华经》(286年)还保留一些中期印度语的痕迹。

松田(1988)所录中亚出土大乘《涅槃经》梵本抄写年代约在公元10世纪以前,时代比较晚,应该比较接近纯粹的古典梵语,但也反映中期印度语的特点。下面依据松田氏的校记举出一部分例子。"(A-V.5)"表示该形式见于A本纸背第5行。

《涅槃经》	Skt.	《涅槃经》	Skt.
bāḍaṃ(A-V.5)	bāḍhaṃ	darhraka(B-V.8)	dahraka
cabalān(B-R.8)	capalān	nidiśituṃ(C-R.5)	ninditaṃ
manyuśrīḥ(B-V.7)	mañjuśrī-	goraṃ(C-V.1)	gauraṃ

鸠摩罗什在404—406年译出的《大智度论》卷四十八《释四念处品》(大正藏25.408)里头有一段按"圆明字轮"次序举出印度语词的汉字音译,反映比较浓厚的中期印度语色彩,参表四。

表四 鸠摩罗什译《大智度论》①的印汉对音

* 犍陀罗语的"adi 59"表示出现在Brough(1962)校录《法句经》的第59偈,拼写形式是"adi"。汉字还原主要依据Brough(1977),做了一些改动。

音译词	秦言	犍陀罗语(G.)	巴利语(P.)	梵语(Skt.)
阿提	初	adi 59	ādi	ādi
阿耨波陀	不生	* anuva+√dha	anupa+√dhā(?)	anupa+√dhā(?)
罗阇	垢		raja-	rajas
波罗木陀	第一义	* paramadha	paramāttha	paramārtha
遮梨夜	行		cariya	caryā
那	不	na 1	na	na
逻求	轻	lahu 76	lahu	laghu
陀摩	善	dama 192(?)	dama(?)	dama(?)
婆陀	缚	* badha	baddha	baddha
荼阇他②	不热	(ḍaj̄amāṇa 75)	* dayhada	* dāhyada
沙	六	N. ṣo	cha	ṣaḍ
和波他	语言	B. vappatha	vākpatha	vākpatha
多他	如	tadha 59	tathā	tathā
夜他跋	实	(yatha 293)	yathāva	yathāvat
吒婆	障碍	B. ṭabha	thambha	ṣṭambha
迦罗迦	作者	karako 322	kāraka	kāraka

① 《大正藏》的校记列出了不少异文。本文一律依用《大正藏》正文。

② G. * ḍaj̄ada? Brough(1962:§6b,61)以为j̄的音值就是[ź]。原注:"南天竺",注④、注⑤同。摩诃剌佗语(Mahārāṣṭrī。曾在印度西南部通行)* ḍajjhada(=Skt. dāhyada),参Pischel(1900:§222)。秦言"不热",可能把"-da"解释成"removing"了。Brough(1977:88)拟为ḍajjha(ṃ)da,但没注明是什么语言。

续表

萨婆	一切	sava 321	sabba	sarva
魔迦罗	我所	＊mamakara	mamankāra	mamakāra
伽陀	底	kada(?) 43	gata(?)	gata(?)
多陀阿伽陀	如去	tadhakada	tathāgata	tathāgata
阇提阇罗	生老	jadijara	jātijara	jātijarā
湿簸	(无义)	ṡpa(?)		
驮摩	法	dhama 37	dhamma	dharma
赊多	寂灭	śada 141	santa	śāṃta
呿伽	虚空		khaga(?)	khaga(?)
叉耶	尽	kṣaya 5	khaya	kṣaya
若那	智	＊ñana	ñāna	jñāna
阿他	义	atha 25	attha	artha
婆伽	破		bhanga	bhaṃga
伽车提	去	gachadi 74	gacchati	gacchati
阿湿么	石		asman	aśman
火夜	唤来		(αvhaya)	hvaya
末蹉罗	悭	(matsuri 186)	macchara	matsara
伽那	厚	(eka-khaṇo 239)	ghana	ghana
他那①	处	＊thana	thāna	sthāna
拏②	不	na 1	na	na
颇罗	果	phala 146	phala	phala
歌大	众	＊kadha	khandha	skandha
遮罗地	动	caradi 68	carati	carati
吒罗③	岸	＊ṭhala(?)	thala	sthala
波茶	必		(bāḷha)	bāḍhaṃ

① 摩诃剌侘语 ṭhāṇa，参 Pischel(1900：§309)。

② 摩诃剌侘语 ṇa，参 Pischel(1900：§224)。

③ B. ＊tala(P. taḍa；Skt. taṭa)。

上面有些音译完全可对梵语，例如“逻求 laghu”。不过，以下几例都不好用梵语来解释，非考虑中期印度语不可：“驮摩 dhama　赊多 śada　若那 * ñana　阿他 atha　他那 * thana　歌大 * kadha”。

清浊的对应关系很值得注意。例如“多陀阿伽陀”“伽车提”“遮罗地”均用汉语古全浊声母字去对梵语清音。Brough（1962）、Hinüber（1986）、中谷（1988）等一致指出，犍陀罗语的塞音往往失去清浊的对立，送气不送气的区别也开始消失。例如在公元 3 世纪的鄯善流行的一种犍陀罗语清浊辅音的替换现象非常普遍，连专名也有几种不同的拼法，参 Burrow（1937:5）：

Giraka = Kiraka、Pideya = Piteya、Dhameca = Tameca

还有如下一些例子，均能说明犍陀罗语的清浊、送气不送气区分得不很严格

Gāndhārī *Dharmapada*　G. kada = Skt. gata

Subaši *Udānavarga*　BS. kusīto = Skt. kusīdo

BS. viceṣyati = Skt. vijeṣyati

BS. paśyath(a) = Skt. paśyataḥ

因此我们可以推断，在公元 3—4 世纪，译经僧徒看到的佛经原本不大可能使用纯粹的古典梵语。

三　结论

现在我们再回到所谓入声浊韵尾问题上。俞敏（1984）给入声字构拟浊韵尾的最主要的论据就是“劫 garbh”“郁 yud”“特 dag”等对音。俞氏又指出，浊塞韵尾有容易脱落、弱化的特点，可

以解释下面现象：

（甲）-g 脱落。"天竺"对古波斯文 hindu，"身毒"对 Skt. sindhu。

（乙）-g>-ɣ，-h。"莫干"对 Skt. maskarī。

关于（甲），笔者无力提出什么有说服力的解释①。（乙）大概不需假定浊塞韵尾。-sk->-kk-的音变在中期印度语比较常见，参 Pischel（1900：§306）、Hinüber（1986：113）。

总之，入声浊韵尾的构拟论据不足②。刘广和（1988）以为"此文确证后汉入声收浊塞音"，未免言之太过。俞氏构拟的东汉音系还有一些问题需要商榷③，暂时不宜视为上古汉语、汉藏语研究的出发点。

最后根据前人的研究，总结一下印汉对音研究上应该留心的几项原则：

（1）要确定某部经典的原本形成的地域、所属的部派、原文使用的语言。

（2）不能只列每个汉字单独的对音，要观察整个音译词的对应情形。就此一点，Coblin（1981）的处理方法比较谨慎。

（3）有些印度文字的形体相似，抄写、读字上的错误是难免的。这样就会出现"不规则的语音对应"。

（4）印度文字的拼写并不等于实际音值，参 Brough（1962）。

---

① 季羡林等（1985：162—163）认为"身毒"来自张骞听到的大夏语，"天竺"来自伊朗语 Hindu 或 Hinduka。

② 郑张尚芳（1990）试图根据①汉语方言、②日本古借词、③藏语、④早期梵汉对音等四项证明"入声浊韵尾"的存在。其中②的举例多不可信，参 Kamei（1954）。关于④，参看本文的讨论。不知道①③是否足以证明"入声浊韵尾"？

③ 如舌面音声母问题。在犍陀罗语，-c->-y-之类的音变十分常见。在东汉佛经译音，梵语 c-系列辅音的对音看起来很乱，这就是其主要原因之一。

(5)不宜根据梵语词典校改原文、译文的"错误"。中亚出土佛教文献是最重要的第一手材料，应该重视。

1993 年 9 月 13 日初稿，15 日修订。

参考文献

Brough, J. 1962 *The Gāndhārī Dharmapada*, London: Oxford University Press.

——— 1977 The *Arapacana* Syllabary in the Old *Lalitavistara*, *BSOAS* 40, 85—95.

Burrow, T. 1937 *The Language of the Kharoṣṭhi Documents from Chinese Turkestan*, Cambridge University Press.

Coblin, W. S. 1981 Notes on the Dialect of the Han Buddhist Transcriptions, 《"中央"研究院国际汉学会议论文集 语言文字组》，(台北)"中央"研究院历史语言研究所，121—183.

——— 1991 BTD Revisited—A Reconsideration of the Han Buddhist Transcriptional Dialect (Part. 1: The Initials)，《第二届中国境内语言暨语言学国际研讨会论文集》，(台北)"中央"研究院历史语言研究所，160—179.

榎本文雄 1988 初期仏教思想の生成—北伝阿含の成立，《岩波讲座东洋思想》8，东京：岩波书店，99—116。

Hinüber, O. v. 1983 Sanskrit und Gāndhārī in Zentralasien, in K. Röhrborn und W. Veenker (eds.): *Sprachen des Buddhismus in Zentralasien*. Wiesbaden: Otto Harrassowitz, 27—34.

——— 1986 *Das Ältere Mittelindish im Überblick*, Wien: Verlag der Österreichischen Akademie der Wissenschaften.

——— 1989 Origin and Varieties of Buddhist Sanskrit, in C. Caillat (eds.): *Dialectes dans les littératures indo-aryennes*, Édition-Diffusion de Boccard, 341—367.

季羡林 1948 浮屠与佛，《历史语言研究所集刊》20，93—105。

——— 1990 再谈浮屠与佛，《历史研究》第 2 期，3—11。

季羡林等 1985 《大唐西域记校注》，中华书局。

Kamei, T. 1954 Chinese Borrowings in Preliterate Japanese，《日本語系統論

のみち》,(东京)吉川弘文馆,1973年,181—239。
辛嶋静志 1991 法华经中的乘(yāna)与智慧(jñāna),《季羡林教授八十华诞纪念论文集》,江西人民出版社,607—643。
Lamotté,É. 1958 *Histoire du bouddhisme indien*,Louvain:Université de Louvain.
李方桂 1971 上古音研究,《清华学报》新9.1—2,1—60。
林梅村 1989 犍陀罗语《法句经》残卷初步研究,《出土文献研究续集》,文物出版社,253—262。
刘广和 1988 梵汉对音,《中国大百科全书·语言文字》,中国大百科全书出版社,74—75。
松田和信 1988 《インド省蒂書館所藏中央アジア出土大卲涅槃々梵文断簡集》,(东京)东洋文库。
Monier-Williams,M. 1899 *Sanskrit-English Dictionary*,Oxford University Press。
中谷英明 1988 《スバシ写本の研究-茱兹国致隸藍の"ウダーナ·ヴァルガ"一》,(京都)人文书院。
Norman,K.R. 1991 Gāndhārī,《季羡林教授八十华诞纪念论文集》,江西人民出版社,133—143。
Pischel,R. 1900 *Grammatik der Prakrit Sprachen*,今用(东京)名著普及会影印本1977年。
Pulleyblank,E.G. 1962 The Consonantal System of Old Chinese,*Asia Major* (*n.s.*)9,58—144;206—265.
——— 1964 The transcription of Sanskrit *K* and *KH* in Chinese,*Asia Major* (*n.s.*)11,199—210.
——— 1983 Stages in the transcription of Indian Words in Chinese from Han to Tang,in K. Röhrborn und W. Veenker(eds.):*Sprachen des Buddhismus in Zentralasien.* Wiesbaden:Otto Harrassowitz,73—102.
汤用彤 1938 《汉魏晋南北朝佛教史》,今用中华书局(1983年重排本)。
俞 敏 1984 后汉三国梵汉对音谱,《中国语文学论文选》,(东京)光生馆,269—319。
郑张尚芳 1990 上古入声韵尾的清浊问题,《语言研究》第1期,67—74。

[附记]本稿は1993年度文部省科学研究费综合研究(A)课

题番号05301056・1993年度财团法人三菱财团人文科学研究助成・1992年度京都大学学术奖励金による研究成果の一部である。

（原载 *Current Issues in Sino-Tibetan Linguistics* ed. by Hajime Kitamura, Tatsuo Nishida and Yasuhiko Nagano, The Organizing Committee, The 26th International Conference On Sino-Tibetan Languages and Linguistics, Osaka, 1994）

（平田昌司：日本京都大学）

玄奘译著中的梵汉对音和唐初中原方音

施向东

引　言

本文的目的，是想通过玄奘译著中的梵汉对音来考察公元7世纪时汉语的一支影响极大的方言——中原方言的语音系统，对这一音系的若干问题进行初步的探讨，并且拿它来同历来被称为中古汉语语音的代表的切韵音系作一点比较。

玄奘（公元600—664年）出生在洛阳附近的缑氏，形成自己的语音习惯的时代是在洛阳度过的。因此，他所操的方音当为中原方音。玄奘游五天竺十七年，在佛学和语言学上造诣极深。他一生翻译梵文经论七十五部，开创了译经史上的新时期，所以世称"新译"。根据玄奘的语言造诣，根据正史和内典的记载，根据玄奘的译作和他自己的著作《大唐西域记》中在梵汉对音方面的互相印证，我们完全可以相信，玄奘译著中的梵汉对音反映的正是玄奘本人的方音——中原方音。

本文所用的材料，取自玄奘的全部译著。这些材料可以分为三部分：一、圆明字轮的译音；二、密咒的对音；三、梵词的音译。前两部分材料，对音是相当精密的。这两种材料中共出现对音字188个，占全部对音字619个的30%，这是我们研究的基本材料。后一部分材料，过去有些研究梵汉对音的人认为它们可靠性不够，原因是不容易分清这些译名是出于译者自己的心裁还是沿用了旧译。但是在《大唐西域记》中玄奘对许多旧译作了批评，用小字夹注写出了明确的评语，给出了正确的新译。根据大量的这种改正旧译的夹注，我们可以较容易地克服上述困难，把数量巨大的译音材料用到对音研究中来。

一 梵语辅音与中原方音的声母系统

玄奘译音反映出来的中原方音的声母系统比较清晰，对音的规律性很严格，例外情形所占的比重很小，为了方便下面的叙述，我们首先把梵语辅音与玄奘对译用字声纽对照列表如下（右上角有“ * ”号的字，见于圆明字轮和密咒的对音）：

梵语辅音	汉语声纽	对音字	例外字	例外字出现率
k	见	迦* 宫恭枳* 翅拘俱矩* 句瞿稽雞蓟繫* 计紧* 军捃建侨薑矜袈鸠金剑鞠吉* 屈* 讫羯* 却劫	頎诘揭佉（溪纽）健竭（群纽）	<3%
kh	溪	佉* 企弃朅契	货汉（晓纽）	<9%
g	群	伽* 祇窶瞿耆具惧* 郡健乾揵乔殑毱局姞掘崛揭* 笈	恒（匣纽）	<0.6%
gh	群	键* 祇窶瞿具勤犍伽* 揭*	祛（溪纽）	<4%
ṅ（ṅg）	疑	御		0

续表

梵语辅音	汉语声组	对音字	例外字	例外字出现率
c	照三	者* 支脂旨至芝止* 志珠主* 注铸制真准準旃栴战招遮* 瞻占质折* 酌* 斫*		0
ch	穿三	绰* 掣阐车* 苫呫跡	村(清组)	6%
j	禅三	闍* 氏视豉时恃市* 殊树逝誓慎鄯膳缮禅社赡折* 勺什*		0
ñ(jñ)	日	若攘尔		0
ṭ	知	吒* 知胝置* 竹晰* 磔搩	侘搋(彻组) 荼雉(澄组) 澍(照三)	13%
ṭh	彻	搋* 絺耻* 祉摅侘诧*	吒(知组)	10%
ḍ	澄	荼* 穉稚持陈阵茶择宅哒	铎度(定组)	14%
ḍh	澄	择* 荼茶宅	搋(彻组)	20%
ṇ	娘、泥	拏* 尼* 腻拿挐忸* 疕匿*(娘组) 儞筊怒弩泥揉那诺(泥组)	若攘(日组)	2%
t	端	頞* 都菁* 堵妬蠹底* 鞮低* 帝* 谛* 旦颠刀多* 埵* 蹬耽* 点* 咄呾* 怛* 德答*	知镇吒咤(知组)荼(澄组)	<2%
th	透	他* 土免菟侻闼* 铁託	陁陀(定组)	<5%
d	定	柁* 地* 图弹度提* 第檀坛陀* 驮* 陁惰堕憧头豆昙达* 迭姪* 絰* 铎特踏叠	荼仗阵陈(澄组)	<3%
dh	定	达* 地* 杜* 度提弹田陀驮* 絰* 沓柁		0
n	泥、娘	娜* 你* 儞奴* 筊埿泥耐榛奈柰难那* 榛南耨捺* 捺诺纳*(泥组)尼* 腻昵* 拏赁(娘组)	如任若(日组)	1%

续表

梵语辅音	汉语声组	对　音　字	例外字	例外字出现率
p	帮	跛*补谱*布闭*薜奔般半报波*播*簸卜毕荜桦茇钵*博弗卑鞞臂比蔽宾褒	毗掊跋薄（並组）芬（敷组）	<3%
ph	滂	颇*庀坡比蔽		0
b	並	婆*菩*部*蒲*餔步*槃般畔渤*勃跋*频毗*	佛*梵（奉组）	20%
bh	並	薄*媲菩部*步陛槃畔叛婆*仆苾勃跋*毗鼻*鞞	浮(奉组)	1%
m	明	磨*弥弭*姥慕*迷谜*梅门闷*曼漫缦摩*魔茫*瞢*牟某母*茂贸穆木目藐蜜没秣末*沫*篾蔑莫*民	物文(微组)	<2%
y	喻四	也*夷已踰瑜渝逾*庾裕曳*延衍耶*夜*阎*盐琰剡餤焰逸*洩药抴		0
l,r	来	洛*砢*离璃缡梨履*利*唎*釐理里缕*卢*呿*鲁*噜虏路*露嗠*黎戾丽*荔隸俪赖邻蔺兰烂连练劳罗*啰*逻*螺浪狼餧陵凌楞娄楼瑠岚览嚂缆蓝滥禄栗律揨辣*剌*喇*络落勒拉*腊		0
v	奉、並	缚*吠夆饭嚩*房防梵*凡*佛伐*罚*筏*栰(奉组)避阰毗*鼻*频鞞槃婆*瓶跋薄(並组)	波博弗（帮组）	1%
ś	审三	捨*施翅尸始*试输*戍世势扇*奢赊舍商赏饷蠰首兽室*设铄释式湿*葉摄	删沙（审二组） 珊(心组)	4%
ṣ	审二	沙*师使史愉崽鎩裟洒霜衫*瑟*杀*穑色曌*澀		0

续表

梵语辅音	汉语声组	对音字	例外字	例外字出现率
s	心	娑* 斯徙玺私死* 絮须苏* 素* 西犀信孙珊* 骚些莎* 僧* 薮三* 叁参悉* 窣* 萨* 塞* 霫飒颬		0
h	晓、匣	呬* 希呼* 虎醯汉诃* 呵* 兴亘喝* 吸* 噏(晓纽)嗑* 纥* 曷* 睺护怙(匣纽)	伽(群纽)	1%
kṣ	穿二	羼* 厕* 刍* 茝叉* 差创忏刹策	崎泣(溪纽)	7%
ts	清	蹉* 雌蹭		0
θ	影	蓊* 伊医乌隝鄔坞翳鷖翳* 翳哀蔼因印安案阿* 哀* 鸯泱飏* 优沤菴庵琤* 闇* 郁壹璠鬱瘖殟阏頞* 遏恶萩		0

(一)神纽与禅纽

有些学者认为,《切韵》音系神纽禅纽互补,实为一纽①。原本《玉篇》不别禅神②,守温残卷也是有禅无神③。但玄奘译音对译辅音 j 纯用禅纽字,不杂一个神纽字,那么中原方音中神禅分立,殆可定论。又,从来拟中古音的人,都是以神纽为塞擦音,以禅纽为摩擦音④,只有陆志韦先生主张把神禅两组位置互换⑤。玄奘对音中的禅纽确确实实是一个塞擦音 j[dʑ]。神纽可能是[ʑ],因为梵语中没有这个音,所以玄奘对音中从未出现神纽字。

① 如李方桂,见《上古音研究》。

② 周祖谟《万象名义中之原本玉篇音系》,见《问学集》上。

③ 见刘复《敦煌掇琐》。

④ 高本汉在《中国音韵学研究》中承认禅纽曾有 j 的音值,但到切韵时代已变为摩擦音。

⑤ 见陆志韦《古音说略》。邵荣芬《切韵研究》也赞成陆说。

（二）娘纽与泥纽

对比 ṭ　ṭh　ḍ　ḍh 和 t th d dh 两组辅音的对音，我们可以看出，知彻澄与端透定这六个声纽在唐初中原方音中已分化为两组，只有泥、娘两纽，混用的次数较多。许多学者认为这两组的区别是人为的[1]。但是玄奘的对音中，圆明字轮的译音，ṇa译作“拏”，娘纽；na 译作“娜”，泥纽：两组是分开的。密呪的对音中，ṇ 对“尼拏忸匿”，全部是娘纽字；n 对“捺奴你那纳泥纽尼昵娘纽”；泥纽字 17 见，娘纽字 3 见。可以说，界线还是清楚的。再从《西域记》中为改正旧译夹注的词条（即经玄奘精心审音的词条）看，译 n 的字有“泥奴捺涅奈诺那泥纽字，共 11 见尼娘纽字，1 见”；译 ṇ 的字是“拏娘纽”。两组分立的局面也是明朗的。这使我们相信，玄奘的方音中泥纽和娘纽是不同的。如果说，《切韵》的反切能分别泥娘只反映了某些方言的特点，并不代表当时所有的方言（例如原本《玉篇》和守温残卷所代表的方言）都有这个区别，那么，中原方言正是《切韵》之能分别泥娘的基础方言之一。

（三）日纽和来纽

来纽字既译 l，又译 r，但是译 r 的来纽字常常加上一个口旁，如“唎啰噜咯囉喇”等，这表明 r 与来纽不完全一样。同时对音中在 r 的前头，译字往往多出一个匣纽字来。如：

sarvārtha　　译作萨婆曷刺他（76-7-5[2]）

① 如李荣《切韵音系》即如此主张。

② “76-7-5”表示所引词条的出处是在玄奘译著第 76 种（按：玄奘译著目录次第依金陵刻经处《玄奘法师译撰全集》，第 76 种是《大唐西域记》，第 1 种是《大般若波罗蜜多经》等等），第 7 卷，第 5 页（卷次、页次亦依金陵本），下仿此。

revata　　译作榅丽伐多(1-566-1)

rāhu-asula　译作曷逻呼阿素洛(60-1-17)

这个匣纽字不是平白无故多出来的,它是在向不会发[r]音的人描摹r的发音动作(就像今天初学俄语的人把p[r]念成[ɣr]一样)。而在l的前头从来不出现衍字,所以来纽应是[l]。

有的学者主张《切韵》的日纽是[ɽ][1]。[ɽ]是闪音,与颤音[r]最接近,若日纽为[ɽ],译r是最贴切的。但玄奘用"曷刺""榅丽"来描写ra、re。可见唐人不会发[r]音,唐初中原方音中没有[r]声母。日纽字在对音中译ñ、译jñ。印度方言jñ有逆同化为ñ的(比如现在僧伽罗文即如此)。玄奘译经,也把jñ念作ñ,故日纽的音值应是ñ[ɲ]。

(四)匣纽清化

晓匣两纽共同对译辅音h,不仅梵词译音如此,密呪和圆明字轮译音也是如此。有人认为印欧语的两个元音之间的清辅音浊化,故用匣纽字译h[2]。但是事实上两元音间的h也有用晓纽字译的,如svāhā作"莎诃",mahā作"摩诃",mahi作"摩醯","诃、醯"都是晓纽字。又,开头的h也有用匣纽字译的,如1-53-17 hvɑ作"嗑缚",76-5-2 harṣa-vardhana作"曷利沙伐弹那","嗑、曷"都是匣纽字。除了承认匣纽已清化之外,无法解释这种现象。

(五)影纽不是零声母

影纽字对译元音开头的音节,但不是零声母。因为假如影纽是

① 见王力《汉语音韵》,1980年版。

② 梵语元音间清辅音浊化的现象主要发生在词与词之间,并非所有的情况下都会发生,所以不能乱套这一规则。

零声母,则它的细音就无法与喻四纽相区别。玄奘对音中绝无影三与喻四相混的现象。其二,影纽字历来属清声,其声调属阴调,这也排斥了它以元音开头的可能性。我们依高本汉等把影纽拟为[ʔ]。

(六)轻重唇音分化问题

对译辅音 p 的,除了一个“芬”字,全是重唇字。74-6 puṇḍarika译作芬陀利迦,这是承用了旧译。新译作奔荼利(1-10-19)。奔,重唇字。此外,如:

puruṣa　旧译富楼沙,奘译补卢沙(33-2-20)

pūrṇa　旧译富兰那,奘译布剌拏(76-3-20)

putanā　旧译富单那,奘译布怛那(5-1-18)

pudgala　旧译福伽罗或富特伽罗,奘译补特伽罗(1-4-5)

旧译轻重唇不分的,玄奘都分清了。

对译 ph 的全是重唇字。对译 bh 的除一个例外字也都是重唇字。对译 m 的有“文、物”两个例外字,都是出现在旧译名中的。而 76-4-8mañjuśrī 作曼殊室利,夹注说:“旧曰……文殊师利……讹也”。正说明玄奘是能分辨明、微两纽的。

b 和 v 两音的对音表面上看来有些混乱。译 b 的轻唇字只有“佛、梵”两字,但出现率几乎达 20%。这主要是因“佛”字在内典中使用频率太高造成的。这个字远在唇音分化之前就进入佛典,碍于宗教本身的崇拜对象,又不好轻易更改,只好沿用下来。“梵”字的情况大致也如此。撇开这两个字,则轻唇字对译 b 的问题便不复存在。半元音 v 的对译字,除了少量例外字以外,还有相当数量的並纽字,主要是三等的並纽字。但是我们几乎马上就能发现,这些並三纽字的元音全部都是前元音(关于元音见下文),而元音是前元音的重唇字是不轻唇化的[①]。既然汉语中没有相应的轻唇字，因此对译含前元音的音节时使用並$_{三}$组字，这根本就不成为轻重唇音分化的反证。

在《大唐西域记》改正旧译的夹注中还有更强硬的证据：

ajitavati　阿恃多伐底河旧曰阿利罗跋提河，讹也（76-6-16）

jambu-dvipa　赡部洲旧曰阎浮提洲，又曰剡浮洲，讹也（76-1-3）

jīvaka　时缚迦旧曰耆婆，讹也（76-9-8）

nivasana　泥缚些那旧曰涅槃僧，讹也（76-2-4）

vakṣu　缚刍河旧曰博叉河，讹也（76-1-3）

vasubandhu　伐苏畔度旧曰婆薮盘豆……讹也（76-5-10）

subuti　苏部底旧曰须扶提……讹也（76-4-19）

这些更改再清楚不过地向我们表明了，在玄奘方音中並、奉两组是分得开的。

我们通过玄奘译经的对音可以大胆地肯定，轻重唇音的分化在玄奘时代已经发生了。奉纽的音值是 v，非常清楚[②]；非敷微的音值是什么，因没有对音的根据，我们暂不去构拟。但微纽不是 v，则是可以断言的。

（七）全浊声母不送气

---

① 见陆志韦《古音说略》。

② 关于梵语 v 的音值，存在着不同的解释。我们根据古印度学者的描写，例如《大自在天经》中 v 的排列位置，认为经典梵语中 v 是一个摩擦音。至于把 v 念成 b，把 b 写成 v 的，那主要是方音的现象。比如孟加拉古抄本中原始的 b 一律写作 v（据惠特尼《梵文文法》第 2 版 § 50），而所有的 v 一律念作 b。陆志韦《古音说略》认为玄奘时代没有轻唇音的确实根据，认为玄奘读"嚩"字大概是 bv，这一主张是与玄奘译音的实际相违背的。按陆先生的主张，並是 b^w，奉是 bv。在与后面元音相拼的情况下，b^w+元音=bv+元音。这样的话，我们在《西域记》中看到的上述玄奘对旧译的纠正便无法解释。假如我们尊重对音的现实，则不得不放弃陆先生的主张。

中原方音一个浊声纽对梵语两个浊塞音,汉语的浊声纽送不送气?历来争论甚多。我们赞成不送气说。除了同意陆志韦、李荣等人已经提过的理由外,玄奘对音中有一个有力的证据,那就是,在对音的例外字中我们发现对译的错误也是很有规律的:

	梵音		唐音		误译举例	总例数	特点
	送气	清浊	送气	清浊			
1	送	浊	送	清	māgha 磨祛(祛 kh)	2	都送气
2	送	浊	不	清	无	0	无共同点
3	不	浊	不	清	badakṣāna 钵铎创那(钵 p)	2	都不送气
4	不	浊	送	清	无	0	无共同点
5	送	清	不	清	jyeṣṭha 逝瑟吒(吒 ṭ)	1	都是清音
6	送	清	不	浊	无	0	无共同点
7	不	清	送	清	kothari 朅他罗(朅 kh)	6	都是清音
8	不	清	不	浊	nīlapiṭa 尼罗蔽荼(荼 ḍ)	9	都不送气

从表中可以看出,在清与浊、送气与不送气这两个语音要素上,汉梵两种语言至少有一个共同点时,才有错乱发生。这个规律是很合情理的。而只有浊音不送气,才能解释这个规律。否则,就无法解释为什么第6栏的错乱一个也没有发生,而第8栏的错误却有那么多。

现在我们把中原方音的声母表列在下面,加括弧的是对音中没有出现而我们推测得出的音:

传统名称	不送气清音	送气清音	浊音	鼻音	擦音,边音,半元音
牙　音	见 k[k]	溪 kh[k‘]	群 g[g]	疑 n̄[ŋ]	
正齿音三	照三　c[tɕ]	穿三 ch[tɕ‘]	禅 j[dʑ]	日 ñ[ɳ]	审三 ś[ɕ](神)[ʑ]
正齿音二	(照二)[tʂ]	穿二 kṣ[tʂ‘]	?		审二 ṣ[ʂ]?
齿头音	(精)[ts]	清 ts[ts‘]	(从)[dz]		心　s[s]?
舌上音	知 ṭ[t]	彻 ṭh[ʈ‘]	澄 ḍ[ɖ]	娘 ṇ[ɳ]	

续表

传统名称	不送气清音	送气清音	浊音	鼻音	擦音,边音,半元音
舌头音	端 t[t]	透 th[t‘]	定 d[d]	泥 n[n]	来 l[l]
重唇音	帮 p[p]	滂 ph[p‘]	並 b[b]	明 m[m]	
轻唇音	(非)	(敷)	奉 v[v]	(微)	
喉　音	影[ʔ]				晓、匣 h[h] 喻四 y[j](喻三)

二　中原方音的韵母系统

中原方音的韵母系统在玄奘译音中的对音情况,比声母系统要复杂一些,这种复杂性是由梵语元音的贫乏(仅 14 个元音:a ā i ī u ū e ai o au ṛ ṝ ḷ ḹ,其中 ḹ 只在理论上存在,ṝ 与 ḷ 也罕用;前 6 个元音实际上是 3 个元音的长短音①),梵汉两种语言元音音色的细微差别,辅音、元音配合条件的不同,以及各自划分音节的不同规则等因素造成的。因此,需要具体分析各种复杂情况,才能从中找出对音的规则来。

由于这一部分内容需要涉及的例字太多,若一一罗列,很占篇幅,所以我们在正文之后附上玄奘译著对音字表,作为本节议论的依据,只有十分必要的例子才在正文中援引。

(一)韵尾和入声尾音的弱化

中原方音的音节分为阴声、阳声、入声;阳声和入声又分为收舌头音、收舌根音和收唇音的三类,大抵与切韵音系吻合。比如:

① 梵语长短元音的区别主要是音长不同,除了 a 以外,并不重视音色的区别(a 念[ɐ],ā 念[ɒ])。

阴声字：迦 ka　止 ci　搋 ṭha　睹 tu　褒 pau　翳 e

阳声字：茫 maṁ(k)　纴 liṅ(g)　蓊 uṁ(k)（梵语的 ṁ 是鼻化音，发音部位受后边辅音的同化，如 maṁ[k]=maŋ）

扇 śān　郡 gun　慎 jin；闷 muñ　奔 puṇ（ṇ、ñ 的舌位对后边的元音影响大，而对前边的元音影响极小，作为尾音看，与 n 极相近）

点 tyam　凡 vam　忏 kṣam

入声字：索 sak　忸 ṇuk　择 ḍhak；莫 mah；怛 tad　杀 ṣad　讫 krit；达 dhar　末 mal；劫 kap　腊 lab　答 tap；纳 nav

但是，对音中尾音有相混淆的现象，混淆的程度，入声字甚于阳声字，入声字中收舌根音和舌头音的字又甚于收唇音的字。比如：

特 dm　郁 uj　目 muc；毕 pip　屈 kuk　刺 rab　頞 av；泣 kṣim　飒 sam　笈 gam　答 tam

收唇入声字尾音只与同部位的鼻音相混，而其他两类入声字混淆的面宽得多，甚至失掉了尾音，来对开音节：

绰 cha　择 ḍha　薄 bha　洛 ra　酌 ca　铄 śa；达 dha

吉 ki　壹 i　昵 ni　刺 ra　絰 dya

在圆明字轮 42 字中，入声字译开音节有 6 个，占 14%；密呪对音共有 706 音节，其中入声字对开音节 67 次，接近 10%。这说明，在唐初中原方音中，入声字的收尾塞音已经在弱化，已不但不是完整的塞音，而且有时连“唯闭音”的音色也保持不了，只剩下唇和舌趋向闭塞的不完整动作。这样我们就容易解释用入声字对译收摩擦音的音节（莫 mah、纳 nav、杀 ṣas等），收流音（达 dhar、末 mal等）的现象，也容易解释入声字对译开音节的现象。周祖谟《宋代汴洛语音考》证明，中原方音到宋代只有收唇入声字保留有尾音，其余两类入声字的韵尾都丢了，变成了短促的开音节①。这一格局，正是唐初中原方音入声尾音弱化过程的必然归宿。

（二）合口介音

玄奘译经用到的合口字不多，这些字所对的音节在辅音和元音之间都有-v-这个半元音，如：

tva 埵（1-4-3）　　tvā 埵（44-2-11）

dvā 憧（76-10-8）　dvā 堕（66-142-2）

svā 莎（19-33）　　lvā 螺（76-8-16）

若辅音和元音之间没有-v-的音节，则从来不用合口字来对译（唇音声母字例外）。梵语半元音 v 在辅音和元音之间读为［w］②，与汉语中的合口介音非常相似。因此汉语的合口字有［w］介音，看来是无疑问的。

但是唇音声母的“合口字”没有［w］介音：

波 pa　颇 pha　跋 bar　秣 mat　梅 mai

“梅”是灰韵字。灰韵与咍韵一开一合，两韵都有唇音声母字。李荣反对唇音字有［w］介音，但在灰韵中遇到了困难，不得不特地为灰韵唇音字保留［w］介音③。玄奘译 mai 用合口灰韵的“梅”字，而不用开口咍韵的“浼”字，可见灰咍两韵唇音字开合对立是靠不住的。

在我们看来，唇音字之分为开合口，乃是反切和韵图的作者们

① 见《问学集》下。

② 梵语 v 的历史是 u→w→v。按 sandhi 的规则，上一词末尾的 u 在与下一词开头的元音（u 除外）相遇时，u→v。见 *Начальный Курс Санскрцт а*，26 页。

③ 见《切韵音系》136 页。原写作 u，这里为了上下文一致，改写作［w］。

用来区别元音的洪细的。如一等的歌戈韵，唇音字在合口的戈韵，而二等的麻韵，唇音字则与开口字系连。同等重韵的，唇音字在合口的比唇音字在开口的要稍洪，如废韵、删韵、元韵唇音字在合口，而祭韵、山韵、仙韵唇音字在开口，前者音洪，后者音细，这与李荣《切韵音系》、陆志韦《古音说略》所拟的音值都能吻合。

有些合口韵以 u 为主元音，则没有[w]介音：

军 kuṇ　郡 guñ(文韵)；准 cun(准韵)；孙 sun　捃 kuṇ(魂韵)

u 本身就合口，再加[w]，不免画蛇添足。

(三)两类腭介音

从对音看，辅音和元音间有-y-的音节常用三等字来译，如：

尸śyi　絮 syu　誓 jye　迦 kya　佉 khya　奢śya　葉śyap　仗 dyān

但是对音中也常用三等字去译不带-y-的音节：

迦 ka　建 kan　羯 kar　却 kak　剑 kam　殑 gaṅg　瞿 gu

我们可以发现，这些音节全部是 k 组辅音开头的。从历史上说，印欧母语本有两组舌根音：q 组和 k 组。这两组塞音都有前移的趋势。发音部位前移的结果，k 组的一部分变成了 c 组，q 组和 k 组的另一部分变成了 k 组。后者并有继续前移的趋势，这种前移趋势使它同跟在后边的元音之间产生出一个伴生的介音来，因此 ka→kya。日本的悉昙家给梵文 ka 组字母注音时，注作“楄カキャ”等[①]。净严《悉昙三密抄》说：“楄，南天竺音カ(ka)，中天竺音キャ(kya)。”[②]无怪玄奘在译 k 组辅音开头的音节时，从不用一等牙

① 见《大正藏》卷八十四，空海《梵字悉昙字母并释义》；安然《悉昙藏》卷八；信范《悉昙秘传记》；了尊《悉昙轮略图抄》；净严《悉昙三密抄》。

② 同上。

音字，而只用三等字（少数用四等字，那是因为元音的关系）。可见，三等字有-y-[j]介音看来是无疑的。

重纽三等字与四等字的介音不同：

四等：企 khya　吉 ki(=kyi)

三等：姞 grid　讫 krit　乾 grān　佛 vrij

玄奘译音字中，译带-y-介音的梵语音节从不用重纽三等字。对译以i为主元音的音节的，只要有重纽，就一定用四等字，不用三等字，例如，pāramitā一词，在佛典中出现极其频繁，玄奘例译作“波罗蜜多”，mit对“蜜”，从不省笔作常见的“密”，因为“蜜”在重纽四等，“密”在三等。佛名śikhin（体声śikhī）译作尸弃（70-15-7）或式企（70-126-15），弃、企都是重纽四等字，而不作三等的绮、器等。《慧琳音义》卷二十五译ṛ、ṝ为“乙上乙去引”，读ṛ、ṝ为ri、rī，“乙”也是重纽三等字，与玄奘译i为“壹”（四等字）正相互印证。可知重纽四等的介音也是y[j]，而三等介音近乎r。上文已证明，唐初中原方音中没有颤舌音[r]，所以作为重纽三等腭介音的应是一个与[r]相似而不颤舌的[ɹ]。从对音看，[ɹ]有点像英语的r那样带有撮唇音色，这个撮唇的介音使重纽三等字常常听起来像是合口的，所以以i为元音的侵韵重纽三等字“金”要对kum，“闇”要对uṁ。

陆志韦主张照二组和知组声纽字的介音与重纽三等一样[①]，从对音结果看来是不错的，因为这两组声纽都是翘舌音，与[ɹ]的翘舌音色正相匹配[②]。或者这两组音读作翘舌音正是由[ɹ]引起的，后世舌上音并入正齿音，很可能也是[ɹ]影响的结果。

---

① 见《古音说略》。

② 76-11-16，“苏剌侘”对surāṣṭra，ṭra对侘，舌上音。

（四）元音

（1）各等音色的差异

梵语中元音 a 出现频率最高，对音中对译 a 元音的韵也最多，计有果摄、假摄、山摄、宕摄、咸摄、梗摄、曾摄诸韵字。据音韵学的常识，各等的元音应有不同的音色。玄奘译音证明这种差别是实际存在的。例如在果假两摄中，一二三等的差别极为明显：

76-8-1 pāṭaliputra"波吒釐子城旧曰巴连弗邑，讹也"。波，一等戈韵字，巴，二等麻韵字，必以波改巴，足见音色有别。梵语 ā 的音色是个后元音[ɒ]。看来，歌戈韵的元音当是[ɒ]。麻韵的 ɑ 是前元音[a]，[a]与梵语的 a[ɐ]、ā[a]都不同，所以译音极少用麻韵字。至于梵语的 ca、ṭa、ṣa、ya 等字要用麻韵字译，那是因为歌戈韵中没有照三、知、审二、喻四等声纽字的缘故。

1-570-11 kālika 作"迦履迦"，慧琳音义注："上薑佉反，假借此音以响梵音，下文梵语中有此迦字悉同此音"。说假借，可知迦字读法特殊。《王三》迦字与伽佉等反切下字相系连，自成一类，与歌类不同。上文我们已知，kā = kyā，这与《切三》"伽"字下注"无反语，噱之平声"正吻合，噱是三等药韵字，则知迦与歌当是有无 y[j]介音的不同。

综合上面的叙述，我们就有

歌[ɒ]　迦[jɒ]　麻[a]、[ja]

戈[wɒ]　（[jwɒ]）[①]　（[wa]）

根据同样的理由，这个结果可以推广到山摄、宕摄、梗摄、咸摄的一、二、三等韵中去，也即一等韵是[ɒ]，二等韵是[a]，三等韵有腭

① 对音中没有出现，依音理推出来的，则加括弧以志之，下同。

介音，其元音按唇音字开合口有前后之别。

曾摄字一等多译短元音 a，从不译长 ā，三等多译 i。它的唇音字《韵镜》都在开口，可见其元音不是后元音，但一等韵的元音也不会是前元音。看来应是[ə]，[ə]与梵语的 a[ɐ]最为接近，三等的[jə]译 i 也颇相近。

(2)同等重韵

中原方音的韵系比起切韵音系来要简单一些，这主要表现在《切韵》同等重韵的许多韵，在中原方音中都可以合并起来。比如，岚覃韵与蓝谈韵同译 ram，拉合韵与臘盍韵同译 lav，耐代韵与棕泰韵同译 nar，哀哈韵与蔼泰韵同译 ai，支支韵脂脂韵芝之韵同译 ci，呬至韵与希微韵同译 hi，等等。《切韵》中有区别的这些韵，在对音中却没有什么不同的表现。

根据对音可以合并的韵有：谈覃(举平声包括相应的上去入声，下同)；哈(灰)泰；严凡；佳麻；山删；庚耕，咸衔；夬皆；支脂之微；真臻殷。凡韵从前被当作严韵的合口，但对音中凡韵字没有作合口的：剑 kam，凡 vam，梵 vam、brahm。凡韵的地位相当于重纽三等韵，当有[ɹ]介音，[ɹ]的撮唇音色可能是它被误认为“合口”的原因。

但是也有相反的情况。文和殷、魂和痕，过去被认为是元音相同、一合一开的两对韵。但是玄奘译音中文韵和魂韵都对 u 元音，而殷韵对 i 元音：訖迄韵，殷的入声对 krit，kṛt(=krit)，痕韵对 o 元音：纥寄放在没韵中的痕韵的入声对 hor。看来，等韵家关于文和殷、魂和痕一合一开的说法是应当摒弃的了。

(3)四等韵的元音

从对音看，先韵、添韵对-ya-，青韵、屑韵对-e-，屑韵还对-i-。

齐韵字绝大部分对-e，也有对-ai，对-i的。看来四等韵的元音是e。因为ya和ai平化就成e，e的音色也较容易解释为什么能对i。梵语中“元音变换”的规则告诉我们，在不同的重音形式下元音按一定的规律变化：

原始形式	a	i/ī	u/ū	ṛ	ḷ
guṇa（重音形式）	a	e（<ai）	o（<au）	ar	al
vṛddhi（强重音形式）	ā	āi	āu	ār	āl①

i、e、ai是同一元音在三种不同情况下的变换形式。日本悉昙家安然《悉昙十二例》第十一“伊翳难定例”说：“诸梵语中伊翳通用……”②说的就是i（伊）和e（翳）间的互相变换。既然如此，则以e为元音的四等韵字对音中出现i、ai等音就不足为奇了。

（4）遇流二摄音值的变迁

俞敏先生指出，后汉三国时代鱼部（上古鱼部包括鱼韵、模韵和虞韵的一部分）的元音是a，幽、侯部元音是u、o③。李荣《切韵音系》指出，东晋至隋尤侯韵的主要元音是u，模韵的主要元音是o④。到了玄奘对音中，情况又发生了变化。《西域记》有大量这样的例子：

76-9-6	asura	阿素洛旧曰阿修罗……皆讹也。
76-3-17	Upadeśa	鄔波第铄论旧曰优波提舍论，讹也。
76-1-3	Uttara-kuru	北拘卢洲旧曰……鸠楼，讹也。
76-5-10	Vasubandhu	伐苏畔度旧曰婆薮盘豆……讹谬也。
76-1-3	Sindhū	信度河旧曰辛头河，讹也。

① 见 *Начальный Курс Санскрцта*，50页。

② 见《大正藏》第84卷。

③ 见俞敏先生《后汉三国梵汉对音谱》，北京师范大学油印本，46页。

④ 见《切韵音系》145页。

凡是旧译以尤侯韵字译 u 元音的，玄奘一律斥其“讹也”，而改用模虞韵字，可知唐初中原方音模虞的元音已是 u，尤侯的元音则不再是 u 了。

(5)二合元音

玄奘译音中直接与二合元音对音的字以效摄、蟹摄诸韵字为多。译 au 有豪韵、宵韵字。但这两韵字还有对-a，-o 的。从“元音变换”看，o、au 正是 u 的guṇa和vṛddhi形式，而译-a，则是由于梵语 sandhi 规则造成的：76-1-20 aruṇa 译作“阿路猱山”，因为 a 结尾的阳性名词体声词尾变-as，在浊辅音之前变成-o①：aruṇas giri（山）→aruṇo giri。

蟹摄的灰韵、咍韵、泰韵对-ai（泰韵有几个字对-ay。ay＝ai）；废韵、祭韵对-ai，对-e，个别也有对-a，对-i 的。i、e、ai 正是“元音变换”的三种形式，故这几韵的元音当是 ai，a 的音色各等当有不同，我们依前例而定。皆韵对-e（崽 ṣe）。皆是二等韵，元音不当是 e。相信若不是声纽的关系玄奘一定会用四等字来译的。看来皆的元音也是 ai，平化则成 e。

我们分析，流摄诸韵的元音也是二合元音。玄奘对音中流摄诸韵字许多是出现在沿用的旧译名中的。密咒中只有一个侯韵字：“母”译 mu，又译 mo，看来侯韵当是 $ou<^{u}_{o}$。那么尤韵应是 you。幽韵字没有出现，我们拟为 yəu，以免与萧韵（eu）相淆。

我们列出唐初中原方音韵母音值表，加括弧的是对音中没有出现、我们据音理拟的音。表中举平声，包括上去入声。

---

① 见 *Начальный Курс Санскрцта*，31 页。

元音 尾音	ɒ		a		e	i	u. o. ə	
	歌[ɒ] 戈[wɒ]	歌[jɒ] (戈[jwɒ])	麻佳[a] ([wa])	麻[ja]	齐[e] ([we])	支脂之[i]、 支脂微[ɹi] (支脂[wi])、 (支脂微[ɹwi])	模[u]	虞[ju] 鱼[jo]
n	寒[ɒn] 桓([wɒn])	元[ɹɒn] ([ɹwɒn])	(山)删[an] ([wan])	仙[jan]、[ɹan] ([jwan]、 [ɹwan])	先[en] ([wen])	真[in]、真(臻) 殷[ɹin] (谆[win]、 [ɹwin])	魂[un] 痕[on]	文[ɹun]
ŋ	唐[ɒŋ] ([wɒŋ])	阳[jɒŋ] ([jwɒŋ])	庚耕[aŋ] ([waŋ])	清[jaŋ]、 庚[ɹaŋ] ([jwaŋ])、 ([ɹwaŋ])	青[eŋ] ([weŋ])		东[uŋ] (冬[oŋ])	东[juŋ] 钟[joŋ]
m	谈覃[ɒm]	严凡[ɹɒm]	咸衔[am]	盐[jam]、[ɹam]	添[em]	侵[im]、[ɹim]		
u	豪[ɒu]		(肴[au])	宵[jau]、([ɹau])	(萧[eu])		侯[ou]	尤[jou] (幽[jəu])
i	哈泰[ɒi] 灰泰[wɒi]	废[ɹɒi] [ɹwɒi]	(夬)皆[ai] ([wai])	祭[jai]、([ɹai]) ([jwai]、[ɹwai])				
ŋ	江[ɔŋ]				登[əŋ]、([wəŋ])、蒸[jəŋ]			

三　中原方音的四声调值

刘复著名的四声实验揭示了，声调的本质，无非就是语音的高低、长短、升降的不同。通过梵汉对音考察古汉语四声调值是十分便利的，因为梵语的元音有长短的区别，梵语的词具有乐调重音：重读音节读高调（udātta），非重读音节读低调（anudātta），而部分单词的重音位置是可以确定的。

（一）音长

《阿毗达磨顺正理论》卷 77 说："褭鲁波体名阿鲁波，声虽短长而义无别。"褭鲁波（arūpa）与阿鲁波（ārūpa）声有短长之别，玄奘用上声的褭字译短元音 a，用平声的阿字译长元音 ā。又同书卷 14 说："字，谓褭阿壹伊等字。"梵文元音字母排列的顺序是 a、ā、i、ī。玄奘用平声字阿伊对 ā、ī，用上声字褭对 a，入声字壹对 i，可知平声是长调，上声和入声是短调。去声的调值较长，常对译含长元音的音节。如 1–1–7 有 yāma 夜摩（对比 1–520–15 yama 阎摩），76–3–21 有°rāja 逻阇（对比 52–1–16 raja 剌阇），夜、逻都是去声字。

从《西域记》对旧译的改正中，可以看出玄奘对调值的注意①：

76–6–7 Kapilavastu 劫比罗伐窣堵旧曰迦毘罗卫国，讹也。两个 a 都是短音，迦改为劫，卫改为伐，平去声改为入声。

76–3–17 Upadeśa 鄔波第铄论旧曰优波提舍论，讹也。u 短音，优改为鄔，平声改为上声；a 短音，舍改为铄，去声改为入声；e 长音，

① 有时对旧译某个字的改正，兼有声、韵、调几方面的考虑。这里单论声调方面，其余的参见有关部分。

提改为第，两字声韵全同，只是平声改为去声，可见去声比平声还要长一些。

76-5-16 ghoṣila 具史罗旧曰瞿师罗，讹也。o 长音，瞿改为具，平声改去声；i 短音，师改为史，平声改为上声。

可以看出，四声和音长间是有一定的对应关系的。我们收集到的全部对音字对译长元音的情况如下表：

声　调	平	上	去	入	合　计
总　字　数	228	91	140	160	619
对译长音节的字数	101	21	72	14	208
出现率（占本调字数%）	44%	23%	51%	9%	33%
占译长音节总字数的%	48.6%	10%	34.6%	6.7%	100%

如表，平声有近半数的字译长音节，去声有一半以上的字译长音节，上声只有不足四分之一的字译长音节，而入声字极少译长音节，平去声字的出现率高。综合以上情况，各调按音长排列的顺序应是：（1）去声；（2）平声；（3）上声；（4）入声。

（二）音高

《西域记》对旧译的改正仍给我们以提示：

76-2-7 śūdra 戍陀罗旧曰首陀，讹也。śū，低调，旧译首，上声，改作戍，去声，可见去声是低调，低于上声；ra，高调，译作罗，平声，可见平声是高调。

76-4-19 subhūti 苏部底旧曰须扶提，或须菩提……皆讹也。bhūti 两音节皆低调，旧译扶提、菩提，改为部底，平声改为上声，可见上声比平声低。

76-6-17 gautama 乔答摩旧曰瞿昙，讹略也。tam，低调，旧译昙，改为答，平声改入声，可见入声低于平声。如此等等。

各调字对译重音音节的情况如下表：

声　调	平	上	去	入	合　计
对译重音音节次数①	263	27	33	79	402
占重音音节总数%	65%	6.7%	8.2%	19.7%	100%
本调字在对译中出现字次②	967	117	170	370	1630
译重音节次数占总字次的%	27%	23%	19%	21%	24%

平声字对译重音音节的次数最多，占重音音节的比重最大，占总字次的百分比也最高。去声字则相反。可知平声是高调，去声是低调。上入声介于二者之间，当是中调。入声字出现率高于上声字，而占总字次百分比略低于上声字，它们之间音高大致差不多。

声调是音长和音高的统一。但译经师的注意力有时可能偏重于某一因素，而于另一因素便有所忽略。去声虽是低调，但却又是长调，当遇到高调长音节时，译经师有时便用去声字，这就是低调的去声有时会对译重音音节的主要原因。当然，高调长音节的65%是由高长调的平声字译的，这是理所当然的。

初唐时基本形成的近体诗格律，要求用字平仄粘对。从我们对音的结果看来，这实际上就是声调高低和长短的相对。平声是高长调，仄声非低即短，总能与平声构成对比，平仄错综排比，诗的节奏自然抑扬顿挫，优美动听了。

（三）升降

玄奘对音中没有提供关于声调升降的线索，这里只能根据其

---

① 这两组数字是在能确定重音位置的梵词的范围内统计的。

② 同上。

他材料作一点猜测。

《切韵序》说:"吴楚则时伤清浅,燕赵则多涉重浊,秦陇则去声为入,梁益则平声似去。"陆法言对调值的看法值得注意。世界上可以有折中的韵系,折中的调类,但绝没有抽象的、折中的调值。陆法言之所谓"去声为入""平声似去",一定是以某种具体方音的调值作比较的基础的。从上述对东南西北的批评看,他的立足点一定是中原方音。"秦陇则去声为入"的意思是,西北方音的去声与中原方音的入声相似。根据梵汉对音,我们知道周隋时代长安方音的去声是个短降调[①]。上文已证明,中原方音的入声是短调,那么它必定同时也是一个降调,这才能与秦陇的去声调值相似。

上声可能是个升调。《悉昙藏》卷五说:"承和之末,正法师来,初习洛阳,中听太原,终学长安,声势大奇。四声之中,各有轻重……上有轻重,轻似相合金声平声,上轻始平终上呼之,重似金声上重,不突呼之。……元庆之初,聪法师来,……四声皆有轻重……上声之轻似正和上上声之重,上声之重似正和上平轻之重……音响之终,妙有轻重,直止为轻,稍昂为重。"[②]根据安然的描写,上声不论轻重,都是升调:正和上(正法师)的上声轻是"始平终上"(平上都以金声为喻,金声的平声是低调,上声是高调。亦见《悉昙藏》卷五);上声重自不待言,因为下文云"音响之终……稍昂为重"。聪法师的上声轻"似正和上上声之重",上声重"似正和上平轻之重",则皆为升调无疑。《元和韵谱》说:"上声者厉而举",也是升调。这里描写的不全是中原音,年代也稍晚,

① 见尉迟治平《周、隋长安方音》,《语言研究》1982 年第 2 期。

② 日本安然:《悉昙藏》,见《大正藏》卷八十四。

但上声作为一个升调的趋势则是一致的。

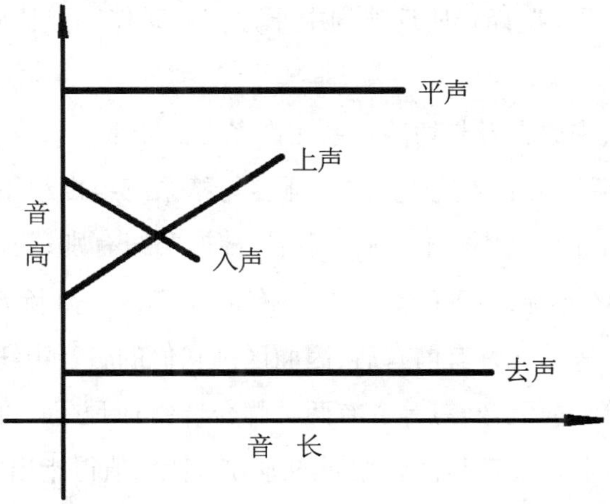

玄奘对音中没有四声各分阴阳的证据,因此我们认定唐初中原方音只有四个声调。平声是高长调,去声是低长调,上声是中升短调,入声是中降短调。四声三调①的说法显然是没有立足之地的。

四 玄奘译音所反映的中原方言音系同切韵音系的简单比较

切韵音系的性质,语言学界至今仍在争论。我们认为,解决争论的最好办法,莫过于把切韵音系同各个具体的活语言的音系——如果我们能弄清它的话——作一点切实的比较。自从罗常培先生《唐五代西北方音》发表以来,那种把切韵音系说成是长安

① 见李荣《切音韵系》。

音的意见[①]一天天地销声匿迹了。至于切韵音系是不是洛阳音系[②],只要同玄奘译音所反映的中原方言音系作一点比较,结论便不言自明。

首先,中原方音与切韵音系在许多方面非常一致。声母方面,舌上音和舌头音已经分化,照二,照三与精系三组声纽不混,泥纽、娘纽、日纽互相区别,喻三、喻四不混,神禅两纽有别;韵母方面,各等有不同的元音,一等(除登韵外)有后元音,二等(除江韵外)有前元音,三等的元音有前有后,因而区别它们的唇音声纽字是否轻唇化,四等是前元音,三等音有两种腭介音;声调方面,都有平上去入四个声调:这些都是两者相同的地方。特别值得指出的是,切韵把魂痕两韵分开,《王三》在魂韵韵目下注,"吕阳夏侯与痕同,今别",慁韵韵目下注,"吕李与恨同,今并别",不像别的韵目下凡有分别必有"依某某"。《切韵》根据什么来分别魂痕两韵呢? 玄奘译音表明,中原方音魂痕两韵元音不同,这正是切韵分别两韵的方言基础。

其次,中原方音与切韵音系也有许多明显不同之处。声母方面,切韵唇音字一二四等与三等在反切上字上有分立的倾向,但轻重唇尚未分化,而中原方音在唐初轻重唇音已经开始分化为两组。匣纽在中原方音中与晓纽合流,同读为清音,而切韵中晓匣是清浊对立的两个声纽。韵母方面,中原方音的韵类比切韵音系简单,支脂之微不分,真臻殷不分,山删,庚耕,覃谈,咸衔,严凡,咍(灰)泰等在切韵同等重韵的都不分。中原方音的入声韵尾已经弱化,三

---

① 例如高本汉的意见,见《汉语的本质和历史》,44—45 页。

② 邵荣芬近著《切韵研究》中仍主张这一观点。

组不同收声的入声字在对音中时而相混，甚至不乏入声字对译开音节的现象，这个趋势，就是后来《皇极经世书》反映的宋代汴洛语音中多数入声字变成促声开音节①和更后的《中原音韵》“入派三声”的先声。

比较中原方音与切韵音系的同异，我们可以深信，中原方音肯定是切韵音系重要的基础方言之一，在切韵研究中无疑地占有不可忽视的重要地位。但它绝不是切韵音系唯一的基础方言，否则，两者的许多不同点便无法说明。把切韵音系看成是一个综合性的文学语言的音系，看来比较近于事实。同时，我们要补充的是，切韵音系又是一个比较保守的音系。轻重唇音的分化，匣纽的清化，无疑是口语中新产生的现象，这些现象没有引起《切韵》作者（或作者们）的重视。《切韵》所反映的语音体系落后于成书时代的语言实际，而这些新的语音现象在玄奘译音中得到了反映②。可以说，玄奘译音同当时实际语言的距离要比《切韵》接近得多。因此，在中古汉语语音（方音）的断代研究中，玄奘译音所反映的中原方言音系，无疑具有非常重要的价值。

[附]玄奘译著对音字表

歌多* ta/ā; tya/ā; t-; -t	陀* da/ā; dha/ā; d-; thā	那* na/ā; ṇa/ā; nya; nās
他* tha/ā	驮* da/ā; dha/ā	蹉* tsa

① 周祖谟《宋代汴洛语音考》，见《问学集》下。

② 陆法言序《切韵》在隋仁寿元年，先此一年玄奘已生（玄奘生于隋开皇二十年）。

娑* sa/ā;sya

阿* a/ā

訶* ha/ā

呵* ha

罗* ra/ā;la,r-;
ras;ri

囉* ra;la

哿旻* ta;-t

柁* da/ā;dhyā

拕 da

拖 da

娜* na

榱 na

哀* a

砢* la

箇些 sa

货 khā

逻* ra/ā;la/ā

戈波* pa/ā;par;p-;
va

颇* pha/ā

坡 pha

婆* ba/ā;bha/ā;
bhya;va/ā;
par

摩* ma/ā;man

魔 ma/ā

磨* ma/ā;man

安 an;aṇ

莎* svā

螺 lvā

迦* ka/ā;kya;k-;
ku

佉* kha/ā;khya;
ka

伽* ga/ā;gha/ā;
ha

缚* va/ā

嚩* va

果埵* tva/ā

憧 dvā

堕 dvā

跛* pa

过惰 dvā

播* pa/ā

簸 pā

麻吒* ṭa; ṭha;ta

咤 ta

侘 ṭha; ṭra

荼* ḍa/ā; ḍha;ta;
ṭa

茶 ḍa/ā; ḍha;da

拏* ṇa/ā;na/ā;
ṇe

拿 ṇa

挐 ṇa

遮* ca/ā

车* cha

闍* ja/ā

奢 śa/ā;śya;śe

赊 śā;śe

叉* kṣa

差 kṣa

沙* ṣa/ā; ṣya;śā;
śra

裟 ṣā

袈 ka

耶* ya/ā

马者* ca

社 ja

捨* śa

洒 ṣa

也* ya

若* ña;jñā;nyā;ṇya

祃诧* ṭha

舍 śa/ā;śya;śo

夜* yā

寒檀 dan

壇 dan

弹 dan;daṇ;dhan

难 nan;naṁd

珊* saṁt;saṁd;saṁj;śaṇ

安 an;aṇ

兰 lan;raṇ

翰旦 tan

案 an

汉 han;khaṇ

烂 lan;ra/ān;raṇ;laṁd

桓般 pan;paṇ;pañ;ban

槃 ban;vān;bhaṇ

曼 man;mañ

换半 pan;paṇḍ;parṇ

畔 ban;bhāṇḍ

叛 bhāṇ

漫 man

缦 man

先颠 tyan

田 dhyan

霰练 raṇ

删删 śān

谏羼* kṣa;kṣān

仙乾 grān;galyā

键* ghaṇ;kan

旸 galyā

犍 ghaṇ

揵 ghaṇ;gan

旃 caṇ

栴 can;caṇ

延 yan;yaṇ

连 ran;lyāyan

狝阐 chan;chaṇ

衍 ya/ān

線战 can;ciñ

鄯 jan

缮 jan

膳 jan

禅 jan

扇* śān;śaṇ

阮畚 vaṇ

饭 van

愿建 kan;kaṇ;kañ;kiñ

健 gaṇ;kan;g-

曷呾* tar;tat;taṭ;tal;takṣ;tak;tan;t-

晞* thar

怛* tal;tad;tat;tar;takṣ;tan;tṛ;t-

达* dha;d-;dh-;dat;dar;dhar;das;dān

捺* nad;nar

捺 nar

萨* sat;sar;sal;s-

閼 ar

頞* a/āś;aṣ;aṭ;

ar；av
遏 ad；ar；aś
喝 har；hal；has
曷* har；-r
褐 -r
刺* r-；raś；raṭ；
ras；raj；lak；
rar；rab；lay
喇* ra；rya
末钵* pa/āt；par；
pad；pal；
paś；paṇ；
p-；bad；bal
般 pr；paś
茇 pal
跋* bar；bhar；
bad；bha/ād；
bh-；bat；
ba/āl；pal；
var；vaś；boj
秣 mar；mad；
mas；mat；
mal
末* mal；ma/ār；
mat；mad；
mas；man；
mṛt
沫* mal
黠哒 ḍra
疕 ṇas；ṇa
杀* ṣad；ṣas
鎩 ṣa；ṣe；ṣat
锫哳* ṭaṭ；ṭa
刹 kṣat；kṣan；
kṣas
薛折* ca/ār；caṇ
掣 chat
折* jar；jal；j-
设 śat；śas；śar；
śac；śan
朅 khad；kac；kot
揭* gar；gal；gat；
gad；ghal；g-
洩 yaṣt
抴* yar
月羯 ka/ār；kaṭ；
kac；kal；
kaś；kas；
kan；k-
伐* vat；va/ār；
vas；val；
van；vaj；
bal；par
筏* vat；var；val；
vas；vaj
罚* var；vas；vaj
栰 vaj
唐茫* maṁk
飏* aṁk
鸯 aṅg；aṁś
狼 laṅg
荡傥 thān
泱 aṅg
宕浪 laṅk；ra/āṅg
阳房 vaṁp
防 vaṁp
霜 ṣāṇ；san；śan
薑 kaṅk
商 śāṇ；śam；
śaṅk；śaṁk
养赏 śāṇ；śank；śām
攘 ña；ṇya
漾仗 dyān

创 kṣaṇ
饷 śaṁk;śām
蠰 śaṁk
铎託 thak
铎 dak;dag;ḍak
诺 nak;nyag
博 pak;vak
薄* bha;bhag;pak;vak
莫* mak;mah;maḥ
索* sak;sah;sk
恶 ak
垩 ah
洛* ra;rak;rag;lak;lok
落 ra;rak;rag;lok
络 rak
路 rak
药酌* cak;ca
斫* cak
绰* cha
勺 jak
铄 śak;śa

却 kak
药 yak;ya
缚 vag;vak
觉藐 myak
覃耽* ta/ām
躭 tām
昙 da;d-;dum
南 nam
菴 ām
庵 ām
岚 ram
感湜* am
谈三* sam
叁 sam
参 sam
蓝 la/ām;ra/ām
敢览 ram
啖 ram
阚滥 lam;rām
缆 ram
盐瞻 cam
苫 chav
盐 yam
阎* yam
琰琰 yam

剡 yam
餤 yam
艳占 cam
赡 jam
焰 yam
忝点* tyam
咸喃* -m
衔衫* ṣam
鉴忏 kṣam
严顩 kam
凡凡* vam
梵梵* van;brahm
剑 kam
合答* tap;tam
沓 dhav
踏 dav
纳* nav
飒 sam;sp-
飐* sm-
拉* rav;lva̱;lp-;rb-
盍嗑* hva̱
腊 lav;lab;rab;rb-;lum
葉呫 chap;chav

葉 śyap

摄 śvab

笈 gav;gam;gb-

业劫 kap;kalp

怗疊 dab

陌磔 ṭak

搩 ṭak

择* ḍha; ḍak; ḍhak

宅 ḍak; ḍhak

麦策 kṣak

昔释 śāk

登瞢 maṁg

僧* saṁg;saṅg; saṁk;siṁh

恒 gaṅg

楞 laṅk;raṁg

嶝蹬 taṅg

蹭 tsaṅg

亘 haṁs

蒸矜 kiṁk

殑 gaṅg

兴 hiṅg

纴 liṅg;riṅg;laṅk

陵 liṅg

凌 liṅg

德德 tak

特 dga̲;dm̲a̲

塞* sak;sk-

勒 lak;lg-

职匿* ṇik

式 śik

色 ṣk-

穑 ṣk-

佳搋* ṭha; ṭhya; ṭa

皆崽 ṣe

灰梅 mai

哈哀 ai

代耐 nar

泰捺 nar

奈 nay

藹 ai

赖 lay

废吠 ve;vai

祭蔽 pi;phī

制 cai

掣 che

誓 je;jye

逝 je;jye

势 śai;śī

世 śai;śe

鎩 ṣe; ṣa

曳* ye

豪刀 tau

猱 ṇa

褒 pāu

骚 sau

劳 ra

号报 pau

宵憍 ko;ka/āu

乔 gau

招 ca

侯头 d-

沤 u

滆 hu

娄 ru

楼 ru

厚母* mo;mu

某 mu

薮 su

候豆 du

耨 nu

茂 mo

贸 mo
尤掊 pu
浮 bhū
牟 mu
鸠 ku
优 u
瑠 ḷū(<ḍū)
有首 śū
宥兽 śu
东宫 kumb
蓊* uṁk
钟恭 kōṅg;koṅk;
kuṁb
屋竹 ṭuk
忸* ṇuk
卜 puk
仆 bhuk
穆 muk
木 mok
目 muk;mog;
muh;muc
鞠 kub
毱 gup
郁 uj
禄 ruk;rug

烛局 gug
模都 tu/ū
图 d-
奴* nu
笯 nu;no;ṇo
菩* bho;bo;bu
蒲* bo
苏* su/ū;sa
乌 u
呼* hu/ū;ho;h-
呩* ru
卢* ru/ū;ro;lo
姥胥* tu/ū
堵 tu/ū;t-
土 thu
杜* dhu/ū;dh-;tu
怒 ṇu
弩 ṇu
谱* pu
补 pu/ū
部* bhu/ū;bu
姥 mu
隖 u
坞 u
鄔 u

虎 hu
怙 hu
鲁* ru
噜 ru
虏 lu
暮妬 tū
蠹 tū
兔 thu
菟 thū
度 dhu;ḍo
布 pu/ū;po
餔 bū
步* bo;bhu
慕* mo
素* su/ū
护 hu
路* ru
嗠* ru
露 lū
鱼祛 gha
如 nya
御御 ṅgo
絮 syu
虞拘 ko;ku;k-;
kau;g-

俱	ku;ko;k-
瞿	go;gu;gho;g-
珠	cu;co
殊	ju;jyo
输*	śu;śo
须	syu
刍*	kṣo;kṣu;kṣus
蒭	kṣu
愉	ṣo
歈	śu
逾*	yo;yū
踰	yo;yu
瑜	yo
渝	yū
麌矩*	ku
窭	gu;gho
主*	cu
庾	yu
缕*	rū;ro
遇句	ku
瞿	kū
惧*	gu
具	gu;gho
注	cū
铸	cū

澍*	ṭu
树	ju
戍	śū;ś-
裕	yū
魂奔	puṇ
门	man
村	chan
孙	sun
慁闷*	muñ
没咄	tru
渤*	bur
勃	bor;bhru
没	maud;m-
窣*	sut;sul;sur;stu
璿	ut;ud;uc
殟	ut
捽	rud
纥*	hro
谆旬	jan
准准	cun
準	cun
术律	rud;rod
文军	kuṇ

芬	puṇ
荤	kun
问捃	kuṇ;kun
郡	guñ
物屈*	kuk;kuṭ;kul;kus;kuc
掘	gul
崛	gul
弗	vṛj;put;pūr
佛*	vṛj;bud
物	mud;maud
鬱	ud;ut
璠	ut
殷勤	gh na
支卑	pi
鞞*	vi;bhe;pin
弥	mi;mbī
雌	tsī
斯	si/ī;sin;-s
离	li/ī
缡	la
璃	rya
崎	kṣi
祇	gi;ghī;ge

支 ci/ī
施 śī
知 ṭi;ti
纸庀 phi
弭* mi;m-
徙 si
玺 si
尔 jñe
枳* ki
氏 ji
寘臂 pi/ī
避 vi
翅 ke;śi
企 khī;khya;hī
豉 ja
脂毗* bhi/ī;vi/ī;vai;pi
阰 vi
媲 bhī
私 si/ī;-s
伊 ī
夷 yi;ya;j-
梨 ri;lī;r-;-r
耆 gi;ghī;g-
脂 ci
尸 śi/ī;śyin
胝 ṭi
絺 ṭhi
尼* ṇi/ī;ni;ne;nya;nai
师 śi/ī
旨雉 ṭi
比 pi/ī;phi
死* si
履* ri;li;r-;-r
旨 ci
至鼻* vī;bhī
呬* hi/ī
利* li;ri/ī;l-;r-;-r
唎* ri
贰 ya
弃 khī
至 cī
视 ji
稚 ḍi; ṭa
穉 ḍi
腻 ṇī;ni
地* di/ī;dhi/ī
之持 ḍi
医 e
釐 ri;li/ī;ra
芝 ci
时 jī
止耻* ṭhi
祉 ṭhi
你* ni
儞 ni; ṇi;ne
使 ṣi
吏 ṣi
已 yi
理 ri;li;r-;-r
里 ri
止* ci
恃 ji
市* ji
始* śi
志置 ṭi
厕 kṣi
志 ci
试 śa
微希 hi
真宾 piṇḍ;piñj

频 bim;vin;viṁś;viṅk

民 miṁd

因 in;iṅg

邻 lin

真 cil

镇 tin

阵 ṇḍin;diṅn

轸紧* kiṇ;kiṁn

震信 sin

印 in

蔺 liṁd

慎 jin

阵 ṇḍin;din

质毕 pil;piś;pip

桦 pip

蓽 pip

苾 bhikṣ

蜜 mit

悉* sid;sit;s-

壹 i

逸* yat;y-

栗* lic;ris;lipt;ṛ -;r-

吉* ki

诘 kīr

姞 gṛd;gṛh

质 cit

昵* iṇs;ni

栉瑟* ṣ -

迄讫 krit;kṛt

屑篾 mle

蔑 mle

颉 -re

缬 -re

室* śr-;śl-

铁 thit

姪* dyat

絰* dya;dyat;dhyat

迭 dit

涅 nir

侵金 kum

闇* uṁ

任 nim

沁赁 nim

缉泣 kṣim

什* jv-

湿* śv-

澀 ṣp-

涩 ṣp-

雭 sp-

吸* hm-;hv-

噏 hm

齐低* te

鞮 ti

提* de;di;dhi

泥* ne;ṇe;ni;nai

鞞* bhe

迷 me;mai

西 se;sai

犀 se

瑿 e

瑿 ai

醯 he;hi/ī

黎 li/ī;ri;-r

稽 ke

鸡 ke;ki

荠底* ti/ī;di;ḍi

陛 bhī

霁帝* ti;di;t-

谛* te

第 de

闭* pe;p-

薜	p-	丽*	le;re	繄	ke
谜*	me;mai	俪	re	计	ke
窣	che	荔	re	蓟	ke
翳*	e	戾	re;le	契	khe
翳	ai	隶	re;le	青瓶	veṅg

（原载《语言研究》1983 年第 1 期）

（施向东：南开大学汉语言文化学院）

《大孔雀明王经》咒语义净跟不空译音的比较研究

——唐代中国北部方音分歧初探

刘广和

一　引言

唐代中国北方有两个势力很大的方言，一个是以洛阳为中心的东部地区方言，一个是以长安为中心的西部地区方言，它们在语音上有明显的差异①。本文试图用梵汉对音材料证明这个推断。

一上来我得先解释，为什么选中《大孔雀明王经》的咒语对音材料？原因有两个。头一个，大家知道梵咒汉译的对音最严格，研究价值最高。《大孔雀明王经》是咒语数量最多的一部经，同时它还有梵本可以核对，能让我们做尽可能精密的研究。第二个，唐代高僧义净（635—713）和不空（705—774）先后都翻译过这部经。

① 1984年我在《唐代八世纪长安音声纽》里提出中原洛阳音跟西北长安音有各自方言特点，就是分析比较不空、义净对音得出的结论。

义净形成个人语音习惯的时期生活在今天的北京西南郊和山东泰山一带，对音材料说明，义净音跟玄奘音（通常认为是初唐洛阳音）一致；不空音跟藏汉对音记录的唐五代西北方音相似。

另一个得声明的是，本文做义净、不空译音的比较研究，着重分析他们之间的不同点。早先研究不空音我发表过一组论文：《唐代八世纪长安音声纽》（以下简称《声纽》）、《唐代八世纪长安音的韵系和声调》（简称《韵调》）、《试论唐代长安音重纽》（简称《重纽》）[①]。有些旁证材料、音理分析，这组文章里详细交代过，本文只做简略的说明。

顺便说点儿技术性问题。用到《南海寄归内法传》字母对音材料的时候，加 * 号，跟咒语对音区别开。为减少打印繁难，尽量写简化字、规范字，比如“麽”改写“么”，“拏”改写“拿”。字音用《广韵》《集韵》的。

二　声母

（一）声母对音情况

1. k 组

（1）k　义净：（见纽）迦枳计矩拘俱句孤古高甘劫剑紧讫干羯割。不空：（见纽）迦枳计矩俱句矫禁劫剑紧讫建羯。

（2）kh　义净：（溪纽）可企弃区诘渴褰朅。不空：（溪纽）契

① 《唐代八世纪长安音声纽》，《语文研究》1984 年第 3 期。《唐代八世纪长安音的韵系和声调》，《河北大学学报》1991 年第 3 期。《试论唐代长安音重纽》，《中国人民大学学报》1987 年第 6 期。

弃企骞佉齲。

(3)g　义净:(群纽)伽祁瞿窭具乔笈近健揭祇。不空:(疑纽)遇蘖仡彦。

(4)gh　义净:(群纽)伽瞿。不空:(群纽)伽具。

(5)ṅ　义净:(疑纽)我*。不空:(疑纽)仰*(鼻呼)。

对 k 用见纽字,对 kh 用溪纽字,对 gh 用群纽字,对 ṅ 用疑纽字,净公和空公没有差别。对 g 净公是用全浊群纽字,空公却用次浊疑纽字,这类现象下头还有,到下一节一起讨论。

2. c 组

(1)c　义净:A(章纽)遮者只至朱主真质旃折斫祝,B(精纽)卒。不空:A(章纽)者止枳战斫,B(精纽)左子赞祖唧镞呰。

(2)ch　义净:(昌纽)车。不空:A(昌纽)车,B(清纽)磋。

(3)j　义净:(禅纽)社氏时侍逝誓竖树善膳慎。不空:A(禅纽)膳,B(日纽)惹尔饵乳孺入寈,C(从纽)荠祖粗。

(4)jh　义净:(清纽)葜*。不空:(从纽)竑*。

(5)ñ　义净:(日纽)若喏尔。不空:A(日纽)惹,B(娘纽)娘。

这一组梵音净空二公用精、章两组字对音。义净和不空的日纽对音值得注意:对 j 音义净用禅纽,不空用禅、从二纽,也用日纽;对 ñ 音义净用日纽,不空用日纽、娘纽。

3. t 组

(1)t　义净:(端纽)多底帝带都担耽答檐点敦单旦怛丁登窒睹妒颔埵渧矴。不空:(端纽)多哆底帝睹妒咄顿钝单旦怛蹬胆答跢。

(2)th　义净:(透纽)他剃土炭闼托。不空:(透纽)他剃闼。

(3)d　义净:(定纽)陀拖柁堕地提睇徒杜度覃蹋突惮达宕铎

独侄。不空：(泥纽)那娜你祢努怒难捺能嗫纳妳。

(4)dh　义净：(定纽)陀驮地睇昙惮但达钿甸铎。不空：(定纽)陀驮地第达钿邓荡。

(5)n　义净：A(泥纽)娜奴努怒南喃纳难捺涅诺泥，B(娘纽)尼。不空：(泥纽)那努南难捺诺宁拿。

义净的娘纽尼字也对过 n，这是例外。对 d 净公用全浊定钮，空公用次浊泥纽。

4. ṭ 组

(1) ṭ　义净：A(知纽)吒智窒徵磡䏲，B(端纽)帝。不空：(知纽)吒置窒徵擿厨。

(2) ṭh　义净：(彻纽)侘耻。不空：(彻纽)姹耻。

(3) ḍ　义净：(澄纽)荼迟雉持治峙宅侄滞。不空：(娘纽)你腻拿妳。

(4) ḍh　义净：(澄纽)绽*。不空：(澄纽)荼去。

(5) ṇ　义净：A(娘纽)尼你腻拿，B(泥纽)泥。不空：(娘纽)拿柅嗬。

义净端纽帝字对过 ṭ，泥纽泥字对过 ṇ，都是例外。对 d 净公用全浊澄纽字，空公用次浊娘纽字。

5. p 组

(1)p　义净：(帮纽)波闭必毕补哺晡布班般半钵边冰谤箄。不空：(帮纽)播跛闭比毕补布半钵冰膀。

(2)ph　义净：A(滂纽)普怖叵*，B(非纽)发。不空：(滂纽)颇。

(3)b　义净：A(並纽)婆婢薜菩部频勃薄盘畔跋仆傍频鞞捕，B(奉纽)佛。不空：(明纽)冒母门没么泯。

(4)bh　义净:(並纽)婆婢避媲薜部步频盘薄跋鞞苾。不空:(並纽)婆鼻陛步仆部牝勃伴跋。

(5)m　义净:(明纽)A 靡摩么弭迷谜密蜜寐母暮慕曼忙末磨木目,B(微纽)文。不空:(明纽)摩么弭谜密蜜麻铭母目慕谟没末沫满曼瞢亩。

空公在别的经里也有非纽发字对 ph,就是说,用非纽、滂纽同对 ph 是二位一致的做法。需要研究的是净公並奉二纽对 b、明微二纽对 m,可是空公明纽对 m 又对 b。

6. 半元音和摩擦音组

(1)y　义净:(喻四)耶也夜裔悦瑜庾喻愈延琰演药咩(羊?)叶曳。不空:(喻四)耶野叶曳庾琰演药孕。

(2)r、l　义净:(来纽)罗逻梨黎里哩栗隶励丽卢鲁路鹿娄嵝阑滥洛喇六陵噜锣锐镕镙呥颙镙。不空:(来纽)罗黎里哩栗览卢鲁噜路唠懒律陵锣锐镙蠲呥箓。

(3)v　义净:A(並纽)婆毗仳鼻勃跋鞞苾,B(奉纽)乏伐吠。不空:A(微纽)微尾味,B(奉纽)吠。

(4)ś　义净:(书纽)奢舍设摄施尸始世式识失室成扇赡商尚说铄舍。不空:(书纽)舍设施矢室式试势输湿饷烁失。

(5)ṣ　义净:(山纽)师瑟率屣山钐洒*。不空:(山纽)史瑟洒晒衫。

(6)s　义净:(心纽)娑莎飒萨细悉死四塞三散僧苏酸逊索写锁窣。不空:(心纽)娑飒萨细悉塞三散僧苏逊素写窣枲。

(7)h　义净:A(晓纽)呵诃呼忽醯蚶汉呬翚,B(匣纽)颉。不空:A(晓纽)呬,B(匣纽)系户护贺撼。

原则上他们用不带口字旁的来纽字对 l,如罗对 la,用带口字旁的对 r,如喎对 ra,可是传下来的本子里有二者混乱的情况,可能是抄刊之误。对 v 净公用並奉二纽,空公用奉微二纽。

7. 其他

(1)kṣ　义净:A(初纽)刹,B(溪纽)绮器。不空:(初纽)察。

(2)ts　义净:(清纽)瑳。不空:(清纽)擦。

(3)o　义净:(影纽)阿一壹伊乌邬恶燕安因鸯阉鞞璿蹉。不空:(影纽)阿壹伊噎污坞暗爱印鞞璿。

(二)声母的讨论

1. 全浊声母

义净跟不空对全浊声母的念法儿有鲜明的差异。义净的群纽对 g、gh,澄纽对 ḍ、ḍh,定纽对 d、dh,並纽对 b、bh,可以这么解释,他的语音全浊声母不区别送气与否,对送气浊音是音近替代现象。不空可是群纽对 gh,定纽对 dh,澄纽对 ḍh,从纽对 jh,並纽对 bh,说他的全浊是送气音恐怕是最容易解释的结论。详细的讨论请看《声纽》。

2. 次浊鼻音声母

他们二位对鼻音声母的读法儿"大相径庭"。义净是疑纽对 ṅ,娘纽对 ṇ,泥纽对 n,明微二纽对 m,次浊声母是单纯的鼻辅音,不空疑纽对 ṅ 或 g,娘纽对 ṇ、ḍ,泥纽对 n、d,明纽对 m、b,微纽对 v,除了微纽,他的次浊声母应当是鼻辅音后头有同部位浊塞音,比如"那"读 nda。现代陕西北部清涧话就有类似的情况[①]。

---

① 北京大学刘勋宁先生是陕北清涧人,他的方言里有这种读音,比如难[$n^dɛ$]、岸[$ŋ^gɛ$]。

3. 唇音声母

净公的並奉二纽同对 b 或 v，明微二纽同对 m，轻重唇不分；非纽字发对 ph 是帮非分化的迹象。空公的並纽对 bh，明纽对 mb，奉、微纽对 v，轻重唇分化，奉微二纽同音。在别的经里他的非纽废字对 ve，发字对 pha，跟帮纽字对 p 相对立，也是轻重唇分化的模样；他的弟子慧琳的《一切经音义》所记秦音"非""敷"交切，发音相同①。

我看还是这么处理比较合适，净公非（敷）跟帮滂分开，非（敷）拟成［pf］，帮拟成 p，滂拟成 ph；空公非（敷）也是［pf］，奉微拟成 bv。要是根据他们的对音材料推断唇音分化的进程，好像是帮滂分出非敷在先，並明分出奉微在后。

4. 舌音声母

舌头音端组对［t］组音，舌上音知组对［ṭ］组音，材料里清清楚楚。只有在韵母为前高元音的时候，端知两组才偶尔混乱。比如泥对过 ṇe，尼对 ni，帝对过 ṭe。这种例外也许出自传抄之误。对音证明，舌音分化比唇音分化要早。

5. 齿音声母

到了唐朝，梵文 c 组发音部位已经前移，汉语辅音没有能逼真描写它的音，因此净、空二公都拿精、章两组跟 c 组对音。

齿头音精组，它们该念［ts］组音，清纽字对 ts，心纽字对 s 是证据。

正齿音二等庄组可能念［tṣ］组音，初纽字对kṣ，生纽字对 ṣ 可以佐证。

正齿音三等章组，通常拟成［tç］组音，可以信从。书纽字（上

① 黄淬伯《一切经音义反切声类考》，《史语所集刊》，1 本 2 分，1930。

节 6.4）对ś是内部证据，藏汉对音材料里章组读如藏语［tç］组音是外部证据①。禅组对音有趣极了，它对 j，应当念成浊塞擦音，跟全浊从纽地位类似，往宋人韵图里排座次，它该占床三（船）纽的位置。咱们至少可以说，宋人韵图对禅纽的描写跟唐朝义净、不空的语音不合。

半齿音日纽，义净和不空的念法儿分歧挺大。义净的日纽对 ñ［ȵ］；不空的日纽既对 ñ 也对 j，因此我拟成ńdź。

6. 喉音声母

净、空二公晓匣两纽都对 h，净公用晓纽字多；空公在本经里用匣纽字多，其他经里有很多晓纽字对 h，净公本经只出现一个匣纽字颉对 h，他在旁的经里罗怙罗对 rahula，匣纽怙字对 h。说他们的晓匣已经合流不会有什么问题。比义净长 35 岁的玄奘用匣纽对 h，比如曷利沙对 harsa（《大唐西域记》卷五），初唐已然如此了。

影纽字对音没有声母辅音，我赞成拟为清喉塞音［ʔ］，理由有两个，头一个是它的平声字今读阴平，中古该有个清声母；再一个是净公用遏（影）路、曷（匣）锄对 r-，影纽应当像匣纽似的，是个辅音。

（三）声母表

义净音

帮 p	滂 ph	並奉 b	明微 m	非（敷）pf
端 t	透 th	定 d	泥 n	来 l
知 ṭ	彻 ṭh	澄 ḍ	娘 ṇ	

① 罗常培《唐五代西北方言》p. 20，庄组章组同对藏文 c 组音，作者认为它们为［tç］组音。北京科学出版社，1961。

(精)ts	清 tsh	从 dz	心 s	(邪)z	
(庄)tṣ	初 tṣh	(床)dẓ	山 ṣ		
章 tś	昌 tśh	禅 dź	书 ś	(船) ź	日 ń
见 k	溪 kh	群 g	疑 ŋ		
影 ʔ	(喻三)	喻四 y	晓匣 h		

不空音

帮 p	滂 ph	並 bh	明 mb	非(敷)pf	奉微 bv
端 t	透 th	定 dh	泥 nd	来 l	
知 ṭ	彻 ṭh	澄 ḍh	娘 ṇḍ		
(精)ts	清 tsh	从 dzh	心 s	(邪)z	
(庄)tṣ	初 tṣh	(床)dẓ	山 ṣ		
章 tś	昌 tśh	禅 dź	书 ś	(船) ź	日 ńdź
见 k	溪 kh	群 gh	疑 ŋg		
影 ʔ	(喻三)	喻四 y	晓匣 h		

三　韵母

(一)韵尾

梵汉对音证明,义净和不空的阴、阳、入声韵尾成系统,比如:

	义净	不空		义净	不空		义净	不空
-ø	阿 ā	呵 hā	-i	蔼 ai	爱 ai	-u	奥 au	高 kau
-m	庵 am	南 nam	-n	安 an	干 kan	-ṅ	徵 taṅ	僧 saṅ
-p	答 tap	劫 kap	-t	喇 rat	曷 hat	-k	恶 ak	得 tak

阳声、入声字对音跟这个框架不符合的情况也有，利用这些例外正好观察语音流变的轨迹。

1. 阳声韵尾

(1)宕摄和曾摄有的字对-ṅ 尾也对-n 尾。比如：

义净对音里的例外：

iśānāya 伊商那也，商（阳韵）对śan

paṁsu 谤苏，谤（宕韵）对 pan

daṁṣṭṛe 宕瑟窒烝，宕（宕韵）对 daṇ

saṁjivani 僧侍伐你，僧（登韵）对 sañ

不空对音里的例外：

pāṁsu 膀引苏，膀（应属唐韵系）对 pan

rajña 锄枳娘二合，娘（阳韵）对 ña

daṁṣṭṛe 能瑟畑二合，能（登韵）对 daṇ

bandham(ca) 曼荡，荡（荡韵）对 dhañ

宕曾两摄该收 ṅ 尾，对音混用 n、ñ、ṇ 尾，是 ṅ 尾消变的反映。舌根鼻音尾混同舌尖鼻音尾的例子毕竟占少数，不能确证宕曾两摄完全丢了鼻音韵尾，即使退一步，说它们已经变读为舌尖鼻音 n，也没有十分的把握，因为研究不空音的时候，我暂且接受了罗常培先生的学说，用不稳定的鼻摩擦音[ɣ̃]。

(2)梗摄清青韵对音，不空跟义净不同。不空音是“青齐对转”，清、青二韵和齐韵对音混同，比如 me 对谜（齐韵）、冥（青韵），de 对泥（齐韵）、瞭（迥韵）。不空音清青韵韵尾或者是 ṅ 尾变成鼻化的[ĩ]或者 ṅ 尾消失而主元音鼻化读成[iẽ]。

义净的清青韵尾没有上边儿说的情况。他在这篇经里很少用这两个韵的字对音，只用过一个“丁”（青韵）字对tyaṅ。《金光明最胜王经》里，hiṅgule对馨遇隶，miṅgule对名具隶，馨（青韵）对hiṅ，名（清韵）对miṅ足能证明清音韵韵尾是 ṅ。

2. 入声韵尾

入声韵尾对音结果符合-k-t-p 三个部位的分类，“各就各位”，也有少数字对音既有合格的时候，也有出格儿的情况。比如：

义净对音里的例外：

busatte	部索帝	索（铎韵）对 sat
dube	突婢	突（没韵）对 dub
kiripi	鸡栗比	栗（质韵）对 rip

闽南话是-ʔ 和-p-t-k 并存格局，假定唐朝北方话入声字韵尾有的已经弱化变成-ʔ，也跟闽南语似的，那么，韵尾是-ʔ 的字对音就可能混入-p、-t、-k 类。

（二）介音

1. 合口介音

现代印度讲声明学的人念 v 有两种音，前头没有辅音的 v 念唇齿音，前头有其他辅音的 v 念双唇音①。念成双唇音的 v 在音节当中，它的地位跟汉语 u 介音类似。义净有汉字一个音节对梵文“辅音+v+元音”的例子，反映汉语有合口介音。比如：

莎（戈韵）svā　锁（果韵）svā　堕（果韵）dvā

埵（果韵）tvā　酸入（桓韵入声为末韵）svas

镠入（仙韵入声为薛韵）jval

不空对音情况相同。另外，他们二位也有合口字对音不带-v-

① Whitney《梵文法》二版 6 印 p. 57。

的梵文音节，那批字或者是以 u 为主元音的，或者是唇辅音音节，音理分析已经做过，请看《韵调》。

2. 前腭介音

前腭介音应当有两类：i 和 r。

普通三等韵有 i[j]介音。比如义净：写 sya、细 sye、扇śyan、若 nya、卒 cyut。不空：者 cya、写 sya、便 bhyan、瓢 byho、略 lyāh。他们也有三等字对不带-y-的音节，那些汉字或者是以 i 为主元音，或者是唇辅音字，或者是对 k 组、c 组辅音的，音理分析请看《韵调》。

重纽三等韵有 r 介音。比如重纽三等义净：绮器kṣi，不空：器 kṣi。重纽四等义净：企弃 khi，不空：弃 khi。同是溪纽字，重纽三等跟普通三等、重纽四等不同，它不对 kh，而是对kṣ。我们的解释是重纽四等和普通三等韵一样，腭介音是[j]，重纽三等的介音可能是 r[ɹ]，详细的讨论请看《重纽》，写成 r 是音位式的描述。

（三）一二等主元音

梵文 ā 保持十足的 a 音。梵文 a 复现率极高，占全部字母出现次数的 19.78%[①]，它容易磨损，实际音读是[ɐ][ə]。梵文 ā 应当比 a 开口度大。

统计汉语主元音为 a 的一、二等韵在梵音 ā 和 a 上的分布情况，有利于分析一二等主元音的区别。不空的对音情况证明，一等韵主元音 a 在梵文 ā 上的出现频率高，请看《韵调》。

本文再补充一个统计材料。在“四、声调”部分列举了 42 个梵词的净、空二公对音表，其中 ā 出现了 14 次，下边儿是他们对音

① Whitney《梵文法》二版 6 印 p. 75。

用字的情况：

	kā	nā	dhā(r)	vā	(s)vā	bhān	bhā	mā	rā	hā
义净	哥	那	达	婆	莎	盘	颇	摩	啷	诃
不空	迦	曩	驮	嚩	嚩	伴	婆	么	啷	贺

14 个对音字来自歌个哿戈果曷桓荡等韵部，几乎全是一等韵字，只有迦字是歌麻韵两出。从对音情况看，通常 a 元音一等拟成[ɑ]，二等拟成[a]，可以接受。

四　声调

梵语单词的重音是乐调重音，元音有长短区别，利用梵汉对音可以反过来看汉字四声的大体轮廓①。

（一）音高

梵文重音音节用高调 udātta，非重音音节用低调 anudātta。对比义净和不空在梵文重音音节上的汉字声调分布情况，可以分析四声的相对音高状况②。

梵音	义净对音	不空对音
1 asura	阿苏罗	阿上苏罗
2 úpakāla	邬波哥罗	坞破迦引罗
3 nāgá	那伽	曩诹

① 利用梵汉对音研究汉语声调的方法是跟我的导师俞敏教授学来的，请看他的《后汉三国梵汉对音谱》，载《中国语文学论文选》，（东京）光生馆，1984。

② 重音资料取自梵文辞典，如 *Sanskrit English Dictionary*, Arthur A. Macdonell. 例如ásura 当中第一个 a 上带 ˊ 符号是表示重音所在。

4 námo	南谟	曩谟
5 dharanánda	达喇难陀	驮锄难上拿
6 agní	恶祁尼	阿儗瞭二合
7 ambā́	庵婆	暗焬
8 kumbhā́ṇḍa	俱盘荼	禁伴引拿
9 mayū́rye	摩瑜利裔	么庾引哩二合
10 svā́hā	莎诃	娑焬二合引贺引
11 yaksá	药叉	药乞洒二合
12 índra	因达罗	印捺罗二合
13 késa	鸡舍	计烁
14 dīrghá	地镙伽	你你逸反伽去
15 séna	西那	细曩
16 sū́rya	苏利耶	素利野
17 mahā́	莫诃	摩贺
18 bhā́radvāja	颇罗堕社	婆引罗纳焬二合惹
19 udyogá(pa)	璿独伽	璿你庾二合业
20 pūrná	哺镙拿	布锄拿二合
21 yámāya	琰摩也	琰么鼻引野
22 gurú	窭鲁	麌噜
23 vāyú	婆庾	焬引庾
24 rā́jña	锄慎若	锄引枳娘二合
25 bráhma	跋锄蚶摩	没锄二合撼么二合
26 bhadré	跋任镕	跋捺蠋二合
27 ṛ́ṣi	颉利师	乙镙二合史
28 amṛ́ta	阿密镙颏	阿蜜栗二合多

29 gárbhe	揭鞞	蘖陛
30 dhármāya	达摩也	达么野
31 sákti	铄底	烁底
32 sárva	萨婆	萨焗
33 pháli	发里	颇里
34 cára	折锣	者锣
35 tad yátha	怛侄他	怛你也二合他
36 nára	捺锣	曩锣
37 páśu	钵戍	跛输
38 khadirá(k-)	渴地洛	佉上你锣
39 váruṇa	伐噜拿	焗噜拿
40 sumúkha	苏目可	苏母契
41 dhárani	达喇你	驮引锣柅
42 hári	辇里	贺哩

1 至 20 例词的重音位置上,净公放了平声字,空公除了第 20 例也用平声字,其余 18 例都改用了别的声调。1 至 12 例改用上声字,或者用平声字加注"上",其中"焗"字不空照着"无可反"念音(《文殊问经字母品》,大正藏十四卷,509—510);13 至 18 例改用去声字,或者用平声字加注"去",第 18 例"婆"字对 bha,不空照着去声读(《文殊问经字母品》);第 19 例改对入声字。

21 至 25 例词的重音位置上,净公用了上声字,空公也用上声,用字几乎是照搬。

26 至 27 例词的重音位置上,净公用的去声字,空公一例照用去声,一例改对入声。

28 至 42 例词的重音位置上,净公用的都是入声字。空公在

28 至 32 例也用入声字;33 至 40 例改用上声,其中“颇”字也念上声(参见慧琳《一切经音义》“大般涅槃经音义”第八卷);41 和 42 例改对去声,“驮”有平去两读,对 dha 念去声(《文殊问经字母品》)。

重音上的四声分布:义净平声 20,上声 5,去声 2,入声 15;不空平声 1,上声 25,去声 9,入声 7。统计大势表明:义净音平声最高,去声最低;不空上声最高,平声最低。平声音高的地位,在这两种方言里恰好颠倒过来。

(二)音长

梵文学者说 a i u r l 有长短音对立,e ɑi o au 都是长音。对比义净和不空给梵文元音对音的汉字,分析四声的分布情况,能够窥测它们的相对音长轮廓。

梵音	a	ā	i	ī	u	ū	ṛ	ṝ
义净音	恶	痾	益	伊	屋	乌	颉里	蹊梨
不空音	阿上	阿引去	伊上	伊引去	坞	污引	唱	唱引去
梵音	ḷ	ḹ	e	ai	o	au		
义净音	里	离	医	蔼	污	奥		
不空音	力	嘘引	曀	爱	污	奥		

短元音对音,义净用入声(恶益屋)、上声(里),不空用上声(阿上伊上坞)、入声(力)。

长元音对音,义净用平声(痾伊乌梨离医)、去声(蔼、奥),不空用去声(阿去伊去唱去嘘曀爱奥)。其中污字有平去两读,看对音规律,好像义净用平声,不空用去声,无论他们用哪个声调都不影响咱们的结论。

看长短元音上四声分布情况，统计的趋势是：净、空二公的上声、入声短，平声、去声长。不空似乎是去声最长，平声次长，上声较短，入声最短；义净是平声、去声长，上声较短，入声最短。推断入声最短的根据是现代汉语方言。

（三）升降

印度梵文学院有一派单念字母的时候，短元音用高平调，长元音用降调。

我曾经推测，不空的去声是高降调，上声是高平调（或高升），入声跟去声调型相近，是中降调，平声大概是低平调（阴平阳平稍有差别）。

义净的四声，平声是高降调，上声是高平（或高升）调，入声是中降调，去声是低平调。

某些段咒语用 svāhā 作结句，念诵到最后一个音节 hā，音调降下来是很自然的。义净对娑诃，不空对娑二合贺，诃是平声，贺是去声，跟我们刚才说的义净的平声，不空的去声是降调相映成趣。

五 尾声

义净跟不空在语音上有如下分歧：

1. 义净音奉微还没跟並明分开，不空音轻重唇已经彻底分裂。

2. 义净音全浊声母並、定、澄、从、群等不送气，不空音它们送气。

3. 义净音次浊声母明、泥、娘、疑等是单纯鼻辅音，不空音是鼻辅音后随同部位浊塞音。

4. 义净音日纽是 ñ，不空音是ńdź。

5. 义净音清青二韵保持 ṅ 尾，不空音 ṅ 尾脱落形成“青齐对转”。

6. 义净音平声是高调，去声是低调，不空音平声是低调，去声是高调。

有这么多不一样的地方，划归两个不同的方言集团无可置疑。不空音可以代表当时北方西部（以长安为中心的）地区方音，义净可以代表北方东部某些地区的方音。由义净跟玄奘音大体相同，似乎可以推论，义净音反映了黄河中下游中原方音的基本特征。

用社会语言学的观点说，凡是通行于官场、宗教、课堂等正式场合的用语属于一种语言的高变体（high），凡是不能登这些“大雅之堂”的用语属于低变体（1ow）。义净和不空都是一代高僧，精通汉语和梵语；他们奉旨译经，翻译助手有一批高级知识分子。译经的语言应当属于高变体，假定这个命题不错，咱们就可以说，唐朝北方地区有两个影响很大的方言：一个是以洛阳为中心的东部方言，一个是以长安为中心的西部方言。这两个方言在官场、宗教等正式场合都是通用语言。

（原载《语言研究》1994 年增刊）

（刘广和：中国人民大学）

试论佛经语词的“灌注得义”

颜洽茂

佛教为外来之学，译经师除创造“寂灭”“烦恼”“解脱”“慈悲”等新词或通过音译转写等方式接受外语词表示教义外，大部分是通过“灌注”而使中土语词“佛化”，使之成为佛教名词术语。中古翻译佛经中主要表现为两种情况：

一　利用原有词灌注教义，使之成为佛教名词术语

(1)依猗计吾，而贪着我。(《佛说无希望经》)

(2)三界无识，无吾无我。(《佛说如来独证自誓三昧经》)

按：“我”在古代汉语中是人称代词，用以称自己、我们，或泛指自己的一方。译经师用作梵文 Ātman 的意译，成为佛教术语。梵文原义“呼吸”在佛教经籍中已转义为生命、自己、身体，相当于自我、物体自性，指支配人和事物的内部主宰。《大毗婆沙论》卷九：“我有二种，一者法我，二者补特伽罗我(即人我)。”《成唯识论》卷一：“我谓主宰。”窥基《成唯识论述记一》：“我如主宰者，如国之主有主宰故，及如辅宰能割断故，有自在力及割断力义。”佛

教主张“无我”，把承认有我者视为外道异说。这一“灌注”的结果甚至连“我”的同义词“吾”也相因生义而带有了佛教义。

(3)兴斯慈定，蛇毒即灭。(《六度集经》卷一)

按:“定”在古汉语中表示“安定”“平定”之意，《易·家人》:“正家而天下定也。”译人作为梵语 Samādhi 的意译，指心注一境，精力集中不散乱的一种精神状态，佛教用此作为取得决定之认识、作出确定之判断的心理条件，是印度宗教哲学中特定的宗教实践。“定”有两种，一谓“生定”，指人们与生俱有的一种精神功能；一谓“修定”，指专为获得佛教智慧或功德、神通而修习所生者。后者亦称为定学，指禅定，是学佛者必须修持的“三学”(戒、定、慧)之一，亦是“六度”中的“定波罗蜜”。

(4)既修多闻，为其名利，秘惜其法，不肯为人教化演说，为此漏身之所诳惑。(《百喻经》上卷牧羊人喻)

按:“漏”有渗出排出义，《庄子·让王》:“上漏下湿，匡坐而弦歌。”引申为泄露，《韩非子·外储说右上》:“今为人主而漏其群臣之语，是犹无当之玉卮也。”译经师用为 Āsrava 意译，为烦恼的异名。有“流”“住”两义:①流，由烦恼业因，众生不断从“六疮门”(眼、耳、鼻、舌、身、意)流出“不净”，造成新的业因而流转生死。《俱舍论》卷二十:“诸境界中流注相续，泄过不绝，故名为漏。”《妙法莲华经玄义》一:“诸论皆云烦恼现行，令心连注，流散不绝，名之为漏，如漏器、漏舍，深可厌恶。”②住，《大毗婆沙论》卷四十七谓，由于业因,使众生"留住三界,不能摆脱生死轮回"。"漏身"即烦恼之身。

(5)凡夫之人亦复如是,欲守护六根,修诸功德,不解方便,而问人言:"作何因缘,而得解脱?"(《百喻经》下卷小儿得大龟喻)

按:"因缘"本指机会,《史记·田叔列传》:"(任安)求事为小吏,未有因缘也。"引申为依据、凭借,《汉书·郑崇传》:"高武侯以三公封,尚有因缘,今无故欲封商,坏乱制度,逆天人心。"译人用作 Hetupratyaya 的译名,指得以形成事物、引起认识和造就业报等现象所依赖的原因和条件。《维摩诘经》佛国品僧肇注:"前后相生,因也;现相助,缘也。诸法要因缘相假,然后成立。"谓在生"果"中起主要直接作用的条件叫"因",起间接辅助作用的条件叫"缘",合之则会使事物生起、变化和坏灭。

(6)大王今者勇猛精进,不惮苦痛,为于法故?欲何所求?(《贤愚经》梵天请法六事品第一)

按:"精进"本谓精干而有上进心,《汉书·叙传上》:"乃召属县长吏,选精进掾吏,分部收捕。"译师用为梵文 Virya 意译,为小乘有部七十五法中大善地法之一,大乘百法中善心所法之一,指按佛教教义,在修善断恶、去染转净的过程中不懈努力。《慈恩上生经》疏下:"精谓精纯,无恶染故,进谓升进,不懈怠故。""精进"是成就菩提的必要条件,所以是"六度"(布施、持戒、忍辱、精进、禅定、智慧)之一。

二　利用原有词组，借形灌义，使之成为佛教名词术语

(7)尔时提婆达多虽复出家，利养蔽心，杀漏尽比丘尼，以故杀生，疑畏受后报。(《贤愚经》善求恶求缘品第四十九)

按：《管子·海王》："桓公问于管子，曰：'吾欲籍于六畜。'管子对曰：'此杀生也。'""杀生"为词组，谓宰杀动物。佛教将"杀生"列为十恶业之一，谓杀害人畜等一切有情之生命，也包括自伤自杀在内。《俱舍论》十四："何等名为五所应离？一者杀生，二不与取，三欲邪行，四虚诳语，五饮诸酒。"佛教的"五戒""八戒""十戒"均将"杀生"列为第一戒。

(8)日时欲至，便着衣持钵，入城聚落，分卫乞食。(《大灌顶经》卷一)

按：《左传·僖公二十三年》："(重耳)乞食于野人，野人与之块。"谓乞讨食物，是词组。译师用为Piṇḍapata意译，为十二头陀行之一。《大乘义章》十五："专行乞食，所为有二：一者为自，省事修道；二者为他，福利世人。"

从上面所举的例子来看，这种意义的"灌注"似乎仍以引申作为基础：如"定"的原有义与"心注一境、精力集中不散乱"有联系；"因缘"的依据、凭借义同"得以形成事物、引起认识与造就业报等现象所依赖的原因和条件"有关联；"杀生"的宰杀动物也与"杀害

人畜等一切有情的生命”有共通之处，换言之，即佛教义多多少少与原词（词组）的理性义、隐含义或词组义搭得上“界”。但是它们又确实不同于一般的自然引申。

所谓自然引申，有两层意思：一是从词本身的理性义和隐含义出发、基于联想作用而产生的词义发展，往往受到本民族文化心理的制约，因为“联想”是具有人文因素的。从汉语史研究的实践来看，词语的命名，往往可以从民族文化、心理、习俗去溯源；词的构成方式可以从民族文化精神去观照；词汇系统，往往是民族文化观体系的反映；词义的演变，同样也受到民族文化心理的制约。[①] 二是自然引申下产生的新义，从模糊影响到渐渐清晰，往往有一个词义逐步稳定并得到社会认可的约定俗成的过程。

“灌注得义”与自然引申不同。首先，佛教为外来宗教，中土原有词义系统并不具备佛教教义的要素，如果没有佛教传入，在一般情况下，词义不会向那个方向引申转化。而这种“灌注”是译经师将外来的宗教概念“嫁接”在中土的语词上，带有强烈的主观色彩，“灌注”而成的意义，往往是翻译完成，便得以广布流通，为教徒所认可。早期译经在介绍佛学名词概念时，往往从道家、儒家著作中寻找哲学名词概念来比附，这种“强行移栽”，就是中国佛经翻译史上的“格义”现象。如道家讲“清净无为”，安世高译《安般守意经》云：“安为清，般为净，守为无，意名为，是清净无为也。”支谦重译《般若道行经》，将经名改为《大明度无极经》，并把其中的“真如品”译成“本无品”，而“明”“本无（以无为本）”均为老庄哲学术语。尽管“先旧格义，于理多违”[②]，但却从反面证实了“灌注”的存在。

---

① 参看苏新春《汉语词义学》，广东教育出版社，1992 年，263 页。

② 释道安语。引自马祖毅《中国翻译简史》，中国对外翻译出版公司，1984 年，35 页。

其次，所“灌注”的词义，蕴含丰富的哲学含义，其表达的概念复杂化，往往具有体系性，呈集团型。“我”包括“法我”和“人我”，它的表层义是生命、自我、身体，相当于自我和物体自性，它的深层义是支配人和事物的内部主宰，“有自在力及割断力”。“定”包括“生定”和“修定”，它又是“三学”“六度”的组成部分之一。蒋绍愚先生认为：“词不是孤立地存在的，它们处在相互的联系之中。一批有关联的词，组成一个语义场。在语言的历史发展中，词在语义场中的分布会产生种种变化。有的词从这一语义场跑到了另一语义场，有的词留在原来的语义场中，但和其他词的关系发生了变化。”[①]译经中这些“佛化”的中土语词，一方面以原有身份在原来的语义场继续发挥作用，另一方面又与其他词组成新的聚合关系，形成新的语义场。毫无疑问，这种“流动”必会打破原有的平衡，引起词与词之间关系的变化，关于这个问题，还有待于进一步的研究来加以说明。

再次，“灌注”的结果往往引起词义重心转移和词性改变，或者使词组凝固成词。如“我”由单表人称的代词转为表教义的佛学名词；“精进”由形容词转为表示成就菩提、到达涅槃彼岸修行途径的佛学术语；“乞食”由词组成词，表示佛教徒的日常功课。译经中这些词大抵由原来表一般义演化为表佛教义的名词术语。

（原载《汉语史研究集刊》第一辑（上），巴蜀书社，1998 年）

（颜洽茂：浙江大学汉语史研究中心）

① 见蒋绍愚《古汉语词汇纲要》，北京大学出版社，1989 年，280 页。

论梵汉合璧造新词

梁晓虹

一　关于“梵汉合璧词”之界定

语言是社会的产物,社会的政治、经济、文化不断发展,新事物不断出现,语言也会相应发生新的发展变化。印度佛教自汉代传入我国以后,对汉族人民的语言文化影响很大。其中词汇,这一对于社会发展最敏感,几乎处于不断变动中的语言组织的基本单位,自然成为这种变化的关键因素。反映佛教思想、文化以及文物制度的印度古典语言(以梵语为主),也就成为汉语词汇中外来词部分的重要来源之一,为汉语词汇补充了大量新鲜血液。这已为语言学界所共认,有人在开始并逐步研究。

人们一般把因翻译佛经而产生的新词分为两大类:一、音译词;二、意译词。也有人已经注意到这中间还有另一类,即所谓半音半意的词。本文称其为“梵汉合璧词”,有的则称其为“混和词”或“半译词”。代表性的说法还有:

1.“梵汉合成语”。如诸桥《大汉和辞典》在“忏悔”条下,就指出这是“梵汉合成语”。另外，宫坂宥胜《佛教语入门》[①]在某些有关的条目下也明确提出了这个概念。

2. “双举”与“并举”类。这一类的说法，有如“华梵双举”“梵汉双举”“梵汉并举”“梵汉兼举”等。[②]

3. “唐梵重标”与“梵唐重标”。此说在须藤隆仙《佛教故事名言辞典》[③]中作为条目出现，可见作者的重视。“唐”指汉语，意为把汉语与梵语，或梵语与汉语重叠而成一词。如“禅定”之“禅”，来自梵语 Dhyāna 之音译“禅那”之略音；“定”为 Dhyāna 的意译，故“禅定”可谓“梵唐重标”。而如“金色夜叉”，“金色”为汉语，“夜叉”为梵文Yakṣa的音译，此即为“唐梵重标”，或名之“华梵双举”。

这样的说法在汉语佛典中也早有。《释氏要览》卷中《道具》“钵”条下曰：“梵云钵多罗，此云应器，今略云钵也。又呼钵盂，即华梵兼名也。”《金光明文句记》：“忏悔二字，乃双举二音，梵语忏摩，华言悔过。”近人丁福保《佛学大辞典》中也多用“梵汉双举”一名。

以上诸种说法，我认为“梵汉合璧词”（或“梵汉合成词”）比较好，因其能比较准确地反映因翻译佛经而出现的这种语言现象。

虽然其名大同小异，早就存在，然而对其成词，人们却并未多加注意，一般把它看得比较简单，但实际情况并非如此。因为音意兼备，所以它具备了这两种词的基本特点：既要服从并且适应汉语的语音系统，包括音节构造（音译部分），又要服从并适应汉语的

---

① 宫坂宥胜《佛教语入门》，筑摩书房，昭和 62 年版。

② 如望月《佛教大辞典》、中村元等所编的《佛教辞典》及须藤隆仙《佛教故事名言辞典》等。

③ 须藤隆仙《佛教故事名言辞典》，新人物往来社，昭和 57 年版。

语法结构,包括构词法(意译部分),还要根据汉语词汇的一些规律把它们有机地组合在一起。而且,因为这部分词的出现,曾引起汉语词汇里一些较明显的变化。这些都是值得探讨的。即使从构词法的角度出发,探讨它们的构成,找出一些规律,也可为汉语构词法增添一些新的内容。为此,笔者在此试作初步研讨。

二 “梵汉合璧词”之构成条件

1. 省“梵音”以就汉词

梵语属印欧语系,词以多音节为主。为了适应并服从汉语词汇以双音为主的发展规律,音译的词采取了略音的办法,即一般只取原词的两个音节,使它在形式上得以汉化。如“阎罗”是“阎摩罗阇”的省音;“三昧”是“三摩提”的省音;“舍利”是“设利罗”的省音;“和尚”则是由“邬波驮耶”辗转翻译省音而成的。即使有的词语开始时是全译的,但后来也逐渐地改为省称,特别是那些人们熟悉的常用的词,如“菩萨”或作“菩提萨埵”;“罗汉”或作“阿罗汉”;“修罗”或作“阿修罗”;“兰若”或作“阿兰若”;“阿夷”或作“阿梨耶”等。当然,大多数专有名词一般仍取原形,未加更改。

梵汉合璧者,因其含有一个意译的部分,自然与汉语的关系更密切一点,所以它的音译部分更得省略,一般只保留一个音节。如:“彼岸”之“彼”为“波罗蜜多”的省音;“忏悔”的“忏”为“忏摩”的省音;“僧侣”的“僧”为“僧伽”的省音;“衣钵”之“钵”为“钵多罗”的省音;“贝叶经”之“贝”本为“贝多罗”的省音等等,不胜枚举。一般所保留的是梵语音节的第一个部分,如以上所举之例。但也有根据词义和构词的需要,取其尾音,如“尼姑”之“尼”,

是音译成分，为比丘尼(Bhikṣuṇi)之省音。“尼，ni”，在梵文里代表女性，但却不能单独自成音节表示女性。《法华文句》(隋·智顗讲述，弟子灌顶笔录)二之上曰：“尼者，天竺女人通名也。”比丘本为出家人之通名，加“尼”者则专指出家之女子。“尼”音特指女僧是汉文翻译的结果。后来，在汉语中又往往接上一个表示女性的汉字“姑”。这样，“尼姑”就可用来表示“比丘尼”这个概念。“宝塔”之“塔”，本为梵语“窣堵坡”(Stūpa)，后写作“浮屠、浮图”，晋宋译经时又据“浮屠”之尾音而专门造了“塔”字，表示供奉佛像、收藏佛经或供奉佛骨之处，则是更进一步的省音。“浮图”的第一个音节则后来写作“佛”，用以表示“佛陀”及和尚等概念。所以，音译部分音节的取舍，有时亦须据其义而定。

2. 选会意字以适词义

因为是音译，用汉字表达则往往不固定，会有很多不同的书写形式。如 Brahman 可写作“勃兰摩”“波罗贺摩”“没罗憾摩”“梵览摩”“梵摩”等等。但既然要与汉语固有的成分组合成新词，自然要尽可能采用符合汉字表意特点的成分。如“浮图”之“浮”写作“佛”；“迦沙曳”或作“毠毟”。“茉莉花”，原产于印度，译经作“抹莉”，宋代《王十朋集》作“没利”，《洪迈集》作“末丽”，至明代李时珍《本草纲目》始定作“茉莉”而沿用至今。再如“呗”“婆陟”“婆师”，后来固定自然是前者。因为“呗匿”者，梵音之歌咏也。引声咏偈颂，是为赞叹三宝之功德也。玄应《一切经音义》卷十四：“梵言婆师，此言赞叹，言呗匿者，疑讹也。”其实，此非讹词，因为它适应了汉语的特点。所以，即使有不少大师认为它是“讹词”，但它倒是在汉语里保存下来了。又如“衣钵”之“钵”为梵语“钵多罗”(Pātra)之省音。此为出家人所用之食器。正好汉语中也有个“盔”字表示食器。《说文》:“盔,食器也,盂属。”所以僧人也常借用此古名。然而,却是“钵”这个外来的音译字留下来了,因它更能确切表达文意:钵有泥制、铁制两种,此则取铁制之意。

译经者在翻译时,总是尽量地利用汉语原有的字词。但他们所负责表达的毕竟是一个全新的异域文化,如此多的新概念,一时不可能从汉语仓库里拿出那么多现成的书写符号来表达它们。于是,人们在译经时,不仅利用汉语原有的材料创造了大量的新词,还创造了一些新的汉字,以满足构词的需要,这些汉字家族里的新成员基本可以作为梵汉合璧的成分。如:

“魔鬼”之魔,是梵语“魔罗”(Māra)的略音,汉语里本无此字,开始译经时借用汉语中的“磨”,后来梁武帝才把它改为“魔”字。玄应《一切经音义》卷二十一:“魔,莫何反。书无此字,译人义作。梵云摩罗,此翻名障,能为修道作障碍故。”佛家有所谓四魔之说:1. 烦恼魔;2. 阴魔;3. 死魔;4. 自在天魔。“魔鬼”一词,即源于第三种死魔。死魔,能断人之命根,与汉民族传统所说的鬼怪相似。另外,印度古代神话传说欲界第六天主波旬(pāpiyas)为魔界之王者,常率魔众作破坏善事的活动,被称为魔王。佛教沿用之,即四魔中的自在天魔。慧琳《一切经音义》卷十二说:“魔罗,唐云力也。即他化自在天中魔王波旬之异名也。此类鬼神有大神力,能与修出世法者为留难事,名为魔罗,以力为名。”这也与人们想象中的力大无比、变化莫测的鬼神相似,故魔字从鬼,最能体现它的本意。

“忏悔”的“忏”,是梵语“忏摩”(Kṣama)的略音,也是译经时造的新字。玄应《一切经音义》卷十四说:“忏悔,此言讹略也。书无忏字,正言忏摩。此云忍,谓容恕我罪也。”

“宝塔”的“塔”,是梵语“浮屠”或“浮图”的略音,晋宋译经时造塔字。初见于晋·葛洪《字苑》与南朝梁·顾野王《玉篇》。《玉篇》:"塔,他盍切。《字书》:'塔,物声。'《说文》云:'西域浮屠也。'"实际上,《说文》中本无此字。《翻译名义集》卷七:"《说文》无此字,徐铉新加,云西域浮屠也。"

"僧侣"之"僧",是因梵文Saṅgha(僧伽)而造的新字,意译为"众""和合",一般要四人以上才可称为"僧"。《大智度论》(后秦·鸠摩罗什译)卷三:"僧伽,秦言众,多比丘一处和合,是名僧伽。""僧"作为佛教宗派组织的具体施行者,是佛教的重要内容,从人曾声的"僧"是很恰意的。

"呗赞"之"呗",是梵文pātha音译省称。pātha有写作"婆陟""婆师",但最后得以固定的却是"呗匿"。这是因为:pātha者,梵音之歌咏也。引声咏偈颂,是为赞叹三宝之功德也。《法苑珠林》卷四《众善行法篇》第四十八曰:"西方之有呗,犹东方之有赞。赞者,从文以结章;呗者,短偈以流颂也。"在中国,"咏经则称转读,歌赞则成梵呗",故"梵呗"应属佛教音乐。慧琳《一切经音义》卷二十七引《宣验记》:"陈思王曹植登渔山,忽闻岩岫有诵经声,清婉遒亮,远谷流响,遂依拟其声而制梵呗,至今传之。呗亦近代字,无所从也。"此事是否属真,当可考证,但可以说明:中原地区很早就流行了佛家的"梵呗声腔"。"呗"是为此而造的字,从口贝声,音义兼备,虽"无所从",却当优于"婆"而得以通行。

"儭嚫賸"三字可谓异体,是梵文Dakṣiṇā之音译省称。Dakṣiṇā为施财之义,三字均为此义而造。慧琳《一切经音义》卷五十九曰:"此云财施,解言报施之法名曰达榇。……《律文》从口作嚫,近字也。"又卷三十七引《考声》云:"賸,即施也。古今正字从贝亲声也。"又卷八十:"儭,初靳反。儭犹亲,持财施名为儭施,从人亲声。本无此字,译经者随意作之。或从口,《录文》从贝,未知孰是。今且从人。”盖三字当以“赑”为正体,为形声字,意为施主亲施僧以财物。《玉篇·贝部》第480已收之。“嚫”与“儭”则为其异体。

其他如“昙花”之“昙”,“梵语”之“梵”,本来都是根据梵语音译后的略音而造的字。丁福保《佛学大字典》“昙”字条下曰:“《甄正论》上曰:‘窃寻昙、梵二字,此土先无。《玉篇》、《说文》、《字林》、《字统》竟无此字。昙、梵二字,本出佛经……翻译人造,用诠天竺之音,演述释迦之旨。在于北方,先无此字,后葛洪于佛经上录梵字,训以为净。陆法言因而撰入《切韵》。’”

当然,这样新造的字只能是少量的。但是我们应该看到,它们都是形声字。根据汉字的造字规律,“飞禽安鸟,水族著鱼”,依靠汉字形旁表意的功能,首先取得了文字形式上的汉化。再加它们又大多被用作梵汉合璧,再加一个表意的汉语词根,自然就与汉语词更接近了,能很快加入汉语词汇的大家庭,对汉语词汇产生巨大的影响。如“魔”,自从汉译佛经里出现了这个概念,汉语里有了这个字,以它为词根产生了一大批的新词:魔王、魔鬼、魔子、魔女、魔民、魔事、魔病、魔障、魔禅、魔网、魔宫、魔力、魔术、魔爪、魔掌、诗魔、书魔、病魔、妖魔等;成语还有“妖魔鬼怪”“群魔乱舞”“邪魔外道”等。它的构词力极强,为汉语增添了不少词语。其中有不少词已完全摆脱了宗教内容的束缚,成了汉语中的常用词。

根据以上的简析,可以看出:梵汉合璧中的所谓“梵”者,虽然属于音译部分,但并非全不管其意。在被使用的过程中,它已经在音节构造、词形等方面尽可能地被汉语同化了。这样,合璧后的新词能很快被汉语接受,而又无外来之感,其中有些甚至逐步成为汉语词汇家族中的中坚。

三 “梵汉合璧词”之构成

梵汉合璧者从构词角度看,有它的特殊性。它既不同于音译词,也不同于意译词。前者用汉字对译其音,许多复杂的梵语名称,往往只能靠此办法。唐代译经大师玄奘有所谓“五不翻”的理论,“不翻”就是对复杂的概念不取意译,而用音译。后者用汉语原有的造词材料,根据汉语的造词方法与梵语所概括的内容另构成一个内容与形式相统一的新词。从构词角度看,新的东西也不多。而梵汉合璧是音与意的有机合成,所以它既具备二者构词方面的一些特征,同时又有它自己的特色,这是我们要探讨的内容。

初步归纳,梵汉合璧的词是通过以下几种方法构成的:

1. 音译加类名词,创造新词。

这是在梵汉合璧中占比例较大的一种,也是得到大家公认的汉语外来词的一种主要构词法。在此简举一例以说明之。

佛,是梵语 Buddha 的音译,“佛陀”的省称,意思是觉者。觉包括三个方面的内容:自觉、觉他(使众生觉悟)、觉行圆满,是佛教修行的最高果位。佛经里一般都把它作为佛教始祖释迦牟尼佛的尊称,大乘经典还泛指一切觉行圆满者。这个成分加上汉语的类名词构成了不少新词,不仅用在佛典里,也用在汉语里。如:

佛土、佛心、佛地、佛印、佛身、佛门、佛像、佛慧、佛德、佛堂、佛道、佛钵、佛法、佛性、佛骨、佛眼、佛子、佛母、佛语、佛寿、佛境、佛田、佛愿、佛赞、佛牙、佛光、佛位等等。

“菩萨”乃梵文“Bodhisattva”(菩提萨埵)的音译节略。其所造新词有:菩萨行、菩萨性、菩萨乘、菩萨道、菩萨戒、观音菩萨、地藏菩萨、大乘菩萨、上首菩萨等等。

类似以上"梵汉合璧词",数量极多。我们只要多读一点佛经,很快就会发现这一特色。在佛教辞典中也可以看出,它们往往成系列,其能产性令人吃惊。例如,以"佛"与汉语各种类名所组成的双音节"梵汉合璧词",丁福保《佛学大辞典》就收有七十多条,而中村元的《佛教语大辞典》收了则有一百余条。另外,此类词音节长短不一,但以双音节者为多。如以上之例,有双音节、三音节、四音节,还有更长音节者,如:

阿赖耶外道　流派名。"阿赖耶"为 Ālaya 之音译。

摩诃曼珠沙花　植物名。"摩诃曼珠沙"乃 Mahā-mañjūṣaka 之音译。

般若波罗蜜多咒　真言名。"般若波罗蜜多"系 Prajñāpāramitā 之音译。

苏悉地羯罗供养法　经名。"苏悉地羯罗"即 Susiddhi-kara 之首译。还有更长音节的,不赘举。看得出,这一部分基本是专用术语,不常见。常见的是那些音译部分已经音节简化者,因为它们适应了汉语的习惯,所以有较强的构词能力。[①] 如 Prajñāpāramitā(般若波罗蜜多)常简化为 Prajñā(般若),而"般若"在佛典中的意义又非常重要,所以在佛典中,可于其后加上各种类名,构成以下三音节词:

般若字、般若部、般若船、般若智、般若会、般若灯、般若经、般若汤、般若头、般若论、般若时、般若声、般若心、般若藏、般若度、般

① 参见梁晓虹《佛经翻译对现代汉语吸收外来词的启迪》,载《语文建设》1992 年第 3 期。

若德、般若学、般若堂。

四音节、五音节者就不用赘举了。大多数的所谓梵汉合璧的词，都是这样构成的。

2. 音兼意译加类词，创造新词。

语言在其融合过程中吸收外来语词的时候，总是尽可能依照本语言的规律来使用外来语的词，来对外来语的词加以改造。梵译汉时，自然也是这样。前面我们曾对梵汉合璧中的所谓"梵"进行了一些分析，可以说明一些问题。音兼意译加类名词还可作一些补充说明。

(1)前面一部分曾提到，译经者根据方块汉字具有"意符"的性质，往往把代表其类意义的偏旁，挑选与梵语音相似的汉字，放在一起，重新创造形声字，表示佛教的新概念。这个新字（有时就可当新词用），虽然是因梵音而成的，但因为它又根据了汉字表意性的特点，与单纯的对音字不同，具有一定的汉语意思，在它的前后再加上表示类别的汉语成分，就又创造了许多新词，这样的词，自然能比较快地被汉语所接受，成为汉语词汇中的"积极分子"。如"塔"，是译经时的新造字，在"塔"的前后加上表示类别的汉语成分，就构成了一大批新词，如：塔林、塔碑、塔庙、塔头、塔主、塔台、塔灰、宝塔、石塔、水塔、白塔、灯塔、舍利塔、法身塔、六和塔、纪念塔等等。其中有不少都是活跃在现代汉语里的词，与佛教内容没有丝毫关系。"塔"已经成了汉语里一个活跃的构词要素，人们大概很难想到，追根起来，它是来源于佛教的"梵"呢。

"魔"是在梵语 Māra 的对音字的省称"磨"的基础上改造的。很明显，新字具有相当的表意功能，现在人们一提到魔，就会与鬼怪联系起来，"魔鬼"早已是汉语中的常用词。汉译佛典时，汉语口语中，以“魔”为词根，再加表示类别的汉语成分构成的词是很多的，前面已有叙述，在此不再赘举。虽然其中不少词早已与佛教没有什么关系，但归根结底都是由佛教之“魔”逐步引申开去的。

再如“苹果”一词，也是这样产生的。最初音译为“频婆罗”，简作“频婆”，后来再简为“频”，加“果”表示属于水果类，并给“频”加“艹”头，就成为“蘋”，于是汉语里又增加了“苹果”一词。它们的成词过程，既表现了“梵汉合璧”的词，从音节上适应汉语词双音节为主的汉化方式，也表现了汉语改造梵语对音字，使之成为表意成分的手段，真正是“音兼意译”了。

（2）在翻译过程中，根据需要，一个词的概念几经转换，最后用来构词的对音字所表达的内容与梵语的本义已不大一样了。因此，这个字不是纯粹的记音成分，而是包含了一定内容的了。我们也把它看作“音兼意译”者，加汉语类名词，又可以造出很多新词。例如：

“菩提树”这个名称是随佛教一起进入汉语的。它虽是梵语 Bodhi 的对音再加汉语类名“树”而成的，但实际上已非此树真正梵语原音。“菩提”（Bodhi）意译为“觉悟”或“智慧”，即指佛家所谓断绝世间烦恼而成就涅槃所达到的一种精神境界。《成唯识论述记》（唐·窥基撰）卷一：“梵云菩提，此翻为觉，觉法性故。”而“菩提树”的真正音译为“毕钵罗”（Pippala）。相传释迦牟尼佛就是在“毕钵罗”树下苦思六年，最后证得菩提，即获无上智慧，得以成佛的。所以后来就把这种树称为“菩提树”，它的真正的学名却不用了。《翻译名义集》（宋·法云编）卷三《林木篇》第三十一：“《西域记》云，即毕钵罗树也。昔佛在世，高数百尺，屡经残伐，犹高四五丈。佛坐其树下，成等正觉，因谓之菩提树焉。茎杆黄白，枝叶青翠,冬夏不凋,光鲜无变。每至涅槃之日,叶皆凋落,顷之复故。《法苑》云,释迦道树。”若完全意译,应为“思惟树”“道树”或“觉树”。可知“菩提树”与“毕钵罗树”相比较,前者是音兼意了。

3. 梵汉同义合并、相补,创造新词。

这一类梵汉合璧的词,所用的汉语成分意思与梵语音节所表达的原意基本相同,如果从意义上看,二者之间没有修饰与被修饰的关系,而是并列的,或者相补充的,而其成词,有古印度梵语,也有佛教文化的影响;又因佛教与中国文化的融合,汉化程度颇深。所以,我们想以一些具体的实例来进行说明,这对佛教文化,对汉语词汇史,尤其是对语言与文化的关系,应该都是有意义的。

尼姑　“尼”与“姑”分别是梵汉中用来表示女性的成分,合在一起,组成新词,表示“女出家人”,即“比丘尼”。

刹土　“刹”是梵语Kṣetra(“刹多罗”或作“差多罗”)之音译省略,其本义是“土”“土田”或“国土”,故“刹土”是梵汉合璧的同义复词。唐·玄应《一切经音义》卷一曰:“刹,梵云差多罗,此译云土田,经中或言国,或言土者,同其义也。或作刹土者,存二音也。即刹帝利名守田主,亦是也。”“刹帝利”是古印度四种姓中的第二级,是担任国王和文武官职,掌握政治和军事实权的古印度国家的世俗统治者,将其译成“守田主”,是与其本义有关的。

“刹土”除表示一般意义上的国土外,在佛典中还可指“佛土”,即一佛所教化的范围,亦即一个“三千大千世界”。大乘佛教宣称佛有无数,故“佛土”“刹土”亦有无量。如《中阴经》卷下:“尔时妙觉如来,将欲移到诸佛刹土。”又:“彼有刹土名曰清明,佛名明月。”《无量寿经》卷上:“于是世自在王佛,即为广说二百一十亿诸佛刹土天人之善恶,国土之麤妙。”《法华文句记》卷二曰:“刹者……此云田，即一佛所王土也。”

“刹”在汉语中多指塔、指寺，其词义引申线索，史有为先生认为该是Lakṣata的音译“拉刹底”（又作“剌瑟胝”）之省。从本义“柱”，从而可指立于寺院中的“旛竿”及建于佛冢（塔）顶部的相轮。由塔顶之“刹”扩而指全身的塔，由寺院中之旛柱进而指整个寺院。①

日本的宫坂宥胜先生认为从“刹”表柱到“刹”可指寺院之说不准确。而另一说，从梵语Yaṣṭi、巴利语 Latthi 之音译省略，表标帜、旗帜，从而到寺院前立刹竿作为寺院的标帜，转而可指寺院，其音又不能完全对应。他认为，“刹”表寺院，是从“刹土”来的。“刹”有国土之意，进而可指“圣地”，从而可指寺院。② 我想，如果此说成立的话，那是由“刹土”在佛典中多表“佛土”而来的，否则“圣地”无来由。

塔庙　《法华经》卷一《方便品》：“若人于塔庙，宝像及画像，以华香幡盖，敬心而供养……若人散乱心，入于塔庙中，一称南无佛，皆已成佛道。”丁福保《佛学大辞典》“塔庙”条下曰：“梵语塔，一译庙。梵汉双举曰塔庙。”从现代人的观点来看，“塔庙”同义，“梵汉双举”是有点难理解的。关于“塔”字之源，不必再赘说。③我们要说的是“塔庙”为何同义的理据。

古印度最初的“塔”（“塔婆”或“窣堵波”），实际就是埋葬尸骨的坟冢，故可译成“坟”等。据说，释迦牟尼佛涅槃火化后的“佛

---

① 见史有为著《异文化的使者——外来词》第 191 页。吉林教育出版社，1991 年。

② 见《佛教语入门》第 80 页。

③ 参见梁晓虹《说“塔”》，载香港文化教育出版社《普通话》1992 年第 1 期。（注：用“千岛小慧”笔名）

舍利”，被八国国王分得，并各自建“塔”供养，这就是最早的“佛塔”。自此，“塔”也就成了佛教的“专利”——除了埋葬高僧的舍利、骨灰之外，还珍藏佛经及各种法物，所以也称“宝塔”。而古代印度的寺院建筑特色，必定是院中有塔，而且塔位居于佛寺的中心，是整座寺院的主体。而当时的佛院，也并非像后来我国专门供奉佛像的殿堂，只是附属于释迦牟尼佛坟院（或其他高僧坟院，即所谓“塔院”）的祠堂，这样的寺院建筑就叫“塔庙”，建于平川。这种形式的“塔庙”与依山开凿的“支提窟”（石窟寺）一起构成印度寺院建筑的两大特色。这就是“塔庙”为“梵汉双举”的由来。

钵盂　如前所曰：“钵”是梵文 Pātra 的音译“钵多罗”之省略，“钵”是新造字。《释氏要览》卷中“道具”条曰：“钵，梵云钵多罗，此云应器，今略云钵也。又呼钵盂，即华梵兼名也。”“钵”为比丘六物之一——吃饭用的器皿。而“盋”为中国古有之名。《说文》：“盂，饭器。”大徐本《说文》在“皿”部后加了一个“盋”字，曰：“盋器，盂属。从皿，㕻声。或从金从本，北末切。”如此，取梵音“钵”，合汉语本有之名“盂”，合璧而有“钵盂”。

檀施/檀越　“檀”是梵文“Dāna”的音译“檀那”（也作“陀那”）的省略。而“檀那”又是“陀那钵底”（Dānapati）之省，意为施主，指向寺院施舍财物、饮食的世俗信徒。《释氏要览》卷上释曰：“梵语陀那钵底，唐言施主。今称檀那者，即讹陀为檀，去钵底，留那故也。”如此，“檀施”与“檀越”都是“梵汉合璧”词，一是动词，一为名词。

檀施，据《南海寄归内法传》卷一：“陀那是施，钵底是主。”而“陀那”讹略成“檀”，即施舍之义，再缀以一同义的“施”，就成为梵汉同义复合词。如《经律异相》卷十九：“（长者）便与五百两金。

贤者得金，广设檀施。佛为说法，即得道迹。"《南海寄归内法传》卷四："所受檀施，咸随喜舍。"

檀越，《南海寄归内法传》卷一曰："每但食了，必须诵一两陀那伽他，报施主恩。"义净释曰："梵云陀那钵底，陀那是施，钵底是主。而云檀越者，本非正译。略去那字，取上陀音转名为檀，更加越字。意道由行檀舍，自可越渡贫穷。妙释虽然，终乖正本。""越"并非正译，却体现了汉族僧人对"檀舍"的理解。所以汉译佛典中颇多见。如《诸经要集》卷二引《贤愚经》云："昔佛在世时，舍卫国中须达长者，信敬佛法，为僧檀越。彼僧所需，一切供给。"又卷九引《大集经》云："或作比丘，所得种种资生之具，皆是信心檀越所施。"此类例甚夥，不必赘举。它既比音译"陀那钵底"，或其略称"檀那"常见，也比"陀那钵底"的意译"施主"活泼。其主要理由，除了"梵汉合璧"双音以外，还因为，"檀"字显得典雅，宗教气息颇浓，而"越"字又表达了人们得福报的心愿。所以，用"檀越"来称呼那些有善心的施主们，非常合适。

类似的还有我们前面提到的"儭嚫䞋"这三个新造字，由其组成的"儭(嚫䞋)施"就是同义合并的合璧词。

僧众　僧为梵文 Saṅgha 的音译"僧伽"之省称，本是一个复数名词，前已有释。"僧伽"进入汉语后，逐渐亦可指单个的出家人。尤其是简化为"僧"后，原来的"众""和合众"之义基本消失，从而成为可数的单称名词。《释氏要览》卷上："《僧史略》云：'凡四人以上名僧，今一人亦称僧者，盖从众名之也。亦如万有二千五百人为军，一人亦称军也。'"

"僧"既能用以称单个僧人，"僧伽"的外来气息又太浓，于是汉语佛典中就出现了"僧众"，以表僧人集体多数。《占察善恶业报经》卷上:“……供养一切贤圣僧众。”《法苑珠林》卷五十五曰:“故知佛法幽邃,非凡所测。僧众高远,亦非黄冠之俦。夫出家者,内辞亲爱,外舍官荣,志求无上菩提,愿出生死苦海。所以弃朝宗之服,披福田之衣。行道以报四恩,立德以资三有,此其之大意也。”这是对“僧众”的解释。明显,“僧众”通行于“僧伽”。

偈颂 “偈”为梵语 Gāthā 之音译“偈陀”(也作“偈他”“伽陀”)的省略。汉译为“颂”。梵汉合璧成“偈颂”。Gāthā 为佛经的体裁之一,由固定字数的四句组成,种类不一。主要有两种:(1)通偈,固定由三十二音节构成;(2)别偈,共四句,每偈一句四言、五言、六言、七言等不定。作为佛典中用于歌颂佛陀功德,宣扬佛理的常用的、与散文相对的独立的韵文,它源于古印度利用诗歌表示赞叹的形式。梁·释慧皎《高僧传》卷二“鸠摩罗什传”记罗什曾对其弟子僧叡道:“天竺国俗,甚重文制。其宫商体韵,以如弦为善。凡觐国王,必有赞德。见佛之仪,以歌叹为贵。经中偈颂,皆其式也。”佛典三藏中有大量的偈颂。梵文偈颂的体制很严密,音节格律都有规定,就像中国的律诗一样。特别是宣扬佛理的偈颂,必须使用名相事数等专有名词,更得字斟句酌,需要很高的文字技巧。这些偈颂在翻译佛典时,一般借用中国诗的形式。所以,佛典中的偈颂,对中国诗歌的发展,有很大的影响。

坐禅 也作“座禅”。“禅那”作为僧人修行的方法之一,静坐思惟是最基本的,故在“禅”前缀加“坐”,成“坐禅”。《诸经要集》卷十七引《三千威仪》云:“出家人所作业务者,一者坐禅,二者诵经法,三者劝化众事。若具足三业者,是应出家人法。若不行者,徒生徒死,唯有受罪之因。”据说,释迦牟尼佛就是在尼连禅河边的菩提树下坐禅静修而悟道的,所以佛家重视坐禅修行。中国自禅宗初祖达摩东来，坐禅盛行。故中村元等编的《岩波佛教辞典》认为"禅宗"一名，是"坐禅宗"的省略。[1] 但相对古代印度"瑜伽"行者所行施的种种奇异的坐法来说，禅宗僧人多采用"结跏趺坐"。在禅宗，"坐禅"为安乐法门，乃一切佛教所归向，进而提倡行、住、坐、卧都可"坐禅"，"坐禅"的意义也更扩展了。

禅定　"禅"本为梵语"禅那"（Dhyāna）的省称，意译为静虑，即心注一境，正审思惟之义。"定"是汉语词，它也有个外国名称，叫"三昧"或"三摩地"。禅与定，一梵一汉，从意义上看是相同的，结合在一起组成新词，指通过精神集中，观想特定对象而获得佛教悟解的一种思惟修习活动。所以一般都将此词看做是同义复合的"梵汉合璧词"，如中村元博士的《佛教语大辞典》、须藤隆仙的《佛教故事名言辞典》等，就认为"禅"为梵文 Dhyāna（禅那）的音译省略，而"定"乃 Dhyāna 之意译，故须藤隆仙还为此造了"梵唐重标"的术语。[2]

此说不确。"定"不是 Dhyāna 的意译，而是"Samādhi"（"三昧"或"三摩地"）的意译。"三昧"指心注一境，精力集中不分散的一种精神状态，具有"摄心住缘，目之为止"的特点，所以中国古代也将其译作"止"。而"禅那"则指安住一心，静心思考，使身心得到平和或体悟特定义理的行为过程。所以其意译作"静虑"、作"思惟修"。据说，当年释迦牟尼佛就是在菩提树下静坐，苦思冥想然后成道的。这种苦思冥想，作为一种修行方法，就叫做"禅"。

所以，"禅"和"定"的区别在于：前者具有"思惟"的特点，后

---

① 《岩波佛教辞典》，岩波书店，1989 年。

② 见《佛教故事名言辞典》"禅定"条。

者则体现“静心”的特征。印度古代哲学和佛教都常把“禅”和“定”结合在一起。佛教的“禅定”表示通过思惟修习活动而达到心地纯洁、清净，即达到佛教所追求的精神境界。如吴汝钧编著的《佛教大辞典》[①]所释：通过禅的修习，而使心贞定下来。中国的禅宗以“禅”命名，又进一步扩大了“禅定”的观念，重在“修心”“见性”，而不再限于静坐凝心、专注观境的形式。概念的外延有大小，但仍系同义范围。同义的还有“禅静”。

从以上来看，“禅定”作为“梵汉合璧词”，其“梵”与“汉”之间是近义的关系。从广义上说，看作同义的复合亦不妨。但从语源上考察，却不能将“定”简单就认作是 Dhyāna 的意译。实际上，翻译佛典中，“禅定”的另一形式“禅三昧”也有出现。如《正法念处经》卷六十一：“若有修行者，得禅三昧乐，皆由一心念，修行之所得。”丁福保《佛学大辞典》释曰：“禅那与三昧，禅那译思惟，三昧译定，同体异名也。”甚确。只是“禅三昧”外来气息很浓，所以不流行。

忏悔　关于此词的语源，“梵汉合璧”是没有问题的。须藤隆仙并认为，此梵汉合成语，诚为妙语。[②] 但一般的说法都是将“悔”看作为 Kṣama（忏摩）的意译，故是梵音汉意的同义复合语。[③]

实际上，“忏悔”并不就是如此简单的重合，即二者并不同义，“悔”非Kṣama之意译。据唐·义净《南海寄归内法传》卷十五“随意成规”条所考：“若作轻过，对不同者而除悔之，梵云阿钵底钵喇底提舍那。阿钵底者，罪过也；钵喇底提舍那，即对他说也，说己之

---

① 吴汝钧《佛教大辞典》，商务印书馆国际有限公司 1995 年 9 月北京第 3 次印刷。

② 见《佛教故事名言辞典》“忏悔”条。

③ 如《佛教故事名言辞典》《佛教语大辞典》等。这是“忏悔”最常见的解释。

非，冀令清净。自须各依局分，则罪灭可期；若总相谈愆，非律所许。旧云忏悔，非关说罪。何者？忏摩乃是西音，自当忍意。悔乃东夏之字，追悔为目。悔之与忍迥不相干。若的依梵本，诸除罪时，应云至心说罪。以斯详察，翻忏摩为追悔，似罕由来。西国之人，但有触误及身错相触者，无问大小，大者垂手相向，小者合掌虔恭，或可抚身，或时执膊，口云忏摩，意是请恕，愿勿瞋罪。律中就他致谢，即说忏摩之言。必若自己陈罪，乃云提舍那矣。恐怀后滞，用启先迷。虽可习俗久成，而事须依本。"

根据这一段话，我们大致可明了"忏悔"的由来。Kṣama应是一种礼貌用语，有点相当"对不起""请原谅"。因有请人息怒，向人道歉，乞求勿怪罪之意，所以乃"忍"也。而"忏悔"中之"悔"，本应是"至心说罪"。要除去自己所犯的罪过，就要先向人发露自己的过错。此义的梵语为 Āpatti-deśana（阿钵底提舍那）。其中阿钵底是"罪"，提舍那是"说"，故可译成"说罪"[①]。如此，义净认为"翻忏摩为追悔，似罕由来"，而这一点，至今几乎不为人所察。

忏悔，本表示对人坦露自己的过错，求以容忍宽恕。"忏摩"与"阿钵底提舍那"之义全包括在内。取"忏摩"之"忏"，合之以"阿钵底提舍那"之意译"悔"（悔罪），如此成词，多么简洁明了，迎合汉语！佛教制度规定：出家人每半月举行一次诵戒，给犯戒者以说过悔改的机会。以后又产生了忏悔文、忏仪一类的文体，"忏悔"遂成为专以脱罪祈福为目的的佛教仪式。因此，佛典中"忏

---

① 丁福保《佛学大辞典》"忏悔"条下引《有部毘奈耶十五注》曰："言忏摩者，此方正译当乞容恕，容忍致谢义也。若触误前人，欲乞欢喜者，皆云忏摩。无问大小，咸同此说。若悔罪者，本云阿钵底提舍那，Āpatti-deśana。阿钵底是罪，提舍那是说，应言说罪。云忏悔者，悔是东语，不当请恕，复非说罪，成无由致。"

悔”比比可见。

“忏悔”一词早就跨出了佛门:伊斯兰教用此词对译阿拉伯文“Taubah”(讨白),基督教用它来对译英语的“Confession”。脱罪祈福是一种普遍的宗教仪式,于是“忏悔”也就大大发挥了作用。而在现代汉语里,“忏悔”则更是摆脱了宗教意义的束缚,用得更为广泛。

可以看出,“忏悔”在发展过程中,逐渐偏向认错悔罪,而“忏摩”之义有所脱落。所以人们往往不知其源,甚至误把“悔”就看做是“忏摩”的意译。

四　研究“梵汉合璧词”的意义

在漫长的历史长河中,汉民族曾与许多其他民族有过各种各样的文化交往,因此汉语言中存有大量的外来成分,其中自然有很多半音半意的词,值得我们进行研究。我们从以下三个方面来看对其研究的价值:

(1)佛教在中国历史上的地位决定了它在汉语外来语中的重要地位。随着佛教进入中国,大批的佛教经典被翻译出来,成批成批的佛教名词进入汉语言。可以说,鸦片战争以前,这对汉语影响算是最大的一次。另外,佛教在中国得到了发展,逐步由外来的宗教变为具有汉土特色的宗教,佛教成为中国文化的核心部分之一。佛教与人们的生活内容密切相关,这就决定了仅仅吸收外来的佛教术语还不够,还需创造大量汉语新词来表示汉化了的佛教内容,其中有不少词就是在“梵汉合璧”的基础上产生的。例如:禅宗是主张用禅定概括全部修习内容的佛教宗派,由菩提达摩传来,在中国得以发展,成为具有汉民族特色的佛教宗派。为此,汉语中又新造了一大批以“禅”为词根的佛教名词：禅斋、禅礼、禅髓、禅堂、禅习、禅僧、禅经、禅头、禅屋、禅林、禅门、禅客、禅师、禅德、禅偈、禅毯、禅家、禅院、禅病等等。这些词在音节构造、词形等方面已经完全符合汉语规范，我们可以把它们当作汉语的固有词而不觉得是外来的了。前面所分析到的“梵汉合璧”的词中，有很多也是这样产生的。这是因为所谓“梵”语名称已与它所表示的概念一起被人们约定俗成，后来产生的新词大多是在已有的词和概念的基础上形成的，因此人们难以看出本属于“梵”的部分。

(2)佛教传入中国的年代很早，这些词自然也在汉语词汇中生存悠久了。因为它们有汉语成分，即使音译部分也得到某种程度的汉化，特别是那些从文字到音节都全面汉化者，更使人觉得亲切，乐意接受，久而久之，人们甚至难知其源。如由“塔”“僧”“呗”“魔”①等音译成分与汉语固有成分合璧而成的系列双音节词，人们更难意识到其中有“梵”的成分。因此，极易被汉语吸收，早就成为汉语词中的积极成分。它们不仅本身得以为汉民族文化服务，有很多还成了汉语中的基本词，被重新用来造词，又繁衍出不少新的词，若究起根源来，它们仍属“梵汉合璧”，这大大促进了汉语的发展。

(3)“梵汉合璧词”大多数是应翻译佛典之需而产生的，但也有不少是在以后佛教发展、语言发展的过程中出现的。如：唐代惠能创立了中国禅宗，它以显著的特色，深受文人士大夫的欢迎。一时间，文人士大夫以谈禅、参禅为风尚，经常写诗作文表达禅趣、禅

① 参见梁晓虹《佛教与汉字》，载何九盈等主编《中国汉字文化大观》，北京大学出版社，1995年。

理；一些禅僧、禅师也多与他们密切交往，吟诗、酬唱，表达人生的理想、境界。这样，汉语词汇中，自然又增添了一批以“禅”为修饰语的新词，如“禅林”“禅苑”“禅宇”“禅阁”“禅宫”等。我们只要一读《全唐诗》，自然会有很深的印象。

这种现象至今仍存在。在北京大街上，经常有新广告、新商品名出现。随着“魔方热”的逐渐消退，人们又见到“魔棒”“魔针”“魔棍”等新品名。即使未见过那些东西，但人们也能感觉得出它们的共性，这自然是因“魔”字所决定的。

虽然我们可以认为，类似“魔方”“魔针”的新名词已不算是“梵汉合璧”而成的了，因为“魔”早已成为汉语的基本语素，所以“魔方”一类的新词只能是一般意义上的合成词。但我们若从汉语史的角度看，却仍可视此乃佛教文化源远流长、佛教词语意义引申的结果。如我们现今常用的“劫数已尽”“劫难临头”“十年浩劫”“劫后余生”“在劫难逃”“万劫不复”中的“劫”即源于佛教。梵语 Kalpa 音译作“劫波”(或作“劫簸”“羯腊波”等)，简成“劫”。佛经中的“劫”，本是一个无法计算的长久、远大的时间单位。《释迦氏谱》曰：“劫是何名？此云时也。若依西梵名曰劫波，此土译之名大时也。此一大时其年无数。”由此引申，“劫”在佛经中又是一个世界变动周期的概念。即在一劫时间内，世界从形成到毁灭，要经历成、住、坏、空四个时期。在坏劫之末，会出现火、风、水三种“劫灾”而荡尽世界，于是天地只剩下劫灰，世界于是毁灭，“空劫”过后，世界再重新创造。由此，“劫”就又有了灾难、毁灭的意义。而受佛教因果报应思想的影响，人们又相信遇到的灾难乃命中注定的，不可逃脱，这就是“劫数”。从此中，我们可以看出佛教文化对汉民族的影响力和佛教语词在汉语中的渗透作用。

史有为先生将佛教看作“中国的第二传统文化”，并认为在清朝末年以前，没有任何一种外来文化可以与佛教文化相匹敌，没有任何一种外来文化像佛教文化那样深入到社会生活的各个领域，使人们的深层意识也即文化的核心发生重大的变化。与此相伴随的是大量的新词新语，其中的音译外来词数以千计，数量惊人，远远超过鸦片战争以前所有时代外来词的总和。[①] “梵汉合璧词”正是其中的一部分。而从汉语词汇史发展的角度看，这种造新词的方法，实是开创了“半音半意”词的先导，具有特殊的影响及意义。[②]

因此，相对来说，“梵汉合璧”的词与其他“半音半意词”（如鸦片战争后，汉语吸收的印欧语系中的一些外来词）相比较，历史更悠久，对汉语言的发展影响更大，构词也稍复杂一些，值得我们深入探讨。

（原载《佛教与汉语词汇》，台湾佛光文化事业有限公司，2001年）

（梁晓虹：日本南山大学综合政策学部；南山宗教文化研究所）

① 史有为《异文化的使者——外来词》第168—172页，吉林教育出版社，1991年。

② 见《佛经翻译对现代汉语吸收外来词的启迪》。

《道行般若经》和“异译”的对比研究*

——《道行般若经》中的难词

辛嶋静志

《道行般若经》中出现不少值得注目的词汇、语法。有些难词,只有和梵本及“异译”对照才能明确理解它的意思。笔者列举几例说明。

一 “赐”=“尽”(“全部”“都”)

“赐”一词在古代汉语中偶尔表“穷尽”义。《汉语大词典》引《瘖冠子·天则》及《文选·潘岳〈西征赋〉》中的例子(第10册259页)。《文选》李善注引《方言》:“赐,尽也。”一文[①]。“赐”表“穷尽”的用例在《道行般若经》中出现两次。即:“用是故,知亦复是,须菩提!阿惟越致菩萨、摩诃萨。当知阿惟越致相。诸恶悉除赐”(T.8.459c4f.);“宿命所作恶于是悉除赐。从是以来断经余殃悉尽”(T.8.459c21f.)。

* 本文笔者曾在《纪念王力先生诞辰一百周年语言学国际学术讨论会》(2000年8月,于北京大学)发表,后又进行了部分修改,这是后半部分。

① 参看〔清〕钱绎《方言笺疏》,上海古籍出版社,1984年,134页。

《道行般若经》中，"赐"一词除表"穷尽"义以外，屡屡表"全部""都""完全"义。"赐"的这一用法，和它的近义词"尽"的用法一致，历来词典里却没言及。"赐"的这个虚词义，不仅从前后关系可以推测，梵本及异译中和它相对应的读法也可佐证。

如：

Lk. 430a12f. 须菩提语诸天子："设复有法出于泥洹，亦复如幻。何以故？幻人、泥洹赐如空，无所有。"

Zq. 483a10. 是幻、是人、泥洹皆空，俱无所有。

Zfn. 512c9. 幻人、泥洹赐如空，所有（该读为"无所有"）。

Kj. 540c17f. 幻、梦、涅槃无二，无别。

Xz（Ⅰ）. 771a15f. 幻化、梦境与一切法及至涅槃无二，无别。

Xz（Ⅱ）. 871a14f. 幻与有情及一切法乃至涅槃无二，无别。

Sh. 593b7. 而彼幻、梦与涅盘法无二，无别故。

AS. 20. 24f. = AAA. 161. 1f. māyā ca nirvā ṇam câdvayam advaidhīkāram... svapnaś ca nirvānam câdvayam advaidhīikāram（"幻象和涅槃不是别的东西；梦和涅槃不是别的东西"）.

又如：

Lk. 459c7f. 是菩萨、摩诃萨于梦中觉已，若见城郭火起时，便作是念："……今是城郭火起。用我故，悉当灭，悉当消，悉当去，不复现。"……假令火赐灭已，赐消已，赐去已，知是须菩提！菩萨、摩诃萨受决已。过去怛萨阿竭、阿罗诃、三耶三佛授阿耨多罗三耶三菩[①]。

又如：

Lk.467c4f.须菩提白佛言："诸佛悉赞叹诸菩萨如是耶？"佛言："不赐赞叹。"[②]

又如：

Lk.448b7f.复次，须菩提！法师欲到极剧之处，语受经人言："善男子能知不？其处无谷，有虎狼，多贼，五（读为'无'？）空泽。我乐往至彼间。谛自思议：'能随我，忍是勤苦不'。"复以深好语与共语。弟子当厌已，心不复乐，稍稍赐还[③]。

---

① 异译及梵本中，与"假令火赐灭已，赐消已，赐去已，……"这一文相对应的部分读为如下：Zq. 498b12. 假令火即灭，……Zfn. 533a2. 若火悉为消灭去者，……Kj. 570a9. 若火灭尽，……Xz(I). 836b22. 若……梦中见火即时顿灭，……Xz(II). 908c18. 若……梦中见火即为顿灭，……Sh. 651b20. 即时若能火自息灭，……AS. 189. 17f. = AAA. 766. 25f. sacet Subhūte grāmadāho vā nagaradāho vā upaśāmyati śītībhavati astam gacchati...（"须菩提！如果村子里的火灾或城市里火灾消灭的话，……"）

② 异译及梵本中，与"佛言：不赐赞叹。"这一文相对应的部分读为如下：Zq. 502a24. –；Zfn. –；Kj. 576c17f. "不也，须菩提！诸佛说法时，有称赞者，有不称赞者。"AS. 222. 31f. = AAA. 854. 23f. bhagavān āha："no h¸dam Subbūte！ na Subbūte！ sarveṣāṃ bodhisattvānām mahāsattvānām nāma ca gotram ca balam ca varnam ca rūpam ca parikīrtayamānarūpās te buddhā bhagavanto dharmam deśayanti udānam côdānayanti"（"世尊说：'不是的。须菩提！那些佛陀、世尊讲解佛法，称赞[菩萨]的时候，不宣扬所有的菩萨、大士的姓名、能力、容貌。'"）

③ 异译及梵本中，与"弟子……稍稍赐还"这一文相对应的部分读为如下：Zq. 491a21f.

有时“赐”和近义的“都卢”并列。

Lk. 434c28f. 十方无央数佛国诸天人、诸龙、阿须伦、诸阅叉鬼神……诸摩倈勒鬼神、诸人、诸非人都卢赐来到是间，问讯法师，听受般若波罗蜜，作礼绕竟，各自去①。

“赐”的这一用法，在《摩诃般若钞经》中也出现共三次。其中一例已在上面第一例中介绍过。其他两例即：“菩萨、摩诃萨念：‘我当度不可计、阿僧祇人，悉令般泥洹’。如是赐般泥洹，而无有法般泥洹者。”②（T. 8. 510b24f.）；“如是，须菩提！度不可计阿僧祇人，赐般泥洹，无有人般泥洹者。”③（T. 8. 510b29f.）而在其他五本异译中却不出现。

弟子……稍舍，就俗。Zfn. –；Kj. 557a27f. 诸人……即便退还。Xz(I). 813b16f. 能听法者……不随其去。Xz(II). 892b8f. 能听法者……不随其去。Sh. 627b16f. 是故诸人各各退还，不复随从。AS. 122. 15 = AAA. 522. 5f. te ... nânuvartsyanti te punar eva pratyudāvartsyante（“他们不跟从[法师]，他们就回去了”）.

① 异译及梵本中，与这一文相对应的部分读为如下：Zq. 485a7f. 十方无数佛国诸天人、鬼、龙、质谅神、执乐神、胸臆行神、似人形神皆至经师所，问讯，听受，作礼致敬，绕毕，各去。Zfn. 516c27f. 诸天人、龙、阅叉、揵陀罗、阿须伦、迦楼罗、甄陀、摩睺休、人、非人当来到是间，问讯，听受般若波罗蜜，作礼，绕竟，各自便去。Kj. 544c20f. 十方无量阿僧祇国土中，所有诸天、龙、夜叉、乾闼婆、阿修罗、迦楼罗、紧那罗、摩睺罗伽、人、非人，是等来至般若波罗蜜所，受持，读诵，供养，作礼。AS. 44. 13 = AAA. 257. 14f. ye kecit... devā nāgā yaksā... te itah pustakāt prajñāpāramitām paśyantu... svādhyāyya punar eva svabhavanāni gacchantu（“[我]希望神们、龙们、夜叉们……从这一书里看到般若波罗蜜多，……反复学习它后，就回自己住的地方去。”）

② 参照《道行般若经》中的与这一文相对应的读法，即：“菩萨、摩诃萨心念如是：‘我当度不可计、阿僧祇人悉令般泥洹’。如是悉般泥洹，是法无不（按：衍字）般泥洹一人也。”（T. 8. 427c4f.）

③ 参照《道行般若经》中的与这一文相对应的读法，即：“菩萨、摩诃萨度不可计、阿僧祇人，悉令般泥洹，无不（按：衍字）般泥洹一人也”（T. 8. 427c4f.）。

二 "谦苦""慊苦""勤苦"("艰苦")

《道行般若经》中,"谦苦"(一些版本读为"慊苦")屡次出现,似乎表"艰苦"义。

如:

Lk. 428b16f. 舍利弗谓须菩提:"我听须菩提所说法中事:'如是菩萨无所出生。'设菩萨无所出生者,菩萨如(该读为'而'。v. l. –)用何等故,谦(v. l. 慊)苦行菩萨道?设用十方天下人故,何能忍是谦(v. l. 慊)苦?"

Zq. 481b26. ……何故菩萨行艰难行,为众生更苦无量?

Zfn. 511b1f. ……菩萨用何等故,勤苦行菩萨之道?设用一切人故,何能忍是勤苦?

Kj. 539c2. ……何以故有难行,为众生故,受苦恼?

Xz(Ⅰ). 768a26f. ……何缘菩萨、摩诃萨为度无量无数有情,修多百千难行、苦行,备受无量难,忍大苦?

Xz(Ⅱ). 869b19f. ……何缘有诸菩萨为度无量无数有情,修多百千难行、苦行,备受无量生死大苦?

Sh. 591b10. ……云何菩萨为利众生故,有难行行及难行想?

AS. 14. 10f. = AAA. 116. 3f … kim bodhisattvo duṣkaracārikāñ carati yāni vā tāni sattvānām kṛtaśo duḥkhāny utsahate pratyanubhavitum("如何菩萨修苦行,或者为了众生能忍受一切苦?")

又如：

Lk. 428b19f. 须菩提语舍利弗："我亦不使菩萨忍是谦(v. l. 慊)苦也。行菩萨之道者，菩萨自念：'我不录①是谦(v. l. 慊)苦行'。何以故？菩萨心不当作是念言：'我忍谦(v. l. 慊)苦'。……"②

又如：

Lk. 452b12f. 须菩提言："菩萨谦(v. l. 慊)苦，欲得阿耨多罗三耶三菩。"佛言："菩萨谦(v. l. 慊)苦，安隐，于世间护，为世间自归，为世间舍，为世间度，为世间台，为世间导……"

Zq. 493b3f. 善业言："萩士谦(v. l. 慊)苦……欲索无上正真道者。"佛言："如是谦(v. l. 慊)苦……"③

---

① 这里的"录"表"思念、省察、顾念"义。参照：王继如 1997：237；李维琦 1999：94。

② 异译及梵本中，相对应的部分读为如下：Zq. 481b27f. 善业曰："吾不乐菩萨艰难行。而大士者无艰难想以行道也。所以者何？行艰难苦想者，不能为无量人民建大利也……"Zfn. 511b3f. 须菩提语舍利弗："我亦不使菩萨忍是勤苦行。菩萨忍勤苦行是菩萨之道。不自念：'我忍勤苦行'……"Kj. 539c3f. 须菩提言："我不欲使菩萨有难行。何以故？生难行想、苦行想，不能利益无量阿僧祇众生……"AS. 14. 12f. = AAA. 116. 10f. Subhūtir āyusmantam Śāriputram etad avocat："nâham āyusmān Śāriputra icchāmi bodhisattvam mahāsattvam duṣkara cārikañ carantam, nâpi sa bodhisattvo mahāsattvo yo duṣkarasamjñayā carati. tat kasya hetoh na hy āyusman Śāriputra duṣkarasamjñām janayitvā śakyo aprameyānām asamkhyeyānām sattvānāmarthah kartum. …"（须菩提对具寿舍利弗说："具寿舍利弗！我不希望菩萨、大士修苦行。怀着艰苦的意识修行的人绝不是菩萨、大士。为什么哪？具寿舍利弗！因为有了艰苦的意识就不能使无量的、无数的众生受利……"）

③ 其他异译及梵本中，相对应的部分读为如下：Zfn. –；Kj. 561a–10f. "诸菩萨发阿耨多罗三藐三菩提心，欲得阿耨多罗三藐三菩提，所为甚难。""如是，如是……所为

又如：

Lk. 458c23. 菩萨谦（v. l. 慊）苦作是学，不中道取证。

Zq. 497c15. 谦（v. l. 慊）苦作是学，不中道取证。

Zfn. 531c19f. 菩萨、摩诃萨实慊苦作是学，而不中道取证[①]。

又如：

Lk. 443a19f. 菩萨摩诃萨甚谦苦，行般若波罗蜜。

Zq. 488c26. 谦（v. l. 慊）苦求明度心者，……。

Zfn. 524c7. 菩萨、摩诃萨甚慊苦，行般若波罗蜜[②]。

可见，《道行般若经》中的"谦苦"或者"慊苦"与梵本中的"duskara"（"艰苦"）、"duhkha"（"苦、苦难"）、异译中的"艰难""勤苦""苦恼""难""苦"等相对应。我们可以推测，"谦苦"或"慊苦"

甚难……" AS. 146. 21f. = AAA. 595. 9f. Subhūtir āha："duṣkarakārakā bhagavan bodhisattvā mahāsattvā. . . " . . . " evam etat Subhūte evam etat. duṣkara kārakāh Subhūte bodhisattvā mahāsattvā···"（"须菩提说：'世尊！菩萨、大士能做难事。'……'没错，须菩提！没错。须菩提！菩萨、大士能做难事……'"）

① 其他异译及梵本中，相对应的部分读为如下：Kj. 569a23. 菩萨所为甚难，最为希有。能如是学，亦不取证。Xz(Ⅰ). 835a15f. 诸菩萨、摩诃萨甚为希有，能为难事。谓虽行空，而不住空。虽现入空定，而不证实际。AS. 185. 16f. = AAA. 756. 6f. duṣkara kārako bhagavan bodhisattvo mahāsattvo parama duṣkara kārako bhagavan bodhisattvo mahāsattvah···（"世尊！菩萨、大士能做难事。世尊！菩萨、大士能做极大难事……"）

② 其他异译及梵本中，相对应的部分读为如下：Kj. 552b17f. 菩萨所为甚难。修行般若波罗蜜时…… AS. 97. 30 = AAA. 428. 9f. duṣkarakārako bhagavan bodhisattvo mahāsattvo···（"世尊！菩萨、大士能做难事……"）

意为“艰苦”。

最后三例表明,《大明度经》及《摩诃般若钞经》的译者承用“谦苦”或“慊苦”①。鸠摩罗什译等异译里却没有出现。“谦苦”或“慊苦”这些词很可能是从口语中来的。但我们还需要进一步的研究。

“勤苦”一词表“艰苦”义,早在《墨子·兼爱下》就有此用例,即“今岁有疠疫,民多有勤苦冻馁,转死沟壑中者”。《汉语大词典》引这用例,解释为“勤劳刻苦”(第2册,818页)。这一解释恐怕不妥。“勤”有“辛苦;愁苦”义②。笔者认为“艰苦”一词是由两个同义词构成的复词,表“艰苦”义。

意为“艰苦”的“勤苦”在《道行般若经》中多见,不胜枚举。在这里只介绍其中一例:

Lk. 448b7f. 善男子能知不?其处无谷,有虎狼,多贼,五(读为“无”?)空泽。我乐往至彼间。谛自思议:“能随我,忍是勤苦不。”③

---

① 除了这三例以外,《摩诃般若钞经》中“慊苦”一词还出现过一次,即:“设我受决以过去怛萨阿竭、阿罗诃、三耶三佛——授我阿耨多罗三耶三菩者,实慊苦,有异——当得阿耨多罗三耶三菩、阿惟三佛”(T. 8. 533a9f.)。“授我阿耨多罗三耶三菩者,实慊苦,有异”这一句在《道行般若经》等汉译及梵文本里没有相对应的句子(即,Lk. 459c30. –;Zq. 498b19. –;Kj. 570a18. –;AS. 190. 3 = AAA. 768. 4. –等),并且,在这句子里的“慊苦”似乎不表“艰苦”义,而表“不简单、罕见”义。可疑。

② 参看《汉语大词典》第2册,817页A(4),(5)。

③ 异译及梵本中,与这一句相对应的部分读为如下:Zq. 491a19. 能随我行,忍此勤苦。Zfn. –;Kj. 557a26. 汝等岂能受如是苦?AS. 122. 13f. = AAA. 522. 3f. …jānīdhvam kulaputrāh śakyatha yūyam etāni duḥkhāni pratyanubhavitum(“善男子们!尔们考虑是否能忍受这些艰苦”)。

据笔者的管见,从东汉代到鸠摩罗什之前的译者常用“勤苦”这一词,但从鸠摩罗什开始不太用。鸠摩罗什译《小品般若经》中确实没有出现[①]。

三 “正”=“极”(“界限”;“非常”)

“正”在《道行般若经》中似乎有时候表“界限”义。这一意义,不仅从前后关系可以推测,而且梵本及异译中和它相对应的读法也可佐证。例如:

Lk. 427c29f. 佛语须菩提:“摩诃衍(按:衍字)。摩诃衍者,无有正也,不可得边幅。”

Zq. 481a14. 大乘之为乘者,为无量乘。

Zfn. 510c19f. 摩诃衍(按:衍字)。摩诃衍者,无有极,不可得边幅。

Kj. 539a20. 大乘者,无有量,无分数故。

Xz(Ⅰ). 767a28. 大乘者,即是无量、无数增语。无边功德共所成故。

Xz(Ⅱ). 869c17f. 大乘者,即是无量、无数增语。无边功德共所成故。

Sh. 590b20f. 大乘者,无限量,无分数,无边际。

---

① 笔者介绍别的例子。竺法护译《正法华经》中“勤苦”一词出现共22次。鸠摩罗什《妙法莲华经》里却出现一次(写为“懃苦”)。参照:辛嶋1998:330—331。

AS. 12.4 = AAA. 94.18. mahāyānam iti Subhūte aprameyatāyā etad adhivacanam. aprameyam iti Subhūte apramānatvena("须菩提！'大乘'是无量性的同义词。须菩提！无法计量，所以'无量'。")

"无有正"一句在《道行般若经》中还出现两次，即"菩萨行般若波罗蜜，一切字法不受。是故三昧无有边，无有正。"(426a29f.)[①]；"菩萨摩诃萨一切字法不受字。是故三昧无有边，无有正。"(426c18f.)[②]在这些句子里的"无有正"与梵本、异译中的"无有极""无边际""无量"等相对应。由此我们可以推测，"无有正"的"正"一词同"止"[③]，表"界限、限制、边际"义。

《道行般若经》中，"正"一词有时候在动词、形容词前，表示程度之甚[④]。例如：

Lk. 428a6f. 摩诃衍于天上、天下人中，正(v. l. 政)过上，无有与等者。

Zq. 481a19f. 大哉，斯乘。为天、人、质谅王、诸世间，出上。

Zfn. 510c23f. 摩诃衍，摩诃衍者，于天上、天下人中，极

① 异译及梵本中，与《道行般若经》中"无有边，无有正"一句相对应的部分读为如下：Zq. 479b7. 无有量；Zfn. 509a17. –；Kj. 537c13. 无量，无定；AS. 5.6 = AAA. 49.21. apramāna–niyato。

② 异译及梵本中，与《道行般若经》中"无有边，无有正"一句相对应的部分读为如下：Zq. 480a5. 无有量；Zfn. 509c5. 无有边，无有极；Kj. 538a28. 无量，无定；AS. 7.12 = AAA. 60.9. apramāna–niyato。

③ 有关这一问题笔者曾承北京大学朱庆之教授的指教。在中古文献里，"正""止"二字往往混用。参照：吴金华 1994:167—168；ZXYL. 643f.；李维琦 1999:30—31；GHX. 831 等。

④ 参照：ZXYL. 645；GHX. 831 等。

过上。

Kj. 539a24f. 所言摩诃衍,摩诃衍者,胜出一切世间天、人、阿修罗。

Sh. 590c3f. 如佛所说。彼大乘法于一切世间天、人、阿修罗中,而为最胜。

AS. 12. 16 = AAA. 106. 7f. mahāyānam mahāyānam iti bhagavann ucyate, sadevamānusâsuram lokam abhibhavan niryāsyati(“世尊!‘大乘’被叫为‘大车’。它超过全世界——包括神、人及阿修罗们在内——而出去”)

又如:

Lk. 429a23f. 正使是辈行菩萨道者,我代其喜,我终不断功德法。我使欲取中正尊法。正欲使上佛。

Zq. 482b15. ……悉欲使取经中极尊法。使上至佛。

Zfn. 511c27. ……悉使取法中极尊。欲使极上。

Kj. 540a21. ……上人应求上法。

AS. 17. 18 = AAA. 133. 1. …viśiṣṭebhyo hi dharmebhyo viśiṣṭatamā dharmā adhyālambitavyāḥ(“因为应该得到最高等的法”)

值得注目的是,《大明度经》及《摩诃般若钞经》的译者用“极”取代了《道行般若经》中的“正”一词。笔者认为,第一例里的“正过上”意为“远远超过”,第二例里的“正尊”意为“非常崇高的”。

四 “底”（“边际、尽头”）

《道行般若经》中，“底”意为“边际”、“尽头”的用例出现二十多次。“底”的这个意思①，不仅从前后关系可以推测，而且梵本及异译中和它相对应的读法也可佐证。例如：

Lk. 430c3f. 复次，拘翼！法无底，复无端底，无有中边，无有尽时。底索，无底。复无无底波罗蜜。

Zq. 483b8f. 当知：法无边，人无底。当知：法无底，身与作，复作用。是故当知之：与大明等无异，无中边，亦无本端，不可限量，一切不可得。以是故，明度无边，无底。

Zfn. 513a27. 复次，拘翼！法者无际，无限，无有极，无有中间，无可得者。

Kj. 541b6f. 复次，憍尸迦！诸法无边，前际不可得，中际、后际不可得。是故，缘无边，般若波罗蜜无边。

AS. 23. 21f. = AAA. 176. 23f. punar aparam Kauśika yasmāt sarvadharmā anantā aparyantā na teṣāṃ anto vā madhyam vā paryavasānam vā upalabhyate tasmāt Kauśika ananta－pāramitêyam yad uta prajñā－pāramitā（“并且，Kauśika！因为一切法无边无极，它们没有开头、中间、尽头，所以般若波罗蜜多就是无边际的波罗

① 《汉语大词典》引刘大白《卖花女》中的例子（第 3 册 1218 页 A[10]），即：“杏花红了，梨花白了，街头巷底声声叫”，解释为“尽头，末尾”。《汉语大字典》引晋郭璞《元皇帝哀策文》中的例子（第 2 册 879 页 A[9]），即：“灵庆有底，见在龙田”，解释为“尽头，末尾”。又参照“年底、月底”这些词。

蜜多。")

又如：

Lk. 430c20. 人无有底；般若波罗蜜无底。

Zq. 483b22. 人无底；明度无极名无底。

Zfn. 513b11. 人无有极。当作是念般若波罗蜜。

Kj. 541b22. 众生无边；般若波罗蜜无边。

AS. 24. 11 = AAA. 181. 3f. evam sattvân antatayā ' nantapāramitêyam yad uta prajñāpāramitā("因为众生无边际，所以般若波罗蜜多就是无边际的波罗蜜多。")

可见，《道行般若经》中的"底"与梵本中的"anta"（"边际、尽头"）、"paryanta"（"边际、尽头"）、异译中的"际""极""边""限"等相对应。我们可以推测，"底"意为"边际""尽头"，"无底"就表"无边际"义，第一例中的"端底"一词是由两个同义词构成的复词[①]。

《大明度经》的译者承用《道行般若经》中的"底"一词，《摩诃般若钞经》以下的译者却用别的词来取代它。

支娄迦谶译中出现很多值得注目的词汇、语法。上面介绍的几个例子仅仅是其中的一小部分而已。笔者想再次强调，这些词、语法的意思或者意义是通过对支娄迦谶译与异译及梵本的对比研究才明了的。笔者认为，研究汉译佛典语言时，需要拥有两个视点：一是把汉译佛典里的词汇、语法与外典中用法的比较；二是把

① 竺法护译《正法华经》中"崖底"（"边际、尽头"）一词屡次出现（参照：辛嶋1998:521）。它也是由两个同义词构成的复词。

汉译佛典与它的异译或是梵语、巴利语、藏语等经典进行对比。如果我们带着这两个视点认真精读汉译佛典，它们就会超越千年星霜，呈现出本来的生动面貌。此时，难解、无味的几百部古译佛经就会变成为研究中古汉语史、印度佛教史的珍贵材料。

缩略语及符号表

AAA = *Abhisamayālamkār ālokā*, *Prajñāpāramitāvyākhyā*, *the Work of Haribhadra*, together with the text commented on, ed. U. Wogihara, Tokyo 1932, The Toyo Bunko; Reprinted Tokyo 1973, Sankibo Buddhist Store Ltd.

AS = *Astasāhasrikā Prajñāpāramitā*, ed. P. L. Vaidya, Darbhanga 1960.

GHX =《古代汉语虚词词典》，中国社会科学院语言研究所古代汉语研究室编，北京 1999（商务印书馆）

Kj = 后秦鸠摩罗什译《小品般若波罗蜜经》（T. 8, [No. 227], 536—587）

Lk = 东汉支娄迦谶译《道行般若经》（T. 8, [No. 224], 425—478）

Sh = 北宋施护译《佛母出生三法藏般若波罗蜜多经》（T. 8, [No. 228], 587—676）

T = 大正新修大藏经，高楠顺次郎、渡边海旭主编，东京 1924—34.

v. l(l). = 异文（varia lectio）

Xz（Ⅰ）= 唐玄奘译《大般若波罗蜜经·第四会》（T. 7, [No. 220], 763—865）

Xz（Ⅱ）= 唐玄奘译《大般若波罗蜜经·第五会》（T. 7, [No. 220], 865—920）

Zfn＝前秦昙摩蜱与竺佛念译《摩诃般若钞经》(T. 8，[No. 226]，508—536)

Zq＝吴支谦译《大明度经》(T. 8，[No. 255]，478—508)

ZXYL＝《中古虚词语法例释》，董志翘、蔡镜浩，长春 1994(吉林教育出版社).

- ＝没有相对应的词汇、句子

… ＝表示固有名词。例："须菩提"

参考文献

李维琦　1999　《佛经续释词》，岳麓书社。

辛嶋静志　1998　*A Glossary of Dharmaraksa's Translation of the Lotus Sutra*(《正法华经词典》)，Tokyo(The International Research Institute for Advanced Buddhology at Soka University)(*Bibliotheca Philologica et Philosophica Buddhica* Ⅰ).

———　2001　*A Glossary of Kumārajīva's Translation of the Lotus Sutra*(《妙法莲华经词典》)，Tokyo(Bibliotheca Philologica et Philosophica Buddhica Ⅳ).

王继如　1997　中古白话语词释义献疑，《文史》第四十二辑，237—244 页。

吴金华　1994　《世说新语考释》，安徽教育出版社。

(原载《汉语史研究集刊》第五辑，巴蜀书社，2002 年)

(辛嶋静志：日本创价大学国际佛教学高等研究所)

考释佛经中疑难词语例说

李维琦

这里说疑难词语,未包括宗教教义方面的名词术语,只是指译经中构成语言障碍的那些一般性词语。这样的词语颇多,如果不弄懂,就难以透彻了解佛经的内容。诠释这一类的词语,对于汉语史研究,对于辞书编纂,也是一项基本工作。我从20世纪90年代开始,致力于佛典中疑难词语的考释,积累了一些经验。现将基本的做法举例缕述于下。

一　利用古注

例如【耗】。

论未志端,焉能识世之事乎?视不睹耗,孰能见灵魂之变化乎?(吴《六度集经》;3,51,2,21)[①]

"耗"当音毛。意思与"无"同。根据是古人对古书所作的注解。《汉书·高惠高后文功臣表》:"故建文景四五世间,流民既归,户口亦息,列侯大者至三四万户,小国自倍,富厚如之。子孙骄

① 四个数字依次表示《大正藏》的卷数、页数、栏数、行数。

逸，亡其先祖之艰难，多陷法禁，陨命亡国，或亡子孙，讫於孝武之年，靡有孑遗，耗矣。"孟康注"耗"字："耗音毛，无有毛米在者也。"师古曰："孟音是也，而解非也。孑然，独立貌，言无有独存者，至于耗尽也。今语犹谓'无'为'耗'，音毛。"①

古书中不乏在"无"这个意义上使用"耗"的适例。后世还时有所见，例如："争于奢侈，室庐、舆服僭于上，无限度。物盛而衰，固其变也。自是之后，孝武内穷侈靡，外攘夷狄，天下萧然，财力耗矣！"②现代汉语方言广东话说"无"为"冇"，上声③；长沙话说"无"为"冒"，去声④，唯福州话表示"无"这个意思的词仍念毛，读阳平，研究者以为是"无"字的俗写⑤。这些都是古谓"无"为"耗"而音毛的遗留。

这里训"耗"为"无"，文理豁然贯通。此处议论说，人的原始，"自本无生"。又说，"止欲空心"，"还神本无"。接下来就说，你如果看不到"无"的存在，那就见不到灵魂的变化。顺理成章。

二　翻检辞书

例如【綩綖】。

1. 斯果之甘，犹苑中果；斯地柔软，如王边綩綖矣。（吴《六度

① 班固《汉书》，中华书局，1962 年，528 页。

② 司马光《资治通鉴》，上海古籍出版社，1987 年，120 页。

③ 白宛如《广州方言词典》，江苏教育出版社，1998 年，224 页。

④ 鲍厚星等《长沙方言词典》，江苏教育出版社，1993 年，141 页（该书 1998 年第 2 版表述略有不同，此所不从）。

⑤ 北京大学中国语言文学系语言学教研室《汉语方音字汇（第 2 版）》，文字改革出版社，1989 年，128 页。

集经》;3,10,2,27)

2. 为于国中央施高座,随次转下施座,中有黄金座、白银座、琉璃座、水晶座。座皆有杂色文绣綩綖,座间皆杂种香花,座上皆施杂宝交露之盖,中外周匝皆烧名香。(后汉《道行般若经》;8,472,1,3)

3. 黎庶之女,苟以华色,处在深宫,卧即綩綖,盖以宝帐,衣天下之名服,食天下之贡献,故女贵也。(吴《六度集经》;3,10,3,20)

"綩綖",现今出版的大型辞书未收,而慧琳《一切经音义》出"綩綖"为词条者数处,释"綩"为夹衣,释"綖"为冠上覆。非是。唯11卷18页右,释"綩綖"云:"於远反,下以旃反。假借字也。若取字义,即乖经意。案:綩綖,地褥也。"[①]此处在注音之后,批评了逐字为解之误。然后直释为"地褥"。"地褥"约相当于现在的地毯。第一例中的"綩綖"正是此物。《道行般若经》句中之"綩綖"当是坐褥,第三例的"綩綖"则为卧褥。

从上例我们已经知道,对字书中所给出的释义,应当有所分析。特别是对近人所著辞典,更不可盲从。例如"本二",按丁福宝《佛学大辞典》,是"比丘在家时之妻也"[②]。这话只说对了一半,实际上,出家前已婚,出家后男女双方互为"本二"。参看拙著《佛经续释词》199页"本二"条。

尽管如此,查检辞书字典,仍是一项不可或缺的办法。

---

① 慧琳、希麟《正续一切经音义》,上海古籍出版社,1986年,435页。

② 丁福宝《佛学大辞典》,上海书店,1991年,843页。

三 与中土文献对勘

例如【引负】。

“尔时梵志,心怀惶怖,流污拉垢,无所归趣,即自引负,寄颜无所,便于佛前,心怀敬伏,求索出家。”(吴《撰集百缘经》;4,256,1,18)

中土文献也有用“引负”的例。《三国志·蜀志》卷四十四:“……济失誓不至,故(姜)维为魏大将邓艾所破於段谷,星散流离,死者甚众。众庶由是怨黩,而陇已西亦骚动不宁,维谢过引负,求自贬削,为后将军,行大将军事。”①“引负”接于“谢过”之后,同时并说,知“引负”与“引咎”同意,意思是承担责任,承认自己有过错。这一解释,施之于佛经,同样文从字顺。

对勘有时可能仍然得不到满意的结果。

例如【雅步】。

不肯学问,咨受经法,唯以愚伴迷惑之众,以为徒类,嗜酒博戏,高抗华饰,放恣情欲,嘘天雅步,不以孝顺,修德经心,当用立身,身犯众恶。(西晋《生经》;3,97,1,23)

“嘘天”意即向天吹气。“嘘天雅步”似是傲气冲天的样子。但如此模样,为何用上“雅步”二字?经查,西晋《四不可得经》云:“贪嫉邪见,不孝父母,不顺师友,轻易尊长,反逆无道,希望豪富,谓可永存,讥谤圣道,以邪无双,嘘天推步,慕于世荣,不识天地表里所由,不别四大因缘合成,犹如幻化。”(17,706,3,21)“雅步”作“推步”。到底是“雅步”还是“推步”?或者二者都不是?

---

① 陈寿《三国志》,中华书局,1982年,1084页。

陆云《大安二年夏四月大将军出祖五羊二公於城南堂皇被命作此诗》(六章其三):"华旗飞藻,鸣鸾振路。瘈瘈驷牡,嘘天载步。"①佛典中的"雅步"、"推步",此作"载步"。《诗经》有"载驰载驱"的说法,陆云本意是说骏马昂首喷气,驰驱奔腾。限于韵脚,不说"载驰",也不说"载驱",而说"载步"。至于《生经》中为什么要说成"雅步",还是不十分明白。有可能是译经者不太懂何以会用"载步"的道理,改为"雅步"。但仍觉不妥,又改而为"推步"。"雅步""推步"均未得其精要。不过,他要表达的意思,我们还是能够懂得。对勘在这里虽然没有让问题涣然冰释,但也有助于理解经文的要义。

四　从佛经本身求解

例如【鬼村】。

佛经中出现"鬼村"字样的地方甚多,如东晋《摩诃僧祇律》:"汝等亦可少做事业,舍诸缘务,从今日不听自手斫断种子,伤破鬼村。"(22,339,1,15)

此词可于佛经本身中求解。上引经文,接下来就作解释说:"鬼村者,树木草;坏者,斫伐毁伤。斫伐毁伤者,波夜提。"为什么树木草叫做"鬼村"呢?佛经中也有解释,姚秦《大庄严论经》卷三说:"佛说诸草木,悉是鬼神村。我等不敢违,是以不能绝。"(4,269,3,3)据经意,树木草等,是鬼神聚居之处,出家人不得有意伤害它们。

---

① 逯钦立《先秦汉魏晋南北朝诗》(上册),中华书局,1983年,699页。

所谓从佛经本身求解，有时较为复杂。

例如【经行】。

1. 有一美人，经行山中，从崎到崎，顾见石间日室中有一比丘，长须发爪，衣服裂败，状类如鬼。（吴《义足经》；4，176，1，3）

2. 不久睡眠，寻起经行，而修行道。（苻秦《僧伽罗刹所集经》；4，130，2，25）

3. 迦叶于中食后林间经行，心自念言：年少沙门今日受食，还归树下，我当往彼而看视之。（刘宋《过去现在因果经》；4，684，2，14）

4. 经行之人获五功德。云何为五：一者堪任远行；二者多力；三者所噉食自然消化；四者无病；五者经行之人速得禅定。（姚秦《出曜经》；4，755，1，8）

从 1 我们知道“经行”的汉字原义在佛典中仍然存在。“经行”就是行走，句中所说美人是随王来到山间游览的。我们从 2 知道“经行”可以是指一种修行方法。从 3 明了“经行”是道俗都采用的。经中所说迦叶那时还没有加入佛门。从 4 懂得“经行”的好处。由以上 4 句再加上别的这里未引用的语句，就能对“经行”有个全面的了解。除了别的意义外，“经行”指一种修炼方法，在旷野露地，主要是在山林树间经常性地行走，以加强体力，提高修行效果。

五　从众多的使用同一词语的语句中归纳

例如【敢】。

“敢”有“凡”义，“凡是”的“凡”。这是从佛经语料众多实例中归纳得出的结论。下面是这些例证中的一部分：

1. 须菩提知舍利弗所念,便语舍利弗言:“敢佛弟子所说法,所成法,皆持佛威神。”(后汉《道行般若经》;8,425,3,14)“敢佛弟子所说法”,就是“凡”佛弟子所说法,后文还有“皆”与之配合使用。但也有单独用的,下一例就是。

2. 时诸臣吏各共议言:“今此国王,敢来乞者,寻即施与,不能逆人。”(西晋《生经》;3,91,3,12)

3. 又彼人民敢目所睹,但见好喜,可意所敬,一切众民,悉得念佛三昧之定。(西晋《持心梵天所问经》;15,20,3,4)“敢目所睹”,凡眼睛能看到的事物。

4. 不当毁念,求于无想。所以者何? 敢可所念,悉为无想。(西晋《佛说魔逆经》;15,115,1,28)“敢可所念”,凡所念也。“敢”单音;“敢可”,双音。

5. 工言巧辞,娱乐音声,樗蒲六博,敢可天下,目所睹者,亦复晓了。(西晋《度世品经》;10,636,1,24)“敢可天下,目所睹者,亦复晓了”,凡天下眼睛所看到的,也都明白。

归纳义项是第一步,第二步更要寻索其所以有此义的理据。朱庆之教授写有一篇《“敢”有“凡”义及其原因》的论文。他对“敢”有“凡”义的原因作了如下的表述:一方面,在“敢有犯者,罪皆直死”一类的组合中,“敢”无疑会受到“皆”的词义“沾染”;另一方面,“敢有犯者,罪皆直死”等还会受到像“凡有貌像声色者,皆物也”一类组合的“类比”的影响。同时,“敢有”这种特殊的组合又有可能另外受到同属一个关联场的“所有”的类比的影响。这样,“敢”有“凡”义的语句便出现了。①

---

① 朱庆之《“敢”有“凡”义及其原因》,《古汉语研究》1989年第2期,46页。

在论证“敢”有“凡”义时，我只引用了支谶和竺法护，朱庆之教授还引用了支谦、竺律炎、无罗叉的译经作为证据。我对这些译者略微作了一下考察，便产生了一点猜测。从支谶东汉桓帝末年开始译经到晋怀帝永嘉二年（308 年）竺法护译事大致终结，其间约 140 年。此后偶有用例，大抵是出于仿照前人或前译。就是说，大致说来，只有这 140 年间，有五位译者有时用“敢”表“凡”义。译师支谶是月氏人。支谦祖父是东汉灵帝时入中国籍的月氏侨民。竺律炎虽是印度人，但朱庆之教授从中取例的《摩登伽经》是他与支谦合译的，打上了月氏后裔支谦的印记。再一个译师，就是通晓 36 国语言文字的竺法护，别看他姓“竺”，他本是世代居于敦煌的月氏侨民，由于他 8 岁时跟随竺高座出家，才改姓“竺”。我很怀疑以“敢”为“凡”或许遗留有月氏语的痕迹。五位之中只有无罗叉是于阗人，也没有一个熟悉月氏语的合译者，他或许也曾深受月氏语的影响吧。

归纳之后，如果再加上与中土文献比勘，那结论自然更为可靠。

例如【委厄】。

驰趣树下，了无所见，穷困斯泽，饥渴委厄。树神人现，问梵志曰：“道士那来？今若行耶？”（后汉《中本起经》;4,157,1,4）

道遇恶贼，悉见劫夺，皆失财业，贫穷委厄，无以自活，才得济命，尽力奔走，今归尊者，给侍左右。（西晋《生经》;3,726,2,5）

一处“委厄”与“饥渴”连用，一处与“贫穷”连用，读者已能仿佛得其大意。再看《分别功德论》：“问二神曰：‘今者委厄，谁能为救？’二神答曰：‘唯有世尊善能救厄。’曰：‘今为所在？’答曰：‘近在祇洹。’”（失译;25,41,1,11—12）

前文说“委厄”，后文单说“厄”，知“委厄”为“厄”的双音表达形式。倘用后世的话来说，当是“困厄”。

《宋书·列传第四十四·邓琬》：“顾命重臣，悉皆诛戮，驱逼王公，幽辱太后，不逞之徒，共成其衅。京师诸王，并见囚逼，委厄虎口，思奋莫因。身义兼家国，岂可坐视横流？今便欲举九江之众，驰檄近远，以谋王室，於诸君何如？”①

“委厄”用如动词，犹言“遭厄”。

《晋书·列传第三十二·刘琨》：“及其在者，鬻妻卖子，生相捐弃，死亡委危，白骨横野，哀呼之声，感伤和气。”点校者于“死亡委危”出校记云：“宋本、毛本、殿本及御览320引、册府429‘危’作‘厄’，然‘委危’‘委厄’，词皆晦涩。”②以佛经及《宋书》观之，则“委厄”是。

六　以经证经

例如【杌】。

佛经有前人译了，后人又译的情形。类似的故事或说法，有在此经中说过，彼经中又再说的。这就为以此证彼或以彼证此提供了条件，看下面的例子：

时他国有犯罪者，国政杌其手足，截其鼻耳，败舡流之。（吴《六度集经》；3，6，3，14）

杌，“树无枝”（《集韵·没韵》），义亦通“蘖”，“刊馀木”（《集

---

① 沈约《宋书》，中华书局，1974年，1057页。

② 房玄龄《晋书》，中华书局，1974年，1680页，11701页。

韵·迄韵》)[①]。经中不能以此二义为解。《六度集经》中这个故事说,一位王太子辞让王位而遁隐山林。在逃遁中救了一个被断了手足的罪人。而太子妇与此罪人私通,谋害太子。太子得有神佑,未被害死,获救后,成了他国国王。太子妇背着无手足人到此国求乞,为王所知,于是她受到了报应。在元魏·吉迦夜共昙曜译的《杂宝藏经》中有着类似的故事。在叙述太子夫妇第一次见到无手足人时,《杂宝藏经》这样措辞:"是时王子见一被刖无手足人"(4,458,3,14),《六度集经》中的"杌",《杂宝藏经》作"刖"。以此知《六度集经》中的"杌"借作"刖"用。"杌""刖"同声,韵亦相近。"国政杌其手足",宋、元、明三本,"杌"均作"刖"。

同经异译中的例如【无诤】。

后汉《道行般若经》:"法中终不共诤。"(8,425,3,16)其中"不共诤",吴《大明度经》作"无诤",前秦《摩诃般若钞经》作"不诤",姚秦《小品摩诃般若波罗蜜》作"不相违背",宋《佛母出生三法藏般若波罗蜜多经》作"无所违背"。五者相较,再从前后文斟酌,知字面上的"不共诤"或"无诤",在意义上只能是不相违或无违。用"无诤"的字面义无争斗、不争吵去解释"无诤",许多地方就讲不通,而如果用无违、不相违背去解释,很少有不相合的。

七　揣摩文例

例如【二一】。

如优婆夷为多比丘二一,为多比丘尼二一,为多式叉摩尼二

① 丁度《集韵》,中国书店,1983年,1416页,1400页。

一，为多沙弥二一，为多沙弥尼二一，为多出家二一，为多出家尼二一，若为一出家尼故，作房舍，温堂、凉堂、合㰦堂、重阁、一重舍、平覆舍，遣使诣比丘所白言："大德来，我为一出家尼故，作房舍，温堂、凉堂、合霤堂、重阁、一重舍、平覆舍，大德来，作入舍供养。"有如是事，听去七夜。（后秦《十诵律》;23,174,1,21—28）

像这样一口气说七个"二一"，差不多的格式，在《十诵律》第二十四卷中共有6处。就事论事，实在找不出"二一"的确切含义，得想别的办法。经过揣摩，我们发现，佛经在依次列举数目字的时候，往往从多到少，而且可以不再举出数字后面的单位或成分。读者理解，须得联系前文思考。如：

佛言："从今后受具足已应诵二部毗尼，若不能诵二部者应诵一部。若复不能者，应诵五线经，若复不能者，应诵四三二一。"（东晋《摩诃僧祇律》;22,448,1,16）如果五线经都不能诵，那就诵四线、三线、二线、一线经吧。

时跋提释子往阿那律所语言："我母已听我出家，我等今可且复自停，更在家七年，五欲极意共相娱乐，然后出家。"阿那律报言："七年极远，人命无常。"跋提复言："若不能七年者，宁可六年，若五四三二一年，在家五欲自娱耶？"阿那律报言："一年极远，我不堪忍，人命无常。"跋提言："若不堪一年，可七月中五欲自娱耶？"阿那律报言，七月极远，我不堪忍，人命无常。"跋提言："若不堪七月，可六五四三二一月共相娱乐耶？"阿那律言："一月极远，我不堪忍，人命无常。"（姚秦《四分律》;22,91,1,7—17）跋提的意思是，如果七年不行，那么，六年怎么样，或者五年、四年、两年，哪怕是一年也好，可以吗？如果七个月都不行，那就六个月，五个月，四个月，三个月，两个月，一个月，如何？

昔阿育王弟善容出城游猎，入深山中，见诸梵志裸形暴露，以求神仙，劳神苦体，以获梵福。服食树叶，其精进意勇猛者，日服一叶，劣软弱日服七叶，或有服六五四三二一。食七叶者服七合水，六者六合，五合三二一，亦复如是。若不得水，七过吸风，六者六吸，五者五吸，四三二一，亦复如是（姚秦《出曜经》；4，641，1，10—17）。"或有服六五四三二一"，是说有服六叶的，有服五叶的，有服四叶的，有服三叶的，有服二叶的，有服一叶的。"五合三二一，亦复如是"，是说食五叶者服五合水，食四叶者服四合水，食三叶者服三合水，食二叶者服二合水，食一叶者，服一合水。"四三二一，亦复如是"，是说四者四吸，三者三吸，二者二吸，一者一吸。

若比丘知是物向比丘僧，自求向己，尼萨耆波夜提。若向三二一，突吉罗，若比尼萨耆波夜提。（后秦《十诵律》；23，59，3，14）"若向三二一，突吉罗"，意思是如果知道这东西本来是送比丘僧团的，却求得向别的三人，或者两人，或者一人，得突吉罗罪。

或得典领作四域王，若三二一，若作帝释，乃至得作他化自在王（北凉《大方等大集经》卷二十二；13，162，1，9）。"若三二一"，意思是或者作三域王，或者作二域王，或者作一域王。

这样一比照，我们可以推知，《十诵律》所说的"多比丘二一"，就是多个比丘，两个比丘，一个比丘之意。"多比丘尼二一"，就是多个比丘尼，两个比丘尼，一个比丘尼之意。余以此类推。此处实在是一种不定数的表达法。这样的推论，由于有了刘宋《萨婆多部毗尼摩得勒伽》中下面的话而更得到证实：

问：颇有犯事僧作羯磨，即以此事众多比丘若二若一得作羯磨耶？

答：有。云何比丘犯罪僧作羯磨，若比丘尼僧与比丘作不礼拜

羯磨,不共语羯磨,不供养羯磨。众多二一比丘亦如是。(23,566,1,13—16)

前面问话说“众多比丘若二若一”,答话说“众多二一比丘”,意思都是“多个比丘或两个比丘,或一个比丘”,所指完全相同。

八 比照非汉文佛典

例如【丹枕】。

尔时,长者各赐诸子等一大车。其车高广,众宝庄校,周匝栏楯,四面悬铃。又于其上,张设幰盖,亦以珍奇杂宝而严饰之,宝绳绞络,垂诸华缨,重敷綩綖,安置丹枕。(姚秦《妙法莲华经》;9,12,3,21)

这里说车上的装饰,最后讲到“丹枕”,令人不解,为什么突然会讲到卧具。辛嶋静志教授的《妙法莲华经词典》告诉我们,在Kern Najio 校刊本(75 页第 8 行)中,相对应的梵文词是“lohitopadhāna”,意思是红坐垫。“丹枕”这个难题由此而得到解决。①

又例如【发大庄严】。

这一短语曾经许多人用力,试图作一合理解释,终难如人意。武汉《语言研究》发的一篇文章,通过梵汉对勘,作出了全新的解释,读者不能不考虑这一解释的正确性。

“‘发大庄严’意思是:发宏大的愿心,度脱无数的众生,已经度脱了,却又没有众生得到灭度。有如是的心愿,有如是的认识,

---

① 辛嶋静志《妙法莲华经词典》,Soka University,2001 年,58 页。

就叫披上了大铠甲,或者叫做披大功德铠,披弘誓铠。有了这种武装,便可以勇猛精进,发愤而度无量众生,可以不因此而受到任何伤害。这种情形,鸠摩罗什谓之'发大庄严',梵文原本是saṃnāha-saṃnaddhaḥ/mahā-saṃnāha-saṃnaddhaḥ,英文叫做 armed with the great armour。"①

当然,我们知道,汉文佛典有些时代较早,远在许多非汉文佛典之前。汉文佛典保存较为完整,其价值非他种文字的佛典所可比并。当我们对他种文字的佛典还是一知半解的时候,还没有透彻了解和完全掌握的时候,便贸然用来议论汉文佛典之是非和汉语语词的源头,尤当十分谨慎。辛嶋教授著有《汉文佛典的语言研究(二)》一文,明确地指出:"在汉语里可以解决的问题应该汉语里解决,不必提到梵文材料,把问题弄复杂。"②我很赞成他的这些话。

(原载《湖南师范大学社会科学学报》2003 年第 4 期,收入本书时作者略有增订)

(李维琦:湖南师范大学文学院)

---

① 张幼军《"庄严"一词梵汉对勘》,《语言研究》2006 年第 1 期,98 页。

② 日本禅籍俗语研究会编《俗语言研究》1998 年第 5 期,51 页。

从鸠摩罗什的佛经重译本与原译本的对比看系词“是”的发展

胡湘荣

一般认为,佛经译文是比较近口语的。东吴的支谦、西晋的竺法护、后秦的鸠摩罗什是汉末到东晋末几个不同阶段的著名佛经翻译大师,他们的译作自然会显露出汉语发展的一些信息。尤其是鸠摩罗什,以他信、达、雅的“新译”[①]在中国佛经翻译史上树起了一座宏大的里程碑,而他的《维摩诘经》《法华经》等著名经典又恰恰是在支谦、竺法护原译本的基础上重译的,这就为我们提供了研究汉语史的宝贵资料。

王力先生在《汉语史稿》中认定:“就汉语来说,真正的系词只有一个‘是’字。”“系词在判断句中起经常作用,系词句在口语里完全代替了上古的判断句,仍是中古时期的事。”按照《汉语史稿》的分期,支谦、竺法护的译经活动处在上古期到中古期的过渡阶段,鸠摩罗什的译经活动正值中古前期。从“旧译”与“新译”[②]的

---

① 由于鸠摩罗什在中国佛经翻译史上开创了一个新时代,后人将他的译经誉为“新译”,在他之前的译经则统称“旧译”。

② 为简便计,我们将支谦和竺法护的原译本称为“旧译”,将鸠摩罗什的重译本称为“新译”,这与前面提到的“旧译”“新译”有所不同。

对比中,我们可以比较清晰地看出系词“是”的发展轨迹及其扩张用法的趋向。

一　系词句在判断句中逐渐占据优势

系词“是”在东汉、魏晋时期已普遍使用,“旧译”中亦有大量用例,无须赘述。不过,“旧译”中的判断句常可不用系词,而“新译”中的系词则成为判断句的典型标志。

1a. 佛者法身。(竺法护《持人菩萨经·妙慧超王佛品第二》)

1b. 诸佛即是法身。(鸠摩罗什《持世经·初品第一》)①

2a. 进三乘者,诸佛所训也。(竺法护《正法华经·应时品第在》)

2b. 此三乘法皆是圣所称叹。(鸠摩罗什《妙法莲华经·譬喻品第三》)

3a. 何所人类如来所济令得灭度?(竺法护《持心梵天所问经·论寂品第八》)

3b. 何等是众生为佛所灭度者?(鸠摩罗什《思益梵天所问经·论寂品第八》)

1a 用语气助词“者”在主语后表停顿,2a 以语气助词“也”在谓语后助判断,3a 没有任何表判断的标志。

4a. 佛性则法,法性则众。(支谦《维摩诘经·不二入品第九》)

4b. 佛即是法,法即是众。(鸠摩罗什《维摩诘所说经·入不

---

① “新译”与“旧译”的篇名和品名不尽相同,译文中使用的佛教术语也常常有别,因是对比材料,从上下例句中不难分辨,本文不一一注明。

二法门品第九》）

5a. 斯诸菩萨悉佛众子。（竺法护《正法华经·菩萨从地踊出品第十四》）

5b. 此等是我子。（鸠摩罗什《妙法莲华经·从地踊出品第十五》）

6a. 一切诸法皆如来法也。（竺法护《持人菩萨经·妙慧超王佛品第二》）

6b. 一切诸法是如来法。（鸠摩罗什《持世经·初品第一》）

7a. 其佛世时有八十亿烨沙门众，皆阿罗汉。（竺法护《持人菩萨经·持施王品第四》）

7b. 是大意山王佛有八十亿那由他声闻众，皆是阿罗汉。（鸠摩罗什《持世经·五阴品第二之二》）

"旧译"4a、5a 分别加副词"则"、"悉"加强判断，6a、7a 都是以副词"皆"帮助判断。

8a. 我等今日乃为声闻。（竺法护《正法华经·信乐品第四》）

8b. 我等今者真是声闻。（鸠摩罗什《妙法莲华经·信解品第四》）

9a. 一切诸法为虚伪门。（竺法护《持人菩萨经·妙慧超王佛品第二》）

9b. 虚空是一切法门。（鸠摩罗什《持世经·初品第一》）

"旧译"8a、9a 用动词性虚化了的"为"表示判断。

由上可见，"旧译"中的判断句显然还带有上古判断句的某些特征，而"新译"中的判断句则鲜明地反映出"系词句在口语里完全代替了上古的判断句"这一发展趋势。

二　系词“是”经常用于副词之后

系词“是”用在副词的后面，“旧译”中已见过一些，但远不如“新译”用得广泛和经常。以同一部经为例，竺法护的《持人菩萨经》仅有4处，而鸠摩罗什的《持世经》却达72例之多。前面所引1b、2b、4b、7b、8b都是如此，下面再举几例以资说明。

10a. 吾我自然，佛亦自然。（竺法护《持心梵天所问经·论寂品第八》）

10b. 我性即是佛性。（鸠摩罗什《思益梵天所问经·论寂品第八》）

11a. 菩萨设能如是行者，不为欺惑诸佛世尊。（竺法护《等集众德三昧经·卷下》）

11b. 若菩萨诃萨如是修行，则是诸佛之所许可。（鸠摩罗什《集一切福德三昧经·卷下》）

12a. 佛则为父，我则为子。（竺法护《正法华经·信乐品第四》）

12b. 我等昔来真是佛子。（鸠摩罗什《妙法莲华经·信解品第四》）

13a. 言皆至诚，有至讲者皆亦承说如来所诏，一切剖判往古最胜经卷。（竺法护《正法华经·叹法师品第十八》）

13b. 是人有所思惟筹量言说，皆是佛法，无不真实，亦是先世佛经中所说。（鸠摩罗什《妙法莲华经·法师功德品第十九》）

14a. 又如来慧普见世间一切人心，示现泥洹，如来至真等正觉善权方便说有三乘。（竺法护《正法华经·往古品第七》）

14b. 所得涅槃，非真实也，但是如来方便之力，于一佛乘分别

说三。（鸠摩罗什《妙法莲华经·化城喻品第七》）

15a. 今者世尊授以无上正真道决。（竺法护《正法华经·授五百弟子决品第八》）

15b. 我今乃知实是菩萨受阿惇多罗三藐三菩提记。（鸠摩罗什《妙法莲华经·五百弟子受记品第八》）

16a. 其佛言曰："便往梵天，宣知是时。"（竺法护《持心梵城所问经·明网菩萨光品第一》）

16b. 其佛告言："便往梵天，今正是时。"（鸠摩罗什《思益梵天所问经·序品第一》）

以上各例中，"新译"的"是"分别用于"即""则""真""皆""亦""但""实""正"等副词后，其系词的性质更为显豁。此外，"新译"多处见到系词"是"加否定副词"非"构成否定判断句的用例，而"旧译"还不多见。

17a. 诸声闻之众不能蹈斯地也。（竺法护《等集众德三昧经·卷中》）

17b. 非是声闻之境界。（鸠摩罗什《集一切福德三昧经·卷中》）

18a. 由是自谓，已得灭度，今乃自知，非至泥洹。（支谦《维摩诘经·应时品第三》）

18b. 尔时心自谓，得至于灭度。（鸠摩罗什《维摩诘所说经·譬喻品第三》）

更有甚者，"新译"中还发现了"旧译"中不曾见到的系词"是"加否定副词"不"的用例。

19. 我不求请，亦非彼奴，亦非庸作，不是彼民。（鸠摩罗什《大庄严论经·卷十二》）

由“非是”到“不是”,标志着系词“是”的新的重要发展。

三　系词“是”之后的表语复杂化

与“旧译”相比,“新译”中“是”后面的表语成分更加复杂化了,它可以是各种类型的词组乃至结构完整的句子。

20a. 又问梵天:“所言法者为何谓耶?”答曰:“所云法者无有差别,是谓为法。”(竺法护《持心梵天所问经·仂行品第九》)

20b. 又问:“何等是诸法实相义?”答言:“一切法平等无差别是诸法实相义?”(鸠摩罗什《思益梵天所问经·力行品第九》)

21a. 为是故,作沙门。(支谦《维摩诘经·弟子品第三》)

21b. 若能如是,是真出家。(鸠摩罗什《维摩诘所说经·弟子品第三》)

22a. 以离窈冥众,乃为修道行。(竺法护《持心梵天所问经·志大乘品第十》)

22b. 无暗无障碍,是行菩萨道。(鸠摩罗什《思益梵天所问经·志大乘品第十》)

23a. 其达道意如虚空者,道无所住。(竺法护《持心梵天所问经·行道品第十一》)

23b. 发同虚空相菩萨之愿即是发虚空愿。(鸠摩罗什《思益梵天所问经·行道品第十一》)

24a. 明者解之,此无有界,观是三界众生无界,已身虚空,无有若干。(竺法护《持人菩萨经·晓三界品第三》)

24b. 菩萨摩诃萨如是观时,观众生性即是虚空性,无所有性,无生性。(鸠摩罗什《持世经·十八性品第三》)

25a. 有身则有尽。（支谦《维摩诘经·不二入品第九》）

25b. 身即是身灭。（鸠摩罗什《维摩诘所说经·入不二法门品第九》）

26a. 何谓菩萨不二入法门者？（支谦《维摩诘经·不二入品第九》）

26b. 何等是菩萨入不二法门？（鸠摩罗什《维摩诘所说经·入不二法门品第九》）

27. 以是我定知，非是魔作佛。（鸠摩罗什《妙法莲华经·譬喻第三》）

28. 何故说名念处？念处者，即是一切法无处，无起处无所有处。……又念处，是一切法不法不生不取。（鸠摩罗什《持世经·四念处品第六》）

不难看出，"新译"中加着重号处均为"是"的表语，有偏正词组，有联合词组，有动宾词组，也有主谓词组，而27、28的表语则是由结构相当完整的句子构成。这种表语复杂化的情况，显示出系词"是"的进一步发展。

四　系词"是"的扩张用法

潘允中先生的《汉语语法史概要》专立"系词'是'的扩张用法"一节，认为这类句子"形式上用系词'是'，句子也往往带有类似判断的性质；但是从结构上看，它又不具备判断句的条件，关键在于'是'的用法扩张起来了，而且扩张得相当厉害。"与"旧译"相比，"新译"中已经出现了这样一股"扩张得相当厉害"的势头。系词"是"的扩张用法大致可以归纳为以下三种情况。

（一）作强调用的“是”

这种类型的“是”多是插在意思本已完整的主谓之间，句子的谓语都是形容词性或动词性的。

29a. 斯一切言悉为诚谛。（竺法护《持心梵天所问经·论寂品第八》）

29b. 一切言说皆是真实。（鸠摩罗什《思益梵天所说经·论寂品第八》）

30a. 审如所言……实无所异。（竺法护《正法华经·七宝塔品第十一》）

30b. 如所说者，皆是真实。（鸠摩罗什《妙法莲华经·见宝塔品第十一》）

31. 是人有所得身皆是清净。（鸠摩罗什《持世经·五阴品第二之一》）

32a. 色空，不色败空，色之性空，……识空，不识败空，识之性空。（支谦《维摩诘经·不二入品第九》）

33b. 色即是空，非色灭空，色性自空。……识即是空，非识灭空，识性自空。（鸠摩罗什《维摩诘所说经·入不二法门品第九》）

34a. 欲除苦者则名为虚。（竺法护《持心梵天所问经·解诸法品第四》）

34b. 我知见苦是虚妄。（鸠摩罗什《思益梵天所问经·解诸法品第四》）

35. 识阴是虚妄不实。（鸠摩罗什《持世经·五阴品第二之二》）

36a. 明智达之虚无无真。（竺法护《持人菩萨经·诸入品第七》）

36b. 智者通达诸入皆是虚妄无所有。（鸠摩罗什《持世经·

十二入品第四》)

37. 此法想者亦是颠倒。(鸠摩罗什《维摩诘所说经·文殊师利问疾品第五》)

38. 是故说随顺无明义,通达十二因缘无明是不生不作不起,无根本无一定法无缘无所有。(鸠摩罗什《持世经·十二因缘品第五》)

显而易见,“新译”中以上各例的“是”均可去掉,并不影响整个句子的原意,但加“是”则明显加强了句子的断定语气。还有一些用在动词“说”前面的“是”容易混淆,但稍加分析亦能看出端倪。

39. 所言见者,是说元生不实之言;语不实者,说无生名。(鸠摩罗什《集一切福德三昧经·卷中》)

40a. 以能觉了一切诸法皆无明者,则达明业不更致明。(竺法护《持人菩萨经·十二缘品第八》)

40b. 若说一切法无所有,即是说知见不明。(鸠摩罗什《持世经·十二因缘品第五》)

39 是一个并列复句,对文见义,两个“说”都是直接充当分句谓语;40b 是一个假设复句,后一个“说”与前一个“说”的句法功能相同,不宜看作“是”的表语成分。无疑,上两例的“是”也同样是起强调作用的。

(二)追究缘由的“是”

这类“是”与作强调用的“是”不同,它在句中仍然起系词的作用,不能去掉;但它连接的主语和表语并非对等关系,与纯粹的系词“是”也有区别。

41a. 承佛威神如来圣力,道德巍巍以自娱乐,往诣忍界。(竺

法护《妙法莲华经·妙音菩萨品第二十二》)

41b. 我今诣娑婆世界,皆是如来之力。(鸠摩罗什《妙法莲华经·妙音菩萨品第二十四》)

42a. 其有得见至真容体,思察所行,皆佛大圣威神所接。(竺法护《持心梵天所问经·明网菩萨光品第一》)

42b. 若有众生能见佛尊,皆是如来威神之力。(鸠摩罗什《思益梵天所问经·序品第一》)

43a. 其时,世尊,得如是经乐喜相传者,当知此辈菩萨为弥勒之所建立也。(支谦《维摩诘经·弥勒品第十四》)

43b. 世尊,若后来世有所受持读诵为他说者,当知皆是弥勒神力之所建立。(鸠摩罗什《维摩诘所说经·嘱累品第十四》)

44a. 吾以逮是普现三昧,便能致此正法华经,固逮是意。(竺法护《正法华经·药王菩萨品第二十一》)

44b. 我得现一切色身之昧,皆是得闻法华经力。(鸠摩罗什《妙法莲华经·药王菩萨本事品第二十三》)

45. 我等于如来灭后周旋往返十方世界,能令众生书写此经,受持读诵,解说其义,为法修行正忆念,皆是佛之威力。(鸠摩罗什《妙法莲华经·劝持品第十三》)

"新译"中"是"前叙述事实,"是"后解释原因,"是"的作用非常明显。必须说明的是,以判断句的形式解释原因上古早已有之。比如,"桓公九合诸侯,不以兵车,管仲之力也。"(《论语·宪问》)"孟尝君为相数十年无纤介之祸者,冯谖之计也。"(《战国策·齐策》)而"新译"中的"是"格式则沿用至今。

与以上"是"后为名词性的成分不同,"新译"中有些句子"是"可连接动词性的表语。

46. 意入即是众因缘生，从颠倒起。（鸠摩罗什《持世经·十二入品第四》）

47. 菩萨观十二因缘是虚妄生。（鸠摩罗什《持世经·十二因缘品第五》）

（三）用在句首的“是”

48a. 诸大天当知，此则本瑞应……今有定至诚，佛当成于世。（竺法护《正法华经·往古品第七》）

48b. 是事何因缘，而现如此相……多是佛出世，度脱苦众生。（鸠摩罗什《妙法莲华经·化城喻品第七》）

一为断定，一为猜度。“新译”中的“是”形成一种特殊的判断语气。

49a. 假使菩萨在于诸法有住如来，有入有出，若所起忽然现者，出于所有，依因于相，若有往返，若有所立，无有清净，若有尘劳，终始周旋，获色所有，而为放逸，有所思念，即为欺惑如来，假使天子，若有菩萨等御解空，了一切法，皆于诸见而无思想，等御所行，解一切法，悉除诸想，等御无愿，分别诸法，度于三界，等御如空，解一切法，不著本净，遵修如是菩萨者，不为欺惑佛世尊。（竺法护《等集众德三昧经·卷下》）

49b. 若是菩萨于诸法性若有少得，则诳如来应正遍觉，天子，若是菩萨共空俱住，生于见著，（若）是菩萨共无相俱住，生于见著，若是菩萨共无愿俱住，生于见著，则诳诸佛。若是菩萨生过三界，知一切法无实无生无起，无形可相，无来无去无住，本性清净，本性照明，本性常灭，同于虚空，本性无垢，若如是知，是名菩萨不诳诸佛。（鸠摩罗什《集一切福德三昧经·卷下》）

这段话看似复杂，其实只包含两层意思，即“若是菩萨……则诳诸佛；若是菩萨……不诳诸佛。”这里的菩萨是泛指[①]，“新译”中五处“若是”位于假设复句之首，“是”对前一分句假设的情况有确认、强调的作用。这一特殊用法，现代汉语中倒是常见的。

鸠摩罗什的译经是在长安进行的，当时东晋偏安江南，北方仍处于“五胡乱华”的局面，社会的动荡，民族的融合，促使语言产生较快的变化。作为中国佛教史上四大译师之首的鸠摩罗什兼通梵汉语文，而参与译经者又多是义学名流，“新译”应该会反映一些语言变化的实际状况。因此，我们认为，从“旧译”到“新译”系词“是”的变化不是偶然的，而是反映了必然的发展规律。

（原载《湖南师范大学社会科学学报》1993 年第 3 期）

（胡湘荣：广东江门教育学院中文系）

① “旧译”中分明说“若有菩萨……”，“新译”这段话之前也有以“若有”代“若是”的句子：“若有菩萨为诸法作相，与相俱住，则诳如来。”

从语言的角度看某些早期译经的翻译年代问题*

——以《旧杂譬喻经》为例

曹广顺　遇笑容

一

佛教译经是中国古代文化的重要文献，历来为研究者所重视。但佛经的翻译从汉代起，直至明清，由于各种原因，许多早期译经的翻译年代、作者，都有模糊不清之处，给研究、使用造成困难。

作为一种历史文献，每一种译经都应该在语言上有其特征，反映某一时代、作者的语言习惯。因此，我们有可能根据语言特征来研究译经的翻译年代问题①。

---

* 本文曾在美国伯克莱加州大学赵元任汉语研究中心第五届年会上宣读过，与会的许多先生都提过很好的意见，谨此致谢。

① 在这方面已经有一些研究成果，较重要的如荷兰 E. Zürcher《最早的佛经译文中的东汉口语成分》，蒋绍愚译，《语言学论丛》第十四辑，商务印书馆，1987。

二

要从语言上判定译经的翻译年代问题，就必须首先找出可以作为标准使用的语言特征。而这种特征，如我们曾指出的[1]，必须是规律性强、普遍性好的。规律性强是说它在汉语的历史发展中可以看出清晰、整齐的线索；普遍性好则是希望这些线索被广泛使用，在不同的文献中都有所反映。

我们把魏晋南北朝时期的译经看作是早期译经，根据上述原则，以下3种语言现象可能可以作为判定标准使用：

（一）动词连用格式

动词连用式是两汉广为使用的一种动词并列结构，由两个或两个以上的动词组成。如：

1. 会暮，楼船攻败越人。（史记·南越列传）

2. 以天降之福，吏卒良，马强力，以夷灭越氏，尽斩杀降下之。（同上·匈奴列传）

3. 汉矢且尽，广乃令士持满勿发。（同上·李将军列传）

从《史记》及以后的文献看，两汉这种动词连用格式的使用规律是：

---

① 参阅曹广顺《试说"就"和"快"在宋代的使用及有关的断代问题》，《中国语文》1987年4期。

在带宾语的情况下，用在第二动词位置上的可以是及物动词，也可以是使动用法的不及物动词或形容词；宾语分别和前面的两个（或多个）动词构成动宾关系（如例1、2）。

东汉以后上述规律逐渐消失，像例3那样的"V满"之后，开始出现处所宾语或处所加一般宾语。如：

4. 我今观汝形体，臭秽充满其中。（《撰集百缘经》吴·支谦译）

5. 寻往彼河，盛满瓶水，掷虚空中。（同上）

继而出现了带一般宾语的例子，如：

6. 诸天玉女，各持金瓶，盛满香汁。（《过去现在因果经》刘宋·求那跋陀罗译）

到隋朝的译经中，"V满""V尽"等带宾语的例子已经较多见，上述规律基本不存在了。

（二）处置式

处置式的产生过程，大致有3个阶段：汉代和汉代以前，只有使用介词"以"的广义的处置式①，如：

7. 天子不能以天下与人。（孟子·万章上）

① 参阅梅祖麟《唐宋处置式的来源》，《中国语文》1990年3期。

南北朝前后，出现了使用介词“将”的例子，但例子少见：

8. 将缣来比素，新人不如故。（古诗源·古诗·上山采蘼芜）

隋唐广泛使用“将”，“把”也开始出现：

9. 汝私偷窃，将我圣夫，向何处置？（《佛本行集经》隋·锛那堀多译）

10. 汝今把我心中所爱如意圣夫，将何处置？（同上）

（三）被动式

被动式的发展过程，也有3个阶段：汉代表示被动的介词以用“见”等为主，“被”字少见，且“被”字句中，“被”字之后一般都没有施动者。如：

11. 为诸外道，数数呵责，或被鞭打，舍之而去。（《撰集百缘经》吴·支谦译）

南北朝前后，“被”字句使用增多，一般都有“被”字之后出现施动者的例子出现，如：

12. 其财物被淫女人悉夺取之。（《生经》西晋·竺法护译）

到隋唐的一些文献中,"被"字句开始成为被动表达的主要句式,出现频率开始高于"为"字句。

三

《旧杂譬喻经》是《大藏经》中所收两种吴康僧会译经之一,因其不见于梁僧祐《出三藏记集》,一般认为可能不是康僧会所译。

评价历史文献的价值,时代和作者是两个基本因素,在这两者之间,时代比作者可能还要重要。因此,我们希望能够在判别《旧杂譬喻经》是否康僧会所译之前,首先用我们以上提出的标准,看一下它可能是什么时代翻译的。以下是我们对7种魏晋南北朝译经中3种语言现象的统计:

(一)动词连用式(V满)

佛经	V满	V满P	V满PO	V满O
撰集百缘经		+(5)	+(4)	
六度集经	+(1)			
旧杂譬喻经	+(1)			
生经			+(2)	
过去现在因果经	+(1)	+(4)		+(1)
众经撰杂譬喻经				
佛本行集经	+(10)	+(5)		+(6)

表中显示,"V满"之后带宾语的例子始见于刘宋时期的译经《过去现在因果经》,魏晋的一组佛经中都没有"V满O"的例子,

《旧杂譬喻经》的情况应在魏晋一组中。

(二)处置式

《旧杂譬喻经》只有用“以”构成的广义处置式,没有用“将”构成的处置式。隋朝的《佛本行集经》中“将”字构成的处置式已出现较多(40 余例),并出现了 1 例“把”字句(例 10)。其他几种佛经中,过去研究者经常举出的是以下几例:

13. 佛知王意,寻即变身,化作乾达婆王,将王乐神般遮尸弃。(撰集百缘经)

14. 于彼国中,有一比丘,常行劝他,一万岁中,将诸比丘处处供养。(同上)

15. 时远方民,将一大牛,肥盛有力,卖与此城中人。(生经)

例 13“般遮尸弃”是神的名字,自 Pañcaśikha 音译而来,将“弃”看作动词是误解了译文。例 14、15 的前后文中,“将”字多次出现,都是表示“携带”意的动词,这两句里,作“携带”义理解也并非完全不可。因此,如果我们不考虑这两例,则隋朝以前的译经中,“将”字构成的处置式基本上还没有出现;把这两例考虑进去,魏晋时期“将”字句也极少见。无论哪种情况,《旧杂譬喻经》中处置式使用,都表明它应该是属于翻译时期较早的译经。

(三)被动式

被动式我们从“被”字句、“为(见)”字句的出现频率、所占比例和“被”字后是否出现施动者，这两个方面来考查。

佛经	为(见)字句	被字句
撰集百缘经	26/87%	4/13%
六度集经	27/87%	4/13%
旧杂譬喻经	13/81%	3/19%
生经	22/69%	10/31%
过去现在因果经	17/89%	2/11%
众经撰杂譬喻经	13/69%	4/31%
佛本行集经	57/29%	138/71%

以上几种译经除《过去现在因果经》稍有例外，其他发展线索清楚，两种三国译经“被”字句都占20%以内，晋和南北朝的两种占30%，隋朝的《佛本行集经》中“被”字句用例超过了“为”字句。《旧杂譬喻经》接近第一组(三国)。

佛经	被V	被NV	被N之所V	被N所V
撰集百缘经	4			
六度集经	4			
旧杂譬喻经	3			
生经	6	4		
过去现在因果经	1	1		
众经撰杂譬喻经	3	1		
佛本行集经	36	67	17	18

“被”字句中施动者出现的情况也可以分为三种，三国的两种

"被"字后没有出现施动者,晋和南北朝的三种"被"字之后有施动者出现,隋朝的一种不仅有了"被 NV",还发展出了"被 N 之所 V"和"被 N 所 V"。显然,《旧杂譬喻经》应在第一组之内。

动词连用格式、处置式和被动式是魏晋南北朝时期汉语变化最为明显的三种语言现象,也是中古汉语中三种最重要的发展变化,这些变化的出现和完成,对近现代汉语的形成起了重要作用。这三种语言现象是汉语中几种重要的表达形式,在各种文献中都会有所反映。它们的出现与否、出现的频率差异,应该是作品时代特征的有力标志。根据以上的分析,我们有理由推测《旧杂譬喻经》的翻译年代,应该大体上与《撰集百缘经》和《六度集经》相近,也是三国前后的作品。

四

根据语言特征不仅可以判定作品的写作、翻译年代,还可以在一定程度上判定作者。根据《大藏经》,《旧杂譬喻经》和《六度集经》都是康僧会的译经。但因《旧杂譬喻经》不见于梁僧祐的《出三藏记集》,历来有人怀疑它不是出自康僧会之手①,对此我们也有专文讨论②。我们注意到,同一时代的作者,在表达上还是会有语言习惯的差异。在第三节中我们已经证明,《旧杂譬喻经》的翻译时代应与《撰集百缘经》《六度集经》相去不远。但同是动词连

① 参阅梁晓虹《从语言上判定〈旧杂譬喻经〉非康僧会所译》,《中国语文通讯》1996 年 12 期。

② 参阅遇笑容、曹广顺《也从语言上看〈六度集经〉与〈旧杂譬喻经〉的译者问题》,《古汉语研究》1998 年 2 期。

用格式,在表示“变成”义时,《旧杂譬喻经》常用“化作”(7次),少用“化为”(2次);《六度集经》则常用“化为”(43次),少用“化作”(3次)。同样表示总括,在副词的使用上也有不同。《旧杂譬喻经》中很少使用“都”,只有3次;《六度集经》中“都”就比较常用,出现了49次,用法也比《旧杂譬喻经》中丰富。同样表示完成,在“动词+宾语+完成动词”的句式中,《旧杂譬喻经》完成动词多用“已”(10次),不用“竟”;《六度集经》则多用“毕”(10次)“竟”(9次)。在疑问句中,同样是问事件,《旧杂譬喻经》句末多用“不”,少用疑问语气词“乎”;《六度集经》则相反,主要用疑问语气词“乎”,用“不”的极少见。这些表达相同语义时的词汇、句型差异,表明这两部作品可能不是同一译者所译。换言之,如果《六度集经》是康僧会翻译的作品,《旧杂譬喻经》中的表达习惯就证明它不是出自康僧会之手。联系我们第三节中所讨论过的时代特征,可以推测它应是三国前后的另一译者所译。

五

用语言标准给古代文献断代或判定作者,是一种较可靠并行之有效的办法,已经有许多学者作过有益的尝试。在这种研究中,最重要,也是最困难的,应是选定语言标准。这些标准必须普遍性好、规律性强,只有如此,它们才可能广泛使用、才可能得出准确、可靠的结论。而找出普遍性好、规律性强的标准,则依赖于我们对文献的深入了解,对汉语史的深入研究。当我们对汉语的历史发展有了一个清楚的认识,对不同时期的语言特征有了一个准确的了解时,这些认识和了解就会变成普遍性好、规律性强的断代标准。把这些标准运用到佛经断代研究中去，可以让大家更科学准确地研究、利用它，从而帮助和促进整个佛学研究的发展。

（原载《汉语史研究集刊》第三辑，巴蜀书社，2000年）

（曹广顺：中国社会科学院语言研究所；
遇笑容：美国圣芭芭拉加州大学）

佛教与东亚白话文的兴起:国语的产生*

梅维恒(Victor H. Mair) 著

王继红 顾满林 译

绝大多数的中国古代文献,特别是其中所有最著名的经典著作,都是用文言文(有时也被含混地称为“古汉语”或“书面汉语”)写成的。不过,中古以降,通俗汉语的书面形式(或称“白话文”)悄然兴起,并日益壮大。白话文直到1919年五四运动才发展成熟,此前1911年的辛亥革命已彻底摧毁统治中国长达两千多年的封建帝制。需要指出的是,文言与白话之间的差距丝毫不亚于拉丁文与意大利语或梵文与印地语之间的巨大差别。据我推测,如果经过缜密的语言学考察,我们应该会发现,地道的文言与纯粹的白话之间的区别实际上远远大于拉丁文与意大利语或梵文与印地语之间的差别。事实上,我认为文言与白话属于完全不同

---

* 本译文的原题目为 Buddhism and the Rise of the Written Vernacular in East Asia: The making of National Languages,发表于 *The Journal of Asian Studies* 53, no. 3 (August 1994):707–751。

本项翻译工作得到了教育部重点研究基地项目(编号02JAZJD740002)和国家社科基金项目(编号06CYY010)的资助。

的语言表达类型，文言是一种与生活语言相距甚远的“准密码”，而白话与活生生的汉语口头形式高度一致。这两种书面汉语的差别从名称上也可以看出来，文言的字面意思是“文学语言”，白话的字面意思是“未加修饰的话语”。问题在于，文言文传统的作者和白话文传统的作者都很少真正使用这两种书面汉语的纯粹形式（假如曾经有过的话）。于是有了大体上以“半文半白”为特征的各种混杂形式，其中文言成分与白话成分所占的比例各不相同。

语言材料显示，最早的文言与白话已经是不同性质的两种系统。战国时期（公元前475—前249年）以来情况肯定是这样。但我觉得我们还可以进一步确凿地证明：以甲骨文（约公元前1200年）为最初阶段的文言文，从一开始就极为简略，充斥其间的是一些只用于书面记载的强行与口语剥离的表达习惯，这使得它一直未能如实反映任何一个时期现实生活中使用的汉语口语。当然，文言肯定是以某种（某些）白话为基础形成的，并且一直不停地得到后者的滋养。这有点像书面形式的苏美尔语（看起来不适合口头交际），它的基础是古苏美尔人的口头语言（参看：DeFrancis 1989:78—79）。不过，文言与白话之间的差别远远大于英语书面语与口语或俄语书面语与口语之间的差别。

汉语最早的书面语（以甲骨文为代表）与口语的关系类似于自然语言与在其基础上创制的符号或密码之间的关系。只不过，文言与白话之间的差异不及后者巨大。因为符号/密码系统中有着严格的人为规定，借以确保只有特定的对象理解其中的含义。与白话相比，文言存在大量的省略现象。这有些像我们英语世界当中的购物清单、家务清单或讲演提纲，其中有着大量的缩写，省去了助动词、介词、词尾以及其他并非必不可少的语言成分。对写作者来说,没有必要毫无遗漏地详细记录一切;与此同时,早期的书写人员无疑需要考虑如何缩短准备书写材料(黏土或者是龟甲兽骨)所需的时间,以及如何利用复杂而低效的以音节为单位的语素文字写出尽可能简洁的篇章。这种速记方法产生之后,它很可能就成为人们遵循的写作规则。祭祀主持者们为了垄断他们的独门技艺,大力发展这种有着大量省略、非自然的(与口语相对而言)语言风格,并使其延续下来。就汉语而言,这种简略的文言系统一经形成,就越来越远离口语;因为书面语较为固定,而口语则随着时间的推移而演变(DeFrancis 1991)。因此,和古英语与现代英语或古俄语与现代俄语之间的关系不同,文言和白话的差别并不是历时演变造成的,我们不如说这是两种独立形成的语言形式之间的差别。下文我们将会看到,文言与白话作为互相竞争的两种系统在中国并存数千年,二者各自得到不同社会阶层或政治团体的支持。

从文言到白话确实需要经历一个解码的过程,反之则需要一个编码的过程,这种过程也可称作翻译;目前,历代文言文的白话文译本数量正在迅速增长,中国内地和台湾都是这样。如果文言与白话只是一种语言的不同变体的话,二者之间的对译便没有存在的必要了。人们常常误以为文言与白话是一种语言的两个组成部分,这是因为二者经常相互借用并有着不同程度的混合。白话受文言的影响要比文言受白话的影响更多(例如,白话中沿用的成语无论语法还是词汇都属于文言而与白话明显有别),这是因为文言文的作者更倾向于有意识地保持一种完整而纯粹的特殊行文风格,而白话文作者则往往渴望表现出一点文言风味,尽管他们并没有真正掌握这种人为加工而成的语言形式。

Henry Rosemont, Jr. (1974)的《古代汉语抽象特质论》是一篇颇具启发性的文章,其观点与本文对文言的认识基本一致;他认为,文言不是口头使用的语言,它只是一种纯粹的书面语言,因此不能被当作自然语言。梅祖麟(1992a)持相反意见,认为《论语》在一定程度上对口头语言有所反映;他认为最好的例证就是合音字(杜百胜 1974:101—102 称之为"轻快形式" allegro forms),因为它们只出现在快速的语流中;他视之为"一目了然的确凿证据,表明孔子的实际言语同书面记录是非常接近的"。事实上,《论语》比《左传》更为接近俗语,因为前者使用了更多的功能词,使用更多的词句叙述同一件事等,二者都比与其同时代的青铜器铭文更接近口语。不过,我仍坚信,所有的文言文(包括《论语》与《左传》)都与口语相去甚远,是一个独立的语言系统,有着自己的书写系统,仅仅为书面写作服务。言文分离最明显的例子有:白话中词语复音化的程度要高得多,语法结构和功能与文言迥异(一个颇具说服力的例子是系词"是"的发展,详见下文的讨论;以及与以往不同的指示词,领属从句与关系从句的构造法,量词用法,动词补语等),而且两个系统彼此间的借用现象也是显而易见的。我们将在官话这个概念背景下考察《论语》的所谓口语性质。

一 中国早期白话文

中国的口语最初被记录下来的方式是个十分有趣的现象。白话文最早千真万确是在佛教的背景下出现的。最为典型的例子包括:我曾经研究了二十余年的敦煌变文(8—10 世纪)(梅维恒 1983,1988,1989;入矢义高 1961,1985),以及产生时间仅次于敦煌变文的禅宗语录(马伯乐 1914;高名凯 1948;Berling 1987)。在公元 2 世纪开始的初期汉译佛经中,其白话成分比例之高同样令人震惊;著名的荷兰佛学家许理和(1977,1980,1991)以及紧随其后的中国年轻语言学者朱庆之(1990)的精细研究都明确展示了这一点。

朱庆之的研究是在切实研读了中古前期全部佛典的基础上进行的,他认为这段时期包括东汉魏晋南北朝(公元 25—589 年);需要纳入考察范围的文献资料数量巨大,单是中古前期的汉译佛经就有 960 部,2990 卷,约两千四百万字,远远超出了同期中土世俗文献的数量。

朱庆之用丰富的、不容置疑的论据证明了一个意义重大的现象,这就是中古汉译佛经比同时期的世俗文献具有更为明显的口语特色。与中土文献相比,汉译佛经最突出的特征是其中有更多的复音词(特别是双音词),而且它的语法也与众不同(参看 watters 1889,这是一部鲜为人知的杰作,特别是其中的第 8 章、第 9 章"佛教对汉语的影响")。其中有些影响是由印度语(或是伊朗语、吐火罗语)原典对汉译佛经直接造成的。不过,显而易见的是,佛教的传入为汉语社会语言系统中注入了俗语和方言成分,虽然它们原本就是汉语的有机组成部分,但却被传统文人视为粗鄙之语而遭到摒弃。

下面我在语法和词汇方面各举一例来印证朱庆之的正确结论。"是"在初期译经(公元 2 世纪起)中可以用作系动词,在中古佛教通俗文学中更是常见。这与"是"字在文言文中用作指示词的用法截然相反。新近出土的天文学著作中,"是"字反复用作系动词。这为早期"是"字的系动词用法提供了考古学的证据(段莉芬 1989)。上述出土文献的产生时间比公元纪年之始早得多(接近于西汉建国的时间,即公元前2世纪上半叶),因此,系动词“是”的产生与佛教无关。“是”很早就应该是白话词汇,可能从“是”字产生之初情况便是如此,但文言文使用者往往忽略了这个事实(参考广东话的“系”,也许它是俗语用法的“是”在当代汉语中的残留)。俗语的这种显著特征(A“是”B)直到今天也是如此。文言与俗语的差别迥异。文言文不用系词“是”,而是代之以名词性谓语句“A B也”(A“是”B)。值得注意的是,司马迁的《史记》(公元前90年)是一部文言文献,但其中偶尔夹杂着明显的俗语成分,书中“A是B”“A,B也”两种句式并存,所以出现了一种新句式“A是B也”。太田辰夫(1958:189)对这一现象做了精辟的分析。

白话文中大量涌现的复音词常常被误认为是由文言文中的单音词结合而成,似乎白话是从文言发展而来,或者这种变化是为了使文言在口头交际中更为准确和便于理解。从理论上看,这种说法没有任何意义,因为口头语总是早于其相应的书面形式;从历史上看,所谓的白话源自文言的看法也可以被证明是错误的。为了论证这个观点,我可以引用数以百计的例子来证明复音词是白话自始至终具有的一个特征,在此我只以“道路”为例。“道路”是现在仍在使用的一个由来已久的口语词,它见于许多先秦文献,包括左丘明的《左传》(公元前463年)(参考梅维恒1990:22—23对“道路”的音韵学和语文学分析)。文言文中,“道路”常常被缩减为“道”,这说明文言与白话的关系与人们一般的看法相反。就是说,文言形成的早期阶段的某些个案考察似乎表明,它们是由口语经过高度省减而来,包括将照应形式(anaphora)过分省略,这在明白易懂的话语中是不容出现的。当然,文言文确立以后,白话文有可能将文言文中的单音词作为原料创制新的复音词（主要是双音词）。但相对来说这种情况出现较晚，而且只在少数精通文言的人身上才有可能。大多数人仍然遵循汉语产生之初的祖先的方式，继续沿用和创造复音词，根本不受书面形式的汉字的影响。

许理和和朱庆之的研究表明，自佛教传入中国之时起，汉译佛经中的口语成分就明显多于世俗文献。同时期的任何文献都无法与汉译佛经的口语性相提并论。实际上，同时期的非佛教文献中几乎找不到一个确切无疑的口语用法。需要指出的是，正如俄国著名的中古汉语口语研究专家古立维奇（I. S. Gurevich 1985）指出的一样，敦煌变文也并非纯粹的口语形式，其中仍含有相当比例的文言成分。这也许是因为汉字很适合记录文言，却不能忠实记录白话。另外需要指出的是，一旦佛教徒使得口语以书面形式出现成为可能，与佛教徒往来密切的世俗中人便会随之效仿，尝试着为了世俗的目的而使用白话文。敦煌写卷中非佛教题材的变文、故事、赋、曲，以及其他文献的情况便是如此。到了宋代，白话文在非主流社会阶层中已经得到认可，并被用来创作野史、爱情故事，以及民歌等。

佛教与中国白话文之间有着不容置疑的紧密联系，但它长久以来不为世人了解，因此我们必须对此加以解释。尽管二者之间的联系明显地不容置疑，也许有人幻想可以轻而易举地拿出一系列确凿证据来说明其中的原因；然而不幸的是，事实并非如此，实际情况错综复杂，很难找到充分的证据说明佛教的哪些特质促使人们选择白话作为可以接受的书面语形式。需要注意的是，中国文人向来蔑视书面语中的俗语成分，认为那是“俗”。自然，如同所有使用有声语言的民族一样，中国文人在日常交谈中也需要使用这种俗语,但要把俗语用于写作就完全是另一码事了。表面看来,中国佛教徒用俗语的书面形式和佛教混合汉语来表达自己的信仰是桩难以实现的事情。人们会想,既然文言文被中国文人视为高雅的表达形式,那么佛教徒们应当选择文言作为工具才是。如果要寻找一种庄严的书面语来记录这种全新的经文(佛经)的话,文言倒确实是合适的。因此,从传统的观点来看,佛教徒明显偏好白话或在文言中掺入大量白话词汇与句法的这一现象,确实令人百思不得其解。

随着时间推移,汉文佛教文献的文言色彩愈来愈浓,由本土人士撰写而非译自其他语言的中土撰述尤其如此。尽管程度不同,绝大多数汉文佛经是从其他语言翻译过来的,特别是其中那些与文言有别的语言形式。这里当然不是说那些数量庞大的意译或音译而成的术语,它们带有佛教混合汉语的特色,与文言有别。

在下一节中,我们将考察可能是佛教的哪些特质使得人们选择俗语作为书面表达的有效工具。由于这个问题纷繁复杂,我们尽量避免做出简单的单维的解释。我们采用由抽象到具体,由一般到特殊的论证方式来展示促使中国白话文滋长的诸多因素。

二　佛教与语言

佛教是一种具备丰富教义的复杂的宗教。也许佛教教化中有一个核心的训诫为口头俗语大开绿灯,这与中国本土的传统思想,如儒家和道家是截然不同的。人们也许会想到一个术语 upāya(方便)。根据这个教理,佛教信徒应当采取各种各样可能的手段来使世间众生获得解脱。upāya 并不是一种空洞抽象的理论,它在佛教讲道传播中得到了具体的贯彻实施。例如在中国,对俗人讲法叫“俗讲”,平时由高僧承担,但是偶尔也会由一些学养一般的僧人承担这项任务。敦煌的讲经文中保存有这种俗讲的底本,其中所用语言的口语特色十分鲜明(梅维恒 1986)。体现 upāya 特征的其他佛教文学作品包括佛教寓言、劝善书、佛本生故事,如譬喻经、缘起和本生故事等。这些作品在中国家喻户晓,广为流传。对这些讲经过程的生动描写见于《高僧传》、外国旅行者在中国的见闻札记(如圆仁《入唐求法巡礼行记》)、古典小说传奇、敦煌文献(如英藏 S2144《庐山远公话》)、轶事文献等等。

佛教不仅是一种宗教,更是一个精密的哲学系统。是否佛教思想内部固有的某些因素导致了俗语的使用呢?我怀疑我们是否能够在这方面找到许多证据说明为何中国佛教倾向于选择俗语。我怀疑从哲学出发进行探讨在目前的论证中帮不上多少忙,是因为成佛和“涅槃”之类佛教概念的确难以言喻。早在部类(早期巴利经典)和阿含(与巴利文部类经文相对应的梵文佛经)中,佛教的终极目标就已被定位在言语之外,因而也在可以言说的思想之外。《经集》(*Suttanipāta*,属于巴利文经典第五部《小部尼迦耶》)认为,佛陀超越了“言语之道”,在《长老歌》(*Theragathā*)中,佛陀的形象是无法在言语或听觉上感知的(Gomez 1987:446a)。在大乘经典中,悟道与言语及思维并不一致。这也就是所谓的“言语道断,心行处灭”。例如《大智度论》(T25[1509].71c),《华严经》(T9[278].424c),以及《摩诃止观》(T46[1911].59b)。即使一些禅师出乎人们意料地留有白话语录,他们也坚持“以心传心”和“不立文字”,轻视语言的效力,特别是书面语,认为它们不能表达真理。

尽管我们推测佛教在哲学层面上贬低语言,但没有圣典的话,任何宗教都无法存留，而佛教也确实产生了丰富的经文（佛家三藏何其宏伟！）。不过，佛教经典不同寻常之处在于它无处不在的自我表白：佛教有着直接的口语基础。这方面最显眼的例子是，经、律、论三藏中大量使用“如是我闻”或类似意思的套话开头（梵语evaṃ mayā śrutam、巴利语evaṃ me sutaṃ）。这种做法模仿的是以多闻著称的阿难（Ānanda）的口吻，他于佛灭后在王舍城（Rājagṛha）向集合起来的信徒们复述佛陀的教诲。这句套话不仅强调了假定的直接口头传承的可靠性，而且显示佛经是佛陀口头传授给阿难，然后才又传给其他信徒的。这种有关口头传承的无须证明的标记如同印章一般证明此句以下的经文是真实的。这种做法使得佛陀的教义与外道的教义得以区分开来。最为重要的是，全部佛典显然都是以口头语为基础形成的（甚至可以说有些过分），虽然数量庞大的佛典是在很长的历史时期陆续产生的，包括教条、评述、对话以及注疏等不同品类（V. Hinüber 1990：ch. 5）。这一点同样反映在大量东亚佛经的篇名全称形式贯以“佛说”字样（梵语 buddhavacana 或 buddhabhāṣita），特别是那些最早在中国、日本和韩国完成的经文，尽管佛陀不可能讲述其中所有内容。甚至有一部佛经叫作 *Itivuttaka*，大体意为“以‘（世尊）所言’开头的讲话”，与其相应的汉文篇名为《如是语经》。它是巴利文经典《小部尼迦耶》（*Khuddaka = nikāya*）的第四种经文。经文每个部分的第一句话都是“我闻世尊应供曾如是说”（vuttaṃ hetaṃ bhagavatā vuttam arahatā’ time sutaā），经文中则散见着诸如“如是言”（iti vuccati）之类的表达。经文每个部分最后出现套话“我闻世尊说此义”（ayaṃ pi attho vutto bhagavatā iti me sutaṃ ti）。早期佛教经典与口语的密切关系在专业人士呗昵者(bhāṇaka善说法者)或说法师(dharma-bhāṇaka)处得到强调,他们的职责是以非常有趣的方式来大声诵读经文。

因为佛典的假定口语性得到如此巨大的强调,用矫揉造作、并非口治的文言来译经可能会遇到很大的阻力。不过,我还不敢十分肯定,这种情况是否可以充分解释为何汉文佛经中使用了大量口语。毕竟,《论语》以"子曰"著称,"子曰"出现在孔子每句话的前面,但这并未妨碍编纂者用文言来表达孔子的睿智。

三　翻译、语言学与赞美诗

另一方面,看起来汉文佛典书面语的特性更多的是受到来自翻译活动本身的影响,它远远大于对佛典性质的认识所产生的影响。佛经文本最初是由一些外国人翻译成汉语的,其中有十来人活动于公元2世纪中期到公元220年东汉灭亡这段时间。这些外国人包括安息人安世高,他于公元148年来到都城洛阳,活动到公元170年左右;另一位安息人安玄于公元180年左右活跃于洛阳;月氏(或者贵霜)人支娄迦谶,于公元170—190年间在洛阳活动;另一位贵霜人支曜活跃于公元2世纪晚期;粟特人康孟详与印度人竺大力、竺昙果在该世纪末合作译经。这些人译出了大量汉文佛经。按照最严格的标准,这些译经今存29部,共70卷,此外还有几百部译经附会在他们名下。

文言是一种极难掌握的语言,除了汉字难学之外,文言本身就晦涩难懂,至少需要10到15年的时间来学习才能达到可以运用的程度。与此相反,由于汉语没有屈折变化,外来僧人只要生活在汉语环境中,对声调不再存有太多的顾虑,相对而言比较容易学会汉语口语。根据来华胡僧的传记，这批外来译经僧到达中国时已经是成年人，而且往往马上着手译经工作，他们几乎不可能充分掌握文言并运用文言来进行有效的翻译。因此，即使他们的书面语水平达到了一定程度，仍然会受到口语成分的很大影响。即使外国译者依靠汉地助手或合作者把译稿用汉语记录下来，最终被有意写成文言文，这种文言文中也仍然有着掺入口语直译成分的强烈倾向，其结果便是在译经初期产生了常见的佛教混合汉语这种特殊类型的语言形式。事实上，佛教混合汉语在某种程度上被当作文言的一种变体，贯穿了整个汉地佛教发展史。即使公认更为汉化的译者，如被称作“敦煌菩萨”的月氏人竺法护（活跃于公元263—313 年），以及有着罽宾和吐火罗血统的鸠摩罗什（生于 344年或 350 年，卒于 409 年或 413 年），这些汉地佛教史上著名的大师创造了数量巨大的汉文佛经。虽然材料很少，但是只要发现的材料都表明，他们多半跟汉地合作者共事，有时翻译一部经文的合作者多达 10 人，有时他们直接口述译文，由汉地合作者笔受（Fuchs 1930）。

清末民初著名的翻译家林纾把欧美小说译成中文时，由于他对西方语言一无所知，他也需要依靠他人的口头翻译。然而，林纾可以满足于用文言大致转述通俗小说，早期佛经翻译者却试图竭尽全力将原典准确无误地翻译过来，尽管他们必须面对汉语与梵语之间存在着的巨大差异。

直到熟习梵语的中土僧人玄奘（596—664）和义净（635—713）的时代，佛教混合汉语依然保持着自己的特质。玄奘、义净二人远涉印度，在那里求学多年，返国后的译经由于深受梵语语法、句法和词汇的影响，与典型的文言迥异。此外，我应当指出，像玄奘和义净这样具备梵文解读能力的人在中国极为罕见。大多数宣称懂得佛教语言的中国人通常至多只对悉昙字母[①]比较熟悉(Van Gulik 1956)。他们能见到的"印度语言"通常只限于用汉字转写的简短的经文。系统的梵语语法似乎直到18世纪左右才传到中国,而且这些语法知识含混不清,令人失望。

且不论我们如何界定佛教混合汉语,有一个事实是清楚的:佛经汉译的最初动力来自定居于中国的外国僧人。事实上,洛阳的寺院最初似乎只有外国僧人,后来才逐渐有了一些中国人(许理和1990;马伯乐1934)。关于早期译经僧人另一个错综复杂的情况是,他们中的多数并非持印度语言,而是持伊朗语和吐火罗语。这对汉文佛典的发展必然会产生巨大的影响。不过,除了杰出的梵语与吐火罗语专家季羡林(1947,1956,1959,1990)所写的一些具体词汇方面的文章以外,这个重要的问题他人鲜有论述。

John Brough(1961)指出(印度)西北俗语对早期汉译佛经的重要影响。他特别强调早期汉译佛经有许多译自犍陀罗语那样的俗语,而不是梵语。中国文献中也有很好的证据,《贤愚经》原为8个河西沙门在于阗听受所得,他们返回高昌后汇编而成此经(高楠顺次郎1901;伯希和1929)。

在佛教传入中国之前,中亚地区在口头上一定有过繁荣的佛教俗语"文学"(如果可以这样称呼的话,我宁愿把不依赖书面形式的口头讲述和戏剧传统称作"口述文学[dicture]")。7世纪前只有少量的佛典用中亚本地语言书写,也许是由于那里的佛教徒

① 悉昙源自于梵文曾用过的笈多字母,在东亚国家用来书写陀罗尼、咒语和其他(通常非常简略的)佛教文献。

认为，佛经应该专门用神圣的梵语来记录。关于中亚本地语言的佛典存在的证据，可以在佛教说唱艺术传统中找到，已有众多吐火罗语或其他非汉语和非印度语的中亚语言的叙述题记在库车和柏孜克里克被发现，例如，在克日西/基利西（Kirish）的武侠洞发现的精美的 *Mahāprabhāsa avadāna*。

我们应该记住，在印度人的指导之下，西藏人在7世纪已经开始把佛经译成自己的语言。佛教藏语尽管与梵语非常相似，但它仍是藏语，正如同佛教混合汉语仍是汉语一样。更进一步说，正是西藏人在中亚地区政治上占据主导地位的期间，佛典被译为于阗语、粟特语以及其他语言的现象越来越普遍（参看 Beckwith 1987）。我怀疑，以用中亚本地语言翻译的佛经面世为标志的第二次佛经俗语化运动（开始于7世纪左右）与西藏人在那里大范围的活动有关，这就好像以用佛教混合汉语译成的汉文佛典面世为标志的第一次俗语运动（开始于2世纪下半叶）是在月氏、安息和其他中亚人民的倡导下发生一样。两次俗语运动之间的长时间间隔（将近500年）似乎表明，当把印度佛典翻译成其他语言的想法已经在2世纪下半叶实施时，社会政治环境显然直到7世纪或者8世纪才允许它在中国境外实现。因此，要努力认清第一次与第二次俗语运动发生的时机，除了关注宗教与语言学因素之外，也许我们应当更多关注地缘政治环境。

事实上，因为佛教混合汉语是在文言的基础上混进一些俗语，所以第一次所谓“俗语”运动事实上并非使用纯粹的俗语。这可以解释中亚僧人和传教士为何可以将印度佛典译为佛教混合汉语而不是译为他们自己的语言。实际上，在把梵语和巴利语经典译为佛教混合汉语时，他们只是把经文从一种神圣的语言译为另一种神圣的语言。如同文言一样,佛教混合汉语是非口治的(即它是非口语性的),因此它把神圣的印度佛典世俗化的危险性几乎没有。第一部用汉语口语写成的佛教文献(变文)直到 8 世纪中期才出现,此时中亚佛教已经发生了第二次俗语运动。就像我们在上文看到的一样,尽管变文的口语性绝对远远超过典型的佛教混合汉语文献,更是超过所有文言作品,但变文自身同样不是真正意义上的口语。

至关重要的是,我们重新构建中亚佛教史(以及中亚地区的其他方面)最大的问题在于新疆地区缺少系统的、科学的考古发掘,这一点无论怎样经常或充分地强调也不过分。在中国政府同意或支持在这一地区进行更为全面的考察前,我们对它的历史的所有看法都只是尝试性的。中亚佛教徒在公元 6 世纪或 7 世纪前并未使用自己的语言翻译佛经,可是他们从公元 2 世纪起便为中国人译经,这也许只是一种保守或缺乏证据的假想而已(参看 Nattier 1990)。

佛经翻译事业对汉语言使用的影响无疑是显著的,与此同时,更多的语言学知识也随之传入中国。可以毫不夸张地说,从汉代到公元 1500 年后受耶稣会影响产生出考证学的清代,其间中国语言学每一项重要的进步,特别是音韵学,都是以这种或那种方式依靠佛教或以之为条件而发生的。这里我们只需提一提以下这些重要的发展:比如反切法,一千多年来,学者们一般把反切的产生归功于佛教徒,他们使得中国人第一次可以经过分析相当准确地说出不认识的汉字的读音(梅维恒 1992a);再如成系统的等韵,它奠定了中国语言科学的基础,并且直至今天仍然发挥作用;又如三十六字母,为唐末和尚守温受梵文辅音启发而创制,它组成了一种有待完善的汉语字母表（更准确的术语应该是“辅音表”）（Ni 1948：17）。以上这些对口语语音的关注是前所未有的，它不像传统学者那样强调汉字形体，这对口语得到更多认可一定起了作用。尽管印度语言学语音以外的方面不是那么容易传入中国，但佛教徒们在śabda-vidyā这个总体范畴的影响下模糊地感觉到了它们的重要性。śabda-vidyā在汉语中的准确译法为“声明”，尽管在梵文中这个概念不仅仅包括音韵学，也包括语法和文字学。“声明”在印度传统上的意义从其位列“五明”之一这个事实上可见一斑，其他四项分别为因明、内明、医方明和工巧明。不过，我们应该记住，这种语言学知识被限制在相对很少的一些专家那里，所以，我怀疑它并非白话文产生的首要原因。

佛教徒唤醒了一些中国人的意识，使他们认识到语言简单的声音与复杂高贵的文字一样同等重要（如果语音不是更重要的话），在此过程中，佛教徒对赞美诗的喜好也许是更为重要的原因。在中国本土文学和宗教传统中，还没有像佛教这样使中国浸淫在宗教诵唱中的先例。中国人的印度—伊朗老师带给他们梵呗（brahma-pāṭha）、偈颂（gāthā）、首卢迦（śloka）、赞（stotra）、陀罗尼（dhāraṇī）和曼特罗（mantra）等，这些宗教赞美诗的细致与庄重令中国人感到惊异、彻底着魔。例如，陀罗尼（dhāraṇī）被认为只有在准确发音时才有效力，所以它全部被音译而没有被意译。尽管上述宗教吟诵形式大多数实际上是宗教专业人士的专利，单是祝祷性地口诵佛名（念佛）这种方式，就足以让口语的力量在大众心目中留下印象。随着佛教引进的印度诗律对中国最为看重的世俗诗歌产生了非常实在的影响，这一点已由梅维恒和梅祖麟（1991）阐明。

四 社会价值观、知识史和宗教目标

到目前为止，我们已经从教义、哲学、知识和技术等方面考察了佛教在白话文产生过程中可能的重要影响。也许我们忽略了佛教某些社会价值观在这个方面已经起到相同或者甚至更大的作用。我们必须记住，根据儒家传统，上自帝王下至平民，中国历来在很大程度上是一个等级森严的社会。印度社会在很大程度上当然也是如此。值得一提的是，在印度和中国，至少在早期阶段，佛教是一种让个人逃离正常社会约束的方式（这种逃离也可能正是由佛教引起的）。出家（梵语 pravrajyā）成为僧人表明同维系社会与政治的行为规则彻底脱离关系。虽然长者（śreṣṭha）、居士（gṛhastha）、清信士（upāsaka 优婆塞）和清信女（upāsikā 优婆夷）等并不真正出家，可他们同样也被要求在日常生活中遵守一整套戒律，这些戒律与佛教以外的世俗社会的行为规范截然不同。这对当时已经存在的社会结构与制度造成了危险的具有颠覆性的挑战，这种挑战在经济（Gernet 1956）和人口统计（Hartwell and Hartwell 1991a，1991b）方面已表现得引人注目，其他方面无须提及。[①] 中国当局一定深受佛教思想、佛教组织和佛教财富侵蚀的威胁，所以他们周期性地发起大规模的灭佛运动，即使佛教已经本土化之后仍然如此。对于更为狭隘教条主义的儒家知识分子而言，在佛

① 根据二位 Hartwell，佛教僧团也许是宋代社会最为平等的制度。特别需要一读的是他们关于僧人 Tsung-ku 有意思的注释与解说，Tsung-ku 是一个邵武（在福建西北）农夫的儿子，并不识字，后来成为一位重要的禅宗寺庙的建立者。他的朋友和信徒中有许多来自宋朝时期的最有名望的家族。

教传入中土之日起，他们就一直与之激烈论战，使得佛门与朝廷之间始终处于紧张局势之中，即使朝廷有时并没有焚烧寺院、毁坏佛像、没收土地、剥去僧尼法衣。

我们正在慢慢弄清楚中国佛教团体的人员构成情况，其中占很大比例的是寡妇、孤儿和其他几类处于正常社会关系模式之外的人。可以认为，中国僧团的人员构成同它的语言运用之间是有联系的。一方面，文言显然属于文人阶层；另一方面，对于被剥削者和那些没有机会和途径接受漫长而乏味的文言教育的人而言，俗语作为书面表达工具更容易掌握。考虑到植根于社会土壤的佛教的这些特点，我认为白话文是赋予民众的一种权利。生活在一个由于社会政治目的而大量使用语言的时代（我常称之为“语言工程”），我认为我们不难正确评价那些与被赋予特权和神圣地位的古典文字抗衡的、自信十足的白话文，它们所具有的重要意义令人激动。①

Daniel Gardner（1991）最近呼吁大家注意在新儒学（理学）中白话文的重要性，使用白话文不但是为了使经典的教化更为自由，也是为了使得更多的人群可以接触到哲学论述。考虑到佛教对新儒学思想与实践形成的强有力的影响，白话文被用来记录严肃的

---

① 中国早期写白话文的人必须依赖这种束缚表达自由的文字，但他们使用汉字比较随意，更多地是为了记音，而不是像文言文那样是为了表义。例如，在经常出现同音假借和带规律性“别字”的唐代变文中，这一点显而易见。

汉字的基本性质仍然存在许多争论。一些富于哲学/理论色彩的学者们继续坚持认为汉字是象形文字和表意文字，而绝大多数历史/经验主义导向的语言学家认为汉字是庞杂的、不能准确表音的语素音节文字，而且有着显著的单词音节性质（Hansen 1993a，1993b；Unger 1993）。不过有一个确凿无疑的事实：汉字与单纯表音的真正的音节文字、辅音系统和字母文字并不相同，它承担着表义和表音的双重功效（尽管两个方面都不充分）。

理性讨论似乎是由外来宗教引起的儒家思想激烈重组的又一个例子。

梅祖麟曾经给 Gardner 写过一个篇幅很长的回复,但他不想把它公开发表。不过,他授权我把其中一些主要观点列举如下:

> 1. Gardner 强调了新儒学的认识论前提,即用质朴的口语形式表达的道理便于人们理解;而梅祖麟强调的是白话文发展的社会语言学和历史语言学背景。
>
> 2. 尽管"语录"听起来是一个专门化的名称,它也只不过是汉语口头对话一般性的"转录"而已。语录在宋代的使用并不局限于佛教禅宗和新儒学;到国外去的使节也使用这种形式来记录他们外交谈判中的言辞(例如《使北语录》),特别是同契丹人和女真人的谈判。使用白话而不是文言的原因在于,白话能够更为准确地记录谈判中的真实言辞,毕竟这种谈判会涉及许多有关国家安全的敏感事件。
>
> 3. 用白话写成的短篇小说和包含口语对话的南戏(戏文)大致在相同时间出现。
>
> 4. 不能仅仅依靠语录来确定白话文出现的时间,口语化的外交谈判记录和白话文学作品也必须纳入考察范围。
>
> 5. 宋代口语如何发源?它在不同社会阶层中的使用情况如何?此类问题要放在晚唐时期白话文兴起和发展这个背景下来理解才是最为自然的。有唐一代,具备白话文写作能力的主要是那些不属于精英分子的人或边缘化的精英分子(特别是与佛教有关的那些人)。11 世纪下半叶,特别是 12 世纪时,似乎出现了一个转折点,当时一定数量的政府官员掌握

了用白话写作的能力。儒家在11世纪下半叶以前没能产生口语化的语录,是因为儒生以及其他精英分子当时尚未掌握写作白话文的能力,可见佛教是白话文发展的必不可少的背景。

6. 另一个需要考虑的因素是读写能力的推广。显而易见,如果当时没有一定数量的拥有足够阅读能力的读者群,新儒学通过口语化的语录传播学说的努力只能是徒劳的。梅维恒(1989:135—139)指出,初步的读写能力在晚唐时期已经广泛存在。前人的研究指出,印刷术的发明、官学与私学(附属于寺院)的建立和科举考试(特别是它的基层形式)都推动了文化的发展。到了宋代,文化的推广在东亚已经蔚为壮观;用来记录西夏语的西夏文字和用来记录越南语的字喃都是这一时期发明的。

综合考虑Gardner和梅祖麟对这一时期文化史综合研究的成果,我们推断,唐宋时期人们出于特定目的而逐渐接受俗语是一系列错综复杂的调整的结果,这种调整是为了适应佛教思想的准则和价值观。这些准则与价值观在人类社会各种各样的活动(文学,哲学,政府文件,为非汉族统治者写的注释等等)中证明了自身的正确性,如果从社会语言学角度对这些内容进行分析,它们都源自于佛教本质上的通俗倾向。

佛教选择白话而不是文言的另一个原因在于它强烈的传教热忱。对于一种希望尽快入主一个新区域的宗教来说,像文言那样复杂而难学的书面语会令人沮丧地阻碍教义的迅速传播。此外,这类古典书面语通常是保守的官僚或上层人士垄断的专利,他们积极反对直面民众的具有潜在颠覆性危险的意识形态的传播。在迪龄格(David Diringer)的名著《书写》(*Writing*)中,一个重要的主题便是"宗教带来书写系统"(alphabet follows religion)。他特别指出,从印度到中亚、内亚、东亚、南亚、东南亚,佛教的传播与书面语在这些地区的产生之间有密切关系(1962:148)。如果研究一下,通过佛教僧人或其他传教者的活动,这些地区有多少语言第一次用书面形式,就一定会得到不少启示。我怀疑,在基督教来到这一地区以前,除去一些受汉字启发产生的文字(其中大多现在已经消亡[如西夏文、契丹文、女真文、越南字喃等]或正在消亡[瑶语字、女书等])(周有光 1991;Sofranov 1991;Sino-Platonic Papers31[10,1991]:29—33),从帕米尔高原以东直至太平洋,几乎所有书面语都是受佛教传播的直接影响而产生的。因此,正是基督教和佛教这两种伟大的宗教,使中亚、内亚、东亚、南亚、东南亚的绝大多数语言有了书面形式。其他亚洲语言的书面语,则大多是受别的宗教影响而产生,如伊斯兰教和更为古老的闪族的信仰。19 世纪和 20 世纪的基督教传教活动在全世界数百种书面语的创造过程中所起的作用早已为人熟知。

五　印度的背景

我要考察的支持白话文产生的最后一个佛教因素是它的宗教政策和宗教实践。随着佛教从其发源地摩揭陀国(王舍城、华氏城)迅速扩展,并且使得一些婆罗门也改信佛教,佛教的创立者面临日益紧迫的语言使用问题。是指定一种有威望的方言以确保佛陀的言论受到尊敬?还是允许使用各地语言以保证佛法在那些不懂僧侣语言的人群之间不受阻碍地传播？综合理解我们能看到的所有的记载，佛陀英明地决定允许佛教信徒使用他们自己的语言来传教。[①]无论如何，这个情节在现存大多数律藏（vinaya 毗奈耶）的译本中都被反复提及，它一定表现了佛教文献最初一个层面的特点。

因为这个故事广为流传，我在此处只是简单讲述一下。有婆罗门兄弟二人皈依佛教并参加了僧团。由于他们有着吟诵吠陀的语言基础，他们担心有着不同语言背景的其他僧人因为不够标准地诵经而损害佛陀的教义。他们去谒见佛陀，并建议用 chandas 来使佛陀的语言标准化。尽管对 chandas 一词有着许多的解释，此处据推测指的是风格特异的、有格律的诗歌，在这个语境中它的意思也许就是吠陀（Veda），著名的语法家班尼尼（Pāṇini）（公元前 5 世纪或 6 世纪）用的就是这个意思。无论如何，婆罗门兄弟确实建议运用他们熟悉的上流社会的吟诵法来传教。佛陀并不这样认为，坦言拒绝婆罗门兄弟之后，他有力地提倡用俗语宣传他的教义。

此处暂不考虑印度佛教语言使用的真实历史，而锁定佛陀在这段著名的经文中的声明。让我们来看一看汉文佛典中五部律的

---

① 由于觉音尊者（Buddhaghoṣa）（巴利文律藏《小品》[*Cullavagga*]5.33；毗奈耶[*Vinaya*]ii,139,1-16）误导性的注释也许是全盘错误的，关于佛陀是否嘱咐他的追随者们使用佛陀自己的或他们自己的语言来传播佛法存在一些学术争论（Brough 1980）。在特定的环境中，使用中的巴利语 sakāya（或 sakkāya＝梵文 satkāya）似乎更倾向于作第三人称反身代词而不是第一人称反身代词。此外，还没有人指出来，如果我们接受觉音尊者的解说（“佛陀啊，这里有来源不同的和尚败坏您的话，他们使用他们的语言来重复您所说的话。”），那么，受到质疑的文本严重地自相矛盾。单单只有这一点并没有什么意义。只有当我们都把 sakāya 理解为“他们的”时，整篇文章才通顺。参看 Edgerton（1953：1—2）和 Lin Li_kouang（1949：216—227）。最后，无人认真反对下面这种主张：佛陀钟爱俗语，即使有损古典的传教士语言也不在乎。可以肯定的一件事情是，古代佛教的语言多元化现象几乎在这种宗教产生伊始便已存在（Bechert 1980：15）。

相关记载。佛陀耶舍于公元410—412年间翻译的昙无德部律《四分律》中,佛陀号召他的信徒使用各地习用的方俗语,即"听随国俗言音所解诵习佛经"(T22[1428].955a)(Lamotte 1958:612)。尽管在弗若多罗、达磨流支、鸠摩罗什等人于公元404—409年间译出的说一切有部毗奈耶(《十诵律》)中没有相应的字句,但相同的意思仍然在经文中完整保存下来了(T23[1435].274a)。[①] 于公元418年左右译为汉语的《毗尼母经》将这段话扩展为"随诸众生,应与何音而得受悟,应为说之,是故名为随国应作"。(T24[1463].822a)弥沙塞部的毗奈耶由佛陀什于公元422—423年间译为《五分律》,它只是说佛陀的话应当"听随国音诵读,但不得违失佛意"(T22[1421].174b)。最后,义净于公元702年或703年翻译的根本说一切有部的《毗奈耶杂事》宣布"若方国言音须引声者,作时无犯"(T24[1451].232c)。[②] 毫无疑问,无论中国佛教徒遵循哪一部毗奈耶,使用俗语都是得到佛陀本人赞许的。

值得注意的是,作为早期佛教经典语言的巴利语最初只是俗语的一种(V. Hinüber 1986)。因此佛教混合梵语实际上是俗语吸收了从梵语扩张进来的一些因素而形成的(Bender 1991)。Śaurasenī这种俗语既是梵文戏曲中贵妇人常用的文章语,又是耆

① Jan Nattier(1991:3)很准确地指出,呼吁使用俗语的句子在说一切有部的毗奈耶文本中并不存在。它毕竟是第一个禁止使用俗语(Prākrit)、尊崇高雅经典的梵语的教派。用它的话说就是"可以毫不费力地把这句话的缺失看作一种故意的省略"。

② 此处引文前面的内容是:"苾刍诵经,长牵音韵,作歌咏声,有如是过。由是苾刍不应歌咏引声而诵经法,若苾刍作阐陀声诵经典者,得越法罪。"引文后面紧接着这样的解释:"言阐陀者,谓是婆罗门读诵之法,长引其声。以手指点空而为节段,博士先唱,诸人随后。"

我尚未能在东晋法显共佛陀跋陀罗于公元416年所译《摩诃僧祇律》(T22[1425].227—549)中找到相应的文字。

那教分裂后空衣派(裸体派)的经典语言。摩揭陀语(Māgadhī)是另一种在梵语戏剧中使用的俗语,但是它们的使用者比说Śaurasenī 的人地位低。半摩揭陀语(Ardha-Māgadhī)则介于Śaurasenī 和摩揭陀语之间,并且由于它被耆那教白衣派的基本圣典使用,所以地位很重要。Alsdorf(1980)指出,大雄(耆那教的创始人)和释迦牟尼使用的都是某种摩揭陀语(Chi 1959)。古老的半摩揭陀语与阿育王石柱雕刻所用的语言也有着明显的相似之处,因此这种石柱雕刻所用的语言被称为阿育王摩揭陀语。旧马拉地语(Māhārāṣṭrī 或 Old Marāṭhi)因为被使用于戏剧以及耆那教白衣派(Śvetāmbaras)后期经典而更具影响力。在毗婆沙或较少的俗语中,旧马拉地语由于包含赛西亚(Scythian)方言的因素而引人注意(Walker 1968:2.234—235)。上述非常粗略的考察表明,早期印度俗语常常被吠陀—奥义书—梵语文化之外的非统治阶级的宗教或其他人群所使用。由此可知,俗语在印度社会所起的作用与佛教混合汉语及白话文在中国所起的作用是一样的。

Deśa-bhāṣā意为"方国之语",它最早在摩诃婆罗多(*Mahābhārata*)中便已出现(蒲那版,9.44.98;加尔各答版,9.2605;马德拉斯版,40.103;孟买版,45.103cd),deśa-bhāṣā的全面使用也许促进或者反映了印度的俗语运动。Deśa-bhāṣā相当于中国的"方言"("某个地方的语言")(梅维恒 1991),但中国人对待方言的态度与印度人不同,中国人看起来是抑制使用方言的。中国官方总是对方言持一种明显的轻蔑态度(支持标准语),他们根本不会想到把方言写下来。这与印度的情况相反,在印度通晓地方语言是受到尊敬的。因此,我们发现,在*Śaivatantra*列出的 64 种实践技能(kalā)中包括

"通晓方言"(deśa-bhāṣā-[vi]jñāna)。Deśa-bhāṣā-(vi)jñāna 之前紧挨着的是 mlecchitaka-vikalpāḥ,它明显是指各种各样的外国语;紧随 deśa-bhāṣā-(vi)jñāna 之后的是 puṣpa-lakawikā-nimitta-jñāna,它指理解神圣语言之预兆的能力。由于对不同的方言持一种积极的态度,拼音文字出现以后,记录多种不同语言与方言一直为人们所接受。与此相反的是,因为在中国通行的方言只能有一种,所以对记录俗语的偏见是难以逾越的,即使首都的口语也在所难免。

在印度,Prākrit(prākṛta俗语,字面意思是"以前所制造的")被视为"天然语言"(即未经装饰的,未被修饰的),与之相对,Sanskrit(saṃskṣta梵语,字面意思是"共同制造的",即修饰的)则被视为"人工语言"(在佛教背景下);中国不一样,视众多方言为粗鄙("俗"),而视文言为端庄("雅")。印度与中国的观念大相径庭。然而,Prākrit(俗语)终于衰落下来,大约公元 550 年的时候,出现了由平民(laukika)使用的各种俗语变体(apabhraṃśa)。最早的 Prākrit 语法学家 Vararuci 于公元 579 年写作的书中并未提及 apabhraṃśa(Cowell 1854)。另一方面,Hemacandra(1088—1172)很有意思地把apabhraṃśa,解释为掺杂有流行口语成分(deśī)的 Prākrit 语。①

如果不是印度人对俗语有着许可的态度,那么我们就不会见到现在的这种情况:在印度有 12 种主要的印度—雅利安官方语言

① 然而,apabhraṃśa在不迟于 6 世纪时已经存在着书写形式了(例如,西北印度伐腊毗[Valabhī]国王 Dharasena 二世的铭文提到了apabhraṃśa语的作品),它们甚至在 3 世纪或 4 世纪时也许便存在了(例如印度古典梵语诗人迦梨陀娑[Kālidāsa]的剧本 *Vikramorvaśīya* 第四幕中的一些诗歌)。晚期apabhraṃśa文学中的大部分几乎都是耆那教著作(8 世纪至 12 世纪)。参见《大不列颠百科全书》第 15 版(1988),22 卷,618 页:2a;21 卷,50 页:1b;以及 1 卷,475 页:3a。从技术的角度看,deśī 可以视为"并非来源于梵语"的语言。

仍然可以言说并且可以书写，其中包括印地语（Hindi）、孟加拉语（Bengali）、马拉地语（Marathi）、古吉拉特语（Gujarati）、Oriya 语等有着丰富文学传统的语言。更不必说诸如泰米尔语（Tamil）、泰卢固语（Telugu）和马拉雅拉姆语（Malayalam）等达罗毗荼（Dravidian）语言了，它们同样有着悠久而灿烂的文学传统。中国的情况与此完全不同，甚至连现代标准官话也是直到 20 世纪的前四分之一时期才得到认可成为一种可以接受的书写形式的。除了近代的罗马字母化的文字符号以外（大多数由基督教传教士及其中国追随者创制），纯粹记录汉语其他方言或其他语言的材料数量非常小，几乎等于没有。大约从宋代（960—1279）开始，出现了一种非常隐秘的通俗白话小说与戏剧，它们大多是用京城的语言写成的。在此之前，正如我所表明的一样，所有的白话作品或半白话作品实际上都是由佛教徒创作的。时至今日，几乎仍然没有人想到把某种方言用相对完整的形式记录下来，尽管有时为了增加一点儿地方特色，个别的方言词语进入了普通话作品。从中国白话文发展的全貌来看，我相信我们有理由明确主张：在白话文被确立为一种可行的表达方式的过程中，佛教起了主导作用。

六 "国语"的概念

甚至可以进一步设想，以口语为基础创立的东亚国语很可能完全是受到佛教引介的印度"方国之语"（deśa-bhāṣā）概念的启发而产生的。汉语中与deśa-bhāṣā等价的概念是"国语"。佛教传入中国之前，"国"和"语"两个字组成的"国语"只是一本书的名称，那就是《国语》21 卷，此书相传为历史学家左丘明于公元前 469 年写成。同佛教传入中国之前的其他著作一样,《国语》自然也是用文言写成的。在这里,“国语”二字指的是周朝分裂后 8 个主要诸侯国分国别的历史记述。佛教传入之后,“国语”开始表达一种全新的意思,也就是一个自视为独立的政治—民族实体的民族国家的口语。

最早指称汉语方言(topolect)俗语的“国语”一词是在佛教语境中出现的。下文是载于慧皎(497—544)《高僧传》中关于《法句经》(*Dhammapada*)的译者维祇难的情况:

> 维祇难,本天竺人。世奉异道,以火祠为正。时有天竺沙门习学小乘,多行道术,经远行逼暮,欲寄难家宿。难家既事异道,猜忌释子,乃处之门外,露地而宿。沙门夜密加咒术,令难家所事之火,欻然变灭,于是举家共出,稽请沙门入室供养。沙门还以咒术,变火令生。难既睹沙门神力胜己,即于佛法大生信乐。乃舍本所事,出家为道,依此沙门以为和上,受学三藏妙善四含,游化诸国莫不皆奉。以吴黄武三年,与同伴竺律炎来至武昌,赍《昙钵经》梵本。[①]《昙钵》者,即《法句经》也。时吴士共请出经,难既未善国语,乃请其伴律炎译为汉文。炎亦未善汉言,颇有不尽。志存义本,辞近朴质。到晋惠之末,有沙门法立更译为五卷。沙门法巨著笔,其辞小华也。立又别出小经近四许首。值永嘉末乱,多不复存。
>
> (*T*50[2059].326bc)

这段文字的价值在于它较早地使用了字面意义为方俗语的

① 也许更确切地说,这个本子应该被视为“巴利文的《昙钵经》写本”。

"国语"一词,同时它显示了方言同国语混淆、口语同书面语混淆的状态,时至今日,此类混淆仍困扰着中国的语言学家。"汉言"和"国语"都是针对口语而言的,但是此处的"国语"似乎指的是当地的吴方言(它从未有过完整的书写形式,直到很晚的时候,一些基督教传教士创制了一套罗马字母来记录吴方言的不同变体,并用它们来刊印宗教宣传品),而"汉言"似乎指的是全国通用的语言形式。上段引文中,"汉言"与"汉文"的关系不是很清晰,它们所依赖的那些汉语方言也不为人知。不过,据推测,"汉言"的基础是都城官僚相互交流时使用的一种经过规范的语言(亦即"官话"或普通话的前身)。[1] "汉文"大概是当时的文言的名称(在佛经翻译的背景下,准确地说是佛教混合汉语)。

值得注意的是,最早是拓跋族(Tabgatch)明确用"国语"来指称一个独立的政治—民族实体的口语,他们是笃信佛教的非汉族群体,北魏时期(386—534)曾经统治中国北方。拓跋一族很可能是原始蒙古人(或者是突厥人的一支),他们在中国北方建造了雄伟的佛教雕像群云冈石窟和龙门石窟。在长孙无忌等人《隋书·经籍志》中,我们看到如下的文字:

> 后魏初定中原,军容号令,皆以夷语,后染华俗,多不能通,故录其本言,相传教习,谓之"国语"。
>
> (4.32.947)

---

① 在《中国语史通考》第十一章,太田辰夫把零零星星出现的"汉儿言语"描述为合理的汉语表达模式。他指出,全国通用性口语的发展进程是断断续续的,作为对精英阶层的文言的一种平衡,它最先在通俗领域产生。关于"官话"的广泛讨论,见本文下一节。

最令人感兴趣的是《经籍志》中列出了十几种不同题材的拓跋文和鲜卑文著作。鲜卑据说是原始蒙古人的另一支实力强盛的部族，他们从2世纪起便活跃于中国北部。[①] 不幸的是，这些著作都没有流传下来，但是弄清楚它们是用什么字体记录的仍然极其有价值。《经籍志》中有趣却又令人费解的证据表明，拓跋文和鲜卑文这两种书面语有可能远远早于现代学者所知道的任何阿尔泰语系语言的书面语。那么，拓跋文和鲜卑文用的是什么字体呢？如果能够解开这个谜底的话，它可能会开启书写史上崭新的、重要的一章。对于我们的研究有意义的是，《经籍志》中将拓跋和鲜卑的书面语直接称为"国语"。

在其他汉语历史文献中，多次提到《辽史国语》和《金史国语》。据推测，它们记载的是公元10至12世纪统治中国北方大部分地区的辽、金两国的历史，是用契丹人和女真人的母语阿尔泰语和通古斯语写成的。尽管这些史书也已遗憾地亡佚了，但仍有一些使用这些由汉字激发灵感创制的字体记录的零散的铭刻与文书片段存留，而一些学者正致力于对它们进行解读（Sofranov 1991；Jensen 1969：195—197）。显而易见，从最早的用例开始，一直到最后一个王朝清王朝的末期，"国语"一词几乎总是用于汉族以外的民族（罗杰瑞 1988：133）。

《元史》记载，元显宗甘麻剌（Kammala 1263—1302，忽必烈次子真金［裕宗］之长子）做太子时利用监抚军队之暇，命幕僚用蒙古"国语"给他讲解《资治通鉴》。《资治通鉴》是司马光编著的杰

---

① 也许更为准确的说法应该是，拓跋族是鲜卑族（Saerbi 或 Shirvi）中的一个分支（皇室分支）。

出的编年体史书。满族也有相同的传统。例如,魏源《圣武记》中记载:“命文臣依国语制国俗,不用蒙古、汉字。”甚至越南人也吸收了这种书面俗语的观念,创制了他们自己的“国语”(quôc ngũ’)。越南人使用的 quôc ngũ’最早(可能在 14 世纪)似乎是指区别于汉语的本族语的口语形式,它后来被写成字喃(chu’ nom 字体+通俗=俗语的书面形式)。字喃是一种越南语的书写系统,它用汉字来记越南语音,又新加入了一些由方块字组成的完全本土化的速记符号。此后,quôc ngũ’用来指称越南人现在通行的由法国人发起创制的罗马字母化的文字(DeFrancis 1978:83—87)。作为一种全国通用语的书面形式的概念,quôc ngũ’似乎是越南文人流亡日本时借用“国语”而来。

七 与 koine(古希腊共通语)作用相当的官话

“Mandarin”实际上是现代汉语“官话”最为贴切的英译,它是在清朝末年以首都北京的方言为基础形成的,因此,来自中国各方言区而无法交流的官员可以相互沟通。“Mandarin”一词源于马来语 menteri,又经由葡萄牙语传入英语。马来语的 menteri 则源自印地语的 mantri,后者来自于梵语 mantrin(顾问,阁员)<mantra(商议,忠告)。

“官话”这一术语自元代起便已开始使用,指官场的口语,它是在首都(从那时至今,首都大多都设在北京;晚明时期,南京方言曾被当作标准语)方言的基础上产生的。[①] 明清时期的许多史

---

① Paul Yang(1989)指出,明代标准官话是以南京话而不是北京话作为基础的,尽管后者是明朝的首都。南京是明朝早期的都城,后来也一直作为陪都。

料都证明，官话在当时被视为强势语言，全国的官僚若想有好前程的话，都必须学习官话。对于他们中的大多数人来说，学习官话意味着掌握第二种口语，而不是对自己的发音和词汇稍作调整就可以实现的。

官话的面貌大致在19世纪末得到了改革者的精心修改，意在使之成为整个中国通用的语言，而不再仅仅为官员们所独具。王照是这场改革的领袖，他是一位地位显赫的文人，戊戌变法失败后逃到了日本。当时，日本人使用假名来克服汉字复杂的形体造成的束缚，这件事激发了王照的灵感，使他创制了自己的拼音系统“官话字母”。王照不但在清末民初勇敢地推行开明的表音文字，而且不遗余力地倡导将官话作为通行全国的口语和书面语。下面的文字选自王照《官话合声字母》的序言，表达了王照对于官话的看法，以及他试图将其改造成一种全国性通用语言的努力：

> 用此字母专拼白话，语言必归划一，宜取官话。因北至黑龙江，西逾太行宛洛，南距扬子江，东传于海，纵横数千里百余兆，人皆解京语。外此诸省之语则各不相同，是京话推广最便故。曰官话者，公也，公用之话，自宜择其占幅员人数多者。

尽管王照对官话之“官”的解释已经迥异于它本来的意思（“与官员有关的”），这种语言的语言学特征在两种解释下实际是相同的。中华民国成立后不久，1913年2月王照在将北方官话推广为全国标准语的论战中扮演了一个敢说敢当的斗士角色（Ramsey 1987：7—8）。

“官话”对应于罗杰瑞（Jerry Norman）的Koine（由不同语言混

合成的一种标准语)(1988:5,48,186以下,246,249)。Koine在中国的历史最早可以追溯至唐朝。[①] 它是一种优势方言,通常以长安、洛阳或开封(坐落于黄河中游的都城)话作为基础。在汉语中,最早与Koine相当的名称是"通语"(参见现代汉语标准语的名称"普通话"),这个名称可以追溯至公元纪年伊始。甚至也有人牵强地把这个概念追溯到孔子时期(公元前551—前479年),断言那时便已存在一种为人们普遍接受的语言形式。他们常举的例子是所谓的"雅言",它出现在《论语·述而》中。有一种异想天开的推测就是根据这句话提出的,这种推测认为公元前6世纪已有官话存在,认为这句话"证实"了雅言与夏朝(其真实性有待考察,尽管我们的如意算盘是希望它是真实的)模糊不清的口语有一定联系。为了得到这个牵强的解释,"雅"被轻易当作"夏"的同义词。这种解读只有歪曲原文才有可能得出,原文很好理解:"子所雅言,诗书执(→艺)礼,皆雅言。"从流传至今的文本自身出发,可以确定雅言指称的是文言的早期形式,顶多不过是一种标准读书音。无论如何,单凭这句话都不足以证明公元前500年左右中国有口语标准语(koine),不管其他材料是否可以支持这样的理论。

我们必须注意到,koine并不等于政府使用的书面语言,只有文言才是。与此相反,koine是俗语书面语形成的基础。koine是以远离城市之外的众多乡村土语为基础产生的,它在实际使用中

---

① 我在与梅祖麟的谈话中受益颇多,他现在正准备研究koine对唐宋区域性语言的语法影响。在这种项研究中,他将揭示,早期官话在8世纪中期是如何作为koine发挥影响的,并且,到了宋代,它已经发展为一种书面俗语,不但为通俗文学服务,而且也为官僚服务。不过,到12世纪末为止,文言仍然是唯一得到许可的官方书面形式,而并未表现出将koine提升为国语的有意识的努力。

深受各地土语语音、词汇的影响,并在一定程度上也受到土语语法的影响,这与今天普通话的情况相同。其他的汉语俗语实际仍然处于没有书面语,或者是实质上"不可写"的状态之下,因为尽管以音节为单位的语素文字——汉字数量多得惊人,但仍然不足以准确记录方俗口语所有的词素。再说,中古时期的中国还没有表音性质的字母文字或音节文字来拼写连贯的口语。

这种情况与中世纪的欧洲大不相同,在欧洲,拉丁文既可目治又可口治,因此受过教育的人可以用拉丁文进行充分的口头与书面两种形式的表达。后来,文艺复兴之前以及文艺复兴期间,欧洲每个国家的俗语均区别于拉丁文而独立。欧洲俗语书面语的发展还得益于字母可以轻松记录口语的不同变体。与此相反,汉字阻碍了中国单独的俗语书面语的发展,并且影响成熟的官话的书写(官话常常受到文言某种程度上的感染)。因此,广东话、台湾话、上海话以及其他方俗口语都不曾有过像法语、德语、意大利语、英语等那样繁荣的文学传统。最好的情况也只不过是一些略带方言成分的文本(只有极少数可以确定是形成于 19 世纪末以前的),其主体基本上是官话或半官话半文言,只有零星的方言成分包含其中,烘托出一点"地方味儿"。

八　日语对"国语"的启示

中国人直到 20 世纪才把他们自己的一种俗语口语当作国语的基础,这是一个自相矛盾的情况。中华民国政府在 1919 年"五四"运动以后宣布,在全国范围内推广官话,把官话作为政界和教育界的正式语言。目前已知最早用"国语"这一概念指称汉语的是学者兼教育家吴汝纶。1902年,吴汝纶前往日本考察当地的教育系统。日本政府推广使用东京方言作为国语所取得的成功给吴汝纶留下了深刻的印象(Ramsey 1991)。他一回到中国,便马上开始向清政府提倡把官话作为国语。按照这种思路,截至1909年,已经采取了一些尝试性做法,但是,在它们成为现实以前,清朝统治便被推翻了(《中国大百科全书·语言文字卷》,123ab)。直到中华民国时期,在进步知识分子推动之下(黎锦熙1934),白话文才成为了法定的正式书面语言。这一过程自从佛教传入中国便已开始了,经过了缓慢的发展,此时才得以实现。

吴汝纶在日本偶然学习到国语观念并不奇怪,因为日本几个世纪以来确实是强烈渴望拥有俗语的书面形式。例如,早在11世纪初,宫廷女官紫式部便用表音性质的假名来记录俗语,并创作了《源氏物语》。(性别动因在此类情况下似乎起了作用,例如最近在湖南发现的女书。以音节为单位的语素文字——汉字十分适宜记录文言,而记录俗语的语音符号是对男性掌控的汉字的有力的抗衡。)著名的中国僧人吉藏(fl. 549—569)是安息人后裔,在他的《法华论疏》的日文序言(1714年)中记载,在刻版时"傍加国语"(*T*40[1818].785a)。令人遗憾的是,这些日文写成的随文注疏在今存各种版本中没有得到保留。

"国语"在日语中最初的意思似乎更像是"各地的俗语",而不是官方正式的"全国通用语"。例如,在日本德川时代,"国语"甚至可以指荷兰语(Ramsey 1933:3)。综观上述内容,再加上"国语"这个术语的明显的汉语味儿,令人回想起"国语"在汉语中指的是俗语的口语,而不是传统的书面语言即"汉文"(文言)。正如我们已经看到的,是佛教徒把"国语"的观念引入了中国,它似乎又经由中国传到了日本。但是,日语“国语”含义从“各地的俗语”到“国家的语言”的转变是缓慢的。直至19世纪中叶,“国语”才逐渐专门用来指称日本官方正式语言。日本俗语被接受成为官方正式语言的转变过程尽管进展缓慢,但已经远远早于中国俗语被核准为国语。具有讽刺意味的是,中日两国之所以能够接受俗语作为国家的正式语言,其根源在于印度佛教中的“方国之语”的观念(deśa-bhāṣā)。Habein(1984:22)和 Miller(1967:126)认识到了早期平安时代(794—898)日语俗语书面语发展过程中佛教的重要作用。佛教对于假名发展所起的作用在 Seeley(1991:ch. 4,59—89)中有详尽论述,特别是在佛经《阿毗达磨杂集论》(*Abhidharma samuccayavyākhyā*)和《央掘魔罗经》(*Angulimālika-sūtra or Aṅgulimālīya-sūtrai*)中,这两部佛经都可以追溯至公元800年左右(Miller 1968:128)。

九　朝鲜的语言改革

就像“国语”指中国官话、quôc ngũ'指越南国语一样,kug'o作为现代朝鲜全国性语言的思想也是受日本“国语”的影响产生的。但是,朝鲜人自己很久以前就已经用“吏读”(idu)和“乡札”(hyangch'al)两种文字作为俗语的书面形式。这两种文字以汉—朝音读或朝鲜本国训释为基础(这种情况近似于日语汉字的音读和训读),它们都是由薛聪创立的。薛聪是7世纪末朝鲜最为著名的佛教思想家元晓之子。乡札仅仅用于俗语歌曲与诗(这一点是根据现存样本判断的),它可能在公元1392年朝鲜李朝开始之前便已灭绝了。朝鲜文学史上现存最早的俗语作品(歌曲与诗)只能在与佛教有关的资料中找到,其中的绝大多数是由佛教徒所作,而且是以佛教为主题的(Lee 1959,1961)。乡札—吏读的世俗衍生物一直流传到19世纪,尽管表音文字早已存在(Ledyard 1992b)。

公元1446年,英明的世宗颁布“训民正音”(“训民正音”也是这本书的名字,书中介绍了这种新的书写系统),把它作为方便易学的朝鲜表音文字。[①] 当然,因为这种新字体威胁到了尊崇中国的朝鲜儒家文人在文字上的垄断地位,他们强硬地反对使用《训民正音》这种大众化的通俗文字,并且贬称其为“谚文”(俗语的书面语,字面意思为“谚语的书面形式”)。汉字从7世纪末起便成为朝鲜主流的书面语形式,它显然得到了绝大多数官员的偏爱。就这样,尽管《训民正音》产生伊始便受到偏爱繁杂的汉字的朝鲜文人的攻击,但是到了20世纪,它终于还是得到了朝鲜半岛(包括朝鲜和韩国)的普遍接受,成为一种标准的书面语,被称为han'gul。从1948年开始,朝鲜只使用han'gul,韩国偶尔混合使用汉字的现象也渐渐减少——现在进一步衰落,几乎彻底淡出一般公众的使用(一小部分偏爱汉文化的学者仍然固执地坚持使用汉字,但这只是一种象征性的行为)。

朝鲜人在han'gul中得到高度的民族自豪感,认为这种文字可以准确地记录自己语言的语音和词汇,而不必使用文言或者各种不同程度的克里奥化书面语(如果可以生造一个词汇的话),后两者正是朝鲜人被迫依赖汉字的结果。Florian Coulmas(1989:115)和Hans Jensen(1969:210—211)描述了朝鲜人用汉字记录自己的语言时所必须克服的种种困难。世宗在《训民正音》的序言

---

① Ramsey(1992)对《训民正音》作了很好的简述。关于han'gul历史的进一步信息,见Gari Ledyard的杰出论文,可惜其文尚未正式发表。我在本段中关于朝鲜文字的说明在很大程度上借鉴了这篇文章。

里表达了自己创制“训民正音”的意图：

> 国之语音异乎中国，与文字不相流通，故愚民有所欲言而终不得伸其情者，多矣。予为此悯然，新制二十八字，欲使人人易习，便于日用耳。
>
> （引自 Ledyard 1966：224）

显而易见的是，世宗非常重视平民的读写能力。他相信，表音文字便于人们轻松地记录自己口语的读音，这比笨拙的汉字更适合解决平民的读写能力。

《训民正音解例》是世宗的御用文人对《训民正音》的注疏，郑麟趾在该书的后记中表达了类似的态度：

> 吾东方礼乐文章，侔拟华夏。但方言俚语，不与之同。学书者患其旨趣之难晓，治狱者病其曲折之难通。昔新罗薛聪始作吏读，官府民间至今行之。然皆假字而用，或涩或窒，非但鄙陋无稽而已。至于言语之间，则不能达其万一焉。
>
> ……以二十八字而转换无穷，简而要，精而通，故智者不终朝而会，愚者可浃旬而学。以是解书，可以知其义；以是听讼，可以得其情。字韵则清浊之能辨，乐歌则律吕之克谐。无所用而不备，无所往而不达。虽风声鹤唳、鸡鸣狗吠，皆可得而书矣。
>
> （引自 Ledyard 1966：257—258）

毫无疑问的是，朝鲜字母的创制者和提倡者都在寻找一种简便的方法，可以让他们的人民用自己的语言表情达意，他们认为汉字不适合达到这个目的。此外，最后一句引人注目的简洁表达无疑沿用了宋代学者郑樵(1104—1162)《七音略》的序言，郑樵在该书中对佛教僧侣的音韵学思想大加赞赏(梅维恒 1993:338—339)。郑麟趾及其助手显然是在极力模仿受到郑樵嘉许的印度表音文字的灵活精妙。

对我们的研究有意义的是，世宗和他的妻子(d. 1446)都是虔诚的佛教徒，而且最早用这种新文字写成的著作中，除了两种以外，余下的都与佛教有关。这两个例外包括乏味的儒家颂诗《龙飞御天歌》(1447)和名为《东国正韵》的汉—朝词汇集。作为文学作品，佛教著作给人深刻印象，远远胜过《龙飞御天歌》。此外，尽管训民正音(即 han'gul)被恰如其分地尊为一种独创的、表音准确的文字，但它的一部分基础是八思巴文。八思巴文是一位西藏喇嘛八思巴于公元 1260 年创制的，用其取代此前用来记录蒙古语的经过改造的古回鹘文字(<古叙利亚文<帕尔米拉文<阿拉米文<北闪语文，经过改造的回鹘文在 20 世纪西里尔字母传入以前，通常被用来记录蒙古语，后来又被满族人加以改造来记录自己的语言)。八思巴字体的形状受到了西藏字母的影响，而西藏字母又源自印度笈多字母。西藏字母是由西藏伟大的王松赞干布(608—650)投入使用的，据考证，佛教也是由他引入西藏的。忽必烈显然是受到了佛教的影响才命令八思巴为蒙古语创制新文字的。接下来，佛教又促使世宗创制了"训民正音"。中国音韵学对于世宗及其近臣创制"训民正音"也发挥了影响，而中国音韵学又是建立在汉魏六朝时期由佛教僧人传入中国的印度语音学理论的基础上的。因此，朝鲜佛教徒满怀热情地欢迎这种新的大众化表

音文字就不奇怪了,他们把它当作宣传和学习他们信仰的有效工具,并不像尊崇儒教的官员们那样坚决抵制新字体。

还有一个事实显示朝鲜表音文字是由佛教激发的:“训民正音”是紧随“梵书”(可能是悉昙的一种形式)之后出现的,“梵书”显然是受印度影响而产生的文字,它的名称、字母排列、音韵构成都明确显示它直接来自印度。直到今天,“梵书”仍被用来音译佛教仪轨书中的术语(Jensen 1969:216)。

Ledyard 的论文(1966)提供了大量详尽的证据,表明佛教确实是朝鲜文字产生的关键因素。例如,他描写了(261 页以下)赞成表音文字者与佛教徒之间的联盟关系。他进一步指出(267 页),许多最早使用新字体的作品都与佛教有关,其中包括《般若波罗蜜多心经》的朝鲜译文。他还指出(90 页),圣君世宗自己运用新字体创作关于佛陀生活与功德的朝鲜语歌谣,以推动新字体投入使用。无论如何强调都不足为过的是,世宗顶着来自文人们的强烈反对实施了受佛教启发的俗语改革:

> 在世宗的晚年,他愈来愈多地沉湎于佛教,这等于使他几乎彻底疏远了当时那些近乎于痛恨佛教的人们。世宗其实从掌国之初起便自适于佛教,他的规劝者从公元 1426 年起就因此与他对抗,当时他们建议他把用悉昙字母写成的一条陀罗尼从皇宫天花板的横梁上取下来。
>
> (Ledyard 1966:99;
> 材料中的最后一句来自《世宗实录》,
> 11 月 12 日,1426,34.3)

但是,并非只有世宗一个人因佛教热情的激发而实施朝鲜语书面语俗语化运动。早在9个世纪之前,佛教对于真正的朝鲜文学的建立就已经起到了绝对非常重要的作用。

> 佛教在朝鲜早期文学史上的作用必须得到强调……如果新罗保留下的诗集可以作为线索的话,那也是佛教徒创作了新罗国内绝大多数的文学作品。佛教徒在高丽时期把它们保存了下来,又创作了《均如传》和《三国遗事》,我们今天赖此得以了解当时的文学。甚至著名的中国儒教经典注疏家薛聪也是佛教僧人(元晓)的儿子,他在成长过程中当会始终关注他和其他信仰佛教者所使用的本国语言。这种背景下长大的人最终倾向于寻找一种切实可行的记录韩国语的方式就不是偶然的了。如果把佛教在亚洲书写史上的作用完整写下来的话,可以写出许多有意思的篇章。
>
> (Ledyard 1966:57)

佛教对于印刷术兴起所产生的作用是另一个值得关注的研究领域。毫无疑问的是,东亚的印刷术从产生伊始便是一种佛教现象。事实上,印刷术的发明也许是对把木版雕刻的佛像印在丝或纸上以及复制陀罗尼(咒文或祈祷文,在密教中特别盛行)的实践活动的一种扩展。7世纪时,这两种活动在中国已经广泛流传了。8世纪时,日本印刷了上百万的陀罗尼咒语。例如,在公元764年至770年间,圣德皇后(d. 769)命令印制100万条陀罗尼咒语,把它们放入小塔中,分别安放在一些重要的寺庙里(Goodrich 1960:117)。佛教对于日本早期印刷术的垄断是个值得注意的现象:

> 印刷术引入日本之后(约公元 740 年),它的使用被富有的佛教寺庙所垄断,只能用来印刷佛经或中国著述,这种情况一直持续到镰仓时期(约 1569 年[原文如此])。公元 740 年到 1569 年这段时期,只有过极少数的世俗印刷品。
>
> (Peake 1939:58)

佛教对于东亚印刷史的贡献与俗语书面语的产生有关,因为二者都是在儒家知识界之外传播知识,但是即便如此,佛教对印刷史的影响仍然需要集中的、专门的研究。另外,具有特殊意义的是,这种印度宗教对上述两种差不多同时出现的、有关东亚书写系统的基本的民主进程起到了决定性的影响。这自然会引导我们进一步思考关于知识的社会学问题,但遗憾的是,它们并不属于本文研究的范围。目前需要指出的是,俗语作为书面媒介的合法性,以音节为单位的表音文字与字母的发明,以及印刷术的发明都是相互关联的现象,它们都源自于佛教的传教倾向,即,渴望向尽可能远的地方、向尽可能多的人传播佛陀的言教,不管他们有什么样的背景、身份如何。

Ledyard(1992a)近来在《训民正音的国际语言学背景》一文中重新考察八思巴文对创制 han'gul 的重要意义。在接受他的研究成果时,我们必须首先明确,训民正音并不仅仅是八思巴正字法与汉—印音韵学的结合,它更是世宗个人居功至伟的卓越创造。Ledyard 正确地、富有洞察力地指出了朝鲜把俗语(即朝鲜本民族语言)作为书面语合法的媒介(与文言相对)和表达这种媒介所需要的表音文字之间的关系。正是这种动机促使世宗及其助手根据自己的目的明智地对八思巴文加以改造。如此产生的 han'gul 奇迹般地适合朝鲜语记音的需要，它也许可以被推举为世界上设计最合理的文字。只是到了20世纪，随着现代信息处理技术（机械化与电子化）的到来，使用han'gul的缺陷才暴露出来。朝鲜音节文字的方块形状（最初是为便于同汉字结合）阻碍了以线性排列为根本的现代信息处理方法的有效运用（Chung 1991）。最近，已经开始尝试按照线性顺序重新调整字体，并且标出词与词之间的界限，以便使它在信息处理系统中发挥更大的作用（Hannas 1993）。

十　结论

我们已经看到，很可能在由佛教传入中国的印度概念“方国之语”（deśa = bhāṣā）的影响下，大量的东亚人民如何创制了整整一个系列的俗语书面语。尽管中国权威顽固地抵制把自己的俗语当作国语——也许是由于文言过高的威望与力量——佛教徒却在自己的书面语中不受限制地使用俗语。当俗语成为一种实用的可供选择的书面语时，俗语的使用不断增长；到了明末清初时期，尽管还有许多来自极端保守学者的批评和嘲笑，但是用俗语写成的或高度俗语化风格的书籍和用文言写成的书籍一样多。最后，满族人原本拥有自己的书面国语，只是由于不断汉化而逐渐消亡；他们也不得不承认，其汉族臣民同样需要一种以地方口语为基础的国语。由进步知识分子和学生领导的“五四”运动爆发后（他们中的许多人通过日本接触到了关于语言和关于社会、文化其他方面的激进思想），“国语”被公开宣布成为中国的正式书面语言。这标志着中国上千年书面语与口语分家状况的正式结束。

佛教在东亚俗语书面语产生过程中所起的至关紧要的作用是

不容置疑的。但是还有几个问题没有解决:佛教的哪个方面导致了这些里程碑式的变化?是不是佛教的某些教义促使了俗语书面语的产生?或者说,这是不是佛教某一特殊的哲学原理导致的?是否因为早期佛教徒喜欢用受众的语言讲故事、祈祷、公开演说?佛经表面上的口语化是否与中国俗语书面语的产生有关?早期汉译佛经的译者大多为不善文言的外国人,这种情况算不算一个重要因素?而且,是否印度语言学的语音理论要求口语与书面语的统一?印度精密严格的吟咏和背诵传统有何影响?此外,佛教的社会价值观和制度及其地位是否对俗语书面语的兴起产生了影响?最后但并非最不重要的一点是,佛教徒的活动与俗语的合法化有何关系?也许我彻底忽略了佛教对这一进程产生影响的一些关键因素。最后,佛教对俗语书面语的支持最好看作是各种不同因素错综复杂的共同作用的结果,其中每一个因素都取决于综合的社会宗教意识形态。

参考文献

Along the Ancient Silk Routes: Central Asian Art from the West Berlin State Museums. 1982. New York: The Metropolitan Museum of Art.

Alsdorf, Ludwig. 1980 Ardha-Māgadhī. In Heinz Bechert, ed., *Die Sprache der ältesten buddhistischen Überlieferung*, pp. 17–23.

Angurarohita, Pratoom. 1989 Buddhist Influence on the Neo-Confucian Concept of the Sage. *Sino-Platonic Papers* 10 (June).

Banerjee, Muralydhar. 1931 *The Deśīnāmamālā of Hemacandra*. Part I-Text with Readings, Introduction and Index of Words. Calcutta: University of Calcutta.

Bechert, Heinz, ed. 1980 *Die Sprache der ältesten buddhistischen Überlieferung/The language of the Earliest Buddhist Tradition*. Stnoisuyn zyr Buddhismusforschung, II. Abhandlungen der Akademie der Wissenschaften in Göttingen, philologisch-historische Klasse, dritte Folge, Nu. 117. Göttingen: Vandenhoeck and

Ruprecht.

Beckwith, Christopher I. 1987 *The Tibetan Empire in Central Asia: A history of the struggle for Great Power among Tibetans, Turks, Arabs, and Chinese during the Early Middle Ages.* Princeton: Princeton University Press.

Berling, Judith. 1987 Bringing the Buddha Down to Earth: Notes on the Emergence of *Yü-lu* as a Buddhist Genre. *History of Religions* 27. 1 (August): 56–88.

Bender, Ernest. 1991 Personal communications (February).

Bhayani, Harivallabh C. 1966 *Studies in Hemacandra's Deśīnāmamālā.* Parshvanath Vidyashram Research Institute. Varanasi: Banaras Hindu University.

Bond, George. 1982 *The Word of the Buddha.* Colombo: M. D. Gunasena.

Brough, John. 1949–1950 Thus Have I Heard... *Bulletin of the School of Oriental and African Studies* 13. 2: 416–426.

——— 1961 A Kharoṣṭhī Inscription from China. *Bulletin of the School of Oriental and African Studies* 24: 517–530, plus 1 plate.

——— 1980 Sakāya [sic] Niruttiyā: Cauld kale het. In Heinz Bechert, ed., *Die Sprache der ältesten buddhistischen Überlieferung*, pp. 35–42.

Ch'en, Kenneth K. S. 1964 *Buddhism in China: A Historical Survey.* Princeton: Princeton University Press.

Chi Hsien-Lin (also transcribed as Chi Hsian-Lin, Dschi Hiän-Lin, and Ji Xian-Lin). 1947. "On the oldest Chinese transliterations of the name of Buddha." *Sino-Indian Studies* 3. 1–2 (April and July): 1–9.

——— 1956 T'u-huo-lo-yü te fa-hsien yü k'ao-shih chi ch'i tsai Chung-Yin wen-hua chiao-liu chung te tsoyung (The Tokharian Language: Its Discovery and Decipherment and Its Role in the Cultural Relations between India and China). *Yü-yen yen-chiu* (*Linguistic Researches*) 1: 297–307.

——— 1959 Tsai lun yüan-shih Fo-chiao te yü-yen wen-t'i (A Re-examination of the Language Problem of Primitive Buddhism). *Yü-yen yen-chiu* (*Linguistic Reseraches*) 4: 87–105.

——— 1990 Tsai t'an Fu-t'u yü Fo (More about the Chinese Terms '*Fu Tu*' and '*Fo*'). *Li-shih yen-chiu* [*Studies on History*] 2: 3–11.

Ch'ŏn Hye-Bone. 1993 Typography in Korea: Birthplace of Moveable Metal Type. *Koreana* 7. 2 (Summer): 10–19.

Chu Ch'ing-Chih. 1990 Fo-tien yü chung-ku Han-hü tz'u hui yen-chiu [A Study of the Relationship between Buddhist Scriptures and the Vocabulary of Middle Sinitic]. Ph. D. diss. Chengtu: Szechwan University, Department of Chinese. Published in Taiwan with the same Chinese title (English title: *Study of the relationship between Buddhist scriptures and the vocabulary of medieval Chinese*) as part of the Ta-lu ti-ch'ü po-shih lun-wen ts'ung-k'an [Mainland Region Doctoral Dissertations Series]. Taipei: Wen-chin ch'u-pan-she, 1992.

Chung, Won L. 1991 Hangeul and Computing. In victor H. Mair and Yongquan Liu, eds., *Characters and Computers*. Amsterdam, Oxford, Washington, and Tokyo: IOS Press, pp. 146–179.

Chung-kuo ta *pai-k'e-chüan-shu* [The Great Chinese Encyclopedia]. Yü-yen wen-tzu [Language and Script].' Peking and Shanghai: Chung-kuo ta pai-k'e-ch'üan-shu, 1988.

Coulmas, Florian. 1989 *The Writing Systems of the World*. Oxford and Cambridge, Mass.: Basil Blackwell.

Cowell, E. B. 1854 *The Prākṛta-prakāśa, or the Prākṣt Grammar of Vararuchi, with the Commentary (Manoramā) of Bhāmaha*. Calcutta: Punthi Pustak, 1962. Frist edition, Hertford, 1854; second edition, London, 1868.

Defrancis, John. 1978 *Colonialism and Language Policy in Viet Nam*. Contributions to the Sociology of Language, 19. The Hague: Mouton.

——— 1989 Visible Speech: *The Diverse Oneness of Writing Systems*. Honolulu: University of Hawaii Press.

——— 1991 Letter of March 17.

Dien, Albert. 1991 A New look at the Xianbei and their and their Impact on Chinese Culture. In George Kuwayama, ed., *Ancient Mortuary Traditions of China: Papers on Chinese Geramic Funerary Sculptures*. Los Angeles: Los Angeles County Museum of Art, pp. 40–59.

Dirnger, David. 1962 *Writing*. Ancient Peoples and Places, 25. London: Tahmes and Hudson; rpt., 1965.

Dobson, W. A. C. H. 1974 *A Dictionary of the Chinese Particles: with a prolegonenon in which the problems of the particles are considered and they are classified by their grammatical functions*. Toronto: University of Toronto Press.

Edgerton, Franklin. 1953 *Buddhist Hybrid Sanskrit Grammar and Dictionary*. 2 vols. New Haven: Yale University Press.

Fuchs, Walter. 1930 Zur technischen Organisation der Übersetzungen buddhistischer Schriften ins Chinesische. *Asia Major* 6:84–103.

Gardner, Daniel K. 1991 Modes of Thinking and Modes of Discourse in the Sung: Some Thoughts on the Yü-lu('Recorded Conversations') Texts. *The Journal of Asian Studies* 50.3(August):574–603.

Gernet, Jacques. 1956 *Les aspects économiques du Bouddbisme dans la société chinoise du Ve, au Xe siè cle.* Publications de l'École française d'Extrême-Orient, 39. Saigon: École française d'Extrême-Orient.

Gómez, Louis O. 1987 Buddhist Views of Language. In Mircea Eliade, ed., *The Encyclopedia of Religion.* New York: Macmillan. Vol. 8, pp. 446–451.

Goodrich, L. Carrington 1960 Two Notes on Early Printing in China. In H. L. Hariya-ppa, ed., Professor P. K. *Gode Commemoration Volume.* Poona Oriental Series, 93. Poona: Oriental Book Agency, pp. 117–120.

Gurevich, I. S. 1985 Eschë Raz o Byan'ven'... (zametki). In Akademiya Nauk SSSR, Ordena Trudovogo Krasnogo Znameni Institut Vostokovedeniya, Leningradskoe Otdelenie, *Pis'menn'ie Pamyatniki i Problem'i Istorii Kul'tur'i Narodov, Vostoka.* XVIII Godichnaya Nauchnaya Sessiya lo IV AN SSSR (Doklad'i i Soobschenniya, 1983–1985), part 3. Moscow: Nauka, pp. 96–101.

Habein, Yaeko Sato. 1984 *The History of the Japanese Written Language.* Tokyo: University of Tokyo Press.

Hannas, William Carl. 1988 The Simplification of Chinese Character-Based Writing. Ph. D. diss., University of Pennsylvania.

——— 1993 Korea's Attempts to Eliminate Chinese Characters and the Implications for Romanizing Chinese. Unpublished paper.

Hansen, Chad. 1993a Chinese Ideographs and Western Ideas. *The Journal of Asian Studies* 52.2(May):373–399.

——— 1993b Reply to J. Marshall Unger. *The Journal of Asian Studies* 52.4 (November):954–957.

Hartwell, Robert M. and Marianne C. Hartwell. 1991a *Executive Finance and State Council*, Notes and Documentation. Philadelphia: electronic database.

Hartwell, Robert M. and Marianne C. Hartwell. 1991b Personal communications (February 18 and 21, 1991).

V. Hinüber, Oskar. 1986 Das ältere Mittelindisch im Überblick. Österreichische

Akademie der Wissenschaften. Philosophisch-Historische Klasse. Sitzungsberichte. 467. Band. Vienna: Verlag der Österreichischen Akademie der Wissenschaften.

——— 1990 *Der Beginn der Schrift und frühe Schriftlichkeit in Indien.* Abhandlungen der Geistes -und Sozialwissenschaftlichen Klasse, Jahrgang 1989, Nr. 11. Mainz: Akademie der Wissenschaften und der Literatur; Stuttgart: Franz Steiner. Esp. section V (pp. 22–25) on the oral origins of the earliest Buddhist texts.

Hoffman, Frank J. 1990 *Eva ṃ me suta ṃ*: Oral Tradition in Nikāya Buddhism. Paper presented at the Nineteenth Annual Conference on South Asia, University of Wisconsin-Madison, November 2–4. 34 pages. Published with the same title in a shortened and revised form in Jeffrey R. Timm, ed., *Texts in Context: Traditional Hermeneutics in South Asia.* Albany: State University of New York Press, 1992, pp. 195–219.

Iriya Yoshitaka. 1961 "*Tonkō henbun shū*" *kōgo goi sakuin* [*Index of Colloquial Expressions in* "*Tunhuang pien-wen chi*"]. Kyoto: privately printed.

——— 1985 "*Tonkō henbun shū*" *kōgo goi ho-i* [*Supplement of Colloquial Expressions in* "*Tun-huang pien-wen chi*"], I. Kyoto: privately printed.

Jensen, Hans. 1969 *Sign, Symbol and Script: An Account of Man's Effort to Write.* Third revised and enlarged edition; translated from the German by George Unwin. New York: G. P. Putnam's Sons.

Kajiyama Y. 1977 Thus Spoke the Blessed One.... In Lewis Lancaster, ed., *Prajñāpāramitā and Related Systems. Studies in honour of Edward Conze.* Berkeley: Regents of the University of California pp. 93–99.

Kao Ming-K'ai. 1948 T'ang-tai ch'an-chia yü-lu so chien te yü-fa ch'eng-fen [Grammatical Elements Observed in Zen Records of Conversations from the T'ang Period]. *Yen-thing hs üeh-pao* [*Yenching Journal*] 34: 49–84.

Kim-Renaud, Young-Key, ed. 1992 *King Sejong the Great: The Light of Fifteenth-Century Korea.* Washington, D. C.: The International Circle of Korean Linguistics.

Lamotte, Étienne. 1958 *histoire du bouddhisme indien des origines, à l'ère Śaka.* Bibliothèque du Muséon, 43 Louvain Publications Universitaires, Institut Orientaliste.

Ledyard, Gari Keith 1966 The Korean Language Reform of 1446: The Origin, Background, and Early History of the Korean Alphabet. Ph. D. diss., University of California, Berkeley.

——— 1992a The International Linguistic Background of the Correct Sounds for the Instruction of the People. Unpublished paper, 74 pp.

——— 1992b Letter of October 6.

Lee, Peter. 1959 *Studies in the Saenaennorae*: Old Korean Poetry. Serie orientale Roma, 22. Rome: Istituto italiano per il Medio ed Estremo Oriente.

——— 1961 The Importance of the *Kyunyŏ chŏn* (1075) in Korean Buddhism and Literature—Bhadra-caripra. nidhāna in Tenth-Century Korea. *Journal of the American Oriental Society* 81.4 (December): 409–414.

Lewicki, Marian. 1949 *La Langue mongole des transcriptions chinoises du XIVe siècle. Le Houa-yi yi-yu de* 1389. Travaux de la Société des Sciences et des Lettres de Wroclaw, ser. A, 29. Wroclaw: Nakladem Wroclawskiego Towarzystwa Naukowego.

Li Chin-Hsi. 1934 *Kuo-yü yün-tung shih kang* [*Outline History of the National Language Movement*]. Shanghai: Commercial.

Ligeti, Louis. 1970 Le Tabghatch, un dialecte de la langue Sien-pi. In Louis Ligeti, ed., *Mongolian Studies*. Bibliotheca Orientalia Hungarica, 14. Amsterdam: B. A. Grüner, pp. 265–308.

I. in, Li-Kouang. 1949 *l' Aide-mémoire de la vraie loi* (*Saddharma-smṛtyupasthāna-sūtra*): *Introduction au compendium de la loi* (*Dharma-samuccaya*). *Recherches sur un Sūtra Développé du Petit Véhicule*. Publications du Musée Guimet, Bibliothèque d' Études, 54. Paris: Librairie d' Amérique et d' Orient Adrien-Maisonneuve.

Mair, Victor H. 1983 *Tun-huang Popular Narratives*. Cambridge: Cambridge University Press.

——— 1986 Oral and Written Aspects of Chinese Sutra Lectures (*chiang-ching-wen*). *Han-hsüeh yen-chiu* (*Chinese Studies*) 4.2 (cumulative 8) (December): 311–334.

——— 1988 *Painting and Performance*: *Chinese Picture Recitation and Its Indian Genesis*. Honolulu: University of Hawaii Press.

Mair, Victor H. 1989 *T' ang Transformation Texts: A Study of the Buddhist Contribution to the Rise of Vernacular Fiction and Drama in China*. Harvard-Yenching Institute Monograph Series, 28. Cambridge, Mass.: Harvard University Council on East Asian Studies.

Mair, Victor H. 1990 [*The*] *File* [*on the Cosmic*] *Track* [*and Individual*] *Dough* [*tiness*]: Introduction and Notes for a Translation of the Ma-wang-tui Manuscripts of the *Lao Tzu* [*Old Master*]. *Sino-Platonic Papers* 20 (October).

——— 1991 What Is a Sinitic "Dialect/Topolect"? Reflections on Some Key Sino-English Linguistic Terms. *Sino-Platonic Papers* 29 (September).

——— 1992a Two Papers on Sinolinguistics: 1. A Hypothesis Concerning the Origin of the Term *fanqie* ("Countertomy"); 2. East Asian Round-Trip Words. *Sino-Platonic Papers* 34 (October).

——— 1992b Script and Word in Medieval Vernacular Sinitic. *Journal of the American Oriental Society* 112.2: 269–278.

——— 1993 Cheng Ch' iao' s Understanding of Sanskrit: The Concept of Spelling in China. *A Festschrift in Honour of Professor Jao Tsung-i on the Occasion of His Seventy-Fifth Anniversary*. Hong Kong: Chinese University of Hong Kong, pp. 331–341.

Mair, Victor H., and Tsu-Lin Mei. 1991 The Sanskrit Origins of Recent Style Prosody. *Harvard Journal of Asiatic Studies* 51.2 (December): 375–470.

Maspero, Henri. 1914 Sur quelques textes anciens tie Chinois parlé. *Bulletin de l' École Franfaise d' Extrême-Orient* 14.4: 1 36. Translated into English as "On Some Texts of Ancient Spoken Chinese" by Yoshitaka Iriya, Ruth F. Sasaki and Burton Watson Kyoto: privately cirtulated, 1954.

——— 1934 Les origines de la communauté bouddhiste de Lo-yang. *Journal Asiatique* 225 (July-December): 87–107.

Mather, Richard B. 1990 Translating Six Dynasties "Colloquialisms" into English: *The Shih-shuo hsin-yü*. Paper delivered at the International Conference on the Translation of Chinese Literature, organized by the Department of Foreign Languages and Literature, National Taiwan University, held at the National Central Library (Taipei, Taiwan), November 16–18.

——— 1991 Letter of March 17.

Mei, Tsu-Liu. 1980 *San-ch' ao pei-meng hui-pien* Ii te pai-hua tzu-liao [Vernacular *Materials in the Compendium of Northern Treaties of Three Emperors* (1117–1162)]. *Chung-kuo shu-mu chi-k' an*(*Bibliography Quarterly*) 14. 2 (September):27–52.

——— 1992a Letter of October 8.

——— 1992b Vernacular Texts in Historical Context, 750–1200; Some Further Thoughts on the *Yü-lu* Form. Unpublished manuscript, 14 pp.

Miller, Roy andrew. 1967 *The Japanese Language.* Chicago and London: The University of Chicago Press.

Mostaert, Antoine. 1977 *Le Matérial Mongol du Hua i i iu de Houng-ou*(1389). Edited by Igor de Rachewiltz, with the assistance of Anthony Schönbaum. Mélanges chinois et bouddhiques, 18. Brussels: Institut des Hautes Études Chinoises, 1977.

Nattier, Jan. 1990 Church Language and Vernacular Language in Central Asian Buddhism. *Numen* 37. 2(December):195–219.

——— 1991 Letter of March 13.

Ni Hai-Shu. 1948 *Chung-kuo p' in-yin wen-tzu kai-lun* [*Introduction to the Chinese Phonetic Script*]. Shanghai: Shih-tai shu-pao.

Norman, Jerry. 1988 *Chinese.* Cambridge Language Surveys. Cambridge: E. Cambridge University Press.

Ohta [Ōva] Tatsuo. 1958 *Chūgokugo rekishi bunpō*(*A Historical Grammar of Modern Chinese*). Tokyo: Kō nan shoin.

——— 1988 *Chūgokugo shi tsūka*(*A Historical Study of Chinese Language*). Tokyo: Hakutei sha.

Peake, Cyrus H. 1939 Additional Notes and Bibliography on the History of Printing in the Far East. *Gutenberg-Jahrbuch*, ed. A. Ruppel. Mainz: Gutenberg-Gesellschaft.

Pelliot, Paul 1929 Neuf notes sur des questions d' Asie Central. *T' oung Pao* 26. 4–5:201–265.

Pischel, R., ed. 1938 *The Deśināmamālā of Hemachandra.* Second edition by Paravastu Venkata Ramanujaswami. Bombay Sanskrit Series, 17. Bombay: The Department of Fublic Instruction.

Pye, Michael. 1978 *Skilful Means: A Concept in Mahayana Buddhism.* London: Duckworth.

Ramsey, S. Robert. 1987 *The Languages of China.* Princeton: Princeton University

Press.

Ramsey, S. Robert. 1991 The Polysemy of the Term *Kokugo*. In Victor H. Mair, ed., *Schriftfestschrift: Essays on Writing and Language in honor of John DeFrancis on His Eightieth Birthday*. Sino-Platonic Papers 27 (August 31): 37–47.

——— 1992 The Korean Alphabet. In Kim-Reynaud, ecl., *King Sejong the Great*, pp. 43–50.

——— 1993 The Japanesc l. anguage in Japan. Unpublished manuscript.

Rosemont, Henry, Jr. 1974 On Representing Abstractions in Archaic Chinese. *Philosophy East and West* 24.1 (January): 71–88.

Seeley, Christopher. 1991 *A History of Writing in Japan*. Leiden: E. J. Brill.

Silk, Jonathan A. 1989 A Note on the Opening Formula of Buddhist Sūtras. *Journal of the International Association of Buddhist Studies* 12.1: 158–163.

Soeronov, M. V. 1991 Chinese Philology and the Scripts of Central Asia. *Sino-Platonic Papers* 30 (October).

Sung Lien, et al. 1976 *Yüan shih* [*History of Yüan Dynasty*]. 15 vols. Peking: Chung-hua.

Takakusu, J. 1901 Tales of the Wise Man and the Fool, in Tibetan and Chinese. *Journal of the Royal Asiatic Society of Great Britain and Ireland* (July 15). 447–460.

Takata Tokio. 1993 Chibetto moji shosha 'Chō kan' no kenkyū (honbun hen) [Studies on the 'Long Scroll' in Tibetan Transcription {Text}]. *Tōhō gakuhō* (*Journalof Orienta Studies*) (Kyoto), 65 (March): 313–380, plus 13 plates.

Tuan Li-Fen. 1989 Tsui-tsao ch'u-hsien hsi-tz'u 'shih' te ti-hsia tzu-liao [The Earliest Excavated Material for the Copula *shih*]. *Yü-wen t'ien-ti* [*The World Language and Script*] 6 (January): 19–21.

Unger J. Marshall. 1993 Communication to the Editor. *The Journal of Asia Studies*, 52.4 (November): 949–954.

Van Gulik, R. H. 1956 Siddham: *An Essay on the History of Sanskrit Studies in China and Japan*. Nagpur: International Academy of Indian Culture.

Walker, Benjamin. 1968 *Hindu World: An Emcyclopedic Survey of Hinduism*. 2 vols. New Delhi: Munshiram Manoharlal, 1983. First published by George Allen and Unwin, London.

Watters, Thomas. 1889 *Essays on the Chinese Language*. Shanghai: Presbyterian

Mission Press.

Wei Cheng, et al. 1973 *Sui shu* [*History of the Sui Dynasty*]. 6 vols. Peking: Chung-hua.

Wei Yüan. *Sheng-wu chi.* Ssu-pu pei-yao ed.

Wright, Arthur F. 1957 Buddhism and Chinese Culture: Phases of Interaction. *The Journal of Asian Studies* 17.1 (November): 17-42.

——— 1971 *Buddhism in Chinese history.* Stanford: Stanford University Press 1959; rev. ed.

Yang, Paul Fu-Mien. 1989 *The Portuguese-Chinese Dictionary of Matteo Ricci A Historical and Linguistic Introduction. Proceedings of the Second International Conference on Sinology.* Taipei: Academia Sinica. Vol. 1 of the Section on Language and Script, pp. 191-242.

Zhou, Youguang. 1991 The Family of Chinese Character-Type Scripts (*Twenty Members and Four Stages of Development*). *Sino-Platonic Papers* 28 (September).

Zürcher, E. 1972 *The Buddhist Conquest of China: The Spread and Adaptation of Bu-ddhism in Early Medieval China.* 2 vols. Leiden: E. J. Brill, rpt. with additions. , and corrections.

——— 1977 Late Hah Vernacular Elements in the Earliest Buddhist Translations. *Journal of the Chinese Language Teachers Association* 12.3 (October): 177-201.

——— 1980 Buddhist Influence on Early Taoism. *T' oung Pao* 66.1-3: 84-147.

——— 1990 Han Buddhism and the Western Regions. In W. L. Idema and E. Zürcher, eds. , *Thought and Lau in Qin and Han China: Studies dedicated to Anthony Hulsewé on the occasion of his eightieth birthday.* Leiden: E. J. Brill, pp. 158-172.

——— 1991 A New Look at the Earliest Chinese Buddhist Texts. In Koichi Shinohara and Gregory Schopen, eds. , *From Benares to Beijing: Essays on Buddhism and Chinese Religion in Honour of Prof. Jan Yün-hua.* Oakville, Ontario: Mosaic, pp. 277-304.

（梅维恒：美国宾夕法尼亚大学；王继红：北京外国语大学中国语言文学学院；顾满林：四川大学文学与新闻学院）

简述汉文佛典对梵文语法的介绍及其对中国古代语法学发展的影响*

——从"语法"的出处讲起

孙良明

○ 引言

郑奠《汉语词汇史随笔》①指出,"语法"一词始见于《左传·昭公二十年》孔颖达"疏",义为"文理、文脉、语势、语脉"②,笔者撰文说明此处孔氏所用"语法",义为"语辞用法"③。据汉文佛典,郑文、拙文说法均不准确。

汉文佛典统名为大藏经,据吕澂《新编汉文大藏经目录》分经

---

* 本文承蒙中国社会科学院语言研究所研究员董琨先生指告佛典文献;又在搜集材料过程中,就梵文问题曾当面、书面向北京大学教授季羡林老先生及其高足高鸿博士和中国人民大学教授刘广和先生请教。特此一并表示谢意。

① 见《汉语词汇史随笔》,《中国语文》1959 年第 6 期;郑文说:"这里所说的'语法'不一定是最早的出处,因为从唐以上还应该可以推证。"

② 《辞海·增补本》《汉语大词典》"语法"释义、书证均如是,盖取郑文之说。

③ 见《古汉语研究》,1993 年第 4 期。

藏、律藏、论藏、密藏、撰述;前四者为"译本",后者为"中国撰述"(指汉僧解经之章疏、音义、目录等)。周一良指出:"中国僧人关于梵文的著作,现存者可以分为两大类,而文法不与焉。第一类是悉昙,第二类是字书。"[①]"后汉佛教传入中国,译经事业开始,直到宋以后才衰歇。……在这一千年间,我们竟找不到研究梵文文法的书!即使有而失传,一定也极少,因为我们现在连目录里都看不见。"[②]这当然是事实。不过周一良说中国高僧"对于梵文法不加注意",这一点不完全符合实际情况。

查阅大藏经(据日本《大正新修大藏经》,简称《大正藏》,下引注出卷、页、栏),佛经"译本",尤其是"中国撰述"中也有分散的对梵文语法的介绍,也谈到僧人对梵文语法的重视。这是因为梵文、汉语差别甚大,要将梵文译成汉语不能不注意语法问题。特别要指出的是佛经译文中已出现"语法"名称,时间早于《左传正义》,且其含义跟我们今天所说"语法"术语无异。

一 东晋、南梁佛典对梵文语法的初步介绍;"语法"术语出现

东晋后秦(姚秦)时期,与后世梁陈真谛、唐代玄奘和义净并称我国四大译经僧之一的鸠摩罗什(344—413/350—409)所译

① 《中国的梵文研究》,见《魏晋南北朝史论集》,中华书局,1963;悉昙是梵语 siddha 音译,又音译为悉谈,指梵文字母,周文这里指梵文拼音,举例有《悉谈字记》《天竺字源》;字书指梵文单字书,周文举例有《梵语千字文》《梵语杂名》。

② 同上。

《大智度(经)论》卷第四十四有：

> 问曰："何等是菩萨[①]句义[②]？"答曰：天竺语法，众字和合成语，众语和合成句。如"菩"为一字，"提"为一字，是二不合则无语；若和合名为"菩提"，秦言[③]无上智慧。萨埵，或名众生，或是大心。为无上智慧，故出大心名为菩萨埵；愿欲令众生行无上道，是名菩提萨埵。(《大正藏》,25,380C)

这里简单说明了天竺语法的特点。所谓"字"指音节(或字母)，所谓"语"指语词；音节组合成词(单是音节不成为词)，词组合成句；且举"菩提"(梵文 bodhi)为例，"菩"(bo)"提"(dhi)不合不能成词。其中"天竺语法"之"语法"乃是梵文Vyākaraṇa意译。[④](唐僧意译为"记论"，音译为毗耶羯刺諵、毗何羯喇拏，见第417页脚注①②和第418页脚注④)

高名凯《语法理论》说："印度人称语法为Vyākaraṇa，意思说是'分离，分析'，即对语言的各种语法形式加以分离或分析。"[⑤]高先生没有指出佛典里已经将这个词译为"语法"。现在我们用术语"语法"，建国前多说"文法"，语法学界共认是意译印欧语 Gram-

---

① 菩萨，菩提萨埵之简称，梵语 bodhisattva 音译。

② 句义，依句释义(逐句释其义理)、依名释义(释名称所指)；这里是后义。

③ 秦言，指汉语，鸠摩罗什东晋龟兹国(今新疆疏勒)人，主要活动在前秦(苻氏)、后秦(姚氏)时代，故称汉语为秦言。

④ 王邦维说："语法"一名是古代僧人以及译经的文士共同创造出来的一个新词，非为Vyākaraṇa的意译(《"语法"一名最早的出处》，《汉语史学报》第二辑，上海教育出版社，2002)。

⑤ 商务印书馆，1960。

maire(法)或 Grammar(英);这个词开始是音译为"葛郎玛"(见我国第一部现代化的语法书《马氏文通》"例言")。殊不知公元4世纪的僧人鸠摩罗什已将Vyākaraṇa意译为"语法"了。Vyākaraṇa跟Grammaire、Grammar 所指是完全相同的,三者所分属梵、法、英语,全属印欧语。

汉译《大智度(经)论》出现时间较早,这段译文多为后世"中国撰述"所引用。

如隋僧慧远(523—592)《大乘义章》卷第一:

> 《大智论·句义品》:天竺语法,众字成语,众语成句。字句语等,增减为异。(《大正藏》44,468C)

再如南宋僧法云(1088—1153)《翻译名义集》卷第五:

> 《大论》云:天竺语法,众字和合成语,众语和合成句。如"菩"为一字,"提"为一字,是二不合则无语,若和合名为"菩萨"。(《大正藏》,54,1137a)

《翻译名义集》是类书工具书性质,是为译经、读经服务的,也予以引用,说明《大智度(经)论》这段话的影响及中国佛僧对天竺语法的重视。

南朝齐梁僧祐(445—518)《出三藏记集》卷第一(《胡汉译经音义同异记》)也有对梵文、梵文语法特点的简略介绍:

> 夫神理无声,因言辞以写意;言辞无迹,缘文字以图音。故字为言蹄,言为理筌,音义合符不可偏失。是以文字应用弥

纶宇宙，虽迹系翰墨而理契乎神。昔造书之主凡有三人。长名曰梵[1]，其书右行；次曰佉楼[2]，其书左行；少者苍颉，其书下行。梵及佉楼居于天竺，黄史苍颉在于中夏。梵、菁取法于净天，苍颉因华于鸟迹。……东西之书源亦可得而略究也。至于胡[3]音，为语单、复无恒，或一字以摄众理，或数言而成一义。寻《大涅槃经》列字五十[4]，总释众义十有四音，名为字本。观其发语裁音，宛转相资；或舌根唇末，以长短为异。且胡字一音不得成语，必余言足句，然后义成，译人传意岂不艰哉！又梵书制文有半字满字，所以名半字者，义未具足，故字体半偏，犹汉文"月"字亏其旁也。所以名满字者，理既究竟，故字体圆满，犹汉文"日"字盈其形也。故半字恶义以譬烦恼，满字善义以譬常住[5]。又半字为体，如汉文"言"字；满字为体。如汉文"诸"字。以"者"配"言"方成"诸"字。"诸"字两合即满之例也，"言"字单立即半之类也。半字虽单为字根本，缘有半字得成满字。譬凡夫始于无明得成常住。故因字制义以譬涅槃，梵文义奥皆此类也。(《大正藏》,55,4b.c)

这段文字说明三点：一说明文字书写有三种款式：梵文书写右

---

① 梵，梵王，梵名 Brahma，古代印度传说中的造物仙人之一。

② 佉楼，梵名 Kharoṣṭha，音译为佉楼瑟吒、佉卢虱底；简称佉楼、佉卢。传说中印度古代之仙人，人身驴面，号称驴唇仙人。古代北印度葱岭一带有种书写左行文字，传说为驴唇仙人所造，故名佉卢书或佉卢文。

③ 胡，周一良说："隋唐以后胡、梵两字的分别渐严，胡专指中亚胡人，梵指天竺。六朝时胡的用途很广，印度也每每被称为胡。"

④ 五十，指梵文五十字母；梵文字母多少，因标准不同，说法不一；此说五十（下十四指母音），另说四十七或四十九。

⑤ 常住，与"无常"相对，指绵亘过去、现在、未来三世，永不变灭。

行，佉楼文书写左行，汉文书写下行。二是说明拼音文字特点：所谓“单、复无恒”，指词的音节多少不定；所谓“一音不得成语，必余言足句，然后义成”（余，多），是说一个字音（字母）无义，必须几个相拼才能成词组句。三是以汉字的单体与合体比喻拼音文字词的音节与成词：所谓“半字满字”，“半字”指元音、辅音相拼而成的无意义的音节；所谓“满字”指音节相拼而成的词。所谓“半字虽单为字根本，缘有半字得成满字”，是指元音、辅音相拼成为音节的重要，为构词根本，缘有音节才能成词。

以上可看出4世纪的鸠摩罗什、5世纪的僧祐已介绍了梵文、梵文语法的特点；当然这种介绍还相当简单，仅仅是初步。

二 隋唐佛典对梵文语法的较详介绍；从语法、句法解经

（一）介绍印度古代语法大师班尼尼（pāṇini）及其著作《班尼尼语法》

高名凯《语法理论》谈古代印度人的语法研究说，“我们今天还能看到的印度的最早的语法著作是纪元前第五世纪的Yāska所著的*Nirukta*（解释）”：“不过，印度古代压倒一切的语法著作还要算是纪元前第四世纪末叶的班尼尼（pāṇini）的《笺书》（*sūtras*），即一般人说的《班尼尼语法》。这部书对梵语雅言的语法结构有过详细的分析，一直是后代印度人所奉为权威的”。班尼尼不仅是印度古代的语法大师，也是世界古代语法学史上的语法大师；而《班尼尼语法》也是世界上最古的一部完整的语法书[①]。

① 见季羡林等《大唐西域记校注》第264页，中华书局，1985。

唐代佛典“中国撰述”中多处谈到班尼尼（译为波你尼、波腻尼、波尼你）。

玄奘（600—664）《大唐西域记》卷第二（健驮逻国[①]）说（据季羡林等校注本，中华书局，1985；文字校《大正藏》有所校正）：

> 乌铎迦汉荼城[②]西北行二十余里，至娑罗睹逻邑[③]，是制“声明论”[④]波你尼仙本生处也。遂古之初，文字繁广，时经劫坏，世界空虚。……人寿百岁之时，有波你尼仙，生知博物，愍时浇薄，欲削浮伪，删定繁猥，游方问道，遇自在天[⑤]，遂申述作之志。自在天曰：“盛矣哉，吾当祐汝！”仙人受教而退，于是研精覃思，捃摭群言，作为字书[⑥]，备有千颂[⑦]，颂三十二言矣。究极今古，总括文言，封以进上。王甚珍异，下令国中，普使传习，有诵通利，赏千金钱。所以师资传授，盛行当世。故此邑中诸婆罗门硕学高才，博物强识。（《大正藏》，51，881C）

这里将班尼尼（即波你尼）看作仙人，介绍了他的出生处，说他“生知博物，愍时浇薄”，向自在天“申述作之志”，受命作字书《班尼尼语法》，共一千颂，由此而众婆罗门“硕学高才，博物强

---

① 健驮逻国，印度古国名，位于今印度西北喀布尔河下流。

② 乌铎迦汉荼城，健驮逻国之都城，位印度河北岸。

③ 娑罗睹逻邑，健驮逻国城邑，班尼尼故乡。

④ 声明论，关于声明的论著，指班尼尼Pāṇinisūtra即《班尼尼语法》，参看下《苏呾啰》；声明，梵语 sabdavidyā 意译，音译摄拖苾驮，指文字、音韵、语法之学。

⑤ 又作大自在天，梵名 Mahesvara，婆罗门教主神湿婆，万物主宰者。

⑥ 字书，指《班尼尼语法》；见下《苏呾啰》。

⑦ 颂，梵语śloka 意译，古代印度一种诗律名称，长篇著作由颂组成，一颂有两行，一行有两句，一句有八个音节，故曰“颂三十二言”。

识”。此文下面又讲了一个班尼尼死后再生的传说故事。

慧立（615—?）、彦悰《大慈恩寺三藏法师传》卷第三（据孙毓棠、谢方点校本，中华书局，1983）说：

> （法师）兼学婆罗门书。印度梵书名为“记论”[①]，其源无始，莫知作者。……有百万颂，即旧译云“毗伽罗论”者是也。然其音不正，若正应云“毗耶羯剌䛐”[②]，此翻名为“声明记论”。以其广记诸法能诠，故名“声明记论”。昔成劫[③]之初，梵王先说具百万颂，后至住劫[④]之初，帝释[⑤]又略为十万颂。其后北印度健驼罗国婆罗门睹罗邑波腻尼仙又略为八千颂，即今印度现行者是。近又南印度婆罗门为南印度王复略为二千五百颂，边鄙诸国多盛流行。印度博学之人所不遵习。此并西域音字之本。（《大正藏》，50，239a）

这里说明班尼尼的语法著作是在前人创作的基础上修订、压缩而成，共8000颂，为当时印度全国所通用，虽有更简略的2500颂的本子，但“博学之人”不遵习。

与晋代法显同时代玄奘齐名并列为中国西行求法最有成就、

---

① 记论，梵语vyākaraṇa意译，又作声明记论，音译毗耶羯刺諵、毗何羯唎拏，指语法或文字、音韵、语法学书之总称；参看王邦维校注本。

② 同上。

③ 成劫、住劫，罗婆门教认为世界经历无数次劫（劫，梵语 kalpa 音译劫波之简称），一劫为大梵天之一白昼，相当于人间43亿2000万年，劫末有劫火出现，烧毁一切，大梵天再重创世界。劫的分期有多种说法，一说分中劫、成劫、住劫、坏劫、空劫、大劫六种。

④ 同上。

⑤ 帝释，梵名 Indra，古代印度传说中天界众神之王。

最有影响的三僧人之一唐代义净(635—713)《南海寄归内法传》卷第四(《西方学法》)说(据王邦维校注本,中华书局,1995;文字校《大正藏》有所校正):

> 夫声明者,梵云摄拖苾驮[①],摄拖是声,苾驮是明,即五明论[②]之一明也。五天[③]俗书,总名毗何羯喇拏[④]。大数有五,同神州之五经也。一则创学《悉谈章》[⑤],亦云《悉地罗郁堵》。斯乃小学标章之称,但以成就吉祥为目,本有四十九字,共相乘转,成一十八章,总有一万余字,合三百余颂。……二谓《苏呾囉》,即是一切声明之根本经也,译为略诠意明。略诠要义,有一千颂,是古博学鸿儒波尼你所造也,为大自在天之所加被,面现三目,时人方信[⑥]。八岁童子,八月诵了。三谓《驮睹章》,……(《大正藏》,54,228b.c)

这里指出班尼尼造《苏呾囉》(梵语 sūtra 音译,意译"经";即指*pāṇinisūtra*,意译《班尼尼经》或《笺书》,又名《八章书》,通称《班尼尼语法》,英、德有译本[⑦]);又指出此书是五天俗书之一,但

---

① 《声明论》,关于声明的论著,指班尼尼*Pāṇinisūtra*即《班尼尼语法》,参看下《苏呾囉》;声明,梵语 sabdavidyā 意译,音译摄拖苾驮,指文字、音韵、语法之学。

② 五明论,见下"五明四含"解说。

③ 五天,又称"五印";中古时期,印度全域分划为东、西、南、北、中五区,称为五天竺或五印度,简称五天、五印(见下"奘周游五印")。

④ 记论,梵语 vyākaraṇa 意译,又作声明记论,音译毗耶羯刺諵、毗何羯喇拏,指语法或文字、音韵、语法学书之总称;参看王邦维校注本。

⑤ 《悉谈章》,梵文拼音初级教材,《悉地罗窣堵》,梵语 siddhirastu 之音译。

⑥ 时人方信,指传说时代之人相信,非是义净在印度时(671—693)之人相信。

⑦ 段晴《波你尼语法入门》(Sarasiddhāntakaumud;《月光疏精粹》述解),北京大学出版社,2001。

为“一切声明之根本”；又说明班尼尼为有三目的大自在天仙人所加被，也“面现三目”。

此外，玄奘大弟子窥基(632—682)《瑜珈师地论略纂》卷第六(《大正藏》,43,95c)两次谈到波腻尼仙“造声明”。

这说明唐僧玄奘、慧立、彦悰、义净、窥基对班尼尼(随印度传说，称之为仙人)及其著作《班尼尼语法》的重视；也是我国对这位古代著名语法学家、世界上最古的一部完整语法书的最早介绍。

(二)介绍梵文语法

A.介绍梵语构词法　一提出“字界”“字缘”，二提出“六释”。

“字界”“字缘”多见：

唐代普光(曾在玄奘译场译经20年，645—664)《俱舍论记》卷第三说：

> 西方声明法，造字有字界、字缘。最胜自在是字界，光显是字缘。(《大正藏》,41,56a)

法宝(师事玄奘，后入义净译场)《俱舍论疏》卷第九说：

> 西方字法有字界、字缘，略如此方字有形有声，如一形上声助不同目种种法。如“水”形上若以“可”助，即目其“河”；若以“每”助，即目“海”也；若以“也”助，即目其“池”；若以“白”助，即目“泉”也；若以“甚”助，即目其“湛”；若以“主”助，即目其“注”。“水”之一形有种种义，由助字异。“注”“湛”不同，“河”“海”有异。“水”是湿义，由可助“水”故目“河”也；若以“可”为“木”助，即目其“柯”。梵字亦尔，钵刺

底是“至”义，翳底界是“行”义，由先翳底界“行”义助钵刺底“至”义，转变成“缘”。(《大正藏》,41,602c)

这是拿汉字的孳乳比喻梵语词的派生。

圆晖(普光弟子)《俱舍论颂疏论本》卷第五说：

西方声明，造字有字界、字缘。界是本义，以字缘助成种种义。(《大正藏》,41,852a)

字界、字缘是分析派生构词法术语。字界是梵语 dhātu 意译，又作语界、字元、字体，指动词词根。字缘是梵语 pratyaya 意译，又作语缘，指附于动词词根使变为名词、形容词之接尾部分。后字界泛指词根，字缘泛指词根之词缀、词尾等。

关于“六释”，普光《俱舍论记》卷第一说：

西方释名，多依六释。言六释者，一依主释，谓此依彼，或云依士，名异义同；二有财释，如人有财，亦名多财，如有多财，名异义同；三持业释，谓一法体双持两业，业谓业用，或云同依，两用同依一体，名异义同。四相违释，谓二法体彼此各别据，互不相属；五邻近释，体非是彼，近彼得名；六带数释，谓法带数，如言五蕴。(《大正藏》,41,10a)

唐代神清(？—820)撰、北宋慧宝注《北山录》卷第九说：

此方六书〔象形、指事、会意、形声、转注、假借也〕，定文字之所出，故穷大篆则于文字之不惑也；彼方六释，〔一持业、二依主分同依士、三相违、四带数分同依士、五邻近、六有财也〕，辩名题之因致。故穷世语、典语，则于名题有得矣。〔一切真俗世谛名题，皆以六释摄之，无不辨认宗旨者也。〕(《大正藏》,52,627c)

这是拿汉字六书与梵语六释作比较。所谓六释，梵语是 ṣaṭ-samāsāḥ 意译，指复合词的六种构造法。一曰依主释，又作属主释、依士释，梵文是 tat-puruṣa，指前后有格位关系，如"山寺"是山之寺，"王臣"是王之臣。二曰有财释，又作多财释，梵文是 bahu-Vrīhi，指作形容词使用的复合词，如"疲倦""喜笑的"。三曰持业释，又作同依释，梵文是 karma-dhāraya，前部分像状语或同位、表示比较等，如"很舒服""非常远""雪白"。四曰相违释，梵文是 dvaṃdva，是并列复合词，如"妻子""山川草木"。五曰邻近释，梵文是 avyayī-bhāva 为副词复合词，如"时刻""一生一世"。六曰带数释，梵文是 dvigu，前者为数词，如"三界""四方"。

梵语作为印欧语，构词法分派生与复合两种，佛典作了介绍；且与汉字单体、合体之象形、指示、形声、会意相比。构字法与构词法虽然不同，但在"孳乳"这一点上是相似的。

B. 介绍梵语名词变格　梵语名词有多种词形变化，除 8 个格位（所谓七例八转）外，又分阳性、中性、阴性以及单数、双数、多数，是现在所知道的世界上有复杂词形变化的最有代表性的语言。这一特点唐代僧人除"译本"中表现以外，于"撰述"中更多有说明。

玄奘译《瑜珈师地论》卷第二有：

七言论句，此即七例句：谓补卢沙此、补卢衫、补卢崽拏、补卢沙耶、补卢沙卻、补卢杀娑、补卢鍨。如是等。（《大正藏》，30，289C）

这是名词 puruṣa 7 个变格（详见下）。

法藏（643—712，我国华严宗第三祖，参与义净译场，曾给武后讲经）《华严经探玄记》卷第三说：

依西国法[1]，若欲寻读内外典籍，要解声论八转声法。若不明知必不能知文义分齐。一补卢沙此，是直指陈声，如“人斫树”指说其人。二补卢衫，是作业声，如“所作斫树”。三补卢崽拏，是能作具声，如“由斧斫”。四补卢沙耶，是所为声，如“为人斫”。五补卢沙卻，是所因声，如“因人造舍等”。六补卢杀娑，是所属声，如“奴属主”。七补卢鍨，是所依声，如“客依主”。《瑜伽》[2]第二名上七种为七例句，以是起解大例故。声论八转更加褉补卢沙，是呼召之声。然此八声有其三种：一男声、二女声、三非男女声。此上具约男声说之，以梵语名“丈夫”为补卢沙故。又此八声复各三，谓一声、二声身、三多声身，则为二十四声。如唤“丈夫”有二十四，女及非男女声亦各有二十四，总有七十二种声。（《大正藏》，35，149a. b）

这里将名词变格讲得相当详细，所谓“八转声”，指梵语名词

---

① 《华严经探玄记》中“西国法”义指“西国语法”。

② 《瑜伽》，指上玄奘译《瑜珈师地论》。

（包括代词、形容词）的八种格的变化。一直指陈声，指主格（nirdeśe），又名体格；二作业声，指宾格（upadeṣaṇe），又名业格；三作具声，指具（工具）格（kartṛkaṛane），又名作格；四所为声，指为格（sāmpradānike），又名与格；五所因声，是从格（apādāne），又名夺格；六所属声，是属格（svāmivacane），又名所有格；七所依声，是位格（saṃ nidhānārthe），又名于格。此七格称为"七例声"或"七例句"；再加呼格（āmantraṇe），共称"八转声"。所说补卢沙此、补卢衫、补卢崽拏、补卢沙耶、补卢沙哆、补卢沙娑、补卢铩、褉补卢沙，是梵文阳性名词puruṣa（丈夫、人）主格puruṣas、宾格puruṣam、具格puruṣena、为格puruṣāya、从格puruṣāt、属格purṣasya、位格puruṣe、呼格puruṣa八种变化的音译。所说"男声""女声""非男女声"是指阳性、阴性、中性；所说"一声""二声身""三多声身"，是指单数、双数、多数。阳性、阴性，中性名词各有八格和单数、双数、多数24种变化，故名词总共有72种词形变化。

《大慈恩寺三藏法师传》（卷第三）谈到几种语法书，其中讲梵语"苏漫多声二十四啭"；所谓苏漫多是名词格位变化 subanta 一词的音译。原文说：

> 苏漫多声二十四啭者，谓言有总八啭，于八啭中一一各三；谓说一说二说多，故开为二十四。于二十四中一一皆三，谓男声、女声、非男女声。言八啭者，一诠诸法体，二诠所作业，三诠作具及能作者，四诠所为事，五诠所因事，六诠所属事，七诠所依事，八诠呼召事。且以男声寄"丈夫"上作八啭者，"丈夫"印度语名布路沙。……（《大正藏》，50，239b）

此处的“八畲”名称跟《华严经探玄记》“八转声”名称不同，所指实一。此所谓“说一、说二、说多”即指单数、双数、多数。puruṣa（丈夫、人）前者译为补卢沙，此处译为布路沙。前者仅列出补卢沙八格的单数形式；此处列出布路沙八格的单数、双数、多数形式（例略），故云“二十四转”。

普光《俱舍论记》（卷第一末）中也有对名词变格的简略介绍：

> 言八转声者：一体，谓直诠法体；二业，谓所作事业；三具，谓作者作具；四为，谓所为也；五从，谓所从也；六属，谓所属也；七依，谓所依也；八呼，谓呼彼也。（《大正藏》，41，23a）

此外，唐代澄观（我国华严宗第四祖，738—839；一说寿七十余）《大方广佛华严经随疏演义抄》卷第五十（《大正藏》，36，395c，396a）和南宋法云《翻译名义集》卷第四（《大正藏》，54，1124b. c）也基本上照录了《华严经探玄记》关于“八转声”的讲述。这均说明僧人对梵语名词变格的重视。

C. 介绍梵语动词变位　梵语动词变化也相当复杂，中国僧人“撰述”也有介绍。

《大慈恩寺三藏法师传》（卷第三）讲梵语苏漫多声外，又讲到底彦多声十八转：

> 其底彦多声十八啭者，有两：一般罗飒迷，二阿答末埿。各有九啭，故合有十八。初九啭者，如泛论一事即一事有三。说他有三，自说有三。一一三中，说一、说二、说多，故有三也。两句皆然，但其声别、故二九耳。（《大正藏》，50，239a. b）

所谓底彦多声是动词变化 tiṅanta 的音译，又作丁岸哆；所谓般罗飒迷、阿答末涅是动词为他语态 parasmai、为自语态 ātmane 的音译，即所谓“他说”“自说”。梵语动词分为他语态 parasmai-pada（为他之词）、为自语态 ātmane-pada（为自之词）。一般地说“为他”是为别人而发的动作，“为自”是为自己而发的动作。两种语态均具有及物不及物的特征，均分单数、双数、多数（即“说一”“说二”“说多”），又各分第一、第二、第三人称。故有“二九”十八种变化，即所谓“底彦多声十八啭”。

义净《南海寄归内法传》卷第四（《西方学法》）谈到《驮睹章》（驮睹，dhātu 音译）书中讲名词七例声、动词二九韵外，又讲到了“十罗声”和“三世”。

> 《驮睹》者，则意明七例，晓十罗声，述二九之韵。……十罗声者，有十种罗字，显一声时，便明三世之异。二九韵者，明上中下尊卑彼此之别。言有十八不同，名丁岸哆声也。（《大正藏》，54，228C）

所谓“十罗声”，指梵语动词以“罗（L）”字音起头的表示梵语动词时态和语态变化的十种形式；所谓“三世”是过去、现在、将来三个时态。所谓“显一声时，便明三世之异”，是说一个“罗（L）”字音可以表明“三世”区别。这十种语态分两大类：（一）直陈式，即直接叙述之语态，又分六种：a. laṭ，表示现在式；b. laṅ，表示第一种过去式；c. liṭ，表示第二种过去式；d. luṅ，表示第三种过去式；e. liṭ，表示第一种未来式；f. luṭ，表示第二种未来式。（二）虚拟式，即表示愿望、命令等之语态，又分四种：a. vidhi-liṅ，表示现在式愿望;b. āśīr-lin,表示过去式愿望;c. loṭ,表示现在式命令;d. liṅ,表示过去式条件。

以上从三个方面谈了佛典对梵文语法的介绍,跟我国现在已出版的梵文语法著作相较,明显的有两个特点:一是相当简略,因为汉僧不是写梵文语法教科书,而是在解经或介绍印度文化情况时零星的讲述;二是具体而微,大致表现出梵文的特点,说明其构词、构形的复杂,特别是讲明梵语名词有 72 种变化。

前面讲佛典对梵语构词法、名词变格、动词变位的具体介绍,可看出汉僧对梵文语法的重视;此外,从汉僧对玄奘的介绍也可看出这一点。唐代智升《开元释散录》(卷第八)讲"沙门释玄奘"说:

> 奘周游五印,遍师明匠,至于五明四含之典,三藏十二之签,七例八转之音,三声六释之句,皆尽其微毕究其妙。(《大正藏》,55,558a)

唐代圆照《贞元新定释教目录》(卷第十一)、宋代法云《翻译名义集》(卷第一)谈玄奘时都照录了这一段话(见《大正藏》55,858a;54,1071b)。

"五明"是古代印度学术分类,(一)声明、(二)工巧明(工艺、算历之学等)、(三)医方明(医药学、方术学等)、(四)因明(论理学)、(五)内明(思索五乘因果妙理之学);"四含"是汉语四部阿含经典(杂、中、长、增一阿含经);"三藏"是印度佛典之总称(分经藏、律藏、论藏);"十二"是"十二因缘"简称,指阿含经所说佛教之基本教义。而"七例八转""三声六释"属于语法问题,跟佛家经典并列。这固然是说明玄奘知识之渊博精深,但也表现出中国僧人对梵文语法的重视。道理很明显,不精通梵文语法,就不能精通梵语;不精通梵语,就不能译经、入佛。

(三)从语法、句法分析解经

汉文佛典"中国撰述"是汉僧解经著作。汉僧懂得梵文语法,这也标志他们语法观树立,因而解经也能从语法、句法角度分析。最典型的是法藏《华严经探玄记》,这是解释东晋佛驮跋陀罗(北印度人 Buddhabhadra 音译,"驮"又译作"陀",359—429)译《大方广佛华严经》的;解释方式是按节、按段、逐句(基本上)解说,大致相当我们说的"串讲"。原"经"分"(一)世间净眼品,……(三四)人法界品"三十四节,《探玄记》也分这么多节,且题目完全相同。其中有:

> 今寻此文,及准《兜沙经》,此乃是所化众生、非是能化之佛,以此长句是西国语法,应云"教化一切种种身"等乃至"不同之众生"为一句,"所见亦异"别为一句,义即可解。(《大正藏》,35,170b)

这是解说《华严经、如来名号品》下面一段文字的:

> 十万诸佛说法,知彼心行随化众生与虚空法界等,何以故?此娑婆世界中,诸四天下教化一切种种身、种种名,处所形色长短寿命,诸得、诸根、生处、业报,如是种种不同,众生所见亦异。(《大正藏》,九,419a)

《探玄记》是说,原"经"译文断句有误,据西方语法,"众生"

当跟上"不同"相接,下"所见亦异"独立作一句。再如:

> 三"知一切"下十一句,明世界自在知,于中初二明真谛智:一了妄空;二深入等证真性;三量知普入,谓不改真而入俗,故云"不坏智"也;四入已回转现身自在;五同时示现多处受生;六知方圆等形类差别;七八二句明广狭自在智,亦是知微细世界智;九得佛持刹智,身能住于佛住,即器世间身也;十净惠照十方;十一自在普周遍。结文可知如来神力是集众所因。此文应在前,但为顺西方语法故,在此后辨。(《大正藏》,35,445c)

这是解说《华严经·入法界品》下面一段文字的:

> 知一切有悉无所有,深入一切法界智海,以不坏智入一切世界。……此诸菩萨皆悉成就如是等无量功德,满祇洹林,皆是如来威神力故。(《大正藏》,九,679中)

这是说为了顺西方语法,将原文从前移后。

法宝《俱舍论疏》(卷第五)也有从语法解经的谈述:

> 《正理》婆沙说:"名、句、文各有三种:一名、二名身、三多名身。句、文亦尔。"……以西方语法,说二名身,合集义故,说三以上,皆名多故。(《大正藏》,41,554b)

这是解说玄奘译《阿毗达摩顺正理论》(简称《正理论》)中

“辨差别品六”下面一段文字的：

> 婆娑[①]说：名、句、文各有三种，名三种者，谓名、名身、多名身，句、文亦尔。(《大正藏》,29,415b)

《正理论》提出“名”“名身”“多名身”，《俱舍论疏》是解释何以有此区别的。它说据“西方语法”，说“名身”，是有“合集义”之故，说“多名身”，皆是“名多”之故。这里关键是“身”字的含义。“身”是汉僧对梵语 kāya(音译迦耶)的称说，kāya 是附加于词的语尾，有“合集、多”之义。《俱舍论疏》是说梵语所以有名、名身、多名身的区别，是“西方语法”有 kāya 之故。

以上可看出汉僧是明确的从梵文语法解释经文的；当然这是由于他们精通梵语、语法观明确树立的结果。

隋僧慧远《大乘义章》(卷第一)谈到解说经义与“句法相应”，即从句法分析：

> 摄字表法，说以为名；拘挛名字，共相属著，以成文颂。说之为句，直说音声，表法便足，何用字等？若直音声，不与字法和合相应，不成言语，与风铃等音声无别；要与字合方成言语。虽与字合得成言语，若当不与名法相应，不得以此表呼前法。良以与彼名法相应，故曰表法。虽得表法，若当不与句法相

---

① 毗婆沙，梵语Vibhāṣā(注解书)音译，简称婆沙，收入《大正藏》题为毗婆沙论的有多种，如姚秦鸠摩罗什译《十住毗婆沙论》、苻秦伽跋澄译《鞞婆沙论》，此为玄奘译《阿毗达磨大毗沙论》，在27卷。

应，名字分散，不成文颂。良以与彼句法相应故，摄字等得成文颂偈句差别。（《大正藏》，44，468b）

《大乘义章》为一部佛教类书，是诠显大乘深义的。此段文字中出现"字法""名法""表法""句法"术语。"字法"之"字"指词，即成词之法，是说词成为词，必须有义；不然仅是一个声音而已，跟风声、铃声无别。名法指名诠自性，即所谓"名体不二"；名是能诠者，能诠显表明体，体是所诠义，即事物之本体，名、体不能两离。字（词）有义才能成名，成名才能诠义。表法指表义名言，即表诠义理名称、言词、文句。佛教讲"名诠自性、句诠差别"；所谓"句"，即指表法之句。而表法得以实现，必须与"句法"相应，也即要合乎"句法"。这里的句法是指造句之法、句子的语法构造之法，义即 syntax。

当然，梵语的句法跟汉语的句法大不一样，它不是指主语、谓语等句法成分及其结构关系，主要是指句中的词在性、数、格、人称、时态方面的一致（agreement）。《大乘义章》指出了句法在诠解经义中的重要，诠解经义必须重视句法。

《大乘义章》是隋代中国"撰述"，而东晋佛经"译本"即多见"句法"名称。佛陀跋陀罗（359—429）、法显（我国最早的著名西行求法僧）译《摩诃僧祇律》卷十三有：

佛告诸比丘[①]……若比丘教未受具戒[②]人说句法，波夜

① 比丘（梵名bhikṣu音译），指出家受过具足戒之男僧。

② 具戒，具足戒之简称，指比丘、比丘尼所应受持之戒律；出家男女年满二十岁，受具戒之后，才能取得比丘、比丘尼资格。

提。(《大正藏》22,336c)

佛陀跋陀罗译《摩诃僧祇律大比丘戒本》有:

若比丘教不受具戒人说句法,波夜提。(同上,552a)

法显、觉贤(佛陀跋陀罗意译)译《摩诃僧祇比丘尼戒本》有:

若比丘尼[1]教未受具戒人说句法,波夜提。(同上,559c)

姚秦佛陀耶舍、竺佛念等译《四分律》卷第十一有:

句法者佛所说,……若比丘与未受戒人共诵,一说、二说、三说,若口授,若书授,若了了,波逸提。(同上,639a)

这些"译本"中的"句法"是指佛家戒律句之法规、法义,非同于《大乘义章》之"句法"(syntax);不过可说明"句法"一词在佛典中早出现而多见。

三　汉文佛典对中国古代语法学发展的影响

笔者曾以唐代孔颖达、贾公彦、徐彦"正义""义疏"和宋金王若虚《滹南遗老集》中的语法分析为据,撰文说明中国古代语法学

① 比丘尼(梵名bhikṣuni音译),指出家受过具足戒之女尼。

在唐宋时的“重大发展”①。笔者文章谈这一“重大发展”只是从继承汉魏晋人的语法分析来看，当然这是成立的；但现在看来忽略了另一方面，即佛典中的梵文语法介绍、从语法和句法分析解经对唐宋时期中国语法学发展的影响。从上壹、贰两部分的讲述和唐宋时期及以后的中国语法学来看，这种影响是相当明显的；也可以说，如果没有唐以前的佛典，也就没有中国语法学在这一时期的“重大发展”。下面分项来谈。

首先要说明两点：

一是唐代逐章、逐句解释儒家经典的“正义”“义疏”体裁，固然是前代传、笺、注书的继承，但也是佛家解经“注”“疏”“义疏”“义记”体裁的直接借鉴。《梁书·武帝纪下》记载，“（高祖）笃信正法，尤长释典，制《涅槃》《大品》《净名》《三慧》诸经义记，复数百卷”。吕澂《新编汉文大藏经目录》“撰述”部分“章疏”共列 200 部，唐以前就有 29 部之多，如姚秦僧肇《注维摩诘经》、姚秦鸠摩罗什《大乘大义章》、隋慧远《无量寿经义疏》《涅槃经义记》、隋智顗《金刚经疏》等。

二是生活在佛教传播“鼎盛时期”的隋、唐、宋时代②，孔颖达、王若虚等学者对佛学、佛家经典不可能无所了解。如新旧《唐书》《孔颖达传》均记载，孔颖达任太子“侍讲”，而唐太宗于贞观元年“召沙门玄琬为皇太子诸王授‘菩萨戒’”③。再如《金史·王若虚

① 《中国古代语法学在唐代的发展（简述）——孔颖达、贾公彦、徐彦“正义”“义疏”中的语法分析》，《中国语言学报》，1995 年第 6 期；《孔颖达的语辞说》，《山东师大学报》，1995 年第 1 期；《王若虚〈滹南遗老集〉中的语法分析——兼谈中国古代语法学在宋金时代的重大发展》，《古汉语研究》，1995 年第 2、3 期。

② 南怀瑾，《中国佛教发展史略》，复旦大学出版社，1996 年。

③ 见《玄奘与〈大唐西域记〉》第 42 页。

传》记载，王若虚曾“奉使夏国”①，特别是晚年东游泰山，对同游说：“汩没尘中一生，不意晚年乃造仙府，诚得终老此山，志愿毕矣。”言罢，“垂足坐大石上，瞑目而逝，年七十”。这简直如同僧人圆寂而去。

还要说明的是唐宋以前汉魏晋时代的语法学、唐宋以后清代的语法学笔者已有系列文章谈述②，这里就不重说；本文只是从受佛典直接影响、促进的角度谈述几点：

（一）引进“语法”术语、概念，树立明确的语法观

这一点从本文开首“引言”谈的孔颖达的《左传》“疏”（“语法，两人交互乃得称‘相’”）以及《滹南遗老集》有的六处“语法”用例（如说“故凡解经，其论虽高，而于文势、语法不顺者，亦不可从”）可以证明。这些“语法”不应理解为“文理、语脉”“语辞用法”之义，而是当看作是梵文vyākaraṇa概念的引进，义即指语言的语法构造（相当 grammar）。特别要指出的是，佛典从汉、梵语法比较解经（见前贰之三），孔颖达、王若虚亦从语法解经，这不能看为是偶然的巧合，当看作是有意的学习、借鉴。这种学习、借鉴也标志了二人语法观的树立；“五经正义”、《滹南遗老集》中的语法分析，就是二人语法观明确树立的成果（当然也还由于对前代语法学的继承）。③

---

① 夏国，指西夏，居民多藏族，信佛，且与印度往来密切。

② 清代语法学见笔者如下文章：《清人的文法观》，《烟台师院学报》1996 年第 2 期；《清人关于句法结构规则的分析》，《山东师大学报》1997 年第 1 期；《清人关于语义选择规划的分析》，《古汉语研究》1997 年第 1 期；《王念孙的句式类比分析法》，《古汉语研究》1994 年第 3 期；《从王念孙的“文同一例”到俞樾的“文法一律”》，《山东师大学报》1996 年第 1 期。

③ 参看笔者《从“语法”“句法”术语的使用谈宋金人语法观的树立——兼谈中国古代语法学的一个重大发展》，《徐州师范大学学报》2005 年第 1 期。

（二）借用“句法”名称说明汉语语法，促进汉语句法分析

从现有中土文献看，“句法”名称始见于宋人诗论、文论等著作，宋代学者广泛用“句法”术语分析汉语句式，这盖是佛典中“句法”的引用。[①] 佛教传播，佛经翻译、解说，到宋代已有千年之久，不少学者“亦儒亦佛”。至于王若虚《滹南遗老集》中“句法”8 见，清人更是多用“句法”（如王念孙《读书杂志》“句法”75 见），全面的分析汉语句法结构，这似当看为佛典“句法”使用的发展。

（三）借鉴梵文词法，促进汉语词法分析

这一点突出表现在孔颖达的词类分析上。梵文词法与汉语词法大不相同。但是梵文词类的明确划分及动词及物不及物等特点对孔颖达的词法观有直接影响。如他清楚的划分出语辞（虚词）、名称（实词）两大类，名称中又分出事物名（名词）、行为名（动词）、性状名（形容词）、数量名（数词、量词）；也分出了动词的及物不及物，指出“求”“取”是“自此求彼”“自此取彼”之辞。[②]

以上仅从孔颖达、王若虚的语法分析谈汉文佛典对中国古代语法学发展的影响；至于其他方面的更大、更多的影响，待另文再论。

四 结 束 语

一、周一良（1963）说：“马眉叔学了拉丁语，才有《马氏文通》。他的方法对不对是另一回事，假如六朝隋唐的高僧像他一样，应用

---

① 见笔者《中国古代语法学探究》（2002 年第 1 版，2005 年增订本），商务印书馆。

② 同上。

梵文文法的规则编几部当时的文法，岂非真是‘嘉惠后学’？”这一看法当然成立。我国古代高僧虽没编出梵文语法书，更没借鉴梵文语法编出汉语语法书，但他们毕竟介绍了梵文语法（当然不够系统、完整），令当时的佛教界以及整个中国学术界知道在没有词形变化的汉语外，还有这样一种词形变化非常丰富的语言；而且这种介绍当是我国古代语法学的一项重大成果，同时也促进了我国古代汉语语法学的发展。这也算是“功不可没”。

二、胡适《国语文法概论》（见《胡适文存》卷三）谈到中国文法学发生迟晚的原因第三说：“中国语言文字孤立几千年，不曾有和他种高等语言文字相比较的机会。只有梵文与中文接触最早，但梵文文法太难，与中文文法相去太远，故不成为比较的材料。其余与中文接触的语言，没有一种不是受中国人的轻视的，故不能发生比较的效果。没有比较，故中国人从来不曾发生文法学的观念。”此说明显不当，这里不谈汉语是否“孤立”发展几千年，也不谈各民族语言有无“高等”“低等”之分，仅谈一点。胡适承认汉语与梵文接触，但不承认发生“比较”。汉僧翻译大量佛典，不比较如何翻译？汉僧指出梵文书写右行，佉卢文书写左行，汉字书写下行；又拿汉字孳乳比喻梵语词的派生。这不能不承认也是一种比较。至于说中国古人是否有文法学观念，汉以前别论，汉末东晋以下，多位名僧精通梵文，难道无文法学观念？唐宋至清学者们做出了丰富的语法分析，也不能说无文法学观念。①

三、季羡林（1988）说：“不研究佛教对中国文化的影响，就无法写出真正的中国文化史、中国哲学史甚至中国历史。”“再细分

① 见笔者前书。

起来，更无法写中国绘画史、中国语言史、中国建筑史、中国音乐史、中国舞蹈史，等等。”现在音韵学家均认定，中国音韵学的发展，与佛典翻译密切相关。如唐末守温的三十字母和宋人修订的三十六字母，跟梵文字母有历史渊源；再如反切法的产生，也是受梵文拼音方法的启发与影响[①]。笔者是想说明中国古代语法学与佛教文化的关系，以便写出“真正的”中国古代语法学史；[②]从而说明中国学者借鉴印欧语语法分析汉语，不是开始于近代的《马氏文通》。

参考文献

丁福保　1974　《中国佛学人名辞典》，台湾方舟出版社。

———　1984　《佛学大辞典》，文物出版社。

———　1989　《佛光大辞典》，台湾佛光山出版社。

季羡林等　1985　《大唐西域记校注》，中华书局。

季羡林　1988　我和佛教研究，《佛教与中国文化》，中华书局。

罗世方　1990　《梵语课本》，商务印书馆。

吕　澂　1980　《新编汉文大藏经目录》，齐鲁书社。

（唐）义净原著　《南海寄归内法传校注》，王邦维校注，中华书局，1995 年。

周一良　1963　中国的梵文研究，《魏晋南北朝史论集》，中华书局。

〔德〕A. F. 斯坦茨勒著　1996　《梵文基础课本》，季羡林译，段晴、钱文忠续补，北京大学出版社。

（原载《古汉语研究》1999 年第 4 期、2000 年第 1 期；2007 年作者校补）

（孙良明：山东师范大学古籍整理研究所）

① 见唐作藩《音韵学教程》，北京大学出版社，1991。

② 见笔者前书。

佛经翻译中的仿译及其对汉语词汇的影响

朱庆之

按照传统的说法，译经的历史可以分为风格迥然有别的三个阶段："古译""旧译"和"新译"。每个阶段在翻译方法上有很大的不同，总的趋势是朝着"信达雅"的目标前进着。不过不管怎么说，有一种方法一直在大量运用、贯穿译经始终，这就是仿译。

仿译(calque)是一种保留源头语内部形式不变，采用目的语的材料逐词或逐词素地意译源头语词语的各单个组成部分的翻译方法，它的结果又叫借译(loan translation)①。

---

① 马西尼(1997:153—184)对包括仿译词在内的翻译外语词时产生的各种类型的外来词——"借词和新词"做了分类和讨论。他说："汉语还根据外语单词的意义或构词结构，吸收了一些借词。我们所说的意译词(semantic loan)是指这样一种词：它们原来是传统词汇中固有的词，但后来从某些外语词中吸收了新的意义。我们所说的仿译词(syntactic loan 或 loan-translation)是指：根据外语词语的语素或句法结构而创造的汉语词语。仿译词和原词的结构，在某种程度上是相互对应的。""对于仿译词的意译词，我们很难看出它们的外语原词的痕迹。在音译词和混合词中，外语原词提供意义并充当语音模式。在仿译词和意译词中，外语原词的意义和语素结构是它们的模式。""意译词和仿译词的差别是：在意译词中，外语原词给汉语业已存在的某个词增添了一种在当时还不为人们所知的新义。对于仿译词语，要分两种情况：在仿译单词中，原语中的单词提供了意义和词法结构；在仿译短语中，原语中的短语提供了意义和句法结构。这两类词关系十分密切。仿译词常常是根据外语单词的词法结构为这种新的复

汉译佛经语言在词和非词的各个层面上都有大量的仿译，在非词层面上最著名的例子也许是“如是我闻”<S. evaṃ mayā śrutam/evaṃ mayā śrutādibhyaḥ（直译：Like this was heard by me，我，具格；听，过去分词）[1]，这里着重要讨论的是在词的层面上的仿译。先举一个例子来说明仿译的普遍性。在汉译佛典中，我们常可以看到“随～”的说法，大多数都是带着前缀 anu-的梵语词之仿译。anu-放在动词名词前，可以表示“之后”“旁边”“沿着”“附近”“之下”“伴随”等等意思，如[2]：

随入，随行<S. anu-ga，跟随（going after，following），其中 ga 是“走”的意思；

随顺，随逐<S. anu-gamin，跟随，伴随者（following，a companion），其中 gamin 是“走”的意思；

随转，随变，随行，随顺<S. anu-parivartin，随后移动，跟随（moving after or following），其中 parivartin 是“行动”的意思；

随喜<S. anu-modanā，高兴，满足（gratification），佛教七种礼敬法之一（one of seven forms of worship），指为他人的善行而感到高兴，其中 modanā 是高兴的意思。

合词提供素材。意译词所采用的词通常是本族词，这些所采用的本族词的原意可能在某一方面与刚获得的新义有些联系。”据捷克学者 Novotna 的研究，现代汉语词汇有喜欢吸收仿译词，不大喜欢意译词的明显倾向（马西尼 1997：171）。

① 这是大部分佛经的开场白，表示以下的内容是听来而不是编造的。

② 除非专门说明，本文的所有梵汉对译的例子都取自获原云来《汉译对照梵和大辞典》，梵语释义根据 M. Monier-Williams 的《梵英词典》和爱哲顿的《佛教混合梵语语法及词典》。

以上复合词中的anu-有比较具体的意思，译成“随”还是有道理的；但是anu-在很多场合并没有具体的意义，只起扩充音节的作用，在汉译时也译成了“随”①。如：

随判，随晓，随了悟，随了知<S. anu-gantavya，寻求、发现；
随摄<S. anu-graha，收取，保持；
随行<S. anu-cara，侍者，旅伴；
随生<S. anu-jāta，后来者，年轻人；
随法<S. anu-dharma，大法，正确的方法，真实的方法；
随贪<S. anu-naya，爱，佛教指爱欲；
随成熟<S. anu-pācanā，烹制；
随次第<S. anu-pūrva，正常次序，次第；
随与<S. anu-pradanata，给，送；
随得<S. anu-prāpta，得到，达到；
随缚<S. anu-bandha，捆绑；
随长养<S. anu-bṛṃhaṇa，使更强，使增长；
随觉<S. anu-bodha，理解，明白；
随量<S. anu-māna，量度，推断，猜测；
随勤<S. anu-yukta，奉献，勤力于；
随护<S. anu-ra kṣaṇā，保护，守卫。

在很多时候，复合词的意义跟构词成分的意义相去甚远，这种

① 根据爱哲顿（1953），anu-在佛教梵语（Buddhist Hybrid Sanskrit）中经常看不出有什么确定的意义（Very often it is hard to see any definite meaning which anu adds）。

情形并不适于仿译,因为可能会使读者不知所云,但译者仍然用了仿译的方式。如:anu-śaya,指坏习性、癖性(proclivity),佛教把贪、瞋、慢、无明、见、疑等叫作 anu-śaya,在字面上,śaya是睡觉的意思,仿译成“随眠”[①]。

照理说,仿译应当仅仅用在汉语中没有对应的词语的场合——或是汉语根本没有,或是译者的言语系统中没有,但下面这个例子说明在佛经翻译时仿译的使用范围要大得多。

在好几部律藏经典中有“本二”的说法,例如:

> 东晋佛陀跋陀罗共法显译《摩诃僧祇律》10:“时尊者优陀夷是善生比丘尼本二。”(22/310a)又30:“时有摩诃罗端正,舍妇出家。其妇逐来,在房外纺绩。摩诃罗语言:‘汝去,我出家人不须汝。’……数数语,犹故不去。即持衣钵弃舍而去。有女人见已语言:‘汝本二已去。’……”(22/469a)姚秦佛陀耶舍共竺佛念译《四分律》32:“时耶输伽父……语耶输伽母及其本二言:……”(22/790a)

根据上下文,“本二”应是指过去的丈夫。又有“故二”的说法,例如:

---

① 金克木在《谈谈汉译佛教文献》一文中讲到译名的复杂时曾举过一个“天爱”的例子:“……最难人的是有的印度习惯语也硬搬过来。在玄奘译的一部‘论’中(忘记是否《成唯识论》了),忽然冒出一句‘天爱宁知……’,真是天知道!佛教称一般的神为‘天’,即天神。‘天神所喜爱的’本是阿育王的头衔,后来却成了一个习惯语,即傻瓜。这句话是作者与对方辩论时动了肝火,说‘你这个傻瓜怎么能知道……’。玄奘当年用古汉语照字直译出来就有点神秘莫测了。”这个“天爱”就是梵语的 devānām-priya 的仿译,在《中阿含经》38“鹦鹉经”中已有用例。

《摩诃僧祇律》9:"因彼发不喜心,故二俱不与。"(22/304c)《四分律》1:"我甚乐梵行,近在屏处犯恶行,与故二行不净,故愁耳。"(22/570b)

"故二"指过去的妻子。甚至还有"本第二"的说法,例如:

后秦弗若多罗译《五分律》23:"是时有一比丘,本不要,若父母遣使,若兄弟若姊妹若儿女若本第二,是中不获已强去。"(23/172c)又24:"有比丘夏安居,若父母来,兄弟姊妹儿女本第二来。"(23/177a)

也指过去的妻子。

这些说法都不是汉语固有的,而是仿译梵语复合词purāṇa-dvitīya(阳性)/-yā(阴性)造出来的:purāṇa,过去的,旧的,本来的;dvitīyā,第二,第二次,伴侣,追随者,朋友或敌人。即使译者在汉语里没有找到现成的"故夫""故妻"这样的说法,也可以用意译的方法去翻译,可是译者偏偏要仿造出"本二""故二"和"本第二"这样奇怪的说法。像这样的例子并不是少数。śilā-putraka是"磨"或"砺石"(grindstone)的意思,但在玄奘翻译的《阿毗达磨俱舍论本颂》中却被仿译成"石子"。

可以肯定地说,绝大多数的仿译都属于新造词,当时的人们会感到陌生。为什么佛经翻译要大量使用仿译?其原因大致有三个,其中两个在前面已经提到过了:一是汉语中没有现成的对应说法;二是翻译者的汉语词汇量有限。马西尼(1997:171)在评论捷克学者Novotna讨论的"现代汉语词汇喜欢吸收仿译词,不大喜欢吸收意译词”的现象时说：“意译词的使用是以古词知识为基础的。20世纪，只有极少数几个学者，才熟悉古籍中哪些词适于表示外来新义。”换言之，仿译词的大量产生与译者的古词知识成反比。在佛经翻译时代，译者主要是来自西域的外国人，大部分人不要说古词知识了，就是对当时的汉语口语也未必熟练，所以仿译的大量使用更是必然的了。第三个原因，我们认为可能与译者的宗教情绪有关。译者企图尽可能准确地将佛教的圣典译成汉语，从形式到内容都要尽可能地保持原典的模样，尽管这是根本不可能也不科学的①。

过去我们对仿译的结果的认识仅仅停留在一个个孤立的新造词上，最应注意，却又完全忽略的是，仿译不但将词义借了进来，而且将构成这个词义的独特的内部形式也借了进来，使汉语许多作为构词成分的“词”的搭配关系、语义指向等等语义和语法特点可能发生了变化。下面我们将就仿译对汉语词汇深层次的影响做一些初步的讨论。

由于词语的内部形式具有民族性，不同语言具有同样语义的词语常常有着不同的内部形式；反之，相同内部形式的词语也可能表达不同的语义。所以，毫无疑问，仿译一般会给目的语带来大量的新词语。当然，如果某个仿译词的内部形式和语义与目的语已有的词语恰好相同的话，也会有例外出现。

不过，仿译对于目的语的意义并不止此。正是由于词语的内部形式具有民族性，可以在一定程度上反映出某一民族不同的观

---

① 汉译佛经在形式上对原典的刻意模仿最为显著的例子是散文和诗体文的交叉，以及诗体文的提行书写。参看朱庆之(1992a,1997b)。

察客观世界的角度和思维方式,反映出某一民族语言的不同的语义结构和语法结构,因此,如果源头语的这种民族性被仿译搬进了目的语,那么,仿译为目的语带来的就不仅仅是一个个的仿译词语了,还有新的内部形式,包括新的语义结构和语法结构。我们不妨先随手举几个现代汉语的例子。英语的 make-hair 指为了美观而用人工的方法将头发加工成一定的样式,是一个集合的说法。汉语过去只有具体的说法,比如编辫子、烫头发等等,因此 make-hair 被仿译成“做头发”,成为一个新词。可是在此之前,“做头发”的说法就好像是“做指甲(如果你的意思是想说修剪指甲)”一样令人不知所云,或者被勉强理解成用某种原料做出人造的头发或指甲(但这种用法通常也在句子中才合理,如“我为这个木偶做了一绺头发”)——因为汉语的“做”在语义上不能与“头发”“指甲”直接搭配。可是对 make-hair 的仿译就改变了“做”的这一语义特点,而且极有可能会从“做头发”仿造出“做指甲”,尽管汉语已经有了“修指甲”的说法,使“做”的语义搭配范围进一步扩大。仿译还可以导致词义的改变。如“开火”,汉语原来的意思是“办伙食”“供应伙食”,可能是从“开(生)火做饭”而来。自从英语的 open-fire 仿译成“开火”后,不但这个原有的词变为两个意义不同的词,而且“火”有了“火器”的意思。

在佛经翻译过程中,由于仿译的大量运用,上述情形同样在大量出现。下面举一些例子讨论一下。

1. **“过去”“现在”“未来”**

王力在《汉语史稿》中已经正确地指出这三个词都来自佛教。不过他并没有说明这三个词是从梵语词仿译得来的:“过去”< atīta,是复合动词原形 ati-√i 的过去分词,词根√i 是“去”的意

思，前缀 ati-是“超过”的意思，合起来的字面意义就是“过去”；“现在”<pratyutpanna，是复合动词 prati-ut-√pad 的过去分词，ut-pad 是“出现”的意思，prati 也有“在、出现”的意思，合起来正是“现在”；“未来”<anāgata，是否定复合动词 an-āgam 的过去分词，√gam 是“去”，ā-gam 是“来”，再加否定前缀 an-，在字面上就是“未来”。这里首先需要注意的三个梵语词的内部形式，原本都是表示空间范畴的动词，转而成为表示时间范畴的名词。其中的时空观念的转换在哲学上的意义是不可小看的。其次，值得注意的是“未来”的内部结构。

2.“未来”“无上”及其他

张永言（1982：113）说：“汉语没有像印欧语那样的否定前缀，而只有否定副词和否定性动词。由这类否定词和另一个词构成的语言单位一般只能看作词组，如：小心～不小心、有出息～没出息。这就是说，这里用来表达对立概念的是句法手段而不是构词手段。”如果上述意见基本上是正确的话，“未来”一词的出现就值得关注了。上面已经证明“未来”是仿译的结果，而且按照通常的标准，它肯定是一个词而不是词组。在汉译佛经中，类似的“词”有无数个，它们大都是梵语词根加否定前缀类的复合词的仿译。例如：

非耕<a-kṛṣṭa（荒野）；不忍<a-kṣānti（嫉妒）；非国土<a-kṣetra（荒地）；非取<a-graha（舍弃）；未久<a-cira（瞬间）；无舌<a-jihvaka（哑）；无明，无知<a-jāna（痴，愚）；不与取<adattādāna（偷盗）；不少，不小<a-dabhra（多）[1]；非家<an-

① 东汉安世高译《道地经》：“如是中时，灭识即时生五阴不少。”（No. 607，233b）支谶译《道行般若经》8：“弊魔大欢欣言：今泥犁禽兽薜荔堕者不少。”（8/464b） agārikā(出家);无量,无数,无穷<an-anta;无价<an-arghya(贵重);非静<an-avaḳṛṣta(闹);无相<a-nimitta(凶兆);无上<an-uttama(最高)。

这里需要注意的是,梵语的 a-或 an-在意义和功能上是一样的,作为前缀,表达否定的(negative),或缺少的(privative),或对立的(contrary)意思;古代汉语的"不""非""未""无"之间的意义和功能不完全相同,与梵语 a-和 an-比较就更不一样。在这种情形下,用汉语的"不""非""未""无"模仿翻译佛经中的 a-和 an-,矛盾和冲突显然是存在的:第一,梵语许多从反面表达的词汉语是从正面表达的,如"荒野""哑"现在要说成"非耕""无舌",因此大部分的借译看来没有被汉语真正吸收进来,但也有一部分保留了下来,如不久,不少,无价等。它们丰富了汉语的表达方式是毫无问题的,对思维方式有什么影响值得进一步研究;第二,仿译时对译 a-和 an-的"不""非""未""无"的语义和用法与它们原先的语义和用法是很不同的,这种不同要么会导致"不""非""未""无"等用法和语义的改变,比如它们的语法地位从句法降到词法,要么使仿译词的语义发生扭曲,比如"非家"<an-agārikā,指出家人的那种无家,"非家"如果按一般的理解应是"不是家"之意,与原义相去甚远。《现代汉语词典》"不"字下收词条 320 个,"非"字下收 27 个,"无"字下收 204 个,这当中一半以上是词组或熟语,但其中也有不少是词,不知与古代佛教语言的影响有没有关系①。

与此相关联的是,佛教汉语词汇在搭配关系上往往与同期的

① 胡敕瑞(1999:27,62)在两处提到这种"否定的说法",可参看。

中土文献不同，胡敕瑞(1999)也注意到了这一现象。比如：

人病瘦有四因缘。（东汉·安世高译《阿含口解十二因缘经》，25/55a）

如令病瘦无复有大畏，如令后世无有诸恶对。（东汉竺大力共康孟详译《修行本起经》下，3/468c）

复有异恒边沙佛刹人，都共供养是辈菩萨摩诃萨震越衣被、饮食床卧具、病瘦医药。（东汉支谶译《道行般若经》3，8/440a）

汉语的“瘦”，本来的意义是“肌肉不丰满”，与“肥”相对[①]，与“病”有本质的区别。因此在有佛经以前，汉语只有“疾病”的组合，而无“病瘦”的组合。但是梵文当中，与“瘦”本义相同、并时常被译成“瘦”的kṛsa，除了有“肌肉不丰满”或“细小”的意思外，还有虚弱的，衰弱的，病弱的意思，表明印度人是以“瘦”为“病”的。译者在使用汉语“瘦”一词的时候可能认为也应当有与梵语相同的病弱的意思，所以将“瘦”作为“病”的同义词来看待。在佛经中，“瘦”还经常与“羸”组合成“羸瘦”作为在世俗文献中常见的“羸弱”的同义词。大概是同样的原因，“瘦”也被用来翻译梵语的jīrṇā（老弱）和durbala（虚弱，病弱）。有些情况可能是洋泾浜汉语的现象，如：

或时自见家中门弊坏车来到多载油花香，亦见昆弟近自身严，先祖人现粗恐颜色。（东汉·安世高译《道地经》，15/231b）

---

① 《说文解字》：“瘦，臞也。”《汉语大词典》和《汉语大字典》“瘦”条都未列有“疾病”的义项，但在现代人的感觉中，瘦有时是一种病态。

设菩萨无所出生者，菩萨如用等故谦苦行菩萨道？设用十方天下人故，何能忍是谦苦？（东汉·支谶译《道行般若经》1，8/428b）

其中的"粗恐"和"谦苦"组合都是中土文献罕见的。

3. **重叠式**

在翻译佛典里有不少的语义重叠式复合词。胡敕瑞（1999：34—35）将东汉佛典与《论衡》中的语义重叠式词语作了一个比较。从数量上说，前者有33个，后者只有2个，作者认为"这是佛典与《论衡》词汇明显不同的一点"。从词性上说，《论衡》只有形容词，佛典以名词最多，如"日日""心心""家家""国国""在在"，还有形容词如"了了""空空"，代词如"尔尔""各各"，副词如"忽忽""数数"，数词如"亿亿"，等等。拿这一情况跟上古汉语比较，可以发现《论衡》与上古一脉相承，因为词的重叠现象在《诗经》时代虽然已经常见，如"采采芣苡"中的"采采"、"有客宿宿，有客信信"中的"宿宿""信信"，大多是作为修辞手段的语音重叠，语义重叠很少。胡敕瑞发现："佛典众多语义重叠所包含的意思倒是与现代汉语重叠式有很多相同之处，譬如佛典中由重叠构成的量词和有些名词含有'每'的意思，表示周遍性，……由重叠构成的形容词和副词含有'量'的概念。"而据杨伯峻、何乐士（1992：172）的研究，大概在东晋以后，在中土文献中，重叠动词才有了表示连续和加强语气之意。

现在重要的是佛典多见语义重叠的复合词的这一特点说明了什么？胡敕瑞认为这正是佛典口语化的表现。但从下面这些材料看，好像佛典的一些重叠式复合词也是仿译的结果。例如：

生生，起起<utpādotpāda：utpāda 出生、出现，重叠后附加了“每”的意思。

在在处处<yato yatas... tatra tatraiva：yatas 从某地，yato yatas 是强调形式，不论什么地方；tatra 那儿，tatra tatra 任何地方，tatra+eva 是强调形式，不论什么地方；两个强调形式再连用，表示更进一步的强调。

处处<sthāna-sthāna：sthāna 地点，处所，重叠使用表示到处之意。

处处<tahiṃ tahiṃ：tahiṃ是佛教梵语第三人称代词词干 ta 的位置格形式，重叠后表示到处。

处处<dese dese：dese 是 desa“地方”一词的单数位置格形式，重叠后表示所有的地方。

处处中/彼彼中<teṣu teṣu：teṣu是第三人称代词的复数位置格形式，重叠后表示到处。

处处<diśi diśi：diśi 方向，处所，重叠后表示所有的方向，所有的地方。

各各/屡屡/数数/传传<paraṃpara：para有接着、接续、下一个等的意思，重叠后表示连续不断、一个跟一个[1]。

各各<pṛthak-pṛthak：pṛthak 意为分别地、单个地、一个个地，重叠后加强语意。

---

① 《正法华经》5：“是诸最胜……各各悉等，皆成佛道。”（9/97a13）又：“我等……各各逮得别授殊决。”（9/27c26）又 6：“一切诸佛……各各至于众宝树下。”（9/103b21）这一段中的例子凡是加注的，都引自辛嶋静志的《正法华经词典》。

各各/别别/种种<anyanya:anya 意为另一个，重叠后强调不同的个体或个体的不同[1]。

各各<sveṣu sveṣu:sveṣu 是 sva“自己的”的复数位置格，重叠后加强语意[2]。

时时<kālānukālam:kāla 意为时间、某个合适的时刻、偶尔，重叠后语气加重，表示极偶尔[3]。

疾疾<sīghra-sīghra:sīghra 意为快、快速，重叠后加强语意，表示更快。

段段<kṣudranukṣdra:kṣudra 意为很小、细，重叠后加强语意，表示更为细小的意思[4]。

段段<khaṇḍakhaṇḍāni:khaṇḍa 意为碎片、小块，重叠后加强语意，表示更小单位[5]。

段段<angam ange:anga 意为肢体、成员，重叠后表示每个“段”的意思。

步步<kramakrameṇa，krama 意为一步，重叠后表示同时、一齐[6]。

---

① 《正法华经》8：“诸阿须伦居在于海，诸响畅逸，而各各异。”(9/119c16)又：“其梵天上所居诸天……及馀奇特，各各异声，法师普得悉闻此响。”(9/119c22)

② 《正法华经》6：“二千声闻……布于十方各各异土，逮成无上正真道，为最正觉。”(9/98c26)又：“时方佛各各自告诸菩萨等。”(9/103b9)

③ 参看朱庆之(1998)。

④ 《正法华经》3：“碎小段段，诸所良药。”(9/84b27)

⑤ 《正法华经》10：“若见怨贼欲来危害，即称光世音菩萨名号，而自归命，贼所持刀杖，寻段段坏。”(9/129a12)

⑥ 《正法华经》4：“于彼所说，乃听受者，是诸声闻，悉佛弟子，步步各各，若干色像，今当亲近，发大道意。”(9/93c23)

以上材料中的梵文词语都是语义重叠，这在梵文当中相当普遍。重叠后语义发生两种类型的变化：一是表示周遍，二是加重语意。仿译成汉语后，这些特点基本被保留下来。这样，我们倾向于认为，佛经翻译尤其是仿译是造成佛典多重叠复合词的重要原因，对后来汉语语义重叠复合词的发展起了重要的推动作用。

4. 自由构词语素

自由构词语素是指那些主要功能是扩充音节、可以同某个相当大的语义范围里的单音节词随意组合构成该词的双音形式的"字"，它们是中古汉语词汇双音化的重要手段之一[①]。典型同时为大家熟悉的自由构词语素有"～复""～自""～为""～当"等，如"倍复""便复""并复"，"便自""定自""而自"，"成为""大为""当为"，"应当""会当""摒当"，等等。

自由构词语素或许在上古已经有了些许萌芽，在佛经之前的汉代文献也有用例，但它们的大量出现和使用、它们性质的最终确立是在中古，而且大多数用例首见于佛经。人们仍然可以说它们是汉语口语的表现，不过考虑到佛经翻译仿译的普遍性和梵语复合词的特点，我们或许可以假设自由构词语素从个别的言语现象成为中古乃至近代汉语普遍的语言现象，与译者的模仿性创造有一定关联。

限于篇幅，我们还是用前边举过的"随～"作为例子。梵语的前缀 anu-有时有具体的意义，有时没有具体的意义。没有具体的意义为什么还要带着它呢？这是因为梵语的言语创作对词汇的音

---

① 笔者(1992a:159)详细讨论了这种目的为使单音词双音化的构词成分。近期的相关研究可参看王云路(1998)。

节的多样性具有极高要求。古代印度人是一个注重口传而相对忽视笔录的民族。公元前7世纪印度人就有了文字，但只用在铭刻之类，不用在其他类别的言语创作。因此，为了便于上口记忆，古代印度的历史文献大都是以诗体的样式存在的。梵文的诗体依靠句子的音节数量和长短元音的固定搭配来形成韵律感，因此，每一个"词"往往会有多种音节形式的同义词，甚至一个词可能有不同音节的变体。像不表义的anu-就是起增加音节的作用的前缀。从功能上看，这个anu-跟汉语的"～复""～自""～为""～当"等又有什么不同呢？

5. 简称词

这里所说的简称词是指"三民主义<民族主义、民权主义、民生主义""五经<易、书、诗、礼、春秋"这样的由项数的数量加类名构成的意义确定的简称性词语，现代汉语尤其常用，如"三好<思想好、学习好、身体好""五讲、四美<讲文明、讲礼貌、讲卫生、讲秩序、讲道德和心灵美、语言美、行为美、环境美"，等等。上古文献里有少量形式上类似的词语的用例，如"百姓""四海""五谷"等等，但这些词所指并不确定，只表示泛指，性质不同。

读过佛经的人一定会对其中数量惊人的简称词有深刻印象。颜洽茂（1997）在第七章"译经词汇现象论"中对此有比较专门的讨论，他举的一个例子是：

> 令某甲明经智慧，晓了佛十二部经、四阿含、安般守意三十七品：四意止、四意断、四神足、五根、五力、七觉、八直。行道若能至心求佛道者，疾得阿惟越致，令其得佛卅二相、八十种好、紫磨金色、十种力、四无所畏、十八不共。（西秦圣坚译

《摩诃刹头经》,16/797c)

这里面所有 14 个“数+类名结构”都是简称词语,然而它们不是翻译家的创造,而是原文同结构词语的仿译:

佛十二部经<dvādaśāṅga-buddha-vacana(略)

四阿含<catur-āgama(长阿含、中阿含、杂阿含和增一阿含)

四意止<catvāri-smṛty-upasthānāni(身意止、受意止、心意止和法意止)

四意断<catvāri-prahāṇāni(断断、律仪断、随护断、修断)

四神足<catvāra- ṛddhipādāḥ(略)

五根<pañcendriyāṇi(眼根、耳根、鼻根、舌根、身根)

五力<pañca-balāni(信力、精进力、念力、定力、慧力)

七觉<saptabodhyaṇgāni(略)

八直<āryāṣṭāngika-mārga(即八正道,略)

三十二相<dvātriṃsan-mahā-puruṣa-lakṣaṇāni(略)

八十种好<aśīty-anuvyañjanāni(略)

十种力<daśa-balāni(略)

四无所畏<catvāri-vaisāradyāni(诸法现等觉无畏、一切漏尽智无畏、障法不虚决定授记无畏、为证一切具足出道如性无畏)

十八不共<aṣṭādasa-āveṇika-ābuddha-dharmāḥ(即十八不共佛法,略)

这种情形使人相信,汉语简称词的发展很可能也受到了佛教原典语言的影响。

对于仿译如何影响汉语词汇这个问题,到目前我们知道的还相当有限,所幸的是我们已经知道这当中有大量的工作应当去做和如何去做。可以预见的是,通过对佛教汉梵仿译词语的深入研究,必定会有有关原典语言对汉语影响证据的更多发现。

参考文献

爱哲顿(Edgerton, Franklin) 1953 《佛教混合梵语语法及词典》(*Buddhist Hybrid Sanskrit Grammar and Dictionary*), Motilal Banarsidass 重印,德里,1993 年。

曹仕邦 1963 论中国佛教译场之译经方式与程序,曹仕邦《中国佛教译经史论文集》,台湾东初出版社,1990 年。

慈 怡 1989 《佛光大辞典》,台湾佛光出版社 1988 年初版,书目文献出版社影印。

荻原云来 1979 《汉译对照梵和大辞典》,台湾新文丰出版公司影印。

胡敕瑞 1999 《论衡》与东汉佛典词语比较研究,北京大学中文系博士论文。

蒋述卓 1990 《佛经传释与中古文学思潮》,江西人民出版社。

金克木 1980a 谈谈汉译佛教文献,《江汉论坛》第 5 期,收入《印度文化论集》,中国社会科学出版社,1983 年。

——— 1980b 论梵语中的"有——存在",《哲学研究》第 7 期,收入《印度文化论集》,中国社会科学出版社,1983 年。

梁启超 1936a 翻译文学与佛典,收入《佛学研究十八篇》,中华书局 1989 年重印。

——— 1936b 佛典之翻译,收入《佛学研究十八篇》,中华书局 1989 年重印。

梁晓虹 1994a 《佛教词语的构造与汉语词汇的发展》,北京语言学院出版社。
梁晓虹　1994b　论佛教词语对汉语词汇宝库的扩充,《杭州大学学报》第1期。
吕　澂　1980　《新编汉文大藏经目录》,齐鲁书社。
罗杰瑞(Norman,Jerry)　1987　《汉语概说》(*Chinese*),张惠英译,语文出版社,1995年。
马西尼(Masini,Fedefica)　1993　《现代汉语词汇的形成》(*The formation of Modern Chinese lexicon and its evolution toward a national language*),黄河清译,汉语大词典出版社,1997年。
梅维恒(Mair,Victor H.)　1994　佛教与东亚白话文的兴起:国语的产生(Buddhism and the Rise of the Written Vernacular in East Asia:The Making of National Languages),*JAS* 53,no. 3:707—751。
孙昌武　1988　《佛教与中国文学》,上海人民出版社。
汤用彤　1936　《汉魏两晋南北朝佛教史》,中华书局重版,1983年。
王云路　1998　谈谈词缀在古汉语构词法中的地位,《汉语史研究集刊》第一辑,巴蜀书社,1998年。
辛嶋静志　1997　汉译佛典的语言研究,《俗语言研究》第4期。
———　1998a　汉译佛典的语言研究(二),《俗语言研究》第5期。
———　1998b　《正法华经词典》,日本创价大学国际佛教学高等研究所。
许理和(Zürcher,Erik)　1959　《佛教征服中国》(*The Buddhist Conquest of China*),李四龙译,江苏人民出版社,1999年。
———　1977　最早的佛经译文中的东汉口语成分(Late Han Vernacular Elements in the Earliest Buddhist Translations,*JCLTA*,12,no. 3),蒋绍愚译,《语言学论丛》第十四辑,商务印书馆,1987年。
———　1991　最早的汉语佛教文献新探(A New look at the earliest Chinese Buddhist text),In Koichi Shinohara and Gregory Schopen eds.,*From Benares to Beijing:Essays on Buddhism and Chinese Religion in Honour of Prof. Jan Yun-hua*,Oakville,Ontario:Mosaie,pp. 277-304。
———　1995　早期佛教文献中的口语成分:确定最理想的语料的一个尝试(Vernacular Elements in Early Buddhist Texts:An attempt to define the optimal source materials),*Vernacularisms in Medieval Chinese Texts*,*Sino-Platon-*

ic Papers,71,March,1996。
颜洽茂　1997　《佛经语言阐释——中古佛经词汇研究》,杭州大学出版社。
杨伯峻、何乐士　1992　《古汉语语法及其发展》,语文出版社。
俞理明　1987　汉魏六朝佛经在汉语研究中的价值,《四川大学学报》第4期。
俞理明　1993　《佛经文献语言》,巴蜀书社。
朱庆之　1992a　《佛典与中古汉语词汇研究》,1990年四川大学博士论文,台北文津出版社。
———　1992b　试论佛典翻译对中古汉语词汇发展的若干影响,《中国语文》第4期。
———　1993　汉译佛典语文中的原典影响初探,《中国语文》第5期。
———　1994a　汉语外来词二例,《语言教学与研究》第1期。
———　1997b　敦煌变文诗体文"换言"现象及其来源,项楚主编《敦煌文学论集》,四川人民出版社。
———　1998　佛教汉语的"时"和"时时",《汉语史研究集刊》第一辑,巴蜀书社。

(原载《中古近代汉语研究》第一辑,上海教育出版社,2000年)

(朱庆之:北京大学中文系)

音译梵书与中国古音

钢和泰(A. von Staël-Holstein)　著
胡　适　译

有许多史学家以为中国民族的老祖宗曾住在图兰(Turan)平原,包括现在俄属的突厥斯坦及中国的新疆。德国著名地理学者李虚贺芬(Richthofen)——据罗巴赫(Paul Rohrbach)说,他也是主张这一说的——曾说,那块地方不但是中国民族的发源地,还是印度欧罗巴民族(Indo-European)的老祖宗的老家呢。他以为冰期之后,这一带地方忽然变干燥,遂使图兰平原的大部分居民不得不分散出去,中国民族的老祖宗往东来,印度欧罗巴民族(以下省称"印欧民族")的老祖宗向南方西方到印度,西亚细亚及欧罗巴去。

这个假设至今还不曾证实,但近年颇得着一点新资料。近年新疆发现了用几种印度欧罗巴文字写的文件,内中有一种确是欧洲式的印度欧罗巴文字(以下省称"印欧文字"),与亚洲式绝不同。那种民族若不是从欧洲迁过来而一路不幸没有遗迹可寻的,也许是从最古时代一直留遗下来的。但这还不能证实中国民族的远祖宗曾和印欧民族的远祖同住一地。

但这个假设也许可以从比较言语学里得着证据。如果我们能在印度民族的"原始语言"和中国民族的"原始语言"里寻出许多相同的字来,我们就可以推想,这两系的民族的老祖宗大概是相去不远的了。那些相同的字,大概只可以算是彼此传借来的字(Loanwords)。以我所知,至今还没有人说中国语与印欧语是同出一源的。

我们若想寻出中国民族的远祖与印欧民族的远祖有无相同的字,我们必须仿照西方学者推求印欧民族的"原始语言"的方法先把中国民族的"原始语言"推求出来。在那"原始中国语"推出之前,一切语言上的相似之点只可以看作偶然的。

但我在这里可以举出几个相似的例——内中有两例是雷兴(Lessing)教授(前任北京大学德文学教授)指出的。

> (例一)犬。言语学者比较印欧系的各种语言,断定"原始印欧语"里狗字的音是 Kuan。现在北京音读"犬"字如 Ch'üan,福州读如 K'eing,客家话读如 K'en,朝鲜读如 Kyön,日本读如 Ken,安南读如 K'üen。
>
> (例二)牛。"原始印欧语"里牛字的音必是 Go 或 Gu。北京读牛如 Niu,广州读如 Ngau,客家话读如 Ngiu,温州读如 Ngau,宁波读如 Ngiu,安南读如 Ngïu,日本读如 Giu。
>
> (例三)蜜。"原始印欧语"里蜜字的音必是 Mĕd,北京读"蜜"如 Mi,广州读如 Mêt,客家话读如 Mït,日本读如 Mitsz,安南读如 Mêt。

但我们不能从这些相似的字音上就下什么结论。我们现在的知识不充分,只能暂时看作偶然的巧合。等到我们把"原始中国语"推出来了,或推出大部分来了,我们方才可以有可靠的结论。

从发音学上重新构成“原始中国语”，也许可以帮助我们指定中国民族与印欧民族最初的一个老家。但中国古音的推求也可以帮助史学家研究稍晚的时代。研究印度史与中亚史的人往往在中国史册里寻出最可信的材料来源。司马迁的《史记》供给了他们许多重要的知识；《史记》以下的诸史也很有用处。但这里面往往有一个大困难：中国史书里用来译外国地名的汉字，我们常常不知道它们应如何读法。若汉字的古音都知道了，这种史料就更有用了。

“原始中国语”的推求，不是容易的事。要想推求出来的“原始中国语”也有“原始印欧语”那样正确，怕是不可能的了。这是因为两层大困难：第一，中国文是用象形会意字写出的，不是像印欧系语言那样用纯粹音标写出的；第二，和中国语最接近的几种语言——西藏语，缅甸语，暹罗语——不幸都没有很古的文书。

研究各时代的汉字如何读法，有三个重要的材料来源。第一，中国各种方言里与日本安南朝鲜文里汉字读音的比较研究。第二，古字典（如《唐韵》之类）里用反切表示汉字的读法，古韵表可以考见韵母的分类。第三，中国字在外国文里的译音，与外国字在中国文里的译音。

在那些外国字的汉文译音之中，最应该特别注意的是梵文的密咒（Mantras）一类。这些梵咒（亦称“陀罗尼”Dhāraṇi，译言“总持”）曾经用汉字译音，使那些不懂印度文的人也可以依汉字念诵。释迦牟尼以前，印度早已把念咒看得很重要；古代的传说以为这种圣咒若不正确的念诵，念咒的人不但不能受福，还要得祸。梵文是诸天的语言，发音若不正确，天神便要发怒，怪念诵的人侮蔑这神圣的语言。这个古代的迷信，后来也影响到佛教徒，所以我们读这些汉文音译的咒语，可以相信当日译音选字必定是很慎重的。

因为咒语的功效不在它的意义,而在它的音读,所以译咒的要点在于严格的选择最相当的字音。况且这两三千年以来,梵文的音读不曾经过变迁。这几层理由使我们明白这些梵咒在言语学上的大功用。只要我们能寻出梵文原文来和音译的咒语对照,便可以知道那些汉字在当时的音读了。

我们侥幸保存着许多陀罗尼咒,不但有汉文,还有印度原文。假如我们在一篇咒里见梵文 Vividha 的汉文译音是“尾尾驮”,我们就可断定当时当地的人读“尾”如 Vi,读“驮”如 dha。如果当时没有一个单字可以表出梵文 dha 的音,那原译的人早已用“二合”的常法,用两个汉字来译这一个音了。他不用两个字,而用一个“驮”字,可见当时的“驮”字必不读今音,而读 dha 之音。梵咒的音读因为有宗教的性质,故在中国古音学上的价值比一切非宗教的译音(如地名人名等)格外重要。此外,这些咒还有一个优点:译者的姓名与年代往往都有记载可考,不比那些不带宗教性质的地名人名大都是不知起于何代的。况且平常的外国地名人名至多不过是几个字,而一篇陀罗尼里有时竟有几百或几千个字的。这一点更可见这些梵咒的价值了。

当宋朝初年(太宗真宗时,约当西历纪元 1000 年),有一个印度和尚,叫作法天(后改名法贤),翻译了一些短的梵咒,还翻译了一些很长的宗教颂诗;这些颂诗大概有和咒语同等的价值,故也是严格的翻译的。法天译的梵书,有些的梵文原本是已寻着的了,有些还不曾寻着原本,但已经有学者根据西藏文的译本,把梵文的原本逐字推测出来了。那些已寻着原本的梵咒之中,有一篇叫作“三身梵赞”,我在十年前曾用梵字原本来校对;校对的结果曾在俄京发表过。

那些没有梵文原本的译本之中，有三篇颂诗：

(1)《犍稚梵赞》，佛教大诗人马鸣(Aśvaghoṣa)著。

(2)《七佛赞呗伽陀》，著者失名。

(3)《佛说文殊师利一百八名梵赞》，著者失名。

这三篇的梵文，大概是已经失传了。但这三篇都有西藏文直译意义的本子(不是译音的)；我用藏文的义译本，和汉字的音译本对照着，遂把三篇的梵文原本都推出来，曾在我的一部"Kien-Ch'ui-fan-tsan"(St. Petersburg，1913)里发表过。

我们把法天的音译本和梵文对照着看，就可以知道他翻译梵音的方法实在是非常精密的。他连那极微细的区别都不肯放过。例如梵文字母"睃"与"砆"(ṣa与śa)的区别是很难分辨的；但法天却分得很清楚。他用"沙"字表前者，"设"字表后者。又如"砢"母(ja)用"惹"字，而"硂"母(jha)用"昨贺"两字的"二合"，可见法天当时找不出一个单字可以代表jha的梵音，故不得已而用这个"二合"的法子。

法天的时候大概也没有Ra的音，所以他用当日读La音(麻韵)的"罗"字，加上"口"旁，变为"啰"字，代表Ra音。全书的La音都用"罗"，而Ra音都用"啰"。又如Maya译为"摩野"，而Mya译为"摩野二合"；这里"二合"两个字是一种符号，表示前面两个字应该怎样读法。这种和别种符号字，法天和别的译者都常常使用。

法天译音的非常精密，我们可以从他翻译诸佛名号里更可以看出来。他在每章的题目上，仍旧用习惯的译名；但他在每章的本文里，却另用精确的新译音。例如颂赞释迦牟尼佛的一章的标题，仍旧是“释迦牟尼”的旧名，使念咒的人知道这一章是赞谁的。但那一章的本文里，他就不用那不正确的译音了，他用的是“设枳也(二合)母[𩕳]”。我们把七佛的名号列表如下：

标题的佛名(旧译)	咒文内的佛名(新译)	梵文
毗婆尸	尾钵始也(二合)	Vipaśyī
式弃	式企	Śikhī
毗舍浮	尾湿嚩(二合)部	Viśvabhū
拘留孙	讫锵(二合)矩瞭捺	Krakucchanda
迦诺迦牟尼	揭曩揭母[𩕳]	Kanakamuni
迦叶波	迦舍钵	Kāśyapa
释迦牟尼	设 枳也(二合)母[𩕳]	Śākyamuni

上文说过，这些咒颂本来带着宗教的性质，况且印度教徒与佛教徒对于这种经典的梵音都特别注意。这两层事实可以使我们相信当日用汉字译音的时候必定是很慎重的。我在上文举的一些例，大概可以证实这一点了。现在我要把我研究法天译本的结果，和近日学者从别方面研究汉字古音的结果，作一个比较。

从别方面研究汉字古音的要算瑞典学者高尔格伦(Karlgren)教授的《切韵》的研究为最重要的了。高尔格伦教授把他研究《切韵》的结果，著成一部大书，《中国音韵学研究》(*Études sur la Phonologie Chinoise*, Leyden and Stockholm, 1915—1919)；这部书已出版的部分已有七百页了，但还不曾出完。高尔格伦教授颇得力于法国学者伯希和(Pelliot)及其他欧洲学者研究的结果。除了这部大书之外他还在《通报》(卷十九，第二期)上发表了差不多一千个中国字的古音，用罗马字注明他们的读法。他说，这个表里的音读可以代表中国 1300 年前(隋代)的一种方言的发音。这个时代固然比法天的时代要早四百年。然而这部较早的字典的研究结果,和那较晚的梵赞译音比较起来,却也还有趣味。例如“嗏”字,北京人今读如 Ch‘a,法天用来译梵音 ḍ‘a;“吒”字北京人也读如 Ch‘a,法天用来译梵音 ṭa。高尔格伦教授研究《切韵》的结果,正和法天的用法互相印证。据他说,“茶”字当日读如 d‘ia,而“吒”字读如t‘ia。

下面附的一个表,也是同样的例。我的书里,大约有三百个字;但法天译的各种梵书里还不止此数。下表所列,不过是略举的例:

	北京音	法天	Karlgren	宁波音
涩	sê	ṣ (a)	ṣiəp	sah
塞	sê	s (a)	sək	sah
沙	sha	ṣ (a)	ṣia	so
舍	shê	śa	ṣia	shö, she, so
尸	shih	śi	śi	sz
史	shih	ṣi	ṣi	sz
输	shu	ṣu	śi̯u	shï
数	shu	ṣu	ṣi̯u	sa, shï
旦	tan	tan	tân	taañ
淡	tan	d‘am	dâm	daañ
底	ti	ti	tiäi	ti
帝	ti	ti	t‘iäi	ti
地	ti	d‘i	d‘i	di
弟	ti	d‘i	d‘äi	di
都	tu	tu	tuo	tu

续表

	北京音	法天	Karlgren	宁波音
度	tu	d‘u	d‘uo	du
企	ch‘i	k‘i	k‘jie	c‘i
契	ch‘i	k‘ai	k‘iäi	c‘i,c‘ih
建	chien	kan	kjän	cien
健	chien	g‘an	g‘jän	djien
枳	chih	ki	kjie	‘tsz
致	chih	ti	t‘i	chï
儗	i	gi	ngji	ngi
伊	i	i	ʔi	i
曳	i	yi	i̭äi	yi
畔	pan	b‘an	b‘uân	bouñ
半	pan	pan	puân	pouñ
鼻	pi	b‘i	b‘ji	bih-
闭	pi	pi	piäi	pi
颇	p‘o	p‘a	p‘ua	p‘ou
婆	p‘o	b‘a	b‘ua	bou
布	pu	pu	puo	pu
部	pu	b‘u	b‘uo	bu

此外我还可以举许多例来表示法天的译音和高尔格伦教授研究《切韵》的结果,又和现在宁波的方音,大致相符合(译者按,此处言法天用的方言与宁波今音相合,不过是说宁波音比现在北京音为近古。读者不可太拘泥)。高尔格伦教授和法天不同之处,一部分大概是因为隋朝与宋朝中间相隔四百年;一部分也许是韵书用汉字作反切,往往有时地的差异,故解释时未免容易错误。例

如“龙”字,法天读如 Ru,没有鼻音的收声;但高尔格伦教授读如 Lung,却有鼻音的收声。我们研究回鹘(Uighur)文译的汉音,“龙”字也读如 Lu,不读如 Lung;况且回鹘文读别有鼻音收声的汉字,却又很分明,例如“僧”字,正译为 Song。况且西藏人也叫“龙”作 Lu,而不作 Lung。所以我想法天用的方音里,“龙”字一定是读如 Lu,不读如 Lung。

“囊”字法天读作 Na,不像今音读如 Nang。高尔格伦教授读“囊”为 Nang,与今音正同。但法天读“能”字如 Nang,与今音“囊”字相同,仍保存着鼻音的收声(译者按,“龙”变为 Lu,“囊”变为 Na,与“侬”变为“奴”,“阿侬”变为“阿奴”,正同一例。此必是宋时确有这个变迁。法天初至中国,先在鄜州译经,后在蒲津译经,最后乃到汴京。同他共事的法进,也是河中蒲州的和尚。我疑心这个变迁,是当日西北方言里的变迁,因为南方语言虽有吴越语里 n 收声的字的变化,但 Ng 收声的字始终不曾完全变为纯元音的收声)。

我盼望读这篇短文的中国学者能承认法天音译的梵咒,即使不够改正那从字典韵书得来的材料,至少也有参考互证的价值。此外,还有许多梵文的音译也许比法天还有更大的用处,因为有些译本是三国时吴国的,有些或真是后汉的。如果有人把那些译音也都像法天的梵咒那样研究分析出来,我们定可得很重要的结果。

我虽然不曾仔细研究过那些更古的译本,但我偶然翻看他们,已发现了一些很妙的结果。例如“随”字像是用来译 Vi 音,“叶”字好像读如 Ssab,“越”字好像读如 Vat。

我很盼望中国学者将来能注重这一类的古音材料,把这些古译音研究出来,不但中国音韵沿革史可以得许多旁证,欧洲研究印度史和中亚史的学者,也可以得益不少了。向来欧洲的学者已得了司马迁、法显、玄奘等人的极大帮助;如果中国学者能在这一方面再给他们一点帮助,他们更要感激了。

十一,四,九,胡适译。

(原载《国学季刊》1923 年第 1 期)

中国的梵文研究

周一良

一

我国自来称印度文为梵文。因为印度人相传,他们的文字是梵天(Brahma)所制(西域记二)。但在印度本土,普通却不叫梵文。只有大史诗 Mahābhārata 里,曾称梵文为 brahmi vac,意思是神圣的语言,仅仅当作一种别名或美称而已。那么,印度人称他们的文字叫什么呢?他们称为 Sanskrit。这字的原义有文饰、修整、精制一类的意思。顾名思义,我们不由得想到中国的"文言"。梵文在印度的地位,确和中国的文言文体很相像。Sanskrit 这字最早见于梨俱吠陀——印度最古的文献。这部书的文体就是一种古梵文。吠陀是婆罗门教的圣典,同时也只有四种姓里最上层的婆罗门才有资格学习。大约从很古的时期,梵文已经是上层种姓专有的语言了。以后注释吠陀的书,也都是用梵文。到了纪元前 5 世纪,波腻铩(Pāṇini)作了一部梵文文法,奠定了梵文文法的基础。直到现在两千多年来,写梵文都要受波腻铩文法的约束。也就是因为大家都遵守他的轨则,两千多年来梵文竟没什么大变化。中国虽没有波腻锑的文法，因为作文章的文要摹古，于是乎无形之中文言和白话分了家。文言成了知识分子唯一的表达工具，情形正和梵文在印度相同。不过梵文之占优势，最先和宗教有相当关联，中国文言文的流行则不然。还有一点，就是印度人不但写梵文，并且说梵文。现在印度的梵文学者还能用梵文会话，“出口成章”呢。

古代印度除了社会上层所说的梵文以外，还有口语。玄奘关于天竺语言，曾说：“因地随人，微有改变。语其大较，未异本源。”(西域记二)这些口语总名之为 Prakrit。这个字原来有自然发生、本质、原料等义，是和 Sanskrit 的原义相反的。换言之，Prakrit 就相当于中国的白话。在古代印度戏剧里，婆罗门刹帝利种姓的角色，一定要说梵文，表示他们的身份。女人、奴隶、商人等等全都说白话。现代的印度口语，便是从这种古代白话衍变而来。梵文跟希腊文、拉丁文都属于印度欧罗巴语一系，是一种语根变化最繁复的语言。名词有八种格，近代欧洲语言里用前置词表达字和字之间的关系，梵文里都用不同的格表示。数目除单复之外，还有双数，动词的过去式也有许多种。梵文还有两个跟其他印欧语不同之点：第一是喜欢用长的复合语(compound)，第二是连音变化律(sandhi)。就是说，某字母与某字母连在一起，就要发生变化。梵文这许多复杂的规则，到了 Prakrit 便简单化了不少，有些根本消灭。更进一步到现在的口语，许多格和双数等等都不复存在了。

中国人最先和印度文字发生关系，当然是翻译佛经。最早著于竹帛的佛典究竟是什么语言，无从知道。现在流传于锡兰、缅甸、泰国的小乘佛经都是所谓巴利文(Pāli)，也是一种较早的印度方言。Pāli 这个字并非地名，原是典册、典范的意思。这一套佛典大约由口授传入锡兰，到纪元前 1 世纪才写下来。锡兰岛的僧侣们先称这种文字所记载的经典为“巴利”，后来便引申来指这种文字了。有人说巴利文是摩揭陀国的方言，这话不大可靠。但我们可以相信，最早的佛经一定是用方言写下来，而不是用梵文。释迦牟尼曾告诫他的弟子，应该用当地人的方言说法，不应该用梵语。这话和佛教平民化以及反对婆罗门教的精神正相符合，再看现存较早期的梵文佛经，例如妙法莲华经，也足以证明。这部经的韵文部分里，含有很多 Prakrit 成分，散文部分则是很好的梵文。有人认为，这书原是口语，后来佛教徒为了跟婆罗门教相争，要提高自己地位，于是把口语改成梵文。散文因为没有韵律关系，所以改得完全。韵文要受韵律的限制，就改得四不像了。又有人以为韵文部分成书比较早，原是口语而改为梵文。散文部分是后来加进去的，所以根本就是梵文。无论那一说近于事实，至少这部经主要部分原是口语，是无可疑的。其余文白混合体的经典，类似法华经的，还有好几种。汉魏以来中国所译的经典，原本一定是白话文或文白混合体的多，纯粹梵文的少，也是意中事了。

二

后汉佛教传入中国，译经事业开始，直到宋以后才衰歇。这一千年间的翻译工作，尤其以唐代为盛。西行求法的高僧如玄奘义净等，都深通梵文和方言。那时译场有“译语”“证梵文”“证梵义”等等，各有分工，非常严密。对于原文和译本的考覆校勘都极注意。然而奇怪的是：在这一千年间，我们竟找不到一部研究梵文文法的书！即使有而失传，一定也极少，因为我们现在连目录里都看不见。玄奘义净都曾提到波腻铄，但没有想到翻译他的文法。

也许他们觉得佛经口语文多，波腻铼的书不适用？

中国僧人关于梵文的著作，现存者可以分成两大类，而文法不与焉。第一类是悉昙，第二类是字书。悉昙（siddhim）是梵文“成就”的意思。大约印度幼童学习拼音的缀字表前面，一定要写上这么一句吉祥话。义净也说：“创学悉昙章，亦名悉地罗窣睹。斯乃小学标章之称，俱以成就吉祥为目。”（寄归内法传四）悉地罗窣睹（Siddhirastu）就是“希望成功”的意思。中国僧人于是取悉昙两字来作梵文拼音表的名称了。现存这类梵文拼音的书，有唐山阴沙门智广的悉昙字记（收在大正大藏经卷五四。以下凡是收在大正藏里的书，都不另注明版本。）和北宋时印度僧人法护和中国僧人惟净合编的天竺字源七卷。（日本尚存南宋写第一到第六卷，罗振玉景印出版。）

智广是山阴人。自序里说：“顷尝诵陀罗尼，访求音旨，多所差舛。会南天竺沙门般若菩提赍陀罗尼梵夹自南海而谒五台。寓于山房，因从受焉。与唐书旧翻兼详中天音韵不无差反。”序里又说所传是南天竺字体，“中天……与南天少异，而纲骨同。健驮逻国（印度西北部）熹多迦文独将（？）尤异。而字之由皆悉昙也”。印度字体本有不同，传到中国来就愈加分歧。但字体虽异，其为拼音表则一样。序里所说的般若大约就是宋高僧传卷二的智慧，也是密教大师，原是罽宾国人。传里说他“闻南天竺颇尚持明，遂往谘禀。彼有灌顶师，名达摩耶舍。见慧勤重可教，授瑜伽法，入曼荼罗”。因为他从南天竺来中国，所以智广以为他是南天竺人。（参看罗振玉跋文。）智慧德宗建中初（780年左右）到广州，参谒五台当在以后，智广的书当然是8世纪末叶的著作了。

天竺字源是景祐二年（1035）成书。法护是中印度摩揭陀国人，景德元年（1004）到中国。嘉祐三年（1058）圆寂。宋代东来的印度僧人里,他是译经最多的几人之一。所译尤以密宗经典为多。惟净是南唐后主的侄儿。太平兴国八年(983)天息灾(也是印度僧人)建言两街选童子五十人习梵学,惟净在内。“口受梵章,即晓本义。”(佛祖统纪四二)后来屡次揩经,颇著声誉。景祐年间宫里的木匠锯木头,发现横剖下来的木头里面,“有虫缕文数十字,如梵书旁行之状”。于是奏明仁宗,以为是祥瑞。仁宗命惟净翻译,他研究了许久,告诉使臣说:根本不是梵文。使臣劝他马虎说两句:“若稍成文,译馆恩例不浅!”连夏竦都暗示他从权,可是惟净不肯,说:“恐他日彰谬妄之迹,虽万死何补?”(文莹:湘山野录上)惟净皇祐三年(1051)圆寂。

为什么这些高僧对于梵文文法不加注意,特别喜欢悉昙呢?我想最大原因是由密宗的传播。8世纪善无畏、金刚智、不空等到中国来以后,密教颇为流行,尤其在上层社会里。密宗的教义,在高超的一面,承受唯识哲学,主张外界万物都由心造。卑近的一方面,又提创仪轨咒术等等,祈求现世和未来的福利。密宗经典里,几乎没有一部没有咒语的。大部分的咒语都没有意义,所以向来是译音。念咒时一定要发音正确,然后才有效,才能获得好结果。(阿拉伯人念古兰经似乎也有同样信念,这原是宗教信仰中共同的心理。)智广悉昙字记自序明白地说他诵陀罗尼,才访求音旨。又说学者如果读了他的书,“不逾信宿,而悬通梵音。字余七千,功少用要。……总持一文,理含众德,其在兹乎?”可见是为通总持而学悉昙。郑樵通志六书略论华梵项下说:“今梵僧咒雨则雨应,咒龙则龙见。顷刻之间随声变化。华僧虽学其声,而无验者,实音声之道有未至也。”这话正足表现密宗僧人念咒的精神。为要讲求音声之道,不得不研究天竺拼音文字的读法,于是乎悉昙亦即梵文拼音表就成为重要科目。这是第一个原因。因为中国文字不是表音的符号，加以梵文字母的诡奇难辨，悉昙之学便显得奥妙非常了。

提到梵文字母本身的诡奇，还要举出悉昙所以变成中国僧人研究对象的第二原因。密宗除诵咒以外，对于梵文字母还有特别解释。就是所谓“字门”。每个字母都象征教义里的一种道理。譬如“阿”字，是梵文字母表里的第一个母音。梵文子音字母单独写出来的时候，总是一音缀。而这音缀的母音一律是“阿”。因为发音之始就有“阿”，每个单独字母里又都有它，所以密教对于“阿”这字母特别赋以重大意义。用它来象征“万法(法是元素、成分一类的意思)本不生”的道理。就是说：世间一切现象都是相对待，有因果的。只有在一切现象还没发生之前，那阶段才是至高无上。如果悟到这一点，便发现一切现象里，都有“本不生”的道理在焉。一行注毗卢遮那经曾举过一个例：譬如有人在土地上面演算学。在他用手指画一画之前，土地上本无一物。画了一画之后，从这一画就演出无穷数目。等到他把土地上的数目擦掉，又空无一物。这无穷的数目也许还保存在演算的人的心里，但土地上已经毫无踪迹。密宗僧人就拿“阿”字来代表这本无一物、“法本无生”的阶段，因此，经典里常常要谈到字母，曼荼罗除画佛和菩萨像外，有时也用字母来代表。无形中字母就变成神圣的符号了。这是僧人要研究悉昙字母的第二原因。

因为僧侣注意悉昙，士大夫好佛者也从而效之。王维有一首诗，题目说：“苑舍人咸能书梵字，兼达梵音，皆曲尽其妙。戏为之赠。”(全唐诗二函八册)不说苑咸通梵语，却说能“书梵字”“达梵音”。从我们今日学语言的角度看来，自然很可笑。然而当时风气如此，毫不足怪。诗里说：“……莲花法藏心悬悟，贝叶经文手自书。岁词共许胜杨马，梵字何人辨鲁鱼？”苑咸答诗云：“莲花梵字本从天，华省仙郎早悟禅。三点成伊犹有想，一观如幻自忘筌。……”(全唐诗二函九册)苑咸自注云：“佛书伊字如草书下字。”由善书梵字一点推测，他或者是密宗信徒？苑咸的时代，密宗已经相当得势。凡是信奉密宗的将相大臣，今日可考的，如元载、王缙、杜鸿渐、刘巨麟等人，无不贪赃渎货。据旧唐书(106)李林甫传说李林甫：“自无学术，仅能秉笔。……而郭慎微苑咸文士之碪茸者代为题尺。”可见苑咸也是趋炎附势之流。大约他之书梵字达梵音只在求现在或来世的福利，并不曾悟出梵书“字门”的大道理！

宋史艺文志载有郑樵论梵书三卷，其书不存。想来也是论悉昙的。通志六书略里有论华梵三则，大都讨论梵字。他说：“华则一音该一字，梵则一字或贯数音”；“梵有无穷之音，华有无穷之字”等等，似乎他对梵文有相当了解。但他也说了些很荒谬的话，例如：“华有象形之文，梵亦有之。尾……有尾垂之形，缚……有缠缚之象。”硬把中文译音所用的字的意义派在印度表音符号的头上，岂不可笑？又如“华有同声而借之字，梵亦有之。野也驮陀……”。其实这是中国人用不同的字来迻写梵文同一的音，梵文原只 ya 或 da 一个音，何关假借？

现存悉昙书籍因为辗转钞写，字体不少勘误。但苑咸“三点成伊”的话，和现在所传悉昙梵字还相合。印度字体有种种变化。纪元4 世纪时，所谓笈多(Gupta)派的字体渐渐流行。是一种锐角形、首楔而尾尖的字体。日本法隆寺所藏贝叶两片——心经和尊胜陀罗尼(6 世纪物)，跟佛陀伽耶的碑文(6 世纪末)都是这种字。中国相传的悉昙字体，也属于这一系。到了7 世纪时，所谓 Nagari 字体开始出现，10 世纪以后大为盛行，一直到今天。字体和笈多系颇有不同，并且字母上部都画一道横线。现在的梵文字母还是如此。(关于悉昙字母和印度所传字母的比较，可以参看 G. Bühler, Remarks on the Horiuzi Palm-leaf Mss, Anecdota Oxoniensia, Aryan Series, Vol. 1, Part 3.)

三

悉昙以外，中国人关于梵文的著作就是字书。玄应、慧苑、慧琳、希麟等人的音义，法云的翻译名义集，都是注解中文翻译的经典，和梵文研究没什么直接关系。所以我们不去管它。梁代宝唱有翻梵语，共十卷。把经典里译的梵字抽出来，分成佛号佛名等七十三类，注以汉译。体裁和法云名义集近似，也不能算正式的梵汉字典。现存字典最早的要算梵语千字文。这书相传是义净作的。内容包涵九百九十五个常用的梵字，旁边用汉字对音，下面再注一个中国字。把这些中国字连缀起来，是四个字一句，都成文义，所以名为千字文。有人以为这书是后人托名义净。印度学者师觉月 P. C. Bagchi 曾研究此书和利言的梵语杂名(见下)，把它们印在 Deux lexiques sanskrit-chinois 里。他根据前人研究，举出几条证据证明这书的确出于义净之手：(一)词句和义净的寄归传、求法高僧传相同或者相近似的很多；(二)赞咏弹舌齿木等字样，不是亲到过印度的人，不大会用；(三)"严仪像殿，写勘尊经""梵音弹舌""悉昙莫忘"都像是他夫子自道；(四)书里梵字有的出自方言，在中国的僧人未必知道；(五)书尾称 Paramartha-deva 制，当是义净两字的梵译。一良案除去 deva 译净字这一条外，别的证据大都还可信。书里把"咸京"与"龟洛"对举，也和武后时情形相合。序里说是为"向西国人"学语而作。(师觉月误解此句以为是为西国人学华语而作。）又说："并是当途要字，但学得此，则余语皆通……若兼悉昙章读梵本，一两年间即堪翻译矣。"千字文文章尔雅，序文便不然，也许因为有脱漏。但"一两年间即堪翻译"这种话到底不像义净口吻，或者序文是后人假托？这书名为梵语千字文，应当以梵文为主。其实却像是作就了千字文，再逐字译成梵语。书里有许多地名，如"给园""禅河"都当作四个单字译成梵语。"咸京"的梵文是"Yatkimcit"（皆）和"mahā"（大）。"赤心罔诈"的罔，梵文作"jāla"是纲的意思。只有洛字没法译义，作"saraga"，是当时一般西域人称洛阳的名称。全书不牵涉到文法，只有"若箭之催"的"之"字用"sya"来翻译，sya是梵文中表达所有格的字尾，本不能独立。割裂它来译"之"字，未免可笑。如果唐代和尚真能不读文法，凭这样一本字典"即堪翻译"，真可谓大胆了。

9世纪中叶日本和尚圆仁把梵语千字文带回国去，因而流传至今。现存的最早刊本的年代是1773年。在这刊本的后面，附有梵唐消息，也是一部字典，包含310个常用字。大抵以类相从，但不像千字文能成文理。有许多字跟梵语千字文重复。这个小字典的年代作者都不可晓。书末有日本三井寺沙门良勇题跋，年代是884年。想来也是圆仁带回去的，因为跟义净的书性质相同，于是后人就刻在一起了。这书里梵字和今日梵文不同的相当多，大约是当时地方方言，再加以传写讹误。书里有"Śaya"一字，汉译曰纸。师觉月氏考定，以为12世纪时阿拉伯人最先介绍纸入印度，这时候印度还不能造纸。"Śaya"一字或者是中文纸字的译音。他的话如果可信，倒可与silk、tea这一类流传外国的译音汉字媲美。

梵语千字文之外，还有一部梵语杂名，也是圆仁带回国，因而流传的。现在有1732年的刻本，题作："翻经大德兼翰林待诏光定寺归兹国沙门礼言辑。”礼是利字之误,光定是光宅之误。利言的事迹见于宋高僧传(一五圆照传内)、贞元释教录(一四)等书。他是龟兹国人,早年从印度僧人法月出家,开元十四年(726)受具足戒。记忆力极好,梵文中文之外还会不少中亚方言。730 年跟法月东来,732 年到长安。法月从事翻译,利言“度语”。741 年法月回印度,利言随行。他们中途在于阗住下,法月就死在那里。利言又回到龟兹。差不多又过了十年(754),哥舒翰请不空到武威译经,特为从安西请利言来帮忙。后来他再度入长安,曾助般若译经。大约这时住在光宅寺,被封翻经大德翰林待诏。大德本是和尚的尊称,译自梵语 bhadanta。唐时用它做种种头衔,如讲论大德引驾大德等等。不空表制集二请抽化度寺文殊师利护国万菩萨堂三长斋月念诵僧制一首中,列僧 27 人,其中有醴泉寺大德利言,时为大历二年(767)。利言大约死于 789—795 年之间。梵语杂名当然是他晚年在长安时的著作。

梵语杂名包括 1221 条,每条大抵一个字,有时也有复合语,如眼睫、指节等。还有些动词,如“上马”“何处去”等等,是与千字文大不相同的。梵语千字文是先撰好千字文,再逐一翻译。这部书显然是选择梵语,再翻成汉字。有时因为找不着适合的翻译,同一汉语会出现好几次,字的次序也以类相从,而且跟印度字典的分类法次序很相近。因为以类相从,有的字兼属两类也就两见,如迦娄罗与金翅鸟。原本每类之前一定有题目,现在都已不存,只有开篇第一类的类目“有情身份”四个字还保存。

书里中央亚细亚的地名比印度地名多,因为利言比较熟悉。“京师”的梵语是 Kumudana。这并不是固有的梵语,实在是梵语化的突厥以及中亚人称长安的名字——Khumdan。高丽的梵语

Mukuli 也是从突厥语 Mukrit 来的。敦煌发现的西藏文写本里，也称高丽为 Mug-lig。京师之后有“吴”，梵字是 Paravada，“蜀”的梵字是Amṛdu。这两个梵字的语原是很有趣而值得研究的。

大正藏收有唐梵两语双对集，题作天竺僧人僧怛多蘖多和波罗瞿那弥舍沙合撰。内容次序与利言的书完全相同，只是有些字被省略。并且没有梵字，只有汉字译音。译音所用汉字也大都和杂名相同。一定是后人节钞利言的书，随意加上两个僧人的名字。这两人在别处也无可考。还有一部唐梵文字，包括 1117 个字。除去最后四百字外，与义净千字文完全相同，而略有省减。书尾记作者的名字为：“师传五部瑜伽教北平（今河北完县东北）吉祥子（寺？）全真。”可见是密宗僧人。他所加的句子有“真言密教，遇之甚希”。“发菩萨意，入灌顶坛”。“从何道来？总持为径”以及“悉地”“金刚”等字样，也都证成此说。密宗大兴在肃代以后，全真无疑要比义净晚几十年。这书一定是他为宣传密教起见，根据义净的千字文改编而成。有人以为千文出于此书，是因果倒置。全真对梵文的知识似乎并不高明。譬如大毗卢遮那佛的名字有普照的意思，义译为大日。全真书里“圣者大日”把大日两字直译回梵文为 Mahāsūra。

9 世纪的时候，西藏地方僧人为译佛经编了一部梵藏字典。元代传入内地，蒙古喇嘛和汉族僧人又加上了蒙文跟汉文。1853 年俄国人在北京得到梵藏蒙汉对译写本，带回圣比得堡大学图书馆。欧洲学者展转钞写。1915 年日本学者把梵藏汉三部分排印出来，翻译原书的名字，叫它作翻译名义大集（Mahavyutpatti）。全书有 9565 条。排列的方法也是以类相从，大都是佛典里的字。汉译部分固然不少是本于元代以前所译经典，也颇有用当时俗语直接翻译的。还有些是从西藏文翻译出来,而不与梵文相关的。大约元代僧人的梵文研究只是藏文研究的附庸工作吧?

明代以后,我国梵文研究更加衰落。巴黎所藏明写本四夷馆考一书,前有万历八年(1580)王宗载序文。卷下西天馆条云:"至今贡使久不通,本馆虽设有专官,其所习番文止真实名经,不可通于文移往来。"真实名经不知是什么经典,但当时学梵文的人已经不能应用了。

四

六朝时因为佛教流行,佛教名词的梵语因而也很流行。世说新语政事篇有一个故事:"王丞相(导)拜扬州,宾客数百人,并加沾接,人人有悦色。唯有临海一客姓任,及数胡人为未洽。公因便还到,过任边云:'君出临海便无复人!'任大喜悦。因过胡人前,弹指云:'兰阇兰阇!'群胡同笑,四座并懽。"刘盼遂先生世说新语校笺曾引陈寅恪先生说,兰阇也许是梵文的 rañj,意思是喜悦。一良按:隋唐以后胡梵两字的分别渐严。胡专指中亚胡人,梵指天竺。六朝时胡的用途还很广,印度也每每被称为胡,所以这里的胡人很可能是指印度人而言。王导为联络感情,行了天竺弹指之礼,还要学说一个梵字。

自从明末天主教传入中国以来,相信天主教或基督教的人,往往取些保罗约翰一类的名字。六朝时代的佛教徒也有同样习惯,喜欢用梵语作名或小字,一时成为风气。有些人未必是相信佛教,也取梵语为名。譬如西晋怀帝小字沙门,陈宣帝小字师利,北齐后主穆后小字舍利,娄昭字菩萨,杨津字罗汉,宇文觉字陀罗尼,宇文鼠字波罗门。元罗实本名罗刹,元叉本名夜叉。还有尔朱菩萨、李瞿昙、康维摩、崔目连、萧摩诃、穆提婆、周罗睺等。此外六朝人用作名字的梵语有:耶输、沙弥、达摩、悉达、那罗、婆罗、须跋等。东洋史研究三卷六期四卷一二期里集有六朝人名中所见佛教语。统计六朝人名里带"僧"字的有一百廿二人,带"昙"字的三十九人,带"佛"字的二十四人。但所举带有"道"字"灵"字的,都是天师道,与佛教无干。还有祢罗突等小名,也不是梵语。诗人王维的名与字也是拆散维摩诘(意思是无垢称)三字组成。大抵社会上层只取梵语为小名,广大下层人民就径取作本名了。中国和尚到印度去的,也往往取梵文名字,如法显之名 Vinayadeva(律天),玄奘之名 Mahāyānadeva(大乘天),也就像今日留学生之竞称乔治威廉了。

我们今天的语汇里,还有些梵语遗迹。譬如"劫"(Kalpa)是印度神话里一个极长的时期的名称。在每劫的末尾,一切都要毁灭,所以有"历劫不磨""遭大劫"等语。这个字因为汉化太深,同时它的面貌又像中国固有的,于是很容易把劫盗的意思附会上去了。"刹那"(Kṣaṇa)是一瞬的意思,也是我们还常常用的。魔鬼的魔原文是 Māra。最早音译用磨字,梁武帝才改从石为从鬼。据佛教传说,Māra 是一个恶神,蓄意要破坏释迦牟尼的道行。释迦牟尼快要得道的时候,他派了他的女儿来引诱如来。如来不为所动。他又带了魔兵来威胁,结果失败。Māra 这字是从语根mṛ(死)变来,意思是破坏者,或致死者。梵文是印度欧罗巴语的一支,所以有很多语根和希腊文拉丁文以及由它们变来的英法字相同。例如这魔字,就跟法文的 mourir,英文的 mortal 同出一源。我们觉得魔字是从鬼魔声的形声字,殊不知它原是外国种,并且还有外国远房亲戚呢。"招提"是"招斗提舍"(catur-diśa)的省译,原意是四方。僧人来自四方，而止于一处，于是引申而有寺庙的意思。招字代表的 catur 和法文的 quatre，英文的 quarter，也都是孳乳于一源的。“檀越”的原文 danapati，直译意思是施主。檀字所代表的 dana 跟法文的 donner，英文的 donation，也都是一家眷属。此外如“和尚”“沙门”“禅”“沙弥”等等，都是汉化很深的梵语。不过他们并不是从梵文直接翻译过来，乃是从印度方言或者中亚语言间接译音而来的。这张单子开下去无穷无尽。我再举一个例来结束这一段。“阎罗王”原文是 Yamarāja。罗所代表的 rāja 已经是王的意思。所以阎罗王三字实是叠床架屋，犹之乎英美人称黄河为 Huang-ho River 了。

因为中国士大夫不注意梵语文法，虽然我们早已跟这语根变化最繁复的语言相接触，直等到一千五六百年后，马眉叔学了拉丁文，才有马氏文通出现。他的方法对不对是另一回事，假如六朝隋唐的高僧像他一样，应用梵文文法的轨则编几部当时的文法，岂非真是“嘉惠后学”？然而在音韵学方面，悉昙的研究对中国的音韵学有一定的影响。唐末守温的三十字母，和宋人修订的三十六字母，亦与梵文字母不无历史渊源。详细可以参看罗莘田先生敦煌写本守温韵学残卷跋（此文刊载于历史语言研究所集刊第三本第二分）和中国音韵学的外来影响（东方杂志三十二卷第十四期）。守温的事迹不可考。残卷题作“南梁汉比丘守温述”。关于“南梁汉”这三个字的解释也众说不一。一良按：广清凉传记唐末净土宗大师法照说：“本南梁人也。”敦煌出土的五台山赞也说：“南梁法照游仙寺。”法照所撰的五会念佛略法事仪赞上自称“梁汉沙门法照”。敦煌出土五台山赞也有“梁汉禅师出世间”一句，守温残卷的“南梁汉”一定和法照的“南梁”“梁汉”是同指一地。据近人考定，汉是现在四川成都北部唐时的汉州。天宝元年改郡,乾元元年复为汉州。法照的师友多汉州人,他所倡导的引声念佛也是四川省所流行。汉字上冠以南梁或梁大约因为其地是古之梁州,并非当时的正式地名。(参塚本善隆,唐中期之净土教一三〇至三九。)或者守温也是四川人么?唐代和尚名字上所冠地名未必一定是籍贯,有时是驻锡或说法之处。也许守温并非汉州人,而是驻锡汉州也未可知。至于近代,如汪荣宝之考歌戈鱼虞模的古读(国学季刊一卷二期),罗莘田先生之考知彻澄娘四个字母在6世纪到11世纪间的音值(史语所集刊三本一分),都借助于梵音。

梵文对于中国文体虽然没有什么直接影响,但六朝以来译经文体的流风余韵却不可忽视。正像民国以来翻译文学之影响白话文一样。现在举一个例。助词"于"字先秦两汉的书里,没有用在他动词和目的格之间的。魏晋六朝和尚译经,才有这种特别用法。如西晋竺法护译佛说海龙王经:"护于法音""见于要"。罗什译法华经:"击于大法鼓""供养于诸佛"。罗什译童受喻鬘经:"得于圣道。"例子不胜枚举。大约最先为凑韵文字数,继而散文里也仿效起来。但究竟是一种不雅驯的用法,所以佛典以外,文人的著作里很少见。唐代的变文大都根据佛典敷衍而来。民间作家比较不受传统的拘束,不但采纳这种用法,而且变本加厉。变文中这种例子多不可言,随便举几个:"见于何物"(八相变文),"侧耳专听于敕命"(维摩诘经变文),"怕于居士"(同),"尔现于菩萨之相"(同),"每弘扬于三教"(降魔变文),"好给济于孤贫"(同)等等。这种用法一直传到皮簧戏词里,如"打骂于他""取笑于我"等。如果追溯起来,始作俑者一定是魏晋六朝译经的和尚们了。

从上面简短的叙述看来,中国印度两个国家之间,一千几百年来除了思想上的接触外，传达思想的媒介物——梵文——本身也在中印文化交流上占相当重要地位。我们注意和探讨一下中国研究梵文的历史，也许不为无益吧。

（原载《思想与时代》杂志，第35期，1944年）

再谈“浮屠”与“佛”

季羡林

1947年，我写过一篇文章：《浮屠与佛》①，主要是论证中国最古佛典翻译中的“佛”字，不是直接从梵文Buddha，而是间接通过吐火罗文A（焉耆文）pät和B（龟兹文）的pud、pūd译过来的。一个字的音译，看来是小事一端，无关宏旨，实则与佛教传入中国的途径和时间有关，绝不可等闲视之。文章中有一个问题颇感棘手，这就是，吐火罗文的pät、pud和pūd都是清音，而“佛”字的古音则是浊音。由于周燕孙（祖谟）先生的帮助，这个问题算是勉强解决了。从那以后，虽然有时仍然有点耿耿于怀，但是没有认真再考虑这个问题。

最近几年读书时读到一些与此问题有关的新材料或者对旧材料的新解释，觉得有必要对那篇文章加以补充和扩大，于是写了这一篇文章。这篇文章分为两部分：一、“佛”字对音的来源；二、从“浮屠”与“佛”的关系推测佛教传入中国的途径和时间。

---

① 原刊《史语所集刊》，第二十本《本院成立第二十周年专号》，上册，页93—105，1948年。英译文见印度*Sino-Indian Studies*，Ⅲ.1，2，Calcutta 1947，p.1 ff.。后收入《中印文化关系史论文集》，页323—336。英译文收入《印度古代语言论集》，页334—347：On the Oldest Chinese Transliteration of the Name of Buddha。

一 “佛”字对音的来源

正如我在上面讲到的，1947 年那篇文章遗留下来的关键问题是清音与浊音的对应问题。原来我认定了对音的来源是清音。周燕孙先生的解释也是从这个角度上下手的。但是，时隔四十年，现在看到了一些以前不可能看到的新材料，我们大可以不必这样去胶柱鼓瑟、刻舟求剑地去解决问题了。“佛”字的对音来源有极大可能就是浊音。

本来在回鹘文中“佛”字就作 but，是浊音，这我在那篇论文中已经讲过。可是我当时认为“佛”字是译自吐火罗文，对回鹘文没有多加考虑。这至少是一个疏忽。许多佛教国家的和尚天天必念的三归命，在回鹘文中是：

归命佛（南无佛） namo but

归命法（南无法） namo drm

归命僧（南无僧） namo saŋ

在这里，梵文 buddha 变成了 but。回鹘文中还有一个与梵文 buddha 相当的字：bur。梵文中的 devātideva（天中天）在回鹘文中变成了 tŋri tŋrisi burxan①。burxan 这个词儿由两个词儿组成，一 bur，一 xan。bur 就是 buddha。这个词儿约相当于吐火罗文 A 的 ptāñkāt（käṣṣi）和 pättāñkät（käṣṣi），B 的 pudñäkte 或（käṣṣi）pudñäkte。

这个 bur 是怎样来的呢？根据 A. von Gabain 的意见，它是由

---

① A. von Gabain, Buddhistische Türkenmission, 见 Asiatica, Festschrift Friedrich Weller, 1954, Otto Harrassowitz, Leipzig, p. 171.

but 演变过来的。她认为，在中国北方的某一个方言中，-t 读若-r，中国人把 tatar 音译为“达怛”（古音以-t 收尾），也属于这个范畴。①

H. W. Bailey 对这个问题也发表了自己的意见。他说：

> 但是“佛”（Buddha）也用另一种形式从中国传入中亚。西藏文 ḥbur 表示出 8 世纪顷汉文“佛”字的读音，参阅 *JRAS.*（《英国皇家亚洲学会会刊》），1927 年，页 296。这个-r 代表从尾音 -t 发展过来的汉文尾音辅音。粟特文复合词 pwrsnk * bursang“佛陀僧伽”中有这个词儿。这个词儿从粟特文变成了回鹘文 bursang，以同样的形式传入蒙古文。回鹘文（在蒙古文中作为外来语也一样）burxan 的第一部分，可能就是这同一个 bur-“佛”（参阅 *Mironov*，《龟兹研究》，页 74）。于是回鹘文 tängri burxan 意思就是“天可汗佛”，但是这个含义不总是被充分认识的，以致摩尼教回鹘文典籍中 burxan zrušč 意思是“Burxan 琐罗亚斯德”。在另一方面，日文借用了带-t 的字，Butu（Butsu）。②

他对 t>r 的解释同 A. von Gabain 稍有不同。但是，这是从中国传入中亚的，证据似还不够充分。

上面我谈了回鹘文中梵文 Buddha 变为 but 然后又由 but 变为 bur 的情况，其间也涉及一些其他中亚和新疆的古代语言。我现在专门来谈 buddha 在一些语言中变化的情况。我先列一个表：

---

① 同第 483 页脚注①。

② Opera Minora, Articles on Iranian Studies, ed. by M. Nawabi, Shiraz Iran, 1981, p. 104.

大夏文　　　　　buddha 变成了 bodo，boddo，boudo

拜火教经典的中古波斯文（巴列维文）

　　　　　　　　buddha 变为 bwt

摩尼教安息文　buddha 变为 bwt/but

摩尼教粟特文　buddha 变为 bwty，pwtyy

佛教粟特文　　buddha 变为 pwt

达利文　　　　buddha 变为 bot①

从上列这个表中，我们一眼就可以看出来，这些文字大体可以分为两类：一类是大夏文，在这里，原来的梵文元音 u 变成了 o 或 ou，此外则基本上保留了原形。一类是其他属于伊朗语族的文字，在这里变化较大。与梵文原字相比，差别很明显：由原字的两个音节变为一个闭音节，原字的尾元音-a（巴利文是-o，梵文体格单数也是-o）丢掉了。唯一有点问题的是，摩尼教粟特文语尾上有-y 或-yy，可能代表一个半元音。即使是这样，也并不影响大局，-y 无论如何也不能同梵文-u 相对应，它可能仍然是一个音节。至于在 1947 年那一篇论文中最让我伤脑筋的清音浊音问题，在这里已不再存在了。这里绝大部分都是浊音，只有摩尼教粟特文和佛教粟特文是清音。但是，根据 H. W. Bailey 的解释，这也不是问题。他说：

> 在粟特文中，印度伊朗语族的浊辅音 b d g 在字头上变成摩擦音 β δ γ，在含有 b d g 的外来词中，它们都需写成 p t k。

① G. Djelani Davary, Baktrisch, ein Wörterbuch auf Grund der Inschriften, Handschriften, Münzen und Siegelsteine, Heidelberg 1982.

> 因此，pwty 这个拼法就等于 But-。在新波斯文中，but 与这个形式正相当，意思是“偶像”。但是“佛”的含义在新波斯文许多章节中仍很明显。①

这样一来，清音浊音问题中残留的那一点点疑惑也扫除净尽了。

Bailey 还指出来，Bundhišn② 中有 but 这个字，它是企图用来代表 Avesta 中的 Būiti 这个字的（Vīdēvdāt，19，1，2，43，此章约写于公元前 2 世纪中叶）。新波斯文证明有 * Buti 这样一个字的，这个字与粟特文的 pwty 完全相应。学者们认为，这就是 Buddha“佛”。③

根据上面的叙述，1947 年论文中遗留下来的问题全部彻底解决了。再同“佛”与“浮屠”这两个词的关系联系起来考察，我们可以发现，第一类大夏文中与梵文 Buddha 对应的字，有两个音节，是汉文音译“浮屠”二字的来源，辅音和元音都毫无问题。第二类其他伊朗语族的文字中，与 Buddha 对应的字只有一个音节④，是汉文音译“佛”字的来源。难道这还不够明确吗？这个极其简单的现象却有极其深刻的意义。下面二中再详细阐述。

我在这里再谈一谈吐火罗文的问题。德国学者 Franz Bernhard 写过一篇文章：《犍陀罗文与佛教在中亚的传播》⑤，主要是论证，佛

---

① Opera Minora，页 103。

② 上引书，页同。

③ 上引书，页 106—107。

④ Bailey 在上引书，页 107，注 2 中指出，Avesta Būiti 最后的-i 可能来源于东伊朗语言。这个-i 就是我上面讲到的半元音-y。

⑤ Gāndhārī and the Buddhist Mission in Central Asia，Añjali，Papers on Indology and Buddhism，O. H. de A. Wijesekera Felicitation Volume，ed. by J. Tilakasiri，Peradeniya 1970，pp. 55—62.

教向中亚和中国传播时，犍陀罗文起了极其重要的桥梁作用。他举出“弥勒”这一个汉语音译词儿来作例子。他认为，“弥勒”这个词儿是通过犍陀罗文Metraǵa译为汉文的。他在这里顺便提到“佛”字，并且引用了我的那篇1947年的论文：《浮屠与佛》。他说：

> 没有提供一个详尽的论证，我想指出，人们可以看到，汉文“佛”字音译了一个古吐火罗文*but-(可以和西吐火罗文“pudñäkte”中的“pud-”与东吐火罗文“ptāñkät”相比)——由此可见，“佛陀”是一个次要的(晚出的)形式。

证之以我在上面的论述，Bernhard的构拟是完全可以站得住脚的。这也从正面证明了，我对“佛”字来源的想法是完全正确的。①

二 从“浮屠”与“佛”的关系推测佛教传入中国的途径和时间

关于佛教传入中国的问题，我在1947年的论文中曾作过推测：

> 中国同佛教最初发生关系，我们虽然不能确定究竟在什么时候，但一定很早……而且据我的看法，还是直接的；换句

① “佛”字有没有可能来源于伊朗语族的某一种语言？我认为，这个可能是存在的。这有待于深入的探讨。我在这里还想补充几句。在同属于伊朗语族的于阗塞文中，“佛”字是balysa-，显然与同族的其他文字不同。见H. W. Bailey, Dictionary of Khotan Saka, Cambridge University Press, 1978。

> 话说，就是还没有经过西域小国的媒介。……即便从陆路经过中亚小国而到中国，这些小国最初还没有什么作用，只是佛教到中国来的过路而已。当时很可能已经有了直接从印度俗语译过来的经典。《四十二章经》大概就是其中之一。“浮屠”这一名词的形式一定就在这个时候。……到了汉末三国时候，西域许多小国的高僧和居士都到中国来传教，像安士高、支谦、支娄迦谶、安玄、支曜、康巨、康孟祥等是其中最有名的。到了这时候，西域小国对佛教入华才真正有了影响。这些高僧居士译出的经很多。现在推测起来，他们根据的本子一定不会是梵文原文，而是他们本国的语言。“佛”这一名词的成立一定就在这时期。①

我当年作这些推测的时候，自己心里把握不太大，觉得颇多浪漫主义。我说的话似乎超过了我当时所掌握的资料。时至今日，新材料大量出现，再回头看我这些推测，除了一些地方需要改正外——比如我所说的直接发生关系，现在看来就不妥——大部分意见是站得住脚的，我颇感自慰。但是，时间毕竟已经过去了43年。现在根据新材料做一些补充与修正，看来正是时候了。

总起来看，我在上面《“佛”字对音的来源》一文中得出来的结论：大夏文基本上保留梵文 Buddha 的原形，有两个音节，正与汉译“浮屠”相当。伊朗语族其他文字，只留下一个音节，正与汉译“佛”字相当。“浮屠”出现在前，“佛”字在后。这与我的推测是完全相符的。

---

① 《中印文化关系史论文集》，页333—334。

我现在想进一步来探讨这个问题。有这样一些问题需要回答:大夏语与《四十二章经》是什么关系?犍陀罗文与《四十二章经》是什么关系?伊朗语族诸语言与《四十二章经》是什么关系?看来《四十二章经》是一部关键性的书,我在下面就围绕着这一部书分成以下几个问题来讨论:

(一)《四十二章经》与大月氏

(二)《四十二章经》原本语言

(三)支谦等译经的语言问题

(四)几点想法

(一)《四十二章经》与大月氏

《四十二章经》的真伪过去是有争论的。梁启超认为是伪,汤用彤认为是真,现在学术界接受的一般是后者的意见。汤先生经过了细致的考证得到了这样几点结论:1.《四十二章经》出世甚早,东汉桓帝以前已经译出[①]。2.前后共有两个译本[②]。

《四十二章经》与汉明帝永平求法传说有关。东汉末牟子作《理惑论》,首先叙述了这件事,以后记录者还很多[③]。据汤先生意见,佛法入华当在永平之前。但是他说:"求法故事,虽有疑问,但历史上事实常附有可疑传说,传说固妄,然事实不必即须根本推翻。"[④]他的意思是说,永平求法还是有可信的成分的,是能够成

① 《汉魏两晋南北朝佛教史》,1938年,商务印书馆,上,页32—33。

② 同上书、卷,页36—38。汤先生非常慎重,他写道:"以上推论,似涉武断。但合汉晋所引本经考之,则有二古本,实无可疑。"

③ 参阅同上书、卷,页16。

④ 同上书、卷,页24。

立的。

《四十二章经》又与大月氏有联系。牟子《理惑论》和以后的许多典籍都明确记载着，这一部经是在大月氏取得的。《理惑论》说："于是上悟，遣使者张骞、羽林郎中秦景、博士弟子王遵等十二人，于大月支写佛经四十二章。"至于此经究竟是在何地译出，许多典籍记载中有明显矛盾意见：一主张在大月氏译出，一主张在国内翻译。看来在大月氏译出说，根据似确凿可靠。①

大月氏是一个什么样的民族呢？它是游牧民族，行踪飘忽不定。《前汉书》96上，《西域传》说：

> （大月氏）本居敦煌、祁连间。至冒顿单于攻破月氏，而老上单于杀月氏，以其头为饮器。月氏乃远去，过大宛，西击大夏而臣之。

这件事情发生的时间，约在西汉文帝至武帝时。

这样一来，《四十二章经》又与大夏发生了关系。因为，"于大月支写佛经四十二章"时，大月氏已经到了大夏。大夏君主原属希腊遗民，佛法大概在汉初已在这里流行。汉武帝时，张骞曾奉使到这里来过。《三国志》裴注引鱼豢《魏略·西戎传》说：

> 罽宾国、大夏国、高附国、天竺国，皆并属大月氏。临儿国《浮屠经》云：其国王生浮屠。浮屠，太子也。父曰屑头邪，母

① 汤用彤先生主此说。参阅《汉魏两晋南北朝佛教史》，上，页31："牟子所传，虽有疑义，但绝非全诬。若据其所言，斯经译于月氏，送至中夏也。"

曰莫邪。……此国在天竺城中。天竺又有神人名沙律。昔汉哀帝元寿元年(B.C.2),博士弟子景卢,受大月氏王使伊存口授《浮屠经》。①

这一段话说明了大月氏与大夏的关系,大月氏与印度的关系,大月氏与佛教的关系。至于大月氏王使伊存口授浮屠经,是在大月氏呢,还是在中国?有两种可能,有两种意见。不管怎样,大月氏在公元前已流行佛教,这比《四十二章经》又要早了。

我在这里附带谈一个问题。《理惑论》说,明帝派人到大月氏写《四十二章经》,其中竟有张骞。这在时间上是绝对不可能的。但是我认为,其中透露了一个耐人寻味的信息:这时大月氏是在大夏,因为张骞奉使大夏的故事,当时街谈巷议中必广泛流传,一想到大夏,就想到张骞了。

(二)《四十二章经》原本语言

把与《四十二章经》有关的问题都交代清楚以后,现在应该探讨此经的语言问题了。在1947年的论文中,我说它是从中亚一种俗语译过来的,这种想法是对头的。但是,我当时不可能说出一种具体的语言。

最近林梅村提出了一个新见解:《四十二章经》是从犍陀罗文《法句经》译过来的。他正在撰写论文,他的详细论点我毫无所知。但是,我觉得,在中国佛教史上,这是一个比较重要的问题,值

① 关于这一段话人名和地名等问题的考证,参阅汤用彤《汉魏两晋南北朝佛教史》,上,页50—51。

得探讨。它还牵涉到《四十二章经》原本语言究竟是什么,我就在这里先谈一谈我对于这个问题的一些想法,供林梅村先生以及其他学者参考。一得之愚或者尚有些许可取之处吧。

从表面上看起来,《四十二章经》与《法句经》不完全一样。但是从内容上来看,则二者实有许多相通之处。三国时失名之《法句经序》说:“是后五部沙门,各自抄采经中四句六句之偈,比次其义,条别为品,于十二部经靡不斟酌,无所适名,故曰《法句》。”《法句经》是这样,《四十二章经》也是这样。所谓《四十二章经》,原来并没有“经”字,足征它不是一部完整的“经”。所以,汤用彤先生说:“且《四十二章经》乃撮取群经而成,其中各章,颇有见于巴利文各经,及中国佛典者,但常较为简略耳。”[1]两经的性质既然完全相同,即使表面上有差异,《四十二章经》译自《法句经》是完全可能的。

但是,是否就是从现存的犍陀罗文《法句经》译的呢?还是一个有待于进一步探讨的问题。

根据林梅村最近的研究结果:

> 这就从语言学上证明,这部犍陀罗语《法句经》确实出于于阗故地,抄写者无疑是位于阗人,因而把自己的土著语言羼入其中。[2]

可是,我在上面已经明确无误地说明了《四十二章经》是在大月支,

---

① 《汉魏两晋南北朝佛教史》,页41。

② 《犍陀罗语〈法句经〉残卷初步研究》,页257,见《出土文献研究》第二辑。

也就是大夏抄译的。现存的犍陀罗文《法句经》既然抄在于阗,因而它就不可能是《四十二章经》的来源。道理是非常明显的。

在大夏的那一本《法句经》或《四十二章经》是什么样子呢?说实话,我自己并不很清楚。我现在只能作一些猜测。大月支到了大夏以后,由于环境关系,接受了佛教。估计会有一些佛经翻译。《法句经》或《四十二章经》等,包含着小乘教义的最基本的内容,简直像一种"佛学入门",对皈依者用处极大。可能首先在翻译之列,用的语言当然是大夏文。对于这种语言,我们过去毫无所知。近年来,新材料发现越来越多,于是逐渐发现、认识了不少的词汇。本书第485页注①举的那一部字典就是词汇的汇集,bodo,boddo,boudo等字就见于其中。但是成本的佛经译文还没有发现。我相信,将来地不爱宝,有朝一日,总会发现的。中国使者到了大夏,翻译了《四十二章经》,原本一定就是这一本大夏文的佛经。译文就是本经两个译本的第一个。我推测,现存本经中的那许多"佛言",一定会是"浮屠言","浮屠"正与bodo,boddo,boudo相当。用"佛言"的现存的本子一定就是第二个译本。这个本子的原始语言是中亚或新疆的某一种语言,其中梵文Buddha变为but或者类似的形式,汉译是"佛"字。

我在这里想补充几句,谈一谈犍陀罗文《法句经》的来源问题。它的来源并不排除是大夏文本,但是可能性微乎其微。梵文本的《法句经》曾在新疆发现,足征《法句经》在新疆是流行的。这个犍陀罗文的《法句经》同梵文本有某种联系,是完全可能的。犍陀罗文不可能是《四十二章经》第二个译本的母本。因为在后者中用的是"佛"字,而在犍陀罗文本中则是budhu,这个字也可以译为"浮屠"。

(三)支谦等译经的语言问题

《四十二章经》的语言既已确定,连带提出来的是支谦、安世高等后汉、三国时期的译经大师的译经语言问题。对于这个问题过去几乎完全没有注意到。实则是一个很有意义的问题,不讨论是不行的。

我现在就以梁《高僧传》第一卷为基础来探讨一下这个问题。在这一卷中后汉、三国时期的译经大师几乎包罗无遗。至于摄摩腾和竺法兰等人物,神话色彩颇浓,我在这里不谈。

先将资料条列如下:

《安清(世高)传》:

> 至止未久,即通习华言。于是宣译众经,改胡为汉。① 羡林案:"胡"字,元明刻经改为"梵"字,下同。

《支娄迦谶(支谶)传》:

> 汉灵帝时游于雒阳。以光和中平之间传译梵文。
>
> 时有天竺沙门竺佛朔,亦以汉灵之时,赍《道行经》,来适雒阳,即转梵为汉。
>
> (安)玄与沙门严佛调共出《法镜经》,玄口译梵文,佛调笔受。
>
> 先是沙门昙果于迦维罗卫国得梵本,孟详共竺大力译为

---

① 《大正新修大藏经》,50 卷,323b。

汉文。[1]

《康僧会传》附《支谦传》：

遍学异书，通六国语。……谦以大教虽行，而经多梵文，未尽翻译，已妙善方言，乃收集众本，译为汉语。[2]

《维祇难传》：

以吴黄武三年，与同伴竺律炎，来至武昌，赍《昙钵经》梵本。[3]

《竺昙摩罗刹传》：

其先月支人，本姓支氏。……外国异言三十六种，书亦如之，护皆遍学。……遂大赍梵经，还归中夏。[4]

附《聂承远传》：

承远有子道真，亦善梵学。[5]

---

① 《大正新修大藏经》，50卷，324b—c。
② 同上书、卷，325a。参阅隋费长房《历代三宝记》，《大正藏》，49，58c。
③ 《大正藏》，50卷，326b。
④ 同上书、卷，326c。以下诸人晚于三国。
⑤ 同上书、卷，327a。

《僧伽跋澄传》:

(赵正)请译梵文。……外国沙门昙摩难提笔多为梵文。[1]

《僧伽提婆传》:

提婆乃于般若台手执梵文,口宣晋语。……更请提婆重译《中阿含》等。罽宾沙门僧伽罗叉执梵本,提婆翻为晋言。[2]

《竺佛念传》:

于是澄执梵文,念译为晋。[3]

《昙摩耶舍传》:

以伪秦弘始九年,初书梵书文。……耶舍有弟子法度,善梵汉之言。[4]

《高僧传》卷一中有关梵文的记载就是这样。"梵"原作"胡"。"梵"指的是梵文,这是清楚的。但"胡"指的是什么呢?

---

① 《大正藏》、50 卷,328b。下面还有两处提到梵文。
② 同上书、卷,329a。
③ 同上书、卷,329b。
④ 同上书、卷,329c。

弄不清楚。“胡”原意是北狄之通称，扩大一点，就是夷狄之人，多少含有贬义。在《高僧传》中，“胡”字可能有两层意思：一指梵文，一指中亚夷狄之文。统观上引材料，有的可能是指梵文，比如昙果、维祇难等传中所说。但是绝大部分指的都是中亚民族语言。支谦等人译经的原本都不是梵文。上引文中《支谦传》的“梵文”，也只能作如是解。下面说他“妙善方言”，可能指他通中亚民族语言。这一点从他们译经时使用的汉语音译中可以明确无误地看出来。比如汉译“弥勒”一词，不是来自梵文 Maitreya，而是来自吐火罗文 Metrak。可是康僧会译《六度集经》《旧杂譬喻经》，失译人名在后汉录译《大方便佛报恩经》，支谦译《佛说月明菩萨经》《撰集百缘经》《大明度经》《佛说八吉祥神咒经》，康孟详译《佛说兴起行经》，支娄迦谶译《杂譬喻经》《道行般若经》等等，用的都是“弥勒”。由此可见，支谦等译经所根据的原本，不是梵文，而是中亚和新疆一带的吐火罗文和伊朗语族的语言。

（四）几点想法

现在把上面讨论的问题归纳一下，提出几点想法。

1. 1947 年文章中提出的佛教“直接”传入中国论，现在看来，不能成立了。我设想的佛教传入两阶段说仍然维持。我用公式来表达：

（1） 印度→大夏（大月氏）→中国

buddha→bodo，boddo，boudo→浮屠

（2） 印度→中亚新疆小国→中国

buddha→but→佛

这两个阶段都不是“直接的”。

2. 我这篇不算太长的论文解决了中国佛教史上两个大问题：佛教是什么时候传入中国的？通过什么渠道？但兹事体大，还要进一步研究。这有待于志同道合者的共同努力。①

1989年11月2日写毕

［附记］在写作过程中，提供资料，帮助借书，我的两位小友荣新江和钱文忠出了力，附此致谢。

（原载《历史研究》1990年第2期）

---

① J. Fussman, Language and Culture among the Kushans 见 *International Association for the Study of the Cultures of Central Asia* 的 *Information Bulletin*, Issue 15, Moscow, 1989, 页57—66，其中谈到大夏语，可以参阅。

怎样研究梵汉翻译和对音

周达甫

当前国际关系中的和平共处五项原则，现在音译成“潘查希拉”，在印度语言中是 panch-sheel，即梵语的 pañca-śila，如果用我国古代的对音，是“般遮尸罗”，佛教的“五戒”就是这个词。稍为接触过佛教的人都知道杀、盗、淫、妄（妄语）、酒这“五戒”。“五戒”是“翻译”，就是义译；“般遮尸罗”是“对音”，也就是“音译”。当然五项原则的内容和佛教的“五戒”是不同的。

梵语译为汉语，通过佛教的关系，从公元 1 世纪到 10 世纪，有延续千年以上的历史，大致是这样的：

- 佛教
  - 显教
    - 大乘
      - 性宗——古译：如姚秦　鸠摩罗什（344—413）
      - 相宗
        - 旧译：梁　真谛（499—569）
        - 新译：唐　玄奘（602—664）
    - 小乘：唐　义净（635—713）
  - 密教
    - 前期：唐　不空（705—774）
    - 后期：宋　法天（？—1001）（973 到中国）

这不过是略举翻译家之中的几个代表人物，年代据陈垣先生的《释氏疑年录》（前辅仁大学丛书）。他们所译佛典（经、律、论）的梵文原本，有些已经失传了，有些还保存着，被重新发现出来，校订出版了。研究的方法最好是精密地对读原本和译本，编制一个词一个词的索引，拉丁文的术语叫做“Index Verborum”，如苏联科学院出版的《佛教丛书》（*Bibliotheca Buddhica*）之中的《正理滴论》（*Nyāya-bindu*）的梵文-藏文和藏文-梵文的这种索引，“一个助词也不忽略”（见序文），是最好的范例。

印度西部浦那（Poona）地方的德干学院研究所（Deccan College Post-graduate and Research Institute）所长、语言学家葛德类（S. M. Katre）博士很重视编制这种索引，他们已经取得了许多成绩和经验。最好的办法是由他们编制佛教梵本的这种索引，编一种就寄一份到北京来，由我们加上古代的汉译和藏译。这种索引，也就是《梵汉辞典》或《汉梵辞典》的“长编”，将来再扩大包括巴利文（Pali）、古代中央亚细亚的几种语文和西夏、蒙、满文等等，就成为《中印辞典》或《印中辞典》了。除了中、印两国的同行之外，我们还希望苏联和日本的学者们参加，可以早一些完成这一个相当巨大的工作，这是富有国际意义的。

梵汉对音有两类的材料：一类是整篇，一类是单词。前者又有两类：一类是有文学意味的“梵赞”（stotra），一类是宗教性的“咒”（即“陀罗尼”dhāranī）。

法国的烈维（Sylvain Lévi）开始把汉字对音的梵赞“还原”成梵文，他还原了两种：八大灵塔梵赞、三身梵赞。过去俄国的钢和泰（A. von Staël-Holstein）还原了四种：犍椎（其实应该是“犍稚”）梵赞、七佛赞呗伽陀、文殊师利菩萨一百八名梵赞、圣观自在菩萨梵赞。我还原了三种：释迦牟尼佛成道在菩提树降魔赞、曼珠室利菩萨吉祥伽陀、圣多罗菩萨梵赞，详见《梵赞还原三种》论文和《梵赞研究》专刊（待印）这一类的材料。名称叫做《梵赞》的，只有比较最简单的《圣金刚手菩萨一百八名梵赞》（日本《大正新修大藏经》第20卷，第113种）这一种没有还原了。

清代有一部《满、汉、蒙古、西番合璧大藏全咒》81卷（商务印书馆曾经影印，书名的前几个字改为《汉、满、蒙、藏四体合璧》）。这一部大书所收的"咒"，除了原有藏文对音的以外，如果是只有汉字对音的，改用了《同文韵统》的一套汉字，是按照清代的音，没有什么用处；但是，"咒"散见于全部《大藏经》，这部书把它编在一起，可以"按图索骥"，当作一种索引用。我准备把"咒"的材料编成一部《梵汉对音录》。

章炳麟曾经给苏曼殊的《初步梵文典》作序，说：

> 夫求大义者虑弗能离训诂，内典之有翻译名义，若儒书有说文、尔雅也。唐人说悉昙者多至百余家，今皆晦蚀不可见。始湛然著《辅行传》，已多支离，及宋世法云撰《翻译名义集》，埅舛尚众，余每恨奘公不为斯录，而令疏苐者皮傅为之也。（章氏丛书，别录三，78页。）

我想为他"下一转语"说：奘公虽不为斯录，而玄应、慧琳之书足弥此恨。关于玄应、慧琳的《一切经音义》，可以看陈垣先生的《中国佛教史籍概论》（科学出版社）卷三、卷四，61—83页。（关于《辅行传》，同上84—85页。）特别是慧琳（公元737—820）是一个疏勒人，属于"不空学派"，他的书中还有若干条中亚语词，关于

“苏幕遮”等等的解释也很好。玄应的书中还有古汉语的方音材料。这都是还没有引起足够的重视的。

关于用汉字对音的梵语单词的材料,如日本的《大正新修大藏经》等处所收的,就我所见,以《一切经音义》为最好。日本影印玄应音义的大治本、慧琳音义的朝鲜海印寺本,现在我国还没有加以利用。我把对音各条抽出,称为《一切经音义梵语》,现在还没有整理好。

佛典的翻译和对音的材料有一个优点是年代相当明确,这要归功于佛教的《经录》。《一切经音义》是按《开元释教录》的次序编的,后者有前南京支那内学院校刊本,每条编号。为了配合上述几项工作,我们很需要以这个校刊本为基础而编一部《法宝勘同新录》,利用法国的《佛教目录》(*Bibliographie Bouddhique*)把梵文校本、写本和东、西方各国学者的研究都列进去。

有些佛教梵本不是全部而是其中部分地有和它相当的汉译。我们可以把这种材料编成一部《梵汉文选》。印度加尔各答大学梵文系前主任维杜舍卡论师(Vidhusekhar Sastri)编过一部《梵藏文选》,梵文名叫Bhoṭa-prakāśa;上述《梵汉文选》可以叫做 Cīna-prakāśa。

关于以上所述各项,最好能有一个“梵汉研究室”来进行工作。

(原载《中国语文》1957 年 4 月号)

南北朝人名与佛教*

吕叔湘

一种语言的历史和使用这种语言的人民的历史分不开，尤其是词汇的历史最能反映人们生活和思想的变化。词汇不仅指一般用词，也包括专名。例如地名能反映居民迁徙的经过，街巷名能反映过去的工商业活动，人名能反映人们的意识形态，其中包括生活理想、道德准则以及宗教信仰。佛教在中国流行近两千年，南北朝是它已臻强盛而尚未丧失活力的时期，单从当时人的命名用字上

---

* 这篇文章的初稿写于1944年前后，那时候有人要办一个与宗教有关的刊物，辗转托人来约稿。稿子交去之后，始终没看见这个刊物出版，我也就忘了这回事了。十年动乱时期，无事可做，又把这篇文章的底稿拿出来修修改改，改完之后放在一边。拨乱反正之后，一直忙别的事情，就把它忘了。最近清理杂件，又发现了它，就送给《中国语文》发表。在送去以前曾经请金克木教授订正有关梵文的部分，谨此致谢。

最近两年一再听到“文化语言学”的呼声，但是似乎还停留在“楼梯响”的阶段。我这篇文章既涉及佛教，该说是在文化范围之内，又涉及人名，是语言的一部分，于是就不揣冒昧，把它作为文化语言学的一件样品来应个景。我所了解的文化语言学是说某一民族的某种文化现象在这个民族的语言里有所表现，或者倒过来说，某一民族的语言里有某种现象可以表示这个民族的文化的某一方面。照这样的理解的文化语言学当然是语言学的一个方面，是值得研究的。可是如果说只有这个才是语言学，别的都不算，尤其是什么语法范畴、句子分析之类的研究，全都不算语言学，那是恐怕没有几个人会同意的。

顺便报告一个消息，罗常培先生的《语言与文化》已经经过校改，正在重新排印中，今年可以出版。

也可以看出它的影响是多么广泛而深入。

赵翼《廿二史札记》卷十五有“元魏时人多以神将为名”一条，说：

> 北朝时人多有以神将为名者。魏北地王世子名钟葵。元叉本名夜叉，其弟罗本名罗刹。孝文时又有奄人高菩萨。尔朱荣子，一名叉罗，一名文殊。梁萧渊藻小名迦叶。隋时汉王谅反，其将有乔钟葵。隋末有贼帅宋金刚。唐武后时，岭南讨击使上二阉儿，一曰金刚，一曰力士，即高力士也。

这里提到的名字，除钟葵外，都与佛教有关系，与佛教有关系的名字也远远不止这几个。而且不限于北朝，江南也有相同的风气，赵氏提到的萧渊藻就是南方人。

下面将列举从晋朝到隋朝的与佛教有关的一些人名，题目为简便起见只标南北朝（晋朝和隋朝实际上也各有一半处于南北分裂阶段）。所引人名主要是见于正史的纪传的。

（1）瞿昙　《南齐书》26 陈显达传：“当世快牛称陈世子青、王三郎乌、吕文显折角、江瞿昙白鼻。”江瞿昙又附见卷 56 吕文度传。　案瞿昙是 Gautama 的译音，是释迦牟尼的姓，玄奘《西域记》里改译为乔答摩。

（2）悉达　宋南郡王刘义宣有个儿子叫悉达（宋书 68），陈有鲁悉达（陈书 13），魏有吴悉达（北史 84），北齐陆令萱有个兄弟叫悉达（北齐书 39 祖珽传）。　案悉达义为“成就”，又作悉达多，是释迦牟尼的名字。玄奘在《西域记》里说：“萨婆曷剌他悉陀，唐言一切义成，旧云悉达，讹也。”萨婆曷剌他悉陀是 Sarvārtha-Siddha

的译音。

(3)菩提　北凉沮渠蒙逊有个儿子叫菩提(宋书98),魏尔朱荣的大儿子叫菩提(魏书74),周宇文洛生也有一个儿子叫菩提(周书10,案即宇文护的母亲阎氏给宇文护的信里所说"汝叔母纥干及儿菩提")。　案菩提是梵文bodhi的译音,旧译为"道",唐以后译为"觉"。又,释迦牟尼十大弟子中有一个叫须菩提Subhūti,译义是"善现"。上述诸人用菩提做名字,也很可能是取须菩提之名而略去首字。

(4)菩萨　魏阳平王世遵的弟弟叫菩萨(魏书16),孝文帝的时候有个太监叫高菩萨(又13孝文幽后传,卷94剧鹏传作薛菩萨;北史也跟魏书一样,两处的姓不同),万俟丑奴手下有个将官叫尉迟菩萨(又75尔朱天光传),北齐娄昭字菩萨(北齐书15),周宇文导字菩萨(周书10)。又宇文护字萨保(周书11),是菩萨保佑的意思,跟魏收字佛助属于同类构造。　案菩萨是佛教中次于佛的得道者的名称,全音是菩提萨埵bodhisattva,菩提的意思是"觉",萨埵旧译为"众生",玄奘改译为"有情"。

(5)罗汉　宋有王罗汉(宋书77柳元景传,又95索虏传),梁有黄罗汉(北齐书32王琳传),魏杨津字罗汉(魏书58),又有吕罗汉(又51),薛罗汉(又61薛安都传)。　案罗汉全音是阿罗汉arhan(arhat),有"杀贼"(贼指妨害修行的东西)、"无生"、"应供"等不同释义,是小乘佛教修行的最高成果。

(6)弥陀　魏高阳王雍有个儿子叫弥陀(魏书21上)。　案弥陀的全音是阿弥陀amita,意思是"无量"。用做佛的名号,全称或为"无量寿"(Amitāyus),或为"无量光"(Amitabha)。

(7)文殊、师利　南齐有王文殊(南齐书55),梁王训小字文殊(南史22),魏尔朱荣第三个儿子叫文殊(魏书74),北齐有刘文殊(北齐书13清河王岳传),隋杨异字文殊(隋书46)。陈宣帝陈顼小字师利(陈书5)。　案文殊师利 Mañjuśri,简称文殊,是佛教有名的菩萨。玄奘在《西域记》里说:“曼殊室利,唐言妙吉祥。旧曰濡首,又曰文殊师利,或言曼殊尸利,译曰妙德,讹也。”

(8)普贤　魏有毛普贤(魏书58杨津传),北齐韩贤字普贤(北齐书19)。　案普贤是和文殊齐名的菩萨,文殊是译音,普贤是译义。普贤的原名是邲输跋陀 Viśvabhadra,一说是三曼跋陀 Samantabhadra。

(9)药王　陈废帝伯宗小字药王(陈书4),隋有李药王(隋书52韩擒虎传)。　案药王也是佛教的一位菩萨,梵名是鞞杀社罗惹 Bhaiṣajya-rāja,一说是阿迦云(翻译名义集)。

(10)罗侯、罗云　魏江阳王继有个兄弟叫罗侯(魏书16),贾显智有个儿子叫罗侯(又80贾显度传),陈有武将周罗睺,后来投降隋(隋书65),隋又有武将慕容罗侯(大唐起居注)。南齐王思远的父亲叫罗云(南齐书43),隋阴寿字罗云(隋书39)。　案罗侯(睺)和罗云都是 Rahula 的译音,本义指日食、月食时的黑影,这里的意思是“执日”,是释迦的儿子的名字。玄奘《西域记》里译为罗怙罗,“旧曰罗睺罗,又曰罗云,皆讹略也。”

(11)迦叶　梁萧渊藻小名迦叶(梁书23),①北齐有崔迦叶(北齐书23崔㥄传)。　案迦叶是释迦牟尼的大弟子,全称是摩诃迦叶波 Mahākaśyapa,摩诃是“大”的意思。迦叶波是姓,译义为“龟”,一说为“饮光”。

---

① 《梁书》23、《南史》51均作萧藻,是唐朝修史的人避讳唐高祖李渊的名字。

(12)目连　宋有崔目连(宋书77沈庆之传)。　案目连也是释迦牟尼的大弟子,全音是目犍连,《西域记》作没特迦罗子,原名是Maudgalyāyana,玄应《一切经音义》说:"没特迦,此云绿豆;罗,此云执取。"

(13)须拔　北齐高叡小名须拔(北齐书13),隋末有农民起义领袖王须拔(隋书4)。　案释迦牟尼弟子有须跋陀罗Subhadra,译义是"善贤",须拔大概是须跋陀罗的省略。

(14)须陀　隋有武将张须陀(隋书71)。　案须陀为神仙所饮的甘露sudhā,也译做苏陀。

(15)须达　北齐独孤永业的儿子叫须达(北齐书41)。　案须达又作须达多、苏达多,是Sudatta的译音,译义是"善施",又称"给孤独"。释迦牟尼在世时,舍卫国有一个富人须达多,买下太子祇多的园子供释迦说法传教,佛经里常常说到这个"给孤独园"。

(16)难陀　北齐贺拔允的儿子叫难陀(北齐书19)。　案难陀Nanda译义为"善欢喜"。佛教人名有两个难陀。一个是"放牛"难陀,本是放牛人,后来信从释迦牟尼出家。一个是释迦牟尼的兄弟,后来也出家为释迦牟尼弟子,称"孙陀罗"难陀,孙陀罗原义为"美"。又,佛教神话里摩揭陀国有兄弟二龙王,一名难陀,一名跋难陀。贺拔难陀的命名不知道是取佛弟子的名字还是取龙王的名字。

(17)耶输　北齐李继伯的儿子叫耶输(北齐书37魏收传)。

案耶输陀罗Yaśodharā是释迦未出家时的妻子,即罗睺罗的母亲。耶输同耶舍,义为"名誉"。

(18)舍利　北齐后主的后穆氏小名舍利(北齐书9)。　案释迦的大弟子里有一个舍利弗多罗Śāriputra,佛经里简作舍利弗,他的母亲叫舍利,弗多罗是“儿子”的意思。舍利是鸟名,译为鸖鹭,一说就是黄莺。

(19)槃陀　隋有绛郡起义农民领袖敬槃陀(隋书63樊子盖传)。　案槃陀的全音是槃陀迦 Panthaka,译义是“路边生”,是罗汉的名字。佛教神话故事里说有弟兄二人都叫槃陀,后来都修成罗汉,神通广大,哥哥有隐身法,兄弟能变形。

(20)薄居罗、居罗、俱罗　周尉迟迥字薄居罗(周书21),魏高阳王雍有个儿子叫居罗(魏书21上),隋有徐俱罗(隋书56薛胄传)、鱼俱罗(隋书64)。　案薄居罗一作薄拘罗 Vakula,译义是“善容”,是罗汉的名字,这个罗汉以康强长寿闻名。居罗、俱罗是省去首字,但俱罗也可能是俱毗罗之略,见下。

(21)毗罗　周尉迟迥手下的将领有席毗罗(隋书60于仲文传)。　案佛教神话里四天王中北方天王毗沙门又名俱毗罗 Kubera,可能是省去首字为毗罗。

(22)勒叉　魏高阳王雍有个儿子叫勒叉(魏书21上),北齐有太监卢勒叉(北齐书50)。　案四天王中南方天王毗流离又名毗留勒叉 Virulakṣa。

(23)提婆　北齐有穆提婆(北齐书50)。　案提婆 deva 译义为“天”,佛教用来称婆罗门教的诸神。印度古代人往往在名字里搭用“天”字,如释迦的弟子里有提婆达多,译为“天授”,又小乘佛教大众部创造者名摩诃提婆,译为“大天”。穆提婆的名字可能是截取这类人名的半截,未必是单取“天”义。

(24)修罗　周高宝宁部下有赵修罗(隋书39阴寿传)。　案修罗的全音是阿修罗 asura,阿义为“非”,修罗义为“天”,即“神”。旧译“无端正”,后改译“非天”。阿修罗也皈依佛教,佛经常有“一切天、人、阿修罗……”。后世乃用来称一类恶神。

(25)夜叉　魏元叉本名夜叉(魏书16)。　案夜叉又作药叉yakṣa,本非恶神,佛经中认为也皈依佛教。后世乃专指一类恶神。

(26)罗刹　魏元叉的兄弟元罗本名罗刹(魏书16)。　案罗刹的全音是唧刹娑rākṣasa,译义是“恶鬼”。佛经中认为罗刹亦皈依佛教。

(27)伽陀　隋有方士安伽陀(隋书37李浑传)。　案佛经说有一种能治百病的药叫阿伽陀agada,译义是“普去”,一说是“无病”,又一说是“无价”。这个人是方士,用伽陀做名字,当是取阿伽陀而省去首字。

(28)沙罗　隋苏孝慈有个侄子叫沙罗(隋书46)。　案沙罗即娑罗sāla,是一种树。相传释迦牟尼在娑罗树下圆寂。

(29)摩诃、摩诃衍　陈有萧摩诃(陈书31)。隋崔弘度字摩诃衍(隋书74)。　案摩诃mahā是“大”的意思。释迦的弟子中有摩诃迦叶波(即迦叶)、摩诃迦旃延。摩诃衍的全音是摩诃衍那mahāyāna,译义为“大乘”。

(30)毗卢　隋李雄字毗卢(隋书46)。　案毗卢为毗卢遮那Vairocana之略,译义为“遍一切处”,是佛教术语,为“法身佛”的名称。

(31)陀罗尼　周孝闵帝字陀罗尼(周书3)。　案陀罗尼dhāraṇī是佛教术语,译义是“总持”。

(32)婆罗门　魏侯莫陈悦的父亲名婆罗门(魏书80),隋宇文皛字婆罗门(隋书50)。又周尉迟纲字婆罗(周书20),疑即婆罗门之略。　案婆罗门brāhmaṇa是印度四“种姓”中最贵者,又专指修婆罗门道(即印度教)的人。也泛指印度人或印度,见隋书经籍志中的书名。

(33)沙门　晋愍怀太子小名沙门(晋书53),周王轨也小名沙门(周书40)。　案沙门一作桑门,译梵文śramaṇa,译义是“勤恳”。佛教和其他教派凡是出家的都称为沙门。

(34)沙弥　宋有刘沙弥(宋书84),常珍奇有个儿子叫沙弥(魏书61毕众敬传),梁有庾沙弥(梁书47),陈有邓沙弥(隋书60于仲文传),后秦姚兴有尚书姚沙弥(晋书118),北齐王晞小名沙弥(北齐书31)。又晋王珉小字僧弥(晋书65),宋向靖小字弥(宋书45),石虎太子邃的儿子叫阿弥(晋书95佛图澄传)。　案沙弥śramaṇera这个字是从沙门派生的,佛教男子初出家受十戒者称为沙弥。

(35)三藏　隋有慕容三藏(隋书65)。　案三藏为tripiṭaka的译义,佛教经典分经、律、论三部,总名三藏。对于学问渊博的和尚,人们也尊称为三藏法师,如陈朝的真谛,唐朝的玄奘。

(36)三宝　魏傅乾爱的儿子叫三宝(魏书70傅竖眼传)。　案三宝为triratna的译义,佛教以佛、法、僧为三宝。

以上是名字的全部用佛教人名或术语的。此外还有采用与佛教有关的一个字而用一个别的字配合的,最常见的有佛、僧、昙、法、道五个字。大概说来,南方和北方的风气稍微有点不同。南方用佛教专名做名字的比北方少,取名字的范围也比较小,不外乎罗汉、沙弥、文殊、迦叶之类,但是嵌用僧、法、道等字极多。北方嵌用这些字的比南方少,套用专名的比较多而且广,连夜叉、罗刹这类名字都不忌讳。

(37)佛　佛是佛陀buddha之略,译义是“觉者”或“智者”。印度和西域人把佛陀用在名字里的,如佛陀僧诃(师子觉)、佛驮跋陀罗(觉贤)、佛驮耶舍(觉明)等,例子很多。南北朝人名带佛字的,如宋有韩佛荣(宋书45)、[1]段佛荣(宋书50),又褚淡之小字佛(宋书52),南齐有张佛护(南齐书51),后秦姚泓的儿子叫佛念,将领中有姚佛生(均见晋书119),仇池杨宋奴两个儿子一个叫佛奴,一个叫佛狗(宋书98),北齐魏收小字佛助(北齐书37),娄叡字佛仁(北齐书48),周薛慎字佛护(周书35),又有贺拔佛恩(北齐书11 安德王延宗传),隋交州有渠帅李佛子(隋书56 令狐熙传)。也有拿佛陀全音做名字的,如魏高阳王雍的儿子叫伏陁(魏书21 上),广阳王深的儿子叫佛陁(周书15 于谨传),周独孤善的儿子叫伏陁(周书16 独孤信传)。又,晋王忱字佛大(晋书75),他是王坦之的第四个儿子,"大"不是排行,佛大也可能就是佛陀。(又有《佛大僧大经》,其中的佛大是个恶人的名字。)

(38)僧　僧是僧伽 saṅgha 之略。《智度论》里说:"僧伽,秦言'众',多比丘一处和合,是名僧伽",可见本是团体的名称,后来指个人,不是原来的意义了。北朝人有用僧伽为全名的,北齐有魏僧伽(北齐书9 武成胡后传)、相里僧伽(又11 安德王延宗传),周高宝宁的儿子名僧伽(隋书39 阴寿传),隋有郝连僧伽(又60 于仲文传)。至于用僧字而配上另一字做名字的,南北朝都很多,南方尤甚。如宋、齐两朝琅琊王氏列名史传的有僧亮、僧衍、僧达、僧谦、僧佑、僧绰、僧虔、僧朗(分见宋书、南齐书,总见南史21—23),而太原王氏的僧孺、僧辩也是梁朝的名人(梁书33,45)。此外如宋有杨僧副(宋书8)、解僧智(又9)、傅僧佑(又55)、苟僧宝、江僧安(均见卷59)、南郡王义宣的儿子僧喜(又68)、康僧念(又

---

[1] 见刘怀慎传。以下所举人名,多附见别人传中,不一一注明。

74)、黄僧念(又83)、张僧产(又84)、段僧爱、樊僧整(均见卷87)、崔僧璇、明僧暠(均见卷88),魏有张僧皓(魏书43)、游僧利(又55)、高和璧字僧寿(又57)、杨辩字僧达(又58)、高聪字僧智(又68)、辛琛字僧贵(又77)、朱惠字僧生(又80)、胡僧洗和他的儿子虔字僧敬(又83下)。因为这一时代人名带僧字的太多了,所以只在南方北方各就一朝的史传摘录若干做例。有些奇怪的是连女子也有名字里嵌僧字的,如晋谢尚的女儿一个叫僧要,一个叫僧韶,王讷的女儿叫僧首(均见世说新语)。

(39)昙　佛教称佛所说的教义为法,与佛及僧为佛教徒所谓三宝。法,梵文叫达摩 dharma,旧译作昙无或昙摩。印度和西域的僧徒有的在名字里用上这个字,如北凉时来华,以译经闻名的昙无谶,和梁武帝时来华,后来成为禅宗的祖师的菩提达摩,是有名的例子。那时候中国的和尚也常常在名字里用上昙字,如昙鸾、昙曜、昙度等。不出家的信徒中也染上了这个风气,如晋有郄昙(晋书67),宋有沈昙庆(宋书54)、王昙首(又63)、王昙生、孙昙瓘、费昙(均见卷84),梁有滕昙恭、刘昙静(均见梁书47),陈有南康王昙朗(陈书14)、熊昙朗(又35)。北方则魏有李平字昙定(魏书65)、薛野睹的四个孙子叫昙庆、昙宝、昙尚、昙珍(又44),周有权昙腾(周书28)。案“曇”字晚出,《说文》《玉篇》都没有这个字,是翻译的人造出来译音的字。所以用昙字命名,除了截取“昙无”的上一字外,没有别的解释。

(40)法　佛陀、昙无、僧伽,都是译音。“佛”和“僧”渐渐用开了,被人们熟悉了,甚至忘了是外来语了,可是“昙”字却只和译义的“法”字并行一个短短的时期,以后就完全被“法”字代替了。印度来华的和尚的汉名里带“法”字的,如东汉时最早来中国的竺法兰，西晋时以译经知名的竺法护；中国和尚如有名的《佛国记》的著者法显。非僧徒而以法字命名的也很多，单是帝后和皇族就有晋穆帝何后名法倪，孝武帝王后名法慧（均见晋书32），宋前废帝子业小字法师（宋书7），宋南郡王义宣的儿子法导（又68），南齐郁林王小字法身（南齐书4），梁敬帝小字法真（梁书6），陈武帝小字法生（陈书1），魏广阳王湛的儿子法轮（北史16），阳平王熙的曾孙法寿、法僧（魏书16）。此外，南朝以宋为例，有甄法护、法崇兄弟（宋书78）、孙法宗（又91）、翟法赐（又93）、戴法兴（又94）等人；北朝以魏为例，有房法寿（魏书43）、潘法显（又58）、傅法献（又70）、席法友（又71）等人。

（41）道　南北朝人名里带"道"字的，多得不得了。这里边可能有的与宗教信仰无关。又可能有一部分指天师道，如晋王祯之、王和之都是天师道世家，而祯之字思道（世说新语·排调注），和之字兴道（同书轻诋注），杜京产父亲名道鞠，史传里说他世传五斗米道（南齐书54）。但是像晋何充何准弟兄以佞佛著名，史传称充"性好释典，崇修佛寺，供给沙门以百数"（晋书77），准"诵佛经，修营塔庙"（又93），而充字次道，准字幼道。东晋的帝室好像很信佛，如明帝曾经亲笔在乐贤堂墙上画佛像（晋书77蔡谟传），简文帝常与和尚们来往，他的儿子会稽王道子"崇信浮屠，用度奢侈"（晋书64），而明帝字道畿，简文帝字道万，道子字道子。这些例子都可以证明至少有一部分带"道"字的名字是与家世信佛有关的。案佛教初入中国，或者称为佛道，如《魏书·释老志》以汉武帝得金人为"佛道流传之渐"，或者就称为道，如同书载魏文成帝诏书："其好乐道法，欲为沙门……皆足以化恶就善，播扬道教也。"信佛出家的称为道人或道士，如《四十二章经》："道人见欲，必当远之”;《法苑珠林》卷六十九:“始乎汉魏,终暨苻、姚,皆号众僧以为道士。”这是泛称佛教为道,要是从狭义解释,则道是菩提的译语。印度来华的和尚有用菩提命名的,如菩提流支、菩提达摩。中国和尚也有用道字命名的,如道安、道生、道林(支遁)都是很有名的。可见当时人名里的道字,除一部分与道教有关,有的与宗教无涉外,肯定有一部分,甚至可能是大部分,是与佛教信仰有关的。

上面所列举的名字,大多数是译音,只有“道”“法”是译义。事实上,义译的佛教用语见于人名的还有不少。像“觉”“明”“智”“慧”,是和“道”“法”同类,“禅师”“居士”(隋南阳公主的儿子叫禅师,刘昶的儿子叫居士,均见隋书80),是和“僧”“沙弥”同类。又如陈江总字总持(陈书27),隋沈光也字总持(隋书64),“总持”是陀罗尼的义译。宋桂阳王休范的儿子叫智藏(宋书79),齐东昏侯字智藏(南齐书7),隋有名医许智藏(隋书78),“智藏”为佛教术语。齐张融的兄弟叫宝积(南史32),隋蔡王名智积(隋书44),隋有武将李圆通(隋书64),“宝积”“智积”“圆通”都是佛、菩萨的名号。诸如此类的例子,搜罗起来还会有不少。

不过一个人的名字多半是别人给他取的,所以不一定能表示本人的信仰。例如郄昙,尽管名字叫昙,却是和他哥哥郄愔齐名的道教信徒。但是与佛教有关的名字的广泛流行,能表明家世信仰和社会风尚,这是可以肯定无疑的。

(原载《中国语文》1988年第4期)

宗教传播与语文变迁:汉译佛典研究的语言学转向所显示的意义

万金川

壹　宗教传播与语文变迁

一　宗教与语文的关系

“宗教”是人类构建出来的各种文化系统里的一个,它也和人类所构建出来的其他文化系统,诸如艺术与文学一样,大体都具有三个主要的构面:观念构面、操作构面与实物构面。此中,操作构面往往是充作“界面”(interface)而连结着其他两个构面。就宗教的传播(religious spread)来说,面对面而直接诉诸操作构面上的一些具体实践或仪典操演,这种近距离感染式的“接触传播”往往是宗教最为有力的推广方式;而不论是观念构面上的思想成素,或实物构面上的道具法器,一旦脱离其特有的脉络而缺乏相应的操作机制来结合这些心灵与物质构面上的成素,则宗教的传播便难以真正奏功。

以汉代佛教为例，长期以来学者咸信汉代佛教的传入，是以西域佛教为其中介的一种"接触传播"的结果。然而，许理和（E. Zürcher）近时在一篇论文里，却以丰富的西域考古资料、汉代墓葬出土的文物以及若干东汉译经词汇的音写语料，强而有力地质疑了这种相沿甚久的构拟。许理和认为汉代佛教的传入，并非借由近距离感染式的"接触传播"而来，反而是一种"远程传递"的结果。换言之，此一时期佛教之输入中土并非经由转口而是直接由印度传来。他并且认为只有在"远程传递"的"去脉络化的"（de-contextualized）传播效应之下，我们才有可能合理地解释汉代佛教所呈显出来的那种奇特的综合现象，而汉代佛教并不是什么"中国佛教辉煌的创始时代"，充其量只能算是一个尚在孕育之中的"胎儿阶段"罢了。①

事实上，我们只需从汉代墓葬出土的文物来看，便可以清楚地见出这种综合现象的形成，基本上就是以中土汉族特有的观念与操作机制，混合了那些借由远程传递而输入其间的一些佛教零星的精神性与物质性的成素所形构出来的东西。而这种类似拼贴式的混合手法，其实正是一种典型的"脉络重置"（recontextualized）

---

① 参见许理和《汉代佛教与西域》，《国际汉学》第二辑，大象出版社，1998 年，页 291—310。东汉译经词汇的一些音写语料，诸如浮图（佛）、桑门（沙门）、伊蒲塞（优婆塞）等等，也充分说明了这些词汇的源头语并非中亚地区的语言而应当是直接来自印度地区的语言。关于这一点，早年季羡林教授在《浮屠与佛》一文里也曾留意到这个问题。此外，关于东汉墓葬出土文物里那些带有佛教特征的艺术品，在整个出土文物的脉络里，它们究竟代表了什么样的意义？京都大学的荒牧典俊教授在 1995 年的"中日第六次佛教学术会议"里，发表了一篇题为《从汉晋壁画墓及副葬物中发现佛像的意义》的论文，则从中国宗教思想史以及政教关系的观点剖析了这些文物里所出现的综合现象和它们所代表的意义（参见杨曾文与镰田茂雄合编《1985 ~ 1995，中日佛教学术会议论文集》，中国社会科学出版社，1997 年，页 461—468）。

的手法。汉代墓葬出土文物里那些带有佛教特征的艺术品，诸如壁画、纹饰与塑像等等，这些属于实物层面上的东西，诚如许理和所指出的，这些礼拜性的物品是很容易借由远程传递而被流传开来，但也更容易失去其原初的佛教意义，因此并不能据此而证明佛教当时已经在中土有其广泛流行的事实。由此可见，宗教操作机制的有无，往往是我们验证该一宗教是否真正在某一地区流传的一项重要指标。

在宗教的各种操作机制里，"语文"当然是其中最为重要的成员之一。社会语言学的研究告诉我们：若是要挑选一项对语文流变具有深远影响而其本身又同时深受语文影响的社会条件，则该项条件必为宗教无疑。[①] 事实上，在人类的各种文化活动里，语言与宗教信仰之间的关系尤其显得密切，而普遍存在于各种宗教里的"咒语"与"符壶"之类的特殊语文现象，则清楚地说明了二者之间的紧密程度。语文与宗教的这种密切关系，使它不仅在作为一种操作构面上的传播工具时，不论是口头形式的祷辞或赞歌，或是书面形式的箴言录或教义集，都可以相当有效地把宗教理念或宗教情感之类的成素给传递出去。而且，特别是其书面形式，则更是传播和保存宗教圣谕的最佳途径。

因此，语言作为人类宗教活动的主要操作工具，在它本身发展的历史长河之中便会自然地堆积出许多人类宗教现象的点点滴滴，而它之受到宗教传播的影响而产生的各种流变现象，也会在其流经的河道里借由那些它所挟带的"堆积物"而冲刷出一条又一条的刻痕，甚至有时会因为"堆积物"的数量过于庞大而改变它原

---

① 参见白马礼著、李慕白译《语言的故事》，台湾商务印书馆，1980年，页270。

先的流向。[①] 宗教传播和语文流变之间的这种辩证关系，在基督宗教的布教史和与之随行的《圣经》翻译史里，可谓史迹斑斑而例证处处。事实上，语言与宗教的关系一直是语言学研究领域里历久不衰的话题。以宗教对英语的影响来说，英国著名的词源学家同时也是《现代英语词源辞典》的编纂者，E. Weekley 就曾说："除了莎士比亚的作品之外，任何著作都没有像《钦定圣经译本》那样对英语词汇有如此巨大的影响"，而颇负盛名的丹麦语言学家，O. Jesperson也再三强调："宗教对英语的影响是不可低估的"。[②] 此外，特别是在今日方兴未艾的"跨文化研究"(cross-cultural studies)的领域里，宗教与语文之间错综复杂的关系更是研究者最感兴趣的论题之一。[③]

---

① 把语言看作是一项历史的产物，并且以"drift"(流向、堆积或漂流物)如此生动而双关的字眼来描述它，是出自颇负盛名的语言学家 E. Sapir 之手，参见氏著 *Language: An Introduction to the Study of Speech* 七、八两章，而该书的第九章则谈到了语言借由文化的接触会产生变化，由词的借贷而形态的借贷，不一而足。事实上，作为文化诸形态之一的宗教，随着它的传播，当然也会对弘化地区的语言结构的发展变化产生一定程度的影响，这首先是表现在词语的借用上，而当词语借用的数量大到一定程度时，就会引起语音和语法结构的变化。随着佛教在中土的盛行，东汉以降而迄于宋的佛典翻译工程对汉地语文所造成影响，或许便是这一条语际交流律则的最佳例证。

② 此中，前者见于 E. Weekley's *The English Language*, Andre Deutch, 1952, 页 54；后者见于 O. Jesperson's *Growth and Structure of the English*, Doubleday & Company Inc., 1956, 页 252。此外，诸如白马礼(Mario Pai)在前揭书"第三部·语言的社会作用"里，则辟有专章来讨论语言与宗教的关系。美籍语言学家同时也是著名的社会语言学的学者，C. A. Ferguson 则更进一步提出了宗教传播而影响语文的变迁模式(详见 Religious Factors in Language Spread 一文，收于 *Language Spread: Studies in Diffusion and Social Change*, Stanford University Press, 1982)。

③ 由于宗教词语是文化词汇(cultural lexicon)里最为重要的成员，因此在所谓"跨文化研究"的领域里，它们自然也成了众所瞩目的焦点之一。在海峡对岸新近出版有关"跨文化研究"的书刊里，诸如朱文俊的《人类语言学论题研究》(北京语言文化大学出版社，2000 年)、郭建中编选的《文化与翻译》(中国对外翻译出版公司，2000 年)以及许宝强与袁伟选编的《语言与翻译的政治》(中央编译出版社，2001 年)，在这些书籍里或有专章或有专文而都从跨文化的视角来讨论语言与宗教所涉及的各种问题。

二 经典语文的研究与汉语佛学界

然而，诚如朱庆之教授所曾指出的，在20世纪之前，“尽管主流文化受到了佛教的巨大影响，佛教文献及其语言并不被主流文化的世俗研究者所重视。因此，除了佛教界出于阅读理解佛典的需要而进行一些字音字义的研究外，佛教文献语言基本没有引起其他研究者的注意”。[①] 而且，即使在上一个世纪里，除了晚近的一二十年之外，似乎只有少数几位不是特别以佛教为其专业的学者，曾经关注过佛教传播与汉语流变之间的相关问题。相反的，在以汉译佛典为其主要文献资具的中国佛教的研究圈子里，长期以来对于佛典里所呈显出来的汉语和传统的古典汉语或古代白话之间，究竟在语言上有何牵连、在语体上有何差别，乃至在解读上与纯粹中土的文献有何不同的问题，似乎从来不曾形成过任何重大的议题而被此一领域里的研究者拿出来进行讨论。

若从中国译经及其诠释佛典的历史来看，不论古译、旧译或新译时期，对于如何进行梵、汉两种语言之间的转换工程，参与其事的华梵二众不但先后都曾经发表过各种不同的见解与观点，而其门生后学在进行这些经典的诠释与注疏之际，也经常会提醒其中土的研读者必须留意梵、汉之间语言上的异同。[②] 因为当时实际参与翻译工作的华梵之士，乃至其通晓译场操作的门生后学都深

---

① 参见《佛典与汉语音韵研究——二十世纪国内佛教汉语研究回顾之一》，收于《汉语史研究集刊》第二辑，巴蜀书社，2000年，页302。

② 此处我们并不打算转述这些史实，有兴趣者，或可翻阅马祖毅所撰《中国翻译简史》（增订版，中国对外翻译出版公司，1998年，页18—95），与陈福康新近修订出版的《中国译学理论史稿》（上海外语教育出版社，2000年，页6—42）。

刻地认识到以下这个事实，亦即在佛典东来而为汉语所归化的过程里，在这些外观上看起来似乎已经完全“汉语化”的典籍身上，其实留下了太多汉语根本无法加以驯服的成素。

因此，对于佛典汉语这种由“诗散兼行”“华梵交错”“文白结合”与“雅俗夹杂”所形成的语言变体来说，把它们视作纯粹中土的文献而来解读，恐怕是一件相当危险的事情。缺乏了词汇古今流变的概念，而又没有具备源头语(source language)的一些语法知识，只是凭借着个人对古典汉语的熟稔便尝试来解读这些汉译佛典文献，乃至于把它们再转译成所谓的“白话”，这些充斥于书肆的速成产品，是否会因此而误导了求法若渴的众生，这也是一件相当令人忧虑的事情。

我们试看唐人的佛典注疏，譬如《俱舍论》的“宝疏”与“光记”，处处都可以见到他们对于此类与传统汉语有别的特殊语言现象的高度警觉。然而，近当代以来，在国人以汉译佛典文献为主轴的研究里，对于这批文献的翻译性格的认知与警觉，显然是在急速的衰退之中。简言之，他们之间多数的研究者在汉译佛典的解读与诠释上所采取的策略，往往就是尽可能地以其本身特有的“境遇”或“视域”来归化它们，至于那些无法被归化的成素，这些研究者往往就把它们置于一旁而不加理会。若是从文化交流的观点来看，也许这些难以归化的异域成素才是昔日庞大的佛典翻译工程真正需要引进来的东西，而它们或许也才是真正有可能给予汉地文化实质影响的一些外来成素。

自从梁任公在《佛学研究十八篇·翻译文学与佛典》里摘要式地描写了佛典汉语和古典汉语之间在词法、句法乃至语体风格上的种种差别之后，除了胡适在其《白话文学史·佛教的翻译文学》里继续敷衍梁氏先前之说，并提到唐宋时期白话的崛起和汉译佛典里的语言形式有着相当密切的关系。此外，就罕见有其他的研究者能够继踵其事，以求能进一步解明这些汉译佛典里的特殊语法或修辞现象的来龙去脉，遑论有人会去澄清这些有别于古典汉语而出现在汉译佛典里的特殊语言现象，对于确切地解读这一批外来的翻译文献所可能蕴含的重大意义。

近代以来，汉语佛学的研究者为什么会轻忽了经典里的语文现象呢？其中的原因固然很多，但是这和民国以来佛学研究者的知识背景与知识兴趣则有一定程度的关连。熊十力先生是"五四"以来研究佛学的名家，他主张"学者诚有志于佛学，当以中国译籍为本"，这一说法本来也无可厚非，并且在研习的程序上也是很正确的，所谓"学有其基，则梵文颇堪参较"。但是，他却坚决反对由梵语研习入手而治佛学的方法学进路，并且认为"佛学自是佛学，梵语自是梵语"，①他的这种观点便多少有点针对当年汤、陈二氏的治学方法而来的味道。然而，不论是汤用彤或是陈寅恪，这两位前辈先生却是当时少数几个真正有能力见出汉译佛典语言问题的学者，虽然当年他们的研究并没有集中在此类问题上。熊十力先生把佛经语言与佛教思想如此地截然二分，这或许也是他能够在面对汉译佛典时经常以"强势误读"的诠释策略来解读它们的原因吧！

事实上，在源头语的语法知识并不充分的情况下，因而"望文生义"式地错解或误读了佛典里的"译文"，即使是那些长年浸淫于佛典的研究者也很容易犯下诸如此类的错误。譬如在汉译大乘佛典的"序分"里，经常都会出现这样一句套语："与大比丘众多少千

---

① 文中所引熊十力先生之说，参见其《佛家名相通释・撰述大意》，广文书局，1969年，台二版，页15以下。

人俱……菩萨多少万人多少千人……”以《大宝积经·普明菩萨会》为例,这一句套语的秦译作:“……与大比丘众八千人俱,菩萨摩诃萨万六千人……”,而其对应梵语为:“. . . mahatā bhikṣusaṃghena sārddhaṃ astābhir bhikṣusahasraiḥ ṣodaśabhiś ca bodhisatvasahasraiḥ . . .”此中,汉译“与……俱”,乃是译自梵语“sārddham”一词,而此语在原句的语法里是同时串接在“比丘”与“菩萨”二众上的,然而在历来的汉译中,翻译者或许但只依从源头语的词序加以译出,只把此一副词粘合在“比丘”一词之上而形成了“与大比丘众多少千人俱”的译句。其次,则是关于文中“大比丘众”一词的意思,古来的理解几乎都把该词解释为“具足三明六通而德行圆满的杰出比丘们”。如此来判读“大比丘众”一词的词意内容,即便是当代研究佛学的名家,如印顺法师之流者,似乎也在所难免(事实上,在印顺法师诸多有关大乘经典的讲记里,他便是如此来疏释套语里“大比丘众”一词的文义)。对于所谓“大比丘众”一词进行这样子的解读,若就原文的语法来看,这显然是弄错了定语所要限定的对象,因为“大”这个定语所要限定的中心词并不是“比丘”,而是“众”。所以,原文里的“大”并不是指“伟大”或“杰出”的意思,而只是单纯地用来形容与会“比丘僧团”(bhikṣu-saṃgha)的“庞大”而已。

从表面上看起来,诸如此类的错译或误读,似乎只是一些枝节末叶而与经义的深刻内容无甚相干,因此对于古来多数的阅藏者或是当代的一些汉译佛典的研究者来说,他们总是不会在这一些可以“望文生义”的文句上多费一些心思的。然而,这种以汉语语法来读解佛典译文的操作方式,基本上都多少预设了佛典汉译工程的完美性,而全然无视于原典与译籍之间在语法转换上所可能潜存的紧张关系。尤有甚者,是一当有人在诸如此类的文句解读上追根究柢之际，总是会遇到另外一批人把此类“实字测其义理，虚字审其神气”式的文句理解活动，视为是在文字里讨活计、兜圈子，甚且还会揶揄这种对文字的穷研猛究恰似四只脚陷入泥淖里的大象，乃是一种执著的表现，而这种近乎反智的倾向似乎在教界里显得格外浓烈。然而，出家的修行者不愿通过细研经论的方式来回归释迦的本怀，这难道不是当前佛教发展的一项隐忧吗！

因此我们认为若是缺乏一些相应的源头语的语法知识，实际上是难以真正无碍地进入到汉译佛典的世界里去的。而且，即使能够如同梁任公一样地熟稔古典汉语的历代流变，并且充分地意识到汉译佛典里的特殊语言现象，或许至多也只能对这些怪异的语言现象做一些属于描述性的排比研究而已，而无法真正深入到这些奇特的语言现象之中以求解明它们的来龙去脉及其真正的意蕴所在。

在一般以先秦、两汉为期，或是以唐宋之后为期的上古汉语或近代汉语的断代研究里，由于以往都是拿一些纯粹中土的文献作为语料，因此前揭那些与佛典汉语或是中古汉语有密切关系的语言问题，就不会或是比较不容易被这些汉语史的研究者所触及，因而他们没有留意那些在汉译佛典里所呈显出来的一些特殊的语言现象，也是很自然的事情。①

---

① 中古汉语的断代研究是上个世纪后期才崛起的研究领域。在此之前，学者之间的汉语史研究，若非集中于先秦与两汉一段，便是摆在唐宋以后的时期，而且在后者的研究里，其语料的择取能够大量扩及诸如禅宗语录等汉文佛典文献，也是在晚近二十年之间才发生的事情（参见方一新《关于中古汉语词汇研究的几个问题》，收于江蓝生、侯精一主编《首届汉语语言学国际研讨会文集：汉语现状与历史的研究》，中国社会科学出版社，1999 年，页 346；蒋绍愚《近十年间近代汉语研究的回顾与前瞻》，收于氏著《汉语词汇语法史论文集》，商务印书馆，2000 年，页 338）。

但是,对于昔日国内多数的佛教研究者来说,既然是以汉译佛典作为其研究的文献基础,却对于佛典汉语里所出现的各种怪异的语言现象显得如此视若无睹,这就有些奇怪了。除非是这些研究者在解读这批文献的章句文义时,面对其间所出现的那些奇特的语言现象,或许因为司空见惯,反倒觉得稀松平常,所以并没有因此而构成他们理解上的任何困扰;要不就是他们在遇到了这些因于特殊语言现象而造成的"生涩章句"或"冷僻词语"之际,总是能够设法技巧性地回避它们;还是说他们在阅藏读经之际都采取了五柳先生的方式来进行,因而才会对于此类特殊的语言现象浑然不觉。不然,我们就难以理解为什么汉语佛学界的先贤前辈能够长时期的漠视佛典文献里怪异的语言现象而不加理会的缘故了。①

总而言之,在专业的佛教研究领域里,几乎难以见到有研究者会因于汉译佛典里所出现的那些特殊语言现象而感到好奇或是觉得困惑,当然更不用说是投身研究这些怪异的语言现象,并着手评估这些语言现象对佛典章句文义的理解所可能带来的影响了。②近二十年以来,国内的佛教研究圈子似乎也和其他的人文学术圈子一样,浸润在所谓"误期的现代性"的氛围之中,而其间一些有

① 当然,其间也偶有例外,譬如周一良先生在1950年以前所撰写而先后收于氏著《魏晋南北朝史论集》(中华书局,1962年)及其全集第三卷《佛教史与敦煌学》(辽宁教育出版社,1998年)里的若干短论,诸如《能仁与仁祠》《论佛典翻译文学》以及《中国的梵文研究》等,便曾对六朝佛典中的词汇与语法作过一些研究,并结合实例来说明解读这些译籍时当须留意之处。然而,周一良教授的这些著作,不论是对当时的汉语史研究者或是佛学研究者来说,似乎并没有引起太大的注意,虽然在当代有关中古汉语史的研究领域里,这些论文已然有了新的评价,并被视为是具有开风气之先的典范性意义(参见方一新前揭文,页346)。

② 事实上,在当代有关汉译佛典的语言研究里,不论是译经文体的语言风格研究或是语法成分的分析,乃至译词词汇的构词法研究或是其词义的训诂,其间进行研究的学者绝大多数都不是以佛教研究为其专业的。

志之士也顺势号召了一批后起之秀投身于梵、巴、藏等经典语文的研习,因此要求在研究方法与论题上和国际潮流并驾齐驱的呼声,在这个不算大的学术圈子里,可谓是高唱入云而此起彼落。[①] 但是,与此同步的一个现象却令人十分忧心,那就是这一批新崛起的研究者之间绝少有人肯正面的把汉语——不论是古典汉语或是佛典汉语——也视同一种经典语文而认真地加以研习。

三　佛典汉语研究的枯木逢春

事实上,把汉文佛典里的语言和汉语流变史结合在一起而进行所谓"佛典汉语"的研究,这种风气在台湾也是由语言学的研究者先行倡导,而在这几年之间才在特定的学术圈子里逐渐流传开来。在此我们必须一提的,是竺家宁教授从1991年发表了《佛教传入与等韵图的兴起》一文开始,[②]便长期而持续地对"佛经语言学"展开了研究,而南华大学的佛教学研究所也基于当初设所的基本宗旨——培养汉译佛典的研究人才——因此,在该一研究所成立的第二年(1997年)便延请竺教授担任"古典汉语"与"佛典汉语"的课程,而竺教授本人则在中正大学中文研究所里领导了一个"佛经语言研究小组",并在国科会专题研究计划之下,自1995年而迄

① 林镇国教授曾把这种佛教研究风气的转变现象称之为"误期的现代性"(belated modernity),他说:"自八十年代起,新兴起的语言文献学方法成为研究典范,这对提升台湾的佛教研究水准有很大的贡献。从国际的佛教研究视野来说,这乃是误期的现代性现象。这种现代佛教研究在台湾的误期,若缺乏恰当的反省,则往往会成为误置,反而使原具积极性的语言文献学研究隔绝于当前具体的文化脉络与议题"(参见《空性与现代性》,立绪文化事业有限公司,1999年,页175)。

② 参见《国际佛学研究年刊》,创刊号,页251—263。

于 1999 年一系列地从事于由东汉而至西晋的早期佛经词汇研究，目前仍在执行中的计划则为"慧琳《一切经音义》复合词研究"。

此外，由于竺教授的大力推动，中正大学中文系更在 1999 年 10 月举办了国内首次的"语言学与汉文佛典演讲暨座谈会"，试图结合国内汉语语言学的学者与佛学的研究者共同研讨如何促进汉文佛典的语言研究。① 在这一场同行与同好的聚会之后，据闻在国内颇负盛名的香光尼僧团也准备把"汉译佛典的语言研究"列为该僧团学术研究的重点项目之一，而圆光佛学研究所除了拟于近期之内筹设"汉传佛典研究中心"之外，并计划与中央大学中文系进行学术合作，而准备以"汉传佛典的语言、文学与思想"为题，召开学术研讨会，以期能更具体地落实汉传佛典研究的多元化发展。

其实，像这一类利用汉传佛典文献的语料而着手汉语发展与变迁的研究，在海峡对岸早已进行了一段相当的时日，而且在研究成果上也已经有了不错的成绩。② 虽然如此，岛内的相关研究毕

---

① 关于此次演讲会的主要内容及其座谈纪要，竺家宁教授曾经撰写了一篇报道性的文字刊于《汉学研究通讯》，第 73 期，2000 年，页 29—32。

② 此中，1998 年以前的相关研究，在竺家宁《"佛经语言学"的研究现况》一文里（《香光庄严》杂志，第 55 期，页 14—29），已经有了相当详尽的报道与介绍。至于该文未曾列举的重要论著以及 1998 年之后的一些相关研究，若略去散篇论文不计，而以博士论文或专书来算，则已经出版的有：

袁　宾

1. 禅宗著作词语汇释，江苏古籍出版社，1990 年。

2. 禅宗词典，湖北人民出版社，1994 年。

于　谷

禅宗语言和文献，江西人民出版社，1995 年。

辛嶋静志

1. *The Textual Study of the Chinese Versions of the Saddharmapuṇḍarīkasūtra in the Light of the Sanskrit and Tibetan Versions*, The Sankibo Press, 1992.

2. 長阿含々の原語の研究，平河出版社，1994 年。

竟也已经展开了，并且以岛内目前的条件来看，若是中文学界能够适度地结合佛教学研究领域里的梵、巴、藏等经典语文方面的人才，彼此相互切磋而在语言学与宗教学的结合之下共同来进行一些整合性的研究，势必能够为各自学科的内容或是相关论题的研究带来不少实质的进展。

但是，对于国内多数的佛教研究者来说，这类工作的价值似乎在同行之间并没有被普遍而充分地意识到。换言之，他们对于"汉

---

3. 正法華々詞典，创价大学国际佛教学高等研究所，1998 年。
4. 妙法蓮華々詞典，创价大学国际佛教学高等研究所，2001 年。

颜洽茂

佛教语言阐释——中古佛经词汇研究，杭州大学出版社，1997 年。

张美兰

禅宗语言概论，五南图书出版公司，1998 年。

胡敕瑞

《论衡》与东汉佛典词语比较研究，巴蜀书社，2002 年。

姚永铭

慧琳《一切经音义》研究，江苏古籍出版社，2003 年。

史光辉

东汉佛经词汇研究（浙江大学博士学位论文，2000 年，笔者未见）

除此而外，在此一领域里，1992 年出现了一件相当有意义的事情。那就是日本花园大学禅文化研究所成立了"禅籍俗语言研究会"，并且与中国大陆的学者在 1994 年协同创办《俗语言研究》杂志，在该刊的发刊辞里有如此一段发人深省的话："语言是思想的载体。若不能严谨地把握语言，则难以反映思想之实相。即使标榜'不立文字'的禅宗亦是如此。考虑到从思想、历史角度研究禅学的专门杂志已经问世，故本杂志则着重从语学角度之视角研究禅宗文献"。该一杂志，就笔者所翻阅过的五期内容（1994—1998 年）来说，其研究领域不只包括了禅宗语录文献而且还有其他的汉译佛典文献在内，但大体上都是针对这批汉文佛典所出现的俗语、口语、俗谚而进行研究。此外，该研究会所编辑出版的《禅语辞书类聚》一书，则为六种解释禅录方言俗语的汇编，并且其中所释词语多不为现有辞书所收录。

再者，新近由四川大学中文系硕士生帅志嵩与谭代龙两位同学合力汇编了《佛教文献语言研究论著目录（1980—2000）》，而这份目录则以语音、语法、词汇、综合与专著等五大类胪列了近二十年来大陆方面在佛经语言学上的具体研究（文见《汉语史研究集刊》第四辑，巴蜀书社 2001 年，页 443—455）。

译佛典研究的语言学转向"所显示出来的重大意义缺乏了应有的警觉，而这种警觉性的低落也多少反映出了国内同行的研究体质。并且，此一体质若不加以适度改善，或许在下一波以汉传佛典文献为基轴的佛学研究的浪潮里，要不就是成为上焉者而忙于结网，要不就是成为下焉者而徒然临渊羡鱼而已。

四　百年孤寂的汉译佛典

辛嶋静志教授对于长期以来汉译佛典遭受冷落而没有能够得到公平对待的原因，曾经相当精辟地论析了其间的症结所在。[①]他的基本论点可以归纳如下：

其一是佛教本身所持的语言观与基督教所谓"太始之初便有言语，言语与上帝同在，言语即是上帝"（《约翰福音》第一章第一节）的观点是大异其趣的。佛教不仅在布教的语言政策上采取了放任的态度，并且也经常不忘告诫人们不可过度拘泥语言，甚至还认为对语言的过度拘泥是有损于求道的。[②]

其二是在研究中国传统学术的人士之间，极少有人是以佛典

① 参见氏著《汉译佛典的语言研究》，收于《俗语言研究》，1997 年第 4 期，页 29。

② 当然对于基督宗教来说，也不可一概而论地认为所有的基督宗教都那么重视"speech"意义下的"logos"；对于世俗语言的怀疑和对精神静默力量的崇尚，这种类似于中国禅门宗风的东西，事实上也可以在 17 世纪英国基督新教"公谊会"（Friends）的教义里发现，George Fox 这一位强调"内心之光"的创会者，他便曾如是说"所有语言对我来说，不过只是尘土而已"。同样地，我们也不能认为在佛教的传统里，所有的流派都如同中国的禅宗一样地贬抑"语言"，事实上，诸如在阿毗达磨佛教的经院哲学里，他们对"语言"就表现出了高度的重视。

为其专业研究的，而且这些研究中国传统学术的人士在心态上也总是漠视此类汉语文献的存在；虽然这些以汉语写成的文献在数量上极其庞大，但却往往被一般所谓的"国学研究者"摒除在中土文献之外而不加理会。

其三是专业的佛教研究者通常都会认为汉译佛典毕竟只是翻译，而且在翻译的精确度上也远不及藏语的佛典翻译，更何况这些汉译佛典若是与现存的梵语和巴利语佛典相比，充其量也不过只是二手资料而已；即使在研究上必须参考它们，只需到时翻读一下，理解起来也不会遇到什么困难。

辛嶋教授以上的这些分析可以说都是极其中肯的。佛教东来中土之后，其本身所抱持的语言观又和道家"书不尽言，言不尽意"的语言思想相互地熏习，终而出现以要弄语言为能事的禅宗，那也就不足为奇了。当然，佛教在布教的语言政策上拒绝采取统一的经堂语，这固然使得佛教难以和当年的罗马教会推行拉丁语化的布教政策一样，使它能够比较方便地从中建立一个统一的教会组织。在这一点上，或许正如 M. Foucault 所指出的，语言不只是权力的延伸，它本身即是权力。

但是，也正是基于这样一种佛陀时代已然奠定的语言政策，[①] 佛教的僧团及其教理思想才有可能展现其惊人的适应能力，而在历史发展的长河之中呈现出千姿百态的各种风貌。佛教，严格说

---

① 根据南北两传现存的《律藏》文献，都可以显示出佛陀反对制定统一的经堂语，并主张采用在地语言来弘法布教，参见季羡林《原始佛教的语言问题》，中国社会科学出版社，1985 年，页 7—15；另见水野弘元《々典——その成立と展開》，佼成出版社，1980 年，页 64—66。

来，应该称之为“诸佛教”，[①]因为在其发展的过程里，它们从来就不是单一而均质的，而其多元化的发展倾向在它们对经典的持受与传播上也可以清楚地看到。就前者来说，不同的佛教部派不但在经典的持受上各自有其不同的三藏，而且也各自有其不同的经堂语；[②]以后者而论，他们在经典的传播上，在拒绝采取统一的经堂语之余，往往都是采取弘化地区的在地语言，或出之以“变换”和“转写”（transformation or transliteration），或借之以翻译（translation）而来进行这类工作。[③]

至于辛嶋所提及的第二项原因，这固然和汉族知识分子长期以来在学术上所抱持的“我族中心主义”（ethnocentrism）有其密切的关系之外，或许其间更为根本的，乃是因于中国传统的教育和学术机制。吾人皆知，唐宋以后中国传统的那一套教育和学术的机制从来就不曾允许僧众涉足其间，而即使今日看来，这种情况似乎也没有太大改变。这种情形和欧洲大学的建制原先是起自于中古时期的僧院，可以说是截然不同的。所以 R. H. Robinson 在考察中国古代僧材教育的时候才会说：“如果说佛教僧团能够从事于授予在家信众之孩童各类基础教育，为之启蒙……则中国佛教的历史很可能大为改观。”[④]

---

① cf. D. Keown's *Buddhism: A Very Short Introduction*, Oxford University Press, 1996年，页2。

② 参见季羡林前揭书，页18、27—28；另见水野弘元前揭书，页66—67。

③ “变换”是就口承传统在方言上的口头过转，一般而言，这多半是指“原始或前经典时期”（a period of Ur-canon or Pre-canon）的口头传播；“转写”是指口承传统文字化之后，方言之间的换写；而“翻译”则通常是指跨语种之间的语文转换。

④ 参见氏著《印度与中国早期中观学派》，郭忠生译本，正观出版社，1996年，页17。

权力经常是知识生产的原动力，而知识的再生产也往往是为了反馈或巩固其原动力。知识生产与再制的这种权力的循环模式，原本就不太可能让任何异质的权力妨碍其系统的运作，除非这项异质的力量透过某种自我技术的调整而融入该一系统之中，或是它形成了足以对抗该一权力机制的力量而迫使该一机制的运作力场发生改变。这种 Foucault 式的观点，不但可以用来说明往日佛学研究在汉地学术生态中的次等地位，而且也能够诠释当前学术体制外佛教学研究的处境。如果佛教式的教育理念及其操作方式能够进入往日的教育或学术体制之中，或许会改变的，不只是中国佛教的历史命运，至少还包括了整个学术生态的调整吧！

至于第三项原因，它所涉及的层面其实相当广泛而且颇为复杂，此中既有学术典范认同上的牵扯，也有民族自尊心上的纠缠，同时更涉及方法学上的问题。日籍学者自从大正时期以来一直就是佛教学研究领域里的一支尖兵，而其霸业的构筑则完全师法自欧洲比较文献学（comparative philology）的研究路数而来。F. M. Müller 是这一方面重要的开山人物之一，他同时也是南条文雄的老师，而后者则将其师尊的治学方法引入日本学界，从而开启了日本佛教学研究的现代化道路。

Müller 在 1881 年刊行了欧洲世界里第一个《金刚经》的梵语校订本，他在此一刊本的前言里曾经这样地说：①

我们自大量汉译所获得的援助，无论如何，并不如预期的

① 参见《新译梵文佛典·金刚般若波罗蜜经》第五分册，如实出版社，1995 年，页 572。

高……就我所见，即使是最优秀的中国学者，恐怕也不能藉最佳译者的译本，而对《金刚经》或类似作品有正确的理解，除非他能先阅读梵文原典。

这种唯原典是尊而鄙夷汉译佛典文献的心态，无疑地，Müller是始作俑者，而这种原典崇拜的情结也被南条带进了日本，并且在学术机制的运作与催化之下，Müller式的学风蔚成典范，而对往后日本佛教学研究的知识生产过程发挥了至深且巨的影响。[①]

长久以来，特别是在人文学的领域里，翻译就一直被视为是原作的婢女，因此她的存在只是为了服侍主子，而忠诚度则被视为是评鉴其良窳与否的根本标准，即使她出落得楚楚动人，一旦其忠诚度受到质疑，便会被人称作是"不贞的美女"(les belles infidèles)。我们并不是以隐喻的方式而对翻译做出这样的描写，事实上，《蒙田文集》的英译者，17世纪英国宫廷的御用学者John Florio就曾经以"所有的翻译，因为必然都是有缺陷的，所以一般都被认为是女性的"这样一个简洁的等式，总结了翻译和女性两者在传统中的次等位置。[②]

我们并不打算在此介入女性主义者对此一雄性式阳谋的批判，而只准备指出原典与译本之间，长期以来，"原典"就被比拟为是强壮而具生产力的男性，而"译本"则只被看作是低弱而派生出来的女性。[③] 因此，在佛教学这样一门长期以男性为其主要成员

---

① 参见吴汝钧《佛学研究方法论》增订版，学生书局，1996年，上册页195—196。

② 引自Sherry Simon's《翻译理论中的性别》，收于许宝强与袁伟选编的《语言与翻译的政治》，中央编译出版社，2001年，页309。

③ 同上。

的研究领域里,他们对原典的崇拜以及对译本所谓“忠诚度”的苛求,乃至对佛教有关性别歧视的论述毫不在意,或是漠不关心,也许就不足为奇了。

回到我们的论题上来,那些专业的佛教研究者会在何种情况下来翻阅汉译佛典呢?在如此庞大的汉译文献群里,他们会钟情哪些文献,而哪些文献又是他们绝少去碰触的呢?要回答这些问题,我们只需检视他们的知识生产过程及其产品类别,便多少能知其梗概。对于 Müller 式的比较文献学的方法学来说,译本存在的价值便在于使出其浑身解数来协助拼凑那些支离破碎的原典,以期能恢复其原初的面貌。因此,那些原典已然尸骨无存的译本便难得有机会受到青睐,而那些有原典存世,即使是破败不堪的断简残篇,其历代的各种译本必然成为瞩目的焦点。当然,法比学派(Franco-Belgian School)的研究路数及其傲人的成果,的确也给了当时学界相当的震撼,并且也多少修正了原先 Müller 式的那种学风。①

对于印度佛教思想史的再现工程而言,我们能够掌握到的原典显然并不足以让我们充分而全面地展开这项工作,而和佛教思想流变有着重大关系的一些典籍却迄今仍未见其原本现身。因此,法比学派的学者们,诸如 Poussin 与 Lamotte 等人便把其目光转向了那些但有译本存世的重要典籍上去,而像《解深密经》《维摩

① 山口益在《法国佛教学五十年》一文里,曾对 E. Lamotte 的法译《大智度论》给予高度的评价,并且同时对当时的日本学界提出了警告:“这部巨著连根扫除了日本佛教学者间流行的说辞。从来,日本佛教学者间就有如斯的说词:‘梵文本、藏文本等横行文字的佛典研究,已由欧美学者着了先鞭,而汉译佛典的研究是由日本佛教学者保持着的。’这种已经不合时代潮流的说辞,起因于认识不足。”(以上参见张曼涛主编《现代佛教学术丛刊》第八五册《现代世界的佛教学》,大乘文化出版社,1978 年,页 274)

诘经》《摄大乘论》《成唯识论》与《大智度论》等等没有原本存世而又极度重要的翻译佛典,顿时之间便成了和原典一样珍贵的东西而受到注目。但是,在他们的研究里,一旦在有藏译本存世的情况下,汉译本就只能沦为第二序的材料,因为在他们的心目中藏译佛典一直有所谓“准梵语佛典”之称。①

因此,对于庞大的汉译佛典文献来说,或是基于原典校订上的考量,或是基于藏译本解读上的斟酌,这些当代的专业研究者才会动手去查阅这些文献里的一些相关部分。当然,为了印度佛教思想史的再现工程,研究者也会把目光移向那些既乏原本又未曾译成藏语而只有其汉译存世的文献,譬如 Lamotte 对《大智度论》所进行的庞大译解工程。除此而外,汉译佛典里的绝大部分可以说仍处于冰封的状态,而极少被这一批研究者以所谓“历史文献学”(textual-historical criticism)的方法仔细地翻搅过。

遥想当年有多少客死他乡而埋骨异域的来华僧侣,有多少西出阳关而九死一生的求法者,他们毕生孜孜矻矻的心血,如今要不是被其后代法裔退藏于密室而束之于高阁,就是被许多当代的研

① 把藏译佛典视为是所谓“准梵语佛典”,这是山口益依从法比学派的藏学家 J. Bacot 对古典藏语的“古典观点”而来的,Bacot 认为古典藏语是为了翻译梵语佛典而制定的人工语言(langue artificielle),因而藏地的翻译家在翻译梵语佛典时是采取了最贴近原典的一种逐语直译的方式来进行,所以 Bacot 认为我们可以把藏译佛典看做是梵语佛典的一种搨本形态(以上参见山口益为稻叶正就《チベット語古典文法學》一书所写的序文[增补版,京都法藏馆,1986 年,页 2—4])。然而,这种说法,如今已然受到强烈的质疑,国际知名的美籍藏语学者 R. A. Miller 在其所著 *Studies in the Grammatical Tradition in Tibet*(Amsterdam 1976),便针对藏语语法的来源问题而向 Bacot 所宣称的那种观点提出了质疑:和梵语语系截然不同的藏语如何可能应用梵语语法体系来构筑自己的语法体系呢?这个问题当然会令我们直接联想到《马氏文通》当年削足适履的尴尬处境。

究者视若敝屣而弃置一旁。庞大的汉译佛典,在它们过去的黄金岁月里不知抚慰了多少彷徨无依的心灵,挽救了多少在三毒之途上迷失的众生。它们的问世曾经被誉为是人类跨文化、跨语际的交流工程里的一项奇迹。在历史上这一批翻译的典籍不但滋养了国人的想象力,丰富了传统文学的写作题材与表现形式,而且它们还曾给予了中国文化各方各面极其深远的影响。① 然而,如今这一批庞大的文献却落得这般乏人闻问的地步,其门前冷落的凄凉仿佛是美人迟暮一般,真是令人浩叹而欷歔不已。

当"汉译佛典研究的语言学转向"高举其大纛之际,这一批历经百年孤寂的翻译文献是否真能枯木逢春?是否可能借由此一语言学转向的风潮而再造其昔日的荣光呢?这实在是值得汉语佛教圈里的研究者好好深思的问题。

五　佛典翻译工程对汉地语文的影响

宋代的郑樵在其名著《通志·六书略》"论华梵"条里曾说:"梵人长于音,所得从闻入;华人长于文,所得从见入。"这几句话不但相当具体地反映出了华、梵之间在知识的传递形态与领受方式上的不同,而且也道出了表音文字和字符文字之间在语文性质上的根本差异。此中,且就传播观点来看,表音文字有赖于近程的接触传播,

① 季羡林教授便曾经说:"现在大家都承认,不研究佛教对中国文化的影响,就无法写出真正的中国文化史、中国哲学史甚至中国历史。佛教在中国的发展是一个非常有意思的研究课题。公元前传入中国以后,经历了试探、适应、发展、改变、渗透、融合许许多多阶段,最终成为中国文化、中国思想的一部分。"(参见《佛教与中国文化》,中华书局,1997 年第四刷,页 19)

若欲达到远距传播的效果，往往便需借助于口耳相承的方式，因而其口传文学便自然显得特别发达。① 在古典汉语里，“师”是“长”的意思，而在梵语里，所谓“老师”，则称作“亲教师”（ācārya = teacher ←ā√car = to come near to）。而所谓“upaniṣad”（奥义书），若考其词源之义，则可以发现此语有“近坐”（upani√sad = to sit down near to）的意思。以上所举的这两个在梵语里相当重要的文化词汇，都非常具体地反映出了天竺“从闻而入”的拼音文化的基本特色，当然更不要提佛经里开头的那句“如是我闻”的著名套语了。

同样地，在佛教东来中土之后，汉地陆续地展开了抄经、写经、刻经与印经等等的活动，这些操作除了其宗教的意义之外，大体上也反映出了“从见而入”的字符文化的知识传统。因此，“文本”的概念在这两大文化的传统里是不太一样的。在法显《佛国记》里便清楚地记述了这种差别：“法显本求戒律，而北天竺诸国，皆师师口传，无本可写。”这种差别其实也可以用来解释为什么我们今日在印度境内所发现的那些幸存的梵语贝叶写经，总是让人觉得它们充满了诸多讹误，而在汉地所保存下来的那些六朝时期或隋唐五代的佛经抄本，则不但件件几乎都成了书法艺术史上的珍品，并且还往往是今日校勘佛典的重要依据。

虽然如此，从佛教东传之后，随着不少西域与天竺僧侣的先后抵华以及佛典持续而大量的翻译，在这种跨文化、跨语际的长期交

---

① 就印度的文学传统来说，包括初期的佛教经典在内，其他诸如吠陀圣典与两大史诗之类的作品，基本上都是靠着口口相承的方式而被流传。因此，自古以来印度的口传文学便极为发达。公元7世纪时期前往印度的义净还曾亲闻一位老比丘口诵十万颂的般若经，其惊人的记诵能力，实在令人叹服。然而，若不是有着深厚的口授口承的传统，或许也不容易训练出如此惊人的记忆能力吧！

流活动的过程里，中土的文化和语言也还是逐渐感染到了“从闻而入”的天竺传统，并且在其文化的发展以及语言的流变之中，都相当具体地呈显出了这种影响的痕迹。

此中，且就“语言”方面来看，中土对其字符文字的研究，可以说在东汉时期许慎的《说文》里已经有了极为系统性的知识；然而，这种以象形、指事为基础所开展出来的视觉性的字符系统，若是缺乏了某些异质的拼音语文的刺激或影响，或许便会比较轻忽此类文字在音韵方面的系统性研究。而且，事实上，根据学者的研究与考证，举凡中古时期四声的发现与反切法的问世，乃至唐宋之后字母的创制与等韵图的兴起，这些包括了汉语声、韵、调三个部分的音韵学上的重大成就，可以说无一不与佛教的东传及其在汉地的流衍有着密切的关系；[①]而整个汉语音韵学的奠基及其发展，实际上也可以看成是受到“从闻而入”的天竺语文传统刺激或影响之下的产物。

事实上，自古以来，不论是在其发源的印度，或是在东传之后的中土，就佛门的学术传统来说，音韵之学，亦即所谓“声明”，也一直都被僧侣们视为重要的学问来看待，所以郑樵在《通志·七音略》的序文里才会有“释氏以参禅为大悟，通音为小悟”的说法。因此，我们可以说，随着汉译佛典的成立与弘传，它也促动了中土语言学由“形符”转向“声符”的研究，而这种学问视角与研究方法

---

① 参见张建木《佛教对于中国音韵学的影响》、李子曰《印度梵文对中国声韵学的影响》，此二文皆收于张曼涛主编“现代佛教学术丛刊”第十八册《佛教与中国文化》，大乘文化出版社，1978 年，页 251—270。此外，诸如唐作藩教授在他那一部两岸都流通甚广的《音韵学教程》的教科书里（北京大学出版社，1986 年简体初版，1991 年繁体二版，2000 年繁体第六刷；1992 年五南台初版第一刷，1994 年第二刷）也都在相关之处提及了汉语音韵学在发生学的意义上，受到佛教东来与佛经翻译的深刻影响。

的转变,无论如何在中国学术史上都是值得大书特书的一件事情。

其次,从文体发展史的观点来看,敦煌变文基本上乃是一种韵散交错的文学体式,而这种说唱结合的文学形式,在中国文学史上无论如何都可以说是一种崭新的表现方式。至于这种文学体式的渊源,在当代学者之间虽然有不同的说法,但是认为"它是透过了佛经翻译文学而逐渐成形"的说法,目前已经成为了学界主流的观点。汉学家何德佳(Vera Hrdlickova)在解释中国说唱文学的起源时,就把此一渊源追溯到汉地的佛经翻译上。她说:①

> 如果我们想获得对说唱文学发展的正确解释,我们必须追溯至汉译佛经,其间中国文学首次出现了韵散结合的体制。

梅维恒(Victor H. Mair)这一位以研究敦煌变文而著称的美籍学者,更在其享誉学坛的成名作《唐代变文——佛教对中国白话小说及戏曲产生的贡献之研究》里,除了以更充分的证据支持了何德佳的观点之外,还谈到了"由闻而入"的天竺语文传统很早便影响到了中国文化的各方各面。他说:②

> 说唱体制并非仅仅以变文的形式而进入中国。事实上,其他许多佛教文学体式,或经典的、或通俗的,都采用了这类

① 参见氏著 *The First Translations of Buddhist Sūtras in Chinese Literature and Their Place in the Development of Storytelling*, Archiv Orientalni 26.1, 1958, 页 114。

② 参见中译本,杨继东、陈引驰合译,香港中国佛教文化出版有限公司,1999 年,上册,页 194。其实类似看法当年梁启超先生已然提出,他也认为"我国近代之纯文学——若小说、若歌曲,皆与佛典之翻译文学有密切关系",参见《佛学研究十八篇·翻译文学与佛典》,中华书局,1985 年台五版,页 29。

典型的印度式的韵散交错的文学体式。这些体式早在公元二世纪就开始进入中国，并对中国文化的各个层面产生了一定程度的影响。

此外，关于唐代近体诗的体式，华裔美籍学者梅祖麟与梅维恒两位教授也认为它们是受到了佛经翻译文学里“偈颂体式”（śloka）的启迪而形成的。①

当然，谈到宗教传播对语文的影响，其中最为直接的，应该就是所谓“词语的借用”了。梁启超先生当年曾经依《织田佛教大辞典》所列出的词条而做了一项非正式的统计，根据他的说法，大约有35000个梵语词目借由翻译而进入了汉语的词汇世界。② 语际交

---

① 参见梅祖麟（with V. Mair），The Sanskrit Origins of Recent Style Prosody，*HJAS*（51.2），1991，页375—470。又此一论文的简本今收于《梅祖麟语言学论文集》，商务印书馆，2000年，页498—509。根据后一版本，梅祖麟与梅维恒两人认为从沈约而至庾肩吾过世的六十年之间，汉语诗律发生了以下三个史无前例的演变：

（1）四声两元化形成平仄；

（2）以前的诗律只讲韵脚，而声病之说则兼及句中的平仄，尤其是五言句中的第二与第四字；

（3）齐梁体有固定的句数，律诗四联八句，后来称为绝句的诗，两联四句。他们认为汉语诗律在短短六十年之间产生了如此巨大的演变，很可能是受到外来因素的影响。这个外来因素就是梵语的诗韵学，而它们正是透过了佛教东来和佛经翻译而带入中土，并逐渐对汉语诗律造成了革命性的影响。二人的主要论据如下：

（1）沈约“四声八病”之说里“病”的概念，是受到公元2世纪之前已然问世的婆罗多《舞论》（*Bharata's Nāṭyaśāstra*）里，十种“诗病”（doṣa）的影响。

（2）梵语诗律里把“长短音”称为“轻重音”（laghu-guru），而沈约所谓“两句之中，轻重悉异”，其“轻重”的概念便相当于日后所说的“平仄”，由此可见，“平仄”的概念乃起源于梵语诗律里的“轻重音”。

（3）齐梁时代的翻译佛经，其原文中最为常见的一种诗律是śloka，它是由四个音步（pāda）组成，而每个音步则由八个音节构成，这乃是律诗和绝句句数的来源。

② 参见《佛学研究十八篇·翻译文学与佛典》，中华书局，1985年台五版，页27。

流的律则告诉了我们，当一种语言的词语借入量大到一定程度时，势必引起该一语言在语音和语法结构上的一些变化。试想这么多的外来词一旦涌入了汉语的世界，它们会对汉语的构词或构句方式引起多大的影响啊！这些外来的词汇在换穿了汉语的衣服之后，经过国人长期的使用，浸假日久，其中有部分的词语其词义或词性也渐渐出现了一些变化，而有部分的词语也慢慢地被人遗忘了它们原初的舶来性格而完全地融入了汉语的词汇世界。[①] 试想若是没有这么多的佛教词语进入到汉语的词汇系统里来，我们今日聊天谈话或是提笔为文会是个什么样子呢？当然，还不至于不能开口讲话或是动手下笔，但是在遣词用字上应该不会是今天这个样子吧！[②]

六　比较文献学流风影响下的汉译佛典的语言研究

佛教东来中土，借由持续而大规模的佛典翻译工程，从而丰富了国人知识的视野与思想的内容。从文学的角度来看，在译经文体与讲经布教的交互穿插之下，孕育了中国白话文学与讲唱文学的新体式。就语言学的观点来说，佛经的翻译除了直接丰富汉语

① 诸如阎罗王（yamarājan）、魔（māra）、鉢（pātra）、塔（stūpa）之类的音译外来词，如今都已成了国人口中经常使用的词语，或许也没多少人还记得它们原先都是不折不扣的舶来品吧；而一些现代口语里使用的相当频繁的词语，诸如爱河、交通、电影之类的词语，大概晓得它们原先是出自译经词汇的人也不会太多，而知道这些词语原初意思的人恐怕就更少了。

② 我们若是翻开中国佛教文化研究所编集的《俗语佛源》（上海人民出版社，1995 年第三刷）来看，便可以发现像五体投地、昙花一现、想入非非，乃至作茧自缚之类的成语，其初都是源自于汉译佛典。

的词汇数量之外，便是带动了汉语词汇与语法结构的一些改变。如此大规模的跨文化、跨语际的传播活动，今天几乎除了少数一些专家之外，或许再也没有多少人还记得在这项长期而持续的佛典翻译工程里，它们究竟在语文方面曾经带给了汉语哪些重大的影响。

这种集体性的历史遗忘，原因固然很多，而长期以来，不论教内或教外，中土多数的知识分子固执汉文佛典文献为纯然的宗教文宣，或许是其中最为重要的原因之一。因此，对于研究"国学"的传统知识分子而言，释氏之流的异端书籍，当然是向来不屑寓目；而"五四"以来崇尚科学的流风，也使得这批所谓"宗教文献"很难受到一般知识分子的注意。即使有一些知识分子对佛典感兴趣，大体上也极少是从宗教以外的其他视角来看待它们。至于佛教内部，那更是不愿在宗教之外来看待这批汉译文献，深恐如此一来便会玷污了这些圣谕贤语。

周一良教授 1947 年在"申报 · 文史副刊"上，发表了一篇题名为《论佛典翻译文学》的短文。在该文里，他首先谈到谁需要使用这一批形同嚼蜡的翻译作品。除了研究佛教哲学和佛教史的人士必须阅藏之外，而研究中国历史特别是研究中西交通史的学者，其实早已在这一批翻译文献里得到了许多珍贵的资料。但是，唯独研究语言、文学及其历史的学者，对于这一批汉译佛典文献却未能妥善加以利用。于是该文便针对研究语言与文学的学者，提醒他们不妨从三个方面来思考如何利用这一批文献：其一是把汉译佛典作为纯文学的作品来看，其二是把它们当成寓言、故事这类通俗文学来看，其三是从语言史的角度来看待这一批翻译文献。①

---

① 参见《周一良集》第三卷"佛教史与敦煌学"，辽宁教育出版社，1998 年，页 207—217。

事实上，周一良教授的这些说法，在梁启超当年的《佛学研究十八篇·翻译文学与佛典》里也曾提到，任公先生认为随着佛典的译汉工程，这些翻译出来的文献对于汉地语文的影响，可得而言者凡三：其一为国语实质之扩大，其二为语法及文体之变化，其三为文学的情趣之发展。然而，任公与太初先生这些富于启发性的说法，实际上却一直迟至晚近这一二十年之间才取得后进学者足够的重视，并且在研究上得到了他们既具体又丰富的验证。[①] 这种奇特的学术现象多少也印证了我们在前文里所说的，汉译佛典文献长期以来一直受制于国人褊狭而刻板的意识形态作祟，在多数情况下，不论是教内或是教外，似乎都只是把这一群庞大的文献视作纯然的宗教文宣来看待。无怪乎朱庆之教授会以感叹的口吻说："汉文佛典……这些数量巨大的极为珍贵的语料为什么竟然没有引起足够的重视，实在是一个难解的谜。"[②]

当然周一良教授能够在事隔近四十年之后承继任公之说，而

---

① 从语言学的视角来探究佛典汉译工程对汉语发展的影响，近年来已然成为大陆方面中古汉语研究的主流。此中，诸如朱庆之的《佛典与中古汉语词汇研究》（文津出版社，1992 年初版，1996 年第二刷）、俞理明的《佛教文献语言》（巴蜀书社，1993 年）、梁晓虹的《佛教词语的构造与汉语词汇的发展》（北京语言学院出版社，1994 年），乃至颜洽茂的《佛教语言阐释——中古佛经词汇研究》（杭州大学出版社，1997 年），这些研究都以更丰富而具体的论据落实了当年任公先生的说法。此外，从文学思想和文体流变史的观点来探究佛典汉译工程对中国文学发展的影响，这一方面除了学界熟知而由孙昌武所撰写的《佛教与中国文学》（上海人民出版社，1988 年初版，1995 年第三刷），和蒋述卓的《佛经传译与中古文学思潮》（江西人民出版社，1990 年初版，1993 年第二刷）之外，诸如美籍汉学家 V. H. Mair（梅维恒）的力作《唐代变文——佛教对中国白话小说及戏曲产生的贡献之研究》（*Tang Transformation Texts*，Harvard University Press，1989；此书目前业经杨继东与陈引驰合译为中文，由中国文化研究所于 1999 年出版），以及他和美籍华裔学者梅祖麟教授前后花费五年时间所合写的《梵文诗律和文病对齐梁声律形成的影响》（*HJAS* 51.2，1991，页 375—470），也都多少核证了梁启超先生当年先见之明的正确性。

② 参见氏著《佛典与中古汉语词汇研究》，文津出版社，1992 年，"前言"页 2。

以前述那种多元性的开阔视野来审视汉译佛典，并充分利用其间所提供的材料来进行其个人的各项学术研究，这当然和他本人早年曾亲炙寅恪先生，以及日后负笈哈佛精研梵语的个人学思背景有关。从19世纪后半期开始，随着西方帝国主义对亚洲的殖民，汉学与佛教学这两门在当时具有浓厚殖民主义色彩的学问也逐渐成了西方学术里的一环而蓬勃发展。大批学者或基于现实的政经利益，或因于纯然的学术兴趣，而纷纷关注于殖民地的历史考古、人种民族、风土人情、艺术宗教，乃至语言文学等等，可以说每个领域里都有埋首其间的学者进行研究。在这种形同卷起千堆雪似的学问浪潮的蜂拥交汇之下，开阔性的视野与多元性的观点，往往就是那些同时涉足多项领域并兼治其学而具有开山气势的大师级人物的标帜。

以佛教学的研究来说，由于学者在进行研究之际，佛教已然在印度本土消失，因此除了少数考古性的田野工作之外，主要就是借由比较文献学的方法来进行文本的校订。这种以语言为其基轴的研究方法固然有其局限性，但习染日久之后，便自然会陶冶出一种对语文变迁的高度敏感以及对此类变迁现象的考察习惯，而研究者若是本身同时又兼具多方面的学问兴趣，往往就会顺手援用这种语言学的进路来研究该一学术领域里的问题。①

---

① 以陈寅恪先生为例，他在《与妹书》（《学衡》第二十期，1923.8）里写说："我今学藏文甚有兴趣，因藏文与中文系同一系文字，如梵文之与希腊、拉丁，及美俄德法之同属一系。以此之故，音韵训诂上，大有发明。因藏文数千年用梵音字母拼写，其变迁源流，较中文为明显。如以西洋语言科学之法，为中藏文比较之学，则成效当较乾嘉诸老，更上一层。"寅恪先生在习得梵语而初学藏语之际（按：藏语的书面文献并没有数千年之久，由此可见寅恪先生在写此信的时候，可能才刚开始学习藏文），便能有如此敏锐的学问嗅觉，当然是和他受过严格的比较文献学训练有关，并且他日后的学术发展也明显地是借由梵藏汉诸语的文献，而顺着比较文献学的操作路数来研究国史和佛教问题。

以国人熟知的学术人物来讲，如钢和泰利用汉译佛典的对音语料而尝试古音音值的测拟，陈寅恪援引天竺声明之学与佛经转读而论析汉语的四声，季羡林依“浮屠”与“佛”音写上的出入而追索佛教东传中土的途径，乃至周一良对六朝译经的词汇和语法所作的一些具有前瞻性的零星研究。[1] 以这些在1950年以前便已完成的研究而论，若从方法学的观点来看，可以说篇篇都具有开风气之先的重大意义；不但如此，这些学者在扭转汉文佛典给人的刻板印象上，更是居功厥伟。

以上所提及的那几位具有开山宗匠之风的学术人物，其学思背景似乎都有几分相同的履历，其一是都接受过诸如梵语之类严格的古典语文训练，其二是都受到了历史语言学或比较文献学的方法学熏陶，而如此的学术规格正是当年他们负笈欧西之际在学院里给培养出来的。这种标榜语言与文献的文本研究，从文艺复兴以降，由希腊语与拉丁语的文本校订开始，而迄于19世纪因于印欧语言的寻根之旅而开展出来的比较语史学为止，他们在研究“文本”之际所采取的各项比对性的操作手法，可谓已臻炉火纯青之境，因此欧西学者一旦面对新兴的佛教文本研究，便会很自然地援用这种历史语言学的研究模式来进行其间的各项研究。

这种西方学界行之有年的研究模式跟随着几位杰出之士一起来到中土之后，从汉译佛典研究的层面上来看，透过这种研究方法

---

① 参见钢和泰《音译梵书与中国古音》，原载于《国学季刊》第一卷第一期，1923年，今收于姜文华主编《胡适学术文集·语言文字研究》，中华书局，1998年，北京第二刷，页230—239；陈寅恪《四声三问》，《清华学报》第九卷第二期，1934年，页275—287；季羡林《浮屠与佛》，中研院史语所集刊，第二十本《本院成立第二十周年纪念专号》，1948年，上册，页93—105；周一良《论佛典翻译文学》，原载于《申报·文史副刊》第三至五期，1947年，今收于《周一良集》第三卷“佛教史与敦煌学”，辽宁教育出版社，1998年，页207—217。

的操作，它不但扭转了昔日国人对汉文佛典的狭隘识见，而且也改变了国人对这批文献的研究角度。他们可以称得上是“汉译佛典研究的语言学转向”的主要推手。

此中，所谓“汉译佛典研究的语言学转向”，是指在汉译佛典研究的层面上，借由语言学的方法及其课题的引入，从而改变研究者视汉译佛典为纯粹宗教文宣的刻板观念，并促动佛教研究在方法学上的更新，以及在研究向度或研究课题上的转变。这种语言学进路的研究走向，不论其研究的课题是梵语或汉语的语言问题，或是印度乃至中国佛教的思想流变问题，甚至是有关古代丝路交通或中外文化交流的问题，其轴心都是对“佛典语言”的强烈关注，因为语言毕竟是这些相关问题的主要载体。从发生学的观点来讲，这种对汉译佛典研究的语言学转向，并不是从陈寅恪先生学成归国而在清华大学授课讲学之后才出现的。[①] 事实上，在此之前，这种汉译佛典研究的转向早已在欧洲见其端倪，并且在本土性的另一个学术圈里也已经热闹登场了好一阵子。

---

① 周一良与季羡林这两位促动汉译佛典研究语言学转向的主要推手，在出国深造之前都曾先后受知于陈寅恪先生。这是一种巧合，还是另有文章，我们就不得而知了。据季羡林《回忆陈寅恪先生》一文的记述，先生就读清华大学时代曾旁听寅恪先生讲授“佛经翻译文学”的课程，但除课间往来之外，二人并无特别私谊。虽然如此，季羡林教授却直承个人一生为学深受两位前辈先生的影响，一者为其恩师 E. Waldschmidt，而另一人则是寅恪先生，最为有趣的是，此二人皆为 H. Lüders 的高足。季羡林教授并且说他当年所撰写的《浮屠与佛》一文也是先请寅恪先生过目之后，得到赞赏而把此文介绍给了中研院史语所集刊的（以上参见季羡林《禅和文化与文学》，商务印书馆，1998 年，页 242—254）。至于周一良教授与寅恪先生的过往，则可从太初先生燕京大学毕业之后，于 23 岁之年而受知于陈寅恪，并经其引荐而入中研院史语所开始，寅恪先生或称周一良“富而好学”，并时与其往复论学。太初先生在《纪念陈寅恪先生》（见《纪念陈寅恪教授国际学术讨论会文集》，中山大学出版社，1989 年）里，也一直说自己为学深受寅恪先生的影响。

欧洲方面的情况此处或可不表,[①]而纯就本土性的转向来说,1923年当时在北京大学讲授梵语的爱沙尼亚籍学者钢和泰(von Staël-Holstein),在他所发表的一篇题名为《音译梵书与中国古音》的论文里,建议研究汉语音韵史的学者应该重新评估汉译佛典对他们本业研究上的价值。在这一篇由胡适从钢氏英文原稿转译过来的论文里,钢和泰例示了一种今天我们称之为“共时异源的对音还原法”来测拟古音,他拿宋初法天藉汉字转写的陀罗尼来和梵语原典进行比对,从而构拟出这些汉字当时确切的音读。[②]

虽然从我们今日的知识视野看来,钢和泰当年不论是在汉译佛典来源问题的认识上,或是在梵、汉对音语料的甄别上,都显得有所不足,而且他的一些看法甚至还是错误的;但是,就方法学的意义上来说,他却让当时国人见识到这种“共时异源的对音还原法”在汉语音韵研究上的巨大威力,并促动了日后汉语音韵学的研究从传统的古音分部转向了古音音值的测拟。我们甚至可以说,本土性现代意义的汉语音韵学研究是由钢氏此文揭其序幕的。这一点我们可以从日后诸如罗常培的《唐五代西北方音》、陆志韦的《古音说略》,乃至周法高的《说平仄》与丁邦新的《平仄新考》等等的研究中见出,这些论文在风格上不论是方法学的走向或是

---

① 欧洲学术界从语言学的视角来看待汉语佛典,大约是起自19世纪末,并且主要是集中在汉语音韵学的研究上,首先是德籍学者 G. Schlegel 在《通报》上发表了一篇题为 The Secret of the Chinese Method of Transcribing Foreign Sounds(*Toung Pao*, ser. 2. 1)的文章,已经开始讨论到佛经音写词的问题,而1915年,高本汉在其名著《中国音韵学研究·第一卷》也明确提到梵汉对音语料在汉语音韵史研究上的价值,虽然他本人并不使用这类语料。此外,马伯乐1920年也发表了一篇利用汉译佛典对音语料而写成的论文《唐代长安方言》。至于这些远在欧洲的研究是否曾对当时中国本土的学者产生了影响,目前还不得而知(以上见朱庆之前揭文,页303—304)。

② 钢和泰这篇论文的全文可见之于姜义华主编《胡适学术文集·语言文字研究》,中华书局,1998年,北京第二刷,页230—239。

材料的取择，大体上都是沿着钢氏当年利用汉译佛典的对音语料所例示的“同时异源的对音还原法”而做出来的。[①]

至于季羡林《浮屠与佛》一文的发表，虽然在方法学上和风靡一时的对音还原法的古音测拟有关，但该文所关切的主题则并非汉语音韵史本身的研究，而是佛教东传中土的传播途径问题，在性质上应该属于佛教史或中外交通史的问题。虽然如此，季羡林教授仍在这篇文章里间接地提醒了那些沉醉在梵汉对音的研究者，必须在方法学上留意“胡本”的源头语问题，因为这些源头语未必都是古典梵语，而有可能是其他古代的中亚语言。在《浮屠与佛》一文里，季羡林教授认为语言学上的证据显示，“浮屠”与“佛”这两个音写词并不是基于同一个源头语而来；此中，前者是来自印度古代的一种方言，而后者并非一般认为的，乃是“佛陀”一词的简称，事实上它是出于吐火罗语“pūt”的对译。[②]

---

① 对于钢氏的研究方法，胡适曾在其日记里说：“钢先生引法天的梵咒来考证当时的音读，有很多可惊的发现。”（引自姜义华前揭书，页230）根据近当代以来许多学者的研究与考证，举凡中古时期四声的发现与反切法的问世，乃至唐宋之后字母的创制与等韵图的兴起，这些包括了汉语声、韵、调三个部分的音韵学上的重大成就，可以说无一不与佛教的东传及其在汉地的流衍有着密切的关系。由于内外诸种条件的因缘际会，随着佛典的翻译工程以及佛教在中土的流行，终而在历史上数度促动了汉语音韵研究的重大变革，并使得汉地语言学的研究由“形符”转向“声符”；而极为有趣的是，由“古音分部”转为“古音音值”的测拟，这项对于汉语音韵史的研究来说，具有划时代意义的转向，竟然也是因于利用了汉译佛典的语料所促动的。

② 在1990年的《再谈“浮屠”与“佛”》一文里，季羡林补充并修正了他原先的一些看法，首先是根据新出土的大夏语(Bactrian)文献，进一步确认“浮屠”一词的源头语是大夏语“bodo，boddo，boudo”。至于修正的部分，包括两点，其一是“佛”这个音写词的源头语，他认为是“but”，没有再肯定它是出于吐火罗语的“pūt”，而认为它是来自操粟特语或安息文的中亚地区；其二是他改变了原先认为的，佛教东传中土的初期是直接来自印度的看法，而认为不论是在“浮屠”或是“佛”的音写阶段，佛教进入中土都不是直接来自印度，而是经过中亚地区的转口（以上参见《当代学者自选文库·季羡林卷》，安徽教育出版社，1999年，页575—592）。

季羡林教授并且认为这个结论看似简单,但实际上却涵蕴了一个佛教东传中土的途径问题。从本土文献与东汉译经的资料来看,"浮屠"之译是早于"佛"的译名,而这也表明了佛教东传中土,其初期是直接从印度而来,并没有经过中亚地区的转口媒介。这样的说法,对于中国史书的记载以及法籍学者 S. Lévi 当年的研究来说,自然是一项绝大的挑战。虽然季羡林日后又改变了他原初对这个问题的看法,但是重要的并不是他的结论——事实上这个问题至今仍是开放的[①]——而是他讨论问题的方法与模式。

在季羡林的这篇论文里,他一方面例示了要确切地还原佛典译籍里的音写词,是必须具备相当的佛典语言能力,这些佛典语言包括了中古汉语、中世纪印度西北方言(诸如大夏语或犍陀罗语),以及中亚地区的语言(诸如吐火罗语)。其次,他也告诉了我们如何借助本土文献与初期佛典译籍里的对音语料来切入佛教研究的一些课题,而这对于提高汉译佛典在当代佛教学研究里的次等地位来说,当然是有其积极作用的。整体而言,季羡林在这篇文章里所展现的学术风格是相当具有典范性意义的,虽然这种透过语言学的进路来研究佛教问题的模式始终并没有被国人给好好地

---

① 我们在上文里曾经引述许理和对这个问题的看法,他基本上是站在季羡林早期的立场。至于其立论基础除了和季羡林一样,都具有语言学的内证之外,还包括了不少的外证,而外证的列举在季羡林的两篇文章里则几乎都付之阙如。许理和所列举的外证包括了当时洛阳僧团的孤立性格、王室仁祠祭仪与庶民永生信仰所具有的佛道混合性格的考察、汉晋墓葬出土的文物分析,以及中亚考古资料和公元第 1、第 2 世纪时期中亚地区人口与经济状况的史料。我们认为在这个问题上,许理和目前所提出来的各种内证与外证似乎更能证立季羡林早期所提出来的观点。其实在《再谈"浮屠"与"佛"》一文的结语里,季羡林也针对他的新观点而说:"但兹事体大,还要进一步研究。这有待志同道合者的共同努力。"

承继下来。[①]

我们在此抽样而简略地介绍了钢和泰与季羡林两位前辈先生利用汉译佛典而着手其学术研究方法与模式。从他们的研究过程里，我们可以见到他们把西方比较语史学的概念和历史文献学的方法移用到汉译佛典研究上的运作情形。然而，就他们这两篇具有典范性意义的论文来说，二者的命运却是天渊之别，在遭遇上显得极端不同。钢和泰的论文开启了国人日后一波又一波的古音构拟的研究，从而彻底地改变了汉语音韵研究的形态。但是，季羡林乃至周一良的研究却始终没有得到当时一般学术界或佛教学界的热烈响应，而他们那种以语言学的进路为前导，利用汉译佛典来从事相关佛教研究的学术风格，也一直没有被当时从事佛教研究的多数人士认出这种方法在其本业研究上的价值与意义。

这种对新方法与新课题的迟钝反应，直到晚近的一二十年之间，才开始逐渐获得一些改善。其中，大陆方面的学者在汉语史的研究脉络下，特别是在中古汉语的断代研究里，开始认清了汉译佛典的价值不仅在于音韵研究方面，它更包含了词汇史与语法史研究上不可或缺的许多珍贵材料，而诸如季羡林和周一良早年的一些著作也被新一代的学者认为是具有"导其先路"的意义。[②] 相对

① 季羡林教授曾经说："我研究佛教梵语几十年以来，不管成绩大小，环境如何，有一个指导思想始终没有放弃，这就是对佛教梵语的研究同印度佛教史的研究结合起来"（以上参见《原始佛教的语言问题》，中国社会科学出版社，1985 年，"前言"，页 6）。

② 朱庆之教授在其博士论文的"前言"里便曾提及这一点，他说："如同任何研究工作一样，本文的研究也是由于受到前哲及时贤的有关研究的启迪并在此基础上进行的。这里我们尤其要向季羡林和周一良两位教授表示敬意，作为非汉语专业的专家，他们在四十年代就分别著文指出了汉文佛典对于汉语史特别是词汇史研究的特殊价值，并提示印度语文对汉语的一些影响。他们的有关论述今天仍具有重要的价值"（参见氏著《佛典与中古汉语词汇研究》，文津出版社，1992 年，"前言"页 3）。

的，台湾方面的研究情况也有一些少许的改变，由于长期以来此地的汉语史研究，若非集中在《说文》之前，便是落在《广韵》以后，而相对说来，中古汉语的研究是相当薄弱的一环。但是近十年来，在大陆学风的影响与刺激之下，扩及汉译佛典文献的中古汉语研究也逐渐形成了一股新兴的学术势流，[①]只是这股势流的范围仅限于某些特定的学术圈子，而尚未波及专业的佛教研究领域。

谈到台湾专业的佛教研究圈子，事实上近十数年以来在方法学上也历经了一场重大的变革，那就是由日本转口进来的历史文献学的研究进路逐渐在这个领域里取得主导地位，而其间的研究者也一如当年的季羡林和周一良两位前辈，几乎个个都埋首于梵、巴、藏等经典语文的研习，然而正如我们在上文所指出的，他们似乎都遗忘了佛典汉语其实也是一门极其重要的经典语言，[②]而这种特殊的佛典汉语和古今汉语之间，基本上是有其显著差异的。辛嶋静志是日本新一代的佛教学的研究者，在他所编纂的《正法华经词典》里劈头就说了一段让本地佛教学界必须好好省思的话。他说：[③]

如果我们从语言方面仔细地研究汉译佛典的话，就会发

---

① 此中除了我们在上文里已经提到过的竺家宁教授，在中正大学中文系组织了一个“佛经语言研究小组”而从事以汉文为主的佛典语言的研究之外，清华大学中文系的刘承慧教授近年来也以西晋佛经的语词研究为中心，而对译经名家竺法护译籍里的语词展开了研究，而这项研究是以国科会 1996 年至 1997 年的专题研究计划为名义而进行的，其成果似乎仍未见公开，目前我们仍难知其详。

② 当然也有例外的情形，譬如德籍学者高明道先生在本地体制外的佛学研究机构里常年从事佛典汉语的教学工作，便不断地呼吁其学生必须留意汉译佛典的语言研究。从他本人所发表的数篇论文以及他所指导的学生论文来看，其关心的主题大体上多属译经词汇的词义训诂之类，而对佛典汉语的整体性理解似乎仍然显得不够全面。

③ 参见辛嶋静志编《正法华经词典》，创价大学国际佛教学高等研究所，1998 年，页 ix。

现，在我们探讨佛典的成立、发展等问题时，仅仅依靠晚于汉译的梵语佛典还远远不够。在我们探讨这些问题时，汉译佛典也是极其重要的资料，为我们提供重要的线索。尤其是东汉、魏晋的汉译佛典远早于梵语写本，是我们研究大乘佛教成立等问题时的重要资料。今天以正确读解汉语、梵语、藏语为基础的正经研究才刚刚起步。

然而，本地的佛教研究者具备正确读解汉地初期译经的语文能力了吗？情况或许并不乐观吧！因为要读懂这些初期的译籍，其间所涉及的知识远比我们想象中来得复杂，而在这个领域里个人的母语之便固然有其一定的方便之处，因为其间所出现的"汉字"这个汉语的物质性外衣，大体上都是我们熟悉而可以辨认的，但是所有因于母语的利便似乎也仅止于此而已。否则书肆之间也不会充斥了那么多不忍卒睹的佛典白话翻译。辛嶋静志在他已经出版的博士论文里，便指出了读解这批初期佛典译籍的困难所在：[①]

事实上，从东汉而迄于南北朝时期的初期汉译佛典，长久以来一直很少受到学界的注意，尽管从汉语音韵学和佛教研究的立场来看，这些初期译籍所显示的意义是十分重大的。当然，要对这些初期的汉译佛典语料进行语言文献学式的探讨，需要具备多种语言的厚实知识，而这些语言包括了从中世纪印度方言而迄于中古时期的汉语方言。因此，这也使得许

① cf. Karashima's *The Textual Study of the Chinese Versions of the Saddharmapuṇḍarīkasūtra in the Light of the Sanskrit and Tibetan Versions*, The Sankibo Press, 1992, 页 3。

多学者对这一项艰巨的工作裹足不前。

因此,佛典汉语的研习对本地专业的佛教研究者来说,无论如何都应该视同其他的佛典语言一样,多少都必须花上一段时日来熟悉它们的构词方式、语法特色和文体风格等等;而且,也唯有如此,才有可能降低误读这些汉译文献的危险,而能够充分地利用这批庞大并且珍贵的佛典翻译文献来从事其本业的研究。

贰　汉译佛典研究的语言学转向

〇 前　　言

从汉语流变史的视角来看待汉译佛典文献,并利用其间所提供的庞大语料而着手汉语语言学的相关研究,这一类型的"汉译佛典研究的语言学转向",它所跨出去的第一步是相当漂亮而且是极其成功的,这尤其是表现在汉语中古音韵的相关研究上。对于近百年来利用汉译佛典的语料而从事汉语音韵史的相关研究,朱庆之教授在其《佛典与汉语音韵研究》的鸿文里,已经做了相当精彩的报道与分析,此处自无重述的必要。然而,诸如季羡林和周一良这一类型以语言学为导向并利用汉译佛典来从事佛教研究的路数,却是一路走来坎坎坷坷,发展得并不顺利,一直要到最近在辛嶋静志接连出版了好几部这一类型的专著与相关研究之后,似乎才逐渐有了柳暗花明而峰回路转的局面出现。

此处我们且先从第一种类型的语言学转向来看。在汉语史的研究脉络里，除了音韵史的相关研究之外，其他重要的部分就是词汇史和语法史了。事实上，就前述这种语言学转向之下的汉译佛典研究来说，它在词汇与语法的研究方面也有相当不错的成绩问世，而特别是在有关词汇研究方面，其研究实绩更是傲人。由于这一方面的研究对于我们解读汉译佛典以从事佛教研究来说，是相当具有关键性的，因此这一类型的研究也特别值得我们留意。

在上个世纪末晚近的一二十年之间，由周一良教授启其先河而进行的汉魏六朝佛典的词汇研究，的确在不少后进学者的大力推动之下，而有着飞跃性的发展和丰硕的成果表现。这些有关译经词汇的研究，大体是围绕着半个世纪以来汉语词汇研究上的两大主题而展开的，其一为构词法的研究，其二为词语的训诂考释。我们若从其研究类型上来加以区分的话，则大体上可以分成以下几种形态：

一、以汉地佛教词语的构造为主题的研究

二、以译经词汇的训诂考释为主题的研究

三、以某一部汉译佛典为对象的专题研究

四、零星而具有特色的一些研究

五、综合型的研究

一　以汉地佛教词语的构造为主题的研究

颜洽茂《南北朝佛经复音词研究——贤愚经、杂宝藏经、百喻经复音词初探》（辽宁师大，1981 年硕士论文），便是这种研究类型里颇具代表性的一篇论文。它是以贤愚等三经里的复音词结构模式及其语意构成作为探究的主题。作者在该篇论文里认为，南北朝时期佛经复音词的高比率现象——这是就它们和同一时期的中土文献相比而言——不论是从这些复音词的结构模式或是其语意构成来看,在汉语词汇史上都有着相当重大的意义。

这些译经词汇不但为汉语的词汇世界直接增加了数量可观的一批新词与新义,而且还逐渐打破了传统文言书面语对词汇的垄断局面,译经里大量出现的口语词或俗词也随着佛教在中土的流行而成为唐宋之间白话的直接源头。此外,译经复音词的一些构词模式也开始逐渐渗透到了汉语的构词法里,而这些多样化的构词方式更加速了汉语本身的复音化进程;并且佛典持续而大量的翻译,这项大规模的词汇交换作业也同时证明了汉语词汇系统,基本上乃是一个可以通过和其他语种相接触而产生能量交换的开放系统。

再者,同样具有代表性的研究,则是梁晓虹的《佛教词语的构造与汉语词汇的发展》(杭州大学,1991 年博士论文)①。在这本论文的上编里,作者在复音词的分析模式上,尝试突破那种长期以来以现代汉语复音词构词法的研究路数而往前代套用的形式分析的操作模式,而从语意构成的层面重新给予佛教词语另外一种分类方式。② 在她的研究里,她把所谓的"佛教词语"分成了音译词、

---

① 此一博士学位论文已由北京语言学院出版社在 1994 年正式予以出版。

② 从向熹发表其古汉语构词法的专书研究开始(指《诗经里的复音词》,《语言学论丛》第六辑,1980),他的研究路数几乎便决定了日后同一类型研究的基本走向,亦即:

(1)主要研究复音词;

(2)首先定出确定复音词的标准;

(3)依照现代汉语通行的构词法体系来进行尽量详尽的描写;

(4)经常进行精确的数量统计;

(5)根据定量分析的结果,提出该一专书所处时期构词法的特点以及汉语构词法的发展趋势。

然而,诚如潘文国等人在《汉语的构词法研究·1898—1990 年》一书中曾经指出的(学生书局,1993 年,页 411—417),这类研究由于大体是沿着现代汉语构词法研究的路子往

合璧词、意译词、佛化汉词和佛教成语等五种语意结构模式，并且在对各类词语进行考察的过程里，本文的作者也和前此以佛经词汇为语料的一些研究不同，而特别着重从文化语言学的观点来检视这些佛教词语的构成，并着手分析它们是如何融入汉语的语言文化之中去的。

梁晓虹教授这种文化语言学的视角，以往似乎经常都被此一领域里的多数同行所忽略。事实上，佛典的翻译工程不仅是一种语际之间的能量交换，它更是一种文化之间的能量转换。在下编里，作者则从历时语言学的观点分析了这批借由翻译而带来的佛教词语，它们在汉语词汇发展史上造成了哪些意义重大的转折。作者认为这些历史性的转折包括：树立了吸收外来词的样板、扩充了汉语词汇的宝库、丰富了汉语词汇的构造方式、加速了汉语词汇双音化的进程，以及促进了汉语口语化的进展。

二　以译经词汇的训诂考释为主题的研究

魏晋南北朝在政治上虽是一个动荡不安的局面，但它却是民族互动以及文化交流极为频繁的时代，各种新生事物相继出现而

前代套用，而没有或是较少去留意古代汉语特有的构词法，因而在总体上很难突破现代汉语构词法的研究水平。因此，这类研究除了指出汉语由单音词向复音词演变的大潮流之外，就是把那些整理出来的复音词仿照现代汉语的构词法依样画葫芦地分成联合、动宾、偏正等式，接着便是指出何式何时开始产生。除此而外，似乎也没有什么还可以继续讲下去的了。因此一到了两汉的词汇研究，当现代汉语构词法所谈论的各式复音词都已大体具备之后，接下去而又能够具有创意的论文便不多见了。事实上，向熹式的词汇研究模式在新近由周日健与王小莘两人主编的《颜氏家训词汇语法研究》（广东人民出版社，1998 年）一书里有关复音词的研究上仍然可以清楚见到其巨大的影响力。就此而言，梁晓虹针对佛经词语的特殊性所安排的分类方式，无论如何都有其创意存在。

新的观念也层出不穷，整个时代各个层面的变迁都相当巨大，而这些变化在这个时期的词汇演变里也都有其一定程度的反映。[1] 周日健与王小苹两人曾把中古汉语在词汇上的特点归纳为五项来加以论析，[2]而其中所列出的每一项特点都清楚地表明了这个时期除了词汇的多元化与丰富化之外，就是随着文白相杂、雅俗兼行与华梵交错而来的词义复杂化。诚如方一新与王云路二人所说的：[3]

许多先秦文献，如果不加注解，可能根本就读不懂。比较而言，汉魏以降的作品就要好懂一些。但是，在实际阅读汉魏六朝的作品以后可以发现，许多先秦使用的词语，在这一时期又产生了新的意义；许多看似普通易懂的词语实际含义并不普通，容易产生误解。

---

① 譬如吕叔湘先生的《南北朝人名与佛教》一文便曾条列了 41 项与佛教有关而见于正史纪传中的人名，并基于人名是文化的载体和镜像以及它们与文化共生、共变的现象，而认为这些人名的出现反映了一个时代家世信仰和社会风尚的变迁（该文原发表于《中国语文》1988 年第 4 期，今收于邵敬敏主编《文化语言学中国潮》，中国语文出版社，1995 年，页 183—205）。

② 参见周、王二人前揭书《从〈颜氏家训〉看魏晋南北朝汉语词汇的几个特点》，页 116—139。二人所列出的这五项魏晋六朝的词汇特点如下：

一、新词新义大量涌现，旧词古义依然活跃，呈现着从上古向中古发展的过渡时期的汉语词汇质态，形成了文白相间的语言特色。

二、复音化过程迅猛推进，词汇系统正在发生着从以单音节为主到双音节渐趋优势的转化。

三、词的使用范围拓宽，词义扩大，是魏晋六朝多见的语言现象。有些特别活跃的语词，成为一批复合词的共同词素，组成庞大的类义或意义相关的词群。

四、魏晋六朝是新旧词义交替共存的重要时期。一词多义现象迅速发展，词的多义系统普遍形成。

五、词的形成与词义的发展途径更多也更为复杂。

③ 参见方一新与王云路合编《中古汉语研究》，商务印书馆，2000 年，“前言”页 1。

因此,不但本土文献在出现了词汇多元化与词义复杂化的大幅变动之下,会增添后人理解上的困扰,而对那个时期由不同时地和不同译者所译出的佛典来说,它们所出现的情况就更加的错综了。因为这些翻译作品除了和本土文献一样,反映出了那个时期词汇在语意、语法和语用上的大幅变动之外,更出现了许多不见于当时中土文献的新词新义以及新的语法成分。此中某些部分固然是受到源头语的影响,但在多数情况下,这些新词新义以及其中的若干语法成分则是来自于当时的口语或地域性方言,而有一部分虽是来自于承古的书面语而在意思上却已经有了变化,但中土的书面文献却没有同步地反映出来,还有另外一部分则是佛典翻译者在由梵转华的翻译过程里个人言语上的创新。① 这些情况都造成了今日我们在研读当时所译出的那些佛典时,往往都比同一时期中土的其他文献来得备感艰苦。

当我们在面对这些译经词汇时,其中的专业术语往往并不是真正的困难所在,因为它们在多数情况下都可以在专业性的佛学辞典里找到一些解答的线索。然而,阅读这个时期所译出的汉语佛典,我们在词汇上所遇到的最大困难,其实都是一些口语性的常用词和某些地域性的方言,以及一些译家杂糅华、梵两语而创获的新词新义,并且这些词语又经常为现行的任何字典或辞书所失收。因此,李维琦在其《佛经续释词》里便拟了一个"让辞书更完善"的题目来作为该书的前言,并借以表达他撰写此类著作的目的,他劈头就说:②

① 参见徐时仪《古白话词汇研究论稿》,上海教育出版社,2000年,页46—47。

② 参见氏著《佛经续释词》,岳麓书社,1999年,前言页1。

> 我们传世的浩繁文献，可以分为两类，一类是中土文献，一类是佛典文献。我们在编辞书的时候，目光主要放在中土文献上，至于佛典文献，除了较有文学意义，为人们所熟悉的那很小的小部分之外，我们还没有来得及有较多的注意。这一部分有大量的新词新义，辞书把它们全都“忘”了。这儿的“新”是借用一下，实际是原本就该有的，对于已编就的辞书而言，便是“新”。我们可以说，佛经应该编专门的词典，如像《佛学大词典》、《佛光大词典》之类。也说得对，不过我这里要说的主要不是那些佛学术语，而主要是指一般词语，佛经中还是有许多通用词语。……证明佛经这个语料宝库，确实值得我们去发掘它，大型词书完全应该吸收佛经研究的成果，把它编得更加完善。

事实上，中古汉语的研究能够在晚近一二十年之间异军突起，这和不少学者投身于此一时期的文献而进行词语训诂或词义考释的工作有密切关系。[①] 在1980年代以后，这些训诂考释主要是以魏晋六朝的笔记、小说、诗歌与史书为其取材的大宗。至于在佛经释词方面，梁晓虹教授虽早在1984年便已着手为文，谈到了佛教词语的训诂问题，但其影响似乎有限。至于张联荣教授1988年所发表的《汉魏六朝佛经释词》一文，则多少就起了一些带头的领航

---

① 在方一新与王云路合编的《中古汉语研究》一书所附有关中古汉语的论文目录（页368—401）里，诸如～汇释、～考释、～笺释、～例释、～集释之类的文章，几乎占了一半以上。而只是《世说新语》的辞典，从1992—1993年便出版了两部之多。此外，诸如王云路的《六朝诗歌语词研究》（黑龙江教育出版社，1999年），其下编“释词”也以全书三分之二以上的篇幅来从事词语的考释。当然，这多少也显示出了辞书的编纂永远难以符合研究者实际需求的窘境。

作用。[1] 但总括说来,从1980年到1990年之间的佛经释词研究,仍属起步的草创阶段,而不论是方法或取材都未具规模,仍以零星式的研究居多。

若是以取材的规模、研究的工具以及资料的处理方式来看,或是从词义训释的方法来说,李维琦1993年由岳麓书社所出版的《佛经释词》一书,都称得上是译经词汇研究领域里最具创意而又有代表性的一部作品。先从取材的规模上来看,这部著作的取材可以说是前此同类作品中最为深广的,它总共是以56部佛经的280万字为其语料,着手训释了其间所出现的149个常见但却"非雅诂旧义所能赅"的词语。虽然这部著作只是149个词语的训释,但全书篇幅却高达21万字。这些语料上起东汉而下讫隋代,刚好概括了所谓中古汉语的时期,因此说它具有断代史的特征也不为过。

其二,就研究的工具与资料的处理方式来看,要驾驭如此庞大的文献,若是只靠着传统熟读默识而勤作卡片的操作方式,当然难免挂一漏万而容易失去词义考释的可信度,何况这种传统手工业式的操作方式既费时又费工。作者在撰写本书之际虽已年届花

---

① 张氏在该文里,考释了诸如方宜(方便)、腹拍(匍匐)、大家(主人)、消息(看护、照料、关心、问候)等16个汉魏六朝的译经词汇,而在此之前他则先说了如次的一段话:"东汉以后,随着佛教的传入,佛教经典陆续被译成汉文。从语言的角度看,这些汉译佛经中既有一部分文言词语,又包括了一定数量的口语词汇,一些新的语法现象也有所反映。对汉译佛经的语言材料进行整理分析,一定能促进汉语史研究的深入发展。"(参见王云路与方一新合编的《中古汉语研究》,商务印书馆,2000年,页225—243)当然在张氏此之前,诸如蒋绍愚教授已经在《中国语文》1985年第2期上发表了《祖堂集词语试释》一文,但《祖堂集》毕竟不能归作汉译佛典;而梁晓虹在1984年的《佛经词语札记》(《南京师范学院学报》第2期)与1986年的《谈佛经词语与训诂》(学术论坛第五期)的文章,则在当时并没有引起太大的注意。

甲，但在研究工具上却丝毫不落人后，他在处理这批庞大的资料时，是把这五十多部汉译佛经悉数键入电脑，然后再借由索引系统来进行地毯式的勾稽例句，从而能够全面地对词语的义例进行滴水不漏的分析。由新工具的使用，当然也会带来对这批语料的新的处理方式与新的研究方法，从而在许多地方便能够有新的发现或发明。就此而言，李维琦的这部著作可以说为我们提供了一项运用现代化工具以着手词义训诂工作而极其成功的范例。[①]

其三，从词义训释的安排上来说，本书所收词语依作者自己的讲法，皆“非雅诂旧义所能赅”者，而所释意义多为前人所未道，间或亦有时人已阐发而进一步提供了更早的书证。这些词语的考释大体有三种类型：一为具有“史”的意义，提供了现有词典未收而存于佛经中的早期用例；二为补充已有词典释义的内容，显示词义的丰富多样；三为现有词典漏收的词语。

再者，就词语释义的方法学来说，作者往往都能同时兼顾语意、语法和语用这三个平面来斟酌词义分立，因而也比较能够对词语进行全方位的描写。此外，作者也很注重词义系统结构层次的探讨，他以基本义为义项分立的根据和词义引申的源头，以一词为纲，根据词的演进中不同的组合角度，而动态地概述了一个同义或近义词族。例如“恼”，先释其义，继而指出它常与一些表示心理活动的词连用，解释了“懊恼、忧恼”等十五组同义近义词。既鸟瞰了词结构系统的发展流向，又横向比较了这些词语的异同。[②]就方法学的观点来看，作者的这种安排也为佛经词义的训诂树立

① 参见刘晓南《中古汉语词汇研究的新拓展——评〈佛经释词〉》，《古汉语研究》1994 年第 1 期，页 74—77。

② 参同刘晓南前揭文。

下了一个良好的范例。由于此书普受学界好评，作者又于1999年出版了《佛经续释词》，考释了将近二百个词语，发现的新词有一百个左右，而求得的新义则约有五十余处。总括来说，这种研究方式是把传统训诂学的方法移用到佛经词语的考释上去，并借助了一些西方语言学的概念架构来进行词义的分析。

三　以某一部汉译佛典为对象的专题研究

就语言学的视角而言，以某部汉译佛典为对象而进行广赅的语言学研究，指的就是对该一文献所提供的语料进行全面的语音、语法与词汇的描写与分析。然而，若是以这样一个标准来看，则截至目前此类作品似乎尚未问世。但是，针对某部特定的汉译佛典，借由比较文献学的研究手法以及对音还原的音韵研究方式而进行词汇描写与分析的专题研究，则目前已有几部水准极高的作品问世。并且，就方法学的立场来看，这几部著作都称得上具有典范性的意义，而其间所展现出来的学术风格，则可以说是印度学、佛教学、中亚学与汉语音韵学这几门专业学问的一种高度结合。在此我们准备简介三部具有这种学术风格的作品，并借此以彰明由东汉以降而迄于南北朝时期所译出的某些汉文佛典，虽然在过去它们长期受到忽视，但是在前述那种学术风格的语言学转向之下，这些汉译佛典却坚决地表现出了它们存在的价值及其难以取代的地位。这三部作品是：

1. *The Textual Study of the Chinese Versions of the Saddharma-puṇḍarīkasūtra in the Light of the Sanskrit and Tibetan Ver-*

sions, The Sankibo Press, 1992.

2.《長阿含奘の原語の研究——音寫語分析を中心として》,平河出版社,1994 年。

3.《正法華奘詞典》,创价大学国际佛教学高等研究所,1998 年。

以上这三部著作都是日籍学者辛嶋静志个人独力完成的。此中第一部著作是作者负笈北京大学师从季羡林教授所完成的学位论文。在该书的“前言”里,作者说:

就大乘佛教的起源及其初期的发展而论,其间的问题虽然历经东、西双方佛教学的学者长达百年之久的探究,但迄今为止,仍留有不少待解的谜团。个人在这项论题的探究上,所采取的进路是根据其他语言的版本,诸如以印度语、中亚语乃至藏语写成的本子,而从音韵学的观点来着手分析初期的汉译佛典。就此而言,本书充其量只能算是一项初步的研究而已。事实上,从东汉而迄于南北朝时期的初期汉译佛典,长久以来一直很少受到学界的注意,尽管从汉语音韵学和佛教研究的立场来看,这些初期译籍所显示的意义是十分重大的。当然,要对这些初期的汉译佛典语料进行语言文献学式的探讨,需要具备多种语言的厚实知识,而这些语言包括了从中世纪印度方言而迄于中古时期的汉语方言。因此,这也使得许多学者对这一项艰巨的工作裹足不前。从汉语音韵学以及梵语音韵学的立场而来研究初期的汉译佛典,这一直是个人长久以来萦绕在心的意图。

辛嶋静志根据了译经史的文献以及他个人所进行的对音分析，让我们更清楚地知道《法华经》现存的四种汉译本里的任何一个本子，都比今日存世的诸多梵语抄本和藏语译本来得早了许多。其中西晋时期所译出的两个本子，它们所依据的底本至迟在公元3世纪后半已经流通问世了，因为这两个西晋本子比其他版本包含了更多中世纪印度方言的成素。辛嶋静志从汉语音韵学和梵语音韵学的立场，交叉分析了这两个汉译本子所提供的对音语料，从而获得了这一项惊人的发现。①

这项发现，对于清理这部经典的初期结集经过以及它日后的梵语化历程来说，意义是十分重大的。辛嶋静志认为，我们若是能够较为明晰地勾勒出《法华经》之类初期大乘佛典的梵语化历程，②那么就能够使我们对初期大乘佛教的起源及其流变的问题有一个比

---

① 辛嶋举了《萨昙芬陀利经》里的一个音写词“抱休罗兰”为例，来说明该经含有中世纪印度方言的成素。首先这个音写词在现今梵本里的对应词为 Prabhūtaranta，但是这个古典梵语显然和中古汉语的音写词（MC：bau xjen la lan）之间，在音韵上有几个重大的出入，因为梵语的-bh-与-t-是很难和中古汉语里的“休”和“兰”的声母有任何对音关系的。然而，诚如辛嶋指出的，这其实是反映出了在中世纪印度方言里，梵语的-bh-与-t-分别转变为-h-与-l-的音变现象。同样地，在竺法护的译本里梵语的 bhavati 和-nti（混合梵语：bhoti，-nti）经常被译者转译为“佛道”（Buddha's Enlightenment），而这也显示出译者混淆了梵语的 bodhi（enlightenment）和俗语的 bhoti 或犍陀罗语的 bhodi（梵语的 bhavati，bhavanti）。

② 佛陀生前大部分的布教活动是在印度东部的摩伽陀地区，而阿含圣谕最初流传时所使用的语言也极可能就是该一地区的方言。及至教团与弘化地区逐渐扩大，基于佛教在弘法上的语言政策，这些圣谕也随之被转换为各地的方言，终而在各地也产生了用各地方言口传或书写的各式的圣谕或经典。保存至今的大小乘经典的梵语写本，有不少在当初传播时用的是中世纪印度方言，而随着时代的推移，这些地域性的经典逐渐地开始梵语化。关于佛教经典梵语化起于何时的问题，学者之间虽有不同的看法，但一般认为是起自公元1至2世纪的印度北部、西北部而逐步开始的（以上参见辛嶋静志《汉译佛典的语言研究》，《俗语言研究》1997年第4期，页37），而这一百年的时间正是大乘思想出现并开始在各地发展的关键时刻，因此我们透过这些初期经典的梵语化历程的考察，也多少可以增广我们对初期大乘佛教的起源及其流变问题的一些认识。

较清楚的认识。因此,借由原典与译本之间,乃至译本与译本之间的历时同源的历史比较法,或是通过原典与译本之间的共时异源的对音还原法,而来研究这些初期经典的梵语化历程,基本上是有其正面价值的。辛嶋静志并且再三强调:正确而全面地对这一类初期大乘经典的汉译本子进行语言学的探究,势必是今后探讨大乘佛教起源及其流变问题里的一条难以回避的研究走向。

在辛嶋此一著作的"引论"部分(页14),他谈到个人着手此一研究的目的,乃是希望借着《法华经》的四个汉传本子来和其他各种语文的版本进行比对,从而厘清这些汉传本子的译解方式或阐释形态;而另外的目的,便是希望借由这种比对式的操作所得而有助于我们更进一步理解这部经典初期的一个文本流变史。基于这两大诉求,辛嶋认为竺法护当年译出的《正法华经》,若从其译解方式或阐释形态来看,则理当可以大大派上用场,因为这个最早的汉译本的译者采用了逐语逐句式的翻译来进行文本之间的转换工作。

然而,诚如辛嶋本人所指出的,竺法护的译本莫名其妙的长久以来一直受到忽视。根据他的推断,个中原因有一部分便是出在这个译本的方言式表达,它往往造成了读者在理解上的许多困扰。此外,罗什译本问世流通之后,在其普受汉地好评之余,结果就是完全取代了前此的旧有译本。就竺法护译出的《正法华经》乃至他的其他译作来说,它们虽然被收录在各种版本的汉语大藏经里,但从古迄今却一直受到忽视,这当然是一件历史的事实。至于是哪些原因造成这些译籍受到了如此的冷落,辛嶋所推断的那两个原因,都是很值得我们今后好好深思的。

我们或许可以从读者中心的文本诠释学和"归化"(domestication)的翻译策略,来重新思索诸如罗什之辈的传译何以能在汉地长期流通的问题；同样地，我们也可以从作者中心的诠释学和“异域化”（foreignization）的翻译策略，再来思考某些汉译佛典何以无法在中土流通的原因。我们认为透过这两种不同而对立的观点，也许在交叉分析之后可以让我们重新来检视佛典翻译在“汉语化”上的成功与否，是否平行于某些东来的佛教思想在中土传播上的成功与失败。此外，我们也认为对于中国译经史上某些所谓“成功”或“失败”的译本，进行对比语言学乃至文化语言学的分析，或许有助于我们以一个新的视角来考察佛教思想“中国化”的程度问题，并且可以让我们进一步检视中国佛教思想的发展与那些在汉语化上成功或失败的译典是否有其关连的问题。①

虽然如此，我们并不准备在此涉入此类有关跨文化翻译所引生的各种问题及其论争。我们比较有兴趣的是辛嶋所提及的第一项原因，那就是竺法护译本所呈显出来的地域性方言与口语式的表达。事实上，这种特殊的文体风格一直是旧译时期许多汉译佛典的基本特色。我们若是能够仔细地去分析这种译经文体形成的背景，则可以发现它和天竺“由闻而入”的知识传统，以及佛教弘法布教活动上的语言措施是息息相关的。②

正是由于中古时期译经文献里保存了许许多多当时地域性的

---

① 笔者文中的那些构想与思索是受到 L. Venuti's *Translation and the Formation of Cultural Identities* 一文的启迪，若是对我们文中构拟的那些问题有兴趣，则此文是不可错过的。L. Venuti 的鸿文收于 C. Schaffner and H. Kelly-Holmes(eds)，*Cultural Functions of Translation*，Multiligual Matters Ltd.，1996，页 9—25（其中文译文可参见许宝强与袁伟合编的《语言与翻译的政治》，页 358—382）。关于 L. Venuti 的翻译理论，郭建中编著《当代美国翻译理论》一书的“第八章 解构主义与翻译研究 · 第二节韦努蒂及其解构主义的翻译策略”，则有一段相当扼要而且精彩的介绍（参见该书页 188—199，湖北教育出版社，2000 年）。

② 参见朱庆之《佛典与中古汉语词汇研究》，文津出版社，1992 年，页 28—35。

方言俚语和俗词白话，这也使得汉语词汇史的研究者特别地关注这一类汉译文献。因此在这一波语言学转向的汉译佛典研究里，它们一反过去长期受到忽视的命运，而坚决地表现出它们在中古汉语史研究里的存在价值及其难以取代的地位。[①] 然而，从辛嶋静志的研究方法及其关注的主题来看，他显然和那些纯粹的汉语史研究者是有所不同的，而他这种不同的研究走向，也直接使得这一批尘封已久的汉译文献又展示了它们存在的另一种价值。

就研究方法而言，辛嶋静志除了采取国人已然相当熟知的"共时异源的对音还原法"之外，他更在梵语音韵史方面展现了他对"历时同源的历史比较法"的深厚学养，而这类方法的运用是必须奠基在对梵语音韵学及其方言流变史的深厚知识上的。就后者来说，能够运用这种方法来着手佛典的比对研究，除了诸如季羡林教授之流国际知名的顶尖学者之外，绝大多数的中国学者根本是难以望其项背的，而辛嶋静志正是季羡林教授的高徒，并且他在这一方面的功力在其第二部出版的著作里更是展露无遗。

以下且让我们再来看辛嶋的第二部著作——《長阿含々の原語の研究——音寫語分析を中心として》的研究。[②] 这部作品是

---

① 参见徐时仪前揭书《古白话重要文献概貌介绍 · 汉译佛典》，页 42—50。

② 该书的出版时间虽然是在 1994 年，但却是作者在 1987—1989 年所进行的研究成果。根据作者自陈，此书的撰写是受到了柯蔚南《东汉音韵笺释通览》(*A Handbook of Eastern Han Sound Glosses*, Hong Kong)一书的刺激，原初拟以英语发表，其后因故作罢。1985—1987 年，辛嶋留英三年，师从剑桥大学的 K. R. Norman 等人，而这一段留英岁月正是辛嶋静志苦读包括犍陀罗语在内的中世纪印度方言以及中亚语言的日子，而其研习的成果也相当具体地在此一著作中呈显出来。在其返日之后不久，他又立即赴北京大学从学于季羡林教授(1987—1991 年)。这种但知追求学问的学究式人物似乎很难出现在汉语圈子的土壤里，这一点在海峡两岸似乎都一样，否则国际驰名的季羡林教授也不会只在其垂暮之年培养了一位优秀的日籍学生，而截至目前却并没有造就出一个可以传衣钵的中国弟子。

以公元5世纪初译出的《长阿含经》为中心，从梵语音韵学与汉语音韵学的立场，交叉分析了该经所出现的大约五百个音写词以及若干汉文译语，并借由此一广赅的音韵分析澄清了长期以来学者对该经原语出处问题所引发的论争。在该书的结语里，辛嶋谈到了个人在这个问题上的探究所得（页51—52）：

> 正如我们在上文分析里所看到的，《长阿含经》的原语不能简单而片面地归为犍陀罗语（Gāndhārī）。当我们仔细检视之余，便能见出其复杂的样相，除了浮现出西北印度方言的特征之外，还混杂了梵语化（Sanskritization）、俗语（Prākrit）以及地域性方言的成素。我们仍然可以在宽泛的意义下把这种方言叫作犍陀罗语，但是有必要说明一句，亦即这种方言和反映在西北印度碑文里的犍陀罗语相去甚远。

辛嶋在本书里除了借由经中的对音语料来厘清有关《长阿含经》原语的长期论争之外，并且在附录“和中国音韵学的关连”里（页53—59），他也谈到了如何使用汉译佛典里对音语料的问题，特别是在采行所谓“共时异源的对音还原法”之际，应该如何来甄别对音语料的问题，作者对这些问题都有其相当独到的见解。辛嶋首先提到汉译佛典在汉语音韵学的研究上是不可或缺的重要资料。以《长阿含经》的音写词为例，它们便相当直接地呈显出了从东汉而迄于南北朝时期的语音。

诚如辛嶋静志指出的，现代意义的汉语音韵学研究，基本上是起源于欧洲的，而那些欧洲的学者诸如高本汉与马伯乐，他们或是强调梵汉对音材料在汉语音韵史研究上的价值，或是直接开始利用汉译佛典的对音语料来构拟古音。[1] 但是也有不少学者曾经质疑把汉译佛典里的音写词资料作为构拟古代音韵依据的可靠性。例如加拿大籍汉学家蒲立本(E. G. Pulleyblank)在其1962年发表的《上古汉语的辅音系统》一文里,便全面地以佛经音写词为依据而重新构拟汉代的辅音系统,但却遭到不少知名学者的强烈批评。[2]

但是,辛嶋静志却认为,蒲立本的论文遭受批评,这并不代表以音写词构拟古音的失败;而蒲氏的论据之所以受到质疑,原因出在东汉时期佛典音写词的数量过少,并且蒲氏本人自己也未曾清楚地意识到这些音写词的源头语来源的复杂性,因此在这种情况下借助音写词而构拟古音系统,当然是一件相当冒险的事情。但是在西晋以后,译经数量渐趋庞大,只要我们对这些难以数计的音写词进行慎重的考察与分析,它们仍然是研究《切韵》之前汉语音韵的丰富而确实的材料。

然而,这些音写词在源头语的性质上,则诚如辛嶋静志与其他许多学者曾经指出的,它们不仅止于正规的古典梵语,还包括了诸如犍陀罗语在内的中世纪印度方言和不同程度的佛教混合式梵语,有时甚至还有中亚地区的一些语言,如吐火罗语(Tocharian)。[3]

---

① 参见朱庆之《佛典与汉语音韵研究——二十世纪国内佛教汉语研究回顾之一》,《汉语史研究集刊》第二辑,巴蜀书社,2000年,页303—304。

② 根据辛嶋在此书里的叙述(页53),这些批评蒲立本的学者包括了高本汉、丁邦新与河野六郎等人。又,蒲立本的这篇论文目前业经潘悟云与徐文堪两人合译为中文,而于1999年交由中华书局以"世界汉学论丛"的名义出版。

③ 根据朱庆之《佛典与汉语音韵研究》(页314),平田昌司在1994年第一次从汉语史研究的角度阐述了唐以前佛教对音资料来源的复杂情况,并对以往学者在这一方面的研究提出了批评(平田之文原为"第二六届国际汉藏语言及语言学大会"在大阪召开时所宣读的论文。此文笔者未见,故至今仍未知其详)。此外,辛嶋静志在《汉译佛典的语言研究》(页38)说:"我们可以推定,自东汉至南北朝出现的汉译佛典中,许多原

因此，若是对此类语言缺乏一些相应的知识，基本上是无法真正进行对音还原工作的。此外，若是对古代汉语，特别是音韵学方面的认识不够深入，也同样地无法胜任此类对音还原的研究。

由于为了探究《长阿含经》的原语形态，辛嶋静志把这部经典里所出现的五百个音写词拿来和可能的巴利语和梵语的对等词汇进行了音韵学的交叉比对，而在此一比对的过程里，他发现到了四个和汉语音韵有关的问题。[①]在此且依辛嶋静志所举出的一个问题为例，来说明我们在研究汉语音韵时，若是能够恰当地利用音写词的资料，还是可以解决一些汉语音韵研究上的问题。此处辛嶋的中古音测拟是采用高本汉的构拟和李方桂所修订的系统，并按照柯蔚南（W. South Coblin）的标记法来表示，而文中 MC 则用以表示测拟的中古音值。

这个和汉语音韵有关的问题是“羊母音值”的问题。柯蔚南等人在分析了诸如《释名》和魏晋时期郭璞的音注之后，推定中古音羊母（高本汉 0；李方桂 ji）的音值在汉代为ź-、z-，魏晋时期为ź-。并且，蒲立本与柯蔚南都以汉译佛典音写词的分析为其拟音的基础，而把羊母从汉代以至唐代的音值定为ź-。辛嶋静志则认为两人根据佛典音写词而来的这种拟构是很值得商榷的。辛嶋以为，即使暂时不论这两位先生对印度语言的认识程度，我们也可以从《长阿含经》的音写词里发现羊母的音值并非ź-，而是与印度语言中的半母音 y 相类似。

典是用中期印度语、中亚语言等口传或书写而成的。例如东汉支娄迦谶译本中出现的‘弥勒’（Skt. Maitreya）这菩萨名也不与梵语对应，而与中亚古语之一的吐火罗语的 Maitrāk、Metrak 一致。”

① 这四个和汉语音韵有关的问题，除了我们文中所介绍的“羊母音值”的问题之外，其余三个问题分别为：第一口盖音化；韵尾-s 的问题；关于鱼部音值的问题。

《长阿含经》里存在着羊母字与梵语的-k-相对应的例子，例如："尼延豆"（Skt：nikaṇṭha）的"延"（MC：jiän）和梵语kaṇ相对应。然而，在印度和中亚语言里不可能有-k-→-j-的这种音变存在，因而辛嶋认为前揭译例所反映出来的，乃是-k-→-y-的这种中世纪印度语的音变。此外，羊母字有时也与-c-对应，例如："婆耶"（Skt：vācā-）的"耶"（MC：jia）与梵语 cā 对应。辛嶋也同样认为这项译例之中所表现出来的，并不是-c-→-j-的这种特殊的音变，而是说明了在《长阿含经》的原语中也发生了-c-→-y-的这种在中世纪印度语里较普遍的音变。

此外，辛嶋又举了另外一个旁证来说明其测拟的正当性，那就是关于梵语复辅音 jy-和 dy-，在俗语（Prākrit）里无一例外地都变成了 j-。若是如蒲立本等人所说的那样，羊母字的音值为ź-，那么理论上这两个复辅音也应当可以用羊母字来加以音写。然而，实际上，它们的音写词都是禅母字，例如："树（MC：zju）提"（Skt：jyoti）和"鷀（MC：zjen）地"（Skt：dyuti）。由此可见，在《长阿含经》里可以明确看到原语的 j 用禅母字，而 y 用羊母字来音写的这种区别。因此，辛嶋静志认为在《长阿含经》译出的时期（公元 5 世纪初），长安羊母字的音值并不是如蒲立本等人所宣称的是ź-，而是与印度语中的半母音 y 相类似的音值。[①] 在 1997 年的一篇论文里，辛嶋更说："我们不仅不能否认汉译佛典是研究中国音韵的重要资料，而且期待在这一方面有更为深入的研究进展。反过来，我们可以利用中国音韵研究的成果，探明汉译佛典原语的面貌。"[②]

---

① 关于梵语复辅音 jy-和 dy-，在俗语（Prākrit）里无一例外地都变成了 j-，而汉语对音并没有采羊母字而是用禅母字来音写，这两个例子是出自辛嶋《汉译佛典的语言研究》，《俗语言研究》1997 年第 4 期，页 37。

② 同上。

最后我们再来看辛嶋的另一力作——《正法华经词典》。在这部辞书的编纂者“前言”里,辛嶋静志劈头又再次重申了他在前几部著作里不断强调的观点:

> 如果我们从语言方面仔细地研究汉译佛典的话,就会发现,在我们探讨佛典的成立、发展等问题时,仅仅依靠晚于汉译的梵语佛典还远远不够。在我们探讨这些问题时,汉译佛典也是极其重要的资料,为我们提供重要的线索。[①]尤其是东汉、魏晋的汉译佛典远早于梵语写本,是我们研究大乘佛教成立等问题时的重要资料。今天以正确读解汉语、梵语、藏语为基础的正经研究才刚刚起步。

从佛教学肇始之初,梵语和巴利语佛典的语言学研究便与之随行。随着印度境外,特别是中亚地区梵语佛典的相继发现,以梵语为中心的佛典语言学也逐渐成为了佛教学或中亚学里的一门显学。然而,在这一波波学术浪潮的翻涌之下,横行的佛典包括藏语佛典在内,始终是学者长期注目的焦点,但是以直行书写的汉文佛典似乎并没有受到这一股强大学术浪潮的席卷。这种情况一直要到所谓

---

① 其实这种观点并不新鲜,诸如熊十力、印顺法师,乃至 L. R. Lancaster等佛教研究的专业学者一早就提醒学界要留意汉译佛典,而且即使是一般涉猎佛教研究的中国学者现在也都注意到了汉译佛典对于研究印度佛教史所可能具有的重要性,例如孙昌武在《佛教与中国文学》一书里,就曾经说:“汉译佛典不但数量庞大,而且质量很高。从内容上看,它比起巴利文和藏译佛典来,更完整地保存了佛教发展的不同时期、不同部派、学派、宗派的材料;并在翻译过程中一般都记录了原典传入和译写情况,从中可以推测原典出现的层次,这不仅对研究佛教史有重大价值……就是研究一般的佛教问题也要利用汉译佛典。”(以上参见上海人民出版社,1987 年,页 30)

"剑桥三人组"发表了他们的研究成果之后,整个局面才大为改观,而辛嶋静志的这一番见解正是在剑桥学风熏陶之下的产物。[①]

辛嶋静志认为,我们可以从正确而全面地解读梵、藏、汉三种语言的一些相关经典入手,而来探讨初期大乘思想的起源、流变以及其经典成立的各种问题。这种研究进路,在方法学上乃是一种语言学式的进路。然而,以国人自认熟知的汉译佛典来说,我们是否已经有了万全的准备,以便能够顺势承接这一波新的研究趋势而再造中国佛学研究的高潮呢?虽然,汉译佛典研究的语言学转向在近年之间也有不小的势头。对此,辛嶋在此一著作的"前言"里则发表了他不同的看法:

> 但是,汉译佛典中出现的特殊的、或是口语词汇、语法极少为汉语辞典及语法书籍所收,这就加大了我们准确读解汉译佛典的困难。最近从中国学的角度研究汉译佛典的词汇、语法的风气渐盛,不同学者相续发表了数篇优秀的研究成果。但是,这些从中国学角度的研究总的说有两类:一是收集用例,归纳性地阐明意思;二是停留在自始至终与外典(佛教以外的文献)中相类似的用法的比较,没有充分表明汉译佛典的特征,即汉译佛典是翻译,我们可以把它与梵语、巴利语、藏

① 参见辛嶋静志《長阿含々の原語の研究》,页3—5。就佛典语言学的研究扩及汉译佛典语言学来说,辛嶋便曾把 H. W. Bailey、J. Brough 和蒲立本三人称为"剑桥三人组",并且认为这一门学问能够扩大其研究视野而进一步推展到国际舞台,乃是这三人通力合作的结果。此外,北大考古系的林梅村教授在这一方面的研究也有其国际性的地位,至于他在这一方面的具体研究,可在以下他的两本论文集里见到:《西域文明——考古、民族、语言和宗教新论》(东方出版社,1995年)与《古道西风——考古新发现所见中西文化交流》(三联书店,2000年)。

语等经典,或是不同译者翻译的经典(异译)进行对比。通过与梵语等佛典或异译相比较,我们就很可能明确汉译佛典中的一些难解的语法和词汇,找到一些发现。

对于任何一位真正翻读过东汉而迄于西晋时期的汉译佛典的人士来说,即使是中文系科班出身也未必能在阅读上讨到任何便宜,因为基本上汉译佛典所表现出来的语言风格是他们不曾熟悉的一种文体,而字里行间又充满了许多口语词以及受到源头语语法影响的奇言怪语。而且,一旦遇到了这一类语文上的障碍,往往很难求助于现成的工具书来解决这些问题,李维琦教授在他的《佛经释词》里就曾经讲过现有的汉语辞书并不是为了阅读汉译佛典而编纂的。

至于辛嶋静志对大陆学者的佛典汉语研究的批评,虽然让人有些不舒服,但是良药从来就是苦口的。事实上,就笔者涉猎所及,在目前国人的佛典汉语的研究领域里,不论是词汇或词义研究,还是语法方面的研究,基本上是摆放在汉语史的研究脉络里。然而,这个领域的研究者似乎长期以来一直在潜意识里认为汉语的发展有其自身内在的规律,从来不曾受到过外来语种语言文化的深刻影响,因此研究汉语史者能兼治藏语的已属少见,遑论其能广涉梵语之类的其他曾给予汉语实质影响的语文。如此一来,这些研究者一旦涉足中古汉语的研究领域而着手汉译佛典的语言分析,其间真正能够有突破性进展的,事实上并不多见。

针对目前佛典汉语研究上的这种偏失,辛嶋静志个人也提出了他的补救之道,亦即编纂专业性的辞书,诸如《佛典汉语辞典》之类的工具书来补正目前研究上的缺失,并进而能够加速推动佛典汉语的研究进程。正是在这种构想之下，辛嶋便展开了这一部《正法华经词典》的编纂工作。他说：

> 从当今这一学术趋势来看，我们急需这样一种研究，即在中国学与印度学、佛教学两方面的成果之上，对每一部初期汉译佛典中的词汇、语法进行研究。并以此为基础，对不同译者的词汇、语法进行研究。笔者选择了竺法护译《正法华经》，作为这一方向研究的出发点。

在这部专书型的辞典里，一共收录了竺法护译《正法华经》中以佛教词、音写词、口语词为中心的四千多条词语，而这些词语基本上都未被历来的汉语辞书所收录，其间即使偶有收录，也是出之以西晋之后的文献为依据。此外，在每一条词目下都附有梵本（Kern-Nanjio 校本及中亚写本）和罗什译本的对应词，以及英语翻译。再者，对于词典里所引用的例文，辛嶋也透过梵、藏诸本而作了新的句读，这也有助于我们理解他本人对该经的解读方式。

辛嶋认为由于《正法华经》里有着太多令人费解的词汇，从而阻碍了现代学者对该部经典进行研究，因此他希望随着这部辞典的问世，可以让更多的同行由于解读上的方便而对《正法华经》做更深入的研究。他并且打算随后以同样的手法继续来编纂罗什译本以及其他汉译佛典的辞典，而最终的目的则是希望将它们总结在一起，汇编一部完全以汉语佛典为材料的《佛典汉语辞典》。我们在此衷心盼望这一部梦幻中的辞书能够早日问世，因为这将不仅有助于中古汉语的研究，并且更能直接有助于我们对汉魏六朝的汉译佛典进行细密的语言学研究或教理思想的研究，而后者的研究成果对于研究佛教如何透过“汉语化”而逐渐“汉化”来说，将会是一项不可或缺的资料。

我们在此花费了相当多的篇幅来介绍辛嶋静志个人的研究实绩，主要是因为此人的研究，不论是在方法学或新论题的开展上都具有相当的创意与启发性。至于他个人学问上的气魄，当然是更令人动容。作为一位佛教研究者，他始终有一个长期关心的主题——大乘佛教的起源及其流变，而他关心这个问题的方式则是透过了各种佛典语言的广泛研习；并且在成为一位佛典语言学专家的同时，他更是借由梵、巴、汉、藏等经典的语言学分析而试图把捉其间可以论究其关怀主题的一切可能的线索。① 在他的这种方法学操作之下，那些尘封已久而乏人问津的汉译典籍，顿时之间又成了身价百倍而奇货可居之物了，至少对辛嶋的研究来说是如此。

辛嶋为了研读古译与旧译时期的汉文佛典而大费周章地广学

---

① 辛嶋在《季羡林教授八十华诞纪念论文集・下册》(江西人民出版社，1991年)里，发表了一篇题名为《法华经中的乘(yāna)与智慧(jñāna)——大乘佛教中 yāna 概念的起源与发展》的论文(页 607—643)，这篇文章或许最能代表他所关怀的主题与他所采行的方法学进路之间的互动关系。在这篇论文里，辛嶋认为 yāna/jñāna 在现存诸梵本之间以及梵本与汉译本之间，有交互替用的现象，而这种现象乃是透过中世纪印度方言jāṇa(* jāna)的语形为媒介而产生的。并且，在法华经较早成立的部分里，从内容方面来看，yāna 与 jñāna 是被视为同义词来使用，而从语例分析来看，也可以看出 yāna 与 jñāna 的交替换用的情形；因此，我们可以认定在法华经结集的初期，诸如 ekāyāna、buddha-yāna、agra-yāna 或 udāra-yāna，指的都是“佛智”(buddha-jñāna)的意思，而 mahāyāna 原来的意思很可能是指 mahājñāna(大智)，也就是“佛智”。至于 bodhisattva-yāna 一词，则成立较晚，大体上可能是在 yāna 一词用作“波罗蜜 = 修行道”的意思之下才成立的，这也就是说，该词是在受到般若思想影响之后才出现在法华经后起的增添部分。在对照汉译诸本，并从梵语音韵学的立场着手分析之后，辛嶋推定古型的法华经与般若思想互不相涉地各别成立之后，两部经典在西北印度相遇，其结果则是法华经受到般若思想的洗礼从而增添了有关“波罗蜜 = 修行道”的部分，并且般若经则从古型法华经中接受了 yāna 等同于 jñāna 的思想。

各种佛典语文,他的这种研究进路在那些动辄认为自身占有母语之便而最能理解汉文佛典的人来看,或许会认为自己至少可以省去研习佛典汉文的工夫。然而,事情绝非如此简单,并且对于有这种想法的人来说,或许最应该读一读辛嶋在另一篇文章里的一段谈话:①

> 不正确地捕捉语言,便不可能正确地理解思想。而且汉译佛典如此难解,仅仅满足于大约读懂,是根本不可能真正理解佛教思想的。今天我们应该首先老老实实地承认自己不懂佛教汉文。认定自己读得懂,便会无意中不断犯错误;知道自己读不懂便会开始考察为什么读不懂,这样会打破自分的理解,重新认识汉译佛典。如果我们从为什么读不懂这一疑问起步,从语言方面仔细研究汉译佛典,就会发现,汉译佛典不仅是研究汉语史的重要资料,同时在我们探讨有关佛典的产生、发展等问题时也必不可少。

四　零星而别具特色的一些研究

近一二十年之间,以汉译佛典为语料而着手有关佛经语言研究的,除了前揭我们所介绍的那些以专书形态问世的若干著作之外,其实还有为数不少刊载在各种专业期刊上的论文也从事着类似的工作。以方一新与王云路二人合作编辑的《中古汉语研究》一书为例,该书之中便录有六篇讨论佛经语言的论文,而从此一论集文后所附有关中古汉语研究的论文目录来看,则其中更不乏以

---

① 参见《汉译佛典的语言研究》,《俗语言研究》1997 年第 4 期,页 29。

佛经语言为题的研究。由于此类大陆方面的专业期刊,本地取得十分不易,因此其全面性的整理与业绩介绍,当更有待于彼岸有心之士的戮力以赴。因而我们由衷期盼朱庆之教授在四川大学《汉语史研究集刊》第二辑上所发表的《佛典与汉语音韵研究:20 世纪国内佛教汉语研究回顾之一》,其续作之鸿文能够早日问世。[①] 是以笔者此处仅能就个人研究兴趣所及并有幸而获见的少数读物之中,拣录几篇私见以为颇具特色的论文做一简介,并希望借由此一献曝之举而收攻玉之效以有助于国内斯学界的一些进展。

在汉地的译经史上,支谦、竺法护与鸠摩罗什都是极负盛名的译经大家,而他们的翻译业绩基本上也分别代表了汉末、西晋与东晋三个不同时期的翻译手法与翻译水平。有趣的是,在这三位译经名家的译作之中,有些佛典是业已迭经此中一人或二人之手译出而辗转再由罗什总其成予以重新翻译,如《维摩》与《法华》二经即是。因此,在佛教学的研究领域里,透过梵文原典或其藏文译本而与这些汉译文本进行文献学式的比对,以求能定夺这三位译家译笔的优劣,并且勾画出这些汉译文本彼此之间增减损益的情形,乃至希望能够进一步测拟出该一原典的初始风貌与集结过程等等,诸如此类的研究,其实在这个领域里早已蔚然成风而且也有不少作品问世。[②] 然而,从汉语史的观点来研究这些由汉末而至东晋的译本在语音与词汇,乃至语法与文体上的异同,诸如此类的研

---

① 朱教授此一鸿文的续作,笔者于《汉语史研究集刊》第三辑上仍无缘见及。此外,在徐时仪教授所著《古白话词汇研究论稿》一书的第二章第三节"古白话重要文献概貌介绍",以及第七章"古白话词语专题研究概况"等多处,也对彼岸在此一领域里的相关研究做了一番概括性的介绍,或可参看。

② 法比学派的健将,已故的 E. Lamotte 教授所译注出版的《维摩诘经》法文本,或许是其间最能代表此一路数的研究类型。

究似乎就比较少见有人涉足其间了。[①] 正因为如此，所以胡湘荣教授所撰写的《鸠摩罗什同支谦、竺法护译经中语词的比较》一文便显得格外有其意义。[②] 胡教授的这篇论文正是立基于汉语词汇史的立场，而选取了这三人译籍里一些可资比对的语词来加以分析，并希望借着诸如此类的比对与分析，能够让我们从中见出“五胡乱华”前后时期，汉语词汇嬗变上的一些线索。

以佛教学的研究而论，原典与译本之间乃至诸译本之间的术语比对，事实上是极其常见的，然而这个领域的研究者却绝少将其关注的焦点留驻于常用语汇之上。在胡教授前揭论文里，他用以比对的词语除了有佛教术语之外，还包括了一般性的常用语汇，而用以比对的词语则分为三类：

其一为支谦与竺法护二人的旧译与罗什的新译彼此对应出现的语词，如旧译“劳”与新译“烦恼”的对应、旧译“善权”与新译“方便”的对应、旧译“咨嗟”与新译“称叹”的对应、旧译“稍稍（稍）”与新译“渐渐（渐）”的对应等等；

其二为但只出现于旧译之中的词语，如旧译“习”“伤”“坐”“适”等等；

---

① 以此地的研究来说，不论是竺家宁教授《早期佛经词汇研究：东汉佛经词汇研究》（国科会专题研究计划成果报告书，NSC 88-2411-H-194-015），乃至于刘承慧教授《西晋佛经语词研究——竺法护译经中的语词》（国科会专题研究计划成果报告书，NSC 86-2411-H-110-002），基本上都属于共时性的静态研究而甚少涉及历时性的动态描写（以上两篇内容充实而尚未正式发表的研究报告，承蒙两位教授不弃而使笔者有缘拜读，谨在此聊申谢忱，并对两位教授孤往的研究精神致上个人最高的敬意）。当然，其间诸如杨如雪的博士论文《支谦与鸠摩罗什译经疑问句研究》（台湾师范大学国文系），则是少数几篇以汉译佛典为语料而着手历时性研究的论文之一。

② 胡湘荣教授的论文请参见《古汉语研究》1994 年第 2（页 75—79）与第 3（页 82—86）两期。

其三为但只出现于新译之中的词语，如“障碍”“毕竟”“其实”“极为”等等。在第一类的比对分析里，胡教授认为罗什的译语大体是以当时更口语化的词语来取代原先的那些承古词，而在术语的翻译方面，罗什的译语也为日后的多数译家所采用。其次在第二类的比对分析里，它除了一方面反映出复音词渐次取代单音词的时代趋势之外，胡教授还进一步指出某些单音词承古而来的义项，已然在东晋时期人们的口语中消失掉了，譬如“习”的“亲近”之义，此一承古而来的义项可以在支谦所译《维摩经·菩萨品》：“乐习善友”一句中见出，而罗什则将此句改译为：“乐亲近善知识”。此外，诸如“坐”字在上古时期可用为表原因的虚词，而旧译便承袭了这种用法，如竺法护所译《持人菩萨经·诸入品》有云：“坐色故曰眼入”，而罗什则改译为：“因色有眼入”。至于第三类的比对分析，胡教授认为这多少是反映了新词与新义在东晋时期的大量出现，譬如“毕竟”的动词义逐渐消失而其副词义则递增，并且许多的词组，在这个时期也已经凝固成为复合词，譬如“其实”一词即是。

胡教授的此一论文透过了支谦、竺法护的旧译与罗什新译在同一文本脉络里所出现的对应语词的细密比对与分析，不但让我们可以清楚地认识到由汉末而至东晋时期，汉语流变的趋势与具体事实，同时也让我们可以从词汇史的观点充分地意识到词汇本身是有其消亡与转生的。此外，对于罗什译经在语言运用上的显著进展，透过了这种比对的方式也会让我们有一番更为深入而具体的理解。

基本上，如果此类词汇的比对研究，其间所比对的词语包括了术语与常用语，乃至实词与虚词，并且在数量上达到了一定的水平，则经过一番统计与分析之后，其结论往往便可以构成所谓“语言风格学"研究里的重要一环。譬如在胡教授的研究里,得出了以"劳"或"劳尘"来转译梵语"kleśa",乃是罗什之前译经的通例,而及至罗什抵华,此一梵语则以"烦恼"一语译之而定型。因此,吾人在阅读古译时期的译典之际,例如在支谦所译《维摩·弟子品第三》有:"如是食者,为非众劳,亦非无劳"之句,此处吾人便应当以"烦恼"之义来训读其间的"劳"而万不可另为它解以附会文意。此外,吾人也可以利用诸如此类的词汇特色而来判别一部译典是否有可能译出于罗什之前。

虽然胡教授此文的目的并不在于语言风格学的分析,而是试图借着此类比对式的研究手法来呈现词汇嬗变的趋势。然而,此类研究若是足以呈显出词汇演化的事实与走向,则吾人便可据之以核证经录所载的虚实,并推测出若干译作或当成立某一时期而由某一译家所为等等。因此,运用"语言风格学"的分析手法来研究汉译佛典,[①]势必能够更进一步地推展我们对历代经录的核证工作,而有助于提升整体性的佛学研究。

以下且容我们介绍另一篇更具"语言风格学"分析手法的论文——《〈大乘起信论〉的语法:有关"依、以、故"等之用法》。本文的原作者是日籍学者高崎直道教授,他是以研究如来藏思想驰名学坛的,译者为释慧琏,其译文则刊载于《谛观》杂志第七十二期。此文透过了《大乘起信论》与菩提流支所译之诸经论在有关"依、以、故"的用法上的细密比对,而尝试归结出前者在语法与文体上全然是一派翻译的口吻,很难认定它是出于中国人之手所撰

① 刘芳薇的硕士学位论文《〈维摩诘所说经〉语言风格研究》即是其间颇具代表性的研究,该文分别从文体、构词、句式与虚词等几个方面来描述并解析此一译典的特征,也初步地涉猎了罗什译本与诸译之间的历时研究。

写的。当然，不容否认的，高崎教授也明快地指出了在此一论书的若干段落里，其中的文句实际上不可能是译自梵文原典。[①] 至于说到此一论典在词汇运用与文体形态上颇近于菩提流支等人所译之诸经论，高崎教授则认为这一点其实也不足以充分证明该论是出自菩提流支等人的翻译集团，而至多只能说明在该论的翻译过程里或有菩提流支一系的成员参与译事而已。

关于《大乘起信论》一书是否为真谛所译或为中土人士所造的问题，自来便是聚讼纷纭，而莫衷一是。近年之间，竹村牧男等日籍学者舍弃了传统以经录等外证并参以教理分析的内证为主的考察方式来处理此一问题，改而采取了以该一论典的词汇与文体分析为导向的内证路数来研究这个论题。竹村牧男教授在其力作《大乘起信论读释》里（山喜房佛书林，1985），随处以该论之中所出现的用语与菩提流支所译经论里的译语进行比对工作，并进而指出两者之间的类似性。[②] 竹村教授的这种做法似乎是在暗示着此一论典的译者或许并非困居南方的真谛，而极有可能是出于身处北地的流支翻译集团所为。高崎教授此文首先针对了竹村的臆测而提醒我们务必留意汉译佛典的“语法与文体等，与其说决定于译经三藏，毋宁说是取决于译场。译场，即中国方面的助译人员，因时因地而不同；菩提流支翻译所使用的，乃是6世纪初以北魏的都

① 高崎指出在《起信论》中，诸如“此真如体，无有可遣，以一切法悉真故；亦无可立，以一切法皆同如故”之类的文句，便不是印度式的，因为“真如”的梵文对等语是个单词，而印度人是不会如此来拆解一个单词以进行其词义分析，因此这类文句显然不可能是译自梵文原典。

② 譬如在《起信论·皈敬偈》里出现了“如实修行”一语，而此一术语在受《宝性论》之说影响下的《佛性论》里，是被真谛译作“如理修”；可是它却在流支翻译集团所译的《宝性论》之中，被译为“如实修行”（以上参见竹村前揭书页60—61）。

城'邺'为中心的中枢所在的语言。真谛译的《起信论》中,有菩提流支译文的特征,这或许说明有北魏系的僧侣参与译事",[1]而不能据之以认定这部著作的汉译工程是在该一译场进行或完成的。

相较于竹村教授在前揭书里致力于词汇之间的比对,高崎教授在这一篇论文里则完全着重于《起信论》在某些语法的表现形式上与流支翻译集团的译笔之间的对照。他并且认为"探究《起信论》的语法、文体之一斑,乃是正确阅读原典已佚的《起信论》所不可缺的步骤"。[2] 此外,为了方便让比对中语句的语法形式得以明确化,最好是拿仍有原典存世的那些流支翻译集团所译经论的译本为线索来加以考察,因为在这种情况下可以有原典作为参照系统而使比对中的文句在意义上会有比较清楚的呈现。由于早有学者指出"流支译文里最为显著的特征之一,乃是'故'字的语句在使用上相当频繁",而高崎认为在《起信论》中也有类似的情况,因此若能透过"故"字在用法上的对照,当可让吾人见出《起信论》一书在语法或文体上的一些特征。

在汉译佛典里,将"故"置于文末或句末,而以"……故,……"或是"……故"的句式出现的例子极多,而此类句式也往往被视为是所谓"佛典汉语"的具体特征之一。因为这种句式基本上正如"如是我闻"的翻译方式一样,在多数情况下乃是仿译自梵语"从格"(ablative Case)的构文形式。再者,高崎教授也指出在流支使用"故"字的语句里,其间有一种相当特殊的用法,亦即把"故"置于引用文之后,譬如"如经说言:'……'故",或是"偈言:'……'

① 参见高崎前揭文,页74。

② 同上,页75。

故”。这种在引用文之后出现的“故”字，高崎教授对勘原典的结果，发现它们大体上则是梵语虚词“iti”的对译，而与从格构文表“原因或理由”的“故”字，在用法上是不尽相同的。[①] 流支这种极为特殊的翻译句式，高崎的研究发现它也存在于《起信论》的行文中，如：“是故修多罗说：‘若有众生能观无念者，则为向佛智’故。”当然，正如高崎教授所指出来的，《起信论》里的引用文经常也有不带“故”字做终的情况，此时对于该一引用文当止于何处的问题，在判读上便不易确定而容易造成理解上的一些困难。

高崎教授在这篇论文里，透过了梵、汉语法的比对操作，以“故”的用法为中心考察并核证了其周边诸如：“谓……故”与“所谓……故”的句式、“以……故”与“以……”的句式，以及“依……故”与“依……”的句式，在《起信论》与流支翻译集团所译诸经论之间的类似性。这种研究进路对于解决《起信论》里某些引起争论的句读问题是可以起一定程度的厘清作用，而且也能够让我们更深入地认识到《宝性论》等文献与《起信论》之间可能存在的某些思想关涉。[②]

---

① 高崎教授认为：“论典之援引经典，是为了权证自己的说法的正确性，因此在‘为什么呢？因为经典上说……’这一层意义上，使用了‘故’字，但并不一定就是从格。”（以上见高崎前揭文，页78）这也就说，诸如流支的这种译法，基本上反映了印度佛教的传统，亦即在“正理”之外，另须以“圣言”为量的传统，也就是一般所说的“理证”与“经证”。

② 例如《起信论》在论及“人无我”的脉络里有“闻修多罗说：依如来藏故，有生死；依如来藏故，得涅槃”的文句，而未明言其确切的出处，但是在流支集团所译的《宝性论》里，则出现了如此一段引用文：“‘世尊！依如来藏故，有生死；依如来藏故，证涅槃。世尊！若无如来藏者，不得厌苦，乐求涅槃；不欲涅槃，不愿涅槃’故”，并明言该段经文出于《胜鬘经》。比对之下可以发现，《起信论》的引文与《宝性论》前半的引文之间，只有“得”与“证”的一字之差，这便解决了《起信论》引文的出处问题；但是另一方面，这段彼此相同的引文却不见于现存汉译的《胜鬘经》，而且也不见于梵本的《宝性论》，而它们只在《起信论》与汉译的《宝性论》里出现。高崎教授认为此一事实或许与《起信论》的成立问题是有所关涉的（以上见高崎前揭文，页100）。

因此，高崎教授的这篇研究也具体地告诉了我们，即使是在以汉译佛典为主的各种研究里，研究者似乎也必须具备一些梵语语法的基本知识，因为他们所面对的那些典籍毕竟还是借由翻译而来的，而把这些译典单纯地视同中土文献来看待，往往是造成误读的根本原因。①

在佛教学的研究领域里，以梵、巴、藏、汉等文本的比对为前导而进行各种类型的相关研究，在方法学上早已是行之有年的主流趋势。近年之间，在汉语史的研究领域里，也有学者开始把这种文献学的对勘方法移用到汉语史的相关研究上来，而为此一领域开展了新的研究天地，其间卓然有成的，除了前文我们所介绍的日籍学者辛嶋静志之外，②目前任教于北京大学的朱庆之教授在这一

① 此处我们或可举出高崎教授在其文中所例示的一段《起信论》文句，便可以见到相应的梵语知识对解读汉译佛典的帮助。关于这段文字的句读，自古以来就有争论。以下便是这段引起句读之争的文字：

以起大悲熏习力，能令众生增长善根，若见若闻，得利益故。

我们当该如何来衡定其确切的句读呢？以故宇井教授的读法是："以'起大悲熏习力'"，而大正藏的判读则认为"以"字在语法上所支配的范围是直到"得利益故"为止，也就是说，整段文字是用了"以……故"的句式来总括全段。然而，问题是用"以"来带起如此之长的文句，在语法上是否可能？高崎教授在对照了由流支翻译集团汉译的《宝性论》中语法相似的文句及其梵文原典之后，发现"以……故"的句式之中夹着长文的例子，在这两部论书里都相当多，基本上此类汉译句式是反映了那些原先是极为冗长的梵语复合词而以从格收尾的情况。因此，大正藏的句读方式应该是比较正确的读法（以上参见高崎前揭文，页90—91）。

② 辛嶋静志教授连续在《俗语言研究》杂志第四、第五两期上所发表的《汉译佛典的语言研究》长文，可以说是任何一位关心此一领域研究动态的学者都值得一读的佳构。特别是在第五期的文章上，他非常具体地提到了这种对勘方法对汉译佛典的语言研究的意义及其重要性："汉译佛典既然是翻译，我们便可以把它与梵语、巴利语等经典，或是与其他译者的译语比较对照。……把汉译佛典的语法、词汇与梵语等佛典或异译相比较，就可以清楚、正确地找出它们的意思，解开许多疑团。"并且在该文的结语里，他说："在佛典里存在着许多应进一步推敲的词汇和语法。考察意思不明确的词汇、语法时，汉梵对比研究有其不可忽视的作用。"

方面的研究也同样值得我们加以留意。此处我们且以朱教授新近在《中古近代汉语研究》上所发表的论文——《佛经翻译中的仿译及其对汉语词汇的影响》——来介绍这种梵汉对勘的方法在佛典汉语的研究上所可能提供的帮助。①

在当代有关译经词汇的构词法研究方面，几乎是一面倒地倾向于沿用向熹所建立的研究模式来着手考察，而极少去注意到译经词汇本身所特有的一些构词现象。因此，对于随着佛典汉译工程而闯入汉语语法里的印欧语系的语法现象，便缺乏了应有的认识，遑论正确地评估这些原本非汉语的语法现象在汉语的流变历程里所构成的影响。② 朱教授的这篇论文可以说正是试图去弥补汉语史研究上的这个缺口。该文以译经词汇里的“仿译词”（syntactic loan）为切入点，而着手分析这些原本并非汉语固有的语法现象在随顺佛典译汉的过程里，是如何地影响了汉语的发展。朱教授在此文中认为这种仿译现象，在所谓“词缀法”的构词方式上，以及在重叠式的配分用法（distributive usage）上，都曾经对汉

① 《中古近代汉语研究》这本期刊是由浙江大学汉语史研究中心负责编辑，而由上海教育出版社印行出版，朱教授的论文刊于此一期刊的第一辑，2000 年，页 247—262。

② 在汉语史的研究领域里，普遍地存有一种错觉，认为汉语和印欧语种的大量接触乃至受其影响，是始于“五四”以后的事。其实这种错误的印象可以说相当严重地妨碍了学者正确地估量历经千年之久的佛经翻译工程对汉语变迁所带来的深远影响。因此，长期以来，在汉语史专业学者的养成教育里，始终未能真正地正视汉译佛典的语料性格（基本上，它们乃是翻译作品）及其价值，并确实地培养出能够深入这一批翻译文献的基本能力。这些基本能力的养成，不是靠着文字、声韵、训诂之学便可奏效的，它还牵涉了译经史与佛教史的知识，而其中最为关键的一环，便是对这一批翻译文献的源头语的一些必备知识。朱庆之教授在攻读博士期间显然是花了一些心力在梵语的学习上，而这也使他的研究和其同辈之间呈现出了显著的不同。关于这一点，我们只要看他在《中国语文》上所发表的两篇论文：《试论佛典翻译对中古汉语词汇发展的若干影响》与《汉译佛典语文中的原典影响初探》，便可充分理解。

语词汇的发展产生了极为深远的影响。

在这篇论文里，朱教授首先采用了意大利籍的青年学者马西尼(F. Masini)在所著《现代汉语词汇的形成》里对“仿译词”的界说——根据外语词语的语素或句法结构而创造的汉语词语。仿译词和原词的结构，在某种程度上是相互对应的——进而指出“汉译佛经语言”在词和非词的各个层面上都有大量的仿译现象存在，并将其考察的重点摆放在词层面上的仿译现象。此中，朱教授认为由梵语“词缀法”所形构的语词在翻译过程里大量被许多译家仿译，从而使得某些由仿译而来的“词缀”成为构词能力极强的自由构词语素，诸如仿译自梵语前缀“anu-”的“随～”字，除了出现“随喜、随贪、随眠、随勤……”等大量的译经词汇之外，①也逐渐产生了诸如“随便、随兴、随想、随笔……”等等纯粹汉语式的词汇。

其次，附加了梵语否定词缀“a-”或“an-”而构成的语词也随仿译而大量地进入了汉语的词汇库，诸如“无边、无穷、未久、未来、非取、非耕、不生、不少……”等，这些带有否定前缀的语词在佛经译词里可谓多如繁星而不可胜数。朱教授认为这种否定词缀的仿译现象，在其大量普遍化之后，影响之一是古代汉语里的否定副词，诸如“无、未、非、不”等，其语义与用法逐渐产生了相当程度的改变，譬如在“无穷、不久、未来、非常”之类的形构里，它们的语法地位明显地已经从句法而转至词法。并且若干仿译词的语义有时也因为受制于原先汉语否定副词的惯用含义而容易遭到扭曲，譬

---

① 诚如朱教授所指出的，这些词汇之中有时其原语里的前缀“anu-”但仅在偈颂里充当音节的扩充之用，而与其后的构词成分在意义上并无直接关联，譬如“随喜”的原语“anu-modanā”，本义即是指“高兴或满足”的意思，而其前缀“随～”与其后的“喜”，二者之间在意思上的关联并不很强，因此把它理解为“随个人高兴”，这就歪曲了原义。

如“非家”一词,原是指“出家”之义,而把它理解为“不是家”,便与原义相去甚远;再如“非耕”一词,原是指“荒野”之义,而把它理解为“不耕作”,同样的也是不符其原义的。再次,朱教授的论文谈到了梵语重叠式的配分用法,①在经过了仿译之后也加速了汉语语义重叠式复合词多样化的速度,而这些仿译词尤其是重叠式的量词,如“种种、各各、人人”等,对于六朝以降汉语“重叠式量词”的激增,显然起了一定的推动作用。最后,该文也提及了佛经里“缩略词”的仿译,如“五蕴、十二因缘、十八不共法”之类的“法数”,其数量之多以及出现之频繁,这种情形也使人不得不相信,汉语缩略词或简称词的发展应该是受到此类仿译现象的影响。

诚如朱庆之教授在这篇论文的结语里所说的:“对于仿译如何影响汉语词汇这个问题,到目前我们知道的还相当有限,所幸的是我们已经知道这当中有大量的工作应当去做和如何去做……通过佛教汉梵仿译词语的深入研究,必定会有有关原典对汉语影响证据的更多发现。”以上我们所介绍的这几篇论文,可以说都具有一定程度的开创性与启发性,我们由衷期盼借由这些简略的介绍,能够促动岛内熟谙梵巴诸语的佛学专业人士与汉语史专业的学者携手合作,共同来开展这一片新的研究天地。

五　综合型的研究

以汉译佛典文献为语料而从汉语词汇史的角度来着手佛经译

① 在梵语语法里,其配分词的构成,不论为形容性的或是副词性的,即是把该词重叠一次,譬如把表“快疾”之义的“sīghra”重叠为“sīghra-sīghra”,而该一配分词则有加强语气的作用,可表“急速”之义,古译作“疾疾”。

词的相关研究，若论规模的宏大与系统的整严性，则朱庆之教授的《佛典与中古汉语词汇研究》与颜洽茂教授的《佛教语言阐释——中古佛经词汇研究》，这两部著作都称得上是这个新兴学术领域里具有指标性意义的佳构。此二书都是在博士论文的基础上进一步撰写完成的。除此而外，二者之间还有一项彼此共同的特点，那就是双方的研究环境或学术氛围极其类似，他们各自的研究工作都是在拥有雄厚实力的汉语史研究重镇里着手进行的，[①]其中朱庆之的研究工作是在拥有汉语史研究中心（现已更名为汉语史研究所）的四川大学进行的，而颜洽茂的研究工作则是在拥有古籍研究所（此一机构目前业已改隶浙江大学汉语史研究中心）的原杭州大学（即重组之后的浙江大学）进行的。因此，我们也可以从这两部著作里看到当前整个汉语史研究的主要趋势，那就是侧重于中古汉语的研究，并且是以汉译佛典文献为其主要语料而进行包括词汇、语法，乃至文体在内的整合式研究。[②]

朱著《佛典与中古汉语词汇研究》一书是以“大陆地区博士论文丛刊·第十八分册”的名义，由台湾的文津出版社在 1992 年刊行初版，并且在四年之后印行了第二刷。由此可见，这部专业性极

---

① 四川大学的中文系暨汉语史研究所，可谓是高手如云，在张永言、赵振铎、向熹与项楚诸先进的领导之下，除了拥有研究汉语史的深厚传统外，其研究汉语史的水平早已驰名中外。至于改隶前的杭州大学，也不遑多让，除了已故的郭在贻、姜亮夫与蒋礼鸿诸教授之外，如王云路、方一新、张涌泉、黄征等中壮一辈的学者更是群聚于此，目前以佛经语言学相关研究而享誉学界的梁晓虹教授便是出身于此间。

② 除了从这两部已经刊行的著作之中可以清楚地见到前述这种研究趋势之外。其他诸如胡敕瑞的《〈论衡〉与东汉佛典词语比较研究》（北京大学中文系博士论文），与姚永铭的《慧琳音义语言研究》（浙江大学中文系博士论文），此二论文笔者虽无缘见及，但根据朱庆之与徐时仪两位先生的相关报道，也同样是在这一股学术趋势之下而着手其研究，此中前者着重于汉末的口语词与复音词构词法的研究，而后者则从文字训诂等方面来探讨《慧琳音义》的内容及其价值。

高的学术著作在本地似乎也拥有不少的读者，而这也多少反映出了此一地区仍然还有一群人默默地在关心诸如此类的论题。在本书的“前言”里，作者提出了一项颇具前瞻性的论点，而认为汉译佛典文献乃是研究汉语词汇史不可或缺的语料，他甚至认为：“不研究汉文佛典，就无法写出真正的中古汉语史，特别是中古汉语词汇史”。进而在第一章里，作者便极其详尽而系统性地论述了作为汉语词汇史语料的汉译佛典在语言上的几项特点：其一是在词汇上，这批书面文献含有大量不同时地的口语词与俗语词，而其间外来词也为数众多，并且复音词或复合词也极其丰富；其二是其文体，非散非骈而又讲求节奏；其三是其语体，既非纯然白话也不是一般的书面文言。

总的来讲，作者在本书里认为：中古时期汉译佛典的语言一般都比同时代其他本土文献的语言更接近当时的口语，而这批文献的数量又极其庞大，载述的内容也相当广泛，因此格于目前有限的条件之下，若想了解中古时期的口语概况，乃至此一时期汉语词汇嬗变的一般趋势，则汉译佛典文献便是我们非得凭借不可的语料。此外，作者更是慧心独具地提出了一个颇具想象力的新概念，亦即所谓“佛教混合汉语”的概念，①并借此以辨析佛典语言里的外来

① 作者在本书第十五页处首度提到了这个概念，他说：“汉文佛典的语言从整体上来看，是一种既非纯口语又非一般文言的特殊语言变体，我们不妨称之为‘佛教混合汉语’。”当然，这个概念的提出，多少是得自著名的美籍梵语学家 F. Edgerton 所提出来的“Buddhist Hybrid Sanskrit”的灵感。此外，作者也在该书(239 页)里提到了对“佛典混合汉语”的研究，仅仅凭借汉语的知识是不够的，他说：“由佛典翻译而造成的佛经原典语言词汇对汉语词汇的影响的研究是一项亟待深入开展的工作，就方法而论，仅仅依靠汉文佛典是远远不够的，还必须用佛经原典作对照。”由此可见，透过梵、巴、汉、藏等文本的对勘方法而来进行佛典混合汉语的相关研究，已然在学者之间有了某种程度的觉醒与共识。

因素，而着手探究这些因素对于日后全民语的形成所造成的影响，在这一点上可以说也呼应了美籍学者梅维恒教授（V. Mair）的观点。[①]

方一新与王云路两位学者在评介本书时，曾经给予了本书极高的评价，并且在论及本书的特色时说："虽然近现代已有一批论著注意发掘、利用佛典语料进行研究，取得了不小的成就，而且这个势头近几年来还有上升的趋势，但就总体而言，这方面的发掘和利用尚缺乏系统性。表现在词汇方面，一般还只集中在个别词语的研究或考释上，尚未有人从理论上对佛典语料的特点和价值作全面揭示、从实践上对佛典词汇作定量描写和系统研究。而摆在我们面前的这部著作……首次对汉文佛典语料做了由微观到宏观，由共时到历时这样比较全面系统的研究，这是难能可贵的。"[②]这些说法基本上是极其公允的，实非应酬的溢美之词。

朱教授在本书里，一方面系统性地揭示了佛典汉语的语言特色以及汉译佛典文献对研究中古汉语词汇史的重要意义，一方面也着手抉发庞大的佛典译汉工程对中古以降汉语词汇发展的深远影响。同时，他还利用了佛典语料发掘并考释了一批中古时期始告出现的新词新义，特别是在口语词与俗语词这两方面，而这些新词新义往往都为某些大型辞书所失收。此外，作者还通过了并列式双音词表意特征的辨析，从而考察了诸如"衣毛、衣被"等佛经

---

① 梅维恒教授在 Buddhism and the Rise of the Written Vernacular in East Asia：The Making Of National Languages（《佛教与东亚书面方言的崛起：国语的产生》；*HJAS* 53，no. 3：707～51，1994）一文中便认为唐宋以降的书面白话，诸如传奇、话本，乃至变文等等，若考其源流则可上溯至这种梵汉相混、韵散结合而又文白夹杂的汉译佛经里的语言形式。

② 参见《古汉语研究》1994 年第 1 期，《读〈佛典与中古汉语词汇研究〉》一文，页 11。

译词在语义构成上的关系；[1]同时也对一组相当特殊的构词语素（作者称之为“自由构词语素”）进行了极其细密的考察，这些语素包括了实语素的“行、取、毒、切”等，以及虚语素的“复、为、自”等，从而雄辩地展现了佛经译词里部分双音词的构成方式、表意特点及其对汉语词汇发展，尤其是词汇双音化的必然影响。[2] 再者，作者在本书里辟有一节专事讨论敦煌俗文学词语的溯源问题，并借此以说明汉译佛典所呈现的语言形态对于口语文学词汇的建立，曾经产生了极其巨大的影响，而在唐五代以后的口语文学里所出现的部分语汇，其实都可以上溯于此一时期所译出的佛典之中。

---

① 并列式双音词的语义构成关系，有所谓“平等关系”，如出处；也有所谓“不平等关系”，如坏裂。然而，一般说来，在实际的语义表达上，这些不同的语义关系往往并不显得特别重要。但是，有一种基于汉译佛经文体上的特殊需要，譬如偈言体中每句的字数限定，或是散文里四字格的要求，往往也会为了拓展音节或是补足字数（或可称之为“衬字”）而产生一些双音词，如把“即”拉长为“即便”，把“皆”双音节化为“悉皆”，如是而形成一种极其特殊的并列式双音词（有时也称之为“同义连文”）。朱庆之教授认为诸如“衣毛、衣被”之类的佛经译词，其出现有时正反映了这种基于特殊文体上的需要，这也就是说，表面上它们仿佛是并列式双音词，其实“衣毛”只是“毛”的双音节形式，而其语义的构成并无“衣服与毛发”的平等关系；同样地，“衣被”有时也只是“衣”的双音节形式，若一概把它理解为“衣服和被褥”，有时便会显得文义扞格（以上参见朱著前揭书页 132 以下）。

② 这些自由构词语素，不论其虚实，都具有极强的构词能力，它们可以很容易地与其他单词结合，从而构成了双音化的形态，譬若“行”，可以有诸如“行淫、行欲、行乞、行饭”之类的组合（笔者以为此处的“行”，基本上乃是仿译的结果，它们反映出了以梵语动词√kṛ 或其派生语为词末成分的复合词形式）；“毒”可以有诸如“忧毒、愁毒、苦毒”之类的组合，而此中的“毒”字并非表意语素，它只起了拓展音节的作用，因此并无所谓“忧其狠毒”的意思，如《中文大辞典》上所释之义；“自”，可以有诸如“极自、好自、空自”之类的组合，而其中“自”的作用也仅在于拓展音节。因此，这些自由构词语素，若就其性质与功能来说，主要只是把单词双音化，起了扩充音节的作用。朱著认为这一类语素的出现并非始于中古，但其发展为一种普遍的词汇现象，则是在这个时期，并与当时词汇双音化的历史进程有着直接而密切的关系（以上参见朱著前揭书页 138 下）。

总体而言，在此一新兴的学术领域里，诸如朱庆之教授这种宏观与微观兼备，共时与历时并重的研究，其实并不多见。因此，任何一位对汉译佛典语言有兴趣的读者其实都可以在浏览此书之余，得到不少在研读汉译佛典上所需具备的宝贵知识，甚至有时也能在研究方法上获得一些意外的启迪。[①] 总之，朱著的出版可以说具体地代表了汉译佛典研究在语言学转向上的一项重大成就。

最后，且容我们再介绍一部同样是创意十足的综合型研究，那就是颜洽茂教授的大作《佛教语言阐释——中古佛经词汇研究》。颜洽茂教授长期以来便一直从事着以汉译佛典为中心的语言研究，前此我们已经简略地介绍过他在南北朝佛经复音词方面的精湛研究。教授此书的正式出版是在 1997 年岁尾，但从其业师蒋礼鸿教授的序文里可以见出这部著作的初稿至迟在 1992 年时应该已经完成。[②] 前揭朱庆之教授的博士论文完成于 1990 年，而梁晓虹教授的博士论文则底定于 1991 年。如果我们前面的推断是正

---

① 譬如在关于词义演变方式的探讨上，作者在本书第四章里，除了对词义演变作历时考察之外，还深入探讨了词义演变的方式，提出了创意十足的“词义沾染”之说，而这在词汇学的研究上便是一项相当新颖的立论。所谓“词义沾染”，即“是指不同的词由于处在同一组合关系或聚合关系而发生的词义上的相互渗透。这种渗透可能导致一方或双方增加新的义项或词义的完全改变”。（见该书页 197）作者进而认为这些演变，在模式上可分为并列式、偏正式或支配式等不同的组合关系而引起的情况。以最为常见的并列式词义演变为例，譬如“呼”由“请呼”的连用而产生了“请”义，由“谓呼”的连用而产生了“以为”之义等等。这种“词义沾染说”的词义演变的解说模式，在传统所谓“引申、假借”的说法，以及现今语言学界通行的词义的“扩大、缩小和转移”的说法之外，提供了第三种解说的模式。

② 蒋礼鸿教授为颜著所写的序文，文后标明了该序写于 1993 年。此外，颜书所附参考书目中所列朱、梁二人的大作皆为尚未正式出版的博士论文。以上两点或可资为我们文中推断的佐证。

确的，则汉译佛典研究的语言学转向仿佛就是一场规模空前的大队接力，而颜教授便是实力雄厚的第三棒跑者。相信任何一位关心汉译佛典当前处境或本身从事于佛经语言学相关研究的人，在观看这一场汉译佛典研究的语言学转向的学术赛局之际，除了一方面为场中跑者奋力冲刺而击掌外，想必其“相望试登高”的豪情也会跃然于胸臆吧！

在汉语的发展史上，魏晋南北朝时期是这个语言出现重大变化的历史阶段。根据日籍学者志村良治的研究，汉语在此一阶段里出现了一些新的变化，这些变化包括了复音节词的增加、词缀的发达、句式上四六基调的确立、口语词与外来词的充斥，以及由声调变化来区别词义的“破读”现象频仍。[①] 是哪些原因造成汉语发生了这些重大的演变？前此的一些研究在取材上多半限于本土性文献，而且往往只着重于静态的描写而疏于动态的成因分析。[②] 当然，汉语一如其他的任何语言一样，其演变或发展是有着自身内

---

① 参见志村良治著，江蓝生、白维国译《中国中世语法史研究》，中华书局 1995 年，页 5—16。

② 譬如在程湘清教授所主编的《魏晋南北朝汉语研究》一书里，书中各论文所取材的语料主要是《世说新语》和《搜神记》两书而已，因此作为汉语史的专书或专题研究或许还说得过去，但若是作为汉语史的断代研究来说，似乎便显得过于单薄了。虽然如此，以其中程教授自己所撰写的《〈世说新语〉复音词研究》一文为例，他仍然透过了静态的描写与动态的历时比对，发现到此一时期汉语词汇现象里的一些特征（虽然他并没有尝试进一步来解释这些特征的成因），诸如并列式复音词的大幅增加，从而产生一批新词新义，并且往往呈现出一词多义的现象，而这也多少表明了汉语词义在魏晋六朝时期的确产生了一些新的演变与发展；除此而外，《世说新语》的并列复音词有近百分之八十左右流传及于后世，而其词义、词性与词形也和现代汉语之间无甚差别，这也就间接地说明了近现代汉语的源头或可更往前溯而至于魏晋六朝之际。基本上，程教授的这两项推断，在以汉译佛典为语料的中古汉语史的相关研究里，其实已然获得更多而且更为具体的例证来证成它们了。

部的规律，因此即使只是立基于本土性文献的探究，也能够在若干问题上获至部分的解答。① 然而，正如朱庆之教授曾经指出的，若是我们不去好好研究汉译佛典所提供的庞大而珍贵的语料，其实是很难真正地给予这些问题一个更为圆满的解答，而朱教授本人也以其具体的研究成果充分地实证了这个论点在方向上的正确性。我们认为颜教授的大作也同样的检验了前述说法的妥当性。

历经千年之久的佛典汉译工程，不只是累积出了数量惊人的宗教文献，同时也封存了千年以来汉语流变的详实记录。问题是我们能够借由何种方法才可以把这个"记忆的黑盒子"给打开来，让它把这一段已然为多数人遗忘的历史给清楚地叙述出来呢？魏晋南北朝时期所译出的大批佛典，其语言风貌基本上反映出了这个时期里汉语的实际状态，不论是在语法或词汇方面，它们既有承袭自前代的一面，也有这一时期新创而影响及于后世的一面。颜教授的这部著作是以此一时期的译经词汇为语料，透过共时描写与历时分析的方法，一方面静态地描写这批译经词汇在构词与构义上的形式，并分析它们承古的一面及其新创而影响后世的一面。同时也从语法与文体的角度论列这批词汇所呈现出来的特殊的词汇现象，这些词汇现象包括了语词的割裂与省缩、语词的增扩与添加、口语词的充斥与外语词的大量引进等等。进而作者剖析了这

---

① 譬如以词汇双音化的问题为例，骆晓平教授在分析双音化的成因之际，便完全着眼于汉语内部的一些规律而来探究这个问题，并且在所谓"外因"上，他也不认为外来词的大量引入对魏晋六朝词汇双音化进程的加快有其促动作用（以上见氏所撰《魏晋六朝汉语词汇双音化倾向三题》一文，原载于《古汉语研究》1990 年第 4 期，今收于王云路和方一新合编《中古汉语研究》，页 52—65）。当然，我们若从该文原初发表的年代来看，便可以见出该文的这种说法显然是在朱庆之教授等人的研究尚未问世之际。

些特殊的词汇现象对于此一时期乃至后世的汉语词汇的演变所造成的深远影响，这些影响基本上包括加快了词汇复音化的脚程、酝酿了词义演变的新趋势、扩大了汉语词汇库的容量、奠定了吸收外语词的基本模式等等。颜教授书中对译经词汇所做的静态描写、词汇特征的成因分析，乃至这批词汇进入汉语世界之后的影响评估等等，其娓娓道来而历历在目，的确在一定程度上达成了让我们能够回味往事而重温旧梦。这是作者书中相当成功的一面。此处且让我们试着把这部著作的特色及其若干研究成果做个简介。

本书共分八章，在第四章“魏晋南北朝译经文体”里，作者综述了此一时期的译典在文体上的特色，并归结出其特色在于“散诗兼行、华梵交错与文白结合”的语言风格。作者在本章中的论述奠定了他尔后辨析译经词汇的词汇现象的基础。从译经文体的特征而着手来探讨译经词汇的词汇现象，在这一点上颜、朱两人的立场是相当一致的。以中古时期词汇双音化的进程问题为例，朱庆之教授便曾经指出：“……‘都’和‘都共’，双音形式与单音形式基本上可以说是同义的。这表明在特定的时期，文体是造成双音化的更为直接的因素。”①颜教授则认为不只是双音化的进程增快，是拜汉译佛经的特殊文体之赐，其余诸如“分卫乞食”，乃至“五由旬路”之类的散文体式，其间之所以华梵并陈，往往也是在追求口头的节奏之下而落入了散文四言格的套式之中。四言格的

① 参见朱著前揭书页132。事实上这种情况好比四六基调的骈文，在其撰写的过程之中便自然地会创造出一些双音词，而译经文体里散文四字格的节奏要求也同样会令不少的双音词油然而生。

散文句式与五言格的偈文句式，在魏晋六朝的译经里是最为常见的翻译体例。[①] 颜教授认为这种特殊体式，其实就是造成"语词割裂、省缩、增扩或添加"等特殊词汇现象的根本原因之一。[②]

其次，在辨析"译经词汇构成"的第五章里，作者一方面讨论了这批译经词汇的分类问题，同时并依其词源特征、风格特点、历史属性、地域或社会方言属性而把译经词汇做了如下的区分：

（一）本语词：1. 书语承古词，如太官（御厨）；
2. 书语新创词，如乞士（比丘之意译）；
3. 口语承古词，如野马（游丝）；
4. 口语新创词，如理家（犹言富商）；
（二）外来词：1. 西域借词，如骆驼（dada）；
2. 梵语借词：袈裟（kaṣayā）。

词汇的描写与研究必须建立在完善的分类原则上，颜书以上的分类原则及其分类方式大体反映了魏晋六朝时期译经词汇类别的实际状况，而这也是他在译经词汇研究上可以取得长足进步的原因。此外，作者在所谓"新创词"的界说方面以及在有关梵语借词类型

① 在朱庆之教授的著作里便曾讨论了汉译佛典在散文体式上有刻意讲求节律的倾向，而通常是以四字为一顿，组成一个大节拍，而每个大节拍又以两字为一个小节。他把这种散文体式称为"四字格"，并且认为这是汉译佛典的主要文体形式（以上参见朱著前揭书，页11—12）。颜书在这一方面的论述大体是承朱说而来（见该书页30以下），兹不赘述。至于专事讨论佛经散文四言格与偈文五言格体式问题的，或可参看俞理明《佛经文献语言》一书的五、六两章（巴蜀书社1993，页22—41）。

② 这一点在颜书第七章"译经词汇现象论"里有其详细的论述以及诸多的例示与分析。

的讨论上，也都有其独到之处。[①] 至于第六章，则讨论了译经复音词的结构模式及其语义构成，而其论述大体是承自其硕士论文《南北朝佛经复音词研究》而来。

至于说到本书最为精彩之处，当属作者在第七与第八两章中的论述。在第七章里，作者根据了他对译经文体的静态描写所得出的“散诗兼行、华梵交错与文白结合”的诸项特征，而一一分析了这些文体上的特点对词汇结构与词义构成的各种影响。作者把这些影响归为了以下数项特殊的词汇现象：

（一）语词的割裂和省缩　由于散文四言格与偈文五言格的特殊句式，及其讲求节奏的倾向，而这往往容易造成音步或诗节停顿与语法上的句读停顿互不一致的情况，同时也直接造成了语词之间的割裂和省缩的现象。譬如为了符应译经的特殊句式，便经常会采用一些合音的字词，如叵、卅之类。此外，经中大量缩略词的出现，这一方面固然是仿译原典的结果，但有时也是基于特殊句式的要求而来。

（二）语词的增扩和添加　此中“增扩”是就词平面而言，指原本的单音节词基于扩充音节数以符合句式需要而产生了其复音节化的形式，如扩“值”为“值遇”、增“皆”为“咸皆”；至于“添加”，则是就句平面来说的，也是基于同一原因而在句中添入了诸如“之、所、于”之类的虚字来充数。而这种添加当然也会促动语法层面

---

① 作者认为借用古语词的词形“灌注别义”以成者，亦即所谓“旧瓶新酒”，则可视之为新创词，如我慢、开士等。至于虽借用汉语词形而其词义但只引申原有之旧义者，如功德、堕落等，此类语词便不能以新创视之。至于在论列梵语的借入类型方面，除了在梁晓虹教授研究的基础上区分了诸如转写（如由旬）、转写+指类名词（如分陀利花）、转写+意译（亦即所谓“合璧词”，如忏悔）等类型之外，也另立了所谓“意译组合”的类型，如戒律、施主等。

上的一些改变。

（三）外语词的大量引进与初步整饬　汉语佛典里梵语借词的大量充斥，而其借入的方式也纷繁多样。不过由汉末、三国古译时期而迈入六朝阶段，则逐渐有以意译取代音译的趋势，并且即使是音译词也有缩略其音节的倾向，这些可以说都是为了更进一步地符合汉语使用的习惯。此外，诸如在若干音译词上，也逐渐有附加表意偏旁的习惯，如改“磨”为“魔”，变“迦沙”为“袈裟”等，这同样也是基于更进一步“汉化”的要求。

（四）口语词为数众多而来源多途　六朝译经中为数甚多的口语词，其中既有方言词，如舟之称为“筏”或“舸”的南北方言；有行业语，如把挤奶称之为“𤛓”；有市俗俚语，如表“阻碍逼迫”之义的“要勒、邀勒”，即为当时通行的市俗俚语；也有一些来自先秦雅语俗化之后的语词，如称男女性事为“交通”等。

（五）语词复音化进程加快　作者于此除了对汉语词汇复音化的内在与外在的原因做了扼要的分析与论述之外，进一步地他更认为诸如“译经文体的形成”与“外语词的吸收方式”，这两项译经过程所产生出来的语言现象，在词汇复音化的进程上也有其不可低估的影响力。

（六）词义发展演变有了新趋向　朱庆之教授在论列译经词汇的词义演变时提出了“词义沾染说”的解释模式，颜著则相应地提出了诸如“灌注得义、借形灌义、相因生义”等解说词义演变与发展的模式，这可以说是进一步地扩大了“词义沾染说”的理论架构。而其中作者对“灌注”一义的解说与阐释，尤为精到，特别是其间把中国佛教史上的“格义”现象置入语言学的论域里来加以探究,更是颇富启发性的神来之笔。[1]

本书最后是以论析“译经词汇在汉语史上的地位及功用”作为其研究的结论。作者在此章中评估了这批译经词汇对汉语流变的重大影响与关键地位。至于这些重大影响,包括为汉语词汇库增加了数量可观的新词与新义等等,我们在前文之中已经提到过了,读者或可自行参看。此外,在论及这批译经词汇在汉语史研究上的价值与功用时,曾经说:“译经词汇提供了这一时期汉语语词的词义、同义词、反义词、构词方法、词汇构成、词义演变、词汇体系发展变化等共时、历时的具体研究资料,其对于中古汉语词汇研究乃至近代汉语词汇溯源的功用自不待言,它还将带动其他领域对这一时期文字、语音、语法的研究。”[2]这一段话可以说相当中肯地从汉语史的研究立场阐释了这批庞大的译经词汇在研究上的价值与功用,这或许正是今日它们能吸引诸多研究者投身其间的重要缘故,因为这批译经词汇的价值已逐渐为汉语史的研究者所认清了。并且从这一点看起来,汉译佛典的语言学转向终将汇集为一股大流,而它在方法学上会为传统佛教学研究带来相当的冲激,也是可以预期的。

原本属于社会方言性质的译经词汇或佛教用语,竟然对日后全民语言的形成造成了莫大的影响。这固然表现了佛教在布教的各种策略上的成功。但吾人实有必要从语言学的观点来探究佛典

---

① 颜教授认为在译经过程里,对于外语词的引入,除了透过新词的撰造或诉诸音写等途径之外,往往便是利用现成的中土语词而使之“佛化”,这种佛化汉词的手段即是所谓的“灌注”。譬如利用汉词的“我、业”等而把教义灌注其中而使之成为佛教术语。此外,早期译师将佛教的名言概念“强行移栽”在当时流行的玄学、儒学名词上,这也在词义演变上证实了“灌注”的存在(以上参见颜著页253)。

② 参见颜著,页271。

翻译策略所以奏效的原因与理由，乃至厘清这些原因与理由和佛教汉化或中国佛教的形成之间有何关联。而此中有关译经词汇的各种研究，可以说都为这几项重大的议题提供了诸多宝贵的信息。

当然，前述这些有关中古译经词汇的研究，虽有其可观的研究成果，但不可讳言的，这些研究也有其美中不足之处。此中，诸如研究者虽然都强烈地意识到译经词汇受制于其原语的影响极大，但他们若非在原语（譬如梵语）上的学养不足，便是极度欠缺这一方面应有的基本知识，因此有时在构词或构义的解说上便显得有些牵强而流于附会了。再者，由于源头语知识的虚欠，乃至佛学或佛教学相关知识的不足，这也使得他们难以真正圆满地解释诸如“散诗兼行、华梵交错与文白结合”之类的语言风格究竟是如何形成的。① 因此，我们认为在汉译佛典研究的语言学转向上，汉语史

① 辛嶋静志在《汉译佛典的语言研究》一文里，便曾指摘朱庆之教授在其诸多论文中虽然经常比对汉、梵资料，但他的解释有时明显地并不正确。辛嶋教授认为把汉译佛典和梵语、巴利语等经典进行对照并不是一件简单的事，仅仅查了词典，对照相对应的单词根本不行，而辛嶋在该文中便具体地举了许多朱教授在梵汉对比中所犯的错误，而这些错误有不少是和梵语语法知识的不足有关（以上参见辛嶋前揭文页 47 以下）。在一场由中正大学中文系所举办的“佛经语言研究座谈会”（2002.1.9）上，青年学者蔡奇林君也曾指出朱著与颜著之中，在若干涉及佛教术语的词语解释上，或因于原语知识不足，或由于佛学知识不够，而产生了错误的解说。蔡君各举了朱著之中的“仿佯”与颜著之中的“随喜”为例，来说明对读原典的重要性，当然也包括了相关佛学知识的重要性。按：仿佯，朱著以为是“经行”的异译，这基本上是正确的，其原语“caṅkrama”有“散步、逍遥”之义，但称不上是佛教独特的修行方式。至于“随喜”，颜著以为是“随意所喜”的省略，也是不正确的，因为其梵文原语“anumodanā”但为“高兴或欢喜”之义，“随”乃仿译自词缀“anu-”。又，诸如颜书中对“身份”一词的解说，认为它具“身体”之义，乃得自当时的俗语俗义，实则此语当是仿译自梵文原语“kāya-aṅga or aṅga”，因此“身份”一词的“身体”义当是来自源头语而非当时中土的俗语。其次，关于所谓“散诗兼行、华梵交错与文白结合”的语言风格的成因问题，其中“散诗兼行”的问题，基本上是在圣书情结下的仿译所造成的，而这种文体的渊源乃是来自印度，这一点在梅维恒的大作《唐代变文》一书里（中译本上册第四章，页 194 以下）已经通过极具说

的研究者实有必要联合其佛教学的同好一起来耕耘这片新兴的学术园地。

附论:数位时代汉译佛典研究的展望

一般而言,在佛教学的研究领域里,其研究方法大体是以所谓"质性分析"(qualitative analysis)为走向。然而,在语言学的研究领域里,借由统计方法而进行所谓"量化分析"(quantitative analysis),已经俨然成为获取客观结论的必要手段。在当代语言学的分支里,不论是"数量语言学"(quantitative linguistics)或是"统计语言学"(statistical linguistics),乃至"风格统计学"(stylostatistics),可以说无一不是靠着语料库的建立而着手其研究的,而其研究也经常必须使用电脑来进行统计与分析。刘晓南在评介李维琦所著《佛经释词》一书时便曾经说:[①]

> 佛经材料丰富浩繁,处理起来极为麻烦。《释词》在处理办法上采用了电脑系统处理材料,从而完全突破了熟读默识,卡片辅助的传统工作模式,同时也真正高效省时地做到了穷尽勾稽例句,使全面而不遗漏地分析词的义例有了切实的保障……由于使用新的工具,带来了对语言材料的新的处理与

服力的证据证实了这种说法。再者关于"华梵交错"的问题,应该循着所谓"佛教混合汉语"的思维,进一步从构词与构义,句法与语法等几个方面,从梵汉两种语法体系上追索其成因。在这一点上,朱颜两人的著作均着墨不多。至于"文白结合"的形式,这和译场的助译人员有关,更与佛教自来的语言政策以及口语传播的宣教方式有关。这些在朱颜著作中虽有论及,但仍有其不足之处。

① 参见《古汉语研究》,1994 年第 1 期,页 75—76。

研究办法,从而在许多地方有新的发现、发明。《释词》为我们提供了运用现代化研究工具成功的范例。

当佛陀及其法裔的布教活动在言语的形态上历经了口头记诵、贝叶转写、舌人度语、羽翰抄录,乃至刀刻墨印与活字印刷的不同阶段之后,如今这些汉译圣典终于在中华电子佛典协会(CBETA)的持续努力之下完成了其数位化的形式,而这也同时宣告了汉译佛典研究的数位化时代已经真正来临了。

面对无数心血陶铸而成的数位法宝,由"伽耶山基金会图书资讯中心"所发行的《佛教图书馆馆讯》第二四期(2000 年),刊行了一个名为"电子佛典制作"的专号,其中除了载有惠敏法师(CBETA 的主任委员)谈论"电子佛典数位化的运用与展望"的鸿文之外,另有多篇有关如何利用此一法宝的心得报告与经验分享。因此,关于这部电子书所具备的诸般功能及其出版的重大意义,乃至如何操作或利用这座数位化的藏经阁,此处不拟再谈,有兴趣的读者或可上网直接查阅该一专号的详细内容(http://www.gaya.org.tw/journal)。此中,我们想要讨论的是,在汉译佛典研究的语言学转向上,这座数位化的语料库,①可以为我们带来哪些新的研究契机,开展出哪些新的研究论题。以下且就笔者个人的研究兴趣略论其间之一二。

---

① 惠敏法师在《电子佛典数位化的运用与展望》一文里,特别提到了数位化文献具有所谓"多价"(multivalent)的特性,也就是它不再像过去的书籍一样,本本各自独立,而是彼此相互连接成为一个整体性的网络。因此,我们可以透过一定的操作程序,譬如字词的笔画等等,而查阅到整个网络里的相关语句,如此便可高效省时地进行诸如词语对照或频率统计之类的工作。在这个意义下,数位化的汉译佛典便是一座庞大的语料库,而不再只是一套卷帙浩繁,望之令人生畏的法宝了。

在前文里，我们曾数度提到“语言风格学”（stylistics）。这是一门由瑞士学者巴利（Ch. Bally）在上个世纪初创建出来的语言学的新兴分支。它主要是研究语言在语境中不同用法（语言变体）的特征，并试图确立一些原则来说明个人和社群使用语言时的特定选择。当这种形态的“风格研究”透过了量化模式来进行时，便是所谓的“风格统计学”；而当它是借由统计方法来分析“语言单位”在“字里行间或篇章”中的出现频率和分布时，也可以称之为“统计语言学”。至于讨论如何运用统计方法来阐释语言学问题，诸如“风格区别”或是“作者鉴定”的问题，一般则称之为“数量语言学”。[①] 由此可见“风格”（style）乃是这些语言学分支共同关注的焦点。在语言风格学里，“风格”指的就是个人或社群使用语言时的特定选择（不论其选择是出自有意识或无意的），而研究这些语言集合里的特定选择，便是语言风格学的根本课题。

在我们前文的各种叙述里，不论是所谓“汉译佛典的风格”，或是“罗什的传译”，乃至所谓“佛教混合汉语”的概念，或是《起信论》的或译或作之争，这些术语或概念，乃至它们所呈显出来的各种问题，可以说无一不涉及“风格”的概念。因此，语言风格学的引入，不论是概念上的辨析，如“风格区别”或“作者鉴定”的实质内容，或是研究方法的实际操作，如特定词汇出现频率的概算或是分布量表的制作，都将为汉译佛典研究在新局的开创上做出一定的贡献。特别是在汉译佛典完成其数位化之后，我们更可以配合此一庞大的语料库，并利用语言风格学的研究手法来进行一些前

---

① 以上叙述，请参见 D. Crystal 编著、沈家煊译《现代语言学词典》（商务印书馆 2000）的相关条目。

人穷毕生之力都难以奏功的工作。这些在“手工业时代”里,令前人视为畏途的研究工作,包括中国译经史上著名译家的传译风格的考察、疑伪经的辨析、历代经录的考覈、佚名作品的作者鉴定等等。如今这些问题,在数位化的时代里,都可望透过类似语言风格学的研究手法而获至某种程度的澄清,甚至解决掉一些译经史上的千古悬案也未可知。

以笔者个人较为熟知的龙树学来说,关于其著作的真实性问题,自来即是学者之间主要的争论点,诸如《十二门论》与《大智度论》是否为龙树所造,学界始终争论不休,而《大乘二十论》与《菩提资粮论》作者的真实性问题,也同样是悬而未决。① 近时有缘拜读了 T. Vetter's《On the Authenticity of the Ratnāvalī》一文,发现作者正是采用了语言风格学的研究路数来处理“作者鉴定”的问题,②由此可见在佛教学的专业圈子里,这种研究手法已然为若干先进学者所援用了。

关于 Vetter 前揭论文的详细内容,且待他文另表,此处不拟详述。不过我们倒是可以乘本文写作之便,约略地来看一看透过“风格研究”而着手“作者鉴定”的实际操作手法。在该文中,作者首先借由对比描写(contrastive description)的方式,制作了《根本

---

① 传统上认为此二著作皆为龙树所造,然而在近现代的研究里,此二书的作者真实性则备受质疑,印顺法师仍力持传统的观点,而日籍与欧西学者则多半持怀疑态度,譬如《大智度论》的法译者 Lamotte 便认为这部作品当是在西北印结集的,而作者极可能是由小回大的学者。至于《大乘二十论》与《菩提资粮论》,Lindtner 认为前者受到窜乱的可能性极大,而后者当为龙树所作,但大部分学者则主张应当将此二书从龙树著作的清单中剔除掉。

② 该文载于《梅耶克六五颂寿佛教学纪念论文集》(*Utude Bouddhiques Offertes a Jacques May a L' occasion de son Soixante-Cinquiime Anniversaire*),瑞士洛桑 1992,页 492—506。

中颂》与《宝行王正论》这两部"偈颂体"论书在用韵风格与语法风格上的频率量表，进而再根据量表所呈显出来的用韵与用词频率的对比，逐一分析了二者之间在这两类特征上的异同。作者在分析了二者的用韵特征之后，归结出二者之间虽有差异，但相差并不太大，但是与圣天《四百论颂》的用韵则相去甚远，因此作者认为我们可以安全地把圣天剔除在《宝行王正论》作者的可能名单之外。再者，传统上认为龙树是该一论书的作者，这一说法若从用韵的观点来看，那是有其可能的。但是，作者同时认为，我们若从特定用词的出现频率来看，则传统的说法就不无可疑之处。作者在语法的对比上选取了两类词语的出现频率进行比对，其一是诸如"ca、vā、eva、api"之类的小品词，其二是复合词的使用。结果作者发现，小品词的出现频率，《根本中颂》几乎高出了《宝行王正论》的一倍，可是在复合词的出现频率上，情况恰恰相反。在综合了两个量表所呈现出来的风格异同之后，作者认为，虽然在特定用语的风格上彼此有着相当的出入，但其强度却并不足以推翻传统的说法；可是若说这两部论书是同一作者所造，则它们应当不是同一时期完成的作品。①

在以上简单的介绍里，我们可以发现"风格分析"的一般操作手法。首先，我们必须明白一件事情，那就是没有任何人有能力计算一切，即使是利用了计算器高速的运算能力计算出了无所不包的语言单位体里的所有语言结构，我们其实也没有足够的时间与精力对之进行全盘的分析。但是，另一方面，我们也知道，分析的资料实例愈多，其结论的可靠性就愈高。因此，语言风格学的研究

---

① 以上参见 Vetter 前揭文，页 504。

往往就是利用少量经过仔细挑选的语言单位的特征，并在一个大小适中的语言单位体里来研究这些特征。[①] Vetter 进行风格比对的两部著作，都是偈颂体，其中《根本中颂》有 884 行，而《宝行王正论》的梵文残本有 605 行，便是依照了这个原则而来的。其次是用韵分析，那更非得有梵文原典不可，使用译本便无法进行同样的比对工作。其三是作者选择了用韵、小品词与复合词的使用来进行频率分析，这是因为那些成素基本上都是和语言单位体的意义没有直接关系的形式特点。当然，诚如 Vetter 所指出的，单靠这类形式分析的程序并不足以让我们得到绝对的真实性，即使我们在程序上再加上内容分析（教义分析），也是无法完全达成这项目标，因为风格与教义是可被模仿的，并且作者本人也可能在这两方面自己做了某些改变。但是透过这类形式特征的分析与考察，基本上可以生起或加强我们的怀疑。[②]

从以上 Vetter 对《宝行王正论》进行风格分析的例子来看，个人认为在汉译佛典研究的语言学转向的路途上，我们的研究工作似乎不应该只是局限在某些零星词语的词义训诂与源流考辨上，也不能只是在前人所拟定的构词法窠臼里反复地兜圈子，而应该以译家或专书为单位进行较大规模的风格对比研究，并且最好是以其中仍有梵文原典存世的那些作品先行着手，譬如《俱舍论》与《中边分别论》等，这些著作都曾经被真谛与玄奘两位著名的译师分别译出过，而这两人一者为印度籍，其母语是梵语，一者为汉人，其母语是汉语；因此，这两人译风的对比研究，可以让我们进一步

① 以上参见《剑桥语言百科全书》，中国社会科学出版社 1995，页 107。

② 以上参见 Vetter 前揭文，页 494 & n. 5。

澄清母语对翻译的影响程度，同时也可以让我们见出个人的学派思想是如何地涉入其翻译的作品之中。这些研究在以往是能令人皓其首而又难以毕其功的，如今在数位化的佛典助威之下，只要慎选语言单位（包括虚词、实词与句式等等），并且对比的方法得宜，或许就可以让我们得到不少出乎意料的具体发现哩！当然，这一类型的研究也同时提供了一个可以让佛教学专业与汉语史专业，乃至研究翻译理论与实务的学者，共同携手的一块最佳的工作平台。笔者个人也由衷期盼这一类跨领域的研究能够随佛典数位化时代的来临，加快其合作的进程，以期能在各自的专业领域里而对其本业的研究有所突破，事实上这也正是笔者不揣浅陋而草就此文的最大心愿。

（原载《正观》2001 年第 19 期、2002 年第 20 期）

佛教汉语研究论著目录
(1980—2006)

帅志嵩　谭代龙　龚波　郭浩瑜　黎路遐　编

本目录主要收录1980—2006年间中国大陆学者在境内外以及其他学者在中国大陆期刊(包括以书代刊类型的刊物)公开发表的佛教汉语研究成果,是《佛经文献语言研究论著目录(1980—2000)》(载《汉语史研究集刊》第四辑)的增补。虽然尽了很大的努力,但仍有不少遗漏,尤其是各种论文集中发表的文章未及全面搜集,敬请留意。请作者和使用者联系我们,以便修订时做进一步完善。

原目录按语音、语法、词汇、综合和专著分类编排,此次增补改为按著者姓名音序和发表时间编排。

艾　畦　1996　《金刚经》中若干词语的释译,中国典籍与文化,第3期。

白兆麟　2006　展示佛经文献之瑰宝,填补汉语研究之空白——评《玄应〈众经音义〉研究》,学术界,第3期。

鲍金华　2004　《高僧传》词语札记,古籍整理研究学刊,第6期。

鲍鹏山　1995　语言之外的终极肯定——谈禅宗的语言观,江淮论坛,第4期。

毕慧玉　2006　论“许多”的成词过程及时代——兼论《祖堂集》在其中的作用，黑龙江教育学院学报，第2期。

毕慧玉　2006　《六度集经》音义考校，徐时仪、陈五云、梁晓虹编《佛经音义研究——首届佛经音义研究国际学术研讨会论文集》，上海古籍出版社。

薄守生　2005　《洛阳伽蓝记》并列式合成词研究，南华大学学报，第1期。

薄守生　2005　《洛阳伽蓝记》几小类复音词研究，河西学院学报，第3期。

薄守生　2005　《洛阳伽蓝记》单纯词研究，玉溪师范学院学报，第5期。

薄守生　2005　《洛阳伽蓝记》里的单纯词，西昌学院学报，第2期。

蔡镜浩　1989　魏晋南北朝佛经翻译中的几个俗语词，中国语文，第1期。

曹广顺　1986　《祖堂集》中与语气助词“呢”有关的几个助词，语言研究，第2期。

曹广顺　1986　《祖堂集》中的“底（地）”“却（了）”“著”，中国语文，第3期。

曹广顺　1999　《佛本行集经》中的“许”和“者”，中国语文，第6期。

曹广顺　2006　中古译经与中古汉语语法史研究，商务印书馆编辑部编《21世纪的中国语言学（二）》，商务印书馆。

曹广顺、龙国富　2005　再谈中古汉语处置式，中国语文，第4期。

曹广顺、遇笑容　2000　中古译经中的处置式，中国语文，第6期。

曹明伦　2006　约而意显，文而不越，重读支谦《法句经序》，四川外语学院学报，第5期。

曹小云　1993　《〈祖堂集〉被字句研究》商补，中国语文，第5期。

曹小云　1994　王梵志诗语法成分初探，安徽师范大学学报，第3期。

曹小云　1996　《入唐求法巡礼行记》中的概数词“来”，古汉语研究，第2期。

曹小云　2001　《六度集经》中“寻”字的副词、介词用法，古汉语研究，第2期。

曹小云　2001　《六度集经》语词札记，语言研究，第4期。

曹秀华　2002　三国汉译佛经的特点及其价值研究述评，湖南轻工业高等专科学校学报，第1期。

常　青　1989　《祖堂集》副词“也”“亦”的共享现象，天津师范大学学报，第1期。

陈宝勤　1997　东汉佛经和《世说新语》中“都”的用法，南开大学中文系编《语言研究论丛》，第7辑，南开大学出版社。

陈宝勤　1997　敦煌变文类同副词研究，项楚主编《敦煌文学论集》，四川人民出版社。
陈宝勤　2005　试论“寺”自“官寺”义到“佛寺”义的演化，南开语言学刊，第5辑，南开大学出版社。
陈广恩　2005　佛教对中国语言的影响，中国宗教，第4期。
陈开勇　2004　佛教广律套语研究，河池师范高等专科学校学报，第1期。
陈开勇、龙　延　2001　说“一寸肠”，衡阳师范学院学报，第5期。
陈开勇、龙　延　2002　汉晋佛教译经与晋宋民歌的语言，敦煌学辑刊，第1期。
陈兰香　1999　佛经词语中的比喻造词及其美质，修辞学习，第5期。
陈　明　1999　《占察善恶业报经》的流传研究，南亚研究，第1期。
陈　明　2003　梵汉本《遗日摩尼宝经》词语札记，《华林》编委会编《华林》，第3卷，中华书局。
陈　明　2003　新出安世高译《七处三观经》平行梵本残卷跋，西域研究，第4期。
陈　明　2004　梵汉本《阿阇世王经》初探，新疆师范大学学报，第4期。
陈　明　2004　《无量寿经》新出梵本及其五种汉译本的词汇对勘，李四龙、周学农编《哲学、宗教与人文》，商务印书馆。
陈顺智　2005　汉语“四声”之形成与佛经“转读”无关论，西南师范大学学报，第1期。
陈卫兰　1997　试论敦煌变文词汇复音化的三个趋势，北方论丛，第5期。
陈文杰　1999　早期佛典词语杂俎，宗教学研究，第2期。
陈文杰　1999　从早期汉译佛典看中古表方所的指示代词，古汉语研究，第4期。
陈文杰　2000　《贤愚经》词语考，钦州师范高等专科学校学报，第1期。
陈文杰　2000　“作茧自缚”的来源，汉语史研究集刊，第2辑，巴蜀书社。
陈文杰　2001　佛典词语札记，古籍整理研究学刊，第3期。
陈文杰　2001　佛典文体形成原因再讨论，宗教学研究，第4期。
陈文杰　2002　汉语佛源释例，古籍整理研究学刊，第1期。
陈文杰　2002　《生经》词语考释四则，语言研究，第2期。
陈文杰　2002　佛典词语零札，古汉语研究，第2期。
陈文杰　2005　东汉译经词语考释，古籍整理研究学刊，第3期。
陈五云　2006　《可洪音义》碎拾，徐时仪、陈五云、梁晓虹编《佛经音义研究——首届佛经音义研究国际学术研讨会论文集》,上海古籍出版社。
陈五云、梁晓虹、徐时仪　2004　可洪音义字形研究,赵丽明主编《汉字传播与中越文化交流——2003年汉字传播与中越文化交流国际学术研讨会论文集》,国际文化出版公司。
陈晓龙　1995　不可"言说"的"嘱告"——禅宗语言哲学一议,河北师范学院学报,第3期。
陈祥明　2006　中古汉文佛典中的副词"敢",玉溪师范学院学报,第1期。
陈祥明　2006　《经律异相》所见中古新兴单音节副词考察,泰山学院学报,第1期。
陈秀兰　1997　佛典语词札记二则,绵阳师范高等专科学校学报,第1期。
陈秀兰　1997　对许理和教授《最早的佛经译文中的东汉口语成分》一文的几点补充,古汉语研究,第2期。
陈秀兰　1998　"懊恼"别义,辞书研究,第4期。
陈秀兰　1998　敦煌俗文学语汇溯源——兼论佛典翻译对敦煌俗文学语汇形成的作用,绵阳师范高等专科学校学报,第2期。
陈秀兰　1998　敦煌俗文学语汇溯源——兼论佛典翻译对敦煌俗文学语汇形成的作用(续),绵阳师范高等专科学校学报,第3期。
陈秀兰　1999　也考"岚风",中国语文,第4期。
陈秀兰　2002　"五轮投地"来源考,西南民族学院学报,第12期。
陈秀兰　2004　从常用词看魏晋南北朝文与汉文佛典语言的差异,古汉语研究,第1期。
陈秀兰　2004　魏晋南北朝文与汉文佛典的极度副词研究,语言科学,第2期。
陈秀兰　2004　魏晋南北朝文与汉文佛典对常用词的选择,长江学术,第6期。
陈秀兰　2004　《魏晋南北朝文与汉文佛典语言比较研究》,韩国新星出版社。
陈秀兰　2005　魏晋南北朝文与汉文佛典对"恐惧"义的选择,新国学,第5卷。
陈秀兰　2006　魏晋南北朝文与汉文佛典的被动式研究,绵阳师范高等专科学校学报,第6期。
陈秀兰、杨孝容　1998　《生经》口语词汇解析,宗教学研究,第1期。
陈秀兰、杨孝容　2003　《六度集经》词语札记,南阳师范学院学报,第7期。

陈源源　2006　《妙法莲华经释文》所引慧苑《华严经音义》考，汉语史学报，第6辑，上海教育出版社。
陈源源　2006　《妙法莲华经释文》所引佛典“音义书”考——以慧苑《华严经音义》与行式《大藏经音疏》为例，徐时仪、陈五云、梁晓虹编《佛经音义研究——首届佛经音义研究国际学术研讨会论文集》，上海古籍出版社。
陈云龙　1992　梵汉对音中来纽对译 t ṭ d ḍ 现象再探——兼论音韵在佛学研究中的作用，古汉语研究，第3期。
陈云龙　1994　音韵与佛学研究浅谈，湛江师范学院学报，第2期。
程嫩生　2006　《佛本行集经》词语杂释一则，陕西师范大学学报，第2期。
褚良才　1996　敦煌写本《金刚经颂》校诂，浙江大学学报，第2期。
储泰松　1995　梵汉对音概说，古汉语研究，第4期。
储泰松　1996　施护译音研究，谢纪锋、刘广和主编《薪火编》，山西高校联合出版社。
储泰松　1996　鸠摩罗什译音研究(声母部分)，语言研究，增刊。
储泰松　1998　梵汉对音与中古音研究，古汉语研究，第1期。
储泰松　1999　梵汉对音与上古音研究——兼评后汉三国梵汉对音研究，南京师范大学学报，第1期。
储泰松　1999　鸠摩罗什译音的韵母研究，安徽师范大学学报，第1期。
储泰松　1999　“自”有“至”义，古汉语研究，第2期。
储泰松　2001　《高僧传》标点指误，古籍研究，第2期。
储泰松　2001　唐代的秦音与吴音，古汉语研究，第2期。
储泰松　2002　“毗岚”的流变及其相关问题，汉语史学报，第2辑，上海教育出版社。
储泰松　2002　“和尚”的语源及其形义的演变，语言研究，第1期。
储泰松　2004　唐代音义所见方音考，语言研究，第2期。
储泰松　2006　《可洪音义》注释的内容及其特色，徐时仪、陈五云、梁晓虹编《佛经音义研究——首届佛经音义研究国际学术研讨会论文集》，上海古籍出版社。
储小旵、张　丽　2004　佛经词语考释，安庆师范学院学报，第6期。
邓福禄　2006　《汉语大字典》未识字考，语言科学，第5期。
邓海荣　2004　禅宗语录词语札记二则，西南民族大学学报，第2期。
邓文彬　2004　中国古代语音研究的兴起与反切法和四声说的产生，西南民族大学学报，第 2 期。

丁　锋　2003　窥基《法华音训》原型考，浙江大学汉语史研究中心、浙江大学古籍研究所主编《姜亮夫、蒋礼鸿、郭在贻先生纪念文集》(《汉语史学报》专辑，总第 3 辑)，上海古籍出版社。

丁　锋　2005　慧琳改订玄应反切声类考——兼论唐代长安声母演变过程，董琨、冯蒸主编《音史新论——庆祝邵荣芬先生八十寿辰学术论文集》，学苑出版社。

丁　锋　2006　慧琳改译玄应反切反映的唐代长安声调状况，汉语史学报，第 6 辑，上海教育出版社。

丁　锋　2006　残存最早佛经音义考——隋释昙捷及其所著《法华经字释》，徐时仪、陈五云、梁晓虹编《佛经音义研究——首届佛经音义研究国际学术研讨会论文集》，上海古籍出版社。

董鸿毅　2005　佛经并不"执着"于"执著"，咬文嚼字，第 1 期。

董　琨　1985　汉魏六朝佛经所见若干新兴语法成分，研究生论文选集·语言文学分册，江苏古籍出版社。

董　琨　2002　"同经异译"与佛经语言特点管窥，中国语文，第 6 期。

董志翘　1990　《五灯会元》语词考释，中国语文，第 1 期。

董志翘　1994　《入唐求法巡礼行记》语言研究，(日本)佛教史学研究(由衣川贤次译成日文)，第 37 卷第 1 号。

董志翘　1996　评介两部研究《往五天竺国传》的新著，王元化主编《学术集林》，总第 9 卷，上海远东出版社。

董志翘　1996　《观世音应验记三种》校点举误(上)，古籍整理研究学刊，第 5 期。

董志翘　1997　《观世音应验记三种》校点举误(下)，古籍整理研究学刊，第 2 期。

董志翘　1997　《入唐求法巡礼行记》疑难词语考释，荣新江主编《唐研究》，第 3 卷。

董志翘　1998　评《行历抄校注》，王元化主编《学术集林》，总第 13 卷，上海远东出版社。

董志翘　1998　试论《洛阳伽蓝记》在中古汉语词汇史研究上的语料价值，古汉语研究，第 2 期。

董志翘　1999　《宋高僧传》标点琐议，《训诂类稿》，四川大学出版社。

董志翘　1999　《宋高僧传》语词札记，《训诂类稿》，四川大学出版社。
董志翘　1999　《高僧传》标点商榷，古籍整理研究学刊，第 1 期。
董志翘　1999　《高僧传》词语通释（一），汉语史研究集刊，第 2 辑，巴蜀书社。
董志翘　1999　《入唐求法巡礼行记》的词汇特点及其在中古汉语词汇史研究上的价值，中国语文，第 2 期。
董志翘　1999　《入唐求法巡礼行记》词汇研究，古汉语研究，第 2 期。
董志翘　2000　《〈入唐求法巡礼行记〉词汇研究》，中国社会科学出版社。
董志翘　2000　《高僧传》标点商榷（续），古籍整理研究学刊，第 1 期。
董志翘　2000　《高僧传》词语通释（二），汉语史研究集刊，第 3 辑，巴蜀书社。
董志翘　2001　俗语佛源（二则），语文建设，第 12 期。
董志翘　2002　汉译佛典的今注今译与中古汉语词语研究，古籍整理研究学刊，第 1 期。
董志翘　2002　《观世音应验记三种》俗字、俗语零札，苏州教育学院学报，第 2 期。
董志翘　2002　试论《观世音应验记三种》在中古汉语研究方面的语料价值，汉语史研究集刊，第 5 辑，巴蜀书社。
董志翘　2002　《〈观世音应验记三种〉译注》，江苏古籍出版社。
董志翘　2003　敦煌文献中之《往五台山巡礼记》——兼谈日僧圆仁的《入唐求法巡礼行记》及日记的起源，《新世纪敦煌学论集》，巴蜀书社。
董志翘　2003　敦煌写本《诸山圣迹志》校理，敦煌研究，第 3 期。
董志翘　2004　《高僧传》史料、语料价值及其重新校理与研究，南大语言学，第 1 辑，商务印书馆。
董志翘　2004　中土佛教文献词语零札，南京师范大学学报，第 5 期。
董志翘　2005　中华书局版《高僧传》校点商补，四川师范大学学报，第 4 期。
董志翘　2005　汉文佛教文献语言研究与训诂学，汉语史研究集刊，第 8 辑，巴蜀书社。
董志翘　2006　梁《高僧传》“疆场”例质疑，中国语文，第 6 期。
董志翘、陈文杰　1999　读李维琦先生近作《佛经续释词》，古汉语研究，第 2 期。
杜爱贤　2000　谈谈佛经翻译对汉语的影响，世界宗教文化，第 2 期。

杜晓莉　2001　近20年禅宗语言研究综述，西南民族学院学报，文学硕士论坛专辑。
段观宋　2000　禅籍中"得"的用法，东莞理工学院学报，第2期。
段观宋　2000　禅籍中"得"的用法，长沙电力学院学报，第4期。
段观宋　2001　禅宗语录疑难词语考释，东莞理工学院学报，第1期。
段观宋、李传书　1999　俗语词研究的新拓展——读《佛经释词》《佛经续释词》，长沙电力学院学报，第3期。
段文清　1992　《五灯会元》语词补释，古汉语研究，第1期。
段　晴　1993　于阗经文中"作茧自缚"的来源，民族语文，第1期。
段　晴　2002　梵语与零的发现，《东方研究》，第1期，国际文化出版公司。
段　晴　2002　梵语以及梵语的启示，于维雅主编《东方语言文字与文化》，北京大学出版社。
段　晴、李建强　2005　悉昙"字本"说源，语言学论丛，第32辑，商务印书馆。
范崇高　2004　《观世音应验记》（三种）词语札记，四川理工学院学报，第1期。
方一新　1992　汉魏六朝翻译佛经释词，语言研究，第2期。
方一新　1996　敦煌写本《生经·佛说舅甥经》语词琐记，浙江社会科学，第2期。
方一新　2000　《高僧传》词语考释，中古近代汉语研究，第1辑，上海教育出版社。
方一新　2000　《兴起行经》语词札记，福州大学学报，第1期。
方一新　2000　东汉六朝佛经词语札记，语言研究，第2期。
方一新　2001　南朝人撰三种《观世音应验记》词义琐记六则，中国语文，第2期。
方一新　2001　《大方便佛报恩经》语汇研究，浙江大学学报，第5期。
方一新　2003　翻译佛经语料年代的语言学考察——以《大方便佛报恩经》为例，古汉语研究，第3期。
方一新　2003　《分别功德论》翻译年代初探，浙江大学学报，第5期。
方一新　2003　《兴起行经》翻译年代初探，中国语言学报，第11期，商务印书馆。
方一新　2006　玄应《一切经音义》卷一二《生经》音义劄记，古汉语研究，第3期。

方一新、高列过　2005　从疑问句看《大方便佛报恩经》的翻译年代，语言研究，第3期。

方一新、王云路　1994　读《佛典与中古汉语词汇研究》，古汉语研究，第1期。

方一新、王云路　1999　评《佛经续释词》，语言研究，第2期。

冯春田　1995　唐宋禅宗文献的"V似"结构，山东社会科学，第6期。

冯淑仪　1994　《敦煌变文集》和《祖堂集》的形容词、副词词尾，语文研究，第1期。

冯天瑜　2003　汉译佛教词语的确立，湖北大学学报，第2期。

傅定淼　2001　梵文拼音原理传入与反切起源关系新探，汉字文化，第1期。

高列过　2002　中古佛经词语二则，南京师范大学文学院学报，第2期。

高列过　2002　从被动式看东汉西域译经者的翻译风格，西域研究，第2期。

高列过　2002　东汉佛经词语拾补，唐都学刊，第3期。

高列过　2002　东汉佛经的"为R之所V"被动式——对"为R之所V式"的重新认识，语言研究，特刊。

高列过　2004　东汉佛经疑问语气助词初探，古汉语研究，第4期。

高列过　2005　东汉佛经的特殊语言现象及成因，西域研究，第1期。

高列过　2006　"步步生莲花"源流考辨，古汉语研究，第4期。

高启安　1999　唐五代敦煌僧人饮食的几个名词解释，敦煌研究，第4期。

高庆华　2002　佛典翻译中的归化和异化，绵阳师范高等专科学校学报，第1期。

高田时雄　2005　《敦煌·民族·语言》，钟翀等译，中华书局。

高增良　1990　《六祖坛经》中所见的语法成分，语文研究，第4期。

葛佳才　2000　东汉译经中的双音节时间副词，西昌师范高等专科学校学报，第1期。

葛佳才　2002　"同学"源流考，汉语史研究集刊，第5辑，巴蜀书社。

葛佳才　2002　汉译佛经中的特殊副词"适"，重庆工商大学学报，第6期。

葛兆光　1990　禅意的"云"——唐诗中的一个语词的分析，文学遗产，第3期。

耿　铭　2006　佛经中"俛仰"一词音义考，徐时仪、陈五云、梁晓虹编《佛经音义研究——首届佛经音义研究国际学术研讨会论文集》，上海古籍出版社。

公维章、孔凡坤　2006　《全辽金文》系年、佛经标点勘误，泰山学院学报，第1期。
顾满林　2002　试论东汉佛经翻译不同译者对音译或意译的偏好，汉语史研究集刊，第5辑，巴蜀书社。
顾满林　2003　东汉译经中半音译半意译的外来词简析，汉语史研究集刊，第6辑，巴蜀书社。
顾满林　2004　从早期汉译佛经看"塔"的产生时代，中国语文，第4期。
顾满林　2004　东汉佛经中的数词及与数有关的表达方式，汉语史研究集刊，第7辑，巴蜀书社。
顾满林　2005　东汉佛经音译词的同词异形现象，汉语史研究集刊，第8辑，巴蜀书社。
顾满林　2005　今存汉文佛典的用语同僧祐《出三藏记集》的矛盾，宗教学研究，第4期。
顾满林　2006　汉文佛典音译词的节译形式与全译形式，汉语史研究集刊，第9辑，巴蜀书社。
郭　瑞、李海燕、王　干、臧克和　2006　六朝石刻与佛经音义资源，徐时仪、陈五云、梁晓虹编《佛经音义研究——首届佛经音义研究国际学术研讨会论文集》，上海古籍出版社。
郝恩美　1997　汉译佛经中新造字的启示，中国文化研究，第3期。
韩维善　2004　《祖堂集》诗韵止、蟹二摄考，甘肃广播电视大学学报，第2期。
韩小荆　2006　《可洪音义》与佛典整理，长江学术，第2期。
何　亮　2006　东汉译经词语四则，语文学刊，第1期。
何　亮　2006　"过去"、"现在"和"未来"，语文学刊，第10期。
何亚南　1997　中古汉语词汇通释两则，中国语文，第6期。
何亚南　1998　汉译佛经与后汉词语例释，古汉语研究，第1期。
何亚南　1999　释"岚"，中国语文，第4期。
何亚南　2000　汉译佛经与传统文献词语通释二则，古汉语研究，第4期。
何亚南　2001　中古汉语词汇考释三则，中国语文，第3期。
何亚南　2003　"交路"源流考，语文研究，第3期。
何亚南　2003　从佛经看早期外来音译词的汉化，南京师范大学学报，第2期。

何亚南、张爱丽　2004　中古汉语疑问句中"为"字的词性及来源,南京师范大学学报,第6期。
胡敕瑞　2002　《〈论衡〉与东汉佛典词语比较研究》,巴蜀书社。
胡敕瑞　2002　"尔许"溯源——兼论"是所""尔所""如所""如许"等指别代词,汉语史学报,第2辑,上海教育出版社。
胡敕瑞　2002　从《论衡》与东汉佛典三音词语的比较看东汉词汇的发展,《语言学论丛》,第25辑,商务印书馆。
胡敕瑞　2002　从概念出发的词语比较研究——以《论衡》与东汉佛典词语比较为例,汉语史研究集刊,第5辑,巴蜀书社。
胡敕瑞　2004　略论汉文佛典异译在汉语词汇研究上的价值——以"小品般若"汉文异译为例,古汉语研究,第3期。
胡敕瑞　2005　《道行般若经》与其汉文异译的互校,汉语史学报,第4辑,上海教育出版社。
胡海燕　1985　关于《金刚经》梵本及汉译对勘的几个问题(一),南亚研究,第2期。
胡海燕　1985　关于《金刚经》梵本及汉译对勘的几个问题(二),南亚研究,第3期。
胡湘荣　1993　从鸠摩罗什的佛经重译本与原译本的对比看系词"是"的发展,湖南师范大学学报,第3期。
胡湘荣　1994　鸠摩罗什同支谦、竺法护译经中语词的比较,古汉语研究,第2、3期。
胡湘荣　1994　试析《大庄严论经》的被动句式,古汉语研究,增刊。
胡湘荣　2000　《大庄严论经》语词选释,江门教育学院学报,第2期。
胡湘荣、肖小敏　1992　佛经语词选释,古汉语研究,第4期。
胡竹安、张锡德　1986　《法显传》词语札记,语文研究,第4期。
化振红　1999　试论《高僧传》中的"风"及其词族,西南民族学院学报,增刊。
化振红　2001　从《洛阳伽蓝记》看佛教词语的中土化,西南民族学院学报(藏学论文专辑),增刊。
化振红　2002　《〈洛阳伽蓝记〉词汇研究》,中国文史出版社。
化振红　2002　《洛阳伽蓝记校注》疑误商榷,古汉语研究,第3期。
化振红　2003　《洛阳伽蓝记》札记三则,中国语文,第2期。
化振红　2004　从《洛阳伽蓝记》看中古书面语中的口语词,中南大学学报,第2期。
化振红　2004　试论《洛阳伽蓝记》中的口语词，河北大学学报，第4期。
化振红　2005　《洛阳伽蓝记》中反映魏晋南北朝时代特色的新词，西南民族大学学报，第2期。
黄坤尧　2006　玄应音系辨析，徐时仪、陈五云、梁晓虹编《佛经音义研究——首届佛经音义研究国际学术研讨会论文集》，上海古籍出版社。
黄灵庚　1992　《五灯会元》语词补释，古汉语研究，第1期。
黄灵庚　1997　释"信宿"，古汉语研究，第4期。
黄灵庚　1999　《五灯会元》词语札记，浙江师范大学学报，第3期。
黄　群　2001　佛教对汉语词语的影响，广西梧州师范高等专科学校学报，第3期。
黄仁瑄　2005　慧琳《一切经音义》中的转注字，古汉语研究，第1期。
黄仁瑄　2005　慧琳《一切经音义》中的转注兼会意字，语言研究，第2期。
黄仁瑄　2006　唐五代佛典音义中的借用，南阳师范学院学报，第7期。
黄仁瑄　2006　佛经音义研究的新成绩——读徐时仪教授《玄应〈众经音义〉研究》，徐时仪、陈五云、梁晓虹编《佛经音义研究——首届佛经音义研究国际学术研讨会论文集》，上海古籍出版社。
黄　霞　2003　佛教文化对汉语的影响，语文学刊，第2期。
黄先义　1997　中古佛经词语选释，台州师专学报，第4期。
黄笑山　2001　"儿郎伟"和"悉昙颂"的和声，河南广播电视大学学报，第3期。
黄优良　2005　中古阿含部佛经词语例释，泉州师范学院学报，第5期。
黄增寿　2005　汉译佛经中作状语的"甚大"，济南大学学报，第5期。
季　琴　2003　《高僧传》词语拾零，语言研究，第4期。
季　琴　2004　佛经词语札记，湖南大学学报，第1期。
季　琴　2005　支谦译经与三则习语溯源，中国典籍与文化，第2期。
季　琴　2005　支谦译经所反映的东汉三国时期的新词，宗教学研究，第3期。
季　琴　2006　从词汇的角度看《撰集百缘经》的译者及成书年代，宗教学研究，第4期。
季羡林　1985　三论原始佛教的语言问题，《原始佛教的语言问题》，中国社会科学出版社。

季羡林　1988　论梵文本《圣胜慧到彼岸功德宝集偈》,《文化:中国与世界》,第4辑,三联书店。
季羡林　1990　再谈"浮屠"与"佛",历史研究,第2期。
季羡林　1990　梅呾利耶与弥勒,中国社会科学,第1期。
季羡林　1991　玄奘《大唐西域记》中"四十七言"问题,文史知识,第1期。
季羡林　1995　梵语佛典及汉译佛典中四流音Ṛ、Ṝ、Ḷ、Ḹ问题,《季羡林佛教学术论文集》,东初出版社(台北)。
季羡林　1995　所谓中天音旨,《季羡林佛教学术论文集》,东初出版社(台北)。
江傲霜　2006　佛经词语研究现状综述,涪陵师范学院学报,第4期。
江傲霜　2006　从《维摩诘经》管窥同经异译在词汇发展中的重要地位,上饶师范学院学报,第2期。
姜　磊　2006　玄应《一切经音义》校勘"大徐本"例说,宁夏大学学报,第2期。
姜聿华　1993　佛教文化对中国传统语言学的影响——异质文化对中国传统语言学的影响之一,古汉语研究,增刊。
蒋冀骋　1993　魏晋南北朝汉译佛经语法笺识,古汉语研究,第4期。
蒋冀骋　1994　隋以前汉译佛经虚词笺识,古汉语研究,第2期。
蒋冀骋　2003　新编佛经词典初论,语言研究,第1期。
蒋冀骋　2003　《长阿含经》校读记,浙江大学汉语史研究中心、浙江大学古籍研究所主编《姜亮夫、蒋礼鸿、郭在贻先生纪念文集》(《汉语史学报》专辑,总第3辑),上海教育出版社。
蒋冀骋、龙国富　2004　汉译佛经中表疑问的语气词"那",汉语史学报,第4辑,上海教育出版社。
蒋冀骋、龙国富　2005　中古译经中表尝试态语气的"看"及其历时考察,语言研究,第4期。
蒋绍愚　1985　《祖堂集》词语试释,中国语文,第2期。
蒋绍愚　2001　《世说新语》《齐民要术》《洛阳伽蓝记》《贤愚经》《百喻经》中的"已""竟""讫""毕",语言研究,第1期。
蒋忠新　1986　关于《法华经》Kashgar(疏勒)写本中语尾-aü向-o和-u的转化,南亚研究,第2期。
焦毓梅　2006　浅谈汉译佛经外来词的汉语化,社会科学家,第4期。

焦毓梅　2006　禅宗公案话语的修辞分析，求索，第12期。
金克木　1985　《汉梵对勘金刚经》小引，南亚研究，第2期。
金素芳　2001　《经律异相》词语考释，湖州师范学院学报，第4期。
金钟赞　1991　《大般涅槃经·文字品》字音理、釐二字对音研究，声韵论丛，第3辑。
景盛轩　2003　敦煌佛经词语考释，贵州教育学院学报，第5期。
景盛轩　2004　试论敦煌佛经异文研究的价值和意义——以《大般涅槃经》为例，敦煌研究，第5期。
阚绪良　1995　《五灯会元》里的"是"字选择问句，语言研究，第2期。
康振栋　2004　汉译佛经中"臭秽"的特殊意义探讨，华南理工大学学报，第6期。
柯蔚南　1991　义净梵汉对音探讨，语言研究，第1期。
孔慧怡　2001　从安世高的背景看早期佛经汉译，中国翻译，第3期。
雷汉卿　2004　禅籍俗语词札记，江西社会科学，第2期。
雷汉卿　2005　禅籍词语选释，《汉语史研究集刊》，第8辑，巴蜀书社。
雷汉卿　2006　禅籍词语选释，语言科学，第4期。
雷汉卿　2006　佛经中AABB式叠音词语例释，徐时仪、陈五云、梁晓虹编《佛经音义研究——首届佛经音义研究国际学术研讨会论文集》，上海古籍出版社。
李葆嘉　1998　吐火罗语文与早期汉译佛经文本——与季羡林先生商榷兼论反切的发明，语言研究，增刊。
李崇兴　1990　《祖堂集》中的助词"去"，中国语文，第1期。
李广明　1999　从天水方言看禅录中"猕獴""狼藉"词义：兼论汉语词"梵汉双源"现象，唐都学刊，第1期。
李广明　1999　"老师""导师"之类的称谓最早见于何书？——试论佛文化对近代汉语词汇的影响，甘肃高师学报，第3期。
李圭甲、金爱英　2006　构筑五大音义书综合检索系统的校勘方案研究，徐时仪、陈五云、梁晓虹编《佛经音义研究——首届佛经音义研究国际学术研讨会论文集》，上海古籍出版社。
李　丽　2006　浅说汉译佛典中的"毛发"及相关语词，大庆师范学院学报，第1期。
李明权　1983　从语言学看佛教对中国文化的影响，法音，第1期。

李明权　1990　《佛学典故汇释》,浙江古籍出版社。
李　平　1987　《世说新语》和《百喻经》中的动补结构,语言学论丛,第14辑,商务印书馆。
李思明　1990　《祖堂集》《五灯会元》中的指示代词"与么"与"恁么",安徽广播电视大学学报,第1期。
李思明　1991　《祖堂集》中"得"字的考察,古汉语研究,第3期。
李时人、蔡锦浩　1997　《大唐三藏取经诗话校注》,中华书局。
李维琦　1988　从《大唐西域记》汉译梵音看作者的语音,古汉语研究,创刊号。
李维琦　1992　隋以前佛经释词,古汉语研究,第2期。
李维琦　1993　《佛经释词》,岳麓书社。
李维琦　1993　汉文佛典中的"著",湖南师范大学学报,第1期。
李维琦　1995　《六度集经》词语例释,古汉语研究,第1期。
李维琦　1997　"经行"、"应时"与"前却",古汉语研究,第3期。
李维琦　1999　《佛经续释词》,岳麓书社。
李维琦　2001　佛经续释词再读(六则),古汉语研究,第2期。
李维琦　2002　《佛经释词》再续,汉语史学报,第2辑,上海教育出版社。
李维琦　2003　考释佛经中疑难词语例说,湖南师范大学学报,第4期。
李维琦　2004　佛经词语汇释,湖南师范大学出版社。
李无未、于冬梅　2006　日本学者的汉梵对音译音研究,延边大学学报,第3期。
李小荣　2003　佛经传译与散文文体的得名——以词源学为中心的考察,福建师范大学学报,第4期。
李新魁　1997　梵学的传入与汉语音韵学的发展,《李新魁音韵学论集》,汕头大学出版社。
李绪洙　1995　汉语佛教词语浅析,山东大学学报,第3期。
李壮鹰　1996　禅语解读——"头白"与"头黑",北京师范大学学报,第2期。
栗学英　2002　《南海寄归内法传》词语札记,钦州师范高等专科学校学报,第4期。
栗学英　2002　从"患饥""患渴"谈"患"的用法及演变,咸宁师专学报,第5期。
栗学英　2005　《高僧传》词语札记,乐山师范学院学报,第1期。

栗学英　2005　义净译经四词语诠释，伊犁师范学院学报，第2期。
梁晓虹　1984　佛经词语札记，南京师范大学学报，第2期。
梁晓虹　1985　佛经中“于”的一种特殊用法，九江师专学报，1、2期合刊。
梁晓虹　1986　小议佛经“仁”、“仁者”用作第二人称代词，南京师范大学学报，第3期。
梁晓虹　1986　论梵汉合璧造新词，福建师范大学学报，第4期。
梁晓虹　1986　论佛经词语与训诂，学术论坛，第5期。
梁晓虹　1987　汉魏六朝佛经意译词初探，语言研究，第1期。
梁晓虹　1987　谈谈源于佛教的成语几种构成形式——读禅宗传灯录札记，九江师专学报，第1期。
梁晓虹　1988　读《六祖坛经笺注》，训诂教学与研究，第2期。
梁晓虹　1989　谈王梵志诗中的“着”，九江师专学报，第4期。
梁晓虹　1989　说“方便”，语文建设通讯，第24期。
梁晓虹　1990　汉语佛经与汉语辞书，辞书研究，第1期。
梁晓虹　1990　《大唐西域记》语词札记，文教资料，第2期。
梁晓虹　1990　《六度集经》语词札记，古汉语研究，第3期。
梁晓虹　1990　口语词研究的宝贵材料，福建师范大学学报，第3期。
梁晓虹　1990　佛家语与哲学名词，九江师专学报，第4期。
梁晓虹　1991　周春与《佛尔雅》，辞书研究，第1期。
梁晓虹　1991　汉魏六朝译经对汉语词汇双音化的影响，南京师范大学学报，第2期。
梁晓虹　1991　佛家俗语与民间俗语，古汉语研究，第4期。
梁晓虹　1991　佛经用词特色杂议，浙江师范大学学报，第4期。
梁晓虹　1991　“佛家语”辨释十例，文教资料，第4期。
梁晓虹　1991　从《辞源》（修订本）的罅漏看汉译佛经在辞书编纂中的重要性，徽州师范专科学校学报，第4期。
梁晓虹　1991　佛经譬喻造词之特色，语文建设通讯，第33期。
梁晓虹　1992　佛教典籍与近代汉语口语，中国语文，第3期。
梁晓虹　1992　佛经翻译对现代汉语吸收外来词的启迪，语文建设，第3期。
梁晓虹　1992　简论佛教对汉语的影响，汉语学习，第6期。
梁晓虹　1992　现代汉语中源于佛教的时间词，语文建设通讯，第36期。
梁晓虹　1993　佛典的譬喻，《文史知识》，第1期，中华书局。

梁晓虹　1993　汉语成语与佛教文化，语言文字应用，第1期。
梁晓虹　1994　《佛教词语的构造与汉语词汇的发展》，北京语言学院出版社。
梁晓虹　1994　论佛教词语对汉语词汇宝库的扩充，杭州大学学报，第4期。
梁晓虹　1995　汉字与佛教，何九盈、胡双宝、张猛主编《中国汉字文化大观》，北京大学出版社。
梁晓虹　1996　《佛学大词典》罅漏例举，中国语文，第6期。
梁晓虹　1996　从语言上判定《旧杂譬喻经》非康僧会所译，中国语文通讯（香港），第40期。
梁晓虹　1997　从禅宗语录看"汉"有骂称，中国语文通讯（香港），第44期。
梁晓虹　1998　禅宗典籍中"子"的用法，古汉语研究，第2期。
梁晓虹　1998　再论"梵汉合璧造新词"，中国语文通讯（香港），第46期。
梁晓虹　1998　禅宗词语辨析（一），禅学研究，第3辑，江苏古籍出版社。
梁晓虹　1999　从《佛说孝顺子修行成佛经》看"疑伪经"在汉语史研究中的价值，江蓝生、侯精一主编《汉语现状与历史的研究——首届汉语语言学国际研讨会文集》，中国社会科学出版社。
梁晓虹　2001　试论《正法华经》中的同义复合副词，徐时仪、陈吾云编《语苑集锦——许威汉先生从教50周年纪念文集》，上海世纪出版集团/上海教育出版社。
梁晓虹　2003　从名古屋七寺的两部疑伪经资料探讨疑伪经在汉语史研究中的作用，普门学报，第17期。
梁晓虹　2004　"句双纸"（禅林句集）与日本近代禅学，中国禅学，第3卷，中华书局。
梁晓虹　2006　日本现存佛经音义及其史料价值，徐时仪、陈五云、梁晓虹编《佛经音义研究——首届佛经音义研究国际学术研讨会论文集》，上海古籍出版社。
梁晓虹、徐时仪、陈五云　2005　《佛经音义与汉语词汇研究》，商务印书馆。
梁银峰　2006　《祖堂集》中多功能副词"却"的综合研究，商务印书馆编辑部编《21世纪的中国语言学（二）》，商务印书馆。
林光明　2006　汉文佛典之梵字音义研究，徐时仪、陈五云、梁晓虹编《佛经音义研究——首届佛经音义研究国际学术研讨会论文集》，上海古籍出版社。
林新年　2006　《祖堂集》"还（有）……也无……"与闽南方言"有无"疑问句式，福建师范大学学报，第2期。

林梅村 1995 “和尚”语源考,《西域文明——考古、民族、语言和宗教新论》,东方出版社。
林美玲 2003 试论意译词的归属:以汉译佛经中的意译词为例,湖州师范学院学报,第4期。
林 源、唐永宝 2006 佛经音义在语文辞书编纂中的价值——以《通俗文》为例,徐时仪、陈五云、梁晓虹编《佛经音义研究——首届佛经音义研究国际学术研讨会论文集》,上海古籍出版社。
刘春生 1992 慧苑《华严经音义》的几点考证,贵州大学学报,第2期。
刘广和 1984 试论唐代长安音重纽——不空译音的讨论,语言研究,第3期。
刘广和 1984 唐代八世纪长安音声纽,语文研究,第3期。
刘广和 1987 唐代八世纪长安音的韵系和声调,中国人民大学学报,第6期。
刘广和 1991 东晋译经对音的晋语声母系统,语言研究,增刊。
刘广和 1994 《大孔雀明经》咒语义净跟不空译音的比较研究——唐代中国北部方音分歧初探,语言研究,增刊。
刘广和 1997 《圆明字轮四十二字诸经译文异同表》梵汉对音考订,中国人民大学学报,第4期。
刘广和 1999 西晋译经对音的晋语韵母系统,《芝兰集》编委会编《芝兰集——迎澳门回归语言与文化学术研讨会论文选》,人民教育出版社。
刘广和 2000 东晋译经对音的晋语声韵母问题,中国人民大学《汉语论集》编委会主编《汉语论集》,人民日报出版社。
刘广和 2001 西晋译经对音的晋语声母系统,中国语言学报,第10期,商务印书馆。
刘广和 2002 《音韵比较研究》,中国广播电视出版社。
刘广和 2002 介音问题的梵汉对音研究,古汉语研究,第2期。
刘广和 2004 南朝梁语声母系统初探,中国音韵学研究会、石家庄师范专科学校主编《音韵论丛》,齐鲁书社。
刘广和 2005 南朝梁语韵母系统初探,董琨、冯蒸主编《音史新论》,学苑出版社。
刘海平 2005 《古尊宿语要》选择句研究,成都理工大学学报,第3期。
刘鸿雁 2005 俗语佛源,中国宗教,第11期。

刘　坚　1999　什么是“露柱”，汉语史研究集刊，第2辑，巴蜀书社。
刘　静　1993　反切源于佛教说辨析，陕西师范大学学报，第2期。
刘　利　1992　《祖堂集》动词补语管窥，徐州师范学院学报，第3期。
刘曼丽　2000　竺法护译经数量及时间考，西北大学学报，第2期。
刘　娜　2006　浅谈佛经翻译对汉语语言的影响，山西师范大学学报，第1期。
刘　青　2006　《祖堂集》中“个”的词性及用法，内蒙古广播电视大学学刊，第3期。
刘瑞明　1988　“于”的一种助词用法——《佛经中“于”的一种特殊用法》辨误，九江师专学报，第3期。
刘上福　2000　与佛教有关的成语，语文知识，第1期。
刘素燕　2003　《摩诃僧祇律》中的训释性语句，井冈山师范学院学报，增刊。
刘晓南　1994　中古汉语词汇研究的新拓展——评《佛经释词》，古汉语研究，第1期。
刘小勇　2006　试论佛学东渐对中古汉语词汇的影响，西安外国语学院学报，第4期。
刘晓珍　2004　禅宗对俳谐词的影响，中南大学学报，第6期。
刘学敏　1999　佛典与汉语词汇的发展，神州学人，第5期。
刘勋宁　1995　《祖堂集》反复问句的一项考察，《现代汉语研究》，北京语言文化大学出版社。
刘亚丁　2003　“天花乱坠”典出考，四川大学学报，第3期。
刘志庆　2000　佛教“乘”字读音考辨，文史杂志，第1期。
刘忠信　1992　《祖堂集》中的隐名代词，镇江师专学报，第2期。
柳士镇　1985　《百喻经》中的被动句式，南京大学学报，第2期。
柳士镇　1985　《百喻经》中若干语法问题的探索，中州学刊，第5期。
龙国富　2002　《阿含经》“V+(O)+CV”格式中的“已”，云梦学刊，第1期。
龙国富　2003　姚秦译经中疑问句尾的“为”，古汉语研究，第2期。
龙国富　2003　姚秦译经中的事态助词“来”，汉语史研究集刊，第6辑，巴蜀书社。
龙国富　2004　《姚秦佛经助词研究》，湖南师范大学出版社。
龙国富　2004　《十诵律》中的两个语法形式，语言研究，第2期。
龙国富　2005　从中古佛经看事态助词“来”及其语法化，语言科学，第1期。

龙国富　2005　从中古译经看形成中的动态助词“著”，汉语史研究集刊，第8辑，巴蜀书社。
龙国富、叶桂郴　2005　中古译经中的假设语气助词“时”，古汉语研究，第1期。
卢烈红　1998　《古尊宿语要》的近指代词，武汉大学学报，第5期。
卢烈红　1999　《古尊宿语要》的旁指代词，古汉语研究，第3期。
卢烈红　2005　佛教文献中“何”系疑问代词的兴替演变，语言学论丛，第31辑，商务印书馆。
陆锡兴　1993　梵文对汉字的影响，语文建设，第3期。
陆招英　2004　《切韵》系韵书中歌戈韵与梵汉、汉藏对音比较，莆田学院学报，第2期。
罗智丰　2006　《菩萨本缘经》口语词考释，乐山师范学院学报，第8期。
罗智丰　2006　《菩萨本缘经》词语拾零，桂林航天工业高等专科学校学报，第1期。
骆贤凤　2006　论翻译文学对现代汉语的影响，名作欣赏，第24期。
吕叔湘　1988　南北朝人名与佛教，中国语文，第4期。
吕幼夫　1992　《祖堂集》词语选译，辽宁大学学报，第2期。
马　由　1992　《长阿含经》释词，古汉语研究，第4期。
梅维恒　2005　贤愚经的原典语言，朱冠明译，汉语史研究集刊，第8辑，巴蜀书社。
麦　耘　1991　利用梵汉对音构拟《切韵》遇流二摄元音，语言研究，增刊。
孟广道　1997　佛教对汉语词汇的影响，汉字文化，第1期。
苗　昱　2006　《华严音义》版本考，徐时仪、陈五云、梁晓虹编《佛经音义研究——首届佛经音义研究国际学术研讨会论文集》，上海古籍出版社。
莫　丹　2005　从《宋高僧传》看唐代外国僧人的汉语学习，徐州教育学院学报，第1期。
聂鸿音　1985　慧琳译音研究，中央民族学院学报，第1期。
聂鸿音　1992　番汉对音简论，固原师专学报，第2期。
聂鸿音　2002　西夏佛教术语的来源，固原师专学报，第2期。
聂宛忻　2003　玄应《一切经音义》中的借音，南阳师范学院学报，第11期。
聂宛忻　2004　慧琳《一切经音义》中的一些转注字，南阳师范学院学报，第10期。

聂志军、唐冬英　2005　西晋以前汉译佛经中“说”的用法研究，湘潭师范学院学报，第6期。
牛太清　2005　《洛阳伽蓝记》双音词概貌，江西行政学院学报，第1期增刊。
牛太清　2006　从《洛阳伽蓝记》双音新词看《汉语大词典》的释义与书证，安徽广播电视大学学报，第1期。
潘　佳　2005　四声新探，社会科学家，第2期。
潘维桂、杨天戈　1980　敦煌变文和《景德传灯录》中“了”字的用法，语言论集，第1辑，商务印书馆。
彭　瑛　2006　释“皈”，现代语文（语言研究版），第12期。
彭小琴　2006　《六度集经》词语训释三则，宗教学研究，第1期。
平山久雄　1987　安然《悉昙藏》里关于唐代声调的记载，《王力先生纪念论文集》编委会编《王力先生纪念论文集》，（香港）三联书店。
平山久雄　2002　安然《悉昙藏》里关于唐代声调的记载——调值问题，《纪念王力先生百年诞辰学术论文集》编辑委员会编《纪念王力先生百年诞辰学术论文集》，商务印书馆。
朴洪艳　2006　试论汉语中佛源俗语的特点，世界宗教文化，第4期。
普　慧　2000　齐梁诗歌声律论与佛经转读及佛教悉昙，文史哲，第6期。
普　慧　2004　天竺佛教语言及其对中国语言学的影响，人文杂志，第1期。
漆　灏　2005　《六度集经·小儿本生》词语札记，船山学刊，第2期。
钱群英　1999　魏晋南北朝佛经词语考释，杭州师范学院学报，第5期。
钱群英　1999　魏晋南北朝佛经词语考释，浙江大学学报，第6期。
钱群英　2004　佛教戒律文献释词，语言研究，第2期。
钱群英　2005　“得意”补释，西南交通大学学报，第1期。
饶宗颐　1984　吽字说，明报月刊，第3月号。
饶宗颐　1987　唐以前十四音遗说考，中华文史论丛，第1辑。
饶宗颐　1988　鸠摩罗什通韵笺，《敦煌语言文学论文集》，浙江古籍出版社。
饶宗颐　1993　北方泽州慧远所述之悉昙章，《梵学集》，上海古籍出版社。
饶宗颐　1993　论悉昙异译作“肆昙”及其入华之年代，《梵学集》，上海古籍出版社。
任　珊　2006　禅语问答的认知语言学观照——以《景德传灯录》为中心，重庆社会科学，第2期。

山　人　1993　《百喻经》语词探微，阅读与写作，第 12 期。
申小龙　1995　佛教文化与中国语文传统的理论与方法，汉字文化，第 3 期。
沈丹蕾　2001　《五灯会元》的句尾语气词"也"，安徽师范大学学报，第 4 期。
沈林林　2006　《杂宝藏经》"云何"研究，重庆工学院学报，第 4 期。
沈荣森　2001　敦煌词叠字与佛教关系浅探，东岳论丛，第 1 期。
沈锡伦　1989　从魏晋以后汉语句式的变化看佛教文化的影响，汉语学习，第 3 期。
施俊民　1992　《慧琳音义》与《说文》的校勘，辞书研究，第 6 期。
施向东　1982　玄奘与语言学，克山师专学报，第 3 期。
施向东　1983　玄奘译著中的梵汉对音和唐初中原方音，语言研究，第 1 期。
施向东　1999　鸠摩罗什译音研究，《芝兰集》编委会编《芝兰集——迎澳门回归语言与文化学术研讨会论文选》，人民教育出版社。
施向东　2001　十六国时代译经中的梵汉对音（韵母部分），天津大学学报，第 1 期。
施向东　2002　梵汉对音与古汉语的语流音变问题，南开语言学刊，第 1 期，南开大学出版社。
施向东　2004　北朝译经反映的北方共同汉语音系，中国音韵学研究会、石家庄师范专科学校主编《音韵论丛》，齐鲁书社。
石　琳　2004　《六度集经》的双宾结构类型，汉语史研究集刊，第 7 辑，巴蜀书社。
石　琳　2006　英语词汇和佛教词汇影响中国文化比较论，湖南涉外经济学院学报，第 3 期。
石塚晴通　1992　玄应《一切经音义》的西域写本，敦煌研究，第 2 期。
史光辉　2003　谈早期汉译佛经在大型语文辞书编撰方面的价值——以东汉支娄迦谶《道行般若经》为例，浙江学刊，第 5 期。
史光辉　2004　东汉汉译佛经词语例释二则，古汉语研究，第 3 期。
史光辉　2004　常用词"焚、燔、烧"历时替换考，古汉语研究，第 1 期。
史光辉　2006　从语言角度判定《伅真陀罗所问如来三昧经》非支谶所译，《汉语史学报》，第 5 辑，上海教育出版社。
史光辉　2006　东汉汉译佛经词语例释，贵州师范大学学报，第 6 期。
史金生　2006　目的标记"起见"的语法化——兼谈汉语后置词的来源，《语法研究和探索》（13），商务印书馆。

史佩信　2006　再说"金日磾"的"日"字为什么读 mi，徐时仪、陈五云、梁晓虹编《佛经音义研究——首届佛经音义研究国际学术研讨会论文集》，上海古籍出版社。
疏志强　2000　浅析禅宗语言的"言有所为"现象，修辞学习，第 4 期。
疏志强　2004　试论禅宗修辞的非逻辑性，浙江师范大学学报，第 1 期。
舒　肖　1983　来自佛教的汉语借词，语文园地，第 3 期。
帅志嵩　2001　也释"信宿"，汉语史研究集刊，第 4 辑，巴蜀书社。
帅志嵩　2002　《高僧传》标点献疑，《四川大学研究生论文集》，第 5 辑，四川大学出版社。
孙伯君　2005　德藏吐鲁番所出西夏文《郁伽长者问经》残片考，宁夏社会科学，第 5 期。
孙剑艺　2006　"作业"和"作孽"的历史纠葛与现实应用，辞书研究，第 1 期。
孙良明　1999　简述汉文佛典对梵文语法介绍及其对中国古代语法学发展的影响（上），古汉语研究，第 4 期。
孙良明　2000　简述汉文佛典对梵文语法介绍及其对中国古代语法学发展的影响（下），古汉语研究，第 1 期。
孙锡信　1983　《祖堂集》中的疑问代词，语文论丛，第 2 期，上海教育出版社。
孙　艳　2005　佛经翻译与汉语四字格的发展，中央民族大学学报，第 1 期。
孙　艳　2006　《入唐求法巡礼行记》的名量词，汉语史研究集刊，第 9 辑，巴蜀书社。
孙玉文　1999　《〈古尊宿语要〉的代词、助词研究》读后，武汉大学学报，第 5 期。
太田辰夫、江蓝生　1989　《生经·舅甥经》词语札记，语言研究，第 1 期。
谭代龙　2001　《〈洛阳伽蓝记〉校注》的一处断句失误，中国语文，第 3 期。
谭代龙　2001　汉文佛典里的"生支"，汉语史研究集刊，第 4 辑，巴蜀书社。
谭代龙　2002　《〈洛阳伽蓝记〉校注》标点献疑，四川师范大学学报，第 1 期。
谭代龙　2004　汉译佛经人名研究初论，汉语史研究集刊，第 7 辑，巴蜀书社。
谭代龙　2005　关于动词动力性的一种初步观察，西昌学院学报，第 2 期。
谭代龙　2005　佛教术语溯源举隅，四川职业技术学院学报，第 3 期。
谭代龙　2006　义净译著中的注文及其作者之研究，青海师范大学学报，第 1 期。
谭代龙　2006　论义净译著注文在汉语词汇史中的研究价值，重庆三峡学院学报,第 4 期。
谭代龙　2006　汉文佛典里的"别人"考,语言科学,第 3 期。
谭代龙　2006　《生经·舅甥经》"有名"考,中国语文,第 3 期。
谭代龙　2006　从义净作品看"至"和"到"在初唐时期的关系,汉语史研究集刊,第 9 辑,巴蜀书社。
谭世宝　1996　汉译悉昙文字的一些问题研究,中国文化,第 13 期。
谭世宝　1996　汉文献中的"胡本"与"梵本"考辨,哈尔滨师专学报,第 1 期。
谭世宝　1997　略论佛典中的对音详略增减问题,项楚主编《敦煌文学论集》,四川人民出版社。
谭　伟　2001　《庞居士语录》校读札记,古汉语研究,第 2 期。
谭　伟　2003　《祖堂集》俗别字考辨,汉语史研究集刊,第 6 辑,巴蜀书社。
谭　伟　2005　《祖堂集》词语考释,汉语史研究集刊,第 7 辑,巴蜀书社。
谭　伟　2006　从用典看禅宗语言的复杂性,《汉语史研究集刊》,第 9 辑,巴蜀书社。
唐为群　2004　《百喻经》中的副词"都"和"相",武汉大学学报,第 3 期。
唐为群、张咏梅　2000　《百喻经》"我""尔""他"研究,湖北民族学院学报,第 2 期。
唐钰明　1991　汉魏六朝佛经"被"字句的随机统计,中国语文,第 4 期。
唐钰明　1993　利用佛经材料考察汉语词汇语法史札记,中山大学学报,第 4 期。
唐元发　2005　《坛经》中的"于"字用法分析,广西师范学院学报,第 1 期。
唐志成　2005　《贤愚经》双音节动词配价的确定及其分类,邵阳学院学报,第 5 期。
滕志贤　1995　《五灯会元》词语考释,古汉语研究,第 4 期。
汪大昌　1992　佛教对汉语及汉语研究的影响,百科知识,第 3 期。
汪　幪　2005　从同经异译看"叉手"一词的确义,大庆高等专科学校学报,第 1 期。
汪维辉　1997　先唐佛经词语札记六则,中国语文,第 2 期。
汪维辉　1997　《高僧传》标点商兑,古籍整理研究学刊,第 3 期。
汪维辉　2005　佛经词语考释四则,浙江大学学报,第 5 期。
王邦维　1992　鸠摩罗什《通韵》考疑暨敦煌写本 S. 1344 号相关问题,《中国文化》,第 7 期,香港中华书局有限公司。
王邦维 1993 新版《宋高僧传》卷一至卷三校点商榷数例,古籍整理研究学刊,第 4 期。
王邦维 1995 谢灵运《十四音训叙》辑考,国学研究,第 2 辑。
王邦维 1997 玄奘的梵音"四十七言"和义净的"四十九字",白化文等编《周绍良先生欣开九秩庆寿文集》,中华书局。
王邦维 2002 汉语里"语法"一名的最早出处,汉语史学报,第 2 辑,上海教育出版社。
王邦维 2002 从安然的著作看中国唐代的悉昙之学,世界宗教研究,2001 年增刊。
王继红 2005 《阿毗达磨俱舍论·分别界品》中的语法仿译现象,(香港)中文学刊,第 4 期。
王继红 2006 玄奘译经的语言学考察,外语教学与研究,第 1 期。
王继红 2006 玄奘译经四言文体的构成方法——以《阿毗达磨俱舍论》梵汉对勘为例,中国文化研究,第 2 期。
王继红 2006 语言接触与佛教汉语研究,安阳工学院学报,第 3 期。
王建军 2002 佛教俗语词的来源、俗化方式及结果,戒幢佛学研究所编《戒幢佛学》,第 2 卷,岳麓书社。
王景丹 2003 《祖堂集》的"何"及其语体色彩,古汉语研究,第 1 期。
王 娟 2006 试析"隘""狭""窄"的历时演变,西华大学学报,第 1 期。
王 力 1982 玄应《一切经音义》反切考,语言研究,第 1 期。
王郦玉 2005 佛教文化对汉语的影响,宗教学研究,第 3 期。
王启涛 2001 四川方言的佛教词语拾零,文史杂志,第 3 期。
王 群 2006 唐宋禅宗文献"自 X"类词的历史形成,齐鲁学刊,第 3 期。
王珊珊 2000 谈谈梵汉对音中来母对译 t ṭ d ḍ 现象——兼论喻四对译 t d 问题,中国音韵学研究会等编《中国音韵学研究会第十一届学术讨论会暨汉语音韵学第六届国际学术研讨会论文集》,香港文化教育出版有限公司。
王珊珊 2003 梵汉对音中的一个特殊现象,古汉语研究,第 1 期。
王绍峰 2003 说"捉搦",敦煌学辑刊,第 1 期。
王绍峰 2003 《南海寄归内法传校注》补,古籍整理研究学刊,第 2 期。
王绍峰 2004 《初唐佛典词汇研究》,安徽教育出版社。

王绍峰　2004　唐僧义净翻译思想研究,阜阳师范学院学报,第4期。
王绍峰　2005　《释迦方志》校注补,古汉语研究,第1期。
王绍峰　2006　中古新兴总括副词“傍是”,古汉语研究,第1期。
王　雯、叶桂郴　2006　从情态范畴到将来范畴——试论汉译佛经中将来时标志“当”的语法化,现代语文,第8期。
王小莘　1999　《高僧传》词汇研究,语言学论丛,第22辑,商务印书馆。
王玥雯　2005　从佛经材料看中古汉语之“见V”结构,襄樊学院学报,第4期。
王玥雯　2006　三部《维摩诘经》疑问词比较研究,长江学术,第3期。
王玥雯、王桂琴　2006　试论汉译佛经中的“合璧”词,襄樊学院学报,第6期。
王云路　2004　试论外族文化对中古汉语词汇的影响,语言研究,第1期。
王云路　2006　试说翻译佛经新词新义的产生理据,语言研究,第2期。
魏达纯　1997　《观世音应验记》词语拾零,古汉语研究,第3期。
魏　忠　2004　大藏经的翻译传播对我国古代少数民族文字创制发展的影响,大连民族学院学报,第6期。
温振兴　2006　《祖堂集》中的“许”及其相关结构,湛江师范学院学报,第2期。
文亦武　2000　慧琳《一切经音义》成书年代考实及其他,古籍整理研究学刊,第4期。
吴海勇　1999　汉译佛经四字文体成因刍议,青海社会科学,第4期。
吴金华　1988　佛经译文中的汉魏六朝语词零拾,语言研究集刊,第2辑,复旦大学出版社。
吴廷璆、郑彭年　1996　佛教海上传入中国之研究,中外关系史论丛,第5辑,书目文献出版社。
吴泽顺　1987　《百喻经》复音词研究,吉首大学学报,第1期。
伍　皓　1990　释“三昧”,文史知识,第10期。
伍　华　1987　论《祖堂集》中以“不、否、无、摩”收尾的问句,中山大学学报,第4期。
武振玉　1997　《入唐求法巡礼行记》的口语词,绥化师专学报,第2期。
武振玉　1997　《入唐求法巡礼行记》中所见的语法成分,古汉语研究,第4期。

武振玉　1998　试析《五灯会元》中的是非问句与选择问句，长春大学学报，第2期。
武振玉　1998　东汉译经中所见的语法成分，吉林大学学报，第3期。
武振玉　2001　《五灯会元》中的是非问句与选择问句初探，陕西师范大学继续教育学报，第1期。
武振玉　2002　魏晋六朝汉译佛经中的同义连用总括范围副词初论，吉林大学社会科学学报，第4期。
夏广兴　2002　汉译佛典与义山诗，十堰职业技术学院学报，第1期。
夏广兴　2002　《杂宝藏经》词语随札，苏州铁道师范学院学报，第2期。
夏广兴　2002　《六度集经》俗语词例释，上海师范大学学报，第5期。
夏广兴、吴海勇　1999　《经律异相》管窥，古籍整理研究学刊，第4期。
夏桂生　2000　谈谈汉语中的佛家语，语文知识，第6期。
项　楚　1983　敦煌变文字义析疑，中华文史论丛，第1辑。
项　楚　1984　变文字义拾零，中华文史论丛，第2辑。
项　楚　1985　《王梵志诗校辑》匡补，中华文史论丛，第1辑。
项　楚　1986　王梵志诗释词，中国语文，第4期。
项　楚　1987　《五灯会元》点校献疑三百例，古籍整理出版情况简报，第172期。
项　楚　1991　《王梵志诗集校注》，上海古籍出版社。
项　楚　1991　《五灯会元》点校献疑续补一百例，李铮主编《季羡林教授八十华诞纪念论文集》，江西人民出版社。
项　楚　1996　寒山诗籀读札记，中国古籍研究，第1卷。
项　楚　1997　《老子化胡经·玄歌》考校，项楚主编《敦煌文学论集》，四川人民出版社。
项　楚　1997　寒山拾得佚诗考，白化文等编《周绍良先生欣开九秩庆寿文集》，中华书局。
项　楚　2000　《寒山诗注》（附拾得诗注），中华书局。
项　楚　2001　《庐山远公话》新校，中国文化，第17、18期。
项　楚　2001　《敦煌歌辞总编》佛教歌辞匡补举例，语言问题辑刊，第1辑，吉林人民出版社。
项　楚　2006　《敦煌变文选注》（增订本），中华书局。
萧　红　1999　《洛阳伽蓝记》的五种判断句式，安徽师范大学学报，第1期。

萧　红　2002　《洛阳伽蓝记》的结果补语，武汉大学学报，第1期。
肖兰萍　2002　唐宋禅宗语录中的隐性选择疑问句式初探，汉语史研究集刊，第5辑，巴蜀书社。
肖兰萍　2003　唐宋禅宗语录特指问句末尾的“来”，汉语史研究集刊，第6辑，巴蜀书社。
肖　燕　2006　《玄应音义》不同版本引《释名》考，徐时仪、陈五云、梁晓虹编《佛经音义研究——首届佛经音义研究国际学术研讨会论文集》，上海古籍出版社。
谢洁瑕　2006　《六祖坛经》中的副词研究，湛江师范学院学报，第4期。
解　冰　1992　慧琳《一切经音义》转注、假借考，贵州大学学报，第2期。
解植永　2006　中古汉语“是”字后置式判断句的来源，汉语史研究集刊，第9辑，巴蜀书社。
辛嶋静志　1991　法华经中的乘(yāna)与智慧(jnāna)——大乘佛教中yāna概念的起源与发展，《季羡林教授八十华诞纪念论文集》，江西人民出版社。
辛嶋静志　1999　汉译佛典的语言问题，杭州大学古籍研究所、杭州大学中文系古汉语教研室编《古典文献与文化论丛》，杭州大学出版社。
辛嶋静志　2000　汉译佛典的语言研究，北京大学中国传统文化研究中心编《文化的馈赠——汉学研究国际会议论文集(语言文学卷)》，北京大学出版社。
辛嶋静志　2001　《道行般若经》和“异译”的对比研究——《道行般若经》与异译及梵本对比研究，汉语史研究集刊，第4辑，巴蜀书社。
辛嶋静志　2002　《道行般若经》和“异译”的对比研究——《道行般若经》中的难词，汉语史研究集刊，第5辑，巴蜀书社。
辛嶋静志　2006　《撰集百缘经》的译者问题，汉语史学报，第6辑，上海教育出版社。
辛嶋静志　2006　《撰集百缘经》的译出年代考证——出本充代博士的研究简介，《汉语史学报》，第6辑，上海教育出版社。
熊宣东　2002　论中国早期的佛经翻译原则，《四川大学研究生论文集》，第5辑，四川大学出版社。
徐　江　2005　中国古代翻译的“文”“质”之争，和田师范专科学校学报，第3期。

徐梦葵　1995　释"方便",吉林大学社会科学学报,第6期。
徐时仪　1989　慧琳《一切经音义》版本流传考,古籍整理研究学刊,第6期。
徐时仪　1989　慧琳《一切经音义》流传到国外的时间考辨,古籍整理出版情况简报,第210期。
徐时仪　1989　慧琳《一切经音义》引用考声、切韵考辨,古籍整理出版情况简报,第221期。
徐时仪　1989　慧琳《一切经音义》注音依据考,徽州师专学报,第3、4期合刊。
徐时仪　1989　慧琳音义编纂理论和方法初探,辞书研究,第4期。
徐时仪　1989　慧琳《一切经音义》评述,上海师范大学学报,第3期。
徐时仪　1990　慧琳《一切经音义》的学术文献价值,文献,第1期。
徐时仪　1991　试论慧琳《一切经音义》在近代汉语词汇研究中的价值,喀什师院学报,第2期。
徐时仪　1991　古代口语与佛经中的口语成分考察,宜春师专学报,第4期。
徐时仪　1997　《慧琳音义研究》,上海社会科学院出版社。
徐时仪　2000　密禅二宗语言观探论,中华文化论坛,第1期。
徐时仪　2000　慧琳《一切经音义》引切韵考论,(日本)中国语学研究开篇,第20期。
徐时仪　2001　慧琳音义引切韵考,徐时仪、陈吾云主编《语苑集锦——许威汉先生从教50周年纪念文集》,上海世纪出版集团/上海教育出版社。
徐时仪　2002　《希麟音义》引《广韵》考,文献,第1期。
徐时仪　2002　禅宗不立文字的语言观考探,觉醒主编《觉群·学术论文集》,第2辑,商务印书馆。
徐时仪　2002　佛经中有关乳制品的词语考探,南阳师范学院学报,第3期。
徐时仪　2003　印度的译名管窥,《华林》编委会编《华林》,第3卷,中华书局。
徐时仪　2003　《一切经音义》引《切韵》考探,中国语言学报,第11期,商务印书馆。
徐时仪　2003　佛经音义引切韵考,(日本)中国语学研究开篇,第22期。
徐时仪　2003　慧琳改订玄应所释音切考探,中国语文通讯(香港),第68期。
徐时仪　2003　略论玄应音义在文字学研究上的学术价值,中国文字研究,第4辑。
徐时仪　2003　玄应《一切经音义》所释方言词考,《庆祝施蛰存百年诞辰论文集》,上海古籍出版社。
徐时仪　2003　玄应音义各本异切考,上海师范大学学报编辑部编《跬步集——上海师范大学古籍研究所成立二十周年纪念集》,上海师范大学学报编辑部。
徐时仪　2003　禅宗语录中的"鄉鄉哩"语探源,中国禅学,第2辑,中华书局。
徐时仪　2004　玄应《一切经音义》所释方音考,(日本)中国语学研究开篇,第23期。
徐时仪　2004　玄应音义各本异同考,文史,第4期。
徐时仪　2004　玄应《众经音义》所释常用词考,语言研究,第4期。
徐时仪　2004　玄应音义中的新词新义例释,觉醒主编《觉群·学术论文集》,第3辑,商务印书馆。
徐时仪　2004　玄应《众经音义》所释西域名物词考,汉语史研究集刊,第7辑,巴蜀书社。
徐时仪　2004　佛经中有关面食的词语考探,普门学报,第23期。
徐时仪　2004　玄应《众经音义》方俗词考,上海师范大学学报,第4期。
徐时仪　2004　说"岚"与说"塔",中国语文通讯(香港),第72期。
徐时仪　2004　佛经音义所引说文考探,中华文史论丛,第74辑。
徐时仪　2005　玄应《众经音义》方言俗语词考,汉语学报,第1期。
徐时仪　2005　敦煌写本《玄应音义》考补,敦煌研究,第1期。
徐时仪　2005　《玄应〈众经音义〉研究》,中华书局。
徐时仪　2005　"嘍鄉"考,语言科学,第1期。
徐时仪　2005　玄应《众经音义》引《方言》考,方言,第1期。
徐时仪　2005　玄应《众经音义》所释俗字考,文字研究,第1辑,学苑出版社。
徐时仪　2005　玄应《一切经音义》注音依据考,黔南民族师范学院学报,第2期。
徐时仪　2005　玄应《众经音义》口语词考,南开语言学刊,第5辑,南开大学出版社。
徐时仪　2005　慧琳《一切经音义》所释俗字考,中国文字研究,第6辑,广西教育出版社。
徐时仪　2005　玄应《众经音义》所释词语考释，南阳师范学院学报，第7期。
徐时仪　2005　玄应《众经音义》俗语词考，长江学术，第7期。
徐时仪　2005　《玄应音义》版本考，中国学术，第18辑，商务印书馆。
徐时仪　2005　玄应《众经音义》所释名物词考，中国语文研究，第19期。
徐时仪　2005　佛经音义所释外来词考，汉学研究，第23卷第1期。
徐时仪　2005　玄应《众经音义》所释吴方言词考，上海市语文学会等编《吴语研究》，上海教育出版社。
徐时仪　2005　《玄应音义》所释方俗词考，（日本）中国语学研究开篇，第24期。
徐时仪　2005　玄应《众经音义》的成书和版本流传考探，古籍整理研究学刊，第4期。
徐时仪　2006　“阿姨”探源，汉字文化，第5期。
徐时仪　2006　《西厢记》中“哩也波哩锣哩”的语义考探，上海师范大学学报，第2期。
徐时仪　2006　玄应与慧琳《一切经音义》的比较，徐时仪、陈五云、梁晓虹编《佛经音义研究——首届佛经音义研究国际学术研讨会论文集》，上海古籍出版社。
徐时仪、陈五云、梁晓虹　2005　略论佛经音义编纂的时代背景，觉醒主编《觉群·学术论文集》，第5辑，商务印书馆。
徐时仪、梁晓虹、陈五云　2002　佛经音义中有关织物的词语——佛经音义外来词研究之一，汉语史学报，第2辑，上海教育出版社。
徐时仪、梁晓虹、陈五云　2003　《佛经音义概论》，大千出版社。
徐通锵、叶蜚声　1980　译音对勘与汉语的音韵研究，北京大学学报，第3期。
徐文堪　1999　辛嶋静志博士的佛教汉语研究述评，欧亚研究，第1辑，中华书局。
徐文堪　2003　狄庸教授与佛教语文学研究，浙江大学汉语史研究中心、浙江大学古籍研究所主编《姜亮夫、蒋礼鸿、郭在贻先生纪念文集》（《汉语史学报》专辑，总第3辑），上海教育出版社。
许理和　1987　最早的佛经译文中的东汉口语成分，蒋绍愚译，语言学论丛，第 14 辑，商务印书馆。
许理和　2001　关于初期汉译佛经的新思考，顾满林译，汉语史研究集刊，第 4 辑，巴蜀书社。
许威汉　2006　佛经音义研究的新收获，徐时仪、陈五云、梁晓虹编《佛经音义研究——首届佛经音义研究国际学术研讨会论文集》，上海古籍出版社。
严北溟　1980　谈谈一部古佛教辞典——《一切经音义》，辞书研究，第 3 期。
严承钧　1998　慧琳《一切经音义》论略，湖北大学学报，第 5 期。
颜洽茂　1988　利用六朝佛典编写汉语语文辞书，辞书研究，第 5 期。
颜洽茂　1990　"于"在六朝汉译佛经中的特殊用法，语言论丛，杭州大学出版社。
颜洽茂　1994　六朝佛经口语词例释，语言论丛，杭州大学出版社。
颜洽茂　1996　魏晋南北朝佛经词释，杭州大学学报，第 1 期。
颜洽茂　1997　《佛教语言阐释——中古佛经词汇研究》，杭州大学出版社。
颜洽茂　1997　试论六朝译经中词义发展演变新趋向，古籍文献与文化论丛，中华书局。
颜洽茂　1998　《〈金刚经〉〈坛经〉直解》，浙江文艺出版社。
颜洽茂　1998　试论佛经语词的"灌注得义"，汉语史研究集刊，第 1 辑，巴蜀书社。
颜洽茂　1999　敦煌本《坛经》校议，语言论丛，杭州大学出版社。
颜洽茂　2000　高丽大藏经及其文献价值，中华文史论丛，第 63 辑，上海古籍出版社。
颜洽茂　2002　《大正新修大藏经》平议二题，汉语史学报，第 2 辑，上海教育出版社。
颜洽茂　2002　中古佛经借词略说，浙江大学学报，第 3 期。
颜洽茂　2002　南北朝佛经复音词研究，《法藏文库中国佛教学术论典》，台湾佛光山文教基金会。
颜洽茂　2002　魏晋南北朝佛经词汇研究，《法藏文库中国佛教学术论典》，台湾佛光山文教基金会。
颜洽茂　2003　说"逸义"，古汉语研究，第 4 期。
杨　黛　1998　佛经词语随札，古汉语研究，第 2 期。
杨富学　1988　《法华经》胡汉诸本的传译，敦煌吐鲁番研究，第 3 卷，北京大学出版社。

杨富学 2006 敦煌吐鲁番出土回鹘文佛教愿文研究，敦煌研究，第2期。
杨继光 2003 《大藏经》词语札记，长沙电力学院学报，第2期。
杨继光 2006 佛经词语释义三则，古汉语研究，第3期。
杨建忠 2003 东汉佛经中的反义聚合初探，安庆师范学院学报，第6期。
杨同军 2004 “怨家”变“冤家”考，求索，第8期。
姚美玲 2005 唐代墓志所见佛徒称谓词释，语言科学，第4期。
姚卫群 2000 汉文大藏经中两部“外道”文献及其学术价值，中华文化论坛，第1期。
姚卫群 2004 古代汉文佛典中的“同词异义”与“异词同义”，北京大学学报，第2期。
姚永铭 1996 试论《慧琳音义》的价值，嘉兴高等专科学校学报，第1、2期。
姚永铭 1997 试论《慧琳音义》的价值，古汉语研究，第1期。
姚永铭 1998 《慧琳音义》与大型字书的编纂，嘉兴高等专科学校学报，第4期。
姚永铭 2000 《慧琳音义》与《切韵》研究，语言研究，第1期。
姚永铭 2001 《一切经音义》与词语探源，中国语文，第2期。
姚永铭 2002 《慧琳音义》与大型字书编纂，辞书研究，第2期。
姚永铭 2002 《慧琳音义》与辞书编纂史研究，辞书研究，第5期。
姚永铭 2003 《慧琳〈一切经音义〉研究》，江苏古籍出版社。
姚永铭 2006 利用佛经音义补辑《说文》逸字应该注意的若干问题，徐时仪、陈五云、梁晓虹编《佛经音义研究——首届佛经音义研究国际学术研讨会论文集》，上海古籍出版社。
叶桂郴 2002 “谁”在中古汉译佛经中的发展演变，桂林航天工业高等专科学校学报，第2期。
叶纪勇、董西国 1999 《高僧传》词语札记，台州师专学报，第4期。
易 敏 2006 石刻佛经文字研究与异体字整理问题，北京师范大学学报，第1期。
殷寄明 1992 慧琳《一切经音义》转注、假借考，辽宁师范大学学报，第5期。
尹 福 2001 佛经津梁，辞典资源——读李维琦先生《佛经释词》《佛经续释词》，古汉语研究，第1期。
尤俊成 1993 试论佛教对汉语词汇的影响，内蒙古师范大学学报，第2期。

尤　慎　1994　《百喻经》“得”字用例浅说，零陵师专学报，第4期。
于　谷　1995　《禅宗语言和文献》，江西人民出版社。
于淑健　2004　《大正藏》第85卷词语辑释，敦煌研究，第6期。
于淑健　2005　《大正藏》第85卷字词考释，哈尔滨工业大学学报，第6期。
于淑健　2006　《大正藏》第八十五卷（敦煌卷）词语校释，新疆师范大学学报，第2期。
于　涛　2005　《祖堂集》中的祈使语气词及其语法化，云南师范大学学报，第4期。
俞理明　1987　汉魏六朝佛经在汉语研究中的价值，四川大学学报，第4期。
俞理明　1987　汉魏佛经里的“那中”，中国语文天地，第6期。
俞理明　1988　从汉魏六朝佛经看代词“他”的变化，中国语文，第6期。
俞理明　1989　汉魏六朝的疑问代词“那”及其他，古汉语研究，第3期。
俞理明　1989　从佛经材料看中古汉语人己代词的发展，四川大学学报，第4期。
俞理明　1990　从佛经材料看六朝时代的几个三身称谓词，中国语文，第2期。
俞理明　1991　从早期佛经材料看古代汉语中的两种疑问词“为”，四川大学学报，第4期。
俞理明　1993　《佛经文献语言》，巴蜀书社。
俞理明　1994　从《太平经》看道教称谓对佛教称谓的影响，四川大学学报，第2期。
俞理明　1999　汉语称人代词内部系统的历史发展，古汉语研究，第2期。
俞理明　2000　“师”字二题，汉语史研究集刊，第3辑，巴蜀书社。
俞理明　2004　汉译佛经用语研究的深入，普门学报，2004年增刊。
俞理明　2005　东汉佛道文献词汇研究的构想，汉语史研究集刊，第8辑，巴蜀书社。
俞理明　2006　“比丘”和它的异译，汉语史研究集刊，第9辑，巴蜀书社。
俞理明　2006　《一切经音义》中“這”的训解，徐时仪、陈五云、梁晓虹编《佛经音义研究——首届佛经音义研究国际学术研讨会论文集》，上海古籍出版社。
俞理明、谭代龙　2004　共时材料中的历时分析——从《根本说一切有部毗奈耶破僧事》看汉语词汇的发展，四川大学学报，第5期。

俞　敏　1983　佛教词语小议，法音，第3期。
俞　敏　1984　后汉三国梵汉对音谱，《中国语文学论文选》，日本东京光生馆。
俞　敏　1984　等韵溯源，音韵学研究，第1辑，中华书局。
俞　敏　1992　世尊称谓小考，《俞敏语言学论文二集》，北京师范大学出版社。
尉迟治平　1982　周隋长安方音初探，语言研究，第2期。
尉迟治平　1984　周隋长安方音再探，语言研究，第2期。
尉迟治平　1985　论隋唐长安音和洛阳音的声母系统，语言研究，第2期。
尉迟治平　1986　日本悉昙家所传古汉语调值，语言研究，第2期。
尉迟治平　1994　武玄之《韵诠》考——《韵诠》研究之一，语言研究，增刊。
尉迟治平　1994　《韵诠》五十韵头考——《韵诠》研究之二，语言研究，第2期。
尉迟治平　2000　论五种不翻，《文化语言学·下编》，湖北教育出版社。
尉迟治平　2002　对音还原法发凡，南阳师范学院学报，第1期。
尉迟治平　2005　悉昙学和《韵诠》研究——《韵诠》研究之三，南大语言学，第2编，商务印书馆。
遇笑容　2004　汉语语法史中的语言接触与语法变化，汉语史学报，第4辑，上海教育出版社。
遇笑容　2004　语言接触与汉译佛经的语言性质——从《撰集百缘经》谈起，“第五届国际古汉语语法研讨会”暨“第四届海峡两岸语法史研讨会”论文集（Ⅱ）。
遇笑容　2006　梵汉对勘与中古译经语法研究，汉语史学报，第6辑，上海教育出版社。
遇笑容、曹广顺　1998　也从语言上看《六度集经》与《旧杂譬喻经》的译者问题，古汉语研究，第2期。
遇笑容、曹广顺　2000　从语言的角度看某些早期译经的翻译年代问题——以《旧杂譬喻经》为例，汉语史研究集刊，第3辑，巴蜀书社。
遇笑容、曹广顺　2002　中古汉语的“VP不”式疑问句，《纪念王力先生百年诞辰学术论文集》编辑委员会编《纪念王力先生百年诞辰语言学学术论文集》，商务印书馆。
袁　宾　1986　《五灯会元》词语释义，中国语文，第4期。

袁　宾　1987　《五灯会元》词语续释，语言研究，第2期。
袁　宾　1987　《五灯会元》口语词探义，天津师范大学学报，第5期。
袁　宾　1988　禅宗著作里的口语词，语文月刊，第7期。
袁　宾　1989　《祖堂集》被字句研究——兼论南北朝到宋之间被字句的历史发展和地域差异，中国语文，第1期。
袁　宾　1989　再说禅宗语录中的口语词，语文月刊，第3期。
袁　宾　1990　《五灯会元》口语词例释，林祥楣主编、华东师范大学《汉语论丛》编辑委员会编《汉语论丛》，华东师范大学出版社。
袁　宾　1990　《禅宗著作词语汇释》，江苏古籍出版社。
袁　宾　1990　禅宗著作词语释义，辞典研究丛刊，第11辑。
袁　宾　1992　禅宗著作里的两种疑问句——兼论同行语法，语言研究，第2期。
袁　宾　2001　唐代禅录语法研究，觉醒主编《觉群·学术论文集》，第1辑，商务印书馆。
袁　宾　2002　"鄉鄉哩"考（外五题），中国禅学，第1卷，中华书局。
袁　宾、张秀清　2005　禅宗词语"专甲"与"某专甲"源流考释，中国语文，第6期。
袁津琥　1999　《祖堂集》中的俗语词，绵阳师范高等专科学校学报，第6期。
曾　良　2006　佛典中的俗定字与古文献整理，汉语史研究集刊，第9辑，巴蜀书社。
曾　良、叶爱国　2003　王梵志诗"脆风坏"讨论二则，中国语文，第6期。
曾　良、李　军　2004　佛经字词考释，语言科学，第3期。
曾晓洁　2004　隋前佛经中假设类复音连词调查，湖南第一师范学报，第3期。
曾晓洁　2005　隋前汉译佛经复音连词概况，淮北煤炭师范学院学报，第1期。
曾昭聪　2002　中古佛经词语零札，广州华苑，第2期。
曾昭聪　2003　从中古佛经词语看辞书的书证溯源问题，中南大学学报，第1期。
曾昭聪　2003　中古佛经释词四则，语言研究，第3期。
曾昭聪　2004　汉语成语的佛教渊源，嘉应学院学报，第2期。
曾昭聪　2004　佛经音义研究的力作——读《慧琳〈一切经音义〉研究》，中国图书评论,第7期。
曾昭聪　2004　《慧琳音义》中的词源研究,韶关学院学报,第10期。
曾昭聪　2004　汉译佛经与汉语词汇,华夏文化,第3期。
曾昭聪　2005　中古佛经中的字序对换双音词举例,古汉语研究,第1期。
曾昭聪　2005　中古佛经词义抉要,咸阳师范学院学报,第1期。
曾昭聪　2005　中古佛经中的委婉语考析,广州大学学报,第4期。
曾昭聪　2006　佛经音义研究的最新成果——读《玄应〈众经音义〉研究》,书品,第1期。
曾昭聪　2007　玄应《众经音义》中的词源探讨述评,语文研究,第3期。
曾昭聪、张　婷　2005　佛经词汇研究的重要成果——《佛经词语汇释》评介,汉语史研究集刊,第8辑,巴蜀书社。
曾昭聪、朱惠仙　2003　中古佛经词语与辞书书证溯源,台州学院学报,第2期。
翟　燕　2003　《洛阳伽蓝记》中新词新义的语义及结构分析,济宁师范专科学校学报,第1期。
翟　燕　2005　《洛阳伽蓝记》新词新义产生的外因,临沂师范学院学报,第5期。
詹绪左　2004　《祖堂集》卷一校读记,黄海学术论坛,第3期。
詹绪左　2005　《祖堂集》校读札记,汉字研究,第1辑。
詹绪左　2006　《祖堂集》校读记,安徽师范大学学报,第1期。
詹绪左、何继军　2006　《祖堂集》俗字校录匡误,向光忠主编《文字学论丛》,第3辑,中国戏剧出版社。
詹绪左　2006　《祖堂集》校读散记,中国禅学,第4期。
詹绪左　2006　《祖堂集》校读笔札,安庆师范学院学报,第2期。
章备福　1993　《景德传灯录》成语札记,贵州师院学报,第2期。
张长桂、何　平　1995　《杂宝藏经》里的"V+于+N",中国语文,第2期。
张福平　1996　天息灾译著的梵汉对音研究与宋初语音系统,谢纪锋、刘广和主编《薪火编》,山西高校联合出版社。
张华文　2000　试论东汉以降前置宾语"是"字判断句,云南师范大学学报,第1期。
张　箭　2004　佛教对汉语文字词汇的影响,成都大学学报,第2期。
张建木　1996　佛教对于中国音韵学的影响,《张建木文选》,宗教文化出版社。
张建勇　2005　中古律部汉译佛经语词札记，中国海洋大学学报，第6期。
张立平　2004　论熟语中的佛教文化，昭乌达蒙族师专学报，第2期。
张联荣　1988　汉魏六朝佛经释词，北京大学学报，第5期。
张美兰　1992　《五灯会元》词语校释两则，胡竹安、杨耐思、蒋绍愚编《近代汉语研究》，商务印书馆。
张美兰　1996　论《五灯会元》中同形动量词，南京师范大学学报，第1期。
张美兰　1996　禅宗语录中的数字语，文教资料，第6期。
张美兰　1997　《五灯会元》词语二则，古汉语研究，第4期。
张美兰　1997　禅宗语言的非言语表达手法，中国典籍与文化，第4期。
张美兰　2001　高丽海印寺海东新开印版《祖堂集》校读札记，古汉语研究，第3期。
张美兰　2002　《祖堂集》语言研究概述，中国禅学，第1卷，中华书局。
张美兰　2003　《祖堂集》祈使句及其指令行为的语力级差，清华大学学报，第2期。
张美兰　2003　从《祖堂集》问句看中古语法对其影响，语言科学，第3期。
张美兰　2003　《祖堂集》文献与点校，中国禅学，第2卷，中华书局。
张美兰　2003　《五灯会元》动量词研究，《法藏文库·中国佛教学术论典》，台湾佛光山文教基金会。
张美兰　2003　《祖堂集语法研究》，商务印书馆。
张美兰　2006　《祖堂集》校录勘误补，徐时仪、陈五云、梁晓虹编《佛经音义研究——首届佛经音义研究国际学术研讨会论文集》，上海古籍出版社。
张清常　1993　唐五代西北方言的一项参考资料——天城梵书金刚经对音残卷，内蒙古大学学报，第2期。
张清常　1993　说"礼拜"——语言与文化的关系之一例，语言文字应用，第4期。
张绍臣　1988　岂知灌顶有醍醐，文史知识，第4期。
张双庆　1996　《祖堂集》所见泉州方言词汇，詹伯慧等编《第四届国际闽方言研讨会论文集》，汕头大学出版社。
张文德　2000　慧超《往天竺国传》笺释拾遗，徐州师范大学学报，第1期。
张锡德　1985　《百喻经》词语札记，语文园地，第9期。
张锡德　1987　《五灯会元》词语拾零，温州师范学院学报，第4期。

张延成　2002　东汉佛经词语例释二则，古汉语研究，第1期。
张　艳　2005　佛经翻译与汉语四字格的发展，中央民族大学学报，第1期。
张　雁　2006　中古佛经“行”组婉辞考源，汉语史研究集刊，第9辑，巴蜀书社。
张诒三　2006　试论佛源外来词汉化的步骤，浙江万里学院学报，第6期。
张幼军　2004　《道行般若经》中“何所”的用法，古汉语研究，第3期。
张幼军　2006　论佛经训诂方法，古汉语研究，第2期。
张幼军　2006　“庄严”一词梵汉对勘，语言研究，第1期。
张育英　1995　谈禅宗语言的模糊性，苏州大学学报，第3期。
张　悦　2006　《洛阳伽蓝记》偏正式合成词研究，临沂师范学院学报，第2期。
张泽宁　2004　《六祖坛经》中助动词得、须、可、敢、能的使用法，广东广播电视大学学报，第1期。
张振江　1995　汉语佛教词汇的构成与来源，广东佛教，第1期。
张子开　1997　敦煌写本斯136、417、622号“佛经”初探，宗教学研究，第2期。
张子开　1998　敦煌写本《六祖坛经》校读拾零，四川大学学报，第1期。
张子开　1999　《比丘尼传》所见蜀地尼僧传记及其语言学价值，宗教学研究，第2期。
张子开　2000　系统地、多角度地研究中国禅宗文献语言的开拓性之作——评周裕锴《禅宗语言》，汉字文化，第4期。
赵春兰、莫波功　2006　《应县木塔辽代密藏·妙法莲花经》俗字类型论略，通化师范学院学报，第1期。
赵爱武　2005　从外来语引进之三大高峰看其特征，语言与翻译，第1期。
赵杏根　2003　论佛教对中国古典诗歌的影响，中国韵文学刊，第1期。
郑阿财　2003　敦煌疑伪经与灵验记关系之考察，浙江大学汉语史研究中心、浙江大学古籍研究所主编《姜亮夫、蒋礼鸿、郭在贻先生纪念文集》（《汉语史学报》专辑，总第3辑），上海教育出版社。
郑国栋　2002　《金光明经·流水长者子品》的梵汉翻译及译法例释，《东方研究》（2001年），国际文化出版公司。
郑国栋　2003　《金光明经·流水长者子品》梵汉对勘，《华林》编委会编《华林》，第3卷，中华书局。

郑贵友　1994　汉语歇后语中的“谤佛”现象与中国佛教，延边大学学报，第3期。
郑贤章　2000　刻本汉文佛典俗字的研究价值刍议，中国语文通讯（香港），第55期。
郑贤章　2001　《龙龛手镜》阙失略论，古汉语研究，第4期。
郑贤章　2002　《龙龛手镜》未识俗字研究，语言研究，第2期。
郑贤章　2002　从汉文佛典俗字看《汉语大字典》的缺漏，中国语文，第3期。
郑贤章　2002　《龙龛手镜》俗字考辨若干例，古汉语论集，第3辑。
郑贤章　2003　敦煌音义写卷中若干俗字重考，敦煌研究，第1期。
郑贤章　2003　《中华字海》未识俗字考释，古汉语研究，第2期。
郑贤章　2004　《龙龛手镜》俗字丛考（一），古汉语研究，第1期。
郑贤章　2004　《龙龛》所引《经音义》、《音义》考，汉语史学报，第4辑。
郑贤章　2004　《龙龛手镜》俗字杂考，中国文字研究，第4辑。
郑贤章　2004　《龙龛手镜研究》，湖南师范大学出版社。
郑贤章　2005　《可洪音义》俗字札记，汉字研究，第1辑。
郑贤章　2005　《龙龛手镜》与大型字典的完善，汉语史学报，第5辑。
郑贤章　2005　《龙龛手镜》俗字考释的方法，中国语文通讯（香港），第72期。
郑贤章　2005　汉文佛典译音用字考释略例，中国文字研究，第6辑，广西教育出版社。
郑贤章　2006　汉文佛经词语例释，语言科学，第3期。
郑贤章　2006　《可洪音义》与现代大型字典俗字考，汉语学报，第2期。
郑贤章　2006　汉语疑难俗字例释，语言研究，第4期。
郑贤章　2006　可洪《随函录》与汉文佛经校勘，古籍整理研究学刊，第5期。
郑贤章、漆　灏　2005　《贤愚经》语词札记，古汉语研究，第1期。
周广荣　2001　梵语悉昙章与等韵学的形成，古汉语研究，第4期。
周广荣　2002　法相宗对《悉昙章》的传习，佛学研究。
周广荣　2004　《梵语悉昙章在中国的传播与影响》，宗教文化出版社。
周广荣　2004　华严诸祖传习《悉昙章》考略，五台山研究，第1期。
周广荣　2004　宋元时期的佛经译勘与梵字的传习，世界宗教研究，第2期。
周俊生　1987　源于佛经的抽象名词，汉语学习，第6期。
周一良　1984　王梵志诗的几条补注，北京大学学报，第4期。

周银霞、杨富学　2005　回鹘文《罗摩衍那》及其梵语借词研究，语言与翻译，第1期。
周裕锴　1999　《禅宗语言》，浙江人民出版社。
周裕锴　2002　中国佛教阐释学研究——佛经的汉译，四川大学学报，第3期。
周裕锴　2004　禅籍俗谚管窥，江西社会科学，第2期。
周志锋　1994　《法苑珠林》词语选释，宁波师院学报，第4期。
朱冠明　2002　中古译经中的“持”字处置式，汉语史学报，第2辑，上海教育出版社。
朱冠明　2004　中古译经处置式补例，中国语文，第4期。
朱冠明、段　晴　2005　梵汉本《法华经》语词札记，古汉语研究，第2期。
朱惠仙　2005　《大正藏》断句首创与致误条陈——以《出曜经》为例，江西社会科学，第9期。
朱　力　2006　《太平经》与东汉佛经中的无判断词句，乐山师范学院学报，第10期。
朱庆之　1989　从魏晋佛典看中古“消息”词义的演变，四川大学学报，第2期。
朱庆之　1989　“敢”有“凡”义及其原因，古汉语研究，第2期。
朱庆之　1989　“莲花”的文化内涵，文史杂志，第3期。
朱庆之　1989　释“悲”“哀”，文史知识，第4期。
朱庆之　1990　《仪礼》“竹簋方”辨正，古籍整理研究学刊，第1期。
朱庆之　1990　试论汉魏六朝佛典里的特殊疑问词，语言研究，第1期。
朱庆之　1990　“野马”义证，古汉语研究，第2期。
朱庆之　1990　佛经翻译与中古汉语词汇二题，中国语文，第2期。
朱庆之　1991　“将无”考，李铮、蒋忠新主编《季羡林教授八十华诞纪念论文集》上，江西人民出版社。
朱庆之　1991　魏晋南北朝佛典中的特殊疑问词，语言研究，第1期。
朱庆之　1991　关于疑问语气助词“那”来源的考察，古汉语研究，第2期。
朱庆之　1991　词语溯源二例——“步步生莲华”和“莲花出污泥而不染”，文史知识，第6期。
朱庆之　1992　《佛典与中古汉语词汇研究》，(台北)文津出版社。
朱庆之　1992　“影响”今义的来源，文史知识，第4期。

朱庆之　1992　试论佛典翻译对中古汉语词汇发展的若干影响，中国语文，第4期。
朱庆之　1992　"金莲"语事考原，文史，第35辑，中华书局。
朱庆之　1993　汉译佛典语文中的原典影响初探，中国语文，第5期。
朱庆之　1993　佛教汉语研究の第一步（末木文士美），（东京）东方，第12期。
朱庆之　1994　佛典与《孔雀东南飞》，原学，第1辑，中国广播电视出版社。
朱庆之　1994　汉语外来词二例，语言教学与研究，第1期。
朱庆之　1994　书评：读《佛典与中古汉语词汇研究》，古汉语研究，第1期。
朱庆之　1994　"醍醐""三昧"的早期用例——兼谈汉语佛教用语溯源，文史知识，第4期。
朱庆之　1995　汉译佛典中的"所V"式被动句及其来源，古汉语研究，第1期。
朱庆之　1995　汉译佛典在原典解读方面的价值举隅——以KERN英译《法华经》为例，王元化主编《学术集林》，第6辑，上海远东出版社。
朱庆之　1995　Some Linguistic Evidence of Early Cultural Exchange between China and India, Sino-Platonic Papers, No. 66, University of Pennsylvania, USA.
朱庆之　1996　"加持"考源，敦煌研究院编《段文杰敦煌研究五十年纪念文集》，世界图书出版公司。
朱庆之　1996　谈谈我的佛教汉语研究，文史知识，第2期。
朱庆之　1997　从几组汉梵同理据词看中印文化的早期交往，王元化主编《学术集林》，第11辑，上海远东出版社。
朱庆之　1997　敦煌变文中的"助"与"助喜"，中国语文，第3期。
朱庆之　1997　敦煌变文诗体文"换言"现象及其来源，《敦煌文学论集》，四川人民出版社。
朱庆之　1998　佛教汉语的"时"和"时时"，汉语史研究集刊，第1辑，巴蜀书社。
朱庆之　1998　汉语历史语言学研究的新方法，汉语史研究集刊，第1辑，巴蜀书社。
朱庆之　1999　佛典与汉语音韵研究，汉语史研究集刊，第2辑，巴蜀书社。
朱庆之　2000　佛经翻译中的仿译及其对汉语词汇的影响，浙江大学汉语史研究中心编《中古近代汉语研究》，第1辑，上海教育出版社。

朱庆之　2000　从梵汉《法华经》看“偈”“颂”的所指，汉语史研究集刊，第3辑，巴蜀书社。
朱庆之　2001　王梵志诗“脆风坏”考，中国语文，第6期。
朱庆之　2001　佛教混合汉语初论，语言学论丛，第24辑，商务印书馆。
朱庆之　2002　“泥日”“泥曰”与“泥洹”，《纪念王力先生百年诞辰学术论文集》编辑委员会编《纪念王力先生百年诞辰学术论文集》，商务印书馆。
朱庆之　2002　王梵志诗的“八难”和“八字”，中国禅学，第1卷，中华书局。
朱庆之　2002　梵汉《法华经》中的“偈”“颂”和“偈颂”，《华林》编委会编《华林》，第2卷，中华书局。
朱庆之　2002　汉语外来词研究杂谈，韩国中国学研究会编《中国学研究》，第22辑，中国学研究会。
朱庆之　2002　汉译佛经与佛教混合汉语，东西文化交流研究，第4辑，韩国敦煌学会。
朱庆之　2003　The Impact of Buddhism on the Development of Chinese Vocabulary，普门学报，第15/16期，(台北)佛光山文教基金会。
朱庆之　2004　略论建立中小学语文词汇教学的标准，张洪明等主编《语言理论与语文教学》，香港教育学院。
朱庆之　2004　试论汉字在汉语词汇发展演变中的某些特殊作用，《汉字传播与中越文化交流》，国际文化出版公司。
朱庆之　2004　佛教的传入、早期的佛典翻译和佛教汉语的形成，修多罗，第15集，韩国海印寺僧伽大学《修多罗》编辑委员会。
朱庆之　2005　从《佛典研究的语言学转向》谈佛教汉语研究的任务，普门学报，第27期。
朱庆之　2005　论中古近代汉语中的“副词+否定词”组合，《汉语教学与研究文集——纪念黄伯荣教授从教五十周年》，高等教育出版社。
朱庆之　2005　《中古汉语研究(二)》，商务印书馆。
朱庆之　2006　“相扑”语源考，*Studies in Chinese Language and Culture*，ed. by Christoph Anderl and Halvor Eifring，Hermes Academic Publishing，Oslo 2006.
朱庆之　2006　略论笈多译《金刚经》的性质及其研究价值，普门学报，第36期。
朱庆之　2006　论佛教对古代汉语词汇发展演变的影响，商务印书馆编辑部编《21世纪的中国语言学》(二)，商务印书馆。

朱庆之、雷汉卿　1999　训诂学理论体系的科学建构,古汉语研究,第1期。
朱庆之、梅维恒　2004　荻原云来《汉译对照梵和大辞典》汉译词索引,巴蜀书社。
朱庆之、朱冠明　2006　佛典与汉语语法研究——20世纪国内佛教汉语研究回顾之二,《汉语史研究集刊》,第9辑,巴蜀书社。
朱瑞玟　1989　《佛教与成语》,北京经济学院出版社。
朱瑞玟　2003　《佛教成语》,汉语大词典出版社。
朱晓农、朱志瑜　2005　从僧佑佛经译论看中国古代语言理论,董琨、冯蒸主编《音史新论——庆祝邵荣芬先生八十寿辰学术论文集》,学苑出版社。
朱志瑜、朱晓农　2006　《中国佛籍译论选辑评注》,清华大学出版社。
竺家宁　2002　魏晋佛经的三音节构词现象,《纪念王力先生百年诞辰学术论文集》编辑委员会编《纪念王力先生百年诞辰学术论文集》,商务印书馆。
竺家宁　2003　慧琳《一切经音义》特殊词语研究,浙江大学汉语史研究中心、浙江大学古籍研究所主编《姜亮夫、蒋礼鸿、郭在贻先生纪念文集》(《汉语史学报》专辑,总第3辑),上海教育出版社。
竺家宁　2005　中古佛经的"所"字构词,古汉语研究,第1期。
竺家宁　2006　《慧琳音义》与佛经中的名词重叠现象,徐时仪、陈五云、梁晓虹编《佛经音义研究——首届佛经音义研究国际学术研讨会论文集》,上海古籍出版社。
祖生利　1996　《景德传灯录》的三种复音词研究,古汉语研究,第4期。
祖生利　2001　《景德传灯录》中的支配式和主谓式复音词浅析,西藏民族学院学报,第1期。
祖生利　2001　《景德传灯录》中的补充式复音词,渭南师范学院学报,第3期。
祖生利　2001　《景德传灯录》中的偏正式复音词,古汉语研究,第4期。
祖生利　2002　《景德传灯录》中的联合式复音词,古汉语研究,第3期。

编　后　记

早就想编一个集子,向有兴趣的读者介绍一下佛教汉语这个新的研究领域。感谢商务印书馆的支持。

由于一本集子的篇幅有限,再加上还打算出版续编,因此,入选这本集子的文章,都发表于新世纪之前。内容包括以下几个部分:一、佛教汉语的性质和研究的意义;二、有关原典语言的新研究;三、包含了语音、词汇和语法三个方面的佛教汉语的本体研究;四、佛教对汉语历史发展的影响;五、出于学术史和方便读者的双重考虑,还收录了几篇值得一读的"旧"文章和一个文献目录。我希望通过这些看上去有些庞杂的文字,反映出自己对佛教汉语研究的总体认识。如果读者能够由此了解到佛教汉语研究的跨学科和跨文化性质,编者会倍感欣慰。

众所周知,汉语有文字记载以来的历史的重建,主要靠古代书面资料(包括传世文献和出土文献,但后者数量有限,暂时只能做配角)。近一二十年来,有学者从方法论的角度大力提倡利用现代方言材料,方向无疑是正确的,值得高度重视。但是由于基础研究的薄弱以及由此造成的实际工作的难度,不仅在当前,在可以预见的未来,方言的作用一时还难以充分发挥,因此,以传世文献为主的古代书面资料在今后一个很长的时期仍将是汉语历史研究的主要语料来源。从上述意义上说,传世文献的数量和质量,过去是，今后也将是左右汉语史研究质量的重要因素之一，另一个重要因素应当是理论的指导。近三十年来的汉语史研究的走向和成果更加证明了这一点。

固然，古代汉语书面语文献作为语言史研究的语料，有不少缺陷。书面语与口语的严重脱离、文献语言在时间和空间这两个重要因素上的不确定性、文献在流传过程中发生的语言上的各种改变、早期文献的真伪阙失导致的语言面貌失真，如此等等，都是摆在研究者面前的巨大障碍。然而，这就是历史。相对于其他文明的语言史研究资料，祖先留给我们的东西实在太多，还有什么可抱怨的呢？今天和以后的研究者，能够做的只有如何用更为科学的方法更好地利用这些珍贵的语料，在更加准确地描写出我们民族语言发展变化的历史的同时，为理论语言学的构建和完善做出我们应有的贡献。我们的佛教汉语研究正是在这样的背景之下展开的。

利用汉语佛教文献进行汉语历史的研究，至少已经有一百年了。当然，佛教文献真正被重视并得到广泛的利用，不过开始于上世纪 80 年代。当语言学的研究成为古代文献语言研究的时代主流，对汉语在各个历史阶段实际面貌的了解成为当务之急、汉语断代研究应运而生的时候，文言文这种传统语料的局限性就愈发突出，那些原本不登大雅之堂却保留有较多语言实际面貌的口语化或俗语化的材料渐渐成为研究的主要对象。古代汉文佛典正是这类语料中的一种，特别受到中古汉语和早期近代汉语研究者的重视。

从学术史的角度看，佛教文献的利用有力地推动了汉语历史语言学的进程。吕叔湘先生在上世纪 40 年代发表的晚唐五代时期汉语语法的系列论文,开创了近代汉语研究的先河。80 年代以来对中古时期汉语的历史研究也出现了蓬勃发展的局面,基本确立了"中古汉语研究"的学术地位。这些显著的发展,无不与佛教典籍语料的利用有直接的关系。可以预见的是,随着汉语历史语言学的发展,佛教文献语料的利用也会不断跃上新的台阶,它的价值也会进一步被展现出来。

我以为,对于佛教汉语,今后需要加大气力进行研究的方面是佛教和佛经翻译对汉语历史演变的影响。现在不会再有人认为,汉语(包括各种方言和语体,下同)的发展、汉语历史上出现的各种变化,其原因都是来自汉语本身,都是内部变化的必然结果。外部的因素对于一种语言发展变化的影响究竟有多大?究竟能够多大?近二十年当中,国外同行对非汉语的语言接触研究的深入开展和由此导致的理论发展已经向我们提示,语言接触,包括不同语言之间的接触和同一语言之口语与书面语之间的接触可能是导致语言演变的最重要的原因。这对汉语历史研究尤其是佛教汉语研究有什么样的启示?佛教汉语形成于印度佛教经典的汉译,数千万字的古代汉译佛典也构成了佛教汉语语料的核心,具有汉语和源头语、汉语口语和书面语两个混合特点的佛教汉语,不就是一份语言接触的典型语料吗?我们有理由期待,以语言接触作为新的切入点,佛教汉语研究将会对汉语史的研究有更加重要的贡献。

上述研究必须进行译文和原典的对勘。需要借此机会简要说明的是,有一些学者对与译文相对的所谓的"原典"抱有一种理想或者说现代的看法,以为"原典"就应该是翻译时所依据的"那一个(原典)"。而实际上,"那一个"可能早已不存在了,我们今天能看到的大都是时代较晚的写本。这些写本是否就是"那一个",已经无法知道(迄今为止,尚未见到在内地发现可能是汉译底本的古代印度或西域语佛经的报告)。因此,这些学者对于无法确定“那一个”的“对勘”表示怀疑。坦率地说,这是对古代印度佛教文献的特质以及佛经翻译的特质缺乏了解的表现,也可能是对包括中国古代文献在内的一切古代文献特质缺乏了解的表现。正如我们谁都不敢肯定后世所见古代尤其是上古传世典籍完全保留了当时的原貌,就是“那一个”(看看帛书本《老子》与传世本《老子》的差别吧!),仍然不影响我们将其作为某个时代的语料进行汉语史的研究一样,同一部佛典的后世版本与译经时所依据的“那一个”之间的差异,丝毫不应该影响这种对勘的学术意义和价值。

前面已经提到,收入这个集子中的文章都是近十年之前的作品,反映的也是近十年前的学术面貌。进入本世纪以来,佛教汉语的研究有了长足的进展,我们将适时通过续编的形式将这种进展展现给读者。令人高兴的是,一批初步具备了梵汉对勘能力的年轻学者正在走上学术舞台,他们的研究表现出了新的深度和气象。我们相信,在这本集子的对比之下,续集会给读者更加耳目一新的印象。

最后,要特别感谢这个集子的责任编辑何瑛,除了统一了全书的体例,她还校读出原文存在的数十处错误,敬业精神令人感动。还要感谢我的几位学生,没有他们的帮助,这个集子的出版也是不可能的。

朱庆之

2007-9-28 于燕北园

检